U0669791

【文史资料百部经典文库】

全国政协文史和学习委员会 编

WEIJIAO
BIANQUGEMINGGENJUDI
QINLIJI

"围剿"（上）

边区革命根据地亲历记

中国文史出版社

《百年中国记忆·文史资料百部经典文库》
编辑委员会

主　任　王太华

副主任　卞晋平　王国强　方　立　龙新民　刘德旺　孙庆聚

　　　　闵维方　陈光林　林淑仪　周国富　梁　华　谭锦球

　　　　翟卫华　陈惠丰　韦建桦　张研农　陈建功　南存辉

委　员　(按姓氏笔画排序)

　　　　万　捷　王文章　王兴东　王怀超　左东岭　龙新南

　　　　叶培建　冯佐库　吕章申　邬书林　刘　春　刘兆佳

　　　　李　捷　李东东　李忠杰　杨冬权　励小捷　余　辉

　　　　汪　晖　张　皎　张廷皓　张晓林　陈　力　林　野

　　　　单霁翔　赵　卫　赵长青　俞金尧　施荣怀　袁　靖

　　　　聂震宁　黄书元　黄若虹　黄嘉祥　崔永元　梁晓声

　　　　彭开宙　葛晓音　韩　康　廖　奔

主　编　陈惠丰

副主编　刘晓冰　沈晓昭　张燕妮　刘　剑　韩淑芳

编　辑　(按姓氏笔画排序)

　　　　卜伟欣　马合省　王文运　牛梦岳　卢祥秋　刘华夏

　　　　刘　夏　全秋生　孙　裕　李军政　李晓薇　张春霞

　　　　张蕊燕　金　硕　赵姣娇　胡福星　段　敏　高　贝

　　　　殷　旭　徐玉霞　梁玉梅　梁　洁　程　凤　詹红旗

　　　　窦忠如　蔡丹诺　蔡晓欧　薛媛媛　戴小璇

前　言

　　1927年国共合作分裂，国民党新军阀，对外投靠帝国主义，对内实行封建专制独裁统治，屠杀共产党人和革命群众。中国共产党被迫在1927年至1937年间，领导中国人民进行了长达十年的土地革命战争，反对国民党政府的血腥腐败统治。1927年8月1日，周恩来、叶挺、贺龙、朱德等领导了南昌起义，建立了革命人民军队。8月7日，中共中央在汉口召开紧急会议，确定了土地革命和武装反抗国民党反动统治的总方针。9月9日，毛泽东在湘赣边界领导了秋收起义，10月，秋收起义队伍到达井冈山，开展游击战争，进行土地革命，组织工农政府，建立地方武装，创立农村革命根据地，为中国革命开辟了一条以农村包围城市最后夺取城市的道路。在此期间，中国共产党还在江西创建了中央革命根据地和其他地方的湘赣、湘鄂赣、闽浙赣（赣东北）、鄂豫皖、湘鄂西、东江、琼崖、左右江、川陕、湘鄂川黔等根据地。

　　井冈山革命根据地，位于江西湖南两省交界的罗霄山脉中段。包括江西的宁冈、永新、遂川、莲花，湖南的酃县、茶陵等县。根据地分两部分，一部分是介于宁冈、酃县、遂川、永新四县之间的井冈山根据地；另一部分是介于宁冈、永新、茶陵、莲花四县之间的九陇山根据地。自根据地创建之日起至1929年2月，湘赣两省不断派兵进行"围剿"，其中主要有江西、湖南两省的"进剿"和湘赣两省的三次"会剿"。

　　湘赣边区革命根据地，是1930年2月，吉安陂头会议决定，将赣西、赣南、湘赣边三块根据地合并。位于赣江以西，袁水以南，大庾以北，粤汉铁路以东的地区。以永新为中心，包括安福、吉安、宁冈、遂川、莲花、萍乡、茶陵、攸县、酃县、峡江、分宜等12个县。国民党军对根据地进行

"围剿"较大规模的有1931年1月、1932年11月、1933年10月三次。

湘鄂赣边区革命根据地,位于湖南的平江、浏阳、湘阴、岳阳;湖北的阳新、大冶、通城、通山、崇阳、蒲圻、咸宁、鄂城;江西的修水、铜鼓、万载、武宁、宜丰、宜春、奉新、高安、萍乡、瑞昌等20余县。国民党军从1928年春天起就对根据地进行"围剿"。其中有:1930年10月、1931年2月、1931年7月、1932年6月、1933年10月五次较大的"围剿"。

闽浙赣边区革命根据地(又称赣东北革命根据地),位于江西、福建、浙江、安徽四省交界处。包括弋阳、横峰、崇安、开化等20余县。自1927年起,国民党军就开始对根据地发动多次"围剿",大致可分为:1927年9月至1930年10月的第一阶段;1930年11月至1934年4月的第二阶段;1934年4月至1935年7月的第三阶段。

鄂豫皖边区革命根据地,位于湖北、河南、安徽三省交界处,包括黄安、麻城、商城、六安、霍山等20余县。根据地建立后,不断遭到国民党军"进剿",其中有:1929年6月、1929年8月的两次"会剿";1930年冬、1931年3月、1931年11月、1932年6月的四次"围剿"。

湘鄂西革命根据地,以洪湖革命根据地为主体,包括洪湖、湘鄂边、巴兴归(巴东、兴山、秭归)、鄂西北的襄枣宜(襄阳、枣阳、宜城)等根据地。国民党军对根据地进行了1930年11月至1931年4月的第一次"围剿"、1931年8月至11月的第二次"围剿"、1932年6月至10月的第三次"围剿"。

东江革命根据地,是由大小不等九块根据地组成。1927年4月,首先在海丰、陆丰创造了全国第一个武装割据政权,后发展为海陆惠紫(海丰、陆丰、惠来、紫金)根据地。此后相继建立八乡山(揭阳、丰顺、五华)、南山(潮阳、普宁、惠来)、五兴龙(五华、兴宁、龙川)、梅埔丰(梅县、大埔、丰顺)、大韶(平和、大埔、韶安)、蕉平寻(蕉岭、平远、寻邬)、陆惠(陆丰、惠来)、潮澄饶南(潮州、澄海、饶平、南澳)等八块根据地。包括粤东、闽西南、赣南地区,共25个县。自根据地建立起不断遭到国民党军的"围剿",较大规模有四次:1927年截击南昌起义军南下广东;1928年进攻海陆丰根据地;1930年夏至1931年夏"围剿"东江西北部各根据地;1932年至1935年"围剿"东江东南部各根据地。

琼崖革命根据地,1927年4月以琼山为中心,在澄迈、定安、万宁、乐会、琼东等六个县建立农会、工农武装,到年底扩展到全岛13个县。自1927年至1937年,连续遭到国民党军的"围剿",10年间可分为5个时期:1927

年至1928年的"清党"委员会时期；1928年至1929年的善后委员公署时期；1929年至1932年的国民党当局内部斗争尖锐时期；1932年至1936年的琼崖绥靖委员公署时期；1936年至1937年的广东绥靖公署时期。

左右江革命根据地，位于广西西部，北与贵州、西与云南接壤，西南与越南毗连。包括左江、右江和红水河流域的龙州、百色等24个县。根据地建立后，不断遭到桂系军阀的"围剿"，大规模的有1930年2月、1931年11月、1932年8月三次。

川陕边区革命根据地，是1932年10月红四方面军由鄂豫皖边区转移到川陕边区后建立的，包括秦岭以南，嘉陵江以东的大巴山支脉地区。包括川北的通江、南江、巴中、旺苍、万源、平昌、宣汉、绥定、大竹、苍溪、阆中、仪陇、南部、蓬安、渠县、营山、开江、广元、昭化、剑阁；川东的城口、开县；陕南的宁羌、西乡、镇巴。　1933年2月至1934年9月，两次遭到国民党四川当局所发动的"三路围剿"和"六路围剿"。

湘鄂川黔边区革命根据地，是第二次国内革命战争时期长江南岸最后一块根据地。它的区域以湖南永顺、大庸、龙山、桑植四县为中心，包括湖南的保靖、慈利、沅陵、桃源、常德、石门、临澧、澧县；湖北的宣恩、来凤、咸丰、松滋、鹤峰、利川；四川的酉阳、秀山、黔山、彭水、石柱；贵州的沿河、印江、德江、松桃等20余县。自1933年12月根据地建立起至1936年春完全退出止，共两年多时间，遭到国民党军的"追剿军"、"剿共军"第一路军、鄂湘川"剿共军"、宜昌行辕所属部队等的"围剿"。

为了给历史研究和军事史研究工作者提供资料，使广大青年一代了解这段历史，1987年3月上旬，全国政协和江西、湖南、湖北、武汉、安徽、广东、广州、广西、福建、四川、成都、陕西、甘肃等地政协文史办公室同志，在安庆研究决定：将原国民党将领回忆"围剿"边区革命根据地的文章汇集一起，加以筛选、核实，共同编辑出版一部《围剿边区革命根据地亲历记》。会后，江西、湖南、湖北、安徽、广东、广州、广西、四川、成都和全国政协文史办公室的同志做了大量的征集、审稿和编辑工作，并于1990年9月在湖南大庸召开了定稿会议，使本书得以出版。

为了给历史研究工作者和广大读者提供方便，我们还编写了《围剿边区革命根据地大事记》和《围剿边区革命根据地参战部队指挥系统表》，并对"围剿"每个根据地的情况写了《综述》，先给读者一个概况，以易于阅读回忆录。

　　本书所记史实，因时隔几十年，作者记忆难免有误，而且有些章节的资料还不够完整，尽管我们做了大量征集研究和核实工作，并到实地调查，仍难免有错漏，敬请读者和知情者补充订正。

　　本书的问世，得到安庆市政协和大庸市政协的协助，在此一并致谢。

中国人民政治协商会议全国委员会文史资料

委员会《"围剿"边区革命根据地亲历记》编审组

1996年3月

CONTENTS 目 录

目 录 CONTENTS

第四章 "围剿"闽浙赣(赣东北)边区革命根据地 87

第一章 | "围剿"井冈山革命根据地

文 史 资 料

"围剿"边区革命根据地(上)亲历记

WEIJIAOBIANQUGEMINGGENJUDISHANG QINLIJI

百部经典文库

综 述

井冈山革命根据地，位于江西、湖南两省交界的罗霄山脉中段，包括江西省的宁冈、永新、遂川、莲花，湖南省的酃县、茶陵等县。根据地分两个部分，一个是介于宁冈、酃县、遂川、永新四县之间的井冈山根据地；另一个是介于宁冈、永新、莲花、茶陵四县之间的九陇山根据地。

1927年10月，毛泽东率领湘赣边界秋收起义队伍来到井冈山，创建了第一块农村革命根据地，开辟了以宁冈为中心的湘赣边界工农武装割据局面。

自井冈山革命根据地建立之日起至1929年2月，国民党军不断派兵进行"围剿"，其中主要有江西省的四次"进剿"和湘赣两省的三次"会剿"。

江西省"进剿"部队主要是第三军王均所属杨池生第九师，第三十一军金汉鼎所属杨如轩第二十七师、刘士毅独立第七师。

1928年2月18日，驻守宁冈新城第二十七师一个营被工农革命军全歼，第一次"进剿"失败。4月底，第二十七师之第七十九团和第八十一团在遂川五斗江地区遭到红军痛击受创，第二次"进剿"失败。5月中旬，第二十七师由永新向宁冈进攻，19日，在永新草市坳与红军激战，团长一人阵亡，师长杨如轩负伤，第三次"进剿"失败。6月23日，第二十七师在龙源口和七溪岭与红军激战中一个团被歼灭，两个团被击溃，师长杨如轩再次负伤，第四次"进剿"失败。

在江西省滇军向井冈山根据地"进剿"的同时，在湖南的程潜、白崇禧调遣军队"进剿"湘赣边界工农革命军，独立第三师师长许克祥部攻占宜章、郴州；第十六军范石生部之第四十六师和胡凤璋教导师由桂东进攻酃县；程潜第六军之第三十四师李朝芳部、第二十一军向成杰部由耒阳进攻安仁；第六军之第十八师张轸部调往攸县，协同第八军吴尚之第一、第

二、第三师"进剿"湘赣边界工农革命军。

4月中旬，朱德率湘南暴动队伍在宁冈砻市与毛泽东的秋收起义部队会师，成立中国工农红军第四军。5月3日，蒋介石电令湘粤赣三省政府"克日会剿"。

因第八军擅自移动，鲁涤平与王均重新商定第一次"会剿"推迟至7月7日开始。初期参战部队有第八军之第一、第二师，第三军之第九师，第三十一军之第二十七师，第六军有六个团。由于江西省第九师推迟两天行动，红军乘隙进攻湖南酃县，湖南方面部队被迫回援酃县、茶陵。胡文斗率第六军6个团与第三军、第三十一军5个团到达永新，江西方面的11个团在永新县城附近30华里处被工农革命军围困达25天，后闻工农革命军在湘南郴州战败，江西被围困于永新附近的部队才发起攻击，占领了永新、宁冈全境和井冈山根据地的平原地带。未几，由于内讧，湘军第六军6个团撤离回湘，第三军、第三十一军5个团退守永新城。湘赣两省第一次"会剿"基本告吹。

8月下旬，江西湖南两省军队对井冈山根据地的包围圈形成。30日，第八军两个团仰攻井冈山黄洋界哨口未克。此时，江西省增派熊式辉第五师之第十四旅周浑元部参加"会剿"。9月13日，红军攻克遂川，打乱了两省"会剿"部署。下旬，第十四旅在宁冈作战失利，11月9日，一个团在龙源口受到重创。第二次"会剿"失败。

1928年11月，江西湖南两省商定第三次"会剿"，决定两省"会剿"部队统一指挥，一致行动。国民政府任命朱培德为"湘赣剿匪"总指挥、鲁涤平为副总指挥。1929年1月1日，在萍乡成立"湘赣会剿"总指挥部，何键任代总指挥，金汉鼎任副总指挥。"会剿"部队分为五路，由李文彬、张与仁、王捷俊、吴尚、刘建绪为各路司令。部队有：江西省的第五师第十四旅和第十五旅，第七师的第十九旅和第二十一旅，第十二师的第三十四旅和第三十五旅；湖南省的第十八师第五十三旅、独立第一旅，第十九师第五十七旅和第五十五旅一个团。

1月14日，红四军离开井冈山向赣南转移。何键闻讯急令第一路李文彬部之第六十八团和第二路张与仁部两个团速驰赣南协助刘士毅旅堵截；李文彬率第二十一旅跟踪追击；第五路刘建绪部由桂东兼程尾追；并令第一、第三、第四路齐头并进，迅速攻下井冈山。1月26日，对井冈山根据地发起总攻，30日占领。2月6日，攻占九陇山根据地。彭德怀率红五军和红四军一个团,从井冈山突围,付出较大伤亡。

1929年3月,蒋桂战争爆发,"会剿"部队相继撤离湘赣两省边界地区,红军再度收复井冈山。

南昌起义后在赣西作战亲历

杨如轩[*]

　　1927年夏末，宁汉分裂，武汉国民政府曾动员全部力量分路进攻蒋介石的南京政府。武汉政府的部署是，唐生智率其驻两湖的部队沿长江东下，直逼南京；张发奎率第四方面军由江西南昌、赣东进攻浙江；朱培德率第五方面军出赣南进攻广东，因当时在广东的李济深是拥护南京政府的。

　　命令下达后，各部分头进发。当朱培德的第三军王均部进驻吉安待命时，我所指挥的第三十一军之第二十七师、第二十八师正在赣东集中，准备开赴赣南与第三军会合，然后向广东进发。这时，朱培德在南昌的部队仅有一个警卫团和第二十七师之第七十九团。

　　7月31日，由抚州至南昌间的电讯突然中断。8月3日中午，朱培德的警卫团营长周右熙率步兵两营突然来到抚州，说南昌方面已发生兵变，他是率领所部突围出来的，兵变详细情况仍未明了。当天下午，突然接到朱德给我的一封亲笔信。此信是朱德派卢泽民（云南人）由柴埠口（距抚州15华里）送来给我的。朱德在信中告诉我，共产党在南昌已正式建立军队，并成立了以宋庆龄为首的革命委员会。信中用亲切的语言嘱咐我靠拢共产党走向革命道路，告诫我跟汪精卫、蒋介石、朱培德走是没有出路的；朱德在信中告诉我，南昌起义的队伍决定到广东建立新的革命根据地，望我到抚州柴埠口与他面商一切事宜。

　　朱德和我先后在云南讲武堂求学，在护国护法战役中，朱德任滇军的旅长，我在他的部下任团长，各方面曾得到他许多教益，我们的交情是很深的。然而我对共产党所领导的革命尚无认识，故在接到朱德的亲笔信

---

　　[*]　作者当时系第三十一军第二十七师师长。

后，虽然有所考虑，但是却实在丢不下现在取得的地位，因此拒绝了随从他起义的要求，仅通知他，我愿意把驻抚州的部队移驻南城，让南昌起义的部队通过抚州后，我再回原防。

朱培德以第五方面军总指挥的身份兼江西省政府主席，由于他手中握有兵权，在宁汉分裂时，经常奔走于武汉与南京之间，江西省府的一切工作均由他的秘书长卢灵舟代为处理，遇着重要事情才与第三军军长王均商量（当时王均系兼江西省省务委员）。这样一来，他下面的一些部属乘机争权夺利，有的甚至想方设法谋求兼任地方官吏，以求发财，整个江西军界呈现腐败景象。

1927年秋，毛泽东带领秋收起义队伍进入江西井冈山，赣西工农群众纷纷起来响应，很短时间内，宁冈、永新、莲花、遂川四县成了红军的革命根据地。此外，吉安、泰和、万安等县的农民也纷纷起来组织武装，赤色区域发展很快。

朱培德从汉口回到南昌，看到共产党势力发展迅速，整个赣西有被席卷之势，急忙令我率第二十七师移驻吉安，尽快镇压赣西的革命运动。奉命移驻吉安后，我即令第七十九团分驻吉安、泰和、安福3县，第八十一团驻万安。不久，又传来南昌起义开赴广东的队伍在朱德的率领下，正向赣南开来的消息。当他们到达上犹县时，朱德即派人送封信给我。朱德在信中要求我将上犹县让给他练兵，并嘱我不要向上峰报告。阅信后，我认为朱德未免把事情看得太简单了，但鉴于我们的关系较密切，虽没答应他借上犹县练兵一事，然而对他们在上犹县的一切行动，我却始终没有过问。

到了1928年4月至5月间，朱德、毛泽东在井冈山会师。这时红军声势越来越大，主力已进入赣西的永新县，且有向吉安进攻的模样，严重威胁着我们的安全。朱培德闻讯后，即令我率所部第二十七师及独立第七师李世龙团、第九师吕维周团分两路向永新进攻。不料，当我军进抵永新时，红军已全部向宁冈县方面撤去。据报红军在距永新县城30余华里通往宁冈道路之七溪岭已构筑工事。

根据这一情况，为准备攻占七溪岭，我即令3个主力步兵团开到永新县所属距七溪岭约十华里的南乡，监视七溪岭上的红军；其余部队及师指挥所暂驻永新县城，筹集粮秣。同时，我还与湘军第八军军长吴尚联络，请他派兵由莲花县向宁冈进攻，然后会攻七溪岭。然而当我军开进的前一天，红军却以一部固守七溪岭，另以主力由朱德率领经莲花县绕道从右侧方向袭击我永新县城。具体经过是这样的：适值我驻防永新县城时，得到永新西乡团防队长报告，说莲花县方面有土共数百人正向澧田行进。我即派刘安华团长率该团第一、第二两营向澧田前进，伺机将来犯红军击溃，然后同右侧部队会攻七溪岭。刘团长率部向澧田行进途中，与红军主力正面遭遇，经短促战斗，团长刘安华阵亡，营长罗炳辉头部负伤，其余官兵因无人指挥匆忙向永新县城溃退。红军尾追乘机冲入城内，我即率师部警卫官兵百余人与入城红军进行巷战。激战中，我头部中弹负伤，随身官兵也伤亡过半。正拟突围冲出东门时，忽然四门枪声愈响愈烈。在这紧急关头，我乃率卫士数十人突破包围圈，由一小巷冲上东门城墙跳下去，跑过浮桥后，占领对岸沿江高地，始得阻止红军追击。我急令驻南乡的3个团回援永新。

红军进城后，将我师弹药5万余发、现金两万余元及机要文件尽数拿去。红军在文件中得到湘军吴尚军长来电，内有派兵一师经莲花进攻宁冈等机密军情。红军于是马上撤离永新，连夜赶到通宁冈的途中设伏。待湘军进入袋形阵地时，伏兵齐发，又围歼了湘军两个团。红军经此两役胜利，声势大振。朱培德大为震动，决定第九师从山东调回江西，到永新与我的第二十七师会合，统由杨池生指挥进攻赣西红军。我因伤未愈，准备赴上海就医。

杨池生师长率领第九师到达永新后，与我研究一些军事措施，认为红军的优点是政治工作做得好，我们若单靠军事力量是决不能解决问题的，并因此向上峰提出了建议。但我们的建议根本不会被采纳，杨池生奉令向七溪岭红军发起进攻，结果大败而回，损失惨重。当时红军有这样一副俚俗对联："不费红军三分力，消灭江西两只羊（杨）"。后来，驻上海第五师熊式辉认为客军在江西作战不力，曾向蒋介石要求指派周浑元旅（其官兵均系江西省籍）开到赣西前线替代滇军。

战斗在七溪岭上

龚 楚[*]

正当井冈山的各项制度草创，土地革命逐步开始的时候，驻湖南国民党军一个师，由安仁向鄾县进攻。驻守鄾县的红军，以情况不明全部退回宁冈县城。这天晚上8时，又接到永新方面的情报：国民党军金汉鼎军的杨池生、杨如轩的两个师，已进入永新县城，正在强拉民夫，有向井冈山进攻的企图。

面临着这个两面作战的情势，前敌委员会立即召开紧急会议决定：对湖南方面取守势，因该方面情况不明，不便作战。对江西永新方面取攻势，并准备不得已时向黄坳撤退。各部队分配的任务为（一）朱德、龚楚率第二十八、第二十九两个团，占领新老七溪岭，迎接由永新向宁冈及井冈山进攻之敌。（二）毛泽东率第三十四团固守井冈山，对湖南方面严密戒备。（三）湖南各县游击队（赤卫队所改称）分路向鄾县游击。迷惑敌人，阻滞向宁冈县城前进之敌，以配合固守井冈山第三十四团掩护七溪岭方面主力作战。（四）迅速疏散宁冈县的物资，并完成必要时撤退的准备。

会后，立即分令第二十八、第二十九团两个团于第二天在宁冈县城集中，是晚我和朱德率领两个团出发向七溪岭前进。1928年6月22日拂晓，朱德率第二十八团占领了老七溪岭，我率第二十九团迅速占领了新七溪岭。两个七溪岭相隔有十里，中间隔着大山，我率第二十九团到达新七溪岭的最高山凹时，发现敌军正在相距约400码的山凹口搜索前进中，我先头部队立即占领阵地，向敌军射击，敌军也占领路侧的高地，与我军对峙。

---

* 作者当时系红四军第二十九团党代表。长征途中叛变。此文是作者在香港写的回忆录《我与红军》一节。

老七溪岭方面也同时被敌攻击，展开战斗。由拂晓至傍晚，经过了12小时的激烈争夺战，结果将来犯的国民党军杨池生、杨如轩两个师击溃，红军继续追击，占领了龙源口，主力仍向永新县城方面穷追。我正在龙源口收集部队、处理阵地警戒的时候，第二十九团第二连党代表彭晒报告："我由七溪岭下山时遥见国民党军一部在龙源口东南方向相距不远的山谷中。"这时，我只掌握了第二连一个连的兵力，除留一班士兵在原地驻守外，其余各班由我率领冒险向东南山地搜索。在龙源口外的千码的山谷中，确有国民党军约两个营的残部正在收容集结，我命令各班沿山顶散开，并率领一个班和携同仅有的一挺轻机枪下山去喝令国民党军缴枪。散开在山顶的士兵也同时大喊"同志们！缴枪！""缴枪"的声音在山谷中激起浪潮，声彻云霄，国民党军官兵疲惫至极，而且不明我军实力，只好集中架枪，不加抵抗，连党代表彭晒率领士兵一班，先将国民党军步枪机栓除去，装在伙食箩里挑去，然后叫俘虏将枪身捆扎，背负上山，我才将第二连官兵集合押着俘虏的国民党军492人和战利品步枪300余支、重机枪两挺回龙源口，俘虏们看到我们只有100多人后，似乎非常后悔的样子。

是役，第二十九团负伤的官兵计第二连连长萧克等共计70余人。阵亡官兵20余人，敌军伤亡枕藉，山上那条隘路，遍地尸骸。战斗时都践踏着尸骸前进，可想见战事的激烈，第二十九团俘获步机枪400余支，俘虏国民党军500余人，第二十八团也缴获甚多，那是1928年6月22日（农历五月初五）①的事。这是湘赣国民党军对井冈山第一次的"会剿"。②

次日拂晓，红军乘胜攻陷永新县城，再分路由第二十八团向安福进击，第二十九团向莲花推进，并占领了该县县城，湖南酃县的国民党军一个师，闻金汉鼎战败，自动放弃酃县，退驻安仁，当时红军中的略晓文墨的人，曾编了一副俚俗的对联"不用红军三分力，消灭江西两只羊"，盖指杨如轩、杨池生而言。

这次战役的胜利，使红军在械弹方面得到很多的补充，并开展了湘赣边区四个县的工作，巩固和发展了以井冈山为中心的罗霄山脉中段苏维埃政权。

休息整补了20多天的国民党军金汉鼎，在7月中旬又集中进攻永新，这

---

① 应是二十三日。——编者注
② 应是江西省第四次"进剿"。——编者注

时红军正在莲花、永新两县乡村，领导中共地方干部，策动工农斗争，分配土地，建立乡村苏维埃政府，部队一时难以集中。于是迅速放弃了永新县城。转而控制乡村，并将驻在莲花的第二十九团调回龙源口集中，准备随时消灭国民党军的出击部队。

红军在永新乡村20余天，乡村工作在毛泽东直接领导之下，有了极好的成绩。所有各乡村的农民协会、苏维埃政府、赤卫队、党支部等均已建立起来。民众的革命斗争情绪非常高涨。

国民党军虽占领了永新县城，但各乡村仍为红军控制，造成了红军包围国民党军的形势。国民党军对安福方面的后方交通，常被红军和地方民众武装所截断。城内的粮食、蔬菜、肉食等完全来自乡村，乡村的红军对县城实行封锁。国民党军无法得到供应，曾经三次派出一营以上的兵力出城到乡村采购食物，均被红军以优势的兵力围歼。国民党军固守孤城20余天，被迫放弃永新县城，撤退时，前有民众武装阻截，后有红军主力追击，损失惨重。金汉鼎部一军，经过两次失败，已无法再组织反攻力量了。那时国民党军主力北上，江西方面兵力单薄，我们随又攻下了永新县城。

我所知道的朱德和"二杨"

胡 彦[*]

朱德与朱培德是云南讲武堂的同班同学。北伐时期，国民革命军进入南昌，朱培德任第五路军总指挥兼江西省主席。1927年春，朱德应朱培德邀请，从武汉到南昌，任第三军总参议、第三军军官教育团团长、江西省会公安局局长。"二杨"是指朱培德滇军的第二十七师师长杨如轩和第九师师长杨池生。

那时，我在第三军第九师二十五团任营长，团长李文彬（字质卿）是朱德的学生。李文彬在泸州讲武堂分校当学员时，朱德任护国军第三混成旅旅长兼战术教官。当时，朱德从国外回来不久，学得不少新知识。李文彬一向仰慕朱德，第二十五团全部驻南昌宪兵营（驻地名称）整训。因此，李文彬常请朱德到宪兵营上军官讲堂和士兵"精神讲话"，深受全团官兵欢迎。

上军官讲堂，是在1至3月间，每周一次，准尉以上军官参加。在我记忆中，朱德讲课既不提三民主义，也不提共产主义，着重讲的是中国遭受帝国主义的侵略、受到压迫的惨痛历史和进行的国民革命一定成功的道理，以激励士气，号召工农兵应联合起来，打倒军阀，打倒帝国主义，打倒贪官污吏和土豪劣绅。强调"革命的向左走"。当然，朱德也讲军事，但大量时间讲的是政治，几乎每次讲话都提到"革命的向左走"。朱德的讲课，态度和蔼，不疾不徐，深入浅出，通俗易懂，感染力是很大的。

军官讲堂安排在上午，讲完课后，团长李文彬照例请朱德吃午饭，各营长也作陪。第二十五团的另两位营长是罗炳辉和蒋文光。

---

[*] 作者当时系第三军第七师第四十一团团长。

朱德还应邀对我团士兵进行"精神讲话"。"精神讲话"是不定期的，均在晚饭后集合全团队伍到城墙听讲。我记得朱德讲的几句话，意思是"有人说北伐是场大火，我看不算大，不过是打倒军阀。孙传芳、吴佩孚不是已被打垮了吗！将来还要打倒帝国主义，那场火才大啦。革命成功了，大家都有工做有田种。"

后来，朱德向朱培德建议，前往湖南收编黔军彭汉章部。朱培德同意，并给了朱德一笔活动经费。朱德到达汉口后，就随贺龙、叶挺返回南昌，发动"八一"南昌起义。1928年5月，朱德率"八一"起义的部分队伍由湘南上井冈山与毛泽东秋收起义队伍会师。不久，国民党军发动了湘赣"会剿"。朱德乘两省部队调动之际，率工农红军主力撤离井冈山开往赣南。国民党军疲于奔命，追击队由刘士毅部萧致平指挥的独立第七师两个团在大柏地中伏，被歼4个多营。张与仁率第三十五旅到达广昌，李文彬指挥的第二十一旅经三南追至福建边界，达于头陂。这时蒋桂战争突然爆发，第三军中止追击，第二十一旅调离江西。时值1929年2月，天气寒冷，部队拖得精疲力竭，身穿单衣，实在无力再追了。

旧历除夕，第二十一旅由头陂回师经过瑞金时，旅长李文彬出示朱德在会昌途中给他的一封亲笔信。信的大意是："质卿吾弟，南昌一别，匆匆年余，几年来，各为一阶级而奋斗。吾弟对军事进步很大，对政治没有注意。遂川一役，能出奇制胜，不负吾之所教，大庾一役，追随吾后多日，不辞辛劳。现蒋冯阎桂同床异梦，将来必然发生问题。识时务者为俊杰，若能率队归来，自当竭诚欢迎。如为环境所限，个人来归也很赞同。目前暂处困难，将来工农革命一定成功。何去何从，吾弟及早图之。"我当时是第四十一团团长，看到朱德这封信。这封信是用流水账簿的用纸写的。据说，李文彬怕受嫌疑，把此信面交第三军军长王均。

在遂川、大庾战役之前的1928年夏天，有一次永新战役，地点在永新及其西乡、龙源口、七溪岭与宁冈之间地区，时间在端午节前后。这时，蒋介石复任国民革命军总司令，继续北伐。江西的第五路军之第三、第九两军主力调津浦路作战，仅留第二十七师及第九师一个团、独立第七师一个团，共5个团的兵力在江西"剿共"，由第三军军长王均指挥。

1928年5月，朱德率工农红军攻占永新城。第二十七师师长杨如轩率5个团前往，红军没有抵抗向西乡撤退。国民党军追至西乡，红军又向宁冈撤退。5月中旬，第二十七师部署进攻宁冈。进攻宁冈，必先攻位于永新、宁冈间的七溪岭。杨如轩计划分两路进攻,以主力从龙源口(七溪岭东麓的一山谷,距永新城约30华里)进攻;以刘安华的第七十九团从右翼由西乡走小路上山进攻;以吕维周的第一营在西门外待命。正准备间,杨如轩接到刘团长传来西乡团总的一封信(该信是朱德假借团总名义写的)说,"西乡只发现几个土共,我可以对付,军队不须来"。这时刘团长已带着该团罗炳辉营通过搭好的浮桥过了河,王培根营尚未过河,突然遭到红军伏击。事后才知道,朱德率红军从宁冈绕道莲花,一日夜行程180里,突然出现在永新背后,从南门攻入永新城,一部袭击刘团,一部抄袭师司令部,刘安华团长阵亡,罗炳辉营长负伤。杨如轩师长仓皇带警卫连出城,西门走不通,只有从东门跳城墙出城,杨如轩头部负伤。杨如轩出城后急调龙源口的李世龙第三十八团回救永新。然而红军抄了司令部,吃了一餐饭后又撤出永新。这次战役,第七十九团损失最大,除官兵众多伤亡外,被缴去步枪300多枝,司令部损失子弹5万发,大洋2万元。

杨如轩负伤后,第九师师长杨池生奉命从"北伐"途中前线赶回,率两个团赶到永新,进攻红军。杨如轩、杨池生很合得来。"二杨"与朱德均是云南讲武堂的同学,护国军时的老战友。

端阳节快到了,"二杨"提前过端阳节,杨如轩对杨池生说,"你要小心,不是以前的朱玉阶了"。杨池生说,"老朱的打法我知道,没有什么了不起"。后杨如轩回吉安养伤,杨池生指挥作战,不料,杨如轩还没到吉安,杨池生就败下阵来,而且败得更惨。

这次战斗,国民党军共有约7个团的兵力,即第九师的第二十六团(团长陈显武)、第二十七团(团长郭体国),加上第二十七师5个团,继续进攻七溪岭。由于地形限制,仍以主力由龙源口进攻,以一个团由右翼西乡配合。国民党军两面进攻,刚攻到山腹,红军伏兵四起,只见红旗遍山,队伍顿时大乱。龙源口是个峡谷,兵多展不开,被打得落花流水,大败而归。当时红军战报登载:"红军不费三分力,消灭江西两只羊(杨)"。

朱德连续两次取得胜利后,又来了一个妙计,利用抄袭司令部时得到的杨如轩私章,以杨如轩名义写信给湖南的第八军军长吴尚,佯称红军已被打垮,要吴尚派队伍到莲花某山凹堵击。红军布置好埋伏,又击败湘军约两个团。

1928年9月,我们从津浦路回来赶到吉安,由吉安到永新,然后到宁冈。李文彬当时是团长,此时宁冈县没有县长。此后就派少校团附刘济生

"围剿"边区革命根据地（上）│亲历记
WEIJIAOBIANQUGEMINGGENJUDISHANG
QINLIJI
百年
中國記憶
BAINIAN
ZHONGGUO
JIYI

任宁冈县县长。以后，我们又到茅坪、十都等地。

刘士毅占领遂川是在我们前面，我们是以后才到遂川的，没有见到刘士毅的部队。我们去收复遂川时，刘士毅部已退回赣州，时间大概在9月13日以后。到遂川后，我部驻扎在河滩上（河背水），记得高处有个塔。红军在低处，双方一交火，我们损失了十多个人，死了两三个排长，以后红军就退到藻林。在遂川战斗时我是团附，在经遂川的路上便得知国民革命军的部队要缩编。李文彬对我们讲，"如果我们这次打败仗，部队恐怕保不住了"。部队以后驻在遂川河滩时，李文彬在塔边拟电报给王均，说我们打了胜仗，告捷。当时南昌的报纸也跟着李文彬电报作了报道。在遂川驻扎一二个月，我们就到永阳进行缩编。记得第三军在永阳，第九军在吉安缩编。第二十五团编为第二十一旅之第四十一团，属第七师，旅长为李文彬，辖第四十、第四十一、第四十二团三个团，我任第四十一团团长。以后我团又在遂川驻扎不到一个月，这期间没有发生什么战事。

1928年10月，蒋介石调驻上海的第五师（熊式辉部，熊原属赖世璜的赣军）周浑元旅到江西"协剿"。周浑元口气很大："客军不行，要江西队伍来保卫江西"。这个旅一到永新就迫不及待地进攻宁冈，红军严阵以待，被打得大败而归，团长胡祖玉阵亡。

以后是湘、赣、粤三省的第三次"会剿"，金汉鼎是"剿共"副总指挥，何键是总指挥。朱德率红军离开井冈山，我们旅和刘士毅部的第一、第二两个团尾追到大庾（今大余）。大余一战，大约在下午，时间不长，打了一个多小时，朱德便率领红军撤退，我们又追击。解放后，朱德在北京见到金汉鼎，问他："李文彬还在吗？"金汉鼎回答说："还在，跑到美国去了。"朱德说："大余一战，李文彬再追，我们就没命了。"当时正值天寒，我们部队还穿单衣，到象山后我们部队就停止追击，朱德的红军部队才松了口气。

金汉鼎是朱德的同学，在四川泸州时，朱德是第三混成旅旅长，金汉鼎是第四混成旅旅长，同在一个军。解放后，金汉鼎到北京，在国务院当参事，主要是朱德保的，要不然金汉鼎就会被人打死的。

"二杨"在缩编后调南京当参议，因为他们打了败仗，没有军队了，以后常住上海，一个时期又回到云南。杨如轩从上海回云南后，还在云南当过宪兵司令，杨池生回昆明后一直做生意。解放后，他们两人都被关了起来，杨池生1951年释放出来，监外执行，后病死。杨如轩一直关在监狱，1964年朱德到云南，杨如轩写了一封信给朱德，以后他才被释放出来，监外执行。文化大革命又被关了起来，这是杨如轩自愿要求回监狱求得保护，直到1973年才再次释出来，担任云南文史馆馆员。

刘建绪率部 "进剿" 井冈山根据地

欧阳烈[*]

    1928年5月，我从第四十四军调到第三十五军副军长兼第二师师长刘建绪部任少校参谋。当时，该师驻湖南邵阳，担任整理训练和"清剿"任务。以后，随着形势的发展，刘建绪历任第十九师师长、第二十八军军长、第四路军总指挥和第十集团军总司令等职务。在此期间，我一直在刘建绪系统中担任中上级军官，与刘建绪有着长时期的历史渊源。

    本文是指他第一次率部进攻井冈山根据地红军。

    现在，仅我亲自参加过的"围剿"井冈山之役的经过，就记忆所及，叙述如次，聊供参考。

一

    毛泽东领导秋收起义的工农武装进入湘赣边区的井冈山，创建革命根据地，成立苏维埃政权，进行土地革命。1928年夏初，朱德率领"八一"起义部队从湘南井冈山与毛泽东秋收起义队伍会合，正式编成工农红军第四军，红色区域便逐步扩展到江西的宁冈、永新、莲花、遂川和湖南的茶陵、酃县等县。湘赣两省当局曾经几次派兵"会剿"，企图清除他们的肘腋之患。但是，由于两者利害关系并不一致，行动未能统一，每次"会剿"都被红军分散游击、集中作战的战法挫败。例如江西方面的刘士毅、周浑元旅和湖南方面的阎仲儒旅各部，都曾遭受了一些损失。此时，不仅

---

    * 作者当时系第十九师第五十七旅中校参谋。

湘赣地方当局弄得手忙脚乱，惊慌失措，连南京的中央统治集团也感到局势严重，大为震动。于是，便在1928年冬季调集更大兵力，采取了五路"围剿"井冈山的大规模军事措施。

二

蒋介石为了统一军事指挥，分进合击，企图一举歼灭工农红军。摧毁革命根据地，于1928年12月，任命江西省主席朱培德为总司令，湖南省主席鲁涤平为副总司令，兵分五路，同时由湘赣边境向井冈山"进剿"。当时对于红军情况的估计，没有比较准确的数字。但据过去"会剿"部队在历次战场上发现的情况，估计能作战的正式红军，大约有1万左右，其余都是拿着梭标、鸟枪的农民，只能呐喊助威，毫无战斗能力。红军武器不足半数，而且只是一些陈旧杂乱的步枪，没有自动火器；弹药多系土造，射程不远，杀伤力极弱。他们虽然打仗勇敢，会跑会冲，不怕牺牲，但是，只要我们沉着稳定，集中火力，给予大量杀伤，便可将其击溃。红军主力一经打破，那些被裹胁来的农民，必然一哄而散，各归乡里。然后准其自首自新，各安生业，红军就不难消灭了。

根据以上判断红军主力多在江西境内的情况，国民党当局的进攻部署，也将重点放在江西方向。当时的军队区分是：以第三军军长王均任前敌总指挥，该军第七师师长李文彬，第二十七师师长杨如轩，第九师师长杨池生分任第一、二、三路司令，并以熊式辉的独立第五师第十四旅周浑元和刘士毅的独立第七师为机动部队，驻江西的湖南方面第八师吴尚部和整编第十九师刘建绪部，则分任第四、五两路[①]。各路部队均须依计划，分别由赣西和湘东，逐步将红军压缩于井冈山地区，然后发动总攻，将其一举歼灭。就在1929年1月，红军主力撤出井冈山，急速向赣西南进发，摆脱被动态势，将留少数红军协同地方赤卫队在根据地坚持斗争，以维护苏维埃政权。当时国民党当局对红军这一突然行动，看着是逃脱围攻，避免歼灭，被迫采取流动窜扰的意图，在脱离根据地和没有成熟的群众基础的情

---

① 番号有误，当时国民党军已整编。杨如轩、杨池生已离开军界。见指挥系统表第三次"会剿"战斗序列。

况下，对"进剿"方面来说，是更为有利的。面对这一新情况，"剿共"总部立即命令第一、第五路和两师机动部队星夜驰赴赣州附近，分途拦截，并阻其向北窜扰；同时令第五路刘建绪部迅速由桂东出崇义，侦察红军前进方向，跟踪追击，以收夹击之效。另令第四路吴尚部并指挥井冈山周围各县（包括茶陵、酃县、宁冈、永新、莲花等县）团队负责肃清井冈山残余红军，彻底摧毁苏维埃政权，进而恢复地方组织，安定社会秩序。

三

　　1928年12月底，第十九师刚由第三十五军改编完成，师辖三个步兵旅、一个炮兵团和一个教导总队；旅辖四个和一个特务营，何键改任师长，刘建绪改任副师长兼第五十七旅旅长，将全军的官佐和兵员全部保留下来，并未编遣一兵一卒。刘建绪奉到"围剿"井冈山命令时，团队还没有调归新的建制，即抽调驻在湘东南的周希武、王英兆、陶柳、魏镇等4个团，编成第五路"进剿"部队，立即开往桂东集中。自率司令部人员和特务营于1929年1月初由衡阳星夜向桂东进发。大约是1月7日，我们刚到桂东，得知红军已通过崇义、上犹之线，折向赣南前进。刘建绪认为，既然情况发生了变化，本路部队不可能参加新的"进剿"部署；另一方面，红军行动迅速，预计我军已追赶不上，因而不需要太多兵力，便将陶、魏两团留在桂东，自率周希武、王英兆两团和特务营经崇义向大庾方面追击前进。1月9日部队到达大庾以北地区，接得侦察报告：大庾西部的大小梅关一带，尚有兵力不详的红军后卫部队，占据山险掩护其主力部队的行动。刘建绪即令周希武率领本团和王英兆团向小梅关及其以东地区搜索前进，寻找敌人而击溃之，司令部及特务营就在现地停驻，以便指挥。在周部向梅关"进剿"的第三日（1月11日），司令部尚未接到周部报告，前方情况，毫不明了。刘建绪颇为焦急，深恐前方战事不利，红军乘势反扑，司令部兵力太少，无法抵御，不如向后撤到崇义，较为安全；万一周部战败，以便于收容整理。我估计全盘情况之后认为，红军主力已过信丰，并继续向会昌方面前进，似无向北回旋的意图，其在大庾西部的后卫部队，目的在于迟滞我军追击，兵力不会很大，我以两团攻之，必无挫折之虞。不过，当地尽是崇山峻岭，易守难攻，逐次攻击，比一般战斗多费时日，主张暂时不必移动，待派人前去弄清情况后，再做决定。次日下午，周部仍无报来，联络员亦未回报，刘建绪的意志更加动摇，遂决定于次日拂晓前向崇义撤退，并自拟命令，交参谋处缮发。我觉得当前情况，仍同昨日一样，并无新的变化，而且预料当晚必能获得前方情报。建议等到本夜12时或更迟一些时候，才将命令发出，以免临时更改。正是黄昏过后，雨雪下得正浓的时候，王英兆拖着疲困的步伐来到了司令部，刘建绪首先问道：前面打得怎么样？王报告说：打得很好。敌人已向信丰方向退却，我军正在跟追中。刘听后非常高兴。随即详谈作战经过：原来这支红军是彭德怀的部队，号称有10个大队，共约两千人。在梅关通向信丰的大道两侧，占据两道掩护阵地，阻止我军追袭。我军发动攻击后，该敌据险顽抗，并多次出击，反复冲杀，战斗甚为激烈；加以山上积雪很厚，战地运动困难，经过两昼夜的猛烈攻击，在我优势火力的杀伤下，才迫使该敌放弃阵地，向信丰边境退去。刘建绪说：这回总算追上，并且打了一仗，否则，真不知如何交待呢！当即面嘱王英兆转告周希武，将敌赶至信丰境内后，即须停止前进，等候新的命令。刘建绪认为这次追击任务已经告一段落，遂将梅关作战情况向总部汇报，并请示今后任务，然后带领直属部队进驻南康县城，以便同各方面通讯联系。

此时，武汉政治分会主任李宗仁正与湖南全省清乡司令何键商议，驱逐亲蒋的湖南省主席鲁涤平，以便将鄂、湘、桂三省联成一片，而与南京政府相对抗。因此，何键为求及时配合武汉方面的军事行动，即电请"剿总"将第五路部队调驻井冈山附近，协同吴尚部担负肃清残余红军和苏维埃政权的任务。我们在南康大约停留10天左右，便于1月下旬开赴遂川县城，将周、王两团部署在井冈山东南的大坑、大汾一带进行"清剿"。当时这一带没有正式红军，只有区乡苏维埃政府带着赤卫队坚持斗争。他们采取"敌进我退，敌驻我扰"的游击战术，白天山上分散掩蔽，使敌人无从发现目标，晚上就进到敌军驻地附近鸣枪吹号，积极扰乱。敌军大举搜山时，他们到处打枪，迷惑敌人，敌军赶到打枪地点，他们又逃得无踪无影，不知去向。就是这样"捉迷藏"地纠缠了半个多月，"清剿"部队没有取得任何成果。

正当刘建绪命令周、王两团准备向井冈山中心地带推进时，桂系李宗仁忽然派夏威率第七军进驻岳州，并继续向长沙开进，压迫鲁涤平出走。鲁知何键不能同他合作，他所属的第二军又分驻各地，一时无法集中，便于1929年2月21日带着少数部队离开长沙，退往江西。

四

记得刘建绪从遂川回湖南的路上，曾同我谈论过对共产党的看法。他认为这次共产党革命，与历史上写的烧杀掳掠的历次农民造反不同。首先，共产党有主义，有组织，有它自己的一套政策，可以号召群众，逐渐扩大它的政治影响。其次，中国社会是富人少，穷人多，其中最多的是农民，共产党采取打土豪、分田地的政策，削富济贫，制造穷人和富人之间的仇恨，容易裹胁群众，以壮大自己的势力。再其次是，它有一股经过训练的红军，虽然武器不好，却有相当的作战能力。在大量地方赤卫队的配合下，可以惑乱"进剿"部队，从而取得战场上的便利。针对这些情况，最好的对付办法，应该是：（一）严密民众组织，加强地方武力，巩固社会治安，使共产党所到之处，无粮可抢，无民可裹，以限制它的生存和发展。（二）同时派遣几路精锐部队，寻找红军主力，分进合击。猛打穷追，使它没有喘息的机会，只要击破红军主力，其他的乌合之众，便会纷纷逃散，不攻自溃。这样，就容易收拾了。刘建绪并且坚信，采用这种古来打击流寇的一贯战略，来对付目前脱离根据地进行流窜的红军，是一定会奏效的。

百年
中國記憶
BAINIAN
ZHONGGUO
JIYI

第二章 | "围剿"湘赣边区革命根据地

文史资料

百部经典文库

"围剿"边区革命根据地(上)亲历记

WEIJIAOBIANQUGEMINGGENJUDISHANG QINLIJI

综 述

　　湘赣边区革命根据地位于中央革命根据地与湘鄂赣边区革命根据地中间地带。在赣江以西,袁水以南,大庾以北,粤汉铁路以东的广大地区。以永新为中心,包括安福、吉安、宁冈、遂川、莲花、萍乡、茶陵、攸县、酃县、峡江、分宜等12个县。

　　1930年2月6日至9日,毛泽东在吉安陂头主持红四军前委、赣西、赣南特委、第五、第六军军委联席会议,决定将赣西、赣南、湘赣边三特委合并为赣西南特委。自根据地建立之日起国民党军就不断地对红军进行"围剿",其中较大的"围剿"有三次。

　　1931年7月,国民党军在向中央革命根据地进行第三次"围剿"的同时,调集7个师的兵力向湘赣根据地进攻,目的是限制湘赣红军与中央红军协同作战。11月,国民党军对中央根据地"围剿"失败后,便调集第四十三师、第十四师、第五十三师、第七十七师等5个师配置在赣江一带,第十八师和第五十九师驻袁水沿岸,第六十二师、第六十三师配置在攸县、茶陵,第二十八师和第十二师第三十四旅配置在遂川。将根据地割裂、封锁,然后实行"清剿"。经过一个月的战斗,第一次"围剿"被粉碎。

　　1932年11月,国民党军纠集10个正规师连同地方武装共十二三万人,布置于根据地周围,进行第二次"围剿"。第六十三师驻茶陵,第十五师驻酃县,第二十八师及粤军第一师驻上崇地区,第五十二师驻安福,为第一线部队,采取步步为营、缓进蚕食的战术,从东南、西南、东北三个方面合击。第二十三师驻吉安、吉水,第四十三师驻萍乡附近,第十九师驻攸县,为第二线部队,1933年3月中旬开始向根据地大举进攻。4月中旬,第六十三师和第十五师先后占领莲花、永新县城。5月6日,红军在九渡冲战斗中歼灭第六十三师四个团及第十九师、第十五师各一部,毙旅长钟中山以下500余人,俘六、七百人。5月29日,红军在崇下战斗中俘敌800余人。经过这两次战斗,第二次"围剿"被粉碎。

1933年10月,国民党军对中央革命根据地发动第五次"围剿",以"赣粤闽湘鄂'剿共军'"西路军第一纵队6个师及其他武装约10万人"围剿"湘赣根据地。第十五师驻宁冈砻市、新城及茶陵石砻等地区,第六十三师驻莲花,第十六师驻莲花及茶陵高陇地区,第二十八师驻遂川和万安,第五十三师驻安福、分宜,第二十三师驻泰和、吉安一带担任赣江防务,为第一线部队。第十八师驻安福和峡江地区,第七十七师、第六十二师和第十九师各一部驻新余、宜春、萍乡和醴陵一带,为第二线部队。中央军委要红六军团以阵地战和短促突击对付敌人进攻。1934年6、7月间,红六军团在金华山和松山阻击战中执行了错误的方针,使根据地大片丧失。7月23日,红六军团奉令撤出湘赣根据地。

红六军团突围转移后,国民党军留下第五十三师驻安福,第二十三师驻吉安,第七十七师驻泰和、遂川,第十五师驻莲花,第十八师驻茶陵,处处修筑碉堡,步步为营,向根据地推进。1934年11月,顾祝同为驻赣绥靖主任,辖8个绥靖区,谭道源为第五绥靖区司令官,指挥第十八师、第五十师和第七十七师,向根据地进行"清剿"。根据地军民在谭余保等领导下于极端艰难情况下坚持到1937年抗日战争爆发,直至实现第二次国共合作。

入赣参加"围剿"

王东原[*]

民国二十年（1931年）中原大战平定后，蒋介石坐镇南昌，我四路军编为"剿共"西路军，派军入赣"协剿"。1931年秋本师奉令由湘南经茶陵、酃县，收复"赤化"五年的宁冈县，即毛泽东老根据地井冈山所在地也。井冈山介于湖南之酃县、桂东与江西宁冈、遂川之交，山势险阻，周围蜿蜒500余里，直径约七八十里，井冈山是由五个大井而得名的。在此深山穷谷之中，与外界多所阻隔，毛泽东自1927年武汉分共失败后，即据此一山中，做农民运动，成立苏维埃赤区，赤化人民，组织工农红军。其方法不外以清算斗争方式，打土豪、分田地，以争取民众。最后展开全面游击战争，逐步削弱政府力量，夺取政权。自1927年至1931年为其酝酿发展的时期，中央为完成"北伐"大计，统一国家，有事于北方及中原地区，不暇顾及。而地方政府积弊太深，社会组织薄弱，无以抵制此一洪流。各省主政者又无认识，讳疾忌医，而有节节失地与丧师之耻，迨蒋介石坐镇南昌，共产党已控制赣南赣西半壁，红军连同游击队，已发展武装至十数万众，而成为滋蔓难图的态势。

赣西遂川、永新、宁冈、莲花一带，虽非共军主力所在，但被其控制已久，赤化已深，到处皆为苏维埃组织，赤卫队、少年先锋队、农民自卫队、游击队，则遍地皆是。政府官吏有地方有资产者，早被驱逐一空，共产党赣西纵队萧克占据其间。本师进入的次日，即与萧克主力打了一场激烈的运动战。萧克为巩固其苏区，企图阻止本师进入宁冈，不惜孤注一

---

[*] 作者当时系第十五师师长，现居台湾，此稿由其自传《浮生简述》中摘出。

掷，与本师在晨间将到达宁冈城附近地区作正面冲突，一经遭遇，即以其全力包围我张骰中旅，欲一举而吞没之，此时本师正在前进途中，早作应战态势。于是立派侯鹏飞旅迅速进出右前方高地，对其反包围，自晨至午，战至激烈，张旅抵抗坚强，屡将冲锋来的红军击退，我率汪之斌旅，一面支援张旅，一面向红军右侧翼进迫，最后以汪旅全部投入战场，激战至黄昏时分，只见各处烽烟起处，枪声渐疏而远离。我侯旅跟追至与永新交界之七溪岭，以天色已晚，就地占领阵地，我张旅及汪旅占领宁冈县城，击毙对方千余，我亦伤亡400余众，此一战役，实决定宁冈前途命运，本师获得初步胜利，良好的开始，实不止于成功的一半。

克复宁冈期中，我曾因公一度返长沙述职。回防之日，经过酃县，师部派来步兵一营迎护，由酃县城至宁冈防区砻市，计程60里，因本师为萧纵队的克星，对我痛恨入骨，随时派遣多数便探，侦察我的行踪，必欲除之而后快，此次探知我将于某晚由酃返宁，乃于中途腰陂地区布下一场天罗地网的埋伏，自晚8时起连得报告，我已率兵一营由酃县出发向东行进，预计在午夜可到达埋伏地区。在行军途中，我派出的便探，迄无回报，同时老百姓说前面走不通，我骑在马上，忽发生一种灵感，认腰陂有异状，险象环生，不宜通过。走出15里后，临时下令改行进方向，令向东南绕道前进，正感路径不熟，忽觅得一向导，湖南宝庆人，为一收鸭毛贩子，经常出入此一地带，村村户户收购鸭毛，对于每一小路熟悉无遗，在此一好向导下，迅速行动，比及天明，我已平安进入砻市防区，事后获得共产党军文件及俘虏供称：得知当日萧克在腰陂埋伏一夜，确知王师长已由酃县动身，又知正向宁冈大道前进，不知尔后为何失去踪迹，又不知如何飞渡到达砻市，此一危机的度过，非萧克计划之不周，亦非我有先见之明，其能免遭暗算，盖天佑焉。则在战争历史上，不免为庞涓之续，亦云幸矣。

进入宁冈初期，沿途村镇不见一个壮丁，留下者皆老弱妇孺，多含敌意，不肯接近，本师在巩固阵地后，先以大部分布于通酃县大道上，每隔10至15里构一小据点，20至30里构一个大据点，以维持后方交通与补给运输，开始清乡，特重宣传安抚，特别为苏区缺乏食盐，我军常以盐分给人民，不取代价，博得大众欢心，人民恐惧而渐趋安静，由误解而逐渐了解。始渐渐来归，一传十，十传百，不及三月，来者日众，始逐渐有交易市场，逐渐下田耕作，恢复秩序，各安生业，最后转依我军为身家性命的保障。我军于据点构筑成功后，减少防守兵力，将各旅布防范围予以扩大，由点而线，由线而面，于是一个地区、一个地区地入我范围，而渐扩及全县。约经半年时间，将红军组织完全予以摧毁。依据保甲法，将人民加以组织，实施联保连坐。至此清乡计划告一段落，再做进一步的进攻准备。

在宁冈收复后，萧克仍据永新，扼守通往永新要道七溪岭高峰，凭险构筑工事，阻我前进。1933年冬某日拂晓前，本师主力忽以神秘行动，出现于七溪岭的后方，由红军后向七溪岭高峰反击，出其不意，正兵法所称"攻其不备"也，在无大伤亡情况下，攻占七溪岭险要，与宁冈打通联络，即凭此高屋建瓴之势，续向永新进攻。红军失去七溪岭后，乃将所部分散于我进路两侧，在我进路之左翼，为红军之游击部队，其主力在我之右翼，占领侧面阵地，阻我前进，次日拂晓我派侯旅徐团先将左侧之红军加以驱逐，立下决心展开汪旅从右侧后向红军全面突入，猛烈攻击。原来红军的布置，想对我施行侧面攻击，一变而为我对红军造成侧面攻击的态势，此兵法之所谓"造势"也，直趋永新城，在城郊遇小抵抗后，即占领城郊要点，我率侯旅于黄昏时刻克复永新县城。此役以红军在侧面捣乱，我之行动大受牵制，然我能下大决心，在一夜之间衔枚疾走，夜行军约40余里，从七溪岭的东方一鸟道，绕过天险高峰，正兵法所称"攻其不备"也。是一大胆行动，深得部属信心，引为生平用兵一大快事。

永新克复后，大举肃清附近余部，开始清乡。1934年元月派张旅"进剿"北面大山黄岗红军兵工厂，以突击行动击毙红军独立第一师师长侯梯云，缴获步机枪1700余支，机件800余担，由辎重营搬运三天，此为"进剿"苏区以来最大的一次虏获。

1934年3月正在进行清乡期间，忽奉令西移，打通永新与莲花交通，当时所得情报，是萧克主力已往遂川，5日晨率师沿瀮水西行，派出侯旅为前卫，三十里至瀮田，不见红军一兵一卒，更无游击队阻挠骚扰，乃突然间在数声手榴弹爆炸下，萧克主力，从四方八面满山遍野向侯旅第八十五团包围突袭，各村庄内埋伏的敌兵，同时响应，枪声四起，侯旅旅部在第八十五团后跟进，打得侯旅长措手不及，无发布命令与展开部队的时间，一时陷于混战。我得报后赶至前线，令第八十六团迅速展开，向正面攻击前进，汪旅从右翼向敌取大包围攻势，左侧依托瀮水，我率张旅跟进，比及瀮田北岸，伏尸遍野，忽不见萧克踪迹，在一道烽烟下，已向北面山中走去，徐洞团及汪旅跟踪至山口隘处，天色已晚，乃就地构筑工事警戒，我率张旅占领瀮田南北两岸，入晚第八十五团官兵陆续归队，检查结果，死伤惨重多至400余人，被俘两百余，旅参谋长赵宝昌、团长徐本桢及两营长阵亡，侯旅长鹏飞据报被俘后自杀，第八十六团团长徐洞援救不力，记过一次，第八十五团一营营长张业临阵畏缩，予以枪决。按在红区行军，我军向派侧卫在进路两侧山上掩护前进，有时遇游击队扰乱，常采取更番掩护，更番前进，此次徐本桢团右侧派出右侧卫，竟未发现红军，致中埋伏，事后检讨，由于永新赤化已深，县城虽经收复，尚不及清乡，人民仍控制在共产党的组织中，对我含有敌意，情况全被封锁，为此次顿挫最大原因。此一战役，战果虽仍掌握在我手中，但损兵折将，致遭暗算，于不及一小时内，被红军以迅雷不及掩耳的快速行动，从老虎头上摘去鬃毛，在战史上少见先例，而本师竟遭遇之，可耻孰甚。

澧田为永新重镇，永新与莲花的交通中心，友人段锡朋、王子玕皆出生于此地，地方富庶，文风亦好，师部驻镇于此，除整饬部队外，开始清乡工作，其部署与措施，与初克复宁冈时，大同小异。正在绥抚途中，忽奉令与莲花陈光中师向遂川苏区"进剿"，以为第四次"围剿"之侧翼呼应，当与陈师约定：我师前麾，彼师殿后，在向遂川前进途中，某日晚间陈师后卫一营在拿山中红军埋伏，仓卒间被吃掉。我军进入遂川境后，只有小接触，进展顺利，最后克服遂川，于任务完成后，回防宁、永、莲区。又与陈师约定，陈师先走，我师殿后，乃我师到达宁冈之夕，忽得陈师电告，莲花被包围，请速救援，乃不待休整，急派张旅星夜驰援，红军探知我援兵将到，解围遁去。此一行动，深得陈师衷心感激。

1934年夏根据四次"围剿"失败教训，蒋介石有第二次庐山军官训练召集，我以"剿共"师长身份奉调参加，得与各将领交换经验，相互检讨，同时得将过去多年"剿共"心得，透过教育长陈诚转呈，在此期间，最高统帅蒋委员长，针对红军及其游击战法，采取七分政治、三分军事的原则推行交通壁垒政策，拟订我军"剿共"政策与作战方案，遂有五次"围剿"的成功。兹将当时与第十八军参谋长柳际明根据"剿共"经验研讨结论如次：

共产党游击队自称为"革命的武装斗争与大规模群众运动相结合的人民战争"。其发展叛乱过程，先从地下组织入手。以共产党员潜伏滋生于政府组织薄弱地区，散布共产思想、阶级斗争，然后打土豪、分田地，建立各种赤色组织，利用民众组织搜集情报，传达命令，破坏交通，收容伤患，以掩护游击战的进行。

共产党战法的运用，主要在认识军事为政治的一部分。军事不能脱离政治而独存，军队不能脱离民众而战斗，其所标榜之游击战术为其以劣势装备对付政府军优势装备的唯一法宝。由于挟持人民加以严密组织，因得控制空间，掌握情报。就地养战，补给在敌。守在"面"而不在"点"，守于"运动中"而不死守于"固着中"。使政府军失其"进剿"的目标而疲于奔命。施行以大吃小战法，积小胜为大胜，逐步削弱敌人，壮大自己。

迨所掌握之人民与空间扩大，至足以形成敌我相持之阶段时，即转而实行"以面围点"之运动战（又称枯点政策），亦即先夺取"面"，再控制"线"，最后攻取"死点"。其实行方法，为彻底破坏交通通讯，使各战略要点及各省县成为无数孤点，以增加政府军由此一地区开赴另一地区补给增援的困难，以有利于中途埋伏袭击。及至某一据点，四周皆落入游击队之手之后，对外交通断绝，粮食蔬菜皆无来源，军需民食，全赖空投接济，则此孤点，绝难久守。

游击队的力量，不仅在有形的武力，而在结合广大数量的人民以为掩护。因此，剿共战争，在政治上为"争民之战"，在军事上为"争地之战"。如不能与共产党争民争地，情报在敌人手中，则与战之地不可知，与战之时不可知，处处受制，失去主动，虽强亦弱，虽众亦寡。

对红军施行轰炸政策，红区平民将遭池鱼之殃，不独其人民发生反感，失去人心，且有悖救民水火的作战本义。政府方面，如争点而不能"连点成线"、"结网控面"，势将坐待攻击，徒增军事上的负担。我军时时被动增援，亦有疲于奔命之苦。因此，在此种人民与空间均为共产党控制的情况下，即使战争延续10年、20年，依然得不到根本解决。

剿共政策的基本大计，在争地争民。明白地说：在军事上，要一个地区、一个地区地"收复空间"。在政治上，要一村一户、一村一户地"争回人民"。争民有道，其道在争取民心，以经济安定民生，尤应特别注意给予人民以安全保障。争地有道，其道在根据过去痛苦的经验和教训，推行"碉路政策"，尔后改称"交通壁垒政策"。战术上采守势，战略上采取攻势。夜以继日地不断更番向红区推进，逐步隔绝红区的联系，缩小红区的范围，窒息红区的交通，摧毁共产党的组织，迫使红军从事阵地战。同时藉交通壁垒，缀点成线，连线结网，保障我方民众的安全，掩护我方民众的组织，加强保甲连坐，巩固内部的团结。

上述方略，经我军所采用，1934年秋第五次"围剿"开始，北路由陈诚、薛岳两纵队采战略攻势，向赣南红军根据地逐步挺进，东、南、西三路取守势防堵，朱毛等人几经研讨，先有萧克出赣西地区，经汝城、郴县、宁远、道县赴湘西与贺龙会合，为朱毛共军北上开路，其主力在我碉路政策下，势穷力促，不得已放弃赤化多年的赣南苏区，以避免捕捉。1934年冬开始大规模向西转移，初期有红军部队不下五万人，连同地方游击部队及胁从约六七万众，经湘粤、湘桂边界向贵州西奔，本师在"追剿"萧克后，转进湘西、黔东及四川秀山、西阳、剿灭萧、贺留下牵制我军、到处滋扰的余部，经我扫荡肃清，地方得告安枕。1935年春夏之交，奉令转移湘西，负绥宁地方之责，师部驻镇芷江，为入黔孔道，民国以来，湘西多匪，闾里不安，地方人士，至以为苦，而政府远处鞭长莫及，本师到后，大举清乡，根据不同情势，运用不同方法，因地制宜，将多年积"匪"，次第肃清，使湘黔孔道，畅通无阻。主要收效，不徒在武力强大，实以纪律严明、爱护人民，得到老百姓信任与合作，得收犁庭扫穴之功。

防卫吉安

罗　霖[*]

　　南昌被围之时，吉安已于1930年10月4日失守。吉安是江西重镇，为江西经济文化中心，与抚州并提，有"金吉安，银抚州"之称，在外士绅官僚很多，著名人物如刘峙、刘芦隐等，都是吉安人，熊式辉，也是江西显官。吉安一失，在外江西籍官绅大为震惊，纷纷责难鲁涤平防守不力。这时蒋介石也已结束中原大战回南京，听说吉安失陷，十分恼火，去电南昌痛骂了鲁涤平一顿，并限令于10月20日以前收复吉安。鲁涤平在四面八方的责难之下，惶恐已极，急电高安，要我立即带领队伍往分宜集中。我一到分宜，随即又接到命令要我在10月20日以前收复吉安。我一看日期，已是10月17日18日了，心里很急："这怎么办得到啊！？"但也无可奈何，只好从分宜出发南下，还没有走出一二十里，不禁使我大吃一惊，旧的道路都没有了，茅草长得一人多深，茫茫一片，既看不到一个人，也找不到一点吃的。我一想：糟了！一无人，二无路，三无吃的，连水都不敢喝，瞎子摸路还有根棍子，我们连根棍子都没有。这个仗怎么打呀！我感到再往前走很危险，便立刻下令宿营。入夜，四处高山，黑巍巍地屹立着，人马正待安歇，忽然喊声四起，只听得这里一阵"杀呀！杀呀！捉活的呀！……"哪里一阵"杀呀！杀呀！捉活的呀！……"部队闻声惊起，准备迎敌。我知道，这一出击，必然有失，便马上下令，不许妄动。这样闹了一夜，直扰得全师官兵人心惶惶，通宵未睡。第二天连眼皮都睁不开。我一看这情况，心里很慌，知道如果往前直走，红军掌握了我军动态，一定会用伏兵袭击，于是我便决定声东击西。开始部队故意朝安福前进，走到中途

* 作者当时系第七十七师师长。

忽然折向东南以急行军往吉安迅跑，赶到吉安，已是10月20日（应为10月19日）。吉安虽然赶到，然而已是一座空城。原来，我们的行踪，红军老早就已掌握了。不料国民党当局却抓住这个机会大肆吹嘘，说什么我军获得大胜。于是"罗霖师克服吉安"的大字标题，便见之于南京、武汉一带大城市的报纸了。蒋介石甚至来电嘉奖，颁发我"二等宝鼎勋章"。鲁涤平更是高兴得不得了。当初他见我自分宜南下后一直没有讯息，以为我被红军消灭了，他收复不了吉安，无以复蒋介石的命，因此，直急得每天搓手顿足，几乎要哭起来。现在，忽然听见我"收复"了吉安，他不禁破涕为笑，拍案而起，叫道："这真是神兵呀！"不久他来吉安，和我经常往来，待我十分敬重，他身躯高大，派头十足，颇像个大官僚样子，能说会写，最贪吃，喜吃鱼。一桌菜，总有好几盘鱼，新鲜鱼、鳝鱼，鱼的吃法多种多样，鲁涤平是"谭派"（谭延闿派），据说谭派最讲究吃鱼。

吉安"克复"后，蒋介石感到红色政权壮大得如此迅速，已成了他的巨大威胁，心里很恐慌，便决定布置军事"围剿"，于是飞南昌召开军事会议，各师长都应召前往，我则托守吉安防务重要离不开身，派师部驻南昌办事处主任唐文简代表出席。我为什么不去呢？其中有段原因。

当蒋、冯、阎大战中原时，蒋介石有意调我去中原。我知道蒋介石对非嫡系部队素来不怀好意，调我去中原，无非是想借冯、阎之手消灭我的实力，以达到他借刀杀人、消灭异己的不可告人的目的。因此，我借故没有去。这次，当然不好去南昌了。蒋介石大概也揣摩出我这个心思，也就没有勉强我去南昌，反来电慰勉一番。说我就驻守吉安好了。后来，在南昌军事会议上蒋介石为了鼓励他的爪牙为他卖命，还举出我"收复吉安"的例子说，"罗某能以一师之众，收复如此重镇吉安，可见消灭红军易如反掌"。他充满信心地说："红军的主力集结在东固，只要一举攻下东固，红军就完了。"蒋介石这番话，说得大家心痒痒的，尤其是江西警备司令张辉瓒更是摩拳擦掌，恨不得立刻攻下东固，立功受奖。南昌军事会议一结束，各路大军纷纷出动。我则因被吉安士绅挽留，同时也怕到红色区去找亏吃，便仍留在赣江西岸防守吉安。我为什么会受到吉安士绅的欢迎呢？这是因为在我之前守吉安的邓英师太坏了，邓英守吉安，士兵有如盗匪，奸淫掳掠，无恶不作，邓英本人则嫖妓女，抽大烟，勒索富商大贾。吉安人对于他真有谈虎色变之势。邓英驻防吉安，给吉安人带来的是不堪忍受的蹂躏，而一当红军攻吉安，逃得最快的也是他。我守吉安，军纪较好，军民比较相安，士绅当然会欢迎我了。

松山之战

李清献[*]

松山在江西永新县北乡。1934年夏我当第五十三师第一五九旅旅长时，与红军萧克将军曾在此打过仗，战事还相当剧烈，特将此次战事写出。

战前形势。

这在五次"围剿"末期，当时国民党军用建碉筑路战法，步步向苏区进逼，红军每每利用地形，给进攻部队以打击，松山战役就是一个例子，可见红军在对付建碉方面，不是无能为力的。

当时赣西方面以萧克将军所部为主力（番号已忘记），积极保护苏区。国民党军方面，永新驻有彭位仁的第十六师，但困守孤城，5里之外即为红军活动区域，安福驻有陶广的第六十二师，仅能维持安福区域，无力解永新之围，吉安驻有李云杰的第二十三师，其主力要用在赣水东岸，也无力顾及，第五十三师在富田附近建碉完成，集结吉安，于是蒋令第五十三师开往安福，担任安福、永新建碉任务，使安福、永新联成一气。

建碉部署。

第五十三师到安福后，师长李韫珩召集军官会议，李说，建碉前进，必招致红军截击，本师单独作战，必须十分慎重，大家一致要求：第一，时间不要限制太短，使部队长有从容布置时间；第二，每日行程不宜太长，使部队有充裕时间做工作。李接受了建议，决定从安福南境的金田起，向永新建碉前进，每日行程5华里，每日以一个旅担任警戒，一个旅建碉，要求各旅在出发前，对士兵详细说明，使其有信心，俟官兵确实明了后再下令前进，以后行动，均照此次会议的决议案，并无变更。

---

[*] 作者当时系第五十三师第一五九旅旅长。

红军部署。

共产党叛徒左娜，本是赣西主要负责人，向我贡献意见，说，萧克将军共有6个团，以第四十九、第五十一两团战斗力最强，一个团系军士队编成（似指第四十九团），一个团系李明瑞将军旧部（似指第五十一团）。我军前进时，萧克将军必在松山截击，因为松山在安福、永新县道东边，是我们必经之路，松山东面尽是层层起伏的大山，便于隐匿兵力，松山西面，尽是平地，无险可守，所以在此作战，对我极为不利，要我特别注意。我当时迷信碉楼万能，对左娜的建议半信半疑，但以后却完全证实左娜的预见，堡垒容易从内部攻破，可见纯洁革命队伍的重要性，至于叛徒左娜，另文说明，此不详叙。

战斗经过。

由于左娜的建议，我特别注意士气，把当时国民政府的抚恤办法，石印分发给官兵，阵亡了，子女可得20年抚恤金，负伤的按其轻重，也有一次抚恤金与年抚恤金可得，当时官兵受了我的宣传，确也起了些作用，所以在失利后，还能转攻，支持了这次的战事。

1934年夏某日，接近松山时，左娜又提请注意，我还是半信半疑。到松山那次，第一五七旅担任警戒，我担任建碉。第一五七旅照平常惯例，只在松山西面找些高地警戒，防萧克将军来攻。我旅那天行军序列是第三一七、第三一三、第三一五团，第三一七团到松山附近时，见山上建了一个碉楼，即令第三营攻击，红军俟三营接近时才开枪射击，连长骆峥首先阵亡，营长欧阳伦林亦阵亡，第三营不支而溃，红军追下，第三一七团亦被击败，我已赶到，乃令第三一七团反攻，红军退去，我又令第三一七团攻松山，又被打下，适第三一三团赶到，我令第三一三团掩护左翼，令第三一七团攻松山，不久又退下，我令两团各就原地做工事，令第三一五团向左翼延伸，构筑工事，这时第一五七旅的第三一六团赶到，我要他就地构筑工事，团长郑侨不听，仍率全团去攻，这时我逆料到会失败，乃集合3个团的重机关枪于松山脚下，不久郑团败下，红军尾追而来，我用重机枪掩护，红军死伤甚多，乃退回山去，以后我在山下做工事，红军守在山上，成为对峙之局，是夜红军主力撤走，第三日，我方才占领了松山。

这次战斗相当剧烈，当红军追击时，隔我只有十几步远，只想捉活的，并不开枪；当我反攻时亦复如是，所以战场上，时而枪声密集，时而枪声稀疏，这也是战场罕见之事。

　　双方伤亡都大，我旅阵亡营长欧阳伦林、樊昆山二人，官兵数百人（详细数字记不清了）。红军方面，似亦伤亡很大，3个月后，第五十三师第一五七旅到牛田游击，还看见红军医院有伤员一千多人。我在1949年底宁远起义后，零陵军分区派代表蒋树同志去接收，谈过松山之战，他说，那次他当连长，全连一百多人，战后仅剩80余人，本人亦身中7弹，可见战事剧烈之一斑。

　　松山之战，第十六军参谋长沈凤威说我不应中计，处处被动，当时只照计划建碉，引诱红军出击，才算主动，他的话很有道理，在战略上，我是居于被动地位的。

第十五师在宁冈永新政治活动鳞爪

何 英[*]

在宁冈永新一带开展政治欺骗性活动

在由鄜县向宁冈进军中，不断获悉各方"围剿"情报，不是李明第十二师全军覆没，就是中央军薛岳部受挫折打败仗，不然就是陈诚嫡系罗卓英部吃了亏，报不出账，总是不利空气与不好消息。所以王东原前进中，非常小心、耐心、细心、蛙步前移，更番叠进，不搜索好不进，不站稳脚跟不进，不摸透情况不进。为的怕埋伏、怕截击、怕夜袭、怕奇剿，宿营不敢在村庄内，总是占制高点，宁愿村落露营，不肯村落舍营，一直到了宁冈县砻市都是如此戒备，所谓蟹行龟步，足以形容当时"进剿"行军状态。在砻市遇着敌手萧克部，汪文斌旅是前卫，随便接触一下，大部主力即转移到左侧高山起伏不断的制高点上，向下俯瞰，实行监视。侯鹏飞旅向前增援，未放一枪，爬上右侧诸山接连不断的制高点，也是向砻市下瞰，不敢动一步。王东原率师直属工兵营、卫队连和总预备队张毂中旅，也是登上右后侧层层接连不断地在小山中展开，向下俯瞰，不敢前进，只形成三面包围架势，与砻市保持接触。只看砻市上红军部队从容不迫，鼓号集结，对面山岭上，红旗飘展，浩浩荡荡，人如烟海，有时你这方面打一排机关枪，他那方面放一阵迫击炮，山高人远，一枪一炮，也未打中过。红军不还一枪，好像不知有三面包围样子，沉着集结，向对面后山凹移动。汪旅、侯旅各自在两侧高山上看着，谁也不肯下山夹击。王东原自己也不敢用张旅前冲下击，尾追直扑。大家看着红军走，大家看

---

* 作者当时系第十五师党政专员办事处上校专员。

着红军动，走到哪里，行向何处，根本摸不透。心内还怕红军集结好，绕向各人后方山头上包围夹击。瞰制一下午，将临黑的时候，红军果真派小部分神枪手，到处打冷枪，枪声虽不多，但是子弹确可以落到王东原师各旅所占高地上，形成恐怖。王东原师各旅和师部，只好就地彻夜露营防守，真临大敌，莫敢攻打，这是武力"进剿"第一次遇敌采取畏缩不前，防而不打，守而不攻，看而让去的一幕战斗趣史。我的党政处也随师部一齐在高山上就地露营一宿，只是假眠，还怕半夜红军前来偷袭。那晓得天公不作美，夜半大雨倾盆，淋得各阵地各官兵都如落汤鸡，还夹有闪电大风，伞都不能撑开。到了天光，各山头各部队，都还在所占地方，未移一步，饥寒交加一夜，受了活罪。俯瞰砻市，已无人烟和动静，对面山上还到处插有红旗在飘扬。王东原师长这时始令各旅向砻市进攻，各由阵地向下俯冲，同时命侯、汪各旅占领砻市后，立刻向对山红旗飘扬处，衔接"搜剿"。然后自己命令勤杂输送辎重。各部仍在山中停止。自己率张旅也向砻市推进。等侯、汪两旅越砻市向对山搜索"探剿"时，王东原师部和张旅已抵砻市，空无一人，仅有房屋家具，连衣被炊具都已搬移隐藏起来，完全是一座空城。等到汪、侯占领对山上时，只有红旗插在树林中或岩石上，不见一个人影。可是原来汪旅昨晚所占领的山头，确又见红旗飘扬，有枪声向砻市瞄准。这时王东原叹了一口气说："真是神出鬼没，摸不到一丈二尺高金刚菩萨的辫梢。红军专门吃空子，实在'剿'不了！到底在哪里？摸不到。"只得派张旅一团向左侧插红旗的山头上"搜剿"，未爬上去，红旗都不见了，又不知向何方去游击、去扰乱了。扑了一个空，下午才下山，可是到临黑的时候，山头上又到处红旗在天空飘展了，只得又派兵前去搜索警戒。王东原如坐针毡，时刻不安，架起无线电台，只好拍一个假打胜仗电报去邀功。电文如次："总指挥何（何键），昨日'搜剿'前进，抵砻市附近遇着于我5倍兵力'巨匪'萧克部，扼险据守，顽强抵抗，经我师三面'包剿'，凭险夹击，于夜晚击溃，狼狈不堪，抱头鼠窜，是役击毙匪数百名，虏获破枪梭标数百枝，生擒数十名，俟清扫战场，安抚人心后，再继向宁冈'进剿'，职王东原。印。"第二天，得着何芸樵（何键号）复电"砻市王师长：一〇电悉。越境'进剿'，首立奇功，殊堪嘉尚。除已转报行营外，希稳扎稳打，切勿冒进，据报匪诡计多端，最惯用奇袭夜袭，千万勿为所乘，何键。印。"党政处在砻市各方面搜索探查中，得着几位老婆婆和瞎子瘫子，约七八人。向他们抚慰，问他们"最痛苦的事是什么？"他们都说"没有盐吃，脚没有力，走不动路。"于是立刻送他们盐，每人约二两，他们感谢不尽。随即向他们宣传，"我们军队不抓人、不打人、不骂人、不拿人民一针一线，买东西给现金，公买公卖，困难户给予救济，不办胁从，保护自首，奖励携械投诚，维护人民安居乐业，不抽一切捐税，不要一个壮丁。你们要劝你们家里人和邻居亲戚、男女老少，即刻回家安居乐业，我们绝对予以保护，如查有不法士兵在外滋扰你们，一定严办。我们是来救你们的，不是加害于你们的。你们要做良民，要做好人，我们绝对保障你们一切自由与安全。"说得他们张口大笑，都说"是好军队，你们为什么不早来？害得我们盐都没有吃的呀。我一定到山里去喊他们回来。"这一访问成功了！真的下午由山上山凹树林里回家者，竟到100余人，都是苦于没有盐吃，于是便商量于王师长，由师内给养方面拨借20斤盐，立刻发放给回家的男女老少。他们个个笑逐颜开，同时我拟电何浩若处长，报告随军到砻市收抚人心情况，当前最迫切最需要的是盐，要发盐赈，人民才收到实惠，才能做到收揽人心，真能倾向于我们。何浩若复电同情，并嘱就近与王师长商洽办理，准予报销，但须要有指摩清册。人越回越多，渐渐有出售东西者，小菜也可以就地买到一部分（唯主粮米，还是要由茶陵后方，一路派兵保护押运而来），市面第二天就显出活泼朝气。我们党政工作乘势抓紧贴标语，散传单，写墙报，搞宣讲台，分组挨户宣传。困难赤贫无依靠者，给予一元安抚费。人民看着王东原师军队真正做到不打、不骂、不抓，还给盐吃，不要钱，还广救孤老送一元安抚费（取据打手摩造清册由王师经理处垫支报总部上报转发核销）真是好军队。头一炮立刻打响了！王东原喜不自胜，握着我的手说：北平（何英号北平）呀！你真有一套，与"匪"争民，你真能做到，真是做到政治进攻与军事"进剿"齐头并进，哈哈！真是好帮手，真正了不起呀！我一笑而已，未答一言。在砻市计开两次宣传大会，到会人数在一千以上。在附近砻市村落，也分途发给盐赈，还乡者日众，帮助军队做买卖者也不少，沉寂寂的砻市，一变而为朝气蓬勃的欣欣向荣太平景象。前后10余日，变化如此之快，也是从来未曾有（当时师特别党部秘书有一架自用手提照相机，摄了好几张放盐赈放急救济费和访谈及大会影片）。（后来都刊登在第十五师月刊上，并出过党政专刊）砻市党政欺骗麻醉笼哄手段，胜利地成功了。也就走马观花、昙花一现而已。接着随军进住宁冈，路途上并未遇红军。抵宁冈时，江西省熊式辉主席已派一某军某师王军法官为宁冈县县长。市内秩序如常,赶场做买卖者,络绎不绝。不是城外死尸到处暴露、臭气冲天,几乎不知此地曾经过多少战争与各方面所杀害人民有多少的事?与王县长接洽,除托代办一部分粮草,供应军需外,主要责令办理清乡和五家联结,以及以工代赈,安定民生,保护生产,奖励自首自新,宽大处理,不予追究,不准寻机报复,不准挟嫌诬控,胁从枉治,咸与维新,犒赏携械投诚,抚慰鳏寡孤独,开过一次宣传大会。母亲病殁时,这时已离乡15年了,奔丧回合肥南20里埠角头邨乡下家冲。来去27天,回任时,第十五师已移住永新。据说曾打过两次小仗,可是没有看见一个伤兵,可能又会谎报大功,以资欺骗。我晓得王东原会装假,会妄报功,也就不去过问了。此时,鄙县到永新一路畅通,后方粮需供应都能即时赶上供应,似乎就同没有战争创伤一样。只是城内败瓦颓垣,残砖败木到处皆是,人粪马屎,杂草横枝,交通阻滞。后未走一家小面馆,老板邹姓,合肥人,约60岁上下,他说:"红军三千多人,前三天就赶夜开走了,你们队伍来,未打一枪,未响一炮,就占了城,真正便宜,这个城这几年来,杀进杀出,不知多少次,你死我活,不知拼多少回,都是自家人杀自家人,真是怨气冲天,在劫难逃。"我说"老乡你是喝老母鸡汤的九二码!(指合肥人,自称的话。喝老母鸡汤是合肥人的嗜好;九二码,表示尺寸大,就暗指合肥人妄自尊大,等于九二码子一样,因为合肥过去出过包文拯,前清出过李鸿章,民国出过段祺瑞,都称为李合肥、段合肥,所以合肥人就有狂妄自夸情绪,自称九二码,表示大得不得了,只差八分就成了一尺,讲破了,委实可羞)我也是府呆子(谦词,指庐州府人,合肥是庐州府首县,解放后改为市,是安徽省党政军首长驻在地。我30年来,未曾到过合肥去一趟)大家难得在他乡相逢,人不亲土亲,以后常来往做个老乡亲,知心朋友好了!"他听我讲是合肥人,他异常高兴,喊他女儿名桂儿(叫桂枝,9月生人,约七八岁)来见我,还喊了一声"何伯伯",我高兴极了,马上由腰内掏出两元钱给她,作为见面礼(这是合肥人传统习惯,年长辈尊的人,与晚辈人第一次见面要给见面礼)从此以后,天天见面,依靠他作线索,大大顺利地开展我的政治工作,使我在永新又获得进一步工作胜利。当时永新人民无盐吃,我们还是照在砻市办法放盐赈,每人五钱,由城而乡,由近及远,给予人民以物质上的实惠。从他们最迫切、最痛苦的地方来解救,是剜心攻心,政治上最易奏奇效的妙诀。同时结合大会、小会的宣传和张贴标语壁报，散发传单写墙报，各种各样方式宣传。人民归之者如市，自首自新，一律保障安全，携梭标土炮来投诚者，由师部给予奖金，不准报复，不准诬控，采取宽大调和政策等。永新城气象一新，对于第十五师纪律严明，不拉夫、不打人、不骂人、不强迫买卖，不强占民房，不欺侮压迫，大有好感。同时师特党部秘书还照了好多相片，都寄交长沙荷花池十五师后方交秘书王原一（此人是王东原第一策士，最得宠幸，后来王东原调湖北、湖南任主席时，他两任两省秘书长，腰腹皆满，成为湘阴豪富，同时他善于写作，自附风雅，解放后听说在湖大图书馆当主任，以后不知所终），编辑在"第十五师月刊"上，占了很大篇幅，并出过一次党政专刊，散发本师连长以上官阶和友军以及部分呈报上级，大肆渲染，第十五师当时在"匪"区工作，做得最突出的是政治成绩。王东原的威名大振，高兴异常，可是名高必危，树大招风，道高一尺，魔高一丈，乃是自然形式。张骏中旅长，赖有刘建绪、陶广两醴陵系作外援，自己时时在做师长梦，想找王的毛病，扩大缺口，取而代之。看了第十五师近期月刊，都是登载党政成绩文字和照片，而没有提出师旅军事成绩，便兴风作浪，邀集汪之斌、侯鹏飞两旅长到王东原处，大兴问罪之师。当时我适在王处，他们三人进屋就坐后，张骏中（此人在抗日时期因血压高放血过度，病死南京医院）手持一本第十五师党政专刊向桌上一抛，向王说："师座！我看我们第十五师可以取消了，只留一个党政处就可以了，你看最近几期月刊都是卖膏药的政治工作，大吹大打，大擂大槌，好像第十五师就是卖膏药人的天下，我们军人和军队都成了废物赘瘤，我看了很肉麻，所以我们三人特前来说一说，不知师座是什么样子心肠，为什么这样子看得起卖膏药的人？而看不起流血流汗的部下和部队，差不多连自己都看不起了，喧宾夺主，欺奴压主，我不大了解，前来问明一个究竟，哈哈！"王东原听他讲话后，知道他是故意来找茬子的，面有愠色，但是他还很镇静与含蓄，点头微笑说："你的话似乎很对的，可是军事也好，政治也好，只要说好，都是我们第十五师好，都是我们第十五师全体官兵光荣，你说卖膏药的话，只要卖得出，只要有人要，只要人家说是灵丹妙药，这个膏药就做得好，牌子好，人人都需要，那就是货真价实，何北平（作者）专员，对我们第十五师党政配合，确实在短期内做出最大成绩出来，是我们的光荣，他辛苦了，值得感谢，我们不要误解，不要错看，不要恩将仇报，你看对不对呢？"张骏中嗫嚅其口说："我是大老粗（实际上他是湖南讲武堂出身的），讲话不会转弯，膏药少卖较好，不要欺奴压主、喧宾夺主，哈哈！"我看出这副横蛮不化、别有心肠的人委实可气可恨，按耐不住无名火，便冲口而出："好大张旅长，不知你是什么立场，'剿匪'时期，南昌命令，政治与军事齐头并进，与'匪'争民，瓦解人民向'匪'的信心，你为何以旅长之尊，而貌视政策政令，请问你武力迷梦大，何以在峇市遇'匪'时，不敢下去攻击，你的勇气威力又何在？你妄自尊大，毫不知羞，真是怪事。你说卖膏药的话，请问你又在卖什么？你见'匪'就怕，你的枪杆威力何在？你又凭什么在卖旅长威风膏药呢？狗咬吕洞宾，不识好人心，我很奇怪你的恶言劣行，出口伤人，简直是和陈光中、胡凤璋（当时这二人在湖南群众口中都认为他两人好杀不讲礼的典型）一流，我与你无仇无怨，我又不是你第十五师内编制以内的人，更不吃你们第十五师饭，用你们第十五师钱，你何该有眼不识泰山，配合你们第十五师工作，为你们增光荣，争面子，你反而反唇相讥，恩将仇报，怪事，怪事。"他看我词严义正，卑鄙狂妄的气焰，立刻收敛了不少，连说："不会讲话的人，对不起。"在座的侯、汪两旅长和王东原都做和事佬说："不必讲了！大家都在干'剿匪'工作，军事也好，政治也好，只要好，就是大家好，就是大家光荣，不必争了，风也过，雨也过，算了，算了。"一场无谓争论，就如此收场。到了晚间，王东原请我谈话，说："北平呀！你不知道，他是指桑骂槐，杀鸡把猴子看一种卑鄙手法，他在师内是个捣蛋鬼，随时兴风作浪，与我为难，他（指张觳中）想将我搞垮了，他登位，他有刘建绪、陶广两个大实力派撑他的腰，不是何芸公对我好，我早就垮倒了，李云波（第十九师长李觉，何键快婿）很帮我忙，哎！做人难，做事难，现在湖南军事上用人越来越狭、越限制，正是非醴勿言、非醴勿行、非醴勿动、非醴勿用，完全造成醴陵窑一鼻孔，清一色而后快，搭帮你今天严词教育了他一顿，实在帮了我一个大忙。"我说："我生性梗介，不会阿附，路见不平，拔刀相助，不逢迎，不拍马，不畏强凌，不欺弱寡，只讲公话，不计其他。"王听完我的话，默默含情。回到我自己住处，侯鹏飞旅长（第四十三旅长，湖北人，号羽钦，保定三期，与何芸樵有关系，资格比较老，看不起王东原虚伪、假善、逢迎、拍马、拉拢、利用等不老实、不诚恳的作风，与王东原有磨擦、有距离）来我处访谈，开口便说："士先器识，而后文艺，凭你一张三寸不烂之舌，战胜了群儒，翕服了对方，尤其在本师月刊上，看见你两篇政治性论文，涉及到我师纪律严明，不犯秋毫，对我们军事教育和纪律，有很高的评价，有很好的歌颂，是现实性的东西，春秋笔法，于一字褒贬，一枝生花之笔，发于十万大军，还能起横扫千军的功效，张彀中有眼无珠，海蠡何能测大海，真叫盲人骑瞎马，有眼不识泰山，平常少接近，私谈少时间，今日在师座那里，听你驳斥张彀中宏伟议论，使我心折，特来奉拜，以后多多联系。"说话又站起来与我重新握手不放，表示愉快与亲近，我只一笑以报之，未置可否，谈一些闲话，告辞而别。从此以后，每日晚上，总是到我处谈天。此人喜研读春秋、左传、汉书，并注意宋元明理学，有点书卷气，但是有点固执拗脾气，不大谐俗，也是落落寡合。这是在永新政治工作中，得着了显著成绩后，因月刊上登载成绩，引起了张彀中一段无理取闹，轩然大波出来，天下无因而至之事，竟然联想不到在意外中发展出来，咄咄逼人，也是一番教训。

侯鹏飞成瓮中鳖，徐本桢变俎上肉

我的本职是与共产党争民，既已著了显明成绩，人心归向，更是做到深入人心，具体表现在，绝不会因张彀中无理取闹而沮丧，还是分配各组分头工作，逐次推进，由近而远。盐赈是个争取民心良好措施，继续开展。从邹老乡口中知道红军过去组织严密，老的、少的、男的、女的无一人不爱组织，也无一人不被领导，大会动员，小会讨论，具体研究，登门造册，参加者均列入红册为光荣人，不愿参加者列入黑户册，被监视和斗争对象，虽然不是强迫压服，也是被迫诱服。还说他女儿桂枝也是没有办法，被说服参加妇女慰劳队，演话剧，扭秧歌，送郎当红军，洗衣服，送东西，一天到晚忙死人，辛苦得不得了。问他不怕吗？他说："反正只有一死，没有两死，红军也好，白军也好，我做小生意吃饭，将本就利，我什么都不怕。打死就算了，炸死也算了，不死就要吃饭。"我问红军对你好吗？他说："好，说不起来，可是看我60岁年龄，没有麻烦我就是天大人情了！"我问他不参加组织就要上黑户册，你上了没有呢？他说："红册、黑册都没有我的名字。"我说："那你真是幸福人了！"他说："可不是吗？"我又问："你的白面哪里来的呢？"他笑笑说："这还是去年第八军吴尚部队一个老乡连长送给我两袋面，我留到现在，又拿出来卖，哼！哼！乱世性命不如鸡狗，早死早超生，就是修行得道。"我从他口风中知道人民疲于奔命,不愿多麻烦,就采取针锋相对政策,面对面地斗争,休养生息为主,少开会,少组织,少召集,少说话,使人民轻松愉快,行动言论自由,不加干涉与限制,自然他们会长期倾向于我们。所以,我在后一期的时日中,即是走这样一条路线。果然人民愈回愈多,欣欣然有喜色,真做到安居乐业地步。又无捐税,又无负担,人民何得不欢欣鼓舞呢?一片太平景象在劫后又出现不扰民的局势,人民对于中央军队和政治,真怀起好感来了。我自家想起来,当时很高兴,做到与共产党争民实际效果,不愧为反动统治者忠实走狗。同时从邹老乡口风中知道离开城市的红军是萧克军长,约三千多人,好枪不过六七百枝,其余都是土枪鸟枪梭标,间有少数真迫击炮和机关枪,大都是假造木制的机关枪与迫击炮,夹在真枪真炮当中,借以吓唬人的,并且说:"1月以前在砻市遇见第十五师,他不敢下山与我们打,害得第十五师一夜淋透大雨,我们还截着他13石米和面担子。"我将这个消息告知王东原,王东原立刻要我邀了那位邹老乡见面谈话,他一五一十说出来,与对我所谈者相同。于是王东原立刻电话通知3位旅长,在砻市时,是那一个旅被红军萧克截去13石米面,问你问他,问来问去,汪之斌始在电话中,承认是他的旅所遗失的。王东原电话斥责他为什么隐瞒不报,欺骗不说。汪在电话中,只是一味告罪,怕斥责,怕丢面子。可想当时上下相蒙哄欺骗真情,而一个月以前的事迟到今天,从人民口风中说出来的流言加以追查,才暴露真情。军事上腐化无能,可见一斑。风平浪静,好景不常,突然茶陵刘建绪来急电说"据报江西永新方向巨'匪'有向酃县进扰,截击运输线模样,希侦查明白,回师痛剿,勿任漏网,并限立复,刘建绪。印"王东原本来对于刘建绪存有戒惧心,有抒诚买好愿望,刘既来电,安可坐视不理,而且想借此立功讨好,缓和他支持张敩中夺取师长欲望,因而立刻复电"军长刘。电祗悉,谨遵钧命,拟留汪旅镇守永新,职亲率侯、张两旅于即日由永新出发,向酃县方向'搜剿',一举而聚歼之,确保后方联络线安全,职王东原。印"可是在未出发前,当天下午,突据地方妇女队报告,红军约5000人,由安福金田方向有向永新进犯企图,王便感觉立时紧张起来,好在安福方向尚远,而刘军长电令非做不可,仍然硬着头皮,按电文原意,立刻下达命令,明早5时集合完毕,派侯旅长为先遣支队司令,向酃县方向严密搜捕匪情,予以迎头痛击,本人率张旅和师直属部队为本队,在侯旅后方5000米远处跟进,本人在张旅先头,如有情况发现,立刻飞报,这是行军战斗大概部署。到了上午10时半，不料动人魂魄消息传来，侯鹏飞旅长徐本桢团长（第八十五团）已被红军在澧田附近埋伏截击，活捉而去。队伍全未展开，也未放一枪，就由红军押着侯旅长徐团长两人，令其口达所部，立刻登上山上树林中集结，如不听令，立刻枪决。侯徐两人只得口令下达，立刻所部全体上山，所有侯旅官兵，都知道遇变，但谁也不敢放一枪，谁也不敢停一步，好像赶猪猡，赶鸭子一样，头也不敢回一下，立刻快快爬上去了，后边一团是第八十五团徐洞团长率领，停步不前，既不敢追，也不能放一枪，生怕打着徐本桢本人和侯鹏飞旅长本人，束手无策，惶急万状，只好飞报在后方5000米远处王东原师长，此时王东原师长只知发生事故，但未听着打枪，正在纳闷中，惊破胆的不幸消息传来，王东原马上面如土色，瘫软下来，不赞一词，半天只说"糟了！如何得了"王东原不禁抱头大哭，如丧考妣，半天以后始派兵跟踪"追剿"，抢救旅、团长，有功者赏洋一万元，可怜的等你追到山，早已不见一个人影子了！我当时留在城中，知此消息，便偕汪之斌出城去探迎回城，同时令各城门各架机关枪一排，城内派部队梭巡，并令韩亭宇（第四十团）团长集结部队以应事变，在去城约10里处迎见王东原，他仍是双泪满腮，挥泪不已，经我与汪苦劝，始下令班师回永新。一场"搜剿"战，在行军不到20里，未放一粒子弹，未杀伤一个人，便白白送红军一笔大礼，计有旅长侯鹏飞一名，团长徐本桢一名，副旅长以下到团长营连排长，全团官兵和旅部直属官佐士兵1700多人，红军这种巧妙战略与战术，真是从天而降，使你措手不及，便束手就擒。尤其是最滑稽可笑的事，是用你原来指挥人，押着你下令向红军所指示方向前进，还不敢慢走一步，还不敢回头看一眼，手中有枪不敢打，有子弹、手榴弹不敢放，一放就会打着你自己的人，你的旅长团长马上就要死在刀下，成为分尸魂，后边的部队，只是张口瞪眼送行，也是不敢放一枪、抛一弹，怕打着自己的人，怕旅长团长立刻会做刀下魂，红军办法太巧妙，真是使你啼笑皆非，哭也难留着长期眼泪，真是妙绝趣绝。约在下午3时始全部撤回永新。受了这一大打击，生怕又来攻城，于是士兵立刻分段扼守城垣，城外10里路处，凡系要道出入口，都设有连哨与排哨。但是你戒备，他不来，只是天下本无事，庸人自扰之，空头警戒，徒自疲劳，神出鬼没，不可捉摸。如何善后，如何造战报，便在当时成了严重迫切问题上来了。王东原此时思想紊乱，达于极点。到了下午6时才吃早餐。到了7时约了我和陈孔达，商量如何应付变局，决议如次：1. 电呈四总和刘军长报告事变经过，须捏报苦战情形，以轻失职罪过，自请处分，免职戴罪简员接替；2. 派陈孔达参谋长护理第四十三旅旅长职务，调师直属工兵营，并编为第四十三旅第八十六团，以工兵营长刘履德护理第八十六团团长职务；3. 密派陈孔达兼程往南昌九江一带，探寻陈辞修（陈诚）面报苦况，请在委座（指蒋介石）前代为缓颊；4. 加强驻军防护工作；5. 函知侯徐家属假说有病，免奔波前来纠缠；6. 电知长沙后方留守机关勿轻信谣言；7. 注意张毅中行动。谈到9点半，王就恭敬求我代为拟假战报，我看他在苦难中，委实一副可怜相，自己神智紊乱，不能控管，陈孔达虽任参谋长，可是拟稿选文毫无把握与研究，利用我替他做工具，当然是他的惯伎和手段，到了11点钟，电稿完成，他只修改一个字"指挥失当，敬请撤职查办，以为贻误戎机者戒。""撤"字改为"免"字，立即用万急万万急抬头，分呈于何键、刘建绪（因为入江西"围剿"，已编入刘建绪建制指挥下）两人，师内新建制日令也发表了，并决定明早陈孔达立刻密行，向陈诚诉苦求保驾，忙乱到午夜后2时半始分手，各自就寝。而侯鹏飞早已成了瓮中之鳖，不知去向，徐本桢变为俎上之肉，随时有斩杀之可能。王东原折将又丧兵，四面楚歌，痛不欲生，几次举枪自杀，以死卸罪，可是都被他左右侍卫救下，上天无路，入地无门，求生不得，求死不能，官威何在，如刀刺心，正是王东原在澧田被歼后生死存亡一幅凄凉图景。陈孔达密使带了3000元路费预备通关节向陈辞修送小礼已秘密走了！剩下的师部有参谋处长黄仲珣（保定九期陆大生，湖北人）格于一切体制，尚不便公开的苦闷与隐痛。可是困难问题雪片飞来。具体讲：1. 何键来电严斥，首先记大过一次，免职问题候呈报委座核示，在未接令前，师长一职改为护理，妥为整理，振作士气，并须设法寻觅侯、徐下落，利用机会抢救出险；2. 刘建绪电告，据报，未发一枪，就行缴械，妄报战情，不合事实，瞪眼看着敌人活捉侯旅长徐本桢团长扬长而去，不救、不抢、不追、不打，也是一枪不放，任匪逍遥自在而逃，师长之心何其忍也，师长之威哪里去了，念在同胞，多年共事，希望有以自善其后；3. 长沙荷花池后方来电说，侯、徐两太太来留守处吵闹拼死，要到前方来找师长要人；4. 张毅中大事进行攻击宣传，到处拉拢员兵，反对王东原，并说会将王东原解往南昌行营军法处，以畏匪通敌，见死不救，临阵脱逃，贻误军机枪决。造成官兵心理恐惧与不安，蛊惑不信任情绪，天天与刘建绪通无线电捏造不利于王东原的情报，有立刻推倒王东原自己马上爬到师长宝座上来的样子；5. 被俘放回官兵，不断三五成群归来，前面走向我方哨兵而来的是穿第十五师衣服的人，早早手中拿一块白手巾打招呼千万勿放枪，后边跟送的是红军持枪或持梭标的人停在哨所外约1000公尺远地方，还口唱欢送歌，握握手，挥挥棒，得意而去。哨兵既不敢放枪，怕打着自己归来俘虏员兵，又不敢离开哨所向前去追赶，只得向后方一步步传到排哨长位置，再一步步传到连哨长、营长、团长、旅长而师长，大概两小时后，才明白俘虏归还的报告。经王东原商量于我，当然让其回来，另设收容所，暂行隔离安排。原来党政处对外不对内，对敌不对师内官兵的，现在情况变了，党政处负责要办招待归来的俘虏了。我当时安排了原特别党部所辖人员，完全负责处理此事，并详告被俘情况和最近敌人异动和侯、徐下落。可是回来的员兵，对于敌人都说好，"开欢迎会，留者自愿，看作同志，不愿留者发归队路费五角，还吃了很好酒菜和唱情歌扭秧歌慰劳"。问红军行动，他们说"一天数变，一夕数更，说走就走，说住就住。到哪里，不晓得，干什么，不晓得，开一次公审大会，俘虏的人控诉徐本桢团长克扣军粮军饷，吃空缺，虐待士兵，已在山沟树林中宣布罪状执行枪决了。那个地方不知名，不晓得埋没埋，也没有人向前去看。""侯旅长也有士兵控诉，但当场带下去，不知带到哪里去了！"同天还另据一批释放俘虏带回侯鹏飞在草纸上亲笔写的信给我"北平兄：我很好，红军极优待，这方面缺药品、棉花、计开……若干种，请向师座东公言，赶紧筹办好，限某月某日某时派员兵亲送到某某地点某某村东头土地庙门前交货，不准带武器，保障来的员兵安全回归，千万，万万，不可失信，否则红军纪律严明，就会将我就地枪决。那就是东公缺德，见死不救，于心何忍。红军好得很，就是纪律严，千万不可拿我性命开玩笑，弟侯鹏飞合手"。我拿着这封信交王东原看，王只是流泪，一言不发，我说"不解决不行，你不看上边电令吗？要你想尽办法救他俩，徐已死，侯尚在，如果坐视不理，上边更会打官腔，他的夫人真会到前方来与你拼命，说他来信要点药品，你师长都不肯给，白白送了旅长性命一条，到那时你的担子就更重了，更无法解决了。"他问我如何处理才好，我说："暂行应允他的来信所开列东西交军医处备办，按时间地点送去，并由我名义写一封信回给侯羽钦，再看以后下文。"王只好勉强答应照办，不如此，也没有别的万全妥善办法来对付。未过几天，侯的夫人真赶到前方来了，与王东原大闹、大纠缠，找他要人，幸而侯写的要药品信还在，我交给她看，她知道侯尚在，而且师长也派人送药去了，她的怨气、愤气才平下来，始而卧在地上打滚，行死放赖，经我再三劝慰，暂告平静，以后写信要药、要钱、要盐、要布，还有五六次，穷于应付，诛求无厌，同时我也写信告他夫人已来前方，以后侯羽钦便不向我写信，而直接向夫人写信要东西了，越写越强硬，少一点都不行，否则失了信，立刻就处死，实在应付不得开交。王东原为此件事，呕尽心血，受尽责难，还是满足不了对方要求。也不能立刻救出侯鹏飞生命，交给他夫人免得纠缠胡闹，以后没有消息了，永久不知存亡了。他夫人也只好双眼对青天而洒苦泪了。我当时有感而作口占，"澧田折将又折兵，一弹未发千古恨，诛求无厌欲难平，日夜焦心哭苍生"；"神出鬼没四野惊，天涯游子泪满痕，何日戎衣天下定，茫茫神州患陆沉"；"用兵不慎侯羽钦，甘作俘虏枉为人，名教纲常何足论，原来不值半分文"；"是非得失难分明，呕尽心血挨骂名，多方责难集一身，师长宝座暗消魂"，是写实在情景也。

对湘赣边区的碉堡封锁

刘剑学[*]

1933年秋，湖南省政府主席何键，接奉蒋介石任为西路军"剿共"总司令后，随即任命第二十八军长刘建绪为第一纵队司令，进驻茶陵。任命参谋长刘膺古兼任第二纵队司令，进驻萍乡。我是第一纵队司令部参谋处上尉参谋，奉派驻在茶陵、永新边境的第十六师担任联络工作。兹将回忆所及的见闻经历记述如下，以供参考指正。

一、蒋介石对第五次"围剿"的部署

蒋介石四次"围剿"失败，痛心以往教训，改弦易张，放弃了长驱直入的作战方案，重新调整部署，发表陈济棠为南路军总司令，出兵3个军封锁粤赣边境。顾祝同为北路军总司令，率领主力第三、第六两路军，由北向南进攻苏区。蒋鼎文为东路军总司令，率领解决福建事变的第二、第五两路军转头向东进攻苏区。何键为西路军总司令，率领湖南的第四路军，向西进攻苏区。蒋介石命令各路军，制订稳扎稳打、步步为营、修筑碉堡、封锁盐粮、逐步推进的战略方针，并辅以乡村保甲、挨户团、义勇队等组织措施，企图严密构成包围圈，断绝苏区物资来源，迫使红军进行阵地战，大量消耗实力，所谓"三分军事七分政治"，施以政治"围剿"，文化"围剿"，经济封锁，交通封锁，配合数十万兵力的军事围攻，达到一举彻底消灭红军于江西根据地的目的。

---

* 作者当时系西路军第一纵队司令部参谋处上尉参谋。

二、坚壁清野，加强封锁

（一）碉堡封锁

西路军"剿共军"总司令何键受命后，随即编组"剿匪"第一、第二两个纵队，第一纵队司令部进驻湘赣边区的茶陵，指挥原属第四路军建制的第二十八军所辖的第十五师、第十六师、第六十三师等三个师的兵力，分驻湘赣边境的茶陵、酃县、莲花、永新等地区，我奉派到第十六师担任联络工作，该师师长彭位仁、第四十六旅旅长章亮基，第四十七旅旅长杜道周，第四十八旅旅长刘济人。我由于联络任务的工作性质，必须常常到师旅团之间进行各种情况联系，并向司令部汇报。当第十六师进驻湘赣边境接壤的茶陵与永新间的石垅、皇图岭地区之后，他们和其他各路军"围剿"部队一样，每到一地都必须照蒋介石亲自制订的"围剿守则"，于沿线驻地构筑碉堡互相衔接。碉堡器材，以木料为主，外面涂一层厚厚的泥浆以防火攻，每一个碉堡群，由母碉附若干子碉编成，母碉比较大而坚固，用砖石砌成，在碉堡周围，挖筑宽大的外壕，加强铁丝网的设置，组成好几个类似这样的碉堡群，形成一个坚固的据点，以减少驻守兵力，集中较大的预备队，依靠碉堡的掩护，以保持主力部队行动的主动性。同时规定部队防守的正面，如被红军突破，该地区负责的指挥官，须担负失职的罪责，应受到最严厉的处分。

（二）物资封锁

进攻苏区的国民党各路军队，每到一地，除沿线构筑碉堡网以军事包围封锁之外，还对所有山口要道，设立关卡哨所，禁止米粮、食盐运入苏区，企图用经济物资的封锁困死红军。但苏区红军采取相应的对策，乃是组织反封锁的群众运输队，与白区地下组织，设立秘密转运站，以开展集市贸易为名，利用买卖蔬菜农产品为掩护，实际上是暗地收买食盐、大米、布匹、麻绳等物资，秘密约定在夜深人静时由红军便衣队暗地运往苏区，红军为了突破国民党军的封锁，顺利完成物资转运的任务，经常组织群众，深夜摸到茶陵县城或高陇、腰陂等市镇采购食盐、大米、布匹，又于鸡鸣拂晓前赶回苏区。由于国民党军占领区对食盐控制非常严厉，按人口配给，一个人3个月才供应一次食盐。当地豪绅也趁机贪敛横财，在盐里掺砂，更加深了食盐缺乏的紧张情况，因国民党军防范森严，群众无法外出采购，他们往往把家里按人口配给的少量食盐，自己尽量少吃或不吃地节省下来，连同米粮布匹等物资偷偷接济苏区，有不少这样的革命群众，为了把食盐等物资偷运到地下转运站接济苏区，路上遇国民党军组织的义勇队和乡保团警，常常当场抓去杀害。如1933年初的一天晚上，革命群众谭绍英等，正想把已准备好的食盐、米粮、布匹等物资暗中送往转运站接济苏区的时候，不幸被义勇队捕获杀害，之后还连夜搜查，甚至把夜间行走的路人，不分青红皂白地也全部枪杀。从此国民党军警，为了防范群众继续偷运物资，乃对通往苏区的山口要道，设立检查哨卡，更严密地日夜巡逻查禁。对苏区确实增加了不少的困难。但广大革命群众，前仆后继，并没有被白色恐怖吓倒，依然坚持组织地下运输队，利用漆黑的深夜，绕过哨卡爬山过岭地突破封锁，把物资运到苏区，使国民党军徒然枉费心机。

三、碉堡政策的破产

西路军总司令何键，命第一纵队司令兼第二十八军军长刘建绪指挥第十五师师长王东原进驻酃县、宁冈一带，第六十三师师长陈光中率部推进莲花县，第十六师师长彭位仁率第四十六旅章亮基旅（后升任师长）、第四十七旅杜道周、第四十八旅刘济人等旅进驻茶陵与永新交界石垅、皇图岭一带，刘建绪的司令部和保安团队初驻茶陵，后来推进莲花，各部执行蒋介石"围剿守则"，加紧构筑碉堡，逐步推进，企图一举消灭湘赣边区萧克将军所领导的红六军团。

第十六师师长彭位仁进驻茶陵、永新边境的石垅地带之后，召集旅长章亮基、杜道周、刘济人等布置任务，分地段日夜赶筑碉堡群，一个主碉交叉火力的射程内，建筑三至四个较小的附碉，主碉与附碉之间，挖筑交通战壕，可以保持人员的互相沟通，碉堡周围与战壕之间，用铁丝网连接起来，主碉通常驻一个排，配备轻重机关枪，附碉驻一个班，配备轻机关枪的火力，而主要兵力，作为发生战斗时预备部队的使用。平时每天在营房附近进行操练演习。除在通往苏区的交通要道设立哨卡，检查过路行人的良民证或路条以外，并组织保甲连坐法，即所谓凡有窝"匪"隐藏不报的，一家隐藏，十家连坐受罚的残酷措施来互相监视。蒋介石认为有了这一严密的组织部署，满怀信心地认为可一举围困消灭红军于江西老根据地。于是调集四路兵力的十个纵队近30个师，对江西红军根据地进行大包围打阵地战拼火力，口口声声要把红军消灭于包围圈内；并诬蔑红军突围转移，无非是诱使放松包围，他强调"先安内后攘外"，不消灭共产党就不能抗日，只有对共军加紧包围，聚而歼灭，才能谈到抗日……"他做梦也没有想到红军能够粉碎突破所谓铜墙铁壁的碉堡封锁。

正当蒋介石洋洋自得地认为红军已成为瓮中之鳖的时候，进驻茶陵永新地区的第十六师的碉堡据点，常常遭到红军突然袭击的攻破摧毁。因为红军时常组织许多小型围攻碉堡的突击队，他们化装成平民百姓，千方百计地利用夜深人静，通过哨卡渗入白区，源源不断地获得所需要的物资和情报，侦悉地形，组织敢死队，冲破铁丝网，连滚带爬地匍匐接近碉堡，把一束束的手榴弹，塞入碉堡枪孔内，震耳欲聋地突然轰隆巨声地炸毁碉堡，歼灭了碉堡中的守军。待后备部队赶来增援的时候，红军早已把缴获的战利品，满载而归地远走高飞了。如1934年2月农历除夕之夜，正当驻在石垅地带西路军第十六师全体官兵饮酒猜拳，欢度春节的时候，红六军团部队从四方八面突向第十六师驻地分围合击地进行佯攻，就在第十六师预备队的主要兵力慌忙应战、无暇自顾之际，真正围攻碉堡群的红六军团主力，已越过壕堑冲破铁丝网，用手榴弹和炸药各个击破，把几个碉堡群全部摧毁，并押着俘虏和战利品扬长而去了。

四、引蛇出洞，侯旅长被捉

1934年4月中旬，自红六军团围攻摧毁石垅梅花山第十六师碉堡群的守军后，第一纵队司令刘建绪感到非常烦恼，侦知红六军团主力集中永新澧田一带，企图不明；遂令第十五师、第十六师、第二十三师等步步为营并分头向永新前沿阵地推进，并令第十五师先作试探性地进击。第十五师师长王东原，以侯鹏飞的第四十三旅为前卫，以张毂中的第四十四旅为本队，汪之斌的第四十五旅为后卫。出发前王东原将部队集结于砻市河滩上，对全师官兵训话，自夸"十五师是四路军总指挥何键的精锐部队，在江西宁冈茨坪打过几次胜仗，这次向永新进军，希望全体官兵团结勇敢，所向披靡，不获全胜，决不收兵……"夸下海口，骄傲轻敌，认为不可一世。上午9时，第四十三旅的前卫团开始向永新进发，第八十五团以一路纵队，在山地鹅卵石小道上缓慢行进，因全体辎重行李都是抓来的民夫充任夹杂其中，行动迟缓，队伍时停时走，后卫部队延至中午才开始行动。前卫部队经过澧田三湾后，与红军小部队遭遇，红军且战且退，旅长侯鹏飞，不知是红军诱敌深入之计，急攻轻敌，策马赶往先头团督率部队跟踪急进，捕捉战机。进至澧田中心，突然从油菜葱绿的稻田，茂密的树丛和成片的村庄中枪声四起，红军一跃而出，纷纷以刺刀、红缨枪、马刀、步枪，吹起冲锋号，四方八面地奋勇猛扑，一下子把前卫营和第八十五团分割截成两半，部队未及展开，就被冲击得完全混乱了，重机枪、迫击炮未及占领阵地支起枪架，即被红军抢夺了，旅长侯鹏飞和第八十五团团长徐本桢在慌乱中不知所措，都被活捉当了俘虏。第八十六团团长徐洞率部驰援，先头营刚进入伏击圈，亦被缴械，徐洞勒马逃回，其余两个营亦不战而溃退。此时师长王东原听到前卫旅打响了，急令师直属部队停止前进，让开道路给第四十四旅前进，已来不及了。旅长张毂中急令第八十七团团长占领掩护阵地，供第八十六团溃散部队得以收容。而红军押解俘虏和缴获的战利品已向后方转移，亦未追赶。

当前方失利时，师部和直属部队辎重兵队等一片惊慌混乱，王东原命第四十五旅汪之斌将后卫改为前卫，立即向砻市撤回。后撤途中风声鹤唳，竟成惊弓之鸟。各部队撤回后，据守碉堡，加强工事，昼夜严密警戒，唯恐再遭红军围攻。是役全歼第四十三旅旅部，第八十五整团及第八十六团一个营，全部人马、武器、物资、有无线电器材等，给了红六军团一次很好的输送补充。战斗结束后，第八十六团团长徐洞被撤职，王东原受到记过处分，这一败仗给何键、刘建绪等以巨大的打击，使西路军极为震骇，失去了主动和机动的能力，从此陷于被动固守和加深对红军恐惧的心理状态。因而士气沮丧，龟缩碉堡内不敢越雷池一步。这在后来红军西征时，西路军何键、刘建绪的部队，还心有余悸地不敢放胆追堵的事实，充分表露出来了。

红六军团在永新澧田歼灭第十五师
第四十三旅及西征回忆

陆承裕[*]

1933年蒋介石为发动第五次"围剿",以湖南省政府主席兼第四路军总指挥何键为湘鄂赣闽粤五省"剿共"军西路军总司令。何键命令所属第二十八军军长刘建绪为西路军第一纵队司令,指挥第十五师师长王东原率3个旅6个团进驻酃县、宁冈一带;第十六师师长彭位仁3个旅驻茶陵一带,第六十三师师长陈光中率两个旅(缺陈子贤旅)推进莲花。还有几个地方团队。刘建绪的纵队司令部初驻茶陵,后来进驻莲花。各部队执行蒋介石的碉堡政策逐步推进,企图包围歼灭湘赣边区萧克将军的红六军团。1934年4月刘建绪命令第十五师向永新进击,在澧田附近遭到红六军团伏击,侯鹏飞旅被歼。7月底红六军团突破封锁线向湘南黔西与贺龙将军的红二军团会师。第十五师奉令尾追。我当时是刘建绪司令部参谋处作战科上尉参谋,曾一度派驻第十五师联络。兹将在这段时期中的亲身经历和见闻事实概述如下,时隔数十年,记忆错讹,遗漏之处,尚祈指正!

一、澧田战役经过概要

1934年4月中旬,刘建绪得知红六军团主力在永新集结,企图不明,遂令第十五师师长王东原率部向永新进击。王东原除留第四十五旅之韩亮

---

* 作者当时系西路军第一纵队司令部参谋处作战科上尉参谋。

宇团固守砻市外,以侯鹏飞的第四十三旅为前卫,以张毂中的第四十四旅及师部直属队为本队,汪之斌的第四十五旅(缺第九十团)为后卫,由砻市沿三湾、澧田向永新前进。当日天气晴和,出发前王东原将部队集结于砻市河滩上,做了约一小时多的训话,大意是:"我们第十五师是第四路军何总指挥的基本部队,也是最精锐的部队,在宁冈、毛坪、茨坪都打过几次漂亮仗。这次向永新进军,希望团结一心,做到所向披靡,务获全胜。"言下颇有轻敌骄傲之气。9时后,第四十三旅的前卫团(第八十五团)才开始出发,以一路纵队在山地鹅卵石小道上缓慢行进,加以师部辎重行李都是拉的民夫夹杂在其中,队伍时停时走,后尾部队延至中午才开始行动。

前卫团通过三湾后与红军小部队遭遇。红军且战且退。旅长侯鹏飞急功轻敌,策马赶往先头团,督促部队,跟踪急进,捕捉战机。进至澧田附近,突然油菜田及村庄中枪声四起,红军跃起以刺刀、红缨枪、马刀发起冲锋,把前卫营和第八十五团本队分割包围,部队未及展开就混乱了。重机枪、迫击炮尚未占领阵地即被红军抢夺了。旅长侯鹏飞和第八十五团徐本桢团长在慌乱中不知所措,当了俘虏。第八十六团团长徐洞督部驰援,该团第一营刚进入伏击圈亦被缴械。徐洞勒马逃回,其余两个营亦不战溃退。此时师长王东原听到前卫旅打响了,急令师直属部队停止前进,让开道路给第四十四旅迅速前进,已来不及了。旅长张毂中急令第八十七团团长萧学文占领掩护阵地,使第八十六团溃散部队得以收容,红军亦未追赶,当前方失利时师部及直属部队和辎重等一片惊慌混乱,王东原要第四十五旅旅长汪之斌将后卫改为前卫,立即向砻市撤回,后撤途中风声鹤唳,成为惊弓之鸟。各部队回到砻市后,据守碉堡工事,唯恐红军围攻。是役全歼第四十三旅旅部、第八十五团整团及第八十六团一个营,全部人马武器及有线和无线电器材等,给红六军团一次很好的补充。战后,第八十六团团长徐洞撤职,王东原记过处分。

这一战役给何键和刘建绪在战略上以巨大打击,全军震骇,西路军全局先去了机动能力,陷于被动固守,加深了各部队对红军畏惧胆怯的心理状态。第十五师更是士气沮丧,龟缩于砻市碉堡中,再不敢越雷池一步,这在以后红六军团西征途中第十五师的跟追行动中充分表露了。

二、第十五师对红六军团西征的尾追

7月底,红六军团突围西征,事出意外,第十五师仓促奉命衔尾追击,立即轻装由砻市出发,爬过黄洋界经桂东、资兴、桂阳、新田、嘉禾、道县到达贡沙河与桂系部队会师,第十五师才奉命撤回郴州休整。在追击过程中,不是衔尾追击而是尾随送行。红军以日行80至100里的速度,第十五师则是日行六七十里的速度与红军保持一日或两日的距离,从未有枪声接触。有一天早晨,在新田附近算得是与红军居尾部队的最近距离,红军居尾掩护部队将一座木桥烧掉,使尾追部队渡河困难。第十五师在中午到达时仍看到烟火,王东原唯恐"衔尾",就令部队停止前进而宿营了。上报则是"红军一触即溃"。由于国民党军歪曲宣传红军"公妻共产"、"烧杀抢劫",老百姓不明真相。加以国民党军队军纪败坏,抓夫、要粮,沿途老百姓既怕红军,更怕国民党军,逃避一空。军队不但给养困难,连饮水也不易找到。时值盛夏酷暑,沿途病逃落伍者甚多。当时部队行动如此迟缓之另一原因,是湖南省政府主席何键唯恐红六军团在湖南建立新根据地;希望红军迅速过境他去,不愿所属部队衔尾追击,迟滞了红军的行动。又为保存实力,怕在追击中遭受红军反击招致损失。再则王东原向以虚伪、狡诈、圆滑著称。善于逢迎上级意旨,所以他以安徽籍人能在湘军中很快爬到师长地位,是不容易的。澧田战役侯旅被歼,王东原非常沮丧、恐惧撤职,因此,在跟追中保持一定的距离,既不会受损失,又不会受到指责或处分。同时王东原与陈诚是保定军校第八期的同学。陈诚早有分化瓦解湘军的阴谋。王东原抓住机会,暗中与陈诚拉上关系。受陈庇护,所以王东原后来在第四路军解体后,得以青云直上。

三、在追击中刘建绪纵队的行动

红六军团进入湖南后,湖南震动,湘南仅有胡凤章、欧冠等几个保安团队。湘西原有陈渠珍的新编第三十四师和几个保安团队。自顾不暇,第十九师（附第六十三师的陈子贤旅），原系湖南留守部队。分布在衡阳、长沙、岳阳及湘东北的广大地区，维护水陆交通，进行"清剿"绥靖地方。红六军团乘虚直入湘南，所向披靡，地方团队望风逃避，如入无人之境。何键的西路军总司令部立即从萍乡撤回长沙，刘建绪的纵队司令部迅速从莲花移到衡阳指挥对红六军团的追击堵截（此时我已从第十五师调回纵队司令部作战科），第四路军入赣各师纷纷撤回湖南境内，计有第二十八军所属的第十五、第十六、第十九3个师，陶广的第六十二师的3个旅，陈光中的第六十三师两个旅（缺陈子贤旅已配属第十九师）、胡达的长沙警备旅，何平的补充总队4个团，以及湖南的地方团队，可以说倾巢出动，极度紧张。刘建绪还奉命指挥中央派到湖南来的第十六军军长李韫珩的第五十三师，第二十七军军长李云杰的第二十三师（这两个军都只一个师，军长兼师长），还有罗霖的第七十七师，这3个师虽都统称为湘军，但不属何键的第四路军系统，同是被蒋介石所歧视的杂牌部队，都对蒋介石有编并消灭的戒心，但他们也对何键统治湖南有嫉忌，勾心斗角，同床异梦，并不是团结一致，指挥上也不是唯命是从的。例如，李韫珩资历比刘建绪老得多（是刘建绪在保定军校的老师），所以刘建绪对他们下达作战命令和电令时，总是尊称"李军长抱公（李韫珩的别号），对李云杰则称李军长俊三兄（李云杰的别号），电文中都常用"请贵军"之类的委婉词语，不是用"命令"或"仰即遵照不得违误"的指示语词。由此可见，当时军事行动不一致的因素是多方面的。

蒋介石当时对红六军团是否会在湘南开辟新根据地或向湘鄂川黔边境有与红二军团合师的企图，并未判明。所以令何键的湘军倾巢出动，全力以赴，是有将红六军团压向广西的意图。桂军唯恐红军进入广西，派廖磊师等在湘桂边境布防阻击。红军渡过湘江后，其后尾部队受到李云杰与陈光中两个师的夹击。红六军团主力已进入广西龙胜，又受到桂系军队的阻止。乃再进入湖南绥宁境内，湘军第十九师附第六十三师的陈子贤旅、胡达的长沙警备旅兼程向绥宁迎击。红军已迅速进入贵州黎平，巧妙地避开了湘桂两军的追堵、截击，虽有几次战斗，并未受到重大损失，而国民党各师却层层夸大战报，骗取了蒋介石对何键的两次通令嘉奖。

红六军团进入贵州后，甩掉湘军的追击，避开桂军的截击，向镇远、黄平急进。贵州省政府主席王家烈的黔军是最糟糕的、纪律最差、又最无战斗力的军队，在黄平布防阻击，红六军团却由黄平突然北进，至此，对红二、红六军团会师的目的才渐次判明了。红军最后终于在龙山、西阳、秀山之间地区会师了。

刘建绪的纵队司令部率补充总队何平的欧阳烈、谭有余两团，先是由衡阳经邵阳、武冈、会同，逐步推进至靖县、玉屏。11月，中央红军主力开始突围西进，湖南空虚，第十五师在耒阳、永新布防。何键遂将第四路军各师迅速撤回衡阳、祁阳、零陵一带筑碉防守。此时蒋介石将何键改为"追剿"总司令，总部在衡阳指挥。刘建绪仍指挥入黔部队防止红二、六军团与中央红军主力相策应。刘建绪司令部由玉屏经鲇鱼堡、省溪进至铜仁指挥。12月，陈诚就任宜昌行辕参谋长代行主任职权，命令第四路军将第十五师调常德、澧县，第十六师调永顺，第十九师附第六十三师的陈子贤旅驻溪口、大庸、鸡公垭、石田溪之线。第六十二师进驻龙山，第三十四师陈渠珍部及湘西的地方团队仍驻永顺、花垣一带。这样部署凭沅水形成对红二、六军团的月形包围，以保湘西安全。刘建绪的纵队司令部由铜仁经麻阳、辰溪进驻沅陵指挥。几个月中各部队已疲于奔命。

1935年6月，蒋介石任命刘建绪接替何键的第四路军总指挥职务。第六十二师师长陶广递升第二十八军军长职务，该师旅长钟光仁递升师长，其他各部队及总指挥部、军部人事也做了部分升进和调整，至此，何键对第四路军的控制权已被解除而专任湖南省政府主席了。

百年
中国记忆

第三章 │ "围剿"湘鄂赣边区革命根据地

文 史 资 料

"围剿"边区革命根据地(上)亲历记

WEIJIAOBIANQUGEMINGGENJUDISHANG QINLIJI

百部经典文库

综 述

湘鄂赣边区位于湘东北、鄂东南、赣西北的边界地区。边区东西长300余里，南北长六七百里。它包括湖南的平江、浏阳、以及湘阴、岳阳一部分，湖北的阳新、大冶、通城、通山、崇阳、以及蒲圻、咸宁、鄂城一部分，江西的修水、铜鼓、万载、以及武宁、宜丰（新昌）、宜春、奉新、高安（瑞州）、萍乡、瑞昌一部分，共计20余县。有个时期还曾伸展到湖南醴陵、长沙、临湘，湖北的嘉鱼和江西的上高、靖安、安义、永修等一部分地区。共计人口二三百万，稳定人口100万。在该地区活动红军主要部队有红五军、红八军，后两军合编为红三军团，红十六军，后改为红十六师，红三师。

1927年9月，毛泽东在湘赣边界组织秋收起义，鄂南发生秋收暴动，以及其他各地武装起义，点燃了革命烈火，开辟了湘鄂赣边区革命根据地。国民党军即在1928年初派王东原部等三个师对平江边界进行"清剿"。

1928年7月，彭德怀领导了平江起义，成立工农红军第五军。即遭到湖南省主席鲁涤平调刘铏、朱耀华等部10多个团进行"会剿"，10月，鲁涤平、湖北清乡督办胡宗铎联合江西国民党军对红五军实行三省"会剿"。

1929年6、7月，湘鄂赣三省又集中5个团兵力、7个县地方武装对红五军进行"会剿"。

1930年7月，何键派危宿钟为"剿共"指挥官，"进剿"平江城。8月，国民党国务会议派何应钦为办理湘鄂赣"剿共"事宜。9月，第四路军何键部的罗霖师、公秉藩师，危宿钟师，陶广师、刘建绪师分五路向边区进攻。10月，国民党军第二十八军军长刘建绪任命为"平浏绥靖处长"。不久，武汉行营主任何成浚召集三省绥靖会议，研究对边区"进剿"事宜。

1930年10月，国民党军开始对湘鄂赣边区发动第一次"围剿"，参加部队包括赣西方面有独立第三十二旅，第五十四师，湘东方面有第十五师，新编第三十二师，新编第三十一师，鄂南方面有新编第十师、第二十六师。红军参加反围剿部队为红十六军。到1931年1月，红军在龙港击毙第二十六师团长袁帮铃，收复龙港，国民党军退出燕厦，第一次"围剿"被粉碎。

1931年2月，国民党军对湘鄂赣边区发动第二次"围剿"。参加部队有：第十五师、第十八师、第五十师、新编第三十一师、新编第三十二师、第二十六师、新编第十师、独立第三十二旅。红军参加反"围剿"部队为红十六军、红三师。到6月，红十六军、红三师分两路进攻咸宁官埠桥、马桥，均获大胜，第二次"围剿"被粉碎。

1931年7月，国民党军仅在第二次"围剿"被粉碎一个月，在发动对中央苏区第三次"围剿"的同时，对湘鄂赣边区也进行了第三次"围剿"。进攻分布情况是：第五十师驻高安、铜鼓、宜丰，第十八师驻浏阳，新编第三十一师驻萍乡，第二十六师驻阳新、大冶，新编第十师驻通城、通山。红军参加反"围剿"部队仍为红十六军、红三师。到1931年12月，在阳新玉岭山战斗和修水黄坊战斗中被红军击破，第三次"围剿"被粉碎。

1932年6月，国民党军又开始对湘鄂赣边区进行第四次"围剿"。此次进攻策略是：以重兵包围苏区，占领较大城镇，修筑碉堡，截断苏区与外界联系。进攻兵力有：第十六师、第十九师、第六十二师、第五十师、第二十六师、第七十七师、第八十二师、第八十五师，新编第三十二师独立第三十二旅。红军参加反"围剿"部队仍为红十六军、红三师。到1933年7月，红三师在鄂南石灰窑重创国民党军，国民党军停止进攻，第四次"围剿"被粉碎。

1933年10月，国民党军发动第五次"围剿"。赣粤闽湘鄂五省"剿共"军西路军总司令何键在萍乡设立"西路军总部"行营。于袁水以北，修河以南及平、浏等地为第二纵队，包括第二十二军所属的第十八师、第五十师、第六十二师、第十九师等部队，归司令刘膺古指挥。于修河以北、鄂东南地区，为第三纵队，包括第二十六师、第二十三师、第五十八师、第八十五师、第八十二师、新编第七旅、暂编第四旅，归司令陈继承指挥。红军参加反"围剿"部队为由红十六军改编的红十六师。在国民党军残酷进攻下，由于执行错误的政治、军事路线，到1934年六、七月在龙门山战斗中，省级机关干部和红十六师指战员大部壮烈牺牲。这次惨痛失败，称为"六、七月事件"。标志第五次反"围剿"失败。从此，边区进入3年艰苦的游击战争时期。

在三年游击战争时期，1935年4月国民党军以陈继承为湘鄂赣边区"剿共"总指挥，以樊崧甫为湘鄂赣边区"进剿"纵队指挥，指挥第七十九师、第二十八师、第四十三师、第九十七师、第九十八师，还有东北军第一〇五师，第一一七师，湘军第十六师第四十七旅等，向边区进行"清剿"。

1936年3月，国民党军对湘鄂赣边区设立三个"清剿"区。第一"清剿"区以平江、浏阳、修水、铜鼓边区为主，指挥罗霖，部队有第十五师、第四师、第七十七师、第六十三师、第十九师、湖南省保安团。第二"清剿"区以阳新、大冶、武宁、通山、临湘、岳阳边区为主，指挥陈继承，部队有第四十师、第三十师、第三十五师。第三"清剿"区以万载、宜春边区为主，指挥谭道源，部队有第十六师、第十八师、第五十师、江西保安团。

1937年7月抗日战争爆发，不久中共中央派赖传珠、李涛先后到湘鄂赣边区传达中央指示。7月25日，在平江义口与国民政府武汉行营代表举行第一次和平合作谈判。从此，湘鄂赣边区进入了抗日战争时期国共合作的新阶段。

平江三角塘战役的回忆

刘君武[*]

　　1930年7月，中国工农红军在平江击溃了何键部的第十五、第十九两个师的4个步兵团，于27日解放了湖南省会长沙。这次战役，红军以劣势装备取得了战斗胜利。一方面，由于红军指挥的机动，士气旺盛，另一方面，反映了国民党军队中高级将领的预颟无能，下级官佐的"恐赤"思想，及士兵不愿意盲目地卖命，因而造成了失败的结果。我当时任第十九师一〇九团团长，曾参与这一战役，现就回忆所及，编成史料，提供参考。

　　1930年7月上旬，第十九师师长刘建绪在零陵防穴接到第四路军总指挥何键的急电：有枪约七千、人近两万的共军，盘踞长寿街、平江城一带，声言进攻长沙，该师即抽兵两个团星夜赶回长沙，归第十五师师长危宿钟指挥，协同汪之斌、侯鹏飞两团"进剿"。刘奉电令，即派我和第一一〇团唐伯寅部由旅长罗树甲率领，自零陵徒步出发，限7天赶到长沙。

　　我和唐伯寅都是新由第一一〇团营长调升团长的，到职只有几天。我在就团长职时，除接受团旗、团印外，仅只中校团附曹家铭及其勤务兵、马夫各一名，乘马一匹，其余的都为前任团长段珩带走了。因此，团部直属部队，还待重新组织，处在没有编组完善的时候，就奉令驰援长沙，并限在一星期内赶到，对行军作战不无影响。7月21日到达长沙时，官兵多已疲惫不堪，但由于情况紧迫，不能休整，翌日即向平江前进。

　　当时担负这次战役指挥的是第十五师师长危宿钟，他是6月底才由副师长升任师长的（师长原由何键兼任），还兼任了长沙警备司令。他受命后，曾以省会卫戍重要，不便远离，口头上向何键辞卸，何强之，始成

---

　　[*]　作者当时系第十九师一〇九团团长。

行。他所指挥的部队是第十五师两个团（侯鹏飞和汪之斌团）及第十九师两个团。第十五师是他的基本部队，指挥无问题，但第十九师的两个团是由旅长罗树甲率领，罗树甲、危宿钟在何键部当骑兵团长的时代就有矛盾，当时危任骑兵团中校团附，曾在江西找来大批赣籍的保定同学，大搞小圈子，为罗所不满，加上罗树甲庸碌无能，好酒贪杯，也为危所看不起。这次在一块共同作战，危就顾虑重重，心存疑虑，而罗也了解危的心理，表面上表示坦率服从，要危不要客气，尽管下达命令。可是危还是采取圆滑手段，对第十九师的部队任务，总是出之以私函。我曾亲见几次危的作战命令是以八行信笺写的，如"衡屏（罗树甲别号）吾兄勋鉴：一、二、……等等"，由这些事就反映出当时高级指挥官彼此之间是貌合神离，勾心斗角的。

23日，部队进到高桥附近，危宿钟为保全自己基本部队的实力，藉口保卫长沙的重要，必须控制有力部队，防止红军包围侧击，截断主力退路。商之罗树甲请率所部经金井向平江"进剿"，第十五师汪之斌、侯鹏飞两团（缺一个营）占领高桥北端附近向嘉义、长寿方向警戒，并且说："这样部署既能确保警卫长沙，同时也可策应你们的战斗。"另外他们还彼此说了一些相互推崇、委卸责任的官场话。因此，在敌情判断不明的情况下，草率地作出了作战部署。

24日中午到达金井，罗令我率部向平江搜索前进，以唐团为预备队掩护第一〇九团右后安全，并向双江口方向警戒。我率部于黄昏进至三角塘附近警戒宿营，准备次日拂晓继续搜索前进。25日晨先头部队发现红军，乃就三角塘附近山地展开应战。8时许，红军第八军向我团第二营第四连阵地猛攻，战斗一开始就很激烈，第二营伤亡约百余人，战况危急，乃以第一营谭有恩部增援，红军攻势并未停顿，战斗只有几个小时，全团伤亡官兵已达400人以上。由于团部野战卫生组织不健全，重伤兵太多，无法后运，听其遗弃战场。战斗开始后，我曾连续4次向罗树甲报告，两次请求增援，但始终未得到明确指示，只是每次在报告缄袋上盖有近3公分见方的"罗树甲印"的大图章，只能表示报告是送到了，此外就得不到任何指示。我当时想罗树甲是终日手不离"白兰地"酒杯的，这时可能正在醉乡。在情况万分紧迫时，我只好派中校团附曹家铭去指挥所向罗报告并请示。曹去不久跑步赶回第一线，和我还相隔一口水塘的距离，他就向我报告，这时战斗正是激烈，枪声震耳，听不清他说的什么。他乃以双手合于口边大声叫喊:"旅长没有兵来增援,唐团那边也打起来了,叫你各自为战。"战况越来越危急,红军的冲锋继续蜂拥向前,我总是转告部下坚持,等候增援部队。经曹这样一喊,近边的部队,就更加动摇了。我不敢未奉命令就擅自撤退,只得又写报告向罗请示,这时罗已坐轿子逃向高桥第十五师主力方面去了。我只好边打边退,采取各部队交互后撤的办法,因时近黄昏,红军没有穷追,仅只保持接触。入夜溃退到金井北端山地,稍作战场清查,全团伤亡官兵600余人,失枪360余枝。除了轻伤200多名能够随同撤出外,重伤兵都遗弃在战场,阵亡的更来不及掩埋。全团官兵经此重创,都十分恐惧,加上友军不予支援和指挥的颟顸,士气更为低落。

晚间危宿钟召集团长以上军官在高桥附近开会,讨论以后战斗如何进行。我因为单独一个团苦战了一天,损失惨重,得不到友军支援,内心非常气愤,特别是危宿钟将自己基本部队控制不用,让我孤军撑持,更为不满,因此一见到危宿钟、罗树甲之面,我就非常冲动地说,"今天的仗,是我没有打好!我只问你们的兵搞到什么地方去了?抓在手里干什么?这样让我一个团去打,我是不干了的。"危宿钟解释说:"唐团在双江口方面也打得很激烈,抽不出兵来,这里(指高桥附近第十五师部队)距前方太远,一时也赶不上来。"在开会前,危用电话将本日战斗情况向长沙何键汇报并请示行动。何键在电话里大发脾气,认为今天没有打好,明天还要继续打。危一再申述困难,并请求增兵,但是何键已将电话筒挂上了。不讲理由霸蛮,是旧军队指挥官的传统,他叫你打,如果不打,是有被撤职或杀头的危险。何键来这一手,危宿钟被吓坏了,向到会的人说:"总指挥命令明天硬还要打,你们看如何部署。"我说:"明天要打,请你们去试试看,我是打不得了。"

第十九师部队已被击破,危宿钟再也不能不让自己的基本部队出马了。乃硬着头皮由汪之斌、侯鹏飞两团(缺一营)在高桥以北山地占领阵地,唐团仍掩护右侧背,第一〇九团为预备队,在第一线后集结整顿。25日清晨,红军开始全线攻击,到处发起冲锋,战斗不到两个钟头,第一线阵地就全线崩溃,纷纷后撤,此后就是节节抵抗,且战且败,且败且退,于27日下午,退到长沙市郊附近。我在作战时担任预备队,在撤退时位置在各部前头,先到长沙东郊杨家山附近占领阵地掩护收容,入夜以后又南撤至大托铺附近。至于各团的伤亡情况,我不清楚,但就其狼狈不堪的情景来看,汪之斌、侯鹏飞两团的损失,也不下于第一〇九团,只是唐团略小而已。

何键于25日得到高桥的败讯之后，即令王东原、张其雄（均第十五师旅长）所属徐洞、张毂中与杨××等几个团，由新河口沿浏阳河南岸至东屯渡之线布防，并令新编第三十一师陶广部衔接第十五师在金盆岭、雨花亭至烂泥冲之线布防，准备抵抗。何键为了鼓舞士气，乃亲赴前线巡视督战，但在张毂中团阵地上发现远处有红军密集部队移动的模样，即仓皇回城，可见其恐惧心理。27日下午2时许，红军在东屯渡附近多点强渡浏阳河后，即向沿河阵地攻击，沿河阵地的何键部队，见到红军已渡过浏阳河，天险已失，恐惧万分，零落地打了几枪，无意抵抗，就放弃了阵地，狼狈溃退。这时虽然陶广与王东原等高级将领亲临督战，以手枪排胁迫官兵应战，但各部队已是混乱一团，官兵各不相顾，纷纷由督战部队侧翼逃窜，形成全线崩溃。至下午5时左右，正当防守部队溃败之时，掌握湖南军政大权的第四路军总指挥兼湖南省政府主席何键，身着长衫、头戴草帽，率领卫士1个连，口称亲赴前线督战，但行抵小吴门口时，红军已经占领了杜家山韭菜园之线，正继续向市区突进。何键仓皇逃命，即折向西门渡过湘江，改乘轮船赴益阳。当逃出长沙时，还说"本总指挥不忍战事波及长沙，故暂离省会"。各部在何键逃走的先后，都纷纷撤出长沙。这次战役，就以红军胜利地第一次解放长沙而告结束。

南昌行营"围剿"红军中第四路军的任务

李 觉[*]

　　从1931年底，蒋介石在南昌设立行营后，开始对赣闽粤湘边区红军根据地进行围攻，指定何键部第四路军的任务是担任湘鄂赣边境对红军的"清剿"及维护赣江西岸从南昌到长沙的主要交通，指定总部设在宜春，指挥第四路军所属的军队及地方团队担任这一任务。当时总部决定第一步驻萍乡，以第十六师驻高安、上高，第六十二师驻宜春、万载、铜鼓一带，以第十五师进驻茶陵、攸县、莲花、酃县一带，陈光中旅驻平江长寿街，新编第三十四师陈渠珍仍驻湘西原地，第十九师为总预备队，留在省内，并由第十九师师长兼保安处长李觉指挥全省团队，担任省内治安及"清剿"任务。

　　当时红军主力在围攻长沙失利后，已全部撤到闽赣边境一带，湘鄂赣边区留有的游击队主要是孔荷宠部，约4000多人及各县、区地方武装，分布在江西修水、铜鼓、万载、萍乡、安福、莲花，湖北咸宁、崇阳、通城、蒲圻及湖南的平江、浏阳、茶陵、攸县、酃县各省县交界地区。在湘西的红军也在1930年冬撤到湖北洪湖集中去了，留下的武装不多，主要地区是在桑植、龙山、大庸及湖北的恩施、鹤峰一带，其他地区则是原来地方的土匪。因为团队经过整编补充训练后，已能同军队一样，随时调动，当时共有24个团约4个师的力量，在统一指挥下它的战斗力量是加强了不少，对地方治安不需要这样强大的团队。因此，除酌量地方情况留下一部担任肃清地方零星土匪及维持治安外，主力完全抽出来同第十九师配合担任湘鄂赣及湘西这两处对红军根据地的"清剿"任务。在湘西永顺、保靖、龙山、

---

　　* 作者当时系第十九师师长。

桑植、大庸一带由新编第三十四师陈渠珍负责，澧县、常德、石门、慈利一带由第十九师第五十七旅一个团配合常德专区团队负责。南县、华容、岳阳、临湘一带由第十九师第五十五旅及李国钧部负责。平江、浏阳、醴陵由第十九师第五十六旅及陈光中部负责。第十九师其余一个团留驻长沙附近机动。衡阳由第十九师第五十五旅旅长兼湘南警备司令段珩指挥地方团队维持地方治安。

当时留省部队和团队共有34个团的兵力，在萍浏一带对红军根据地的破坏和进攻力量是相当强的，加之红军孔荷宠是一个动摇分子，内部发生了动摇，因此，地方政府和军队用各种欺骗引诱方法进行策动，如缴枪一支发现洋30元，自新投诚的保证安全。同时又用军队进行封锁，对粮食、食盐、药品等封锁很严，加强了压力。在一年的时间，平江、浏阳、醴陵边区的游击部队受到相当损害。1934年7月，孔荷宠从闽赣边区开会回来，经过泰和时，即向第七纵队周浑元自首，背叛革命，蒋介石为他举行了欢迎会扩大宣传，并指定他到湘鄂赣边区进行招抚工作。因此，这一带的红军游击队及地方组织的生存非常艰苦，大部转移到湘北崇阳、通山、咸宁、蒲圻一带山区，在1934年8月湘鄂赣省委会议后，军威又重振起来，很快解决了汉口行营张学良的第一〇五师一个加强营的兵力，使边区形势又出现了紧张局面。南昌行辕又将湖南"清剿"任务延伸到咸宁、蒲圻一带。

在南昌行辕对红军的五次"围剿"中，第四路军都是一种配合作用，主要是对平江、浏阳、醴陵、修水、铜鼓、万载一带的边区进攻，起一种牵制和协同的作用。在五次"围剿"中，我带第十九师一部只有两次出动是比较大的兵力。一次是1933年湘鄂赣边区红军主力在赣江西岸活动，南昌吃紧，驻高安的第十六师有电告急，遂抽调第十九师一个旅赶到上高增援，协同第十六师及第六十二师驻守部队向宜春、万载、铜鼓、浏阳进行一次"搜剿"，但从出发到返回长沙，一枪未发，也未发现红军在哪里。另一次是第十五师第四十三旅旅长侯鹏飞在永新澧田遭到红军伏击被俘，宁冈吃紧，第十九师奉令抽调一部协同第六十二师由萍乡经安福向莲花、茶陵方面前进，但到安福附近后发现红军向茶陵、攸县前进，在中途又折回到武功山脉向莲花方向去了。我们到达攸县皇图岭附近就同第六十二师分手，第十九师仍回到原驻地，这两次我都参加的。其余第四路军各部在每次进行"围剿"时都没有什么激烈的战斗行动。当时第四路军总部已移驻袁州（宜春），实际只有参谋长带一部分参、副、秘人员在那里形成指挥所而已。（当时江西省宜春地区专员兼区保安司令危宿钟原系何键的第十五师师长，有旧上下级关系，他也有几个保安团队，所以总部对危宿钟的指挥是无问题的。）何键本人基本上是在长沙，每月去总部十天八天而已。

在南昌行营成立后，在"剿共"期间颁布了一个"特别惩治贼匪条例"，就是说对共产党和有进步倾向的人，如果被捕了，不交一般的法院机关处理，另设有专门特别法庭，用"特别惩治条例"处理，没有上诉权，一次判决执行。当时湖南所设特别惩治"贼匪"委员会，由省主席、高等法院院长、省党部主持，并设有反省自新所，即变相的集中营。在全省内不问地方或军队所破获的共产党的地下组织及战场所俘虏的红军指挥人员，以及地方进步人士，规定必须送交特别法庭处理，自首的也应送自新所讯问处理。省保安司令部主要是办理和审查全省地方土匪案件，对政治犯是由特别法庭决定后交保安司令部执行。在地方对红军根据地的游击队战士"携械投诚自首"的由地方照例开一次欢迎会，有枪的每支枪发银洋30元，由地方编成自新队，必须继续检举他知道的红军地点及责令再勾引红军战士"投诚"。当时在平江、浏阳、修水、铜鼓、万载一带根据地被破坏了不少。到1933年在岳阳、华容的部队又推进蒲圻河及药姑山地区，在省境内基本上没有什么紧张的情况。陈光中旅已改为第六十三师，以李国均部编为第六十三师第一八八旅，陈子贤部编为第一八九旅，主力移到茶陵一带。第十九师第五十七旅在蒲圻、岳阳，第五十六旅在平江、浏阳，第五十五旅在衡阳。常德、桃源、沅陵一带，由地方团队负责，洪江一带，有第一八九旅及两个保安团专门维持沅水的水道交通，以增收木材、鸦片烟的税收。在1934年春新编第三十四师师长陈渠珍报告：原已过长江去的湘西红军又过长江回到恩施、鹤峰、龙山、桑植一带，当时认为湘西红军经常来往长江两岸，并未加以注意，只嘱加紧防备而已。

以上是1932年到1935年期间湖南的第四路军行动，大概是这样的。

何键的第四路军对湘赣省红军进攻情况的概略回忆

陆承裕[*]

　　我在第四路军干过10多年，1933年到1935年第四次"围剿"中，我正在第二十八军长兼"赣粤闽湘鄂剿共军"西路军第一纵队司令刘建绪的司令部参谋处作战科任上尉参谋。每日记录大事记（即阵中日记）兼理军长办公室机要作战地图和机要文电等。以后又在任第十九师参谋主任时，为撰写该师历史时也涉及到有关红军作战的情况。兹综合叙述如下，以供参考。

一

　　1927年湖南的马日事变以后，毛泽东领导的湖南秋收起义和彭德怀领导的平江起义，都是在湘赣边区发展壮大起来的。毛泽东巧妙地运用了当时国民党各派在湖南互相争夺地盘的矛盾，曾一举攻占长沙，旋又再次围攻长沙，给第四路军以沉重打击，使何键在湖南的统治地位几乎颠覆，同时也使蒋介石的南京政府震惊，邻近湖南各省告警。当时的湖南正处于蒋、桂权势之争的缓冲地带，何键运用其纵横捭阖的圆滑手腕，周旋于蒋、桂之间，终以拥蒋倒桂和反共最力，得到蒋介石的赏识和嘉许，第四路军的兵力不但迅速得到恢复，而且利用对湘赣边区进攻红军之机得到扩大，从而巩固了何键统治了湖南达9年之久。

---

　　*　作者当时系西路军第一纵队司令部参谋处作战科上尉参谋。

何键在北伐战争时系国民革命军第四集团军总司令唐生智部下的第三十五军军长，1927年驻武汉时，曾经是许克祥在长沙发动"马日事变"的赞许者和策划者，1927年秋唐生智发动反蒋失败后，何键率第三十五军退回湘西。1928年春经湖南省政府主席程潜任命兼湖南全省清乡善后会办，从事清乡反共工作，旋程潜被桂系李宗仁、白崇禧扣押于武汉，鲁涤平继任湖南省政府主席，仍以何键为清乡会办，1929年春，何键由于倾向虎踞武汉的李宗仁、白崇禧，在桂系发动驱除鲁涤平的军事行动中，何键取得了代理湖南省政府主席的职务，1929年3月2日，何键宣布就任湖南省政府代理主席后，蒋介石下令讨伐桂系，何键表示拥蒋反桂，李宗仁、白崇禧从武汉绕道鄂西、贵州，退回广西，何键受到蒋介石的嘉许。4月，任命何键为湖南省政府主席兼讨逆军第四路军总指挥。何键是1916年从保定军官学校第三期步科毕业，后在赵恒惕的第一师当见习官、排长。1918年春被派回醴陵，靠浏醴游击队起家。1919年收编为湘军第一师骑兵营长，以后随着唐生智步步高升，水涨船高，由团长、旅长、师长、军长，仅10年时间就弄到了湖南省政府主席兼第四路军总指挥的职务。

1930年，桂系李宗仁、白崇禧、张发奎联合阎锡山、冯玉祥反对蒋介石。6月5日张发奎攻入长沙，何键为保全实力退往常德一带待援。旋张发奎退出长沙。蒋介石电令何键以主力向衡阳以南追击。当时何键的部队由于连年征战，得不到休整补充，疲倦已极。

1928年至1929年间，毛泽东领导红军在湘赣边区已得到迅速发展，江西省政府主席鲁涤平连吃败仗，损兵折将。湖南平江、浏阳、醴陵、茶陵及湘北鄂南等地区都早已吃紧，何键正愁兵力单薄，顾此失彼，应付棘手。1930年5月至6月间，毛泽东利用桂系军阀入湘之机，指挥红军主力向平江、浏阳集结，何键已预感到威胁，压力甚大，令第十五师师长危宿钟并指挥第十九师之第五十六旅，共4个旅的兵力，驻守平江，浏阳之线。农历5月6日，第十九师第五十六旅（旅长罗树甲）及第十五师的余贤立团被红军击溃，余贤立仅以身免。随后平江、浏阳全线被红军攻击，危宿钟在平江被攻陷后，指挥紊乱，莫知所措，以致全线纷纷后撤，红军乘胜猛追，第十五师损失很大。7月26日红军直扑长沙市郊。何键当时所能掌握的仅只有留守在长沙市的第十九师一个团，第十五师士气低落，溃退的部队很零乱，尚待收容。长沙市人心惶惶，乱作一团。何键知已无能为力，在慌乱中率领省政府及总指挥部的部分人员，由新河渡过湘江撤退到湖南纺纱厂设临时指挥所，一面收容溃退部队沿湘江西岸固守，一面电令在衡阳宝庆线上的第六十二师陶广部星夜兼程赶到湘潭沿江设防，并电令追击入桂的部队全部撤回，向长沙反攻。红军于7月27日攻占长沙后，并未乘胜向湘江西岸追击，迄将何键的反攻部队已到达易家湾时，遂于先日分别向平江、浏阳方面撤退。何键即将先后到达长沙近郊之易家湾、㮾梨市、永安市之线的部队，进行休整补充，准备向红军追击。8月上旬，以第十九师经浏阳到达东门市，第十六师到达官渡市，戴斗垣旅到达文家市，陈光中独立支队到达金刚头市，第六十二师到达浏阳城附近，第四路总指挥部进驻浏阳县城，另以第十五师、第十九师之一旅向干江前进，略有接触，红军即撤出平江。其他各师均未与红军接触，亦不知红军去向。数日后在文家市的戴斗垣旅突然被红军全歼。旅长戴斗垣被击毙。红军主力正集中文家市、金刚头间地区，有向浏阳方面移动的情况，判断可能再次进攻长沙。总指挥部决定以第十九师留一个团在浏阳监视红军外，所有在平江、浏阳之线部队立即撤回长沙附近，赶筑要塞工事，坚守长沙。以第十六师担任猴子石至黄土岭之线，第十九师担任马回岭至阿弥岭之线；第六十三师担任杨家岭、五里牌之线，主力在金盆岭集结；第十五师担任五里牌（含）东屯渡、湖迹渡至新开河沿浏阳之线，陈光中独立支队在湘江西岸荆家河，准备必要时渡河侧击红军。当时判断红军可能以石马铺、阿弥岭、杨家山之线为主攻方面，所以在兵力配备上也以此线为重叠的纵深阵地，兵力多，工事坚固，外壕深，层层铁丝网，在新败之后，士气不振，固守信心仍不足。何键急电蒋介石求援，旋留在浏阳的监视部队亦撤回长沙，但红军主力仍滞留浏阳附近未行动，给何键的守城部队有10天的富裕时间加强了工事设施，也提高了固守信心。此时，蒋介石正与冯玉祥、阎锡山在北方激战，无力兼顾湖南，复电何键尽力固守，万一不利亦不要何键个人承担责任，并派装甲车一列归何键指挥，巡逻于长沙湘江的船只，全由军队控制于湘江西岸的指定地点，准备万一渡江之用。

9月初，红军开始围攻长沙，形势非常猛烈，石马河、阿弥岭、黄土岭之线激战最烈，密集冲锋之外，还以火牛冲锋（牛尾后吊油棉花燃火，驱牛向阵地猛冲）。红军犹善夜战，白天无激战，何键的部队得以休整补充弹药，处于有利态势。连续激战20多日，红军伤亡倍于国民党军，锐气已挫，某夜突闻红军远后方有激战，长沙外围却无战事，亦未出击，疑惑不解。次晨搜索，始知红军已分路向醴陵、浏阳方向退却，其原因是蒋介石派来张振汉和龚昌廉两个师增援长沙，事先并无电报联系，故未能配合作战。红军既已退往江西，何键遂以第六十二师陶广警备长沙，第十五师向平江、浏阳之线推进，第十六、第十九两师及陈光中支队向醴陵、萍乡齐头并进，名为追击，实为跟进。10月初，第十九师到达萍乡停止，向安福、万载、高安方向警戒；第十六师进驻攸县向茶陵方向警戒；陈光中部进驻醴陵、金刚头一带，策应浏阳、萍乡，维护交通。

长沙在51天中两次失陷，又再次被红军围攻，使南京政府为之震惊，邻近湖南各省均告警，尤其是省内外向来反对何键的党政军务派势力，群起攻之，纷纷指责何键"治湘无能，治军无术"。牵连湖南旅居武汉、南京、上海等地与何键有嫌怨的官僚政客和倒台的将领们，向南京政府请愿，要求将何键撤职查办，予以惩处。一时报纸传单，攻讦辱骂，大有不可阻挡之势。何键处于沉重苦恼之中，蒋介石对此置之不理，反电慰何键："长沙失守中正应负其咎。"何键对蒋的宽容非常感激，表示坚决拥护蒋介石"攘外必先安内"的政策，誓以"剿共"为己任，决心整饬部队，严明赏罚，调整人事，充实战斗力。在高级将领会上将这次作战指挥无能的第十五师师长危宿钟撤职，以该师旅长王东原升任，第十六师师长罗藩瀛撤职，以该师旅长彭位仁升任，第十九师师长刘建绪提升为第二十八军军长，辖第十五、第十六、第十九3个师，所遗第十九师师长职，以该师旅长李觉升任，陶广仍任六十二师师长，陈渠珍任新编三十四师师长（该师驻湘西，当时是受编不受调，实际上管不着）。各师均辖3个旅6个团。又将陈光中、李国钧、陈子贤3个支队改为独立旅。不久又将陈光中独立旅与陈子贤独立旅合编为第六十三师，以陈光中升任师长（陈子贤害怕陈光中并吞他，这个旅长期都附属于李觉指挥）。经过这番整饬，士气有所提高。此时部队多已进驻湘赣边境地区，何键以长沙警备空虚，又于1931年4月新成立一个独立第三十二旅辖两个团，以胡达为旅长兼长沙省会警备司令，所以这旅又叫长沙警备旅。同年5月，又成立一个湖南航空处，有飞机14架，以黄飞为处长（1934年黄飞利用飞机偷运吗啡案件被蒋介石枪毙，不久将湖南航空处飞机也归并中央空军）。

自红军围攻长沙后，何键深知第四路军的中下级干部素质欠佳，于1931年成立第四路军干部教导总队，下设军官大队轮训各师营、连、排级干部；军士大队则选训各师资深的军士，为补充下级军官做准备，还有炮兵、工兵专业训练队和另一个技术大队（以劈刺和国术为主，培养各师的技术教官、助教），训练期为6个月，后来又增设一个高级班。1935年又将第四路军的各种训练班队如汉阳学生队，军官讲习所等等统称为湖南干部学校。通过干部训练不但提高了中下级干部的指挥能力，尤其使各师及地方团队的中下级干部养成了"第四路军体系"的团结观念，及利于人事的统一任命。

1931年以前，湖南各县有形形色色的挨户团，联防自卫队，团防局，铲共义勇队等名目繁多的地方武装势力，其中有许多是各地土豪劣绅、恶霸、匪首所据，以鱼肉人民，控制地方政权的工具，各自设卡征税，或任意加征田粮附加税或截留赋税粮谷，横征暴敛，民不聊生，全省政令、军令、财政均难统一。何键趁红军主力离开湖南后，于1931年3月，下令整编湖南地方团队为24个保安团，5个独立营，划全省为8个行政区，设专员兼区保安司令，并将全省清乡司令改为湖南全省保安司令，何键自兼保安司令，刘建绪兼保安副司令，原清乡司令部为湖南省保安处，以第十九师师长李觉兼保安处长，负责统一保安团队的整编、人事、经理和指挥调遣之权。这些保安团的编制人数和武器装备，仅次于第四路军的正规团。干部或从各师调来，或经过第四路军教导总队培训过，干部素质亦仅次于正规部队，可以说经过整编补训后的保安团，等于何键又增加了4个师的兵力，被使用于绥靖地方治安，便于抽出第四路军的主力向湘赣边区红军进攻，同时也逐步做到了除陈渠珍盘踞的湘西10县外基本统一了全省的政令、军令和田赋税收，何键在湖南的统治地位从此巩固了。此时，何键最感威胁的是干江、浏阳地区，遂设平浏绥靖处，以第二十八军军长刘建绪兼绥靖处主任，推行保甲制度，碉堡政策，实行"清剿"与"招抚"兼施，瓦解红军的地方政权和赤卫队武装，对革命事业起了重大的破坏作用，刘建绪还举办了平浏团防训练所，加强平浏反共武装力量。

二

蒋介石在结束对阎锡山、冯玉祥的战争以后，将在北方作战的部队调集到江西来，准备对红军进行大规模"围剿"。1932年初夏，蒋介石来长沙视察，听取何键在湖南反共"围剿"的情况汇报，巡视了长沙的要害建筑，检阅了第四路军留在长沙附近的部分队伍，对何键推行碉堡政策和保甲制度，对红军区域逐步推进，把军队区分为"驻剿"与"追剿"等办法，颇为赏识。对何键坚决拥护中央、反共到底的态度，慰勉有加，并认为何键的第四路军现有实力加上已整编的24个团队，可以单独对付湘鄂赣边区方面的红军，要求何键把第四路军的主力部队向江西推进，配合对江西红军的"围剿"。蒋介石回到南昌行营后对何键尊孔读经，提倡五伦八德这套封建的政治措施，对军队灌输曾国藩、胡林翼治兵语录及筑碉囤粮、步步推进的战略战术，以及整编团队的办法，都向各省和"剿共"部队推广，把曾、胡语录和新编写的"剿共手本"印发到各部队干部人手一本。为此，蒋介石还掀起了一个"新生活"运动，认为这些都是摧垮共产党的重要手段，自此以后，蒋介石对何键的信任加深了，蒋、何间的关系也密切了。

红军主力从湘赣边区进入闽赣边区后，蒋介石将在上海抗日的第十九路军调到湖南，经醴陵、萍乡进入江西尾追红军，第四路军的主力也随后进入江西，第四路军总指挥部进驻萍乡，以第十六师进驻高安、上高；以第六十二师驻宜丰、万载、铜鼓一带，这两个师以维护赣江西岸从南昌至长沙的主要交通为主要任务，并负"清剿"责任，以第十五师进驻茶陵、酃县、莲花一带"清剿"；第六十三师陈光中驻平江、长寿街一带"清剿"；新编第三十四师陈渠珍仍驻湘西"清剿"；第十九师为总预备队并指挥地方团队负责省境内的"清剿"任务（师长李觉兼保安处长）。该师当时的任务分配情况是：第五十五旅附李国钧独立旅及部分保安团队负责南县、华容、岳阳、宁乡一带地区"清剿"及维护长岳段铁路交通（该旅旅长段珩兼任岳阳区警备司令）；第五十六旅驻醴陵、浏阳及平江一带"清剿"；第五十七旅以一个团配合常德专区团队负澧县、石门、慈利、常德一带地区"清剿"，该旅其余部队留在长沙附近机动。以上担任湖南上述地区的"清剿"兵力共有34个团包括保安团，力量是相当强大的，对红军根据地的进攻和破坏是残酷的，还采取一系列政治的欺骗引诱手段，如缴枪一支的发银元30元，投诚自首、自新的保护安全，再加上严格控制和封锁粮食、食盐、药品、日用品之类的东西不许进入红色区，给红军游击队和人民的生活造成了极其艰难的境地，以促使其产生思想上的动摇或瓦解。随着时间的推移，红军主力远离，一时难以回来，于是投诚自首自新的人逐渐增加，后来孔荷宠也动摇，终于叛变率部投降了。因此，醴陵、萍乡、浏阳、铜鼓一带红军在一年之内就完全瓦解了，随之鄂南几个

县亦被瓦解，湘东南各县都成稳静状态。进入江西各部队与红军虽有几次
较激烈的战斗，也颇有伤亡，但所受打击尚不沉重，因此，何键这时主要
精力关注到湖南省政的整理，抓紧湖南财政的整理，增加田粮税收，特别
是增加了鸦片烟的特税收入，大肆搜刮人民的血汗，充实政费、军费的开
支，修筑了几条重要公路交通，如由长沙经浏阳、万载、上高至南昌的公
路，由长沙经浏阳、醴陵、攸县、茶陵、莲花至吉安的公路，另由攸县经
安仁、宋阳的支线；由长沙至平江、铜鼓的公路，由长沙经常德至津市的
公路，这几条公路对当时进攻湘赣边区红军起着极其重要的作用。此外还
修通了常德经沅陵、晃县通往贵阳的公路；由湘潭经衡阳、郴州通往广州
的公路，另由衡阳经永州通往广西及由潭宝线经洪江、晃县往贵阳的公路
线，这些都是为尔后对付红军二、六军团在湘鄂川黔边区会师后的作战及
对中央红军长征时的"追击"，达到能迅速转运兵力的重要作用。在叙述
当时敌我军事斗争史料时，这一点是不可略而不提的。

三

　　蒋介石对江西中央红军的第四次"围剿"失败后，1933年蒋介石在庐
山会议决定调集更多的兵力，对红军发动第五次"围剿"。任命何键为
"赣闽粤湘鄂五省剿共西路军"总司令，除所辖的第四路军外还将原在赣
江西岸地区的第十八师朱耀华，第二十三师李云杰，第二十四师许克祥，
第五十师岳森，第五十三师李韫珩，第七十七师罗霖等6个师都归何键指
挥。这6个师都是湘军不同系统，或原属谭延闿，或原属唐生智，或原属
贺耀组的旧部，过去与何键也有些渊源，或在湘军内讧战争中曾一度是对
手，或在红军攻陷长沙后曾对何键进行攻击侮骂，内在的嫌怨是存在的，
他们有的是鲁涤平的部下，自从鲁涤平在江西对红军作战不力，多次损兵
折将被免除江西省政府主席职务后，第十八师、第二十四师、第五十师都
失去依靠。湘军向来被蒋介石视为杂牌部队，总有一天，不被红军消灭，
就会被蒋介石编并掉的，这是杂牌军的共同性疑惧感，现在既然都编到西
路军的战斗序列，如何抛弃前嫌，和解矛盾，也有了同一愿望。于是这些
师长表示愿服从何键的指挥，向何键靠拢，何键更是施展拉拢的圆滑手
腕，对那些师长馈赠津贴和特别开支费等，这就壮大了何键的声势。可是

在两年的总司令期间，这笔开支费就达到几百万元，不能向蒋介石报销，而第四路军的经费扯空了，以致第四路军的官兵薪饷减作四、五、六折扣也拖久发不下去，搞得官兵怨声载道，士气日益低落。

何键就任西路军总司令以后，区分为两个纵队，以第二十八军军长刘建绪为总司令部的总参谋长兼第一纵队司令；总司令部参谋长刘膺古兼第二纵队司令。第一纵队辖第十五师、第十六师、第六十三师、第二十三师、第五十三师、第六十二师、第七十七师等部，以湘赣边区红军根据地为主要攻击目标；第十五师王东原率3个旅6个团由茶陵、酃县逐步推进宁冈；第六十三师陈光中率领的两个旅四个团由茶陵向莲花、永新推进（该师第一八八旅陈子贤虽属于第六十三师编制。但不受陈光中节制，长时期配属于第十九师师长李觉指挥）；第十六师彭位仁率3旅6个团仍驻高安、上高一带，维护南昌至长沙间在该地区的公路交通；第二十三师李云杰3个旅6个团在泰和附近赣江西岸地区防堵红军渡赣江东进；第十六军军长兼第五十三师师长李韫珩3个旅6个团驻遂川附近向永新推进；刘建绪司令部先驻茶陵再向莲花推进。

刘膺古第二纵队辖第十八师朱耀华，第十九师李觉（欠一个旅），第五十师岳森，第六十二师，第一八五旅等部。其中第六十二师第一八五旅部署在宜丰、万载、分宜地区，其他各师位置已不能记忆。第十九师附第六十三师的陈子贤旅仍为总预备队留在湖南机动。何键的总司令部推进到宜春，何键本人正忙于湖南省政的整理，常留长沙。总司令部由第二纵队司令刘膺古代行处理。当时的江西宜春专署专员兼区保安司令危宿钟，即第四路军原第十五师师长，在红军攻陷长沙后，危被撤职后调到宜春任专员，因此，何键的总部移到宜春是指挥方便的。该地区也有两个保安团配属各部队作战。

此时湖南境内并无战事，贺龙将军的红三军主力亦转战湖北洪湖地区。何键以第四路军各师连年作战须要补充为由，呈请蒋介石准许成立了第四路军补充训练总队，下设两个补训处，调原第十六师旅长成铁侠为第一补训处主任，辖黄新、袁建谋的第一、第二两个团，以第十九师的团长何平升为第二补训处主任，辖欧阳烈、谭有余的第三、第四两个团，编制与正规部队一样，中下级干部和班长都由各师调充。自此何键又扩张了一个乙种编制师的兵力。1934年以后，这4个团都参加了战斗序列。何键利用反共逐步扩张了第四路军的实力，已拥有5个正规师，1个独立旅，4个补充团,24个保安团,5个独立保安营,还有专为护运鸦片烟土的监护大队、水上警察总队、省政府的卫士队4个中队,总兵力达10万人以上,是为何键军事集团的极盛时期。

在1933年至1934年间,何键在湘赣边区的战略方针是稳扎稳打,利用碉堡政策,逐步前进,保存实力不敢冒进,何键深知没有第四路军这支实力是难保他在湖南的统治地位的。至于朱耀华、李云杰、许克祥、岳森、李韫珩、罗霖等人,也都是心照不宣地以保存实力为主,都深知蒋介石对杂牌军是不怀好心的,利用"剿共消灭杂牌军"的阴谋,早有戒心,张辉瓒师的教训,是余悸在心的。例如李云杰的第二十三师,李韫珩的第五十三师在泰和、遂川一带,只要红军不来打他,他就龟缩在碉堡内不轻易越雷池一步的。

1933年冬,萧克将军率主力突然北进,南昌吃紧,高安的第十六师告急。何键令第十九师一个旅驰援高安,另以第五十六旅协同第六十二师分由浏阳、万载向铜鼓、修水方面截击红军,初年所获,方以为无事。次年初该旅第一一四团在龙门厂突然遭红军袭击,战斗极猛烈,团长汤新昭负重伤,一个张营长阵亡,连排长伤亡甚大;旋援军赶到,红军撤退,避开追击部队,由宜春、萍乡间进入攸县急趋茶陵,湖南震动。一面调第十六师、第十九师、第六十二师各以一部向莲花、茶陵尾追,一面由第十九师抽一一〇团唐伯寅在攸县网岭阻击,双方死伤均惨重,红军由茶陵东北八团间道回永新去了。4月中旬,刘建绪对红军在永新集结企图不明,判断红军可能疲惫不堪,正在休整,遂令第十五师师长王东原率主力向永新进击,王东原前曾两次进攻井冈山的茅坪和茨坪,都认为是打了胜仗,颇有轻视骄傲之气,除留第四十五旅第九十团韩亮宇固守砻市外,全师浩浩荡荡经三湾、澧田向永新前进,其前卫侯鹏飞旅的第八十五团刚通过三湾后,即遭红军主力伏击,第四十三旅部,第八十五团团部,第八十六团一个营被全歼,旅长侯鹏飞及团长以下均被俘,给了红军一次很好的人马武器补充。王东原溃回砻市固守不敢再出。这次败仗给何键、刘建绪以重大打击,全军震骇,丧失了机动能力,不得不给王东原记过处分,第八十六团团长徐洞被撤职。

四

8月上旬，萧克将军率红六军团突然放弃湘赣边区根据地，越过武功山脉，于8月初进入汝城境内，一度进攻当地大恶霸湖南第八区保安副司令胡凤璋的山寨，不克，遂继续向宜章、郴州间地区，向西急进，湖南空虚，红军所向无阻，事出意外，湘南各县莫知所措，纷纷飞电告急，三湘震骇。此时对红军意图不明，蒋介石急电湘、鄂、桂三省火速调遣部队堵击。何键即令第十五师王东原率部轻装爬过黄洋界，经桂东、桂阳衔尾追击。并令第十六师、第六十二师、第六十三师各取捷径，向衡阳以南永兴零陵之线堵击，不能让红军渡过湘江北进。第十九师附六十三师的陈子贤旅迅即集中邵阳后再向宁远、道县前进，刘建绪的司令部即由茶陵转移至衡阳指挥。红军行动迅速，日行80至100里。当第十五师到达桂东、资兴时，红军已向桂阳疾进，相距行程一两日。王东原对澧田吃的败仗，仍余悸在心，唯恐孤军衔尾深入有被红军吃掉之虑。日行六、七十里，只是缓步尾随送行，直跟至黄沙河附近，均未与红军碰过头，所以一枪未放，奉令撤回郴州休整待命。

红六军团到达湘桂边境地区后，知桂系军队和湘军都已前堵后追，采取灵活机动行动，避开桂军进入广西龙胜，使湘军的侧击落了空。李宗仁、白崇禧唯恐红军深入广西腹地，令廖磊率第七军由全县向龙胜阻击。红军甩掉桂军又由龙胜转向通道，深入绥宁。何键此时只得将长沙警备旅胡达的两个团用汽车输至桃花坪，协同地方团队守备茂冈，令第十九师迅由黄沙河经东安，新宁星夜向茂冈前进，而红军却已向靖县去了。第十九师改道至通县追击红军，压迫红军迅速离开湖南境内。大约是农历8月中秋时节，第十九师在离开通县不远，其先头部队突然打响了，主力正迅速赶上，才发现是与桂系第七军廖磊部队遭遇激战，一场互相火拼，双方均有死伤，也延误了一天的"追击"行动，而红军已进入贵州黎平附近地区了。贵州王家烈的部队更是一支军纪很坏，缺乏战斗力的部队，望风即溃，红军更是如入无人之境。

何键先是错误判断红六军团进入湖南，可能是要在湖南另建根据地，唯恐追堵过紧，会逼使红军久滞湘境，只要把红军送离湘境就是上策。现在红军既入贵州，判断红军可能入湘西与红三军（后红二军团）贺龙将军会合，则今后对湘西的威胁更大，应当一面继续追击以阻止红军会师，一方面要向湘西加派防御力量。于是第十九师继续向贵州黎平、锦屏、镇远跟追，贵州王家烈亦唯恐红军继续西进，危及贵阳，也派部队在黄平、凯里之线凭险阻击；廖磊的桂军亦到达镇远，商定以湘桂黔三方面的力量压迫红军于乌江东岸地区决战。红军利用镇远、石阡间的崇山峻岭、深沟道险的地势，休整了七、八天，湘、桂、黔三省的追击部队亦不敢冒进，也就对峙休息，以为可以困住红军，同时桂系廖磊部队见红军已远离广西边境，决定要撤回广西。正在此时，红六军团乘阴雨夜暗，越高山险道，出奇疾行通过独立第三十二旅胡达的封锁线，北走印江，比及胡达部队于拂晓后发现有红军落伍战士时，红军已经去远追赶不上了。于是，红二、六军团于10月间在印江的黄木镇胜利会师了。

红二、六军团会师后，中央红军亦即离开瑞金开始长征，湘、粤边境告警。何键急令第四路军"追剿"入黔的部队星夜兼程回省，独立第三十二旅胡达部迅速赶到沅陵，以汽车运回长沙警备。李觉的第十九师集中祁阳、零陵地区待命。何键在这次"追击"红六军团的过程中，达到了他使红军迅速通过湖南，不久停留的目的，部队虽已拖得疲惫不堪，病逃甚众，但未遭受到重大的损失，然而还得向蒋介石有个交待，向社会舆论也有所掩饰，于是找了个替罪羊，将第十六师师长彭位仁以"追剿"不力的罪名撤职，该师旅长章亮基继任师长。第四路军对湘赣边区红军的"围剿"就这样完结了。

独立第三十三旅参加对湘鄂赣
边区 "围剿" 的经过

陈金城[*]

国民革命军第九十三师的前身，是独立第十五旅。1931年秋又改为独立第三十三旅，1933年七、八月间，独立第三十三旅改编为第九十三师（师长唐云山）。这里所记的是：

1932年冬独立第三十三旅参加湘鄂赣边区 "围剿" 和1933年春进犯箸溪大桥会战经过。

1932年冬季，长江来往轮船，时被黄石港、四家埠两岸红军武装袭击，国民党当局为着维护长江交通运输，因此急调独立第三十三旅由安庆乘轮开往黄石港驻防，又指令归湘鄂赣边区第二十六师师长郭汝栋指挥（驻龙港属于阳新县、武宁县交界）。

其任务是防范红军扩大战果，从而影响大冶工矿的生产，危及其统治。

是年12月中旬，该独立旅旅长唐云山率全旅进驻文祖镇（属湖北大冶县）、水边、辛潭铺（属于阳新县）三线布防进行围击，缩小苏区的活动。

该旅所辖兵力和动态：

第一团团长彭延祖（黄埔三期）；

第二团团长邓春华（黄埔一期）；

第三团团长陈金城（黄埔二期）。

各团装备计：步枪900余支，重机枪18挺，"八一" 迫击炮6门，各团配有驮骡（马）120余匹。其余通信部队、卫生部队与当时三团制的乙种师

※ 作者当时任独立第三十三旅第三团团长。

相同。

该旅自开进指定防线后,旅部率第二团驻辛潭铺,第一团驻水边,第三团驻文祖镇。各该团进驻以上指定地点后,积极构筑据点工事,挖掘外壕,增设副防御。工事建成后,区划各团"清剿"地区,是以各团驻地20华里以内,而陈团除指定"清剿"地区外,并负担由大冶运往文祖镇、由文祖镇运往辛潭铺监护押运全旅粮秣和被服的任务。

文祖镇位于黄石港南端约30余里,东至阳新县40华里,南往辛潭铺约50华里,该镇属于大冶县。全镇约有250多户人家,其中约有三分之二是在外地经商,实际人口只有300多人。但屋瓦栉比,建筑相当华丽,全都是在外经商的资本家建造的,每户仅留一两人看守房屋,所以空房很多。

1. 文祖镇国民党军遭夜袭:1932年12月下旬某夜大雪纷飞,忽受湘鄂赣边区独立支队的袭击,自晚8时起激战数小时,最后文祖镇之东端独立班据点被攻破,死伤10余人,派去增援的排长邱淑宗负伤,翌晨清扫战场时,仅捡获红军遗下的未爆炸的爆破筒数枚,再没有其他任何征候了。

2. 掩护运送粮秣半途遭到伏击:于1933年1月上旬(5日)独立第三十三旅第三团率两营步兵,120匹马骡驮载粮秣,由文祖镇运往辛潭铺的中途大湾附近,由于山地险峻,受边区独立大队伏击,加之连日阴雨,道路泥泞,沿途设置障碍和破坏物,自上午9时起,激战至下午1时左右,该独立大队才沿山岭向东西两方撤走。该团押运部队逐渐掩护前进,延迟下午5时左右,才赶到辛潭铺,此役计伤亡官兵20余人,驮骡5匹。于翌日晨该押运部队才返文祖镇。是夜,文祖镇的守备又受袭击,终夜枪声未停,伤了数人,大半是爆炸筒炸伤的。

3. 大肆宣传箬溪会战:国民党军湘鄂赣边区第二十六师师长郭汝栋的指挥部是驻龙港,它是鄂湘赣三省边区的重镇。郭师自出川以来,即驻扎此间,对于阳新、大冶、通山、通城、瑞昌、宁武等县的军事、政治、经济是他一把抓。这几个县的县长大都是他直接或间接保荐的,地方团队统归他指挥。土特产和经济作物非由指挥部签发通行证,就不许出境。

1933年3月间,郭汝栋侦知大桥以东箬溪镇(属于宁武,是红军根据地之一)有红军干部集结举行会议的消息,遂密令郭师和唐云山独立旅由各据点抽调步兵三团和炮兵部队以及各县保安团队,分为两个纵队,分进围击箬溪,右纵队归第二十六师副师长指挥,计有第二十六师步兵两个团和炮兵一个连,附属修水、武宁、通山各县民团千余人,左纵队归唐旅邓兼副旅长春华指挥，计步兵3个营，迫击炮一个连，附阳新、大冶、瑞昌各县团队约500人。该两纵队均于先一日晚间集结于龙港东端村庄，于翌日晨3时出发，8时左右分进到达箬溪附近一带，9时开始进攻，激战到下午2时许，红军主力约千余人已退出寨外向武宁方向撤走，右纵队攻进寨内，时至4时以后，大肆抢掠烧杀，并将箬溪寨内外所有农民男女老幼分别指定地点集中调查讯问，寨内所有粮秣、物资、衣物均指定各县民团搬运龙港集中。是役右纵队计伤亡官兵五、六十人（内有副营长一人），左纵队伤亡官兵20余人，各县民团伤亡10余人，共俘获破烂枪百余支，炸弹筒20余枚，长矛、红缨枪甚多，男女农民约200余人，一律解往龙港处理，把箬溪镇洗劫一空。

召开"胜利"大会。会战后不几天，湘鄂赣边区指挥部预先发出通报，邀请各部队营长以上军官，各县县长和各县保安队长以及管辖区内的乡保长（如因防务不能离开防地的可派代表参加），定于4月某日（清明前两天）召开庆祝"胜利"大会，会场是在龙港镇内天主教堂里举行的（外国传教士早就跑到汉口、九江去了），会场两厢陈列一些所俘获长短破烂旧步枪百多支，爆破筒和土制的拉雷、手榴弹、长缨、大刀、红旗等。大会由郭汝栋亲自主持并做长时间讲话，自上午9时开会，其讲话内容是大肆吹嘘国民党军的"功绩"。"将士为民请命，勇敢牺牲"，"歼敌"近万等等，并诬蔑"赤匪"造反，"裹胁群众，造成遍地荒芜，老弱死于山野，青壮流散四方"……接着是唐云山讲话，在后又有两个县长讲了话，直到12时才结束。次日继续召开防务会议，其内容不外是军政协作防共清乡、安抚流亡。一连数天，大开筵席，席后公开地有的一榻横卧，吞云吐雾（郭自己首先带头）、有的数人成局（麻将或牌九的赌博），通宵滥赌。

会议后，郭汝栋又分别召唐旅的各团长谈话，意在拉拢，便于郭汝栋的军事指挥。接着又诬蔑红军抓到国民党军官兵，不是剥皮，就是活埋，以此进行欺骗其士兵，为他卖命。

是年4月初旬，由于陈诚所指挥的第十八军在宜黄以南地区受到红军歼灭性的打击，丰城车站曾一度失守，独立第三十三旅遂调往樟树、新淦一带守备。

1935年向湘鄂赣革命根据地的进攻

樊崧甫[*]

　　湘鄂赣革命根据地是彭德怀、黄公略所建立，包括湘东北、鄂东南和赣西北所毗连的多边县；北濒长江、东临鄱阳，西控洞庭、中踞幕阜、九宫、大围诸山脉；黄金洞居万山中尤为险阻，乃一个良好的革命根据地。

　　1934年秋，第六军团取道湘西，先期于江西中央红军开始长征。湘鄂赣边区留下一部游击队，以徐彦刚为司令员，保卫根据地革命政权；未到半年，又成星火燎原之势。

　　蒋介石在武汉设鄂豫皖三省"剿共"总部自领司令，主持一切，以张学良为副司令；对湘鄂赣边区，以陈继承任"剿共"总指挥，设总指挥部于湘鄂边界的羊楼司。"进剿"主力为通城方面吴克仁的第一一七师（东北军，系大编制的9团师），南向进军，湘军成铁侠独立旅（何键部）从平江北向进军，夹攻幕阜山区。东北军习于平原作战，官兵履临复杂山区，多心存疑忌。当时，作了三次试探性进攻；第一次，派出一连进入红区，被徐彦刚袭击缴械；第二次，派出两连，仍被红军腰截解决；第三次，由一个营长带上两个步兵连和一个机关枪连；在行进中，营长坐着轿子，先被活捉，由他下令，所率两连一齐解甲。一次接一次的覆没，吓得吴克仁全师再也不敢活动，连电向张学良、陈继承告急。同时，湘军的成铁侠旅大举冒进，在长寿街以北幕阜山中被徐彦刚伏兵围击，全旅覆灭，成本人仅以身免。边区红军壮大起来，遂乘势东进，攻破了鄂东阳新县。张学良、陈继承束手无策，蒋介石乃急调在赣的汤恩伯纵队到阳新堵截。为了解决湘鄂赣边区，蒋介石和陈诚议定调第十八军系统的部队"进剿"。

---

　　[*]　作者当时系湘鄂赣边区"剿共"进剿纵队指挥官兼第七十九师师长。

1935年4月，南昌绥靖主任顾祝同转达蒋介石电令，命樊崧甫纵队进攻湘鄂赣边区，着向张学良请示机宜。我部当时分防江西的兴国一带，我先令部队交防，准备出动。本人即赴武昌，在徐家棚张学良的公馆里，和他商谈作战计划。我鄙视张官高能鲜，坚决主张自己拿手的碉堡线围困的老一套；而张表示急于见功，意见相左。我对张仅提出了严令各"防剿"部队不得疏忽放走红军的笼统要求，便匆匆随陈继承渡江到了汉口。刚在陈的寓所讨论作战计划时，得报徐彦刚攻破了赵李桥，破坏了粤汉路。由于前方要陈速返羊楼司指挥所，我便跟陈一起出发，目的是在趁便去侦察一下幕阜山北侧形势。经过赵李桥，得悉红军早已撤走，铁路在修复中。二人遂下车步行到羊楼司，在陈的总指挥部住了一晚，协商了"进剿"部队如何进攻，"防剿"部队如何堵截等要领。我即赶回兴国原防，部署部队出动。情况分述如下。

（一）湘鄂赣边区"进剿"纵队的编成

蒋介石命令以第二十八师（4团制，师长王懋德），第四十三师（3团制，师长周翔初），第七十九师（5团制，樊崧甫兼师长），第九十七师（3团制，师长孔令恂），第九十八师（4团制，师长夏楚中）等5个师编成湘鄂赣边区"进剿"纵队，以樊崧甫为指挥官，限3个月"肃清"该地区。

（二）"进剿"纵队作战计划

1．方针：采取碉堡围困策略，逐步缩小包围圈，限制红军于极小地区，分进、合击而"歼灭"之。

2．要领：分三阶段发展

第一阶段：建筑平江、献钟、嘉义、长寿街东西碉堡线，遮断红军幕阜、大围两山区交通；建筑平江、浏阳大道碉堡线，阻拦红军向西活动。先行包围"扫荡"黄金洞的红军据点。

第二阶段：将碉堡线推进至南江、姜源，限制红军于极小地区，进行四面合围。

第三阶段：从前一阶段的基础，适应形势，部署分进合击，进行"歼灭"战。

（三）"进剿"纵队各师的集中

第四十三、第七十九、第九十八各师取道修水入湘，第四十三师于嘉义市集中，第九十七师于平江集中，第九十八师于长寿街集中。

第二十八师、第七十九师取道万载入湘，第二十八师于平江、浏阳间

83

高坪附近集中,第七十九师于浏阳集中。

（四）发动经过

1935年4月23日,"进剿"纵队指挥部率同第二十八、第七十九两师由兴国出发,经泰和、吉安、宜春、万载至浏阳集中。进入万载境后,逼近边区,取战备行军态势,至文家市即留置部队构筑浏阳、文家市间碉堡线,以防红军南向突围。5月初旬,各师按指定地点集中完毕,行动中都未发生战斗。纵队指挥部暂驻浏阳县城。

1. 展开第一阶段作战——"扫荡"黄金洞

5月中旬,第九十七师、第七十九师两师先将平江、浏阳两县城用碉堡巩固起来。同时以第九十七、第四十三、第九十八等3个师筑平江、献钟、嘉义、长寿街间既对北又对南的封锁线。又以第二十八、第七十九两师构筑平江、浏阳间的封锁线,然后由第七十九师向东延伸封锁线至东门市,第九十八师向南以碉堡封锁长泰、东门市之线,把黄金洞山区即大围山完全围住。又调第七十九师两个旅分道深入黄金洞,逐步将大围圈缩小成小围圈,像篦子一样,把所有山林村落梳篦了几遍。结果未遇到红军,虽然毫无所获,但总算对一片复杂山区的威胁放了心。

2. 第二阶段作战——进迫幕阜山

在"扫荡"黄金洞山区（即大围山）,消除顾虑之后,纵队遂举全力进迫幕阜山。5月下旬,纵队指挥部进驻平江、开始第二阶段作战。以夏楚中第九十八师从长寿街向北延伸碉堡线,经阳平至姜源,与通城方面吴克仁第一一七师相联系,命第二十八师接防平江,献钟、嘉义间碉堡线,第七十九师于平江、梅仙、南江桥线上,展开构筑南江、平江间封锁线,进一步向东面对上塔市构筑进攻的碉堡阵线。各线完成,将红军徐彦刚的所在从东、南、北三面包围,限制于上塔市的幕阜山顶狭小区域里,只有西南面还存一些活动余地。判断徐彦刚将向平江、长沙间空隙突围,经于6月中旬令孔令恂指挥第四十三、第九十七两师沿平江、瓮江、福临桥间的平长大道上筑碉布防。边区红军果如所料,向平长路空隙突围。在一个深夜,冲到了金井、瓮江,被第四十三、第九十七两师截击,又退回上塔市。第四十三、第九十七师两师乘势跟踪前进,把两面的缺口补上,筑起碉堡封锁线,完成了四面包围。

3. 展开第三阶段进攻——红军分道突围

6月下旬,幕阜山合围告成,张学良令合围部队严阵堵截。樊纵队部署进击，先命第二十八师的一旅进击汨水北岸，分别搜索黄阳山、梧桐山等山区红军潜在的分散部队，以稳定第一线的后方。西面的第四十三师守备幕阜山西的封锁线，以第九十七师从板江方面向上塔市西侧进攻。南面以第七十九师的第二三五旅守备碉堡线，以第二三七旅从南江进攻上塔市。同时，北面的第一一七师，东面的第九十八师都展开夹击。

总攻发动的前夕，我率补充团及直属部队进到梅仙督策进军，见到南江通上塔市大路的东侧有一条小径，从幕阜山顶直冲山脚。红军可能由北向南突围，即着负责守备的代旅长黄壮怀注意，并调补充团归黄指挥控置在近处戒备。

幕阜山红军四面受攻，徐彦刚率主力从山北向吴克仁第一一七师冲击，突破了吴师防线，但在东进中被在阳新方面的汤恩伯纵队截击，徐彦刚阵亡，所部伤亡殆尽。汤因此役的"成就"，经蒋介石奖叙为第十三军军长。红军另部方步舟支队从幕阜山南面乘夜循南江东侧那条小山径，突袭第七十九师黄壮怀旅防线，黄未将附给的补充团控置于近前，以适应防截，致被冲破了碉堡线。我得报，急电第二十八师，立刻集结部队，以主力扼守汨水南岸，但仍被红军冲破，红军渡过汨水进入黄金洞老根据地。我乃再从平江北部调回第七十九师，封锁黄金洞，纵队指挥部移回浏阳，派出段朗如第二三五旅深入大围山细密反复"扫荡"。方步舟部红军化整为零，为人民所掩藏，第七十九师始终未能发现一点踪迹。以后，直到抗日时期，我重来平江，才复和方相遇。

（五）一场严重纠纷——张、樊交哄

当徐彦刚向通城方面突击东北军吴克仁师之际，战斗剧烈，吴向张学良告急。张盼樊纵队急起来击，适因我指挥部的电台发生故障，来往电报须送往长沙拍发，迟误了时机，吴师碉堡线被突破。张未明底细，疑我坐视不救，遽电蒋控我不听命令，"进剿"不力，望予处分。

借此为吴克仁的挫败卸责。武汉总部参谋胡志锐密以告我，我愤张不先考查事实，又疑陈继承、钱大钧（武汉总部参谋长）从中作祟，便和各师长联名电蒋申诉。后来，听说蒋那时在四川指挥，正拟下手令升我为第八军军长，兼浙闽皖赣边区警备司令，因得张控我之电，当将手令收回；蒋并对陈诚说："樊崧甫过去'剿共'很努力，我不相信他这次会这样，怕是张汉卿弄错了。"蒋对我们的申诉，复电只嘱"再努力清剿，以竟事功"，事后，对我和吴克仁都没有给处分。

但我并不甘心，认为张学良有意陷害，曾电蒋密陈说："张部东北军如绣花枕头，表面好看，能力薄弱，张意在保存实力，部下亦不争气，势将走上邪途。长江流域是腹心重地，张部杂在肘腋，祸患匪浅，应调往边省，以固政局。"此电蒋虽未复，但无多时，蒋便把张学良和东北军调到陕甘方面去了。

7月下旬，蒋命我率领第二十八师、第四十三师、第七十九师、第九十七师、第九十八师等部队集中武汉，仍归张学良指挥，开赴西安，向甘宁青陕"进剿"。我怀着前嫌不愿随张入陕，又密电蒋，说是听张命令会失败，不听命令要犯重辟，求蒋对新命重加考虑。蒋乃改派胡宗南第一军前往。

（六）樊纵队调湘西，进逼川黔湘鄂边区

这时，值川黔湘鄂边区的蒋军前方告警，红军第二军团贺龙击溃了徐源泉部的第四十八军（辖第四十四、第四十八两个师），生擒师长张振汉，并东进攻略澧州、鄂西的公安、石首和湘北的常德，大为震动。于是蒋命我为"川黔湘鄂边区'进剿'指挥官"，归武汉行营主任何成浚指挥。我即率原纵队各师向常德集中。8月中旬，樊纵队所辖各师离开了湘鄂赣边区，把"绥靖"任务交由陈继承负责。

第四章 "围剿"闽浙赣(赣东北)边区革命根据地

百年中国记忆

文史资料

"围剿"边区革命根据地(上)亲历记

WEIJIAOBIANQUGEMINGGENJUDISHANG QINLIJI

百部经典文库

综　述

　　闽浙赣（赣东北）边区革命根据地，位于福建、浙江、江西、安徽4省交界处，包括弋阳、横峰、崇安、开化等20余县。

　　1926年冬，方志敏领导的弋阳漆工镇暴动为根据地建立吹响了号角。1927年12月，方志敏、邵式平、黄道等领导了弋阳、横峰暴动，建立了工农武装，开创了赣东北根据地。10月，福建崇安等地中共组织领导了农民起义，建立游击队，在浦城、建阳地区开展游击战争，建立闽北根据地。1930年7月，赣东北与闽北两块根据地合并，成立赣东北苏维埃政权和中国工农红军第十军。至1932年底，形成了包括福建的崇安、安徽的婺源（今属江西）、江西的弋阳、横峰等26个县的闽浙赣（赣东北）边区革命根据地。

　　从1927年秋起，国民党军就对这块根据地进行了多次"围剿"，大致可分为3个阶段：

　　第一阶段：1927年9月至1930年10月

　　这个阶段是根据地创建时期，"围剿"的正规军是在地方靖卫团的配合下对根据地进行局部的"围剿"。有5次局部"围剿"，每次投入兵力不大，一般为一个团、一个旅、一个师的规模。直接指挥机构是"广信七县军民联合'剿共'委员会"，"八县'剿共'委员会"，这些机构归赣东省政府主席李烈钧、江西省政府主席朱培德、后为鲁涤平领导指挥。至1930年7月，赣东北革命根据地形成，中国工农红军第十军建立。

　　第二阶段：1930年11月至1934年4月

　　这个阶段在南昌设立了军事委员会委员长南昌行营，指挥"围剿"中央革命根据地的同时，派兵对闽浙赣革命根据地进行"围剿"。设立有隶属于南昌行营的"赣东北'剿共'指挥部"，"赣粤闽边'剿共'总指挥部"，"第八路军指挥部"。1933年10月以后，在上饶设立"浙赣闽边区警备区"，"赣浙闽皖边区警备区"，归"围剿"军北路军总司令顾祝同指挥。先后对闽浙赣边区革命根据地进行七次"围剿"。

　　第一次"围剿"：1930年11月至12月

　　第二次"围剿"：1931年1月至11月

　　以上两次"围剿"由赣东北"剿共"总指挥阮肇昌指挥进行。

　　第三次"围剿"：1932年5月至1933年1月。由第八路军司令赵观涛指挥进行。

　　第四次"围剿"：1933年2月至5月。赣东北划为两个"清剿"区，由徐庭瑶、阮肇昌任第一与第二"清剿"区，指挥进行"清剿"。

　　第五次"围剿"：1933年5月至10月。由赣东北警备司令赵观涛指挥，划分4个区，由邢震南、樊崧甫、李韫珩、周浑元任区指挥官进行"围剿"。

　　第六次"围剿"：1933年10月至1934年1月。由设立在上饶的浙赣闽边区警备区司令赵观涛指挥7个师、1个独立旅、4个保安团向边区根据地进行"围剿"。

　　第七次"围剿"：1934年1月至4月。由赣浙闽皖边区警备区司令赵观涛指挥六个师和浙江省保安团进行的。

　　此阶段虽不断遭到国民党军"围剿"，但红军反而在反"围剿"中发展壮大，根据地也不断扩大，形成了包括4个省边区26个县的广大革命根据地。

　　第三阶段：1934年4月至1935年7月。

　　这个阶段，南昌行营在江西、浙江、福建、安徽4省边区设立了统一"围剿"机构，对革命根据地进行了两次"围剿"。

　　第一次"围剿"：1934年4月至10月。南昌行营设赣粤闽湘鄂"剿共军"预备军总司令部由抚州移往婺源，总司令陈调元指挥20多万兵力"堵剿"红军第十军团。

　　第二次"围剿"：1934年11月至1935年7月。驻赣绥靖公署第八绥靖区司令兼赣浙闽皖边区警备军总指挥赵观涛坐镇上饶，指挥优于红十军团8倍的兵力进行"围剿"。红十军团副军团长寻淮洲牺牲，军团长方志敏被俘，红十军团不幸遭到彻底失败，退出根据地。

　　红十军团失败后，少数部队突围，在粟裕、刘英同志率领下，转战于浙南建立新的根据地，进行了三年极为艰苦的游击战争。1937年全面抗战开始后编入新四军，开赴抗日前线。

关于乐平洄田渡战役的报告

曾夏初[*]

1932年4月，本团奉令开驻乐平，担任"防剿"，以第一大队驻洄田渡，第二大队驻礼林，团部暨第三大队之第九、十、十一中队驻乐平城，其余之第十二中队驻石镇街。第一大队全部于4月27日接收洄田渡防务后，即一面派探侦察敌情，一面与友军切取联络。该附近村庄早经赤化，侦探实不易派遣，即派出亦难得确实情况。5月10日，忽接株山桥莫团通报，据云红十军有4个整团及梭标队，数日内确有进犯洄田渡企图。此时红军已进抵离洄田渡5里许之府前灌前坂一带，定于本晚进攻洄田渡。

据悉，红军进犯人数有4000余名，步枪3000余枝，重机枪4挺，梭标1000余杆，迫击炮2门。而我方第一大队官兵是394名，步枪310枝，机枪2挺。

当时正下雨，红军无住宿，故沿山麓搭草棚100余个以蔽风雨，且北门溪水突涨，不易徒涉，沿我工事外系平坦地，东北方向有小山，亦被红军占领，致我受瞰制。

我得报后，电令如下：

第一大队应严守原来位置，如红军向洄田渡攻击时，第二大队仍应严守礼林，紧急时由乐平抽调两中队由勘上横路，到达横路停止。第三大队应派人向横路联络，另抽调石镇街之第十二中队，由寡妇桥出徐家万山到达万山停止。如红军出击礼林，第一大队在困难中亦应派人出北门外向北横路联络，同时第一大队应急着人持函向株山桥第五十三师第一五九旅莫团，请其即派一营以上兵力增援，如情况变化另令行之。

当日下午6时，红军先头部队约千余人果由洄田渡东南端向马涧桥运

---

* 作者当时系江西省保安团第二团团长。

动，到达马涧桥后一部即占领东门外高地，一部即在马涧桥附近森林内选择阵地构筑工事，另一部同时向洄田渡东北及西南方向移动，意欲断我礼林及株山桥之增援部队。至晚7时，红军即开始向我东南门攻击，以迫击炮、机关枪掩护，冲锋数次均被我军以猛烈火力击退。

5月11日午前8时，红军在距西南端约800米处之高地搭盖哨棚百余座，每棚插有大小红旗数面；另一部在东门外500米处之高地挖设站沟，我即作报告如下：

此间发现一千五六百人正环城作简单工事，东南西三门外之小高地搭架草棚甚多，似有久困洄田渡模样，职部步弹有限、机枪弹亦多不适用，恳请设法补充，并转电第五十三师李师长派队增援。

12日午前4时，红军又挑选敢死队百余名，携驳壳手提机枪向我东南角冲锋。幸我方工事坚固，官兵奋勇抵御，红军终不得逞。9时许，红军将西南端哨棚故意拆毁三分之二，假作向后撤退模样，欲诱我军出击而入陷井。职知其诡谋，仍饬各部严守阵地。红军已无计可施，于是晚仅以少数部队偷哨，经我击退后尚无激烈战斗。

13日午后11时，据报红军此次围攻洄田渡计划，系倾全力以犯，对于众埠街、株山桥、礼林均有小股牵制，堵我增援部队。近数日内，红军见我增援部队仍毫无声息，乃将原分派牵制各处之兵力全数集结于洄田渡。晚1时，乘天黑大雨之际以一部猛力向我西门冲锋，其大部则萌蔽于东门之马涧桥一带及东南角之坟墓地后，对我东南门防线一枪不发。察其诡计，盖诱我以东南门之兵力移增西门而乘虚攻入也。故是时虽以西门接触甚剧，职仅率预备队一排增加，而北门因河水涨不易接近，令北门之一排暂向右翼延伸，其余东南门仍令固守。

经半小时后，红军果以大部向东南门猛攻，幸我军早有准备，迫红军接近壕边，即用机枪扫射，红军伤亡满地乃退，旋复挑选驳壳及手提机枪等再冲锋，前赴后继，激战至3小时许方行退去。此时我方子弹因连日激战消耗殆尽，而红军仍包围如故，经第一大队长请求，我即电令第二大队长袁九鹏亲率两中队，即刻出横路进至杨家向洄田渡西北角攻击，其余两中队归大队附指挥，即晚以一队占领礼林两端高地，以一队占领礼林与对河牵制红军，乐平之3个中队于14日拂晓可达横路，余亲往横路出杨家指挥；石镇街之第十二中队明晨可到万山村，在袁队未赶到以前，第一大队仍应死守，不准放弃。

14日午前4时，红军又继续向我猛攻。双方激战至6时许，红军已死伤遍地，围攻不逞且势有不支，又探我增援已达泗田渡西北端高地，恐遭夹击，遂向黄茅岭方向撤退。

此次战役共毙敌220余名，伤敌300余名，缴获步枪15枝，子弹3000发，刺刀4把，小方锹3把。我方共消耗六九步弹10439发，六五步弹5500发，白朗林弹26发，机枪弹3500发，损坏刺刀4把，负伤士兵3名。

关于郑家坊"剿共"之役战斗详报

朱 淮[*]

本旅自奉令接防玉山、收复临江湖后,即以第七十一团分驻玉山妣母山、八都,以第七十、七十二两团在临江湖构筑工事,"清剿"附近散"匪"。

根据情报,方志敏在葛源会议决定,率红军倾巢分石人殿、郑家坊、樟树街3路,于1934年1月中旬进犯玉山西门户临江湖。我得知上述情报后,乃呈计划出"剿"之部署,并将驻八都之第七十一团第一营调回临江湖,候令"进剿"。

1月21日,盘踞郑家坊之红十军及独立团各股约千余人,经我各部队痛击后,即分向台湖、姜村、石人殿溃退。于是,本旅第七十团于山背庙、琴山、塘底、石凉家岗、茶亭一带,向石人殿、周村方面配备警戒。22日午前5时30分,红军约二千余人向我山背庙第七十一团第九连警戒阵地猛扑,旅长即饬该团第三营全数进入阵地,以第一营预备于阵地附近高地。同时,红军之一部向我第七十团前哨连攻击,一部已占踞虎头岩,旅长复命该团第二营全数进入阵地,以第七十二团第二营长率领第四十六机枪连增援。至8时许,红军大部进踞虎头岩,分股向我各阵地不断进扰,双方肉搏数次,极其惨烈。我连长张龙灵、代连长黄兴邦,相继阵亡,营长马鹏飞、机枪连长刘伯卿负伤,排长士兵伤亡颇多,敌亦死伤累累达60人。因我官兵拼死抵抗,将红军击溃,但红军后方部队仍有陆续增援模样。

同日午后12时30分,复开始以机炮向虎头岩红军压迫,我敢死队长张仕庭、薛应龙各率敢死队百名,向敌作怒潮之冲锋,将红军奋勇队杀退。

---

[*] 作者当时系第十二师第三十五旅旅长。

但张队长亦于是时负伤而亡。旋我第七十团第七、第八两连，第七十二团第七连跟踪追至虎头岩山脚，施行猛烈追击射击，红军伤亡五、六百人。其余溃散，台湖后面高山并有千余红军占领黄土岭抵抗。我乘势追击，追周村发现红军数百人向郑家坊袭扰，同时马蹄岭方向有红军300余名向余家岗袭扰我侧背。于是我部分别派队前往驱逐并停止追击战斗。

同日3时30分，我正面黄土岭之红军分三路（各路300余人）向我第七十团第七、第八两连，第七十二团第七连阵地猛扑两次，均被击退，汪郝两营亦相继将周村、马蹄岭之敌击溃，本旅于是固守原阵地。

同日午后7时，红军约三四百人由台湖西方高地向鼓琴山袭击，旅长即令第七十团派兵一连增援，至10时后双方枪声停止。

是役与我作战之敌系红十军第二十八师、第二十九师及战斗营等，共约3900人，枪约2000余。是役击毙红军团营连排长甚多，并据报，红军第二十九师师长许浩清亦于此役受伤阵亡。我方亦伤亡官兵120余名。

是役所得之教训，一是与红军作战必须具有十分把握，勿怀轻敌之心，尤要坚忍支持、沉着应付，俟敌于猛扑之后，锐气衰颓，即全力反攻，则胜利终属于我；再是兵力不宜分散，分散则处处薄弱；三是前线各部队须控制相当兵力，为随时有击溃敌主力之可能，只须主力击破，红军不难"清剿"也。

第二十一师关于虾蟆卡附近战斗详报

梁立柱[*]

全　衔指令　　　　　　　字第3611号

令第二十一师师长梁立柱报告一件。为呈送虾蟆卡附近战斗详报乞核由报告暨战斗详报均悉。

此令。战斗详报存。

委员长　蒋

报　告　　　　民国廿二年十二月五日于河口师部

窃职师第一二一团（欠第一营）上月29日由虾蟆卡调回河口，中途遇伏，及11月30日、12月2日两次派队"搜剿"，概要情形，曾电禀

钧座在案，除伤亡官兵，遵照

钧令铨字第一〇三号训令，另案拟请抚恤外，谨将此次虾蟆卡附近战斗详情，附具战斗详报，备文呈报。

鉴核

　　谨呈

委员长　蒋

附呈战斗详报一份

第二十一师师长　梁立柱

副师长　李仙洲

＊　作者当时系第二十一师师长。

战斗详报

11月28日

一、职师奉令派兵一团开往上饶接替防务，杨梅岭虾蟆卡修路筑碉事暂行停止。遂令第一二一团全部于明（29日）日移驻河口，接替第一二三团铅山河口等处防务后，着第一二三团于12月1日开往上饶，暂归警备司令部指挥。

11月29日

二、第一二一团奉令后，即先令驻罗丝叶家担任筑路之第三营开回河口，其在虾蟆卡掩护筑碉之第一、第二两营同于29日早由虾蟆卡出发，在信河北岸经杨家门山杨梅岭移驻河口，其区分如左：

军队区分

前卫司令官步兵第二营少校营长韩允琦

步兵第二营附迫炮两门

本队（同行军序列）

团部

通信排

迫击炮连（欠迫击炮两门）

步兵第一营（欠第一连及第二连之第一排）

三、该团即按照军队部署于拂晓准备完毕，即行搜索前进。先头部队到达姚盘山附近时，正面三家岭高山即发现"匪"情，旋即以机枪向我猛烈射击。斯时团长李世骥一面命前卫驱逐当面之"枪匪"继续前进，一面令一部迅速占领姚盘山及无名山。"匪"势愈逼愈近，愈聚愈多，卒以众寡悬殊将我占领姚盘山之一部压迫撤下。幸赖我占领无名山部队迅将队伍少事整顿，准备迂回姚盘山之背后，将该山之"匪"一鼓歼灭而占领。斯时，杨家门山、老虎山、犁花岭相继发现"枪匪"约千余名，"农匪"二千余名，形成包围之势，居高临下，以炽盛之火力向我侧背猛烈射击，我部伤亡颇多。在波状谷地势难与持久，团长遂率队向三家岭突围。"匪"众节节逼近，随成混战状态，团长亦负重伤，生死不明。"匪"我两方死亡枕藉，除刘营长增书率一部冲出重围，由虾蟆卡徒涉归还外，其团长及韩营长迄无下落。及由河口抽调一部前往援救，"匪"已向横峰、上饶方向窜，此乃虾蟆卡以东地区"匪"我战斗实情。计此役战斗地区及参加战斗人员马匹之伤亡及武器弹药之损耗详细数目如附图第一及附表第

一、第二。

〔参战：军官37人、士兵636人、马匹60匹，

阵亡：军官（字迹模糊不清）人、士兵（字迹模糊不清）人、马匹9匹

生死不明：军官7人、准尉1人、士兵268人、马匹51匹

伤亡及生死不明官长有团长1人、营长1人、连长3人、中少尉排长9人、中尉军需1人、准尉官1人、团长李世骧第二营长韩允崎负伤后下落不明，据伤兵称已被俘遇害。〕

11月30日

"匪"部自29日与我第一二一团激战后，我李团虽受损失，"匪"之伤亡亦重，其大部分窜往横峰及上饶边区整理。其于老虎山、梨花岭、杨家门山一带尚留有"伪"独立营（"枪匪"约2百），扼要防守。本师以歼灭该"匪"及救护伤亡之目的，乃尽力抽调担任河口防务之第一二三团（欠一营）、第一二六团第一营及辎重营等部编为一支队，由副师长李仙洲率领，于本（30日）日拂晓前往"搜剿"。午前10时全部渡过信江，即开始向"匪""搜剿"前进。12时30分占领姚盘山一带高地后，"匪"乃向我顽抗，乃令第一二三团展开于姚盘山之线，辎重营占领信江附近北岸姚盘山西南端高地警戒，令第一二六团第一营绕三家岭威胁"匪"之左侧，并于姚盘山高地以迫击炮向"匪"轰击。午后1时，"匪"遂不支纷向东北逃窜，我部以河口防务空虚未便深追，乃极力救护第一二一团负伤官兵，寻见遗骸于午后4时逐步撤回河口。是役计毙"匪"十余名，救回第一二一团负伤士兵21名，我部人马并无损伤。

12月2日

常出没老虎山杨家门山虾蟆卡一带之"匪"，经我30日击溃，乘我撤回之后乃复窜回原据地，企图割取余稻。本师为继续"搜剿"及彻底"清剿"战地起见，乃于本（2日）日再抽调任河口防务之部队（兵力及部署同30日），仍由副师长李仙洲指挥，前往虾蟆卡、杨家门山一带，远行"搜剿"并收埋遗体。是日，"匪"虽稍有抵抗，但一经攻击即行逃去。我部除以一部跟进外，余即在三家岭、老虎山、梨花岭、杨家门山、虾蟆卡等处旋回搜剿，并收埋遗骸。午后3时仍归回河口。是役我部人马无损伤，毙"匪"4名，"搜剿""匪"民50余人，扫荡"匪"巢6处，计两次收埋官长遗骸5具，士兵遗骸69具，救回负伤士兵27名。

第二十一师驻赣东北的概述

李仙洲[*]

　　1932年春第二十一师离开山东，数月后即调江西，驻防在赣东北。当时，师部及师直属队驻铅山县河口镇，其余各部分驻上饶以西弋阳以东地区。该师第三旅旅长张銮基奉令率部调驻福建浦城后，张銮基即宣布该旅脱离第二十一师，归中央直辖。第二十一师师长刘珍年对蒋介石这样处置不满。浙江保安处长俞济时在杭州请刘珍年吃饭，饭后将刘扣留，押送南昌行营枪决。师长一职由副师长梁立柱升任。

　　我原任第三师第九旅旅长，1932年初夏，由河南调江西，担任抚州防务。6月2日晚，蒋介石对我说，第二十一师人强马壮，是山东人队伍，只有你去最为相宜。我听后很犹豫，因为第二十一师官兵我一个人也不认识。蒋又对我说，我不勉强你，你不去很可惜，你考虑考虑再告诉我。不久，蒋介石的侍卫长王世和来电话，要我立即去见蒋。见蒋后，我说，学生只有服从命令。蒋说，很好，你回去准备一下，接到命令再到庐山见我。在庐山见蒋时他对我说，第二十一师连排长和士兵多是你的同乡，对于政治训练与官兵的疾苦要多注意，每月发特别办公费300元给你，到职后的一切情形随时考察用亲启的信封直接告诉我。下山后，我立即赴铅山县河口镇第二十一师师部，这天是1932年6月12日。师长梁立柱听说副师长来了，很诧异，说他并没有接到命令。

　　我是黄埔军校第一期毕业的，调前蒋又没有征求梁立柱的意思，梁立柱对此很有怨言。

　　梁立柱崇拜关公，他请人画了一张关公像，走到哪里带到哪里，挂在

───────────────

　　* 作者当时系第二十一师副师长。

室内。当时全师营长以上主官，他每人都赠送一部《三国演义》，不论是否识字，白天须放在办公桌，夜间要放在床头。我了解到这种情况，就对营长以上主官每人赠送一部《中山全集》。各主官接到《中山全集》后，自动收起《三国演义》，梁立柱对我更加怀恨。

第二十一师官兵的籍贯，高、中级军官都是河北省南宫县人，下级军官（连排长）大部分是山东胶东地区人，因本师驻山东时间较久，士兵可以说全是山东人，尤以胶东人为多。本师官兵文化水平低，又不讲卫生，防区内不修厕所，随地大小便，加上北方人初到南方，水土不服，医疗条件极差，痢疾、疟疾肆虐。以往站岗放哨往往是至少半夜一换，因官兵患病极多，以至哨兵整夜不换，带病服勤务的有的死在岗哨上，真是惨矣哉！从1932年春调江西，到1936年冬由玉山调安徽芜湖止，本师几年间病死和阵亡的官兵有2000名左右。横峰县政府为此特呈准江西省政府，拨了两百余亩土地，给我师建筑坟墓和祭田。

军事委员会为核准部队军费支出，防止贪污吃空额，派出点验人员到本师点验。有一次，一名50岁左右姓白的河北人率军事委员会点验人员六、七人，到本师执行公务。梁立柱利用与姓白的是河北同乡的关系，派军需处长送银元500元及兰谱一份给白主任，白主任不收。后梁师长又令第二十一师驻南昌办事处将500元送到白主任的南昌家中。对于其他占验人员，视职务大小和关系之不同而各送银元数额不一。此外，梁师长还公开地叫妓女陪酒、打牌等，闹得乌烟瘴气。到了点验时花样百出，一是成营成连的顶替点验，一个营重点几次，只是官兵花名册，营连番号不同更换一下；二是点验委员坚持要到前方部队点验，百般阻拦不生效，待点验委员到前线后，前方指挥官就制造假的战事，自方派一部伪作敌军鸣枪，仿佛真是有敌人、有实战，这样请点验委员前往点名，这种假造战况是点验委员想也想不到的，有的点验委员怕遇到敌军枪击，有的甚至怕得面色发白，当然不敢上火线点验，只好作罢。

梁立柱由南昌送母枢回河北南宫县原籍安葬，蒋介石乘此机会，下令调梁到庐山训练团受训，此时师内反梁回师风潮大作，团以上军官联名电蒋拒梁返师任职，后蒋又电令梁入陆军大学特别训练班第五期受训。蒋本已电令我回师代理，当时已接赵观涛职务的卫立煌即电蒋，保荐卫立煌的参谋长郭寄峤任第二十一师师长，蒋不得已只好令卫立煌兼师长，我仍任副师长。卫立煌又将第二十一师由横峰调防到玉山，想乘机抓住这支部队。直到1936年冬我师调往安徽时，蒋介石才免去卫立煌的师长兼职，令我升任师长。

本师到赣东北第一阶段担任"驻剿"，防止中央红军北上及信江北岸红十军渡江南下南北汇合。这时双方是隔江对峙，彼此伤亡甚少。是年下半年，公路以北部队逐渐派出以连排为单位的小股部队渡过信江到北岸游击，逐步在北岸占领据点建碉驻守，称之谓："稳步前进，稳扎稳打"。从此双方接触机会日益增多，彼此伤亡也逐渐增加。这时我们的任务是：迅速攻占横峰县城，占领据点，建筑碉堡，防敌流窜，掩护上饶至弋阳在信江北岸修筑这一段的浙赣铁路。

在那个时候，第二十一师在梁立柱师长指挥下作战，战斗主要发生在信江北岸，仅我回忆的有几次激烈战斗如下。

在1933年夏天（月日已记不清），为了保持信江水上交通畅通，师组织一次向信江北岸进攻，由第一二三团团长马贵衡率该团主力约两个营、师直属队的一部分（辎重营参加一个连），渡江向河口镇东北美女献花山以西的山头进攻。红军在该山筑有碉堡固守，我反复攻击不下。这时辎重营第二连连长朱学彬阵亡，辎重营营长吴冠军见敌凭碉顽抗，乃脱去上衣赤膊率队猛攻，红军不支乃弃碉北逃。我师乘势将附近之敌全部击溃占领山头。此役我方阵亡10余人，伤20多人，红军伤亡数目不详，我方俘敌20余人。从此，信江北岸驻有我部，信江南北两岸交通往来无阻。

同年秋天，我第一二三团团长李广益率该团沿信江北岸由东向西攻击红军。河口镇西北九狮山以北独立山头有个旧石寨，只有山南一条小路能攀登到达山顶，但接近山顶处被破坏了，红军据险固守，战斗甚是激烈。红军的武器差，在敌劣我优的情况下，虽红军牺牲精神可嘉斗志旺盛终不能阻我西进。在接近山顶旧石寨时，双方展开肉搏战，我部登山人员前仆后继越聚越多，红军大部被击毙少数下山北遁，该山随即为我部占领。这次战斗敌我双方伤亡都较大，我第一二三团团长李广益阵亡，伤亡官兵110人，红军伤亡较我更多，我俘红军30余人。

另外，据闻第二十一师初到河口，不明敌情，又无与红军作战经验，对红军有些轻敌看不起，当时派第一二一团团长李世骧率部到信江对岸虾蟆卡修建据点未成，即被红军围歼大半，团长李世骧阵亡。

河口镇距横峰县三四十华里，中间地区无险可守。横峰县城很小，城墙破旧不堪，又很低，当时人说：横峰县的城墙挡不住狗，县城易攻难守。1934年4月，我师派第六十一旅主力向横峰直扑，以一部由南向北攻击，大部自东向西攻击，师部及横峰县政府在部队后面跟进，以示非攻下不可的决心，守城之红军只稍加抵抗便弃城北撤，我师即占领县城。进入县城后所见房屋既少又破烂不堪，可以说是没有一间完整的房屋。县政府衙门已片瓦不存，师部驻在旧茅棚内。每到夜晚红军便在县城周围埋设地雷，所以一到天亮，部队就要先派人到四周扫雷，就此官兵仍有被地雷炸伤。当时，红军用坚壁清野办法，田园荒芜，人烟稀少，我师给养由河口镇运输供应。以后，我部向北推进约40里。红十军主力已转移至横峰县东北地区，该地区是阮肇昌，李松山部的防地。我师第六十三旅与该部协同作战，第六十三旅在那个地区与红十军进行了一次激烈的战斗，据报敌我双方伤亡均在百人以上。第六十三旅曾送了一个饭盒到师部，打开一看，里面有三四十个左耳朵，这就说明红军未运走的尸体就存三四十个之多。红军从来不遗留尸体于战场，第六十三旅割下这么多左耳，足见战斗之惨烈。

1935年11月，师部和直属营移驻江山，约一月余，师全部移至安徽。

独立第四十五旅"围剿"
红军攻占崇安纪实

张銮基[*]

　　1933年5月至12月上旬，本旅担任"防剿"，先后驻防浦城、开化、建瓯、建阳等处，10月，奉命设防浦城，保闽北之咽喉。12月10日，我旅奉命收复崇安。由浦城出发前，综合各方面通报及密探报告，崇安城附近有红军4000余名。据进一步刺探情报得知：吴屯有红军500名，枪半数；大浑有红军300名。红军行止无定，顺风凹及姊妹桥各有红军游击队300名，枪数不定；崇安城内有红军独立团约1500名，枪数千枝。红军已拆平崇安城墙，并在城郊筑有简单工事，附近各山巅隘口均有红军据点。

　　12月15日，奉第九纵队指挥官刘电令，着第五十六师第一六七旅之第三三四团归本旅长指挥，协助本旅攻占崇安。

　　13日上午9时，我旅在南门外飞机场集合后，向临江街前进。行军序列为：

　　前卫　司令官　第七三三团团长贺丹桂

　　第七三三团

　　无线电信队三分之一

　　特务排

　　旅司令部

　　第七三四团

　　无线电信队（欠三分之一）

---

　　* 作者当时系独立第四十五旅旅长。

第七三五团

13日下午3时，全旅集中于临江街，在进一步侦搜敌情后，本旅拟即驱除沿线敌沿山下岱后、吴屯、姊妹轿大道向崇安"进剿"。18日上午8时，各部队在临江街西端空地内集合，即向岱后推进。当日下午4时全旅抵岱后，是晚即宿该地。在该地我令用多数有力侦察吴屯、大浑红军情况，得知敌情无变化，故即决心将吴屯、大浑之敌驱除后继续进攻崇安。

12月19日午后1时，在行距吴屯六七里处，得第七三三团团长贺丹桂报告：

（一）吴屯之敌于19日上午12时与职团激战，20分钟即分向山中溃窜，职团（欠第一营）刻即完全占领该村。

（二）职团第一营已将大浑之敌驱逐，刻正向吴屯转进中。

（三）是役计毙敌8名，获步枪3支，大刀4把。职团士兵伤3名，亡1名。

据上述报告，我即率部赶入吴屯，从事侦搜敌情并做攻城计划。因已入苏区，百姓逃空，情况难确切，为慎重推进起见，是夜即宿该屯。据报，顺风凹、姊妹桥各有红军游击队300余名，黄墩有红军700余名。我即令第七三四团在20日上午9时由吴屯出发，驱逐沿途散敌后进驻姊妹桥。我率旅司令部及无线电队（欠三分之一）和第七三三团，沿第七三四团行进路线前进，并广密搜索；同时命令第七三五团（欠一营及第十二连）于20日进驻吴屯。

当日下午4时，我部到达姊妹桥。第七三四团在驱除散敌战斗中，1名军官、11名士兵受伤，2名士兵阵亡。此役毙敌30余名，获步枪9支，大刀40余把。根据进一步情报，崇城红军不过2000名，主力在崇城通大安要道的西端以及北端，城内似很少兵力。

我于20日下午11时下达命令，定于21日拂晓攻城。21日上午5时，各团开始攻击。因红军之顽抗，故拂晓未奏效，以致鏖战竟日未分胜负。后经第七三三团猛烈数次攻击，其通大安之连线即将截断，同时第七三四团之一部亦迂回至敌右后方，遂成三面包围形势，且红军伤亡基多，故于下午4时许，红军即纷纷向大安撤退，因天色已晚，地形不明，亦未穷追，职旅即完全将崇安城占领。

此役计毙敌五六百，俘敌二百余，获步枪百余枝，我旅前后共伤官长3员，士兵59名；亡士兵28名。

率部驻防贵溪参剿往事回忆

樊崧甫[*]

1933年5月，我率陆军第七十九师奉令调赣东北驻贵溪县，接替第二十一师赵旅防务。当时蒋介石以赵观涛任粤闽赣"剿共"军、赣东北"清剿"军总指挥，其主要任务是"围剿"红军方志敏、邵式平部。

我部调驻贵溪，发现夜间红军就在城外向城里放枪，只好关闭城门不出，按兵不动，考察情况。后接赵电令：以邢震南指挥第四师由横峰向西，樊崧甫指挥第七十九师由贵溪向东"兜剿"猛打穷追，杀尽烧光（对"匪"民杀，对山村"匪"可利用之屋烧），速战速决，限3个月肃清。贵溪由樊负责，横峰弋阳由邢负责，违限论罪。（大意如此）

根据情报我得知：

1. 信江以北为红军方志敏部活动范围，以南为邵式平部活动范围，方部兵力在枪2000支以下，邵部兵力较弱，战斗力赶不上国民党军一个旅。因此一个旅可单独行动。

2. 皖浙赣边，群山交错，方部活动范围甚广。皖南方面"清剿"由陈调元部负责，各方事权不统一，难以协作。在山地战中，兵力虽大，却不能展开，伏击侧击尾击，会被抓一块走，挨打容易找打难。

3. 方部组织民众工作非常高明，比赣南苏区还要精密。我万一深入，后方定会截断，粮弹接济可虑。进入苏区，我走山南，他走山北，仗打不成，烧杀百姓，更为渊驱鱼。

我当时决策：第一，步步为营，分段前进，采用碉堡城寨战术，先收复平原，再及山区。第二，以旅为单位，齐头并进，左右策应，碉堡建成

后，训练民团守备，以固后方，由点成线、由线成网。第三，争取民众，碉堡线建成后，号召民众回家耕种，派出游击队上山把民众抢回来，准备好粮食供应，并组织回家民众做宣传队，去动员亲戚回家。

我的决策恰好和赵观涛的第一道命令对立，去电力争，结果赵允各行其是，按成果论功罪。

我第七十九师先在贵溪城北部约距40里之库桥、泗沥桥两据点筑碉楼，以第二三五旅驻库桥，第二三七旅驻泗沥桥，两处相距16里，左右相呼应。另以补充团驻墩上徐、中村筑碉据守，此据点离泗沥桥12里。为巩固后方联络线，我将炮兵营改成步兵守城。我碉堡线逐段前进，苏区缩小，红军数次攻碉均被击退。

在我师不求决战、筑碉小步前进的时候，邢震南之第四师深入横峰、弋阳，大烧大杀。民不畏死，反抗益烈。红军不时攻回弋阳北部郎镇，赵观涛屡令我师救援弋阳。

8月，赵邀我赴上饶参加军事会议。我带8骑前往，夜宿河口。据报昨夜红军大队在此，甚幸未遇。翌日抵上饶，赵观涛见我皮肤晒得赤黑，态度倔强，颇迁就我的意见，为我意调掉几个旅团长。期间，邢震南说，"剿匪"没办法，"匪"民太多，我去他走，我回他又来，找不到打，有力没处使。邢又问我："你每月弄多少钱？"我说："月薪200元，特别办公费300元。"邢说："你为什么那么少？我每个月有5000元，我师有辎重营，战时又增加个输送营，没有兵这钱都归我。"我回答说："你第四师是嫡系，我是杂牌军，共有两个旅、5个团、1个炮兵营、1个工兵营、1个骑兵连、1个特务连，每月11.3万元帮办，我师把战时米津贴拿去发饷，那里还有输送营，和你师每月经费20多万元相比，真是不可较量。"此次军事会议，并没有什么重大事情商决，赵招我去，无非是拉拢感情而已。

9月间，蒋介石在南昌召开军事会议，赵观涛赴南昌路过贵溪，县长在火车站设宴招待。赵见贵溪人心安定，对我说，今方知你的办法是对的。

10月下旬，我师奉令归中路军陈诚指挥，以第二十一师赵旅接防贵溪，我师开金溪与赵脱离。

阻截方志敏北上抗日先遣队战役的回忆

王耀武*

我任陆军补充第一旅旅长时，在1934年9月至1935年1月间，曾奉命参加对方志敏的北上抗日先遣队作战。兹将我所回忆到的情况追述如下，以供有关方面参考，并请斧正和补充。

一

1934年秋，蒋介石增调第十五军刘茂恩的部队及安徽保安团至皖南堵截，竭力阻止北上抗日先遣队渡长江北上，并加调驻福建的第四十九师伍诚仁部、驻江西临川的补充第一旅王耀武部和第七师的第二十一旅李文彬部，参加对北上抗日先遣队的追击。

这时，北路"剿共"总司令顾祝同及其司令部已由临川县城移驻南城。我带部队出发前曾去见顾祝同，他谈到作战情况时说："自从我们变更战略战术，实行碉堡封锁政策以来，很有成效。'匪区'物资缺乏已到极点，他们的战斗意志再坚强，没有吃的和用的也无法支持下去。方志敏部被我们围困在赣东北，区域日渐缩小，兵员物资均极缺乏。他们如再困在'匪区'，就会被我们消灭，所以方志敏率其主力部队离开'匪区'，在赣浙闽皖边区'窜扰'，与我军机动作战。我军在那个地区的部队已不敷用，不得不增调部队前往作战。这样，对我们集中力量围攻'匪军'中央地区是很受影响的。所以必须迅速地把方志敏部消灭才好。"

---

* 作者当时系补充第一旅旅长。

　　我带补充第一旅于1934年9月间离开临川开往上饶县。该旅第二团先开二天，待补充第一旅全部到达上饶后，即奉命归浙江保安处长兼"剿共"指挥官俞济时指挥，担任追击。我在上饶见了赣东北"剿共"总指挥赵观涛，他对我谈的重要内容，有如下几点："（一）方志敏率领的共军第七军团及第十军团，共约一万多人，流窜赣浙闽皖边区，他们的装备虽差，但作战很机动、很顽强。我们在闽北的部队及浙江保安团等，与方部作战受到了很大的损失。俞济时因作战不利曾受处分。望你告诉部下对'匪'作战，无论什么时候都不能大意，大意必定遭受挫败。（二）以现在的情况看，我以为把军队区分为'驻剿'、堵截、追击三部分为适当。三部分合力协作，一定可以将方志敏部消灭。"接着，他对我做下列指示："驻剿部队的任务是：担任碉堡的构筑及防守封锁线，并抽出部队向'匪区'进攻，逐渐缩小'匪区'而全部占领之。实行经济封锁，不使一切物资进入'匪区'。协助地方破坏'匪区'的组织及政权，编练保甲，训练壮丁，巩固我们的政权及地方秩序。竭力修筑公路，随部队的进展而延伸之，以利军事运输。破坏'匪区'的粮食收获，在稻子熟了的时候，派部队掩护进入'匪区'割稻抢粮，增加敌人的困难，使他们无法生存下去。堵截部队的任务是：担任对'匪部'的堵截，不使其任意流窜，必须扼要把守，迎头痛击或拦腰截打，协同追击部队合歼敌人。须协助地方肃清'散匪'，不使他们建立新的根据地。追击部队的任务是：担任对'匪'部的追击，'匪'部窜到哪里就追到哪里，不给以喘息的机会，直至将敌消灭为止。希望你们担任追击的部队，猛追狠打。对搜索警戒万勿粗心大意。"当时我对赵观涛所说以上这些办法都很赞成。

　　在赣浙闽皖边区的军队，常有调动，在1934年秋至1935年1月间，担任对苏区封锁及对北上抗日先遣队作战的军事机构、部队、任务及其隶属关系是这样：（一）赣粤闽湘鄂"剿共"军预备军总司令是陈调元，隶属于南昌行营。（二）赣东北"剿共"总指挥是赵观涛，归陈调元指挥（南昌行营有时直接指挥之），（三）浙江保安处长兼"剿共"指挥官俞济时，归赵观涛指挥（有时由行营直接指挥）。（四）担任"驻剿"封锁的部队，计有第五十五师、第五十七师、第二十一师、独立第四十三旅。另有江西、浙江、福建、安徽各省的保安团队，团数及番号不明。以上部队归赵观涛指挥。（五）担任堵截的部队，计有浙江保安第一纵队、第二纵队（每纵队等于一个旅），归俞济时指挥。第十五军及安徽保安团队，归驻皖南屯溪的安徽省主席兼保安司令刘镇华指挥，刘镇华归陈调元指挥（南昌行营有时也直接指挥之）。（六）担任追击的部队，计有第四十九师、第七师的第二十一旅、补充第一旅。这三部分统归俞济时指挥，俞归赵观涛指挥。

参加作战的部队，有的是杂牌，有的是中央嫡系部队，由于来历不同，情况各异，兹将各部的情况概述如下：

（一）赣闽粤湘鄂五省"剿共"预备军总司令陈调元，司令部驻婺源县城。其基本部队为：（1）总部特务团，团部驻婺源（团长姓名不明）；（2）第五十五师，司令部驻乐平县城，师长李松山，该师辖两个旅，每旅三个团；（3）第五十七师，司令部驻贵溪县城，师长阮肇昌，该师辖二个旅，每旅三个团；（4）独立第四十三旅，旅司令部驻玉山县城，旅长刘震清，辖三个团。以上这些部队是由陈调元多年培养而成的，陈一向拿着它当作政治资本和升官发财的工具。部队作战经验丰富，战斗力相当强，但不到紧要关头陈调元是不肯叫他的部队牺牲的。

（二）第二十一师，师司令部驻横峰县城，师长梁立柱。该师辖二个旅，每旅三个团。这个师系由驻胶东烟台一带的刘珍年部改编成，作战经验丰富，人员充足，战斗力强。

（三）第四十九师，师长伍诚仁。该师辖三个团，系于1934年春在福建由第十九路军的部队改编的。士兵以广东人为多，干部多是中央军校的学生，已成为中央的嫡系部队，装备较好，战斗力相当强。1934年秋由福建开赣东，参加对方志敏部的追击。

（四）第七师第二十一旅，旅长李文彬，辖三个团。原系云南部队，干部以云南籍为多。作战经验丰富，战斗力很强。

（五）补充第一旅，旅长王耀武，辖三个团。这个旅系在1933年冬由保定编练处的三个补充团改编的。干部多是中央军校的学生，系中央的嫡系部队。士兵以北方人为多，装备较好，战斗力相当强。

（六）第十五军，军长刘茂恩，军司令部驻屯溪附近。该军辖第六十四、第六十五两个师，每师两旅，每旅三团。第六十四师师长由刘茂恩兼，第六十五师师长武廷麟。该军系由镇嵩军发展而成的。系刘镇华的基本部队和政治资本。官兵富有作战经验，战斗力强。刘为了不使北上抗日先遣队深入安徽动摇其地盘，把部队控制在安徽境内。

（七）浙江保安第一纵队及第二纵队，系由六个保安团编成，士兵以浙江籍为多，装备与正规军相似，战斗力较弱。第一纵队的纵队长是何凌霄，第二纵队的纵队长是蒋志英。由于该两纵队在浙西担任堵截，防止北上抗日先遣队深入浙江，威胁杭州，哪里紧张即开到哪里，驻地常有变动。

以上参加对赣东北苏区及北上抗日先遣队作战的正规部队及各省保安团队约有20万人以上。赣东北苏区的部队及北上抗日先遣队共约二万多人，而抗拒比自己多七八倍的优势敌人，这是在历史上少有的事。

1934年10月间，中央红军主力北上，开始了二万五千里长征。蒋介石则说，共军主力消灭在即。与此同时，蒋介石从南昌行营发出命令，严令担任对赣东北苏区及对北上抗日先遣队的作战部队，迅速消灭方部。蒋介石电令的主要内容如下：（一）"匪军"主力被我军击溃，已放弃瑞金等地向湖南边境逃窜，我军正在痛击，全歼在即。（二）对赣东北的"匪区"及在赣浙闽皖边区流窜的"匪"部作战的部队，须协力合作，再接再厉，迅速消灭"匪"部以竟全功。（三）遵照指示奋勇作战而获战绩者赏；行动迟缓，畏缩不前者，以贻误戎机论罪。

俞济时在接到蒋介石的这个电令后，曾对我说："共产党不到万不得已，不会放弃多年建立起来的老根据地。他们的'老巢'已被我们打破，新的根据地还没有建立起来，失了依据，被我们全歼的时候已不在远了。共军主力西移后，方志敏'匪'部更加孤立无援，正是我们消灭他的好机会，务须加倍努力，打几个胜仗，挽回军誉。否则一定遭到惩处。"俞济时曾因对红军作战不力，先后受到记大过及撤职留任的处分。因而他总想在作战中取得战绩，撤消其处分。

这时我也怕各部疏忽，打了败仗，受到蒋的惩处，故嘱部属警惕，切莫粗心大意。12月间，我在绩溪的一个村庄里召集参谋主任及各团长讲话，在分析当前的情况时我说："（一）我军处于绝对优势，弹药充足，掌握着水陆交通工具，运送物资及部队便利，转用兵力和补充迅速。共军则完全相反，红十军团过长江过不去，回根据地回不了，进退维谷，已处于绝境。（二）共军红十军团及红七军团，自离开苏区以来，不断与我军作战，伤亡很重。据指挥部通知，第十及第七两军团已合并为第十军团，军团政治委员会的主席是方志敏，军团长是刘畴西，副军团长是寻淮洲。该军团辖三个师，计第十九师、第二十师、第二十一师。第十九师师长由寻淮洲兼，第二十师师长是王如痴，第二十一师师长是胡天陶。（三）共军几月以来未得整理补充、饮食不足，体质衰弱。在此寒冷之际又无棉衣，伤病人员无药医治，死亡增多。（四）共军弹药缺乏，每个战斗兵只有十几发子弹，其中还有土造的，效力很差。赣东北苏区被我军攻打围困，地区缩小，物资缺乏到了极点，已自顾不暇，也无力支援第十军团。（五）共军官兵所穿的衣服破烂不堪，难以护体。从以上的情况看，红十军团的力量与我军的力量对比，确实众寡悬殊。但他们作战机动灵活，为了解除困难、得到补充，就会千方百计地在我们的身上想办法，打主意。今后只要我军不粗心大意，不打败仗，就断绝了红十军团的补充来源，这样他们就难持久，必会遭到消灭。所以对共军作战既要勇敢果决，还要胆大心细，万不可轻视他们。判断在红七军团与十军团合编为第十军团后，可能会利用我们的弱点，予我们以打击，各部切不可骄傲疏忽。我们必须遵照委座的电令，再接再厉，迅速消灭方部，以竟全功。"

二

红十军团的弹药等物资极感缺乏，企图消灭补充第一旅，以获得人员和物资的补充。探知补充第一旅12月13日驻汤口，认为补充旅将于14日经乌泥关、谭家桥向太平前进。乌泥关、谭家桥的两侧皆山地及森林，地形险要，有利于埋伏，红十军团即秘密调动部队至乌泥关、谭家桥以北的地区山头上及丛树林中设伏，等待沿公路向太平前进的补充第一旅和浙江保安团到达该地，即行猛烈袭击。

俞济时带其指挥人员及浙江保安团的一个加强营（以下简称加强营）和补充第一旅，由歙县向汤口方向追击前进，13日午后到达汤口宿营。当晚我奉到俞济时的命令云："据报'匪'十军团已向太平窜去。着该旅于明14日上午6时由汤口出发，经乌泥关、谭家桥向太平追击前进。指挥部及加强营随该旅行动。"我随即下追击命令如下："（一）共军第十军团已向太平逃窜，本旅遵命于明（14）日上午6时出发，经乌泥关、谭家桥向太平追击前进。（二）以第二团为前卫，前卫部队在行进中必须严密搜索，免被袭击。其余各部队，按旅部直属部队、第三团、第一团的秩序行进。"

14日上午6时，部队由汤口出发，前卫（第二团）经过乌泥关、谭家桥时，看到百姓有的在砍柴，有的在种地，有的在公路上行走，如平常一样。团长周志道以为没有可疑的情况，也未派部队严密搜索，继续向太平前进。这时我接到周志道的报告，说通过乌泥关时没有发现情况。我也信以为真，没有再对周志道作出派队搜索的指示。部队浩浩荡荡地向太平前进。

红十军团等待补充第一旅的前卫团的一个营通过了谭家桥，约于上午9时，即开始向前卫团及旅直属部队猛烈袭击。俞济时很慌张，写一手令给我，说："敌人早有埋伏，我们为什么未发觉，迅速派队将各重要山头占领，负责击败敌人的袭击。无论在什么情况之下，官兵不得后退，否则以擅自撤退、临阵脱逃论罪。"我一面将俞的手令传达各部队，一面调加强营和第三团的第三营增加到第二团的正面作战。令第三团团长李天霞率该团主力向红十军团的左侧背猛烈反击。令第一团团长刘保定立派一部占领乌泥关，并确保之。该团主力为旅预备队，控制在乌泥关以西地区。

红十军团发动袭击，来势很猛，集中力量冲过来，企图在补充旅未站稳脚以前予以击溃，第二团随即发生动摇，有少数士兵后退被挡回去。团长周志道见情势危急，大声喊司号长吹号，催增援的加强营及第三团的第三营跑步前进。号长在吹号时暴露了目标，被红军打伤，倒在地下。加强营及第三团的第三营赶到后，增加在第二团的正面作战，集中火力猛烈向红军反击，将第一批冲过来的红军打退下去。在这次战斗中，团长周志道负伤，但因战况紧急，仍带伤指挥，未下火线。这时红军又接着冲过来，与第二团展开了肉搏。该团副团长程智率部反击，激战约40分钟，又将第二批冲过来的红军打退。未20分钟，红军约有数百人由公路右侧的山头丛树林中冲过来，行动迅速，直扑谭家桥东端旅部所在的地方。我仓忙命令特务连长刘连荣率部猛烈反击，冲上红军所占山头，并令第二团第三营及加强营集中火力夹击，激战甚烈。红军由于伤亡很大而被打退下去，第三次的冲锋又受到挫折，因之旅部直属部队及第二团就稳定下来。

红军三次冲锋虽都受到挫折，但斗志仍盛，其打败补充第一旅的决心并未动摇，又发起了一次规模较大的冲锋。这次红军出动了七、八百人，分三路冲过来，一路针对加强营，两路对着第二团中伤亡较重的第一、二两营，勇往直前，不顾牺牲，前仆后继地冲过来。刺刀在太阳光下闪出白光，杀声震天，大有一鼓作气、击溃补充第一旅之势，情况紧张、危急。我想，这次红军的冲锋要是抵挡不住，就会被击溃、被消灭；自己不是被红军杀掉，就是被蒋介石枪毙，只有击败红十军团才能逃出生命。于是我就亲自到第一线督战，令各部集中迫击炮、机关枪的火力，向冲过来的红军猛烈射击，战斗极为激烈。红军因死伤甚众，第四次的冲锋又遭到挫败。据第二团团长周志道报称："在敌人第四次冲锋中，发现红军有十几个人冒着炮火的危险去抢救一个人，抬着向后方走去，看样子，被抬走的这个人可能是敌高级军官。"

在这之后，谭家桥及其东端一带的战事已缓和下来。12时许，周志道在电话里对我说："我的伤不重，可以带伤服务。今天真危险，几乎被'匪'打垮。敌人的几次猛冲均被打退，他们已遭到挫折。我看他们在第四次冲锋受到挫败后，已无力量再向我们发起冲锋了。今天敌人没有沉住气，开始袭击早了。他们如等到第二团通过，然后集中力量猛扑旅司令部，先将司令部打乱，失掉了指挥，再打各团，那我们就完蛋了。"我回答他说："从今天作战的情况看，他们很顽强，还会向我们发动攻势，千万不要忽视。今天因为你们搜索不严密，使我们遭到突然的袭击，部队仓皇应战，弄得手忙脚乱，几乎失败，这不是教训吗？"

乌泥关地形险要，必须确保。为了保住乌泥关及掩护第二团右翼的安全，我令第三团主力，从乌泥关及谭家桥东端的中间地区，向第二团右翼的红军侧背反击，与企图夺取乌泥关的红军，在乌泥关西北的几个山头上展开了激烈的战斗。第三团团长李天霞指挥迫击炮连及重机关枪连集中火力掩护步兵攻击红军所占的几个山头，经两小时的激烈战斗，将乌泥关西北的几个山头完全占领。红军退到后面的几个山头上，站稳脚以后即向第三团发动了两次攻击，但终因子弹缺乏，火力不足，均未奏效。

午后2时，红军约有一团以上的兵力，向第三团及占领乌泥关的第一团之间攻击，企图截断第三团与第一团的联系，夺取乌泥关。红军奋不顾身地向前冲击，虽经反复争夺，仍未达到夺取乌泥关及击败补充旅的目的。战至午后5时，双方都已精疲力竭，全线已成对峙状态。李天霞用电话向我报告说："枪声稀少，敌人的行动隐蔽，看不出他们还有什么积极的企图，可能已开始撤退。敌人今天向我们袭击过早了，如待我们最后的部队通过乌泥关，他们再派部队去占领，那不费一弹就可以占领该关。对我们形成包围以后，再开始向我们猛袭，我们就很可能失败了。"此时，俞济时也找我研究情况，并决定尔后的行动。我对俞济时说："我认为红十军团弹药极为缺乏，这次向我们袭击，想以迅雷不及掩耳的手段，以速战速决的战法，消灭我们一部，从我们身上得到人员和物质的补充。他们的计划虽厉害，但对我们开始袭击太早，过早暴露了他们的企图，以致遭到挫败。以他们的力量和物质条件来说，他们不敢恋战和在一处久呆。我判断红军今晚一定撤退，现在可能在做退却的准备工作。为了打破红军的准备及与其保持接触，而免失踪，拟令各团酌派部队向红军进攻。"俞同意我的看法及处置。因时已至黄昏，各团怕遇埋伏，遭到损失，不敢大胆前进，遂没有出动。

我和俞济时虽然判断红十军团要于夜间撤退，但恐遭到伏击，未敢大胆地在夜间追击。至15日拂晓，红十军团已全部撤走。我派部队清扫战场，见到战地一滩一滩的血迹，在草地里也发现有红军遗落的少数枪支。第三团团附黄伟斌，带着少数部队清扫谭家桥村头上的一个桥边，发现有红军的两个伤兵，被黄伟斌指挥士兵枪杀了。在这一战役中，红军伤亡约有七、八百人，被俘约百余名，缴枪约一百余支。因部队忙于出发，当时即将所俘的人员及枪支，均交俞济时的指挥部转送上饶赵观涛的总指挥部。红十军团副军团长兼十九师师长的寻淮洲，在谭家桥战役中受重伤后而阵亡。我将战役的情况及战绩报告后，得到南昌行营的来电嘉奖，并赏补充第一旅5000元。

寻淮洲的尸首初时没有发现。俞济时对我说，为了证明寻淮洲确在谭家桥阵亡，并宣传我们的战绩，必须找到他的尸首拍摄照片。我也邀功心切，即派副官（姓名记不到）率步兵一连去寻找。在寻找的途中捉到一个参加埋葬寻淮洲的人，由这个人带着到茂林，把寻淮洲的尸首挖出来。尸尚未烂，上身无衣，当即照了像，以做宣传资料和做寻淮洲确被打死的证据。据副官说，照相后又把尸首埋在茂林附近（具体地点不明）。将找到寻淮洲尸首的情况上报后，又得到南昌行营的嘉奖，和赏我旅5000元。

三

12月15日上午4时，俞济时来电话说："敌第十军团与我军在谭家桥激战一昼夜，损失很重，子弹消耗颇多，现每个士兵身上只有数发子弹，有的没有子弹，只带一颗土造手榴弹。他们不是急行军就是作战，官兵每日难得一餐，又无棉衣，饥寒交迫，急待整补。我们为了不使他们有喘息整补的机会，务须跟踪穷追予以消灭。补充第一旅应于明（15日）日上午6时由谭家桥出发，向茂林追击前进。余仍随该旅行动。"我即令各部于15日上午6时由谭家桥出发，向茂林追击前进。因红军行动敏捷，未能追上。部队经旌德、绩溪辗转来到遂安时，俞济时转来赵观涛的电报说："红军急待整理补充，有窜回'老巢'之企图，已令各封锁线防守部队严加防范。着各追击部队加紧追击，务将敌人歼灭于封锁线以外。"俞济时在接到赵观涛这个电报以后对我说："红十军团与补充第一旅激战于谭家桥，与第二十一旅战于江林、横芳，与第四十九师战于高村，复与第二十一旅、补充旅战于溪头，又与浙江保安纵队战于星口市、徐家村。经过多次激战后，红十军团战斗力大为削弱，现在他们的人数至多不过3000人。我们的封锁线筑有星罗棋布的大小碉堡，设有木栅、砦砦，埋有触发的地雷及绳拉的手榴弹群。为了防止敌红十军团窜回其根据地，已增加防守封锁线的部队，加强了工事。前有封锁线挡住他们的去路，后有几路追兵跟着打，敌军处境已万分艰难，要与优于他们8倍以上的军队作战，哪有不败之理。务望加紧追击，协同友军，尽歼该敌，方不辜负委座的期望。"我将赵与俞的意旨传达各部后，并嘱各团捕捉战机，彻底消灭敌军以竟全功。

1935年1月24日以前，已有一部红军在德兴东十六都怀玉山一带与担任封锁线的独立第四十三旅的部队作战。方志敏所率领的北上抗日先遣队（红十军团）虽处在万分恶劣的情况下，仍冒着危险由怀玉山地区突入苏区。守军发觉红军突入，即集中炮火猛烈射击，并增加部队堵截，战斗甚烈，致使红十军团被截成两段。突入苏区的约有千人，其余均被堵回。在此极端危急的情况下，补充第一旅已由开化以西追至怀玉山的北端，第四十九师已追至怀玉山的东部，第二十一旅已追至怀玉山以西地区，三路追兵都由背后打来。经激战后，红十军团只剩千余人，分散潜伏在德兴怀玉山的丛树林及深草中，处于天寒地冻、无衣无食、饥寒交迫之中。

补充第一旅约于27日到达白沙关附近，俞济时以为打了胜仗，满面笑容地对我说："奉到赵总指挥的电令，令我们迅速'搜剿'被打散的'匪'军官兵，务须彻底肃清。"又说："我们以十倍于敌的兵力，在数十里方圆的地带内，反复搜捕红军人员，使他们插翅难逃。这正是消灭敌人的良好机会，务须努力'搜剿'，尽歼敌军。"我遵照指示加以部署，以第一团在中间，第二团在左，第三团在右，由怀玉山北部向南搜索。在各部出发后，有时听到一阵一阵的枪声。分散潜伏在山地丛林中的红军人员，在严寒的天气里，数日不得饮食，冻得饿得躺在地上动弹不了。有的想拿枪向国民党军射击，因手冻僵，扣不动扳机，打不出去。有的挣扎着向国民党军投掷手榴弹，因臂及手被冻硬，无力投掷，完全丧失了战斗力。补充第一旅各团，在搜山中所送来的红军人员，面黄肌瘦，手脚冻裂，因喝不到水，嘴上起泡的很多。旅部参谋主任吴克定见到送来红军官兵的艰苦情况，就说："敌人无衣无食，困在山上不打也会饿死冻死。红十军团残部这次化整为零，是最后的一次，就要被我们完全消灭，再也不能化零为整了。"

搜索怀玉山的第二天，在俘获的30几名红军人员中，有一位姓胡的师长，他自己最初不肯承认，被一个战士指出，说他是红十军团第二十一师师长胡天陶。被指出后，他也承认他姓胡，是师长。这位师长的上身穿着三件补了许多补丁的单衣，下身穿两条破烂不堪的裤子，脚上穿着两只不同色的草鞋，背着一个很旧的干粮袋，袋里装着一个破洋磁碗，除此以外，别无他物，与战士没有什么区别。我与俞济时以为在这样艰苦到极点的情况下，胡师长的革命意志，可能已动摇了，然而实际上与我们的看法完全相反。

经旅部参谋吴鸢问了话，没有问出可以供军队参考的材料。吴鸢对我说，这个师长很倔强，问不出什么，请我自己问问。我想由他身上得出些可供军事参考的材料，结果白费唇舌，毫无效果。那天我与他的谈话要点是这样：

我说："蒋委员长对你们实行宽大及感化教育，只要你们觉悟，一样得到重用。"

胡答："我认为只有革命，坚决地打倒帝国主义、封建主义及军阀，中国才有办法。国民党勾结帝国主义屠杀中国人民，我们是坚决反对的。"

我问："你知道方志敏现在什么地点？"

胡答："我不知道。"

我又问："你们进入苏区后准备做些什么？方志敏对未突入封锁线的部队有什么指示？"

胡答："不知道。"

我看与他谈问题、问情况，都不会有所获，就转了话题。我说："你家在哪里，家里还有什么人？告诉我们，我们可以保护你的眷属。"

胡答："我没有家，没有人，不要保护。"

转了话题，也无效果。我想，像这样顽强的人，要从他身上得些军事材料和利用他做些对红军的瓦解工作，是不可能的，即就近将胡送交俞济时的指挥部了。

胡到指挥部，俞也曾亲自与他谈话。俞问方志敏的下落及红军高级干部所在地，胡都答不知道。俞说："你们当初有无预料会遭到失败，失败后的打算如何？"胡答："不知道。"俞又说："你是红军的高级人员，不会不知道红十军团的情况。"胡答："我不知道，你把我枪毙了吧。"俞对胡无办法，气愤地说："这样顽固的分子，应该枪决！"但是俞怕枪决了他，会影响我们的战绩，便把他送交上级处理。据说胡到了上饶总指挥部及南昌行营，坚持真理，大无畏的精神丝毫未变，不管对他如何威逼利诱，都动摇不了他如钢铁般的意志。胡于1935年11月间在南昌被杀害。

怀玉山很大，方圆有几十华里。各团在怀玉山北部一带地区，反复在丛林深草中进行严密的搜索，连续三天之久。事后据第三团第三营代理营长职务的黄伟斌说，他带着部队搜索怀玉山时，遇有约十几个红军人员利用碉堡顽强地对抗搜捕，黄即令部队以火烧碉堡，致将这十几个人烧死在碉堡内。

1月29日，红十军团政治委员会的主席方志敏及军团长刘畴西、王如痴等红军领导人员在德兴陇首村封锁线附近被独立第四十三旅所俘，俞济时得知后，表示很后悔；俞对我说："为什么我们担任追击的部队，没有把方志敏捉住而被独立第四十三旅捉到。该旅捉到这些高级人员，光是赏金也要得10万以上，以战绩来说也是他们为最优了。"

补充第一旅在怀玉山的搜山中，先后共俘红军官兵约200余人，枪约200支。我将搜山及俘获红十军团第二十一师师长胡天陶等情况报告后，又得到南昌行营的"嘉奖"，并赏补充旅5000元。为了搜集宣传资料，由参谋人员照了相，连同在谭家桥战役中俘获的人员及枪支所照的相，编成册子印送各机关进行宣传。

对红十军团的作战告一段落后，赵观涛及南昌行营认为俞济时有功，即由南昌行营下令取消了过去对俞记大过及撤职留任的处分，并免除俞济时"剿共"指挥官的兼职，指挥部撤销（指挥部是适应战事的一个临时性的指挥机构）。同时接到南昌行营的命令，"着第四十九师伍诚仁部及补充第一旅王耀武部开往西安集结待命"。补充第一旅遂即开拔，于2月初离怀玉山开往西安。

赣粤闽湘鄂"剿共"军预备军总司令部报告

陈调元[*]

　　窃职部自本年3月奉钧座文亥行战一电令,组织赣粤闽湘鄂"剿共"军预备军总司令部,并指挥独立第四十三旅、独立第三十六旅、第二师第四旅、第二十五师第七十五旅、赣保第一、第二两团等,因遵在南昌组织成立。嗣复奉命率第四十三旅开婺源防共军北窜,于4月中旬由南昌进驻婺源,迄至11月底奉令结束止,其间"剿共"工作各经过随时电禀在案,除关于各该部队战斗详报已饬另案呈报外,兹谨将职部在"剿共"预备军区分期内工作一般概况分晰缕陈恭呈,鉴核祗遵。

　　一、关于赣东北区"围剿"红军之指导。方志敏、邵式平在赣东北盘踞已逾4载,德兴、乐平、万年、贵溪、弋阳、横峰及上饶北部玉山西部均为共军出没地区。职师进抵婺源以后,一面防共军北窜,一面与赵警备司令观涛协商决定各部"进剿"方针。"进剿"方针如下:

　　第一步　第二十一师梁立柱部以两个团做活用,任"游剿";以四个团分别由上饶河口向横峰筑路建碉迈进,限4月15日以前完成上横河横路,同时收复横峰。第五十七师阮肇昌部同时进展至库桥、株林村之线,即将上河沿岸。第十二师唐淮源部推进至上横线。

　　第二步　梁师以主力向漆工镇,第五十五师李松山部抽兵四营向杨林万村,均用筑路建碉迈进,限5月底构成横德路及沿路碉堡。阮师进展至斐源附近,唐师应于5月底以前进展至樟树墩烈桥之线,并完成弋横路。

---

　　* 作者当时系赣粤闽湘鄂"剿共"军预备军总司令。

第三步　阮师东移肃清河德路以西地区，梁师主力及李师一部"搜剿"河德路以东地区，期限于8月底肃清。信河以北浙保安团俞济时部第一期应巩固施家坂、十五都、分水关、童家坊、樟树街、郑家坊、临江湖之线，并肃清此线以东散敌，第二期应在线外活动。

前项方针实施后，阮师随即开始积极向贵北方面挺进，先后克复贵北重要区，如三了桥、周坊、陈家、裴源、大源村、株林村、河桥、富林一带。李师一部亦向德南进展，是时红十军迭以全力拼死反攻，到处突击，毙敌约计千余人，敌终未得逞。截至本年10月中旬阮师攻占风门洞、天空寨各役止，所有贵北万东一带苏区均次第收复，并于各要点密筑碉堡，俾以杜敌之活动。

二、收复暖水之经过。为便于遏敌北窜，经与赵司令商定，以独立第四十三旅一部控置于婺源，以主力协助第五十五师一部限5月底收复暖水。任务完成后，由德兴第五十五师抽派一个团接新营暖水之防，杨旅主力由南向北、刘旅由北向南肃清海口、太白、新营、暖水间之残敌。浙保各团及第十二师同时巩固童家坊、临江湖、樟树街，并向暖水方面连击，使成严密封锁线。

前项部署开始，五十五师杨旅出动后，红军上饶横峰两独立团及葛源练敌合编挺进师，并派红十军一部与我杨旅顽强抵抗，我杨旅于5月29日攻占暖水，敌窜回葛源。因浮梁敌炽抽调，致使刘旅李团肃清海口、太白、新营、暖水区内残敌之计划未能完成。

三、"清剿"浮梁股敌之经过。浮梁东区因初无防军，该县保安队亦极少，红军赣北游击队窜聚陈家山、英溪一带，赤炎顿炽。

经奉电准处置如下：

婺南九都、海口、太白、湾头一带之防仍由李师抽队接替，该线以南原属赣东北"围剿"区，仍由赵司令续负专责。钧令派廖士翘、李磊夫为赣皖边区"清剿"正副指挥官，并增派兵力两团由廖、李两指挥官分头指挥。各部先将彭、泽、鄱阳之敌肃清，然后分进，向浮东陈家山方向合围。部署如下：

1. 独立第三十六旅邱卓云团、独立第四十三旅李尊团为进击部队，邱团以英溪为目标，李团以陈家山为目标，限9月6日以前攻击前进。

2. 第七师尉迟毓鸣团为截堵部队。

3. 其余地境由各县保安队清理。

斯时，红军麇集于浮东方面，约2000余人，始则四出流窜，继则恃险坚守顽抗。我李团首于7月6日击破陈家山，其余各地亦相继克复，斩获甚多。

四、碉堡之督筑。赣皖边区各县虽均有碉路委员会之组织，然考其成绩，则因主持无人及地方痼习乃形同虚设。浮东之敌"剿"平后，正严饬各部督同地方兴筑，期间适值共军罗部由闽北窜，复奉钧座手令，限于10月底修筑德兴、婺源、休宁、祁门、浮梁五县连击碉堡封锁线。遵经分派各委员驰赴各县积极督促，然终以地方岁歉人灾民财枯窘，勉成碉堡概数如下：

婺源县　　碉22座　　堡9座

休宁县　　碉44座　　堡9座

祁门县　　碉47座

浮梁县　　碉63座

德兴县　　碉18座　　堡4座

以上共计筑碉楼194座，堡22座，其未完成各碉堡仍在各该县自行续筑中。

五、公路与通信网之促成。关于公路之修筑，职部到婺源后即派员与赵司令所派公路专员沈靖暨县筑路委员会商决。婺源县至白沙关间一段限于5月底完成通车，已如期完成。6月4日行开车典礼。婺德公路截本部奉令移防，全路路基已完成，唯涵桥未修。通信网方面，李指挥官督修成电话线800余里，职部直接督促婺源县修筑电话线约700里。现县城各区各要镇已均通话，甚收便利之效，其他各县亦均在勉力筹备中。

六、民训概况。赣皖边区民众自卫知识极为薄弱，县保安队兵力既少又缺乏训练。职部到婺伊始，对于各县民训事宜决即严督，遵照各种条例实行。钧部别动队奉派分赴各县组织训练，职部移抚后，交由安徽省刘保安司令继续办理。

七、"堵剿"罗敌经过。罗炳辉部红七军团（一说为寻淮洲部），人枪2700余，并有轻重机枪及无线电台。其在闽北被迫突围，经浦城北窜江山、常山、开化、遂安一带，以抗日先遣队为名，企图入浙皖赣边区，重组苏区。我赵司令初率浙保各团及伍师王、赵各旅分两纵队跟踪"围剿"。乃共军狡窜，至9月底抵休南石门街蚺田一带，经我第七师杜润团及独立第四十三旅李萼团堵击，溃回龙山街，适伍师王旅追到夹击复狼败，由婺北塔坑、段莘、清华西窜祁南，在查湾倒湖一带休整扎营。遵奉钧旨，规定围剿部署如次：

甲、第一支队指挥官俞济时（未到前暂由本部直接指挥）

1. 浙保何团（由浙边向西开动中）。

2. 第四十九师伍诚仁部继续跟踪红军窜路担任追歼；

3. 补充第一旅王耀武部（欠一团）在江湾婺源控置为预备队，准备活用。

4. 第七师李文彬旅分在屯溪祁门堵截。

乙、第二支队指挥官廖士翘副指挥官李磊夫

1. 新七旅李宗鉴部在浮梁方面堵截。

2. 新十一路阮旅及赣保一团在至南堵截。

丙、独立第四十三旅继续"清剿"散敌，并堵截红十军，红军北窜归本部直接指挥。

前项部署下达后，各堵截部队先后布置完妥。伍师继续追抵查湾一带，时敌向浮梁图窜，经我李宗鉴旅迎头堵击，敌复折回，适我伍师追抵储田桥、柏林前与李旅会合夹击，综计毙敌师长二人，团长三人，敌官兵数百人，俘获尤多。是时俞指挥官尚未到达，所有各部团"围剿"指挥系饬由廖、李两指挥官分在至德、浮梁指挥。

俞指挥官率浙保何团于10月18日到达婺源，20日并率同王旅旅部及该旅刘团出发赴藏湾指挥增援。遂仍据第一、第二两支队之区分，责成廖、俞两指挥官分别负责指挥。嗣职部奉开抚州电令，并将所有赣皖边区"围剿"红军指挥任务交由安徽省刘保安司令负责，遵于10月26日交代后开拔离婺。

八、红十军北窜"堵剿"概况。共军罗炳辉部北窜侵入婺北时期，红十军第十八师约二千余，突由十五都方面突围，经山头（婺白公路上）北窜图于罗部增援，经我李师张景渠团伏兵迎头痛截，击毙敌100余名，俘10余名。共军该部复绕出白沙关之东与浙保一部接触，乘隙窜出一部约千余。该部至江湾附近探悉罗部业已远去，我刘旅增援江湾部队赶到截击，敌又向十五都窜回。该部到江湾时，我刘旅之一连凭碉痛击，敌复伤亡约百余名。谨闻

右报告

委员长 蒋

职 陈调元

一九三四年十二月一日于抚州

121

衢属边区党务特派员办公处的几件往事

刘崇朴[*]

　　1934年1月，国民党浙江省党部决定在临江西的衢属地区成立衢属边区党务特派员办公处，以就近督率所属各县县党部，切实做到党政军全面合作，达到消弭"匪患"之目的。经执监委员联席会议讨论决定，推选候补执行委员赵见微（当时还兼浙江省"反省院"院长）任省党部特派员，筹备设立办事处，并尽快开展工作。2月初，赵见微率宣传干事叶炳祥、训练干事吕昌文、组织干事刘崇朴等到达常山，筹设特派员办公处，并通令衢县、龙游、江山、常山、开化等县党部知照。

　　3月，特派员赵见微和我参加了在江西玉山召集的浙赣边区党政军联席会议。这次会议是俞济时召集的。俞济时当时任浙江省保安处处长，兼浙赣边区"清剿"指挥，受赵观涛辖制，俞济时在进扰怀玉山苏区时，屡遭挫顿，损失惨重，受到南昌行营撤职留任戴罪立功的处分。他为了急于邀功脱罪，积极筹备再度对红军方志敏部进行规模较大的"围剿"。参加这次会议的，我能记忆的有：浙江省衢属行政督察专员汪汉滔、常山县长吕衡、开化县长谢某（系湖南人，黄埔一期毕业）、龙游县长郑惠卿、江山县党部常委朱渭川、常山县党部常委徐绍明、开化县党部常委陈治国、第四十九师师长伍诚仁、旅长连某、浙江省保安第一纵队长何凌霄、第二纵队长蒋志英、保安团长贺樾芳、陈芝范等人。

　　会议由俞济时主持。俞济时在会上说明当前局势时，指出红军方志敏部盘踞怀玉山区，我应在军事上采取层层包围，以缩小其活动范围；在物质上应完全断绝其外围供应线；在党务方面，要密切与军、政的配合，并

---

　　* 作者当时系国民党浙江省党部衢属边区党务特派员办公处组织干事。

侧重向普通群众作反共宣传，必要时得组织反共义勇队以扩大影响；在政务方面，各县政府要严密保甲组织，随时清查户口，并要做好前线运输供应工作，以利"剿匪"的顺利进行。对于参"剿"部队，他要求各部队应切实听从命令，严守纪律，做到与党、政各方面密切合作。在会议上，俞济时呼吁浙赣边区党、政、军各界应做到精诚团结，密切合作，以利"剿匪"事宜。

汪汉滔和赵见微均先后在会上讲话。他们对俞济时的讲话极表赞同，并保证做好配合工作，对动员民众，亦认为是责无旁贷。

赵见微回到常山特派员办公处后，立即指派缮印了大批反共宣传品，分发衢属各县党部散发。另外，他又指示各县党部以区分部为中心，调集积极分子组织反共巡回宣传队，到四乡作反共宣传，其宣传应依循办公处颁发反共宣传要点。此外，办公处饬各县党部对管制中的共产党叛徒，予以严密监视并加强管制，要其每周报告活动情况及工作情况，收到以毒攻毒之效。

4月，赵见微到衢属各县视察党务，面授反共机宜。在视察中，发现常山、开化两县党部人事欠健全，执行"剿共"不力，立即向省党部建议予以整理，后由省党部派徐莲溪为常山县党务整理委员，刘崇朴为开化县党务整理委员。

衢属行政督察专员汪汉滔返衢县后，依据会议决议，以专署名义转饬辖区各县政府，赶办以下规定事项：

1. 各县应严密保甲组织，切实办好联保工作，认真执行保甲连坐法。

2. 切实清查户口，对可疑人员，要详细调查，在未弄清楚其政治身份之前，要予以监视并注意其言行。

3. 为支援前线，各县应筹建群众运输队，以适当前需要，各县筹组完竣，册报备核。

4. 各县政府及保安团队，对本县的各种武力应切实控制运用，以确保治安。

以上计划实施后，确实增加了怀玉山区红军供给的困难，收到了效果。

百年中国记忆

第五章 | "围剿"鄂豫皖边区革命根据地

文史资料

"围剿"边区革命根据地(上)亲历记

WEIJIAOBIANQUGEMINGGENJUDISHANG QINLIJI

百部经典文库

"围剿"边区革命根据地(上) 亲历记
WEIJIAOBIANQUGEMINGGENJUDISHANG
QINLIJI
百年
中国记忆
BAINIAN
ZHONGGUO
JIYI

综　述

土地革命战争时期，在中国共产党领导下于1927年11月，举行湖北黄安、麻城起义，开辟了鄂豫边区革命根据地；1929年5月，举行了河南商城南地区起义，开辟了豫东南革命根据地，1929年11月，举行了安徽六安、霍山起义，建立了皖西革命根据地。1930年4月，将三个根据地合并，6月鄂豫皖边区革命根据地正式形成。到1932年下半年是根据地全盛时期，包括湖北的黄安、麻城、罗田、英山，鄂西的天门、潜江、监利，鄂南的阳新、大冶、通山、通城，豫南的罗山、潢川、光山、商城，安徽的金家寨、霍山，以及湘鄂赣边的幕府山脉等地区，人口350万，红军达4.5万余人。

根据地建立后，不断遭到国民党军的"进剿"，主要有两次"会剿"和四次"围剿"。

第一次"会剿"：1929年6月，国民党军独立第四旅二个团，暂编第二旅一个营汇及"红枪会"数千人将红三十一师包围于黄安、麻城、光山交界之柴山堡苏区内。7月上旬，红三十一师连续5次作战，打破了第一次"会剿"。

第二次"会剿"：1929年8月，国民党军第一师师长刘峙调集第十三师、暂编第二旅及第五十三师一部对柴山堡、豫东南苏区"进剿"。红三十一师与红三十二师转战于湖北麻城、黄安、河南光山、商城地区。经一个月的战斗，迫使国民党军退出苏区。第二次"会剿"结束。

第一次"围剿"：1930年冬，国民党政府设立鄂豫皖边区绥靖督办公署，调集8个师又3个旅，近10万人的兵力，于12月上旬开始对根据地进行第一次"围剿"。红军进行了反"围剿"，至1931年1月，共歼灭国民党军4个团又4个营，击溃4个团又1个营。打破了第一次"围剿"。

　　第二次"围剿"：1931年3月，国民党军仍以10万兵力对根据地进行第二次"围剿"。4月上旬，国民党军各线部队在根据地边沿地区"清剿"，并向皖西苏区进攻。红军经过一个多月的作战，先后在独山镇、浒湾、桃花等战斗中取得胜利，打破了第二次"围剿"。

　　第三次"围剿"：1931年11月，国民党军调集15个师、开始第三次"围剿"。至1932年6月，半年时间内，红军连续进行了黄安、商（城）潢（川）、苏家埠、潢（川）光（山）4次战役，其中4月至5月间在苏家埠进行48天的战斗中歼灭国民党军3万余，俘虏第七师副师长厉式鼎及5个旅、团长。此次反"围剿"进行的四次战役共歼灭国民党军6万余，扩大了根据地。根据地进入全盛时期。

　　第四次"围剿"：1932年6月，国民党政府在武汉成立鄂豫皖"剿共"总司令部，蒋介石亲任总司令，调集30余万兵力，进攻根据地。从6月下旬至8月上旬是红军主动进攻，向平汉铁路信阳与广水段出击、围攻麻城，8月初至8月底是国民党军大举进攻，红军处于消极防御，遭受到重大伤亡与消耗。9月初至10月初是红军由东集向东转移。10月11日，红四方面军2万余人，西越平汉铁路进行转移，离开鄂豫皖根据地。第四次反"围剿"失败。

　　红四方面军撤出根据地后，留下部分红军重组红二十五军坚持斗争。1934年6月，程子华赴鄂豫皖根据地，11月率红二十五军北上。根据地留下高敬亭红二十八军，坚持游击战争，至1938年初抗日战争爆发后，改编为新四军第四支队。

第四十六师被歼简记

史慕山[*]

　　1930年10月间，陈调元在六安成立了"皖西剿共总指挥部"，调动第四十六师和警备第一旅、第二旅，集合了5个旅的兵力，妄图"围剿"在皖西各县的红一军。那时陈调元的总指挥部由陈钧（号众孚，合肥人，段祺瑞的外甥）实际负责。陈钧与我是世交，我便应邀到总指挥部担任中校秘书。现将亲见亲闻回忆写出。

　　第四十六师师长范熙绩，原为陈调元的参谋长。该师装备尚属完整，下辖三个旅：第一三六旅旅长刘玉林；第一三七旅旅长王藩庆；第一三八旅旅长陈钧。"皖西剿共总指挥部"下辖有：警备第一旅旅长施忠诚；警备第二旅旅长陈孝思（该旅原为陈调元在山东时收编的李彦青匪部，纪律很坏，陈到安徽后，更换李彦青，由陈孝思接任旅长）；还有地方的5个自卫团。第一团团长刘秀山，第二团团长杨禹田，第三团团长朱孟弓，第四团团长权广义，第五团团长苗观涛。

　　10月下旬，红一军占领金家寨、麻埠等地，独山、苏家埠指日可下，至15日早晨，红军已直逼六安城南门外长冈头和西门外澥塘沿一带，由于城门紧闭，城墙阻隔，未能进城。当天下午大雨，夜间红军退回山里。陈钧见红军行军作战灵活，不敢轻举妄动，他一面困守孤城，一面发电告急。

　　12月初，陈调元、范熙绩二人亲来六安部署一切：以第一三六旅、警备第一旅担任石婆店及霍邱、叶集一带防务；第一三七旅及第一三八旅的一个团（团长陈大根，陈调元之侄）担任霍山城内和下符硚一带防务；第一三八旅的另两个团，一个团（团长杨慕铭）担任城防、一个团（团长

　　* 作者当时系皖西"剿共"总指挥部中校秘书。

周保华）担任韩摆渡、莲花庵一带防务；第一三六旅、警备第二旅专负独山、两河口、苏家埠一带正面防务。责成陈钧克日收复金家寨和麻埠。部署完毕，陈调元、范熙绩即返安庆。

12月26日，陈钧下令总攻击，以第一三六旅、警备第一旅担任右翼，第一三七旅、警备第二旅担任左翼，陈钧自率第一三八旅的周保华团和第三第四两个地方团队，以包围之势向麻埠进攻，打算夺取麻埠后到金家寨会师。初六上午6时，陈钧在苏家埠命令周保华全团向独山出发，同时陈亦率队前进。临出发时，陈钧翘首吟诗，以为胜券稳操。我记得参谋长湛清如（山东人）曾向他婉言进劝："总指挥可稍停几小时再前进，因为总指挥跟前只有一个特务连，这只能算是卫队。万一正面吃紧，你拿什么兵力补充上去？"陈钧笑而不答，反认为湛畏葸无勇，缺乏军人气概。周保华团开拔后一小时，陈即继续前进。陈部到达观音洞附近时，枪声已隐约可闻，再往前走，枪声转密，前面山头发现红旗。此时周保华已失去联系。只见运输队纷纷溃退，陈钧以坐马横在大路中心阻拦，传令不准退却，也难制止。军用物品遗弃路侧，随处皆是。红军集中火力，向正面冲来，左右两翼山边也出现红军。陈钧派卫队连第一、第二两排，向左右两翼防堵，战事胶着，不能退下，而正面炮火密集又苦于应付，遂乘马率卫兵和副官十几人，向苏家埠方向退却。陈钧过了河东，在沙滩收容溃兵；两小时仅得500多人。陈钧这次惨败，士兵被俘的有1000多人，枪支被缴800多支，军用品损失不可计数。红军戏称第四十六师是他们的"运输大队"。

陈钧经此惨败，即蜷伏六安，丧失斗志。1931年2月20日，陈孝思坐绿呢大轿出南方，守门兵（属第一三八旅杨慕铭团第三营）叫陈下轿检查，陈认为是守门兵故意与他为难，晚间向总指挥部报告后，余怒未平。陈钧当将南门带班的魏孟贤连长（字凤初）找来，责打40军棍。这引起了第三营全体官兵的不满。2月13日以后连日大雪，地面积雪3尺多深，夜间初更就戒严，街上断绝行人。2月18日夜里三更过后，魏连长联合第三营全体官佐士兵，举行暴动，分向城防司令部、警备第三旅旅部、总指挥部同时发动攻击，当将城防司令杨慕铭、警备第二旅旅长陈孝思二人击毙。总指挥部因戒备较严，未被攻破。陈钧左膝盖被子弹穿通，倒于卧室。双方开火3小时。至黎明时，指挥部在驻地后院中筑起防御工事。双方相持至下午3时，魏孟贤与第三营士兵始从西门涉冰渡河而去。

1931年2月22日，陈钧由六安往上海宝隆医院就医，经过手术，装上假腿。第一三八旅旅部及总指挥部官佐等人，一律到合肥给资遣散。我在这时就回到家中，脱离了第四十六师。

第一三八旅虽然在1931年被消灭了，但第一三六旅、第一三七旅番号还是存在；范熙绩不干第四十六师师长，由岳盛瑄接任。1932年4月，第一三六旅旅长刘玉林、第一三七旅旅长王藩庆都在苏家埠被困，粮绝突围，在韩摆渡被红军俘获。第四十六师至此被全部消灭干净。与此同时，红军还消灭了阮肇昌五十五师。

第三军参加"围剿"的回忆

陈星垣　刘海东*

　　1929年，第五路军缩编为第七、第十二两个师，仍称第三军，军长王均兼任第七师师长，曾万钟任第十二师师长。部队由江西调往津浦路南段沿线各地。蒋冯阎大战时，王均率第三军及杨胜治师，顶住正面南侧向蒋军后方迂回的孙殿英部，帮了蒋介石的大忙，获得了"津浦铁路南段警备司令"的职务。

　　1931年冬，陈调元部第四十六师，被红军围困在苏家埠和韩摆渡，情势紧张，合肥震动。蒋介石急电王均克日派第七师，兼程前往增援。这是第三军加入对皖西红军作战的开始。当时第七师、第十二师均为两旅六团建制。第七师所辖的第十九旅，原驻徐州及北至柳泉、东至运河、南至宿县的铁路沿线；第二十一旅原驻蚌埠及南至明光的铁路沿线。

　　1932年3月，王均接到蒋介石电令，指派第七师代师长厉式鼎率该师大部，由徐州、蚌埠出发，经临淮关、定远，再赴合肥。5月初，厉式鼎率6个团由六安沿淠河西南向苏家埠推进，刚进入三十里岗以西20多里的地方（一说地名叫"十七里半"）突然遭到红军袭击，厉式鼎部前卫团在一条小河对岸被包围，其本队的先头部队亦同时受到攻击，未来得及展开队形，便被红军冲散。四面高地都被红军占领，厉部既不能前进，退路也被截断了。厉式鼎在师指挥所被攻破后，束手就擒。全师乱作一团，官兵只顾各自逃命。不到10小时，战斗即告结束。第七师前卫团被缴械，丢了1000多支步枪、20余挺重轻机枪。第十九旅旅长李世龙带两个团的余部逃回六

安，其余皆成了红军的俘虏；第二十一旅旅长李文彬及第四十一团团长李余生、第四十二团团长陈绍含等仅以身免；第四十四团团长杜润被俘后混在士兵中，拿了红军发给的两块大洋路费，逃回六安。

王均得悉第七师遭到惨败，急忙从徐州赶到六安，召集团以上军官开会，商讨善后。一方面在六安收容溃散的官兵，一方面调来留驻在徐州、蚌埠的第三十七团。这时第十九旅辖第三十七、第三十八团，第二十一旅辖第四十一、第四十二团，师长还是王均自兼。同时调来库存的武器补充前方各部，并加紧进行整训。王均又请准蒋介石将第十二师归还建制，集结六安待命；第五十五师、第四师、第一师均先后隶王均指挥。第三军还配置了一个无线电队、一个汽车队，以及驻合肥的一个航空队（有5架机型不同的战斗机）。

6月间，第七师的整理大体就绪。蒋介石电令正在正阳关的徐庭瑶第四师和刚到舒城的胡宗南部归王均指挥。王说："我怎么能指挥胡宗南？"要去电婉拒，经幕僚劝阻乃止。接着王均在合肥召集会议，第五十五师师长阮肇昌、第十二师师长曾万钟和第四师参谋长、第一师参谋处长出席。会议部署：第四师向霍邱、第十二师向六安的码头集、第七师向六安及其以南的苏家埠、韩摆渡、第一师向霍山及青山镇，先推进至淠河东岸及霍邱之线。又：第五十五师（欠一旅）守备后方之交通，该师驻六安的一个团，俟第七师的部队到达交接后，归还原建制。会议后即开始行动。

第七师第二十九旅由六安北渡河攻击前进，第二十一旅作为第三军总预备队，随军前进。鉴于前次失败的教训，进入苏区后，各部都小心谨慎地缓缓推进。第十九旅渡河后第一天即发现小部红军，一经接触，红军就主动撤走了。该旅四处搜索，不知红军去向，但到日暮后，该旅宿营地附近，又枪声四起。红军扰得该旅官兵提心吊胆，惶惶不安。该旅推进到唐家埠的一天下午，红军主力部队先向第三十八团阵地猛攻，不久，又向第三十七团正面冲锋。红军作战极为勇猛。采用波浪式的冲锋，前仆后继，杀声震天。经过五、六小时的战斗，日暮时红军主力转移他去。这是第三军进入苏区后遭遇最激烈的一次战斗，第十九旅受到重创，第三十八团团长高启昆、团附桂华峰当场阵亡，第三十七团第一营营长亦阵亡，官兵伤亡300余人。如不是红军转移他去，第十九旅未必能逃脱覆灭的命运。估计这支红军是掩护霍邱方面红军主力转移的后卫或侧卫。

此后，王均带少数幕僚，亲自过河指挥，部队循淠河与关口集、金家寨之线中间地带，步步为营，向南推进。第七师的第二十一旅，随第十九旅和第十二师沿浠河左岸向独山前进。9月下旬，陆续进入独山和麻埠。这时蒋介石频频来电，严饬向金家寨进军。王均两次到麻埠，督促在那里的第十二师和第七师一部出击。但由于山区情况不明，由麻埠到金家寨要经过近百里险峻山路，官兵们又普遍存在怕重蹈覆辙的心理，部队迟迟未动，这时突然传来卫立煌已进入金家寨的消息，王均非常懊恼。"克复金家寨"的任务本是王均的，这下被卫立煌抢了头功。那时许多人觊觎安徽省主席的位置，王均原来也拉拢一班政客、豪绅为之钻营，至此，这一切全成了泡影。

第二师在亚港失败经过

邓若愚[*]

1932年1月，第二师参加对鄂豫皖苏区第三次"围剿"时，我任第二师（师长汤恩伯）第六旅（旅长罗奇）第十二团（团长黄翰英）中校副团长，曾亲身参加了这次"围剿"。现将我知道的第二师在亚港失败经过陈述于后。

战斗前第二师的情况

第二师原驻开封整训。"九一八"事变后，日本帝国主义者侵占东北，许多官兵对于国仇未报，深以为耻，无意于参加内战；同时由于师长楼景樾贪污腐化，也影响了部队的团结，军心涣散，士无斗志。楼景樾在被控调职之前，对第二师人事作了调整：第四旅旅长以第十一团团长王仲廉升充，周良升充第十一团团长，第八团团长陈应龙调任副旅长，楼的亲信胡世贤升充第八团团长，第十二团团长钟松调南京，其遗缺由楼的亲信黄翰英接充。新任师长汤恩伯到差不久，威信未立，此时可说是第二师人事最紊乱，经济最不公开，士气最消沉的时候。就在这时，蒋介石以发动第四次对鄂豫皖边区的"围剿"，并限令第二师于1931年底到达潢川集结待命。

---

* 作者当时系第二师第六旅第十二团中校副团长。

第二师的战斗经过

1931年底，第二师全部到达潢川待命，第三军所辖第七师、第十二师也全部到达固始、杨关店附近待命。第二师也归第三军军长兼第七师师长王均指挥。

（一）攻击目标：蒋决定以王均所率第七、第十二师集结地点固始、杨关店，汤恩伯之第二师集结地点潢川，编成两个纵队，齐头并进，企图压制红军于七里坪、黄安之间，协同包围歼灭之。

（二）兵力部署：1. 左纵队由王均率第七师（师长王均兼，辖第十九旅、第二十一旅，每旅两个团）、第十二师（师长曾万钟，辖第三十四、第三十六两个旅，每旅两个团），共计4个旅、8个团，由原地出发，经亚港东北向商城、七里坪方向攻击前进，与右纵队切取联系。2. 右纵队由第二师师长汤恩伯率第二师（辖第四旅王仲廉部、第六旅罗奇部和补充旅；每旅3个团）共3个旅、9个团兵力，先期渡过潢水到达黄岗店附近停止，再协同左纵队经亚港向七里坪、黄安方向攻击前进，与左纵队切取联系。

第二师行进时的战斗区分：第四旅在左，补充旅在右，为第一线战斗部队，两旅切取联系；第六旅为第二线部队，在第四旅后跟进。

10日上午7时出发，因为潢水水深河宽，未架浮桥，部队徒步涉水，耽误时间很长，延至午后5时许才到达黄岗店附近，宿营、警戒，无情况。部队行军纪律较差，尤其过河时不守秩序，头一天就给新师长汤恩伯一个不良印象。11日拂晓继续向目的地前进，沿途无情况。是日天气阴沉，下小雪，部队很早就到达宿营地（双柳树附近），计行程约50余里。各部队配备警戒，构筑工事，并派少数部队远距离搜索，亦未发现情况。

12日拂晓向亚港方向前进，12时先头部队抵亚港附近，就与红军交上了火。前面枪声传来，第二师之第四旅、补充旅即分别占领亚港东西线一带高地。午后1时许，第一线阵地全线接触；这时左纵队第十二师亦与红军接触。此时第二师师部在亚港东北端、距前线约四华里的围砦里驻下，架设电台，开设绷带所。预备队（第六旅3个团）亦即在原地待命；第十二团就在师部跟前集结待命。

因前线枪声稀疏，又未见有伤员，大家还以为是小接触，没想到有别的意外。迫至午后3时许，忽然听到阵地上两处枪声甚密，不过十几分钟，第四旅阵地垮下来了，随之补充旅亦全线溃退，当时第六旅预备队见前线阵地动摇，部队向后溃退，因不明真相，各在原地待命。

第四旅旅长王仲廉（左翼指挥官）手拿望远镜，身后带着几个卫士，面如土色，慌里慌张地一边跑，一边挥手叫第十二团"你们赶快跑"。第十二团团长黄翰英正在集合队伍，还不知如何行动之时，一听王仲廉叫他赶快跑，他就毫不犹豫地率团逃走。那时除师长、师部在原地未动，第十团团长何大熙因腿瘸跑不动外，所有人员都在后无追兵的情况下，向后马拉松式的长跑，一气跑了100多里，跑到潢川，有的甚至跑到信阳才停下来。部队完全失去了掌握，人员散乱，行李、辎重乱作一团，挤满了道路，人心惶惶。

第六旅部队撤退时在前，先跑到潢水河东岸，当时寒风刺骨，冰天雪地，潢水河宽约一华里，水深3尺，该旅官兵正望河兴叹，忽然听到后面有部队追赶的声音，以为是敌兵到了，便不顾一切地抢渡潢水。这时后面追来的溃兵，也不由分说争着抢渡，顿时混乱不堪。在争相抢渡中，不知淹死了多少官兵和牲畜、损失了多少武器弹药和装备。部队逃到潢川后，才得知师长、师部仍在原地安全无恙。原来红军将第二师全线击溃以后，就自动向南撤走，并未追击。左纵队第十二师见第二师全线溃败，也自动撤回固始附近。

收容溃兵整顿部队

13日早晨，第二师溃兵到了潢川以后，闹得满城人心惶惶，城内外数十里响起一片嘈杂的叫喊声。有的溃兵随便闯入老百姓家里找东西吃，取柴烧火烘烤衣服；有的溃兵在潢水河里打捞武器弹药、装备等，互相争夺打起架来。王仲廉等几个旅长忧心忡忡，耽心师长万一出了差错，自己将来交代不了。因为蒋介石对下面有"师长不退，旅长退了，师长阵亡，杀旅长"的"革命军连坐法"。

14日上午8时，指挥官王均召集第二师连长以上的军官讲话。他开口就大骂："你们无耻，不配当一个革命军人，更不配当蒋委员长的学生！……你们一跑一百多里，把师长丢掉都不要……你们赶快回去整理部队，准备明早出发，接回你们的师长。汤师长如有差错，那你们都要杀头。"当时军官们都垂头丧气，不敢抬头。

15日拂晓，第二师奉命出发，部队按原行进序列，原路前进，通过黄岗店向南前进20里宿营。16日拂晓继续向亚港前进，午后3时许到达师部附近。师长和师部在原地无恙，大家如释重负。师旅长会面时，据说师长只是说："你们跑得真快，不错呀！"接着说："你们好好布置警戒，不要疏忽。"其他什么也没说。17日下令全师撤回潢川。18日到达潢川后，师长并未召集干部汇报，也未对官兵讲话。过了两天，发表第四旅第八团团长胡世贤撤职，遗缺调杨少初升充；第六旅第十二团团长黄翰英撤职，遗缺仍调回原团长钟松接充。不久，第二师奉命又调到开封补充整训。

蒋介石调动大军对鄂豫皖边区进行第三次"围剿"，第二师就这样不战而溃。不久，第二师师长汤恩伯奉命调职，遗缺调第一师（师长胡宗南）第二旅旅长黄杰升充。

对鄂豫皖边区的"围剿"

王陵基[*] 等口述　陈林达　整理

一

　　1928年，湘鄂赣边的幕阜山区、湘鄂西的洪湖地区、鄂豫皖的大别山区，在共产党领导下举行起义建立根据地。这些地区都围绕着武汉这一重要的交通枢纽，国民党当局为此深感不安，派出大批军队多次"清剿"与"围剿"。

　　蒋介石集团在和桂系集团交战中获胜，占领了武汉。1929年秋，蒋介石派遣第二师之一部驻黄陂、孝感附近，向黄安七里坪一带"搜剿"。1930年蒋冯阎大战肇起，蒋介石不得不调集重兵于徐州蚌埠之间，从事于津浦、陇海一带的大规模作战，一度无法兼顾对鄂豫皖边区的"围剿"。蒋冯阎战事初定，其第十三师夏斗寅部叶蓬旅就在黄安七里坪一带大肆屠杀，激起了人民武装的抵抗。1931年，第三十四师岳维峻部向鄂豫皖边区进犯，被红军消灭，岳维峻本人被俘后在新集被枪决。第二师汤恩伯部于1931年冬，在河南潢川、商城等处向红军进犯失败。在上述战役中，红军反"围剿"接连取得胜利，壮大了红军。与此同时，红军在湘鄂西洪湖地区、湘鄂赣边区也不断消灭进犯的国民党军，巩固扩大了'革命根据地。至1932年，鄂豫皖边区根据地空前发展，鄂豫皖边区包括豫南的罗山、潢川、光山、商城，安徽的金家寨、霍山，湖北的黄安、麻城、罗田、英山等地区；鄂西的天门、潜江、监利，鄂南的阳新、大冶、通山、通城等地区，接连湘鄂赣的幕阜山脉，这些根据地威胁武汉。1932年春，蒋介石为了

---

　　* 王陵基当时系长江上游"剿共"总指挥。

实行其"攘外必先安内"的政策，建立了皖鄂豫"剿共"总司令部，进行了"围剿"的军事进攻部署。

二

（一）鄂豫皖三省"剿共"总司令部组织状况：

"剿总"总部内设总司令办公室（下设机要组和一、二、三、四科，第三科由邓文仪和戴笠主持）。总司令部下设第一至第八处：第一处主持作战训练和参谋业务；第二处主持军需和经理；第三处为副官处，主持总务、交际；第四处主持交通、补给及后勤业务；第五处主持党务及民众动员；第六处为政务处，主持地方施政业务的指导；第七处为经济处，主持农贷及农村合作；第八处为军法处。另设政治训练处，由复兴社贺衷寒任政训处处长，对部队进行政治训练，对部队的思想进行控制和监督。"三省剿总"由蒋介石兼任总司令。他本人由南京亲至武汉坐镇，主持"督剿"，以曹浩森为参谋长，政学系杨永泰为秘书长。

（二）"三省剿总"的"进剿"政治措施及经济办法：

为了配合大规模的军事"围剿"，杨永泰设计了"三分军事七分政治"、"剿抚兼施"、"行政督察专员制度"、"保甲制度"和"农贷"等经济和政治措施，同时仿照曾国藩镇压太平天国农民武装的办法，尽力组织当地地主豪绅的地方团队，起用湖北、河南、安徽三省的一些在乡军人，如湖北省的桂系系统的程汝怀、袁济安、刘骥、辜仁发分任"清乡"司令和行政督察专员。提倡旧礼教，企图从"礼义廉耻"转移当时风气，实行"新生活"运动，以维护其统治。

"剿总"组织"党政委员会"，以皖鄂豫三省主席及三省国民党省党部主任委员及地方重要士绅等为委员；以政学系湖北省主席张群为主任委员，耿伯钊为副主任委员，刘峙、杨永泰、刘镇华、何成浚等为委员，主持制定三省党政措施及一切条例、法令。在经济方面，用美国5000万美金的"美麦贷款"的一部分，及英国"华洋义赈会"500万英镑赈款来进行"收复区"的救济。又用湖北特税处（以后改为湖北禁烟督察处）公卖鸦片烟税款作为鄂豫皖三省"剿共"的军费；同时以此税款为基金，成立"鄂豫皖赣四省农民银行"，由政学系黄振兴、李基鸿、黄为材主持其事，以陈希曾为湖北省禁烟督察处总监察，康泽、邱开基为缉私主任兼巡缉总团长，戴笠为禁烟秘察组组长。分别在鄂豫皖三省重要城镇组设禁烟督察分处及缉私专员办公室，加紧征收烟税和进行其他搜刮。

在上述政治经济的措施以外，还发展特务组织。1932年蒋介石到汉口时，复兴社分子以发扬"黄埔精神"、"复兴中华民族"为号召，在武汉及皖鄂豫三省发展组织，加紧吸收成员进行活动。并招收黄埔失业学生，组织鄂豫皖三省团警干部训练班。他们还以实行"保甲连坐"等办法，加强对城市和农村的控制及地方团队的掌握。复兴社萧洒、丁炳权、蔡丙炎分别任河南、湖北、安徽三省保安处长，控制三省保安团队，并负责领导当地复兴社的工作。当时湖北地方传言蒋介石率领5000个亲信党徒到武汉进行"剿共"，墨索里尼的法西斯理论盛极一时。

（三）1931年国民党军对皖鄂豫三省边区进行军事"围剿"的部署和战役经过的一般概况：

1. "围剿"的军事部署概况：

国民党军的军事部署，采取"四面包围、分进合击、一网打尽"的办法，企图把红军全部歼灭在大别山区。参加"围剿"的部队分为三路，划了三个作战地境。北路军以刘峙任总指挥，所属有陆军第二师，第二十路张钫部第七十五、第七十六两师，由光山、罗山、潢川方面，向新集进攻；东路军以陈调元任总指挥，所属有第五十七师李松山、第五十五师阮肇昌等部，由安徽天安方面金家寨进攻；西路军，亦即"围剿"进攻的主力部队，经蒋介石遴选勇敢善战的卫立煌任总指挥，所属部队，除原属的第十四军的第十师和第八十三师以外，又配属第三师、第八十九师以及第三军的第十二师和独立第三十四旅，由湖北黄陂、花园方面向黄安、金家寨进攻。除上述主力进攻部队以外，又以第四师、第三十一师等部队布置于平汉铁路，分层设防；在长江方面，则以兵舰游弋于黄冈以南附近水面，以防红四方面军渡过长江。

2. 作为"围剿"主力部队的西路军卫立煌部的作战经过：

1932年9月初，卫立煌指挥第十师，由湖北黄陂出发，进击黄安；第八十三师由花园、溪口一带出发，经夏店向黄安攻击前进，预定在黄安外围崔店、桃花铺之间会师，而后猛扑黄安县城。为了控制侧背的安全，以第三师在第八十三师的左侧后跟进，八十三师在第十师的右侧背跟进，以优势的装备，周密的部署，企图一举而下黄安。但是红四方面军已将主力部队撤出，留置部分地方武装于县城。国民党军仅以轻微的战斗，就占领了黄安。卫立煌即令第八十九师留在黄陂到宋埠之间，以防红军之侧背袭击，而以第十师、第八十三师、第三师等部队继续跟踪追击，并以原在霍山待命的第三军第十二师由霍山出发，相机占领金家寨以东的诸佛庵、流波碴等地。追击到七里坪时，遭遇红军掩护部队，经第十师派部队出击，红军撤退。卫立煌以为可乘破竹之势，迅速前进。行至冯秀驿，遇到红四方面军的主力部队抵抗。经过一天一夜的激烈战斗，第十师官兵伤亡甚重，第三十旅旅长王劲修负重伤。第十师师长李默庵见到部队伤亡甚大，向卫立煌报告，请求撤退。卫立煌严令不准后撤，并告知李默庵：除派第八十三师前来增援外，我马上到你的师部指挥所来。卫立煌亲至第十师师部，给该师官兵"打气"。在卫立煌的影响鼓动下，配合第八十三师的内外夹击，从黄昏到拂晓，又鏖战了一整夜，红军由于装备低劣，弹药补充困难，不得不撤退。国民党军虽占领了冯秀驿，但伤亡很大，第十师损失尤重。略事整顿后，卫立煌命令第八十三师担任继续追击的任务，第十师和第三师在八十三师后跟进。到达畈田时，又遇到红军阻击部队，经第八十三师第二四九旅出击，占据了畈田，继续向金家寨搜索前进。当前卫第二四七旅到达金家寨时，红四方面军早已主动撤退。但是，蒋介石仍将这当作一件了不起的事情来"庆贺"，除了给卫立煌以精神和物质嘉奖外，还改金家寨镇为"立煌县"。

红四方面军主动撤退后，卫立煌命令第三师和第八十九师为"清剿"部队，留置占领区域，肃清地方，协助行政人员，编组保甲，安定社会秩序；以第八十三师和第十师为追击部队，经英山、罗田、麻城、宋埠、新洲、祁家湾、应城、随县、枣阳跟踪撤退的红军主力，追击前进。追击到枣阳的途中，忽接到飞机投下来的通报说，红军的大部队，正在新集西北休息。第八十三师师长蒋伏生得到这个情报后，即令第二四九旅陈铁部迅速前进。该旅全部到达新集后，观察到新集西北的高地上，插了很多红旗，判断是警戒阵地，决心攻击前进。红军全面反击，将第二四九旅第四九七团击溃。适蒋伏生来到了陈铁的指挥所，令陈铁把第四九八团全部拉上去，才将红军击退。卫立煌看到第八十三师的部队，攻击受挫，损失甚重，即调该师到随县整理待命，改派第十师和独立三十四旅为追击部队。追击到老河口时，追击的任务交由第一师胡宗南部接替。

3. 北路军刘峙所部作战经过概况：

　　北路军的部队有张钫部二十路的第七十五、第七十六两师和黄杰所率领的第二师。1932年秋，张钫部第七十五师第二二五旅史克勤部及第七十六师第二二七旅王凌云部驻光山及其附近向泼皮河一带进犯，而第七十五师宋天才的主力则于商城、潢川附近，阻止红军北上。史克勤、王凌云两部侵占了泼皮河、吴家集一带地区。与当面的红军对战中，第二师黄杰部为主攻部队，由信阳出发。经罗山的西南地区周党畈、宣化店等处，向新集、七里坪方向迂回搜索前进；该师利用张钫部在光山、泼皮河一带对红军的牵制并配合南路军的总攻击，企图歼灭红军于大别山区。此时红军正集结兵力，准备围歼光山、泼皮河的张钫部。由于第二师的侧翼迂回，红军放弃了原定计划，回师追击第二师，在白马斯河附近展开了激战。右翼的第十一团被红军冲击几于溃散，该团团长周良阵亡，左翼的第八团也遭受了严重的损失，当晚撤出了阵地，红军也受到相当的损失，鉴于国民党军合围之势已成，主动地向后撤退，放弃了新集、七里坪等根据地。西路军冯秀骥一战之后，北路军的第二师协同西路军向金家寨搜索前进，约20余天没有作过战。此时西路军已占领了金家寨，红四军方面迂回撤出了根据地。卫立煌率主力跟踪追击，北路军的第二师亦回师向西追击，在小河集附近与撤退的红军遭遇。该师以第七团为主力的第四旅，在小河集东北占领阵地，以第十二团为主力的第六旅，在第七团左翼占领阵地。红军以积极猛烈的行动向第七团冲击，第七团向后溃退，受到了相当程度的损失；十二团团长钟松坚持了阵地，掩护了第七团的左侧背。红军意在掩护主力撤退，不准备作正面的战斗，当晚就主动向西撤退了。小河集战斗以后，红军主力撤离了鄂豫皖边区，除西路军主要担任追击任务外，其余则转入"清剿"和治安阶段。北路军方面，光山、罗山、潢川、商城一带，仍由第二十路张钫部驻防，第二师则先集结于信阳，然后乘车到开封整理训练。

　　东路军陈调元部基本上没有参加作战。

三

　　1933年到1934年，蒋介石调东北军的五十七军何柱国部驻宋埠，第六十七军王以哲部驻潢川，第一〇五师刘多荃部驻花园，协同上官云相部的第五十四师、第四十七师和陈继承的第一军继续在边区内"清剿"。不久，鄂豫皖三省"剿总"撤销，改为武昌行营，后来随着大规模的军事行动告一段落，武昌行营也撤销了。

第四次"围剿"卫立煌率第十四军进攻鄂豫皖苏区的经过

彭杰如[*] 口述 郑庭笈 整理

一

1932年5月21日，蒋介石就任鄂豫皖"剿共总司令"，不久组成左、中、右三路军。左路专对湘鄂西边区，中、右两路对鄂豫皖苏区采取包围形势。蒋介石亲赴武汉，成立"剿共"总司令部，进行军事部署，抽调部队对三省苏区的进攻。卫立煌第十四军从浙江调湖北武汉集中后，即开往平汉铁路线上的广水、花园、孝感地区补充待命。蒋介石当时在武汉召集军、师高级军官讲话。彭杰如亲自参加，回忆纪要如下：蒋介石首先谈三省苏区的形势，"红军第四方面军徐向前部总共有兵力二万余人，配合地方游击队、赤卫队的武装力量，日益扩大，更加猖狂，到处流窜，如入无人之境，平汉、津浦两条南北交通主要铁路干线受到严重威胁，影响南北交通和武汉三省的安全。三省'匪区'老百姓处于水深火热之中，只要我大军一到，必会'箪食壶浆以迎'"。接着谈红军缺乏训练，武器很差，弹药不足，又无后方补给，乌合之众，不堪一击等等。还谈：你等身为黄埔学生，总理信徒，在这次战斗中，必须身先士卒，万众一心，效忠党国，建立功勋，以慰总理及革命先烈在天之灵，完成"三民主义革命大业"。他最后特别提到曾国藩、胡林翼治兵语录、孙子兵法、"剿匪"手本，要人手一册，用功熟读，并严肃地重申"立功者重赏，作战不力者，按革命军连坐法严办"。

---

* 彭杰如当时系第十四军第十师参谋长。

二

1932年7月上旬，蒋介石即指挥军队分三路向大别山地区苏区进犯。蒋介石的企图是：集中优势兵力，采取三面合围，由湖北广水、河南光山、安徽六安将红四方面军主力围歼于大别山地区；以一部守备武汉至安庆长江北岸沿线，防止红军主力渡过长江与江西苏区的中央红军汇合。其部署如下：以第十四军军长卫立煌兼第六纵队指挥官，指挥第十师、第八十三师、第八十九师，在广水、花园、孝感地区集中待命；以第一军军长陈继承兼第二纵队指挥官，指挥第二师、第三师和豫南地方各部队，集中于河南潢川、光山地区待命；以第三军军长王均兼纵队指挥官，指挥第七师、第十二师、第一师、第四师等部，集中于安徽合肥、六安、霍山、正阳关、霍邱等地区待命。

各纵队第一步作战目标：卫立煌纵队指向黄安西南地区，并攻占黄安县城；陈继承纵队攻击黄安七里坪一带地区；王均纵队指向金家寨地区。

各纵队攻击前进日期，另行电达。

三

卫立煌遵照蒋介石作战命令指示，对第六纵队下达作战命令，要旨回忆如下：

（一）敌情和友军状况，另纸通报。

（二）本纵队以出敌意料，一举歼灭红四方面军主力为目的。以主力指向黄安县城及其西南地区，并相机攻占黄安县城；占领后，迅即构筑工事固守，防止敌人反攻；以一部掩护我军右侧的安全，并向东严密警戒。

（三）军队区分：

1. 第十师李默庵为前卫，于8月7日由广水出发，经麦店、河口镇之线，向黄安县城及西南地区严密搜索攻击前进。

2. 第八十三师蒋伏生部为本队，于8月7日由花园、孝感地区出发，俟第十师通过河口镇以后，即随纵队指挥部后尾前进。派部队与第十师切实取得联络，策应第十师作战，并应严密对后方搜索警戒，以保安全。

3. 第八十九师汤恩伯部于8月8日由横店、黄陂地区出发，到达铁角嘴地区后，掩护本纵队主力作战，并注意右侧安全。

4. 纵队指挥部，行军时在第十师后尾，第十师攻占黄安县城后，即进驻黄安县城。

5. 其余从略。

李默庵奉到蒋介石、卫立煌的作战命令后，在广水师部召开旅、团、营长以上人员会议。会议室的墙上布置了敌我形势对比军事挂图。李默庵主持会议，首先转达了蒋介石、卫立煌的作战命令，接着研究本师向黄安县城进攻的作战部署，企图出敌不意，一举攻占黄安，树立奇功。参谋长彭杰如传达了蒋介石在武汉高级军官会上的讲话要点。会上有人问到王均纵队第三十四师岳维峻部在平汉线以东地区全师被歼，及第七师某旅一个团在合肥西乡被歼等等情况，李默庵说："那是谣传。"其实，这些情况大家早已知道了，只是不敢公开说出来罢了。当时会上气氛很紧张。李默庵看到情况不妙，立刻站起来，用长竹棍子指着墙上敌我态势图说，以双方军事力量的对比，我军兵力十分雄厚，只要官兵以"不成功便成仁"的决心，一定可以取胜。黄安县城是红四方面军重要根据地，同时也威胁着武汉三镇的安全。本师负担攻黄安县的任务，是卫指挥官对本师的信任。我相信全师将士一定可在这次战役中树立战功的。他要求各旅团在行军时，必须首尾相顾，注意两侧背的搜索警戒，防止埋伏；宿营时，先行配备警戒，构筑工事，占领阵地，然后部队才准进入宿营地。对老百姓只准进不准出所住村庄，以防走漏军机，夜间发生紧急情况时，要各自为战，互相支援。最后宣布作战命令，要旨如下：

（一）敌情、友军情况，如纵队指挥部命令所示，另纸转发。

（二）师（欠补充团）以一举攻占黄安县城为目的，于8月7日由广水附近出发，经夏店、河口镇之线，向黄安之敌，攻击前进。

（三）军队区分：

副师长兼第三十旅旅长王劲修率领第六十团、第五十八团为前卫，沿师前进路线向黄安县城搜索前进。

2. 师部及直属队、第二十八旅（欠一营）为本队，在前卫旅后跟进。行军时按师部、直属队、第二十八旅的顺序。

3. 第二十八旅第一营为后卫，严密警戒，注意师后尾的安全。

（四）其余略。

各团按师的作战部署，于8月7日由广水驻地出发，当天经夏店到达河口镇，沿途搜索，没有发现敌情。天近黄昏，各团按师指定村庄，分配宿营地和警戒区域。河口镇及附近村庄的老百姓均已逃走，不见人烟，只见墙上及大庙宇内均有红军的标语。从纸条和标语的墨迹判断，老百姓是有计划地撤走的，好像是我们军队到达的前几小时才走开的。由于连向导也找不到，情况不明，军心惶惶不安。李默庵将河口镇的情况向卫立煌报告后，即命令各部队严密警戒，预防红军夜袭。

8月8日按计划继续前进，天还没亮，前卫旅第六十团前卫团，沿着通往县城的大路前进，因为没有向导，只得凭埋在路旁的指路石碑地名、路程和军用地图对照，判断行军距离。行军路上，没有遇到敌情。王劲修主观判断红军已撤离黄安县城。他邀功心切，报告李默庵，建议师部及第二十八旅迅速跟进，认为当天即可进入黄安县城。部队到达冯秀驿地区时，前卫第六十团刚刚通过，前方便传来枪声。原来是遭到了地方游击队的袭击。经第六十团还击后，游击队节节向后撤退。第六十团团长曾鲁向王劲修报告说，红军战斗力特薄弱，一击即退。王更骄傲起来。这时前卫旅离县城只有10华里路程了。王劲修站在高山上用望远镜可以看到县城的城墙了。他第二次报告李默庵，说"县城即可占领"。李默庵也很高兴，以为攻城任务的完成易如反掌，遂报告卫立煌，并通知第二十八旅向前靠拢。

李默庵准备率幕僚先赴前方侦察情况。他对彭杰如说："前方情况很好，前卫旅今日可以攻占黄安县城。看来，我军压境……黄安县城附近地区，又没有有利防守地形，红军不会在此同我军决战。你同我马上先到前方看看。"彭杰如说："前往看看，好是好，但为稳当起见，还是先派参谋骑马到前卫旅联络后，再研究做决定更好。"话音刚落，就见一传骑送来报告（是师部原派去与第三十旅联络的参谋派传骑送来的），打开一看，才知道红军大部队在离县城8华里地区，分三路向第六十团包围猛攻，该团就地占领阵地与红军进行争夺战，战斗激烈，第六十团官兵伤亡很大。这时已是下午2时了。李默庵随即报告卫立煌。

这时，部队紧紧向前靠拢，准备战斗；前方枪炮声隆隆不断。到下午4时左右，李默庵接到第五十八团团长龙其伍报告说，第六十团正面战斗十分激烈，红军反复冲锋，阵地时得时失，该团纷纷向后溃退。王劲修、曾鲁已负伤等等。李默庵非常紧张,情况变化太出乎他的意料了。他再次报告卫立煌,请第八十三师向第十师靠拢;同时命令第五十八团就地展开占领第二线阵地,构筑工事,阻击红军的反攻,做好夜战的准备。并派兵收容第六十团溃退官兵。师卫生队、野战医院,迅速救护、治疗受伤官兵。李默庵在第五十八团阵地后开设指挥所,通信营架设师同五十八团及第二十八旅的有线电话,并命令刘戡率领第二十八旅,在冯秀驿西南地区占领左侧面阵地,防止红军威胁师后侧背的安全。

这时天已黑了,前方很平静。卫立煌率领纵队指挥所及直属队也到达冯秀驿附近。卫立煌指挥所与李默庵指挥所,仅距百米之遥。部队加紧构筑工事,第八十三师向第十师阵地靠拢。此时第六十团阵地全失,溃败后退,完全丧失了战斗力。夜间没有大的战斗,但步枪声、手榴弹声,时稀时密,清晰可闻。

8月9日天刚拂晓,第五十八团全线就展开了激烈的战斗。红军集中密集队形,进行冲锋,一批接着一批,与第五十八团各营连展开阵地争夺战。前面山岗插满红旗,枪炮声、手榴弹爆炸声、喊杀声此起彼伏,双方进行生死搏斗。阵地得而复失,失而复得。这是第十师成立后,从江西到湖北参加"围剿"战役中最激烈的一次阵地争夺战,从拂晓一直打到黄昏。入夜时双方又进入沉寂状态,都在利用夜间调整补充,准备再战。这一天,第五十八团虽然阵地未失,但官兵伤亡很大。李默庵看到战斗激烈的情况,恐怕影响师指挥所的安全,曾拟向后移动。卫立煌知道后说,战况紧急时,各级指挥所位置,不能向后移动,否则会影响军心;要有同阵地共存亡的决心。李默庵才未移师指挥所。

8月10日,战斗进入第三天,枪炮声又震动全线。红军仍以众多兵力,采用密集队形,分批向第五十八团阵地冲锋。该团官兵集中猛烈的火力,堵击红军。战斗到中午,团长龙其伍亲到第一营阵地指挥,身负重伤,因此得到卫立煌、李默庵的嘉奖表扬,使该团士气更加旺盛。这时,红军变更正面猛攻的战法,抽调主力由黄安西北较高山地,于黄昏以前,集中大部队向冯秀驿的第十师师部及卫立煌纵队指挥部迂回,并一直向左后方延伸到第二十八旅阵地后侧。左翼山地到处红旗飘扬。纵队和师部指挥所均被包围,红军发动从正面和左侧面猛攻,形势十分危急。卫立煌、李默庵亲自指挥特务连战斗。李默庵的卫士班伤亡了3人,卫的特务连伤亡过半。进入夜间,阵地仍在第十师掌握中。李默庵向卫立煌报告,经三天三夜战斗，副师长兼旅长王劲修、团长曾鲁、龙其伍先后负伤，其余官兵伤亡情况正在统计中；请求增援。卫立煌电第八十三师蒋伏生派一个团援助第十师，蒋伏生复电称"职师各团与红军正在战斗中，难于遵命派兵"。

第十师经过几天的苦战，官兵均已精疲力竭。8月11日拂晓，全线沉寂，山上红旗不见了，枪炮声也没有了。李默庵怕中计上当，不敢轻易让部队离开阵地出击。早餐后，李默庵接受彭杰如的建议，分别命令各团派部队在阵地前进行火力搜索。到12时左右，各团报告，阵地前面没有发现红军部队，连地方游击队也没有；各村庄不见人烟。红军确已陆续撤走，去向不明。李默庵向卫立煌报告。卫立煌命令第十师继续向黄安县城攻击前进。冯秀驿距县城不过8华里，李默庵考虑到第五十八团是全师战斗力最好的团，即命令该团副团长黄德仪代理团长职务，指挥全团进占黄安县城。

第五十八团黄昏前到达城外，沿途没有遇到什么情况。黄德仪先派兵在城外占领据点，将城包围，然后从四面城门同时入城。城内破烂不堪，商店全部停业，找不到一个老百姓，只是一座空城。该团占领四面城门楼，构筑工事。李默庵、卫立煌当晚也驻进黄安县城。卫立煌出"安民布告"；李默庵电报蒋介石，大意谓：职师此次奉钧座命令，进攻黄安县城，与红四方面军全力在冯秀驿地区进行猛烈的战斗，反复冲锋肉搏，浴血苦战3昼夜，副师长兼第三十旅旅长王劲修、团长龙其伍、曾鲁均负重伤，官兵伤亡惨重。仰承钧座德威，将士用命，已于8月11日攻占黄安县城，谨电奉闻。

第二纵队陈继承所属的第二师进占黄安以北的七里坪地区。卫立煌派第八十九师汤恩伯部接替黄安县城防务，并派兵护送伤病官兵到后方医院治疗。李默庵派遣人员赴黄陂、横店、广水、汉口各地设站收容第六十团及其他各团溃散的官兵，结果收容到二、三百人。第六十团已没有战斗力，撤销番号，另行招募新兵成立了第五十九团，团长由这次作战有功的第五十八团中校副团长黄德仪升任。黄安战役中，第十师共损失2000余人。李默庵为此再三请求调到后方安全地区；做短时间整补训练。蒋介石立即复电李默庵，又是嘉奖，又是勉励："该师黄安战役，已见奇效。大敌当前，尚希再接再励，以竟全功。本委员长有厚望焉。"同时电卫立煌，从速补充第十师人员、弹药等，候命继续前进。所请调后方休整一节，着无庸议。

李默庵又借口个人有病，需要休养，经卫立煌再三劝慰，才留下。

卫立煌和李默庵过去矛盾很深。这次在黄安苦战几天，卫立煌指挥始终不慌不忙，才使第十师得以进占黄安县城；卫立煌、李默庵之间的矛盾有所和缓，李默庵要求将补充团从广水调回，归还建制，第五十九团调广水整训。卫立煌立刻批准。

卫立煌进驻黄安数日后，召开各师、旅、团长会议，总结这次作战的经验教训；同时了解各部队整训情况，以利完成新的作战任务。李默庵讲话时，复述了黄安战役的苦战情况，并不点名的指责第八十三师蒋伏生，不派兵增援，还谎报敌情。蒋伏生说第十师作战经过，并不如李默庵所讲的那样严重，倒是第八十三师牵制了红军主力，援助了第十师作战。会场气氛顿时紧张起来。卫立煌连忙站起来说，今天时间不多了，关于作战中存在的问题，另定时间讨论。他还告诉大家，已接到蒋委员长电报，拨给各师补给日内可以到达；各师务于22日以前准备完毕，候令前进。

四

蒋介石电谓："最近从飞机侦察报告：红四方面军主力向东逃窜。已电陈继承纵队东移，进驻商城，掩护卫立煌纵队左侧安全，并令王均纵队坚守独山、麻埠一带据点，防止红军主力东窜，并策应卫立煌纵队对金家寨的作战。卫立煌纵队继续东进，攻击目标指向金家寨。何日开始行动，盼速电报。"

8月23日，卫立煌下达向金家寨进犯的命令，要旨如下：

（一）红四方面军主力，日下已窜入安徽境内金家寨地区根据地，有凭地势险要固守的模样。

（二）本纵队以捕捉战机，寻找红军主力，继续战斗，一举歼灭之。于8月24日晨由黄安地区出发，经九峰、骆驼坳、燕子河地区，向金家寨搜索前进。

（三）行军序列：

1. 第十师（欠第五十九团）附山炮营为前卫。于24日晨沿纵队前进路线向金家寨搜索前进。

2. 第八十三师、第八十九师（欠一旅）为本队。前进时，按纵队指挥部、第八十三师、第八十九师的顺序，在第十师后跟进。

3. 第八十九师另派一个旅，在纵队前进路线以南，自选平行路线前进，掩护纵队右侧安全。

（四）商城有陈继承部队，独山、麻埠有王均部队，务取联络。

（五）前进时余在纵队指挥部。

（六）其余从略。

李默庵以第二十八旅刘戡部为前卫，于8月24日晨沿九峰、骆驼坳、燕子河，向金家寨搜索前进。由于黄安到金家寨沿途尽是稠密的森林，不见天日，炮兵、辎重兵在羊肠小道上行军，十分困难。刘戡接受第六十团进犯黄安时惨遭失败的教训，走一步，停几步，行军速度缓慢。前进两天，没有发生情况。但沿途村庄稀少，部队只能在路两旁搭棚露营；官兵疲惫不堪。李默庵报告卫立煌，以山路崎岖，高山密林，一旦发生战斗，部队无法展开应战，有全军覆灭之虞，请求改走大道继续前进。卫立煌回电说：大兵团作战，变更行军序列，费时旷日，会贻误军机，仍照原路线，排除万难，以收出奇制胜之效。结果，行军路线未变。

李默庵率部行抵商城以南丛林地带，进入一个十几里长的山谷。忽然侧面传来密集的枪声。李默庵因未接前卫旅报告，情况不明，即令各团停止前进，占领阵地。这是一条狭长的山谷，左侧是悬崖绝壁，无法登攀；到处都是密林，也无法侦察；各团报告无法展开。此时枪声四起，李默庵大惊失色，认为已陷入红军重围之中，有死无生，并埋怨卫立煌指挥失策。后来才知道，对方是商城派出的第二纵队第二师的部队，原来是一场误会。

第十师到达燕子河地区后，因两侧都是崇山峻岭，无法搜索。据刘戡报告，在前方密林里，俘获到行踪可疑的一群十来岁的小孩，审问有关红军的情况，齐声说"前面沿途很多很多"；问其余情况，都说不知道。口供及小孩送到师部后，由师部参谋处长王声溢和纵队参谋长郭寄峤复审，口供完全一样。郭寄峤判断红军主力必死守金家寨。

从燕子河到金家寨有50华里的路程，地形复杂、险要，红军到处可以利用有利的地形埋伏袭击。卫立煌根据情况判断，下达对金家寨作战命令，要旨如下：

（一）据各方情况判断，红四方面军主力，拟有企图固守金家寨的模样。金家寨外围地形险要，有既设阵地，工事坚固。

（二）本纵队攻击该敌的目的，于明（三十）日拂晓向金家寨攻击前进。

（三）军队部署如下：

1. 第十师、第八十九师为第一线攻击部队；第十师主攻金家寨西北阵地；第八十九师向第十师右翼展开，主攻金家寨南面一带阵地，同第十师密切联系，协同作战。

2. 第八十三师为第二线攻击部队，位置于第十师阵地后攻击前进，与第十师密切联络，协同第十师作战。

3. 纵队指挥部在第十师后，随攻击进展，向金家寨前进。

（四）其余从略。

第十师于30日拂晓分两路向金家寨西北地区攻击前进。沿途除布满横倒树木的障碍外，没有遇到红军抵抗，也没发现老百姓。当日下午3时许，未发一弹，进占金家寨西北地区阵地后，分三路进入金家寨。镇内未见一人，逐户搜索，十屋十空。

卫立煌立刻电报蒋介石，谓"纵队奉命由黄安向金家寨根据地追击前进，经七昼夜行军作战，道路崎岖，沿途遭红军顽强抵抗，仰承钧座德威，所向无敌，已于8月30日攻克金家寨红军根据地，特电奉闻"。蒋介石复电卫立煌、李默庵，慰勉有嘉，希将这次作战有功官兵选册具报，以凭奖励。

李默庵进占金家寨后，才了解红军主力已于三天前主动放弃金家寨，并且有计划地将金家寨居民安全地转移了。俘获的小孩的口供，是有计划地迷惑我们的，使我们做出错误判断。从黄安到金家寨的7天行军中，虽然没有大规模的战斗，但行军、露营，官兵过度疲劳，患病及开小差的不少，战斗力大为削弱。这时，李默庵又请求给予调整补充时间，恢复士气。卫立煌当即电请蒋介石给10天时间在原地休息，补充军实。蒋复电说，红军主力经黄安、金家寨两次战斗后，伤亡必众，决不敢再行决战。希就近认真侦察情况，勿使敌人有休息机会，从速准备，振奋士气，穷追到底，以竟全功。金家寨防务交第十师接替，待命行动。

五

数日以后，蒋介石急电卫立煌：据报红四方面军主力已西逃，其先头快到新洲一带，正在向西逃窜中；希速率所部第十师、第八十三师为追击队，兼程星夜跟踪追击前进；第八十九师汤恩伯部另有任务，着即归还建制。

卫立煌奉命后，即令第八十三师蒋伏生部为前卫，经罗田、上巴河、团凤，向新洲、宋埠一带追击前进。按纵队指挥部、第十师之顺序，沿第八十三师前进路线跟进。第八十三师到达新洲一带时，蒋伏生向卫立煌报告称：新洲一带无情况，红四方面军主力已经陆续西进。并建议说："红军已脱离根据地，失去凭借，长途跋涉，疲惫已极，士气低落，逃亡必众。我军与其尾随追击，不如绕道堵截。"蒋自告奋勇说："如果自选捷径，越过平汉铁路，拦住红军西进，必奏全功。"卫立煌、郭寄峤研究后，复电同意。第八十三师果然兼程绕道拦住红军西进道路，与纵队部相距两日行程。

第十师到达宋埠一带后，沿途无情况，红军去向不明，失去了追击目标。当时，卫立煌、李默庵研究判断，红军已越过平汉路以西。卫即令第十师先向横店前进，到达后，改乘火车到广水一带集结待命。卫立煌当时认为，红军不会轻易放弃根据地，必须严防红军返回老根据地，否则，红军此计得逞，则平汉线南北交通及武汉三镇安全都受威胁。

李默庵遵卫立煌指示，全部向横店附近集中，并令第二十八旅刘戡部为先头部队，分乘两列火车开往广水待命。该旅第五十六团为先头团，乘火车到达杨家寨南站时，天已经黑了。接到车站通知，前面路线不通，不能开车，并说：杨家寨以北地区有红军后续部队，刚刚通过铁路线，向西前进。是否还有后续部队，正在侦察中。刘戡得知情报后，为了部队安全起见，命令所有部队乘黑夜下车，占领杨家寨东南一带山地警戒，进行搜索，并将情况报告李默庵、卫立煌。当时就发现在山下村庄里有红军宿营，因黑夜里不知究竟，刘戡只好命令各团就地占领阵地，严密警戒，俟天亮后再向村庄里的红军发动攻击。不料在拂晓前，第五十六团第一营第一连有一个哨兵因不慎步枪走火，刘误为红军发现目标进行射击，仓促间命各团进入阵地，防止红军反击。同时，村庄里的红军，判断是国民党军追击部队到达，趁天尚未明，迅速离开杨家寨继续西进。

刘戡将情况向李默庵、卫立煌报告后，即命令第五十六团分两路向西追击。该团第三营营长魏人鉴率部向应山方向前进。该团主力由团长陈德润率领紧跟红军后尾追击。旅部、第五十七团在第五十六团后跟进。

陈德润命第一营为前卫。营长何锡平看到前面山下有红军行动，在全营各连尚未跟上来之前，即率第三连仓促向红军后续部队紧迫。红军当即予以猛烈反击，第三连伤亡很大，向后溃散。何锡平指挥各连向第三连增援，又遭到红军主力的反击，纷纷向后溃败。何锡平阵亡，第一连全部被歼。刘戡得知后，因后续部队还没有跟上，即停止追击。杨家寨之战，就此结束。刘戡后来要惩办第三连连长李贵荣，李畏罪潜逃。

卫立煌将第十师第二十八旅在杨家寨追击红军作战情况，电报蒋介石谓："第十师第二十八旅旅长刘戡，在杨家寨击退红军主力的战斗中，指挥有方，以寡敌众，智勇兼谋，殊堪嘉许，拟恳钧座将该旅长记升师长，以资鼓励，而奖有功。"蒋介石复电嘉奖，表示对刘戡可遇缺优先任用。

六

杨家寨是平汉线上的重要战略要地，关系到武汉三镇及南北交通的安全。经这一战，证明红四方面军主力确已放弃三省苏区老根据地，向西转移。蒋介石采取前堵后追，四面合围之计，仍幻想把红四方面军主力一网打尽，命令卫立煌指挥第八十三师、第十师为追击队，与西窜红军主力保持接触，捕捉战机，猛追猛打，并与刘茂恩部切取联络，协同作战。

卫立煌命令第十师分两路在第八十三师后向西追击前进。卫立煌亲率第十师第三十旅彭杰如部为一路，经随县西南柳林店等地区向西急进。到达芳茨畈附近，天将黄昏，正拟就地宿营，接蒋伏生自吴家集发来的救援急电：职师昨天追击到枣阳以南吴家集附近，发现红军主力部队，即展开攻击，先头梁华盛旅陷入包围，损失很大。激战终夜，今晨以来，进行近战，伤亡过重，现已退入吴家集凭藉围寨，固守待援，请钧座即派队增援，免遭全军覆灭。卫立煌当即召集李默庵、彭杰如等研究。李默庵指责第八十三师孤军深入，为兵家所忌，是"轻敌必败"；又说第十师连日急行军，疲劳过甚，目前部队尚未集中，天已黄昏，情况不明，地形又不熟，只有等天明再议。卫立煌认为，第八十三师苦战二天，情况紧急，如不从速救援，必遭覆灭；应该消除成见，上下一致，共同对敌。

卫立煌复电蒋伏生：已令第十师星夜驰援，希勉励将士，固守待援。另电蒋介石报告第八十三师在枣阳以南吴家集与红军主力作战和第十师全部救援的情况，请转饬刘茂恩、胡宗南、罗启疆等部向吴家集急进。卫立煌当面命令李默庵急电第二十八旅刘戡部，即向第三十旅右翼靠拢。卫亲率第三十旅星夜前进，占领了吴家集以南山寨制高点，策应第八十三师作战。

第二天拂晓，卫立煌命令第十师全部向吴家集东南地区发动猛攻，协助第八十三师反攻。拂晓后，第十师阵地右翼独立第三十四旅罗启疆部及刘茂恩部相继赶到，卫立煌派员同刘茂恩、罗启疆协商，共同攻击前进。不料独立第三十四旅刚刚进入攻击准备位置，尚未展开，突然遭到红军猛烈袭击，该旅正面部队纷纷向后溃退。刘茂恩只顾保全第十五军实力，不但不派兵救援罗启疆部，反而退到第十师后方占领第二线阵地，不敢向前攻击。这时，第八十三师仍在激战中，由于连日作战，伤亡很大，该师不敢出击。独立第三十四旅被红军冲垮后，也退到后面不敢再战。因此，红军得以调集主力，分几条路转向第十师正面发动冲锋。

红军首先向第二十八旅第五十六团、第三十旅第五十八团阵地猛攻，阵地反复得失，争夺激烈。第五十八团迫击炮连连长石钟、第九连连长阵亡，伤亡很大。第五十六团第一营阵地失守。黄昏时，战斗比较松缓，卫立煌命令第十师构筑工事，防止红军夜袭，准备拂晓前反攻。当天深夜，红军主力脱离阵地，继续向西移动。

卫立煌接到蒋介石电令："红四方面军主力，确已西逃。已另派胡宗南等部跟踪追击。该纵队另有任务，就地休整，集结待命。将这次战役的伤亡及有功官兵选册具报，以凭奖励。"至此，卫立煌部对红军作战暂告结束。卫立煌率领第十四军，进犯鄂豫皖苏区，攻克黄安、金家寨边区根据地，接着追击红军主力；在杨家集、吴家集战役中，为蒋介石建立"奇功"。国民党政府通令各省、市政府、各部队：查第六纵队指挥官兼第十四军军长卫立煌率领所部进剿鄂豫皖三省苏区根据地，迭克战略重镇，有功党国，着将安徽省金家寨镇改为"立煌县"，以资表彰。云云。

第六章｜"围剿"湘鄂西边区革命根据地

"围剿"边区革命根据地（上）亲历记

WEIJIAOBIANQUGEMINGGENJUDISHANG QINLIJI

文 史 资 料

百部经典文库

综　述

　　湘鄂西边区革命根据地以洪湖革命根据地为主体，包括洪湖、湘鄂边、巴兴归（巴东、兴山、秭归），鄂西北襄枣宜（襄阳、枣阳、宜城）等块根据地。洪湖根据地始建于1928年5月。

　　在湘鄂西苏区创建和发展过程中，国民党军对根据地多次进行"围剿"。以1930年11月至1932年10月间的三次"围剿"规模最大，对苏区破坏最严重。

　　第一次"围剿"：1930年11月至1931年4月下旬。

　　1930年4月至10月，在中原地区爆发了蒋阎冯桂系之间大战。驻湘鄂西地区国民党军队大部北调，给红军扩大发展提供了有利条件，这样，到11月间，仅洪湖根据地就建立了11个县苏维埃政权，红二军团扩大到20000余人，威胁到武汉市。在中原大战结束后，国民党当局便发动了对湘鄂西根据地的第一次"围剿"。

　　11月间，第十军军长兼"湘鄂川边'剿共'督办"徐源泉统一指挥5个师7个旅的兵力，用逐步"清剿"的方针，开始分三期"围剿"。

　　第一期"围剿"洪湖区，重点是以监利瞿家湾、柳家集为中心的洪湖西岸地区。1931年1月，徐源泉部队分四路实行包围，1月中旬，新编第二旅攻占柳家集，新编第三旅由杨树峰攻占峰口，后新编第二旅又攻占瞿家湾，破坏了红军的根据地据点。

　　第二期"围剿"湘北区（即江南苏区），重点是中共湘鄂西特委所在地调关。3月上旬，徐源泉令第四十八师第一四二旅向江南"围剿"。3月中旬，第一四二旅占领调关。3月底，第一四二旅"进剿"塔市驿，防止红军北渡，湘鄂西苏区党政军机关已渡过长江进入监利。4月下旬，第十九师庄文枢团"搜剿"注滋口，李国钧旅"搜剿"桃花山。段德昌则率领江南红军游击队和已到监利的中共湘鄂西特委一并进入洪湖地区。

第三期"围剿"鄂西区，重点是恩施、鹤峰。徐源泉早在"围剿"洪湖苏区时，即从南部的龙山——桑植——石门，北部的宜昌——巴东，东部的枝江——公安，西部的来凤——咸丰——恩施，四面将鄂西红军封锁于恩施、鹤峰一带山地。4月初，贺龙鉴于强敌压境，率领红三军北渡，进至秭归、兴山。由于徐源泉部队尾追不舍，红三军遂经远安、当阳向荆门观音寺推进。4月下旬，徐源泉令戴天民旅进攻荆门、令第五十三师、郭勋祺旅、第四十八师从三面"围剿"红军，贺龙则避实就虚，向武当山转移，建立鄂西北根据地。

第二次"围剿"：1931年8月至11月。

1931年8月，国民军首先围攻江南的东山根据地，"围剿"的部队有第十九师、新编第十一师、新编第七旅和地方民团，而红军仅有警卫第二团，江北红军又由于长江水势过大不能南渡支援，东山根据地很快被占领。徐源泉用二十多个团兵力封锁了苏区。红九师为迎接红七师、红八师自房县退回洪湖，攻占了荆门和潜江县，第四十四师萧之楚部两个团和新编第三旅一部反攻潜江，新编第三旅被歼。川军郭勋祺部在荆门后港被红九师歼灭两个营，500余官兵被俘。红三军两个师进驻潜江境内。第二次"围剿"结束。

第三次"围剿"：1932年6月至10月。

1932年6月，国民党政府在汉口组织"鄂豫皖三省'剿共'总司令部"，蒋中正任总司令。"围剿"湘鄂西苏区为左路军，武汉绥靖公署主任何成浚兼任司令官，徐源泉为副司令官兼前敌总指挥。

徐源泉"围剿"湘鄂西革命根据地的重点仍是洪湖地区。7月初旬，制定左路军第一期"剿共"计划，决定采取逐步"清剿"方针，首先进攻襄河以北地区，然后转入襄河以南地区。川军第二十一军为策应襄河北岸作战，趁洪湖中心空虚，以其教导师、第三师共5个团分左、中、右路由江陵地区东进，占领潜江、老新口和监利沱子口、逼进新沟咀，威胁洪湖根据地中心区。红三军在新沟咀歼灭川军三千余人，迫使其退到浩子口、下蚌湖以西。

7月中旬，徐源泉加强了对襄河以北地区攻势，左路军主力向皂市、天门一线，由北向南齐头并进，占领襄河以北地区，红三军被迫转移到襄河以南地区。

8月10日，徐源泉制定第二期"剿共"计划，重新调整部署，以3个师又3个旅、1个团兵力组左翼军，分两路纵队由岳口渡过襄河，进攻洪湖地区。以川军第二十一军为右翼军在东荆河两岸担任堵截。8月中旬，左翼军开始进攻，不久即控制了岳口、白庙间的长江荆河北岸地区，第三十三师进抵汉川、汉阳境内控制了侏儒山及其西南地区。左翼军第三十四、第四十八、第四十一师南渡南荆河攻占峰口、府场、新沟咀，直接威胁洪湖苏区瞿家湾党政军领导机关。8月底，攻占周老咀，9月初，攻占瞿家湾、柳家集，夏曦率部转移到江陵沙冈。10月下旬，红军突围集结于枣阳，向湘鄂边转移。

1933年6月，徐源泉任"湘鄂边'剿共'总司令"，调集14个团兵力，分路向红三军和湘鄂边苏区进行新的围攻。7月中旬，攻占巴东龚家垭、建始、恩施石灰窑等地。红军向宣恩、鹤峰转移。12月下旬，红军离开了湘鄂边根据地，向川东发展，另建湘鄂川黔边区根据地。

"进剿"鄂西经过

徐源泉[*]

克复长滩河

1933年夏季，贺龙见我各部队向鄂西运动，侦知向其"兜剿"，因以先发制人之手段，于6月9日，以第九师及警卫师约3000余名，向宣恩县之韩家坪保安队袭击。贺龙并亲率一部，由宣恩东南之长滩河西岸抄袭，当经我张指挥官刚部张、郑两营驰援，红军顽强异常，作战历经8个小时之久。但我张、郑两营，猛力进击，卒将红军击溃。向长滩河东岸高山一带撤退。遂将长滩河克复。是役毙红军约300余名，获枪170余支。

紧缩苏区，贺龙既占据山地，凭险顽抗，且行动甚速，每避实就虚，此击彼退。为防其向东北外进计，当令第四十八师第一四二旅之牛乐亭团，以一部速进都湾镇，主力在长阳，以防贺龙由此渡江北进。

泉为"督剿"便利计，特于6月9日，率总部队员，由沙市出发，10日到达宜昌。据张指挥官刚电报，贺龙率部，进椿木营、石灰窑一带。其一部进中间河，并将其鹤峰老根据地之余枪，发给民众，组织赤卫队，同时在江土溪等处，构筑工事。当即电令湖北保安团，仍在长滩河、狮子关、宣恩、恩施，迄崔家坝原防线上，防红军进出。并竭力侦红军主力所在，及其企图。

新编第三旅主力暂在大支坪野三关线上，防红军北进，并准备一切，待命前进。独立第三十八旅，以一团以上兵力，进至五峰，余向渔洋关及

---

* 作者当时系鄂湘边区"剿共"总司令兼鄂西"剿共"总指挥。

迤南湘边之线推进。第一四四旅第二八七团（徐元崇团）限20日集结于长阳，到达后，以一部进至都湾镇。第二八三团（牛团）全部，推进至资邱，并竭力向毛坪、石板溪、枝柘坪方向搜索，打破苏区组织，缩紧苏区。泉于6月17日赴巴东。19日由巴东向施南续进。途中迭据电报，各部均遵令向苏区推进。至20日到达施南，得悉保安团新编第三旅及湖北第十区保安队等，连日向敌"进剿"，均有斩获。

攻克苦草坪、洗马坪

贺龙自袭犯长滩河，被我保安团击退后，又分股向狮子关、会门口、二门口、铁厂坡一带袭扰，同时以其一部，散布于恩施迤东之前坪场一带，一面牵制我兵力，一面企图突破我宣恩阵地，得以自由向咸丰来凤境内运动。但经我保安团张刚部堵截逆击，卒未得逞。7月2日，贺龙又亲率所部，向我恩施迤东之新渡坝、麦子塘等处奇袭，意图遮断我施巴间交通，截我后方接济，又被我新编第三旅驻大支坪之第一团击退。该敌屡图顽逞，均未得手。实我官兵均能用命之故。

7月9日，据报贺龙知我潘、徐等部，已由五峰、资邱之线，着着进逼，势成包围，又图西进。斯时为迅速将该红军歼灭于宣恩境内计，因更令第三十四师第一〇二旅姜宏模部，派队接替渔洋关、西齐、刘家场等处潘旅防务，俾潘旅得全部推进，协同一致"进剿"。时湘军第一支队，正在南北墩、五里坪线上；第二支队可于15日集结桑植附近。20日以后，该两支队计可向鹤峰及其东西地区进展，乃令各部均向苏区进逼，给予命令之要旨如左（下）：

一、保安团主力集结于宣恩后，须于11月向椿木营、长滩河、洗马坪之线推进，寻敌主力"搜剿"。

二、新编第三旅主力，集结于野三河之后，须于11日占领羊口、战场坝、官店口一带，与张刚部确取联络，协同"进剿"。

三、徐继武之牛乐亭团，须于15日以前，推进至枝柘坪。徐元崇团主力，随同推进至毛坪附近，以策应之。

四、潘善斋旅主力，须于15日以前，进至河坪，但潘、徐两旅到达预定地点后，即协同向金果坪、金鸡口、邬阳关一带苏区"进剿"，并须确取联络，互相策应。

7月10日据报：贺龙亲率所部，进扰麻水；其第七、第九两师，则散于洗马坪长滩河附近；其教导师，则往来于麻水、洗马坪之间，游击示威。斯时我沙刀沟方面，兵力薄弱。为防红军向西南乘隙撤退计，遂电湘军两支队，迅以主力向沙刀沟、鹤峰之线推进，以便堵截。7月13日，红军第七、第九两师各一部，共约千余人，占据苦草坪。当经我张指挥官亲率蔡王两团及特务连，将其击溃。该敌向洗马坪方向退去。我张指挥官乃率部跟追，红军第七第九两师余部及警卫团，约二三千人，占据洗马坪西端高地，顽强抵抗。幸我官兵，奋不顾身，肉搏数次，激战终日。红军以伤亡过重，卒不能支，纷向东南方向散退。遂将洗马坪完全克复。是役除夺获步枪百余支，刀矛无算外，毙红军约300余名。贺龙因第七师师长叶光吉作战不力，在白岩坳将叶枪决。以上两役，实予红军以极大之损害，平定鄂西，实基于此。

攻克麻水、鹤峰城，进占鄡阳关

贺龙自苦草坪、洗马坪等处，被我张、蒋两部击溃后，即撤退麻水根据地，并散布于椿木营、红土溪、石灰窑等处；另一股取道沙道坪，旋向观音坪方向撤去。又夏曦率千余人，占据鹤峰县城，并组织少年先锋队等。7月12日，经我湘军第一支队朱树勋之保安团，攻克鹤峰县城，敌又纷向麻水溃退。因令各部队向之包围，俾再紧缩"围剿"，期将歼灭于鹤峰以北，宣恩以东之地区内。遂于7月15日，令湘军第二支队龚司令仁杰，迅以主力推进沙刀沟；蒋作均旅进抵战场坝、官店口之第一、第二两团，迅向红土溪、石灰窑一带威力搜索，相机协同保安团"夹剿"；张刚部保安各团主力，由狮子关、洗马坪线上，向椿木营、三眼井之线，继续推进，并向麻水、石灰窑等处"进剿"；徐、潘两旅于河坪、枝柘坪取得联络后，即协同向金果坪、鄡阳关一带"进剿"。但各部仍须详细侦察，步步为营。

追至18日，蒋、张两部，逐渐向苏区近逼，探得红土溪及其附近小衙门、庙垭子一带之红军，为其第九师之一团及赤卫队，共约千余名，其踞守石灰窑之红军，系第七、第九两师各一部，共约二千余众。该部红军凭险扼守，势均顽强。自18日开始攻击，至23日，迄未得手。24日，我蒋作均旅第一团官兵，极其奋勇，不顾一切，力图接近，用炸弹短兵，终日猛攻，卒将该部红军击溃。先后克复红土溪、石灰窑等处，继复乘胜将椿木营攻占。该部红军迭失根据，伤亡甚众，纷纷退麻水地区。又经蒋旅第一团跟踪"追剿"。按麻水地势天险，益以工事坚固。红军凭险顽抗，企图最后挣扎。该团长薛豫屏，督部分途觅路猛攻，虽伤亡相继，毫不畏缩，卒将红军阵地轰毁，占领该地。红军纷纷撤退。遂将麻水完全克复，时在7月31日。是役共毙放百余名，生擒300余，获枪240余支。其他龙堂坪、花塌子等处之红军，亦被我保安团击溃。张指挥官刚率部，由沙道坪续向观音坪"进剿"。又邬阳关、把指木一带之红军，共约七八百人，我独立第三十八旅之潘春霆团，将把指木之红军击溃后，续向邬阳关"进剿"。金果坪之红军为教导团，经我徐继武旅之牛乐亭团，将其击溃后，牛团亦续向邬阳关夹击。红军不支，纷纷向东退却，遂将邬阳关完全克复，时在7月29日。

"清剿"五峰松滋地区

自6月上旬开始"进剿"，至7月下旬，经我"进剿"各部官兵，不避艰苦，踊跃用命，卒将鹤峰附近苏区，次第克复。尤以洗马坪、麻水两役，红军势力大挫。惟湘军两支队，以道路困难，运输不便，未能按期到达指定地点，以致麻水、邬阳关击溃之红军，分股流动。贺龙率第八、第九两师，于8月3日，经沙刀沟向来凤、咸丰两县交界之末子沟、上洞坪、水塘一带退去；夏曦率第七师，进至于鹤峰东之清水湄、燕子坪等处。因令张刚部保安团，由沙道坪经板寮、高罗之线，向西窜之贺龙追击；湘军第二支队主力，向来凤、李家河推进"堵剿"；驻邬阳关之徐继武旅，向寻木岭、熊虎坪一带推进，堵击燕子坪之夏曦部。时我第一支队，久未到达，致使夏曦踏隙东窜，连陷五峰、松滋，幸我荆沙公藕一带，控制多兵，仍得适时堵击，再予巨创。兹将剿办此股经过，概述如左（下）。

一、放窜五峰及"兜剿"部署

夏曦率领第七师，于8月5日以一日夜行一百数十里之速程，突向鹤峰朱际凯团猛袭。该团猝不及防，遂为攻破。被缴去枪械100余支。旋该红军假湘军服装旗帜，沿湘鄂东境东进，至19日，进入五峰境内。该县民团，误认为湘军，开门迎接，红军之狡计得逞。五峰县城，遂被袭陷，缴去民团枪械百余支。据报后，当即电饬潘善斋旅，由鄢阳关附近，驰回"追剿"。该红军乃向渔洋关移进。查该红军先后缴去五鹤两县团枪共二百数十支，实力骤增。时鄂南湘北红军士气正炽，为防其东进桃花山地区，以与赣红军合股计，因令第四十八师驻沙市之第二八五团，以孙继德营，调集其部，准备侧击。并给予其他各部命令之要旨如左（下）：

1. 徐继武旅，仍在寻木岭、鄢阳关一带，严防贺龙续向东进，并向清水湄、箭垭方向，渐次扩大"清剿"区域，扫除余部。

2. 潘善斋旅，回援五峰。到达五峰后，暂行停止。对于五峰以南要点，务须派队占领，严防夏曦向西回进。该旅之张树人营，仍驻渔洋关扼堵。

3. 第三十四师姜宏模旅，迅以两团兵力，或向西齐、敖家嘴，或向石子滩、向家潭等处，探明红军踪，依情况向东进之红军，猛力迎击歼灭之。所遗藕地石首一带之防务，调该旅驻北岸之一团来接，以厚兵力。

4. 以上各部，均须取机动方式，或遇红军，或寻红军均须乘机痛击，万勿固守一地，任红军自由活动，致遗后患为要。

12日，夏曦约千余人，被我潘善斋旅跟踪"追剿"，又由渔洋关南侧，移至刘家场。当即令第四十八师驻荆州之第一四四旅第二八六团（曹毅团），于24日乘船至羊溪登陆，经告化桥、土地岭、斯家场，向西齐、刘家场方向搜索前进，与第三十四师姜旅部队"夹剿"东进之红军。24日，我第二八五团之孙继德营，到达宜都。探得由渔洋关南侧东进之红军，系由夏曦与芦东昇所率领，人约1500余，枪支齐全，并有手枪三四百支，自动步枪40余支，机关枪3架；贺龙之妹及子均在内。其在渔洋关附近时，曾招农工开会多次，意在另组新苏区并有一股分进覃墨庄。当即令宜都孙继德营，进至渔洋关，腾出原驻渔洋关之潘善斋旅张树人营，向覃墨庄跟红军追击。

同日，第四十八师曹团长，率部到达羊溪，即向松滋旧城进占；第三十四师姜宏模旅王志强团，进占西齐；王兆瑞团正由公安向西齐续进。期俟各部队联络后，一鼓而歼之。

当夏曦东进至刘家场附近，贺龙则西进李家河、板栗园一带，东西隔绝。为防该两敌合股，并予以各个消灭计，遂于25日，令张刚部迅即推进至板寮高罗线上，向李家河、板栗园一带之贺龙"进剿"，徐继武旅在鄢阳关之部队，竭力向鹤峰游击，严防贺龙东进；第三十四师姜宏模旅主力，到达西齐后，即向刘家场之贺龙"进剿"；潘善斋旅以一部留防五峰，其余迅速东进，先至渔洋关，然后相机向刘家场方向，联络姜旅，夹击夏曦，倘该敌向湘境退却，则竭力向南压迫，并就近通知常德刘支队饬属截击；第四十八师曹毅团及孙继德营，统归曹团长指挥，由北面松滋旧城及渔阳关之线，向刘家场方向，协同第三十四师姜旅，对红军"兜剿"，期将夏曦消灭于刘家场附近。

二、松滋、新冶之磨盘洲遭扰及"清剿"经过

25日我姜宏模旅派兵一营，由西齐向刘家场方向迎击，并以一团由申津渡经河市、茶巷子，向刘家场进剿。讵红军已先夜退却，于25日拂晓，攻陷松滋、新冶、磨盘洲，缴去保安队步枪300余支；县长江文波遇害。查磨盘洲三面环水，仅西北着陆，其失陷之故，缘江县长于前两日曾召集四乡绅董，开政务会议。夏曦事先得息，派多数侦探混入城内，而县府竟未察觉。及25日拂晓，红军之大股骤来猛袭，内外相应，遍地枪声，于是保安队及公务人员，张惶四散，束手缴械。本部得讯，当夜即令第四十八师驻宜昌之第一四四旅，抽兵一营，星夜乘轮至古老背登陆，经白羊至董市，以与原驻江口之第二八四团之一营联络，堵红军渡江北进。并令第四十八师驻沙市之第二八五团张团长习崇，率领该团两营及直属部队，当夜乘轮赴浣市登陆，经沙道观，向磨盘洲之红军"进剿"。

26日晨，各部均已到达地点，遂由张、曹两团及潘旅之潘团，分途向磨盘洲"进剿"。先时我曹团于24日到达羊溪时，即通报松滋县长，询问敌情，并告以该团拟经过之路线及"进剿"任务。该县署人员告传令者，谓未发现敌情。其颟顸殊甚，否则当无此失也。及该县既陷，红军去后，于其传达室检得曹团通告，犹未启封。行政机关之疲玩，于此可见。26日，我张、曹、潘各团到达磨盘洲。据民众报告，该部红军于25日陷城后，当夜即退却。因令张、曹、潘各部，迅速侦察敌踪，与姜旅联络"兜剿"。

27日，该部红军进至杨林市，当夜并以迅雷手段，向我姜宏模旅驻西齐之王团猛袭。幸王团警戒极严，未为所逞。

次日该部红军见王团势孤，继续攻击，并以四面呐喊，故示眩惑，以期取胜，一面由正面佯攻，一面沿杨家河向两翼包围。幸王团沉着应付，

坚持不动。

至28日午后，适我曹毅团由斯家场赶到，出敌不意，予以"痛剿"。是役毙红军400余名。我曹、王两团、各得枪100余支。红军不支，纷向敖家咀及湖南边境退却。旋经我王、潘、张、曹等团，分别跟追"堵剿"，红军乃退却湖南澧县之大堰挡、王家厂一带。又经我湘军第一支队罗效之团击溃，纷向子良坪方向退却。惟该敌狡诈百出，为防其乘隙回扰，因令潘、姜两部，于西齐、刘家场一带，竭力侦察敌踪，相机"追剿"；潘旅在渔阳关之部队，严密防堵；张习崇、曹毅两团，暂回磨盘洲、沙道观等处集结，协助地方办理善后，并"搜剿"附近潜伏人员。

追击湘边夏曦部

夏曦部自磨盘洲退出后，沿湘边流动，有仍回鹤峰附近，与贺龙合股之企图。8月30日，退至槐市附近，经我湘军第一支队驻王家场之欧阳海甸团堵击，红军复遭损失甚巨，经古城岗、乾溪滩向茅坪方向溃退。时该支队之罗效之团，适寻红军至王家场、子良坪、太平街等处，遂蹑红军尾追。31日，至太平街，复将该敌击溃。敌退梅子垭，占据险要之山隘，顽强抗战。卒赖罗团官兵，奋不顾身，冲锋多次，再予击溃。是役斩获甚多。自此该部红军分股逃退，其较大之一部，由平东泯市退往江平河。9月2日，由大小金洲经长坡，向湾潭退去。我罗郊之团在南北墩一带堵截。同时泉并电第一、第二支队，分途迎击"堵剿"。迄9月4日，红军鉴于我各部形成"兜剿"，遂间道走马坪向鹤峰交界处遂娈方向急退。因复电令潘善斋旅，经渔洋关、五峰，联络第一、第二两支队，沿湘边，寻找红军"追剿"，予以尽歼。

"兜剿"贺龙部

贺龙一股，自夏曦率第七师于8月中旬东进后，即率第八、第九两师，流动于湘鄂西边境，化整为零。8月22日，至宣恩、鹤峰、桑植三县交界之莫家台、雪落寨等处。时我张刚、蒋作均两部，仍向该部红军寻追，湘军第二支队龚仁杰部之周爕卿旅，则于湘边堵截该部红军。但红军极狡诈，时而化零为整。24日，该红军见我张、蒋各部及周爕卿旅，同时"兜剿"甚急，又复化整为零，散布于宣恩、采凤、咸丰等县交界地区。其主力则进居麻阳砦、卧犀坪、板栗园一带，似有以比较富庶之宣、来、咸、利等县，为活动区域之企图。惟子弹缺乏，抵抗力弱。时其人枪均约二千有余，骡马共百余匹。据俘虏所供，最初骡马甚多，每于给养无处补充时，则以牲畜代食，然终日不得一饱也。28日，据报贺龙进距清水塘、龙潭司、石人坪、苟耳石一带，贺龙及其军部在龙潭司。29日，红军大股复占大吉场，并分股向桅杆堡、芭蕉场进扰，另一股经小关向大岩坝滋蔓，我张指挥官刚因率部向小关方面"进剿"。9月2日，贺龙又鉴于我张刚部"追剿"甚力，惟湘边部队较为单薄，乃率全部，经李家河向石牌洞方向进袭，似有仍回桑鹤边境老根据地之样。我第二支队之周爕卿旅，因亦由李家河向石牌洞跟踪追击；张保安团由高罗经沙刀沟向莫家台"搜剿"，并防堵贺龙回进。迄至9月7日，据报该红军由毛家坝向东退去，其企图未明。

为防该红军沿湘边东进与夏曦合股计，因令第三十四师姜旅驻刘家场、暖水街之两团，在原线上防红军东进，并对覃墨庄、子良坪方向，及其以南地区，严密侦查敌踪，相机"进剿"。并令该旅之第三团，由公安推进至西齐附近，以备策应；徐继武及蒋作均两部，仍在邬阳关、麻水线上，及清江南岸现在之防区，严防红军回进，并"搜剿"潜伏敌军，举办清乡，编练壮丁队，组织保甲；独立第三十八旅潘善斋部，即在五峰、渔洋关两处集结补充；张刚部保安各团，于高罗、沙刀沟线上，湘军第二支队周爕卿旅，于叶家渡、李家河线上，协同防堵。勿使贺龙部再向西进。

西进"追剿"贺夏所部

贺龙夏曦，自施鹤根据地被毁，赤区组织打破后，于7月间，分东西两股撤出，游动于湘鄂边境各地，经我"进剿"各部队，分途"追剿"堵击。夏曦一股迭受重创，经大小金洲向西游动，窥其游动方向，似惧被各个击破，图与贺龙合股，或仍回根据地。而贺龙一股，则游动于来凤、咸丰、利川等县境内，察其打算，似又利用险隘，造成赤化新区。其余各处潜伏红军，亦均蠢蠢欲动，如利川之神军，势既猖獗；而长阳北境，又发现冒称抗日军之者。虽经相继扑灭，但萑苻遍地，到处潜滋。为迅速歼灭贺、夏余部，以免流动滋扰，死灰复燃计，因拟定继续"清剿"计划，于9月10日给予各部队命令之概要如左（下）。

一、第三十四师，以一团及师直属部队之一部，留驻新堤、朱河、监利，维持洪湖南西两面防务（洪湖北侧之沔阳峰口一带防务，则由第三十七旅之一团接替），以两团分驻藕池、公安、西齐一带，以三团进至渔洋关、五峰，担任五峰、湾潭之线以东地区之清乡，并准备随时西进策应潘善斋旅。

二、徐旅长继武所指挥之牛、徐两团，向西推进，接替清江南岸官店口、红土溪、水沙坝、石灰窑、麻水一带现新编第三旅担任之防区（徐旅后方交通线，可以巴东为兵站基地，向前输送、应预与新编第三旅接洽筹备之）。

三、新编第三旅俟将清江南岸防务交替后，即以主力推进施南，接替保安团防务，并准备由施南向西出击，以一部任施南巴东间联络线之掩护。

四、保安团交毕施南防务后，除以一部任宣恩之防外，应齐集主力，以原"追剿"兵力，但首应联络湘军，寻贺龙踪迹，猛力"追剿"，切勿停顿，致红军有重组赤区之余暇。

五、独立第三十八旅，在渔洋关附近补充后，即联络湘军罗效之团，沿湘鄂边境，寻夏曦踪迹，竭力西追，务将该余部歼灭；任务达成后，推进鹤峰以西，协同保安团"兜剿"贺龙。

9月10日，夏、卢余部，分途由金庄坪，银市坪、苦竹坪等处，进犯桑植。同时，贺龙亦率所部，进至堰垭朝梓湾等处，桑植县城危急万分。我湘军第二支队龚司令仁杰，因飞电周燮卿旅，由李家河星夜回援。

11日晨，贺夏联合，突以4000余众，攻陷桑植。旋我龚司令督部，协同该县团队，将桑城克复，周旋亦已到达。是时红军已向廖家村方向撤退。13日，我龚司令率部"追剿"，红军经泯塔湖、茨岩塘向石牌洞、英家台方向撤退。当即分电张保安团及徐、蒋两旅，于沙刀沟、鹤峰迄箭垭一带，严密堵截，防红军再向鄂境回进，并电龚司令继续"追剿"。同时电潘善斋旅于南北墩走马坪一带，向红军迎击。16日，红军被我潘旅在南北墩预为设伏之部队，迎头"痛剿"，予以重创。是役计毙敌200余名，俘敌300余名，获枪300余支。17日，贺龙因绕道向来凤、咸丰方向退却，夏曦则向北行，昼夜奔突，行动极速。我各部因后方接济追送不及，种种顾虑，未能跟追。因将9月10日已发计划，略予变更。暂将已收复之苏区，切实办理清乡，组织民众自卫，同时以建制完整之一部，专寻红军踪追剿，以期逐渐将零散红军消灭。9月19日，给予各部队命令要旨如左（下）：

一、独立第三十八旅之潘、李两团，于现达位置，即进至鹤峰南渡江五里坪一带，联络走马坪、南北墩等处之湘军，"搜剿"附近一带零散红军，并堵红军再向东北两方回行，其湾潭、清水湄、土地垭、留驾日、天心砦、太平镇之线及以南鹤峰境内，均由该旅担任清乡。

二、徐旅之张、牛两团，接替蒋旅双土地、红土溪、石灰窑、麻水一带防务，红土溪、石灰窑各置一团部，该旅部驻双土地，所有留驾司、天心砦以北，新塘箭、平场、椿木营之线及以东地区，皆归该旅担任清乡。

三、新编第三旅，应以一营接宣恩之防，一营掩护巴施交通；主力集结施南附近，准备向利川方面"搜剿"；并于新塘箭平场、椿木营之线以西、长滩河、铁场坡之线及以北地区，担任清乡，组织民众。

四、保安各团，将宣恩防务交替后，全部集结板寮、高罗、沙刀沟之线，向来、咸、利等县交界处，寻红军"追剿"；勿使红军于上三县境内，有组织赤区余裕；同时并应协助地方，组织民众，倘红军北出利川，该保安团兵力不敷分配时，则依当时情况，由蒋旅抽部出施南向利川"协剿"，但该保安团届时务须扼要堵截，勿使红军再由板寮沙刀沟之线及其附近东行。

五、龚支队之团旅，于来、咸境内，协同张保安团寻红军"搜剿"，并防红军滋扰湘境。

六、第三十四师之姜宏模旅，仍在五渔一带，办理清乡并防红军东进。

贺龙自桑城被我龚司令仁杰督部击溃后，复于南北墩、走马坪一带，被我潘旅"痛剿"，21日进至宣鹤交界之马王坝，经上洞窑及覃家坪一带，分股游动，图袭永顺。旋该部红军侦悉我陈师长渠珍派队星夜往援，29日，又乘隙回至咸丰县属之黑洞，以五古坪为根据地。该处一带，山势险隘，利于防守。该部红军又增构工事，征集粮秣，大演戏剧，追悼死亡之官兵，驻于毛坝、红椿沟、滥泥坝一带，并张贴标语，有进犯利川县城之企图。

至于夏曦部，则自17日由走马坪行扰鹤峰县城及九峰桥一带。我潘善斋旅跟踪"追剿"，新编第三旅薛豫屏团亦准备出击。该敌旋率大股，南行桑境洞家关，企图进犯桑、永两县。时桑植城仅朱际凯一团，兵力薄弱。21日，夏、卢分行梅家山、五里桥、洪家关等处，向桑植城猛扑。朱团以众寡不敌，退出桑植城。陈师长渠珍即令龚司令仁杰率部驰援，并令周燮卿旅由采凤折回，向官坝、杉木村侧击。22日，即将桑植收复。红军向水獭铺、空壳树一带撤退。我龚司令督部"追剿"，朱际凯团在空壳树堵截。双方夹击，激战一昼夜，红军受巨创，因纷向慈利边境之官地坪撤退。我龚支队仍跟踪紧迫，红军因而又回至桑属之龙潭坪，经苦竹坪、大木塘、五道水西北方，似有进入咸属黑洞，与贺龙合股之企图。当令我龚司令仍继续"追剿"，并拟以蒋作均、张刚两部，各派队用迅速手段，出施宣线上"进剿"，使红军不能合股，或回至施鹤老根据地。因令第三十四师以姜旅推进走马坪、南渡江、九峰桥之线，担任鹤峰以东地区之堵截；该师余部酌为配备五渔及西齐、公安一带；独立第三十八旅推进至鹤峰、太平岭、莫家台、沙刀沟之线，担任鹤峰及其以西地区之堵截，并以先达鹤城之部队，速抽一部，进驻太平镇，以便徐旅之牛团，由石麻向西推进；新编第三旅薛团之两营，向施南集结，其现驻石麻之杜营，可俟牛团到达后，向施南归还建制；至红士溪、双土地等防区，由第十区保安队担任；徐旅长继武率徐团移集施南；牛团俟潘旅部队到达太平镇交防后，取捷径至宣恩城集结，准备协同张保安团，堵截黑洞方面之故。

10月2日，我潘善斋旅之潘春霆团，接近鹤峰。时鹤城尚为红军所据，因于是夜12时，由石龙洞出发，经九峰桥，趁拂晓时，先以一营出击，红军措手不及，被袭入鹤城。所获甚多，并生擒湘鄂西省政府主席兼第七师政治部主任陈培印一名。余部追至唐家坪，散匿山中，遂将鹤城收复。

再夏曦于10月9日和10日，由石牌洞、李家河经两河口、狮子关、莫家台等处，东行打火场、杨家坝一带，并自称湘鄂西革命军事委员会主席。同时并有宋晓春部，盘踞于桑、鹤交界之苦竹河；徐焕然部，出没永、鹤、永、桑毗连之五道水、岩屋口、大木塘等处，称游击赤卫等队名义。因令新编第三旅第二团开赴团保寺，以堵贺龙北进；张刚部现驻高罗之两团，以一团开赴沙刀沟，准备防堵；同时以高、沙线上部队，向两河口莫家台方向"迎剿"，以防红军复向莫家台以北沙道坪、洗马坪等处进扰；潘善斋旅之潘团，以到达鹤峰之部，抽队向太平镇"迎剿"，并堵红军再向北进。

13日，盘据红椿沟、黑洞一带之贺部，因被我新编第三旅第二团向利川方面推进压迫，其大股移向黑洞以南地区。至于红椿沟附近，仅布零星部队。黑洞、五古坪一带，系本地共产党军广万鹏，为贺龙收编之一股。当时为歼灭该敌计，唯有一面封锁鹤峰东西地区，使红军不得向施鹤区内老根据地回进，一面以有力部队，出施、宣线，向利川、来、咸各县"搜剿"，俟鄂境肃清后，再"搜剿"湘鄂边区。因令徐继武所部之徐元崇团，向施南集结；牛乐亭团，向宣恩集结；潘善斋旅任鹤峰至沙刀沟一带之"堵剿"，并以有力之一部，进驻沙刀沟；龚司令仁杰现驻桑植及茨岩塘上河溪石牌洞一带之部队，严防桑鹤边区之夏卢等部回；并指定张、蒋两部，专作"追剿"部队，其运动基准如左（下）：

一、新编第三旅之运动基准

（1）第一团之第一第三两营，于16日由施南出发，进驻团保寺，限18日到达。其第二营于16日暂接施南城防，俟徐旅之徐团到施，然后归还建制；第二团全部于16日进驻利川县城；其第一、第二两团统归薛团长豫屏指挥。

（2）该两团于20日，由团保至利川线上，开始进剿。第一团经毛曾坝，向红椿沟推进；第二团经大塘两会口石堰塘，向黄泥塘推进。到达红椿沟、黄泥塘线上时，即联络向黑洞方向"搜剿"，并防红军向利川、咸丰以西之境界退却。

二、湖北保安各团运动之基准

（1）现向上下坝太平镇"追剿"之王团，与潘旅部队联合后，即协同开回沙刀沟，尔后保安各团，除留一部暂住宣恩城防，须将王、蔡两团及胡团之主力，于20日以前，集结于高罗、沙刀沟线上，准备"进剿"。但王团之驻莫家台部队，应俟潘旅接防后，方可移向高、沙一带集结。

（2）保安各团，于20日开始由高罗、沙刀沟出动，分两路经卧犀坪、大岩坝、大吉场，及上峒坪、清水塘、苟耳洞，向黑洞方向，寻红军"搜剿"。

10月14日，我独立第三十八旅之李团长显宗，率部西进，拟往莫家台接替保安王团之防。是日晨到达唐家岭东端。侦悉有红军之独立团在太平镇，一部经波头、龙潭坪、老岗岭，绕攻毛坝，午刻进至官里坪时，与红军接触。红军初凭险顽抗，激战数小时，该团官兵奋勇猛扑，卒将红军击溃。其踞太平镇之红军，经雷家岭向南撤退，毛坝之一股，纷向官岩山、石门岩诸方向分途撤退。是役斩获200余名，获枪40余枝。该团即经太平镇向莫家台，接替王团之防，王团亦即向沙刀沟推进。

10月15日，我姜宏模旅，由暖水街、西齐两处，分途向九峰桥、五里坪南渡江，及洗马坪、湾潭等处，堵红军东退。

16日，夏卢两部，因我在莫家台、沙刀沟、李家台一带之部队，防堵极严，复退往桑、鹤边境之黄连坪、乌鸦河一带。我龚司令仁杰已率部"追剿"，同时遂电令我独立第三十八旅在沙刀沟、莫家台之李团，及在太平镇、莫家台一带之潘团，一至堵截。时贺龙大股，又进据黄泥塘、红椿沟、夹壁等处。夹壁约有众二千余人，我张指挥官刚于10月20日，率王、蔡两团，由高罗分经上洞坪、龙坪、苟耳石、及犀坪、小关、大吉场，向黑洞"进剿"。因令新编第三旅之第一、第二两团，协同张部，向红军夹击。并令龚司令仁杰严堵夏曦向西北回进，免与贺龙合股，期收各个击破之效。

查独立第三十八旅李显宗团，前在太平镇，将夏曦部击退乌鸦河、五道水等处后，即进驻沙刀沟。保安王团亦即西进，归还建制。该镇正值空虚，适潘团长春霆派许张两营，于10月17日晨，由鹤城押送李团伙饷，及所补充弹药，赴沙刀沟，当日正午，方抵太平镇，不料夏曦预先侦知，率众约二千余，沿镇附近，节节设伏，意图袭夺饷弹。当许张两营方到达太平镇时，红军实向其猛袭。该两营以备战不及，沿镇周围堵击，以刺刀、手枪、手榴弹等，与红军肉搏血战。红军以伤亡过多不支，退居四面高山，但仍将该两营围困于核心，经两日夜之久，猛扑数十次，该两营艰苦坚持，未为所动。然突围数次，亦未得通。至19日拂晓，潘团长春霆得报，由鹤峰率兵一营及机枪等连往援。讵方行抵中途，忽受两侧高山猛烈射击，知又遇伏，因不顾一切，分兵猛击，而红军不能支。时进援心急，未予"追剿"。及将抵太平镇时，我守兵张、许两营，知援兵既到，内外夹击，红军始暂退。潘团长遂与该两营会合，以一部守镇，一部分途向敌"追剿"，此时红军知无法抵御，始纷纷向石门毛坪方向退去。讵红军至狡诈，当潘团长援太中途，将伏敌击退，而知侦知鹤城防兵单薄，因又纠合千余人，沿鹤太路向鹤城袭击。幸留驻鹤城之储营长，督率步兵两连，及团营留守与病兵等，布防应战。10月20日红军猛攻数次，均未得逞。至下午3时，储营长见红军势已疲，遂抽率精锐出击，红军不能抗，并生擒团长吴玉杵一名。计鹤、太间，与红军数日猛搏，总计毙红军约500余名，夺获手提机枪5支，手枪32支，各种步枪180余支，俘虏130余名，伤官兵约300名，我伤亡连长2名，连附3名，伤20余名，阵亡士兵230余名，损失大小枪

50余支,卒将红军击退,向大小毛坪方向辗转流动。事后据俘虏供称,夏曦自进至乌鸦河五道水后,侦知我大部向贺龙追剿,意图扰乱我后方,藉以牵制;至奇峰关时,复侦知我以少数步队,押送大批伙饷赴沙刀沟,因亲率第七师,以全力分段设伏,志在必得,并欲将押送部队,全予解决。实未料我始终坚忍作战及遭重大损失等语。是鹤太之役,实又为肃清鄂西红军之重要关键也。

红军自鹤太间被击溃后,28日,进至宣、鹤交界之十二台,并散布于龙潭坪、大小溪、马老洞等处。其游击队,时出没于野藏堰垭一带,寻觅粮食。因令我龚司令仁杰派周燮卿旅,由陈家河经龙潭坪向红军进剿;教导旅经金家堰坪侧击;同时并令鹤城之潘团,相机"进剿";沙刀沟之李团,防红军西进。

10月31日,据报夏曦、卢东升两部,忽乘隙北进,卢部并进距枝柘坪,分股扰黄柏山、资邱一带,长阳危急。遂急电潘旅令驻太平镇之部队,经邬阳关、金果坪,与湘军罗效之团,协同"进剿";驻渔洋关第三十四师之董团,侦明敌情,派队向都镇湾及资邱一带"进剿";令第四十八师之曹毅团、向宜都长阳集中,以资策应。

11月1日,卢东升股复由堰垭向金庄坪、淋溪退走;夏曦股由金果坪向付家垭退走。时邬阳关附近,亦有红军出没,因令我姜旅长宏模饬各团分途追击"堵剿";长阳已无危险,因令曹毅团集结宜都。

时贺龙踞于红椿沟、毛坝、夹壁、黄泥塘及五古坪等处,自10月20日至24日,我张、蒋两部,分途"进剿",跟踪追击,迭有接触,均予痛击。遂将红军所踞各地,次第克复。该部红军即西走大小村、中路街,复经我军"跟剿",又折向西南小沙溪、龙咀河,经活龙坪、金子店等处,迄10月27日,进至青冈岭、桃子坪,有进扰尖山寺、燕子谷,企图入川、黔、江模样。当即电张、蒋各部努力追堵,并电商四川刘总司令,转饬川边部队,严密堵红军西进。是时我张指挥官刚已率部将贺龙遗留黑洞之广万鹏股"剿"平,率王团于28日到达尖山时,胡团进抵小村,蔡团正向龙潭司跟踪"追剿"。时据报贺龙因迭受追击,以骡马百余匹,驮载辎重枪支现款已退走,其行动并不甚速。因特电令张部兼程"追剿",勿稍放松,并分部于马河坝、龙坪抄截,及向小关堵截。贺龙因我各部跟追"兜剿"甚急,于29日起,率其所部,盘旋流动于清水塘、金洞司、大吉场、三星场、黄泥塘、毛坝场、中路街、大小溪、活龙坪一带。但我各部,仍然跟追，未稍松懈，该部因迭受损害，处处避战，疲我兵力，因决划分区域，先令各部极力清乡，整理团队，使敌流动所至，无所利用，一面侦敌盘踞之处，而后以迅雷手段歼灭之。因于11月5日，给予各部之命令要旨如左（下）：

一、宣恩、咸丰、来凤各县，属湖北保安各团，担任"清剿"；惟宣恩县城以东属独立第三十八旅。

二、恩施、利川、建始、巴东各县，属新编第三旅，担任清乡。

三、宣恩县城以东鹤峰及五峰西境属第三十八旅，担任清乡。

四、五峰东境，属第三十四师姜旅，担任清乡。

五、湘边各县，属湘军刘、龚两支队，担任"清剿"。

11月6日，贺龙大股进踞小河场，蒋旅长作均率所部两团，以迅捷行动，分途向小河场"进剿"。该部红军凭险顽抗，激战终日。该旅第一、第二两团，皆以红军难幸迁，官兵奋勇异常，终将第九师之第二十七团，完全缴械。其第二十五、第二十六两团，亦均受极大损失，计击毙300余名，俘虏官兵500余名，夺获步枪400余支。余部经该旅第二团尾追，遂经十字路、狮子坝，于11月12日，进抵川省奉节县属之柏杨坝，旋受川军堵击，及我"追剿"部队之双方压迫，乃于13日，绕道石柱，回进鄂川边境利川以西观音寺一带，我蒋旅即以在汪家营之一部，担任堵截，大部集结于利川县城，待机"进剿"。迄11月23日、24日间，据报贺龙率其余部约二千余人，连日经小河、中路、大小沙溪，回进大吉场、盛家坝一带，另一股进踞黑洞。我蒋旅分途堵截。张指挥官刚亲率所部，连日跟踪"追剿"。一路以该部之王团经小关，一路以胡团经白果坝，于11月27日，至宣恩西南之上洞坪，与红军激战，一日间肉搏十数次，至黄昏时，红军始不支，纷向卧犀坪、麻阳寨、龙坪、马河坝等处退去，是役毙敌300余名，师长汤玉桅一名亦于是役击毙，贺龙身受重伤，并夺获步枪180余支。另至板栗园之一股，同时亦被张部之蔡团击溃，分向李家河、猫儿寨方向退去。而我胡、蔡两团，仍跟踪"追剿"。迄11月1日，该敌进至龙山东北之统本地方。适我张部"追剿"甚急，除贺龙亲率一股逃脱外，其掩护贺龙逃脱不及之一部约600余人，在统本附近之岩风坡，向我顽抗。经分途包围，我官兵将该敌当场生擒50余名，余均击毙，并夺获骡马12匹，步枪170余支，其余梭标刀矛等甚多。该敌以连日迭被"痛剿"，损失极巨，遂进乌鸦河、茨岩塘一带，补充物质，图袭桑植。惟因我第一、第二两支队刘、龚

175

两部，在龙、永、桑边境防堵甚严，未能得逞。因又由龙山属之九拐子、石牌洞向沙道沟迤（以）东之西河口、红溪坪等处回进，有北向石麻方向，与夏卢合股之企图。先是夏卢两部，进袭堰垭、金庄、淋溪，及枝柘坪、黄柏山一带时，经我潘旅袭击后，其余部约千余人，枪约八九百支，复进踞于牛庄沙河等处，冀图再逞。惟我潘旅跟追甚紧，于11月18日，又由朱家湾经枝柘坪、大龙坪、云雾村等处，迄11月24和25日，进入鹤峰北境之王家山一带。我第三十四师姜旅，由五里坪九峰桥等处，分途往"剿"。12月5日，该敌全股，忽又进至战场坝、红土溪等处，并在红土溪、石灰窑一带，企图恢复原来赤区。12月8日和9日，复分股四出进扰，一股进清水湄、岩板河一带，另一股进扰荒口、洛梁坪等处，并有一小股，进至班竹园，官店口等处。均经我姜潘两部，随时堵击，迭予伤亡。惟至是综合各方情报：贺、夏两部，确已合股。为避免敌之流动及诱我疲劳计，决定分别扼要堵截。一面另以轻装部队，向敌盘踞各地挺进，借以侦察敌之主力所在，再协同"痛剿"。因令我保安张指挥官刚所部之胡团，进至沙刀沟；王团集结宣恩后，以两营开赴苦草坪、洗马坪一带；蔡团长率两营由来凤赵高罗、板栗园一带，严密堵敌外行。而以蒋旅之李团，向石灰窑挺进；独立第三十八旅之潘团，由金果坪向寻木岭、水古洞等处游击；至鹤、桑、永等县边境之防堵，则以龚仁杰部任之。

自分别"堵剿"以来，游击部队与小股部队，时有接触，但绝未受其诱惑疲劳。该部红军以我部分途"堵剿"，恐终又受包围，忽于12月19日，进扰高罗、麻子沟、麻阳岩、卧犀坪一带，向我保安团佯攻，乘隙复经大吉场，向黑洞、巴西坝及以西退去，似有经毛坝、大小村进入川省之样。除令蒋、张各部，严予防堵外，并电川刘总司令，迅饬彭水酉秀沿边部队迎堵，以免退入川境，与川北之徐向前股相呼应，加重四川军队之后顾也。

进犯利川及"清剿"之经过

先是11月5日，有熊委员瑞龄者，持南昌行营熊主席暨汉口绥署何主任函，来施南与泉晤谈。略谓贺龙与之同乡，且向与有旧，此次奉命前来寻贺，说其来归。此即派其同来梁天闻，先往苏区，与贺接洽。旋得梁函，并由贺派人来施，迎其前往。熊委遂于12月28日，由施起程，19日抵团保寺，30日到达中路，寻贺续进。惟是时贺夏两部，已经我张刚、蒋作均两部"兜剿"，西进袭陷四川之黔江县城，经川军陈凤谦师，将其击退。该敌于民国23年1月1日，复由黔江向林水坝、活龙坪等处东进。依时计程，熊委应已与贺龙晤面。讵该敌狡诈异常，探悉我利川空虚，驻兵不满一营，忽于3日晨，以第七师全部及独立团等，用极速行程，由大小沙溪绕道团坝子、李子坳，向利川城袭犯。原驻该县新编第三旅第一团之汪宪民营，拼死抵抗，激战竟日，终以敌众我寡，而利川又无城垣可以据守，遂被冲入。该营以责任所在，宁死不退，巷战终夜。第一团冯团附钦，及汪营之黄排长张军需等，均相继阵亡。迄4日晨，适该旅第二团分驻汪家营，张兼县长国权之一营，赶回夹击，该敌始向利北之南坪退去。我阵亡官兵28人，受伤30余名，幸汪营始终未退，而援兵策应迅速，损失不太大。是役计毙敌400余名，获枪50余支。当晚该旅之第一团得讯，由中路赶到利城，即向南坪"进剿"。该敌侦知我大部追剿，因于5日折由汪家营附近向南退去，经令张刚部之保安王、胡两团，由小关安乐屯，分向黑洞、清水塘之线，向西挺进，"迎剿"该敌。而以新编第三旅之第一团，跟踪紧追，并以潘善斋旅之李显宗团，集结高罗附近，防敌东进。一面电川刘总司令，饬万县王总指挥派队由西北协力夹击，期将歼灭于川鄂边境。6日，熊委于小沙溪来函，大意谓已于2日到小沙溪，贺仅留函，嘱其等候，承派护送官兵，亦极平安等语。嗣于8日，又自中路来函，谓贺在小河，刻即前往。9日，我保安王、胡两团，已达黑洞、清水塘之线，但该敌已由小河向双河口、白羊塘西进；因复电催川军迅即派队东进"夹剿"。讵红军又绕由鱼泉口、七岳岸，回至南坪附近，与我蒋作均旅派往该处游击之熊连，微有接触。红军终以避战手段，复由凉雾山向兴隆场、老屋基一带退去。迄12日，探悉熊委始与贺龙晤面，贺并亲迎数里，表示须到黑洞、毛坝一带，方有具体表示。时黑洞已有我保安王团，清水塘已有我胡团，川军亦将逼近小河中路等处附近，以备该敌投诚不果，即予"兜剿"；更为预防该敌将来经上水坝、两河口、芭蕉场一带空隙，向东退去计，因于10日电令蒋作均及张刚两部，务侦敌踪，相机夹击；并令潘善斋旅之李团，于沙刀沟、高罗、板寮间，派队游击，以防敌东进。讵该敌狡诈异常，一面与熊委虚伪周旋，以图懈我军心；一面竟于13日，率其全部约二千余人，由黑洞以北进至距宣恩城西约四五十里之黄连溪、庆场坝、芭蕉场、大树子一带，企图出我不意，袭犯宣恩。此时宣城仅有保安蔡团之聂国箫一营，且无城垣可守，乃急令黑洞之保安王仲甫团，星夜驰增宣防。该团（欠第二营）于15日晨，驰抵堰塘坪附近，红军第七、第九两师及特务团等部，已预为设伏，我王团遂被敌包围。幸该团官兵沉着应付，奋勇力战，激战竟日，曾三次冲出包围。卒以敌众我寡，山道崎岖狭隘，旋复被围。适该团押运接济之第二营得讯，当夜赶到，予敌以内外夹击。敌始不支，纷向卧犀坪方面退去，我复乘胜猛击。俘毙敌共千余，伤更多，获枪五百余支，遗弃辎重无算。我王团亦阵亡连附两员，重伤10余员，士兵伤亡200余名。

查贺夏合股后，因迭次受创，故始终避战，自利川受创后，各方"兜剿"，迄难接触。此次王团回援宣恩，初未料被敌包围，而卒以予此敌以巨创，实非贺龙等初意所及料也。红军于此次损伤至巨，其残余约千余人，遂由卧犀坪经磨阳砦、李家河等处南退。因令我保安蔡团，由高罗经李家河急向红军"追剿"；而以潘善斋旅之李团，由沙刀沟向两河口、石牌洞等处堵击。红军恐陷包围，昼夜兼程，向湖南之龙山县境退去。因分电湘军刘、龚两支队及第三十四师之姜宏模旅，一致堵截。时正1月18日也。

当日贺龙既至抵龙山境之茨岩塘，召开军事会议，对熊、梁两委，态度遂变。20日，召开军法会审，竟将两委捆绑，公开审讯，并将护送两委之士兵一班枪支收缴。23日，将兵放回，熊梁两委即于是日被处决于茨岩塘附近之新场。贺龙旋率其所部，向桑植退去。自此以后，贺夏所部、遂于湘川边境，旋回游动，嗣后趁黔边空虚，进入黔境。而我"进剿"各部，终以地形复杂，道路险阻后方接济，无法进关，未能越境长追，遂于鄂西境内，划区清乡，肃清潜伏宗部。而已收复之赤区，自此逐渐安定。斯时贺夏两部进入川黔者，仅有人枪千余而已。

我参与"围剿"湘鄂西苏区的一段经历

黄调元*

1930年，蒋介石下令鄂、豫、皖三省分别成立保安处，以紧密配合其对红军革命根据地的"围剿"。

1932年6月，我应"陆大"同学、湖北省保安处参谋长丁炳权之邀，离开了原任职的东北边防司令长官公署，到该处任第三科科长，负责湖北全省保安队的整编、训练和作战等工作。

此时，国民政府军事委员会委员长武汉行营主任何成濬兼任鄂豫皖三省"剿共"军左路军司令官，正指挥第四十八师徐源泉（左路军副司令兼总指挥）、第四十四师萧之楚等部在洪湖一带与贺龙将军所领导的红军作战。我参与了这次对洪湖地区的"围剿"，我的任务是负责指挥各县保安队对"剿共"部队的增援，组织民团运输武器弹药、粮食，推行"十家联保法"、"连坐法"，颁发"通行证"及办理各县联防等，此外，我还奉命在经济上对红军实行严密的封锁，禁止食盐、布匹、煤油、医药等物质输入洪湖红军根据地，违者以"通匪支敌"论罪。

由于我们供给充裕，又是重兵压境，故先后击败了襄北、荆南和潜江等地的红军部队，并占领了这些地方，然后又步步向洪湖中心区进逼。9月初，我军又占领了小沙口、瞿家湾、柳关一带，焚毁了红军在那里的医院、兵工厂、被服厂和一切后勤机关，终于迫使贺龙将军所部红军退出洪湖，转移到湘鄂边区。

在这次"围剿"中，洪湖各地损失惨重：仅瞿家湾、小沙口、峰口、汊河等地就有3万余人被杀死、饿死。像洪湖边的监利县一个姓陈的县长

（名字忘记了），一年时间就屠杀了六、七百人之多。（据历史资料记载：遭受杀害者达1.3万人之多——整理者注。）把一个富饶美丽的洪湖变成了一片疮痍满目的废墟。

南京国民政府为了"纪念"这次"围剿"的胜利，曾试图把东荆河以南的洪湖地区改为"克成县"（徐源泉字克成）。

不久，湖北省又成立行政监察专员区，以便直接督促各县县长进行"剿共"工作。这时候，我又应湖北省第十行政督察区专员兼保安司令蔡继伦（蔡是我"陆大"同学）的邀请，担任了第十行政督察区的保安副司令。是时，贺龙将军正领导红军在鄂西来凤、五峰等县一带开展游击战争。在那里和贺龙作战的湖北省保安旅蒋予勤部自感力量不足，要求总部再增派一个旅参加"围剿"。后来总部同意加派保安旅张刚部前往湘鄂边区，但由于张刚此时尚在鄂南，因此蔡继伦要我在汉口催等该旅一同前往。

1933年初春，张刚保安旅由鄂南开赴武汉，我也就随该旅进入了湘鄂边区。随即，我令各县迅速整训保安团、队并充实武器装备。张刚部经过稍事整理，立即投入了"围剿"红军的战斗。那时候，我除了指挥各县保安团、队押运粮草、弹药外，还协助指挥围追、堵击红军。记得在距恩施县城东约60余里外有一险要之地（地名已忘），我曾派恩施团防傅维峰部在那里扼守，以阻止红军进攻恩施。其后，红军果然抢占该地，但由于我军死守，红军一度被阻，直到大部红军逼进，该地才告失守。当时，我很想在这次"围剿"中继续建立我的"功勋"。不料，在7月间，蔡继伦突被撤职，我也只得随之辞职而离开了湘鄂边区，回到南京参谋本部任少将高参去了。

（易元泽　整理）

我在荆沙一带同红六军作战的经过

黄剑夫[*]

1930年4月，蒋介石与冯玉祥、阎锡山、李宗仁之间爆发了新的战争。驻湖北省的大部分军队被蒋介石调到中原前线参战，因而"围剿"红军、维护鄂西治安和长江上游的航运安全，就由刘峙任师长的第一师下面的独立第十四旅（旅长彭启彪）承担了。这以后，独立第十四旅曾同红军发生过多次战斗。笔者当时在该旅第二团第一连当连长，亲自参加了在荆州、沙市附近的郝穴、藕池、石首等地同红六军进行的战斗。现就记忆所及，回忆如下：

1930年2月，红六军在监利成立，其后红军发展很快，经常活动于石首、监利、公安、潜江、沔阳、枝江等地。根据这些情况，独立第十四旅作了如下的兵力部署：旅部率第一团驻宜昌及其附近的宜都、松滋、枝江各县县城；第二团驻沙市、郝穴、藕池、石首一带。其第一营（缺第一、第二两连）驻郝穴，第一、第二两连由周副营长率领驻石首，第五连驻藕池，其余由团部率领驻沙市。

6月，红六军向监利、郝穴、藕池、石首一带发起进攻。我团驻郝穴的部队由于警戒疏忽，被红军夜间偷袭成功，没有抵抗多久，就全部被消灭了。红军随即进攻藕池。

藕池三面临水，只有一面连接陆地。战事发生以前，我还去看过第五连邓连升连长，并就便同邓连长商谈了防务问题。我主张对陆路一面构筑坚强工事，夜间派得力部队防守；对临水三面要检查船只，夜间要所有的船都靠拢本岸，并封锁江面，不准船只来往；市内要会同地方治安机关稽

---

* 作者当时系独立第十四旅第二团第一连连长。

查队，检查旅栈和其他情况复杂的地区，以肃清"内奸"，部队要随时做好应战准备。邓连长很不以为然。

几天后的一个早晨，我们听到藕池方面传来了密集的枪声，知道那里发生了战斗。我向周副营长建议：集合驻石首的两个连前往增援。周整天和当地豪绅嫖赌吃喝，不问防务和部队训练事宜。他在听到藕池枪声后，非常惊慌，对我增援藕池的意见不同意，也并不考虑防守石首的措施。

石首离藕池只有15华里，县城又无城墙可资防守，只有城北濒临江北的东岳山及西岳山尚可据守。我于是率领部队占领东岳山，由中尉排长伍子诚率部队占据西岳山。我派侦察部队向藕池方向搜索（这时，第二连连长正在藕池嫖娼，战斗打响后，被困在那里出不来），当日雾大，未发现红军向石首进攻。正午10时左右，藕池方向枪声即告沉寂。中午，第五连由藕池逃出的一个班，来到我连。据他们说，拂晓时遭到大队红军突然袭击，该连仓促应战，寡不敌众，少尉排长刘仁楷战死，连长泅水逃走，其余官兵非死即俘。周副营长听到这个消息后，便力主撤出石首向湖南安乡撤退。石首保安团有200多人，大队长也要求撤退。我说："守土有责，没有命令，擅离防地，要受处分。红军到来，只有固守待援。"议论未决，江边排哨来报告说，红军用小火轮拖带几只木船，驰到石首江中，即将靠岸。我说："要跑也跑不脱了。"要排哨坚决抵抗不让小火轮靠岸，并立即率领全连跑步到江边增援，集中火力射击小火轮。在我方密集的火力下，红军的小火轮赶紧甩下木船下驶，木船也赶紧靠拢北岸，船上的红军战士纷纷弃船北去。见此情况，我即派传令兵去向周副营长报告，告诉他红军撤退的消息。谁知这时周副营长已找不到了。传令兵回来告诉我说："据老百姓讲，当我们连向江边增援的时候，周副营长即带着第二连向南走了。"见此情况，我只得把队伍集合起来乘夜撤退。

正在我们集合队伍的时候，周副营长突然出现在我们队伍面前，我感到奇怪。原来他跑了几里地后，在路上听见第二连的士兵骂他怕死，不该把第一连丢了不管；同时他也听到枪声已停，估计回来不会有什么问题，这才掉转头的。我问周副营长如何应付当前的情况，他回答说："死守。"我说："死守也可以，但必须有办法，才能守得住。"他问："怎样的办法才行呢？"我说："据说，红军不下三四千人，今天下午由江上来的，为数不过三五百人，况且他们在船上又不便进行战斗，又不易靠岸，这样就容易将他们打退。如果他们从水陆同时向我们进攻，我们寡不敌众，就守不住了。我们最好是一方面赶快将情况用电报报告团长，请求火速派兵增援，只是现在石首的电报线已被红军破坏，只有到华容才能拍发电报。由石首到华容需要三、四个小时，电报发出后，明晨2时可到达团部。估计团里援兵出发准备及征用轮船约需三、四小时。天明轮船由沙市下驶，明日上午10时援兵可以到达；另一方面，我们两个连，加上石首保安团，合起来有400多人，300多支枪，一起守住东岳山。无论红军怎样进攻，我们都可以坚持到明天中午，这就完全有把握守住了。"周副营长听我的说明后，觉得有道理，连忙说："对，就这样办！请你拟个电稿。"稍后，我把拟好的电报稿交给他，并一再要他立刻派可靠的人送往华容拍发。并建议他对送电稿的人给予20元的奖赏。周副营长全都答应了。我回到连里后，便将部队带到了东岳山，并在山脚和江边派出了警戒。我还派人将山脚5里以内的老百姓找来，告诉他们："我们抵抗红军是为了保护你们的身家性命，希望大家协助我们警戒。你们回去后要在房屋附近高处堆积柴草，倘若红军到达你们的村庄，你们就把柴草点燃。我们看见火光，就会来帮助你们。"这些老百姓都答应照办。这天夜里，连里士兵通夜抱着武器睡觉，官长通夜巡查，我也彻夜严密注视着情况。

我们最害怕红军夜间来袭。因为夜间战斗，我们的火器不能发挥威力，肉搏战斗，我们又不是对方的对手。鸡叫时，从山东侧的几个村庄里传来了犬吠声，有一处似乎还点燃了火。我当即传知山脚下哨兵及全连注意，要他们做好战斗准备。天明时，红军仍未进攻，我这时很高兴，以为是度过了危险时期，便撤回了山脚下的哨兵。不料就在这时河里突然升起了大雾。浓雾把山脚周围都笼罩住了。我感到情况对我们很不利，因为这时红军如果乘雾进攻，我们将有遭受悉数被歼灭的危险。便命令在山脚下重新布置哨兵。果不出我所料，红军乘雾向我们展开了攻势。哨兵刚到山脚，就遇上了进攻的红军。第五班的吴班长上气不接下气地跑来向我报告说："红军已到山脚下了！"我命令第一、第二两排用散开队形冲下山去；第三排死守山顶；我自己则率领第五连从藕池逃出来的那个班，在第一、第二两排后跟进。

我们冲到山下后，看见红军不下四五百人，每三四个人组成一组，每组拥有一面红旗，执旗的人跑向前去将旗一插，其余的人立即拥到旗下。我连士兵多半是经过战斗，他们利用山麓坟头作掩体，向红旗下面的红军射击，红军立脚不稳，只得退到山脚下一个山村子里据守。第一、第二两排继续向退向村子里的红军攻击。移时，见红军一二百人由村内涌出，而未看见我第一、第二两排的士兵。我心想糟了，他们大概都被红军歼灭了。转过村庄，才发现红军已经撤退，第一、第二两排正在后面紧迫。红军在渡过一条小河后不走了。他们将红旗插在堤岸上，人隐蔽在堤岸后面。我因兵力单薄，又没有渡河器材，遂停止追击。

周副营长在城内听说我们又把红军打退了，便飞快跑上山来。他见俘虏的几个红军，便立刻命令枪毙。我劝阻说："既已解除了他们的武装，何必枪毙他们？"他只好作罢。这时，石首县保安团也来了，我叫他们在河边警戒，替换我连士兵回到山上吃饭。石首县政府也送来酒、肉和草鞋向我们表示慰劳。稍后，我向周营长打听发电报的情况，岂料他回答说："还没有。"我听了，又气又急，对他说："我们两连官兵的生命都给你断送了。"他假装做不解地问："为什么？"我说："从昨天下午开始战斗到现在，弟兄们已打得精疲力竭，子弹也消耗一多半了，没有办法补充，怎样抵挡红军进攻？"周副营长这才着急起来，我考虑在这个时候既使和他闹翻了脸，也无补于事，只得压下火气说："只有再派人去发电报。我们应立刻做好战斗准备，并把石首保安团留在这里和我们一起行动。"周副营长这次很听我的话，一面安排人到华容发电报；一面和石首保安团联系，要他们留在这里同我们一块防止红军进攻。保安团推诿说缺乏子弹，我便从本连士兵身上各取下两排子弹给他们，他们这样才留了下来，但不久即溜走了。中午12时左右，大队红军不下三千人在没有任何抵抗的情况下，直接开进了石首县城。我在山上看见红军是由东面进城的，而石首县保安团则是从西面逃走的。

红军占领石首县城后，马上向我连所占的东岳山发动了猛烈进攻。东岳山成一马鞍形，靠县城的一端叫笔架山，由笔架山向北延伸一条山背直到江边。山背以笔架山向北逐渐下降，到鞍部又逐渐升高到北端山顶。山顶高于笔架山，临长江一面成为绝壁，攀登困难。由鞍部到山顶有两个庙，名二天门、三天门。山的西面为西岳山，相距约一公里，山的东麓围绕着狭长形的湖沼，只有中间一段宽约二三百公尺的旱地连接山麓。我连当时的防守部署是：以第一排占领笔架山，阻止由县城仰攻我连的红军；以第二排占领鞍部，用火力支援第一排两翼，特别要以火力封锁山东面湖沼中间一段旱地地面；第三排占领三天门山顶为预备队；第二连以两个排占领西岳山，以一个排占领东岳山、西岳山之间的空隙地段，阻止红军插入两个连间隙地带而隔断两个连的联系。红军攻笔架山时，第一排虽占有有利地形，火力较强，但毕竟兵力太少，撑持到下午3时后，即感不支，迭次派人来请求增援。我口头答应派兵增援，要林排长鼓励全排继续抵抗。实际上我已派不出援兵，因为红军除正面进攻笔架山外，还向山东麓包围，他们由湖沼中间一段旱地向山的鞍部猛冲。第二排集中火力封锁这段旱地，对进攻的红军构成威胁，但射击一停止，红军又向前跃进，他们还增加了兵力，共为四、五百人。由于第二排的火力很猛，红军仍被阻止在湖沼外面。这时第一排请求增援更加急迫。我考虑本连战线太长，兵力太单薄，一到夜间，火力效力大减，就绝不能固守下去；同时我们的子弹也快打完了。只有下决心乘夜间突围才是活路。我将打算告诉了周副营长，他表示同意。

这时已近黄昏，我派人将自己的安排通知给第二连，并用号音将第二连在两山之间的一个排调上来加入第二排，以打退包围我左翼的红军。并决定从第二排防守的这段鞍部突围出去。因为东岳山的北、西两面都临大江，南面石首县城已为红军所占领，只有这东面唯一的一条活路可走。我派人告诉林排长，要他在掩护我连冲到山脚后，即边抵抗边撤退地跟随我连转进。处置完毕，我立即叫号兵吹起冲锋号，发起冲锋，包围我翼侧的红军。在我们的冲击下，红军闪开了一个缺口，部队从缺口冲过去了。

我们到山脚时，红军的红旗已插上了笔架山顶。第一排与红军进入混战状态。眼见第一排已撤不下来了，我非常着急，行动踌躇起来。替我背行李的一个民夫提醒我说："连长，你看你身边已经没有人了。"我只好跟着部队逃走。在离山约半里路才赶上了部队。我对第三排排长沈天如说："这样跑，一定跑散了。你把你三排集合起来，在部队后面慢慢跟进，我到前面去掌握部队。"沈排长立即命令第三排集合，由他带着走在后面。我则赶到前面把第二排和第二连的一个排集合起来，组成行军队形，前面派出警戒，向华容前进。由于这时天降小雨，又是漆黑的夜，红军才没有追击。我们仓促间没有找到向导，只好背着红军的火光走。

部队到达华容县的鲇鱼套时，天已渐渐亮了。在撤退中，我连的旗帜、行军锅和部分行李都丢失了。士兵有跑掉军帽、绑腿的，真是狼狈不堪。街上居民害怕败兵抢劫，惶恐不安。商会竭力为我们解决给养问题。我也约束士兵严守纪律，并发电报到团部报告作战经过和目前部队的位置。我连第一排被红军俘获后，红军只留下了他们的武器，并没有杀害他们，每人还给了5角钱放回来了。林排长被释放后没有再回部队，据说是回老家去了。

据了解，这时鲇鱼套驻有湖南何键部的一个连，华容城内驻有一个营，当这位营长同我们的周副营长见面时，竟以责备的口吻说："藕池发生情况，石首就应该有作战准备，才不致仓惶应战，遭到失败。"但不到两天，这位营长也遭到了同样的命运，红军又进入了华容境内，该营奉命开去迎击，结果打了一个大败仗，损失过半，营长也负了伤……

我旅在获知藕池、石首驻军被红军围歼的情况后，震惊之余，派副旅长刘麦率领我们第二团和第一团的一部赶来增援，而此时红军已向公安方面转进了。我旅由于鄂西兵力空虚，不敢远追，仍回原防。我团调驻宜都古老背整训，查究失败责任。我自己除承担作战不力的责任外，没有揭发周副营长一点儿过失。但后来，周副营长还是被撤职查办，判了四年徒刑。我不但未受处分，还被提升接替周副营长做了第二营的副营长。

回忆南县、华容、津市、澧县
"剿共"的几次战役

戴季韬*

1930年至1934年间，贺龙将军及其所领导的红军多次进出湘西，新编第十九师陈渠珍部奉命参与对红军的"围剿"。在这段时间，我任陈部的团、旅长，直接或间接参加战争。因就回忆所及，概述当年的作战实况。

1930年7月红军攻克长沙，何键急调驻常德的第十六师第四十七旅（戴斗垣以副师长兼旅长并兼湘西"剿共"指挥），投入反攻。

戴既不能抗命，又恐部队调动后，常（德）、桃（源）原有防地被何键乘机夺去，使自己进退失据。乃商请陈渠珍乘何键用全力跟红军作战无暇西顾的时候，派部队开驻常德协助其留守处控制常、桃。陈早有意向外扩张，便派我率警卫团（陈的基本部队，有人枪三千余）于8月中旬由沅陵开往常德。何键一见陈渠珍的势力乘机扩张到常、桃，大感不安，借口南（县）、华（容）告急，严令我部即日开赴津（市）、澧（县），待命向南（县）、华（容）增援。陈恐我一个团处在何键的势力范围内因孤军远悬而吃亏，随即加派第二团（团长陈运夔）于8月23日由永顺开到澧县策应。

9月初，红二军团连克石首、藕池，15日逼近华容属之梅田湖。23日红军邝继勋部攻占华堰，一部分向南县进攻，南（县）、华（容）同时告急。何键慌忙电请驻石首、监利的川军赖心辉的新编第十一师第三十一旅张英部（后来张接充师长仍兼旅长）开安乡，第三十二旅马堃山部开南县，督同南（县）华（容）安（乡）沅（江）区指挥宋寿梅所属各县保安

---

* 作者当时系新编第三十四师独立旅副旅长。

团队和湘西"剿共"指挥部的向克权团向红军进攻,并电令我和陈运夔团克日向南华"进剿"。适因澧县北乡有王文斋、苟逮如两部红军进入,所以,陈团仍留澧(县)担任"堵剿",我则率警卫团向南县、华容增援。到安乡后,获得红军有向津市、澧县进攻的情报,因即率部折回津市。南县、华容方面我仅派少数部队和联络人员前往侦察而已。

当"进剿"各部在南县、华容附近和红军小有接触后,红军主力即向石首、公安一带撤退。张英部追至安乡而止。红军主力虽已远去,邝继勋部却留在条关(距华容60里)附近游击。10月18日,邝部复逼华容县城。主力红军也分两路:一路由石首、监利进攻南县,一路由岳阳直趋华容。两路红军于10月22日同一天攻占南县和华容。26日克三仙湖,沅江吃紧。

何键为了挽救湘西北危局,在平江、浏阳军事吃紧中,抽调第十六师师长彭位仁率部于29日开赴草尾。此时,蒋介石已将原驻沙市的李云龙师,和原驻公安的新编第七师川军李宗鉴部调到湘鄂边境策应;第四十八师徐源泉部徐德佐旅于29日纠合"江贞"兵舰攻陷监利,分兵由调弦口、鲇鱼须向南县、华容"抄剿"。继戴斗垣(戴已于8月下旬在浏阳文家市被红军击毙)为湘西"剿共"指挥并兼任第二旅旅长(辖第三团何英、第四团向克权部)的戴恢垣也纠集久驻湘西、一向受编不受调的该部第一纵队司令李国钧(李刺杀陈汉章,领其众)率众趋南县、华容。川军张英等部同时从安乡出动。这些"进剿"部队都归彭位仁统一指挥。归彭指挥的还有我和陈运夔团以及滨湖各县的保安团队等。同时,何键还派了策划"马日事变"的阴险凶恶的手段毒辣的余湘三为督战官。

红军自打下南县、华容,攻占三仙湖后,侦知敌方部队已由四面八方包围上来,因在彭部到达前一天即10月28日午后主动由三仙湖向中鱼口撤退。早已开抵草尾的戴恢垣部由八百弓乘机进占三仙湖。彭部刘济人旅到达后,随即由三仙湖、聂鱼口进攻红军段炳钧部,并间道由左方向太阳山抚红军之背,红军向扇子拐撤退。此时川军一部也从麻河口、三汊河向南县推进,并在太白洲架设浮桥,企图抄袭红军右后方;一部经澧县、安乡边界攻占梅田湖、鲇鱼须两重镇后,遂向华容进攻,30日占领华容属之沙口。彭位仁见"进剿"部队均已到达指定地点,乃于31日下令总攻。次日,红军主动撤离南县城向华容转进,一部在三汊河强渡,被川军和刘济人旅堵击(据说红军损失很大),乃折向藕池方向退去。红军主力在梅田湖、官挡一带与川军张英部接战,战斗激烈。11月1日彭位仁率第四十七旅之第九十四团由草尾踵至，即向梅田湖增兵，红军随即向华容撤走。

彭位仁随即分三路向华容进攻：

第一路，川军张英之一部由梅田湖经鲇鱼须进攻华容。马望山旅分途进攻响水窖、官挡至焦圻线之红军。

第二路，彭位仁亲率第十六师刘济人旅和戴恢垣部由甄家咀、中和垸、赤松亭直攻华容正面。

第三路，宋寿梅指挥的保安团队由马咀、长春垸攻击红军侧面。

三路水陆并进，同时围攻。川军遭遇红军节节抵抗后进占官挡、响水窖。红军主力在彭部尚未到达前即由华容北门用浮桥渡河向鄂边石首、松滋方向撤去。其中一部撤向澧县北边境。彭位仁部于11月2日进入华容城，即日分由华容、岳阳开回长沙。戴恢垣部回防常德；李国钧开驻汉寿；第四十八师徐源泉部回驻监利和新堤；张英师开回安乡。

在彭位仁等"进剿"部队撤走的同时，红军却已折向津市、澧县。时我正奉何键令率部支援南县、华容，行抵安乡。闻讯，即令团附陈孟炳打电话告讯陈运甕。陈这时正为其母亲大做其寿，对敌情毫无戒备，他回答说："要你们团长不要胆虚，有我陈运甕在，怕什么！"当时驻防津市、澧县的只有我和陈运甕的两个团。情况紧急，而守兵单薄，驻安乡的川军师长张英要我星夜回防。在张英处我还会见了张部派驻长沙与何键联系的官鼎良（四川人，在何总部挂了参议名）。他对我和张英说："我在长沙时，听说何键有意利用红军消灭川军和湘西部队，作战时，须特别小心防范。"

我于2日晚率部赶回津市，即用电话与陈运甕联系，并将官鼎良说的话告诉他，要他注意。但陈此时仍不识大局，还以津市、澧县驻地问题的夙怨同我闹意见（我团与陈团在津市、澧县时，陈渠珍指定我团驻津市，陈团驻澧县。陈以津市为特税收入地区，他没有占据，对我非常不满），所以在战守问题上不能一致。当时我考虑到：第一，红军南进后一路连克重镇，士气旺盛，锐不可当，且贺龙将军在津市、澧县一带威德素著，人民群众对他有好感；第二，我部孤军深入，何键正好借红军之手消灭我们。因此，我坚决主张能守就守，不能守就走，决不和红军打硬仗，替何键卖命。陈运甕却因夙怨，说我团是拥有人枪三千多的加强团，装备优良，训练有素，质问我："为什么不可一战？为什么要在何键面前坍湘西人的台？"他还认为我团驻在有特税收入的津市，关系官兵饷糈，应该主动迎击红军，确保津市。由于我与陈的意见难得统一，我们就召集两个团营长以上官佐在津市开紧急会议。会上，我团副团长彭达武提出分区布防的调解意见。我们只好勉强做出布防决定：津市方面，警卫团负责，由彭达武率刘文华、白树庭两个营1800多人在白洋堤一带布防，我率特务连和刘鼎营千多人为总预备队；澧县方面，由陈团副团长刘宗鲁率滕传光、张健两个营约千余人占领大堰挡、王家厂一线，掩护津市侧背，陈运夔则率谭文烈营固守澧县城，相机出击。我们就这样连夜仓促布防。

11月3日，红军以一部监视白洋堤守军，主力猛扑守大堰挡、王家厂的滕、张营阵地。激战两小时，守军遭到重大伤亡后溃退，纷纷抢渡王家厂河逃命，但渡口已被红军机枪的猛烈火力所封锁。该团副团长刘宗鲁同百十成群的官兵一道溺毙了。后来检查，这一战斗计溺毙伤亡官兵三、四百人，被俘的百余人，共损失人枪五六百。

红军在解决滕、张两营后，当日即转过头来，向白洋堤我军猛攻，满堤遍野，杀声震天，激战约3小时，彭达武被击毙，官兵死伤百余人。我见战斗不利，乃令迅速脱离战场向津市转移。此时，澧县方面的枪声突然加剧，我眼见战况转变得如此迅速猛烈，恐津市、澧县间的通路被红军截断，不敢死守，下令放弃津市，向澧县撤退。

11月4日起，澧县城东、北、西三门被红军重重包围，南门稍弱。我率部于当晚到达澧县城郊时，因东郊的多安桥已被红军占领，无法冲进澧县，遂率部绕向宋家渡过河，进驻中和铺，与澧城成犄角之势。5日晚，我派兵袭击围城之红军，守城部队亦开城出击，内外夹攻，遂将围南门之红军击退。同时，我团刘文华营率同沿途收容的陈团溃兵500余人，共1500多人，乘红军不备，由刘家河偷渡，安全进入澧县，协同陈团固守。我则率部仍在中和铺一带遥为呼应，并联络新开到新安州之川军马望山旅和由汉寿赶到的李国钧部相机反攻。不久，陈渠珍派来新近收编的田少卿团增援。我与各部会合于澧县城郊，在何键所派督战官余湘三的监督下，分向津市、澧县猛攻。

在这以前，红军接连攻占石首、华容、南县、藕池、公安、临澧、津市、石门等城市，歼国民党军官兵数千人。但他们从来不计较一城一地的得失，当我们反攻时，又机动地从津市、澧县城下撤走了。当时，蒋、冯、阎中原大战业已结束，蒋介石正南调兵力向红军根据地进攻，同时，红一、三军团早已从长沙附近撤退。这可能是红二军团主动解津市、澧县之围的原因之一。澧县之围虽已解除，但是我们又被内部矛盾困住了。

陈渠珍鉴于戴斗垣的部队被何键时编时调，打仗有份，补充无望，实力消耗大半，将有被全部吃掉的危险。而自己的部队在津、澧战斗中损失很大，同样得不到补充，恐愈拖愈瘦，蹈戴的覆辙。因此无意再让自己的部队远离老巢，继续与红军作战。曾一再电令我率警卫团和陈、田两个团撤回湘西，退守慈利、大庸。但陈运麓却恃守澧州有"功"，想借与红军作战机会，要求何键补充兵员、军械、弹药，以弥补损失。他在余湘三的支持下，拒绝接受陈渠珍的命令。余湘三更挟何键之命阻止我团撤回湘西。我再电陈渠珍请示，陈仍严令撤回。当时，我考虑警卫团是陈赖以统御各部、统治湘西的基本力量，这次接常德之防，弄巧反拙，被何键抓住，难以脱身，如果继续与红军打下去，再遭到更大的损失，则陈的实力将被消灭大半，在湘西的地位势必发生动摇，我们亦将无所依附。至于陈运麓因遭受重大损失，无颜"回见湘西父老"，事已至此，必不可强，强则生变。如适当处理，或能为陈渠珍保存一部分力量，尔后可以相机恢复。于是决定要田少卿团协同陈运麓留驻澧县，我自己则于11月上旬不顾余湘三的留难，由澧县向常德鳌山庙方向撤退。红军此时尚占领新安、合口一带，闻讯尾追至鳌山庙，我部改道经湖沼地带由常德下游的牛皮滩渡河直趋桃源，退回沅陵。当我到凤凰向陈述职时，他指出何键企图消灭我们的阴谋，对我们替何键出死力去跟红军硬拼和陈运麓抗令不撤表示非常不满。

不久，何键致电陈渠珍说我擅自撤退，应予通缉法办。陈搁置未理。但想当这个警卫团长的却大有人在，乘机争夺开来。陈为避免内讧，将警卫团3个营扩充为3个直属团，任原来3个营长为团长，计第一团团长刘文华，第二团团长白树庭，第三团团长刘鼎，我虽暂被编余，但仍参与机要。这3个团不久即编为新编第三十四师独立旅，陈渠珍兼旅长，我任副旅长负实际责任。

1930年12月初，红二军团再攻津市澧县。前此，红二军团在湘鄂西进出期间，虽没有巩固占领的城市，但在消灭敌人有生力量方面，却取得了很大的成绩。例如在鹤峰解决了川东土著武装秦伯卿、甘占元等部，缴枪数千支；在南县、华容、津市、澧县各役中，除成批缴获陈运麓部枪五、六百支外，陆续虏获其他"剿共"部队的人员械弹亦不在少数，得到很大的补充。所以这次进攻声势也比前次更猛了。其时，李国钧等部在第一次津市、澧县战斗结束后即开回汉寿等地，所以守津市的马堃山旅、守澧县的陈运藜、田少卿两团，都抵挡不住，纷电何键、陈渠珍告急。

何键除派第十九师师长李觉率第一〇九团（团长刘建文，属邓南骥的第五十六旅），第一〇三团（团长庄文枢，属段珩的第五十七旅）督同石门保安团（团长罗效之）和李国钧部向津市、澧县增援外，并请第十一师师长陈诚和陈渠珍等火速派兵驰援津市、澧县。

陈渠珍听到红军比前次来势更猛，并有经津市、澧县进入湘西老根据地的消息，大感不安。且陈、田两团又已被红军围困在澧县，急待救援。在这种形势下，他不得不又向津市、澧县增兵。陈任命新编第三十四师第二团团长顾家齐为慈（利）（大）庸"剿共"指挥，率第二团和独立团（团长张晋武，新近收编）由大庸迳赴澧县，并加派新收编的川军周燮卿旅由大庸向津市、澧县增援。我则替他掌握津市、澧县方面作战情况。

12月初，李觉指挥各部进攻石门、皂角市一带的红军，李国钧、周燮卿、顾家齐等部被红军打得落花流水，夺路溃退。时第十九师刘建文团在瓜子峪担任掩护并相机抄袭红军左侧的任务；庄文枢团驻新安掩护侧背。该两团闻李国钧部失败，均不救援。红军打败李部后，继向刘建文团进攻，而庄文枢团又不策应。李觉两次下手令要刘团向新安撤退，刘以李觉不明了敌情，拒绝向新安集中待命，致被红军各个击破。李觉随即组织反攻，复命刘建文团打冲锋，激战至烈，红军小挫。这时华容城亦为第十一师第六十五团（团长莫与硕）和新编第十一师张英部于12月13日攻占。红军见前进受阻，侧背又遭到威胁，因此主动地从津市、澧县城下撤去（日期记不清了）。

津市、澧县解围后，李觉在石门召集所指挥的各部队团长以上的干部开会。会议总结了第一、二次津市、澧县作战经验，检查了在石门、皂角市作战失利时互不救援的教训。当会议进行中，忽接到红军前委在松滋县杨林市举行会议的情报，得悉：红军内部对尔后行动方向，意见不一致，有的主张退回鄂西根据地，有的主张在当地与敌周旋，甚至说贺龙将军已离开部队。消息在军事会议上传开，所有与会的人，个个喜形于色，一致主张乘机越界"剿共"，以竟全功。特别是湘西部队的军官，如张晋武、田少卿等人过去是贺龙将军的部下，顾家齐也跟贺共过事，他们都深知"一把菜刀闹革命，打遍湘西无敌人"的贺龙将军的神勇，最怕跟贺龙将军打仗。此刻一听到贺龙将军离开了部队，他们的嚣张气焰也就陡然高涨，摩拳擦掌，"要扳回打败仗的本钱来"。李觉在会上决定指挥所部越过界去打杨林市，并在会后亲自赴津市和张英、马堃山商量作战计划。他们共同决定了分进合击的作战方案，各按作战计划，挥师急进，跟在红军后尾穷追。李觉所部追到杨林市打响了。

红六军在杨林市、街河市地区，红二军远在公安，由于内部意见分歧，部队行动犹豫，使李觉得以从容布置，并以优势兵力压迫杨林市之红军。

1930年12月17日，李觉率部由津市到张家厂，其先头部队在张家厂附近与红军接触，红军退走，李部进占西斋（属鄂境公安）、王家堍、杨寨铺、石子滩之线。张英师于同日由官挡、黄山分头向公安、藕池进击，企图截断红军交通，会合李觉所指挥的各部，协同第十一师莫与硕团分向公安、石首之红军进击。

18日晨，李部与孙德馨的红十师和红十六师、红十七师（据当时被俘红军战士口述），在元山一带高地激战竟日，肉搏十余次。红军不支，向杨林市撤退。李觉所指挥的各部跟踪尾追至杨林市。攻杨林市打先锋的是石门保安团罗效之一个加强团（附重机枪一连）最卖力气。李国钧部两个团先后投入战斗向杨林市正面猛攻。周燮卿旅，厕家齐部则由西斋向街河市进攻。这一仗红军没有打好，损失颇大，分向公安、松滋方向退走。（事后据李国钧部缴获的文件中提到杨林市之役，损失过巨，红六军军长段德昌免职。）

张英部19日由茅草街渡河，将抵藕池时，据报：在杨林市失败的一部红军正向石首、藕池撤退。该部当即截断由杨林市向藕池撤退的红军退路，激战在距藕池约四里的地方。红军不支，退至河岸强渡时，战士落水而死者甚多。

李觉自取得杨林市的胜利之后，挥军急进，于20日攻占公安。红军向东西两个方向撤退。东撤的红军会合藕池、石首的零散部队，占领藕池、石首，抵抗张英师的进攻。李觉则于26日率第十九师庄、刘两团由西斋出发进驻公安后，除令李国钧部蒲仕胜团留驻张家厂，李国洪团驻芝麻咀、大堰挡至鄂边各地，陈运夔、田少卿两团分驻石门、澧县外，以戴恢垣部（戴本人留津市开善后会议）和周燮卿旅、顾家齐部以及川军马塑山旅为追击队，向鄂境追击西撤的红军。红二军团主力被迫退往湘鄂边的五峰、鹤峰根据地。至此南县、华容、津市、澧县战役告一结束。是役结束后，陈运夔病死澧县。该团余部编并于田少卿团，随同周燮卿、顾家齐部开回湘西。

川军在宜昌、沙市一带"围剿"红军的经过

罗君彤*等

　　本篇是原国民党第二十一军刘湘部部分军官关于该军1930年至1933年间在湖北参与"围剿"我工农红军的一组回忆文章。其作者姓名及当时的职务分别为（按提供资料的多少列名）：罗君彤，第四师副师长兼右纵队司令；廖敬安，第四师十一旅三十一团团长；罗克章，第四师中校参谋；陈章文，第四师中校团附；胡秉章，独立第二旅中校参谋；张厚培，独立第二旅参谋长；余汉陶，独立第二旅特科营副营长；郭文炯，独立第二旅特科营营长；余首民，独立第二旅中校团附；蓝其中，独立第四团营长；罗希成，独立第一旅参谋长；蒋澧澄，独立第四团中校团附。

川军出川"剿共"

　　1930年8月，蒋介石在"围剿"江西中央红军的同时，又适与冯、阎内哄的中原大战爆发，兵力不敷分配，特令刘湘派兵接防宜昌、沙市，以便使徐源泉、李云龙等部队他调。川军中刘湘实力最为雄厚，野心也不小，他常说："有机会，我要问鼎中原"，早就有东出夔门，扩张势力的企图。当时蒋与刘协议：川军到湖北，不过问地方行政，蒋每月在两湖特税（即鸦片烟税）内划50万元作川军费用（后又增拨清乡费每月8万元）。

　　*　罗君彤当时系第二十一军第四师副师长代理师长。

194

刘湘奉到蒋介石命令后，即于1930年8月派驻在万县为他认为忠实可靠之独立第二旅旅长郭勋（郭很迷信，到宜昌后听算命先生说他名字后要加一个"祺"字才吉利，即改郭勋祺名），率所部袁治、秦晋康两团，输运宜昌，接替徐源泉军防务；继又调教导师第一团傅楠到宜昌归郭节制（傅团后改编为独立第二旅第三团）。同时设置行营军部于宜昌。以袁彬（丞武）为行营参谋长，代行代拆，指挥鄂西军事。继又调出川之佟毅、杨勤安两独立团及军配属机枪营（营长胡泽江）、炮兵营（营长戴岚青）、"峨嵋"兵舰等均由行营军部控制。刘湘并委郭勋祺为宜昌警备司令，所部即驻宜昌市区担任城防。行营到宜昌后，佟团及机炮兵营兵舰等均驻宜昌，杨团分驻宜都、长阳。当时贺龙率领的红军尚在湘西洪湖一带，宜昌附近无红军部队，仅有各地区的赤卫队活动。川军的任务是驻防和清乡。10月底原驻荆州沙市之陕军李云龙部调驻沙洋，袁彬即率佟、杨两团移驻沙市，后徐源泉军回驻沙市，袁彬又率佟毅独立团回驻宜昌。杨勤安团仍回驻宜都、长阳。当佟、杨两团进驻沙市时，郭勋祺即令其第二团团长秦晋康率领第二、第三两营，进驻渔洋关、玛瑙坡一带防守，其第一营艾一心部则分驻宜昌附近之当阳，由旅部直接指挥。

以上为川军到宜昌后的兵力部署概况。

川军与红军初次作战，在渔洋关失败的经过情况

1930年8月郭勋祺旅出川时全驻宜昌，不久佟、杨两独立团轮运到宜，杨勤安团即进驻宜都、长阳，新编第三旅李宗鉴部，（系川军）驻松滋、枝江。10月份行营军部曾一度率领佟、杨两团到荆（州）沙（市）接替陕军李云龙部防务。郭勋祺乃派其第二团团长秦晋康率领第二、第三两营在宜昌南岸湘鄂边境之渔洋关、玛瑙坡等地布置防务，以阻止红军贺龙部队回师鄂西为目的，其第一营艾一心部进驻当阳，由旅部直接指挥。

秦团到达渔洋关后即依据地形构成防御阵地，工事构筑相当坚固，并以一个加强连占领紧接街市之玛瑙坡高地设置前哨阵地，赋予的任务是：如遇敌袭，极力抵抗，如无命令不得撤退。当时秦团侦悉红军离渔洋关尚远，正在湘省境内休整，预料天寒地冻时节，可能无其他动态。红军则以川军初至，计划横渡长江回到洪湖根据地开展赤区。贺龙亲率第五师于是

年农历除夕，乘秦团官兵欢宴不备，冒狂风大雪突袭渔洋关，一举将玛瑙坡秦团的前进阵地突破，围攻渔洋关，以事出仓促，秦团官兵张皇失措，激战一日，形势危殆。郭勋祺在宜昌闻报，立即派傅楠率全团驰往增援。红军以战略关系，乘隙绕道将驻巴东之戴天民师击溃（戴师属黔军李小炎部），渡长江，经秭归、兴山、远安、当阳，回据洪湖。是役秦团伤亡官兵百余人，损失枪枝百余枝。

当阳被围及马良坪作战经过

1931年2月，驻防当阳之秦团第一营艾一心部，突破贺龙率部围攻。该营协同团队，凭城顽强抵抗，固守待援。郭勋祺亲率袁治团及手枪连、军属机枪一连驰往解围。途中遇到该旅在当阳贩卖烟土之某副官告以围城情况，当至当阳十里之双莲寺附近的古战场——长坂坡地区，即与红军打援部队激战。红军见城内川军顽强固守，城外援军又至，即撤围而去。事后郭勋祺在长坂坡勒石刻"长坂雄风"四字，以表其功。其实战争并不是很激烈的，只不过是伤亡不大，损失较小而已。

行营军部认为红军在宜昌防区内活动威胁甚大，如能迫使离鄂回湘，则算完成驻防任务了。即令郭勋祺率领袁治、傅楠、佟毅共三个团附机炮兵向远安前进阻击红军。时红军在远安、洋坪两地休整后，再向马良坪撤退。川军节节尾追，完全被动，遥随红军进止，官兵疲惫不堪，咸欲一战。乃以佟团蓝其中营昼任前卫，夜任前哨，行抵马良坪隔岸附近时，侧卫部队于山上发现红军正在场外河坝集结，即以全营抢渡进攻。红军因被当地大刀会封锁消息，不意川军猝至，即上场后高地抵抗，蓝营即乘红军立足未稳之际，接着仰攻上山。红军即向山后撤退，被脱离川军刘存厚部投向中央军之王光宗师，由竹溪房县，前来截击。红军前后受敌，横向左侧山区退走。是役双方都有较大的伤亡。郭勋祺将一营作战捏报称三团大捷。事后拾得红军计划"凡遇一营以上之敌，即须避免战斗"，盖补给不易，有把握能围歼敌人，始行一鼓消灭，否则决不轻于作消耗无益之战斗也。

川军再度接防沙市

　　沙市原为第十军徐源泉部驻防，在蒋、冯、阎中原大战军事吃紧时，蒋介石将徐部调河南参加战争，再令刘湘派兵接防。1931年4月，行营军部即令佟毅、杨勤安两团驰往沙市接替徐军防务，同时又发表郭勋祺为长江上游"剿共"军第一路司令，进驻沙市指挥军事。增派第二十一军第三师第九旅旅长张邦本率所部三个步兵团、一个独立团为长江上游"剿共"军第二路司令驻宜昌。郭勋祺到沙市后，即以先到沙市之佟、杨两团进驻郝穴普济观、监利、上下车湾等地布防。

普济观、潭唱到、秦家场之线的战斗

　　1931年4月底，佟毅、杨勤安两团再度接防沙市。5月初旬，佟毅团派第一营营长蓝其中率该营前往下游90里之郝穴，接替徐源泉自兼之第四十八师韩旅防务。因防务过宽，沙市乃再派杨勤安团前来郝穴。

　　蓝其中营接防普济观后，即将阵地加强，并协同杨勤安团许国璋营各派两个连，担任守备任务。再拟定蓝、许两营以未担任守备之两个连分进数里游击侦察。蓝营侦悉当面红军系红三军第九师师长段德昌率步兵3个团及独立团段辉甲部，并有骑兵，机枪各一连，战斗力甚充实。认为未可轻敌。决定分由许国璋、蓝其中两营长率部分别向左前方和正前方前进。

　　许国璋营长率兵两连向左前方游击数里，未与红军接触，即返原防。蓝其中营长亦率两连再将守备之两连各抽一排随军使用，于拂晓前后由正前方公路前进，行3里许，遇一座桥梁，遂留一排守备。人见左有宽约二、三丈之并行小河，彼岸河坎较我岸为高，距公路数10公尺，虑受伏击，又派一排为侧卫，令顾本道行进。蓝率本队由公路续进又二里许至潭唱到，是为一百多户人家之丁字形小镇，居民已无，侦知红军方去不久。由望远镜察看红军尾队正向右一带村落进入隐蔽。

　　蓝营本拟撤退回桥，但与侧卫已失联络，只好再行推进以便寻找侧卫。旋得该排报称："因森林隐蔽不知本队行止，进至秦家场我端，即遇红军百余激战，内有骑兵"等语。是日风向由后向前，故枪炮声均未听见。蓝营又派一排往援，令其交相掩护撤至桥梁左端。同时，蓝营当面突然发现红军进攻，部队就地利用地形展开反击。机枪连续射击，手榴弹互相投掷，声震原野，战斗颇为激烈。红军数度冲锋，川军顽强抵抗。红军乃由正、右两方面使用骑兵配合步兵猛力冲杀，同时发现红军右自长江大堤，左至秦家场一带使用部队"广正面"冲杀前来。其时侧卫已撤回，蓝营考虑如不及时撤退必成"瓮中之鳖"，乃且战且走，节节退向桥梁，但左翼部队已凌乱，红军骑兵已超至后方，双方激战甚久。蓝营正危急万分之时，幸杨团闻报陆续派兵来援。红军猛打猛冲，又复增加有力部队，往来拉锯，多度冲锋，他们除向增援之杨团部队猛击外，并且骑兵迂回包抄，在蓝营左翼杨团增援前来之许营当被红军痛击，即告崩溃。蓝营为了解救许营之危，又向红军反扑，红军以时已入暮，目的已达乃撤去。是役战斗11小时有余，川军重伤连长2员，轻伤1员，排长阵亡2员，伤5员，士兵伤亡200余人，损失步枪8枝。

郭勋祺部在沙市地区，对红军作战，连续失败

郭勋祺部到沙市后，在布置防务中，派傅楠团之何自成营到郝穴方面游击，搜索红军情况。何营由沙市出发，取道岭河口、资佛寺向郝穴前进。行至资佛寺午餐时，警戒甚为松弛；突被红军袭击。经过短时间战斗，何营溃不成军，结果损失人枪200余，这是郭勋祺到沙市后，继蓝、许两营遭受重大伤亡后红军给他的又一个打击。

洪湖苏区为红军根据地，其对四周的乡、镇、点、面，控制异常严密，很少将部队常驻城市。郭勋祺侦悉潜江红军不多，企图攻占。既可以巩固外围，又可以虚报战绩骗取奖赏。这时重庆方面又调来蓝文彬旅之杨焕、苏奎武两个团受他指挥，郭遂决心进攻潜江。乃以两个团兵力守备沙市附近主要地区，亲率3个团的兵力经浩子口向潜江进攻。郭沿途只与赤卫军小有接触，未经过激烈战斗就进占了潜江县城，即发出攻克潜江的电报。正在郭勋祺兴高采烈时，认为红军不堪一击之际，殊料红军利用空隙，由潜江、荆门间道以有力的部队，神速的行动迂回将沙市附近之后港

的杨焕团罗少清营于拂晓前击溃。该营仅剩少数官兵逃回荆州，沙市告急。郭勋祺突闻警报，吓得手足无措，面色惨白，即星夜回师。宜昌闻讯派来"嵯峨"兵舰游弋于长江港汊之间，又轮运步兵一营增防沙市，援军齐集，而斯时红军却已见首不见尾地转移他去了。是役罗少清营在拂晓前于睡梦中即被红军打死、打伤甚众，损失人枪在300以上。

郭勋祺与红军在曾家集作战的经过：

1932年夏初（4月），郭勋祺由沙市亲率袁治、陈良基两团出巡十回桥、后港一带，企图打通后港至沙洋的交通要道，与驻防在皂市、旧口一带的徐源泉部张振汉师之黄兴旅联络。不意骤与贺龙率领的红军主力遭遇于曾家集一线。郭勋祺指挥袁、陈两团就地迎战，战斗至为激烈。红军越战越勇，越战人越多。郭勋祺乃电调就近十里铺之郭瀛通团及后港之杨焕团加入作战。彻夜都有战斗。迫至拂晓，郭始发觉已被红军包围，且因郭团何成聪营长离开阵地睡觉，红军突入右翼阵地，情势极为紧张。郭勋祺率手枪兵一个连，到前线督战。令袁、陈两团向当面红军出击，又严令郭团恢复阵地，并声言不能恢复阵地，要枪毙郭团长、何营长。该团官兵复翻身作战，做困兽之斗。其他部队亦反复冲杀。未几，佟团亦由河溶驰至增援。郭部得此新增部队，全线士气为之一振。郭勋祺在此有利的条件下，命令全线进攻，战斗激烈，反复肉搏达一日。红军见川军不断增加，乃绕道潜江、周家集回洪湖。是役由遭遇战发展为不小的会战，为川军到鄂西以来与红军作战最激烈，投入兵力最多的一次。重伤陈团营长秦立初、袁团第一营长许元伯以下官兵近千人。

长江上游"剿共"总指挥部成立

川军参加鄂西"围剿"红军以来虽多次失利，但蒋介石仍将鄂西"剿共"任务，交给了川军，发表刘湘为长江上游"剿共"总指挥以示信赖。其企图是借此使刘湘将主要力量调出川来，并诱他进驻汉口，以分散其力量后再搞垮他，但刘湘只接受总指挥职务，对进驻汉口则多方规避，恐蒋调虎离山，为其所乘。加以刘湘因与刘文辉争夺四川霸权成见已深，不愿出川。故当蒋介石迭电催促要刘湘行营派兵进驻武汉时，袁彬电刘请示，刘复电以"内重外轻，希相机应付"云云。

刘湘就任长江上游"剿共"总指挥不久，即以他认为作战颇有经验的第三师师长王陵基代理总指挥。最初总指挥部设宜昌，后曾进驻沙市。国民政府武汉行营主任何成浚（雪竹）曾亲来沙市与王陵基及各将领会商计划并请刘湘增兵。刘湘也觉得红军善战，确是劲敌。又调他认为是精锐部队的川鄂边防军司令范绍增率所部第二混成旅贺森权部三个团（川鄂边防军后改编为二十一军第四师；第二混成旅改编为步兵第十一旅），及独立第一旅范楠煊所部三个团出川参战。并增调飞机一队四架（高在甜、张裴然二人先后任队长），配合步兵作战。当时蒋介石授与刘湘、王陵基的任务是：消灭红二军团于洪湖地区，并阻绝其与中央红军的联络。王陵基在征得刘湘同意后，决定：对红军如能消灭就消灭，不能消灭就力图将其压迫到洪湖根据地，然后尽量消耗红军力量，再请蒋介石派兵合围；川军则尽量扩充地盘以图发展。

王陵基分兵四路，第一次"围剿"洪湖苏区 范绍增在新沟咀、老新口之役中惨败负伤

1932年6月初，长江上游"剿共"总指挥王陵基，决心向红军进攻，配合何成浚所指挥的部队，企图摧毁洪湖苏区根据地，消灭红军。王在沙市曾秘密召开了一次团长以上的军官会议。传达了蒋介石"剿共"方案，规定川军各部所负的战斗任务，提出了他分兵四路进攻洪湖的作战计划。其部署是，第一路指挥官为张邦本，率所部九旅两个步兵团（缺包衡团）、一独立团向潜江所属多宝湾下游进攻；第二路指挥官为郭勋祺，率所部三个团经浩子口指向潜江进攻；第三路指挥官为范绍增，率该师第十一旅所部三个团向监利所属的老新口、新沟咀红军根据地进攻；第四路指挥官为佟毅，由监利出发，率所部一个团并指挥杨勤安团经柳家集向陈沱口进攻。各部队自有机炮外并各配属机枪、迫击炮各一连。

包衡团控制于蚌湖镇，为机动部队。

各路于6月中旬开始行动。各部队的初期进展都很顺利，红军一经接触，即节节后退，看来好像不堪一击，但后来的结果却表明，红军是诱敌深入而歼灭之的有计划的行动。是役川军第三路指挥官范绍增负重伤，所

部几乎全被歼灭，其经过是：

第三路范绍增部队经岑河口、张泾河、龙湾，沿途只遭受到红军的轻微阻击。范部与红军边打边追，红军节节抵抗，川军步步紧迫。大约一周时间，范部才推进到老新口。此地距新沟咀只30里。范绍增根据已了解的情况，认为新沟咀是湘鄂西红军首脑机关的所在地；守军是贺龙亲自率领的红三军第八师王炳南和第九师段德昌的全部主力，尤其是最近赶到的第九师是红军中最为勇敢善战的部队，未可轻敌。范部经过几天的休息整补，乃以第二混成旅第五团饶正钧并指挥廖敬安团之陆荣泰营进攻新沟咀正面阵地；第四团廖敬安率兵两营由徐、李场迂回红军后方配合正面主攻；其余为总预备队，位于老新口通新沟咀道上，务期一鼓攻破红军主阵地，占领新沟咀红军根据地。范绍增同时并与郭勋祺、佟毅两部切取联络。范自恃兵精械良，火力炽盛，认为打胜仗满有把握。

攻击于拂晓开始，当饶团第一次冲过红军所设的铁丝网时，突然遭到红军机枪的猛烈射击。机枪像一阵狂风似地吼叫起来，在机枪的掩护下，两翼的红军拿起梭标，跳出战壕冲刺过来。川军早已冲累了，招架不住，溃退下来。饶团重新组织第二次进攻，先用迫击炮集中破坏射击，利用多组机枪开拓冲锋道路，增加进攻的部队，但结果是被红军打得焦头烂额，遗尸多具，仍如第一次一样的下场。第三次进击开始，范绍增亲自督战，集中两个步兵团的轻机枪、重机枪、迫击炮与师属及军配属的机炮火力，将红军阵地前后，打成一片火海。然后用密集队形蜂拥前进，并一再将总预备队叶成龙团投入，接连冲锋，进行肉搏，但红军凭坚固工事极力抵抗，川军攻到距红军阵地前二、三十公尺处，即不能再越雷池一步。激战至午后，川军伤亡甚众，士气已衰。范绍增正命令饶、叶两团巩固既占阵地、为尔后再行进攻时，红军突然发起全线总反攻。红军的机枪有如暴雨般倾泻而下，部队以逸待劳，利用地形，又得地方人民的配合，人人奋勇当先，精神百倍，以狂风骤雨之势向川军冲来。顿时漫天遍野，杀声震天。梭标与大刀闪闪发光，飞舞于阵前，骑兵与步兵悄悄迂回，包围于背后。范绍增初犹威逼官兵不准后退，并飞调下蚌湖附近总指挥部控制的机动部队包衡团前来增援。由于红军攻击既勇，火力又猛烈，以致范部整排整连的被歼灭，部队被红军打得落花流水，抱头鼠窜。当时川军飞机曾飞临扫射助战，亦不能挽回颓势。此时川军全线崩溃。范绍增退到老新口附近之龙湾附近姚桥时，已身负重伤，被由下家埠方面追来之红军四面包围，而桥梁又为先退的饶团二营营长李果拆毁。红军骑兵尾追不舍，危殆万分。范绍增深恐被擒，乃严令溃败下来的团长叶成龙纠集残兵凭堤守御，并厚奖随同他的猎枪队五六十人伏堤顽抗。由于猎枪射距短、射击的是群子，"被弹面"广，杀伤力大，红军骑兵稍形后退，加上包衡团亦于是时赶到增援，师部的残兵败将才用门板把范绍增抬下火线。

是役在川军中素称打手的范绍增部队，除廖敬安所率两营担任右侧迂回未与红军大部队作战，听到正面败讯，即星夜飞逃尚较完整外其余均受重创。阵亡营长岳德奎、副营长高培德以下二十余员军官，伤亡士兵千余人，被俘官兵千余人，其中包括代理旅长田良（田后来混在被俘士兵中放回来了）。第二混成旅参谋长夏文烈在败退时落水淹死。损失重机枪二十余挺。范绍增的乘马人称千里驹的黑马，及颇为名贵的大倍数"望远镜"，与外国"马披"，均为红军的战利品。更丢人的是师部重机枪营营长吴作敏率部退到龙湾时近时，尚有重机枪二挺，而夜间竟被一年老女赤卫队员和一青年男赤卫队员把他们率领的几十名残兵所携的武器统统缴去了。

当范绍增部队在新沟嘴、老新口被红军打垮时，第一路张邦本部亦被红军围攻于李家市；第二路郭勋祺部进入潜江，获空城一座，第四路佟毅部进入陈沱口，并无大的战斗，但在数天内均先后被红军赶回荆州、沙市地区收容、补充、整训。此时王陵基大吹大擂直捣红军根据地的四路进攻部署，即以损兵折将而告终。

王陵基初到宜昌任长江上游"剿共"军总指挥时骄狂自大，认为红军是乌合之众，不堪一击，并经常讥笑各部将领害怕红军。各部将领与之矛盾颇深。这次进攻红军是他亲自部署，并说"这次作战方略是令人满意的。我认为就是不能完全消灭红军，也可能将红军由洪湖逐出根据地。"受此重创后，王陵基垂头丧气、哑口无言了。

范绍增负伤后，恼羞成怒，将作战不力、拆毁桥梁图逃的饶正钧团第二营营长李果枪毙泄愤。范绍增即在沙市乘水上飞机到汉口养伤。何成浚对他极力拉拢，蒋介石对他也另眼相看，派参谋次长曹浩森由南京飞汉口代表慰问，并馈赠甚丰，加以收买，作为后来分化刘湘所部的内应。

王陵基第二次"围剿"洪湖苏区：

1932年秋，武汉行营主任何成浚到沙市督促王陵基进攻洪湖，并召集团长以上会议，重订第二次进攻计划。决定以川军及中央军沿长江北岸及襄河沿岸，从东、西、北三面围击红军，务期将红军聚歼于洪湖地区。第二次进攻计划还规定：如红军进至哪一方面，即以该方面的部队为阻击主力，不得退却，务尽一切手段将红军堵住，其他各方面的部队即协同一致进行"求心攻击"，尽量消耗其战斗力量；如红军逃跑，则在前进道上层层阻截，后面即尾追不舍，并以有力部队，预先控制于有战略价值的据点为中心基地，机动策应各方，以求达到消灭红军之目的。

刘湘在重庆完全同意支持这一计划，调整部队，催促范绍增所属之范楠煊旅赶赴沙市，并令第四师副师长罗君彤到前方代替范绍增指挥所属各旅（范绍增部已由川鄂边防军改编为二十一军第四师），又派刘光瑜任第二师第五旅旅长，将原在鄂西的杨焕、苏奎武两独立团编为第十四、第十五团到宜沙受王陵基指挥。其时王陵基指挥的部队计共22个团（除二十一军的19个团外，并指挥李宗鉴2个团及郭汝栋1个团）。其兵力部署是以罗君彤为右纵队司令，指挥廖开孝、范楠煊旅两团及张邦本旅之包衡团及配属的军辖机炮兵各二连，进驻浩子口攻击准备位置；郭勋祺为左纵队司令，指挥独立第二旅，及张邦本旅的张云波、郭瀛通两个团共5个团，进驻周家矶之线攻击准备位置；第三师第九旅之独立团和军独立第一团杨勤安、独立第四团佟毅，为总预备队，位置于荆沙近郊之王家场、新城、后港、东市一带，策应各方；刘光瑜指挥该旅及吴锦堂支队司令所属之冉、万两团与范旅之郑团，沿长江北岸由宜昌至沙市维持陆路交通；李宗鉴旅两个团及郭汝栋之一个团，仍驻守长江南岸公安，石首、藕池防堵红军过江。

罗君彤部与红军在浩子口、幺口一带进行的攻守战

根据长江上游"剿共"总指挥部的进攻计划，各部受领任务后，即积极整补待命出发向红军进攻。此时红军则以"避实攻虚"、"敌进我退，敌住我扰，敌疲我打"等游击战术，节节阻击、迟滞川军前进，并有进攻荆（州）沙（市），夺取沿江城市计划。对驻浩子口罗君彤所率领的部队，红军知道是曾被打垮后，换了指挥官重新补充整理的部队。他们认为可以吃掉，便在右纵队正准备出发前，利用湖泊港汊芦苇隐蔽，秘密运动到浩子口附近湖汊内芦苇中。一个夜间，红军就把浩子口包围了，从午夜开始战斗至次午，炮火的轰炸声，手榴弹的爆破声，冲杀声不绝于耳，大地为之震动。飞机也于是时飞临前线轰炸和扫射，对红军的进攻，给予

很大的威胁。红军虽然奋勇冲杀，前赴后继，但由于罗君彤指挥部队素极谨慎颇有经验，一面凭既设的坚固阵地顽抗，一面赶调援军。当其罗君彤初到前方时，由于与范绍增有十多年的交情，故对范负伤濒于死亡甚为伤心，故转而对红军甚为仇恨，罗并吸取了范绍增的失败及迭次失利的教训，认为与红军作战单凭冲杀不行，必须攻守都要先行占稳阵地，判断清楚情况后再定下一步计划，故所构筑的工事至为坚固，在抵挡红军的进攻中发挥了很大作用。

红军见在浩子口付出了相当代价久攻不下，乃撤去。转以一部进攻沙市。王陵基立电右纵队指调包衡、曾正鲲两团回援沙市。红军侦知浩子口兵力锐减，已达声东击西的目的，遂增加兵力，再攻浩子口，殊右纵队兵力虽减，但各点工事加强。红军此次再攻浩子口，虽比前次猛烈，结果仍无获而退。

不久，红军主力移师分水陆两路袭击驻守么口（距浩子口15里的一个据点）之范楠煊旅曾正锟团阵地，企图乘后方空虚截断浩子口后方补给线的水陆要道，歼灭右纵队于浩子口沼泽地区，夺取荆沙，曾团事先有备，凭坚固工事死守。罗君彤派包衡、廖敬安、饶正钧三团轮流迎击，进出于么口、太和场之间几三日夜。至第四日，王陵基派张郭两团夹击太和场红军后背。红军在此两面受敌的情况下，攻势稍杀。后红军伤亡颇大，乃撤向刘家台占领阵地，阻击川军前进。在作战过程中，罗君彤发现红军不时进出，飘忽不定，部队疲惫不堪，但又不能决战，便决定使用"车轮"战法，即以两个团的兵力专任防守，每日轮番用一个团或二个团出击，打累了又回原阵地来整理休息，次日又另派一个团或二个团去打。对刘家台红军阵地，连续攻了4天，罗君彤所指挥的部队，包衡团李营长受重伤，其余伤亡的官兵约三、四百人。估计红军被打死打伤的骑兵、马匹十多匹，川军缴获了木制手枪十余枝、布币数张。这种拼消耗的战争，在当时红军是不愿打的，也是不利的，所以红军就转移了。

约在9月初，川军务部都在沙市外围各要点，占领第二次"围剿"洪湖根据地的攻击准备位置，后防甚为空虚。张邦本纵队，张、郭两团之间的接合部，有空隙一二里为红军侦察确知，贺龙企图进占荆、沙，摧毁川军根据地，乃以一夜的时间，抽调了红军主力，奔驰百余里，乘隙插入后方，直抵沙市外围工事。在青龙观进口处，始被守军发觉，当即展开了激战。此时王陵基在总指挥部里，犹如晴天霹雳，手忙脚乱，急令靠在长江的大小火轮升火，随时准备从水上逃回宜昌。

红军见川军既凭坚固工事死守，又有佟团从荆州方面来援，倘各方面援军齐集，当难应付，即行主动撤走。红军在通过草市街时，又为当地守军截住，即沿民房挨屋激战数小时，红军更以快速的行动，绕离战场而去。是役川军伤亡是不大的，各部伤兵约共10余人。

同时，合围洪湖地区的中央军，与王陵基所指挥的川军合力猛攻。当时蒋介石与冯、阎的内讧战争已结束，汉口方面集结了蒋介石的大量部队，红军鉴于众寡悬殊，粮弹补给困难太大，即放弃了洪湖根据地，仅留少数部队配合人民武装隐蔽斗争。

红军撤离洪湖后，主力部队利用夜间向荆门、远安、南漳等地突围。川军右纵队罗君彤部与左纵队郭勋祺部在烟墩集会师后，即开始尾追。红军则以荆门为中心旋磨打圈（就是兜圈的战术），使川军在陌生地形下疲于奔命。并右纵队经关庙集、荆门西至东巩，红军又转向东进，右纵队亦转向东进。追至钟祥附近，红军又转回向西，右纵队又再转荆门，再进东巩，红军又向东折回。右纵队在尾追红军中，在于荆门西面俘获红军一个营，计人枪二百余……红军退，川军追，当川军追了红军两圈时，已是十几天光景。当时秋阳肆虐，部队行军紧急，得不到休息的机会，官兵中暑时有暴病死亡的。左纵队郭勋祺部队行抵南桥时，因官兵疲乏不能再进，团长袁治、陈良基等纷请下令休息，郭勋祺初先不允，继因袁、陈等再三请求，乃勉强下令休息半日，此时距离百里的红军在返回洪湖东进中，发觉佟、杨两团在下游防堵，又折回西进。休息后再追的左纵队郭勋祺部恰与红军遭遇于黄金凼地区，展开了激战，是役双方伤亡都比较大，红军于午后向西北逐次撤退，此后红军以主力转进鄂豫边区，一部渡长江向施南、鹤峰一带发展，一部留鄂西转入地下领导苏区群众开展斗争。

川军在追击过程中沿途见到红军张贴的标语：佟杨两团不可怕。中央军捉来当鸡杀。罗驼背（指罗君彤）逗来滚起耍。郭莽汉（郭勋祺）是一个傻娃娃。使罗、郭二人见了啼笑皆非。

1932年11月，红四方面军经襄河北岸地区入川，罗君彤奉命派第十一旅长廖开孝率所部三个团到石门口、马良坪一带布置防线，堵截红军，结果红四方面军未经此道入川，没有接触。至此，川军刘湘部参加洪湖地区"围剿"红军即告结束。同时四川刘文辉、刘湘火拼内讧大战已爆发。刘湘为了保全自己在四川的地盘，坚请蒋介石派兵接防，以便将出川部队全数调回增强内讧力量。1933年春，派李延年部接防宜昌、沙市，刘湘部队即陆续撤回四川。

（陈章文　整理）

刘湘派兵出川围攻洪湖革命根据地经过

范绍增[*]

1930年，中国共产党的工农武装在湖南、湖北、福建、安徽、河南、广西、浙江、陕西、甘肃、海南岛等地，陆续建了大小10多个革命根据地，此时，在湖北洪湖地区的工农兵革命政府和工农红军第二军团均先后成立，（编者注：据查，红二军团于1930年7月在湘鄂西洪湖地区组成，贺龙任总指挥，周逸群任政治委员。1931年3月曾改编为红三军，1934年10月又恢复为红二军团。）这里的红军队伍已增加到1万余人，是贺龙的根据地。由于中国工农红军的迅速发展和各革命根据地日益扩大，引起了蒋介石统治集团的极大震恐和不安，于是在集中兵力"围剿"江西中央苏区红军的同时，也开始发动对湖北洪湖区根据地的围攻。

国民党军围攻洪湖革命根据地的战役，系由四川、湖北两省部队担任的。川军为刘湘的第二十一军第二独立旅（旅长兼荆沙警备司令郭勋祺）、第三师第九旅（旅长张邦本）及第四师（师长就是我）的第十一旅（旅长贺森权）。郭、张两旅各辖3个团，每旅约3000多人，我贺旅辖3个团约4000多人，3个旅合共1万多人。蒋介石任命刘湘为长江上游"剿共"总指挥，刘派第三师师长王陵基代任此职，因刘湘对王陵基并不信任，又加派第二十一军参谋长袁丞武常驻王的总指挥部，监视王的行动。鄂军为第十军军长兼鄂中区司令官徐源泉的一个师及夏斗寅部的两个旅（均不明其番号和兵力）。徐部有一个旅长黄新（即黄百韬，解放战争时期任兵团司令，在淮海战役中自杀）。在我部开入湖北后，曾到沙市和我联系过。据黄说，他们这个师合共7000多人，其他两旅的人数不知。当时规定：川军

---

[*] 作者当时系川军第二十一军第四师师长。

出川在宜昌集结后，经当阳、沙市、潜江进攻洪湖的西南；鄂军由鄂中驻地，经应城、天门、沔阳进攻洪湖的东北；最后，共同夺取洪湖根据地。两军的行动用电报联系。

刘湘迷信一向很深，聘用装神弄鬼有名的刘从云（四川荣县人）为军师，遇有疑难问题，即由刘扶乩请神，按照乩仙所降旨意办事，军中都称刘从云为"神仙"。刘从云自己也怀有做皇帝的迷梦，他常对刘湘宣称："乩仙说我将来要当皇帝，如果真的当了皇帝，一定把皇位转让给您"。刘湘的野心很大，想借刘从云的神力，统一四川，扩展实力，于是乐于听他的胡言乱语。那时刘湘对红军尚无直接利害冲突，对蒋介石也是敷衍应付，所以接到蒋介石要他派军队，名为抗日实系围攻洪湖红军的命令以后，还迟疑不定，因此，要刘从云在重庆对岸的真武山庙里做了7天水陆道场，然后扶乩请神。经"乩仙"降示说："湖北荆沙一带，也都是刘家的天下，理应收复"。刘湘因此野心大动，才欣然接受了蒋介石下达的任务。

刘湘下令所部出川东下入湖北，是按照蒋介石的暗示，表面上打着抗日的旗号掩护进军的。第二独立旅由原驻地万县用轮船输送到宜昌；第三师第九旅由原驻地重庆用轮船输送到宜昌；我的第四师第十一旅则由原驻地大竹县步行到万县，再改用轮船输送到宜昌。这3个旅部队都在此集结待命。第十一旅旅长贺森权在万县换乘轮船时，擅自包运商人烟土150担到宜昌，每担收包运费，100元，共得15000元。经刘湘查觉此事，误认为是我要贺森权搞的，即责备于我。我受指责后，非常气愤，立即带着师部一个特务营（全部备带驳壳枪）赶到宜昌，亲自查问，确有包运烟土的事，并得知是王陵基勾结贺森权干的，王还暗中诱惑贺脱离我。在盛怒之下，我将贺森权就地枪毙，并提升团长田良桢继任该旅旅长。我由于不放心，也跟着这旅部队一起行动。刘湘闻讯，真相大明，并拨机枪连一连交我使用，还安慰我一番。

我们在宜昌停留了3个来月，刘湘才公布了围攻洪湖红军的任务，下达前进命令。代总指挥王陵基指挥郭勋祺旅进至潜江、熊口、龙湾，即按兵不动；还将张邦本旅拨一个团归郭勋祺指挥，由张邦本自带一个团随王陵基驻宜昌。因张和王同是四川武备学校同学，并都是刘湘的老师，关系较深；郭和王私交亦厚，彼此都有照顾。我和刘湘私人关系不如他们深，并且由于杀了贺森权，同王陵基还有嫌隙，王对我遂心怀愤恨，王陵基给郭勋祺旅长和我下属旅长田良桢的任务，从表面上看是没有什么不同的。但让郭旅（包括张旅一个团），进至潜江、熊口、龙湾后再不前进，实际上是有意要使我的第十一旅吃亏。

我当时对红军是好是坏并无认识，脑子里糊里糊涂，为了保存自己的力量，约在1932年春夏，我同田良桢率第十一旅由宜昌出发，经沙市、潜江，进占老新口后，也打算不再前进。由于红三军第九师主动出击反攻，即在老新口、新沟咀与红军作战相持了1个多月，我部被红军击溃，伤亡1000多人，红军伤亡亦大。战斗到最后一星期，我旅先被红军围歼了两个营，后整旅遭全歼，大多数官兵被俘，武器被缴。旅长田良桢亦同时被俘，因田混在士兵中，缴械后又同士兵一起被红军释放回来。当我率领特务营冲出重围，被红军骑兵紧追时，即在我的猎枪队掩护下，落马而逃。我的乘骑和行李均成为红军的战利品。我的右手也在突围中负伤骨折，所以逃回沙市后，即赴汉口转上海养伤。此役蒋介石并不因我吃了败仗而见责，反奖给我三等"宝鼎勋章"一枚。我的第十一旅仍由田良桢收集残部，重新整补，后即任命廖开孝为旅长。并电调我师副师长罗君彤代我指挥该旅，同时带领范楠煊旅部先头一个团兵力，前来沙市增援。

1932年夏秋，我第十一旅退到沙市后，红三军一部亦跟踪追到沙市附近，攻打沙市近半个月。此时，蒋介石在武汉亲自策划指挥，调集重兵数十万，分路对鄂豫皖、湘鄂西洪湖根据地发动大规模的"围剿"。鄂军徐源泉部即由仙桃镇乘隙进攻洪湖根据地，威胁红三军后方。在潜江的川军郭勋祺旅，虽未采取积极行动，也威胁到红军的右侧背。蒋介石在湖北的主力部队也到处采取攻势，压迫到洪湖根据地。同时（1932年10月下旬），红四方面军已退出鄂豫皖根据地，开始西进向四川北部转移，开辟新的根据地。于是，红二军团也放弃了洪湖根据地，解除了对沙市的围攻，取道当阳、秭归，渡过长江，攻克巴东，转入到湘鄂西边境鹤峰、桑植一带发展新的根据地。罗君彤指挥我第四师第十一旅，亦跟在红军后面追到秭归为止。

蒋介石深知刘湘的野心很大，怕刘在宜沙一带生根，在"围剿"洪湖根据地的战役结束不到两个月，就急忙调他的嫡系李延年部，由汉口用轮船输送到宜昌，接代宜沙防务。令刘湘的第二十一军几个旅仍集中宜昌，输送回川。刘湘此次派兵出川围攻洪湖地区红军，毫无所得，许多军官对刘从云都产生了怀疑，说刘神仙的话，真是靠不住。

（李骧骐 整理）

"进剿"鄂中经过

徐源泉[*]

一、剿灭襄河北岸之红军及实施清乡

1. 分期"进剿"之计划

民国21年（1932年）2月率军专任鄂中地区剿办之责。当时依敌情观察，其主力已集聚于京山东南、天门西北之龙泉镇、吴堰岭、白马庙、瓦庙集、戴家河、石河市一带，本军为迅速乘机聚歼以防止其扩大苏区，及再向东进干扰平汉交通，决定部署，分期"进剿"。第一期先将红军消灭于襄河北岸而肃清之，继再"清剿"南岸其根据地，以期根除净尽。

2. 瓦庙集之会战

依上述敌情及决心，因俟进"剿"各部之交防与调集，于3月28日始告终了。乃以第四十四师副师长华文选为第一支队司令，第四十四师（欠第一三〇旅）属之；第四十一师师长张振汉为第二支队司令，第四十一师之第一二三旅及第四十八师之第一四二旅属之；其余第四十八师之第一四四旅、独立第三十七旅、新编第三旅（欠一团）等部为总预备队。第一支队经汉宜路北侧，第二支队经汉宜路南侧，向瓦庙集前进、寻敌主力"进剿"。

于3月30日，我第一支队进至瓦庙集附近，第二支队进至戴家河附近，

---

　　[*]　作者当时系鄂豫皖三省"剿共"左路军副司令官兼前敌总指挥。

与红军接触。乃于瓦庙集戴家河一带，占领阵地。因敌众我寡，两支队遂被各个包围。红军之兵力，计第七、第八、第九3个师，加以赤卫队等，人数约在三万以上，枪约两万余支，并以前此国民党军屡次受挫，红军得补充新式兵器，及弹药甚多。其火力之旺，攻击之猛，为向来"进剿"所未见。遂贺龙曾对部下宣言，此次将第十军打倒，即可直达武汉，其预想之奢，可概见也。然我军将士，亦深悉此次决战，实为安危所系，苟不得此敌扑灭，不特本军无立足之地，恐鄂省前途，不堪设想，甚至牵动长江全局。故虽四面受敌包围，后方交通断绝，仍以坚忍勇毅之精神"进剿"。由3月30日至4月5日，血战七昼夜。中间红军接近，与之肉搏，日必数起。我第四十八师黄旅长新，及张团长习崇，均于此役受伤，但均为安固兵心计，仍负伤任前线指挥，士气益振，奋勇力战。毙敌无算，遗尸遍地，敌势稍杀。而我被围数日，给养弹药均无由补充，亦甚危急。

4月5日由第四十四师萧师长之楚，率该师补充第一、第二两团，携带给养弹药等，由皂市向瓦庙集突进。源泉率第四十八师第一四四旅及军部李特务团，进至皂市，准备策应。

当萧师长进抵钱家场附近时，红军又分股将我萧师长所率之补充团等包围。然围犯瓦庙集之红军，因之稀薄。而我徐旅长亲率一部，独守阵地；由张师长振汉、华副师长文选，各率兵3团，将瓦庙集东侧之敌围冲破。至钱家场，因以将围该处之红军击溃，遂与萧师长会合，复回向犯瓦庙集之红军"夹剿"。红军始不支，分散撤退。贺龙率余回师襄河南岸之洪湖，段德昌仍留居襄北。

综合是役，计毙红军约在五千以上，而受伤者尚不在其数。我两支队及补充第一、第二两团，统计伤亡亦在千名以上。获红军枪约五千余支。我各团枪械，亦有损坏，消耗弹药几及百万。红军之消耗犹不止此，其历年所得之于国民党军之兵器及弹药，耗于斯役殆尽。而肃清鄂中区"赤"患之成功，实基于此役。因红军被此次重创后，其战斗力，实已消灭过半也。

3. "剿灭"汈汊湖敌巢

（一）汈汊湖形势之概要

汈汊湖位置于汉川境，北连应城，西接天门，南通襄河，周围200余里，与中柱、杨林、杨腰、五当、三台、老鹤、张议、大松、滥泥等湖，均相连通, 汈汊湖总其称也。湖中墩垸甚多, 红军距以为根据, 其汉川、应城、天门境内, 襄河交通, 每致割绝。自民国十七年（1928）以来, 汪洋部即盘踞于此, 忮港汊纷歧, 芦苇丛生, 不便"进剿", 复于湖周围险隘之处, 沟筑工事, 以资防御。就中以湖南侧之横堤、小里潭、斗埠头等处, 工事最坚。盖此数处, 实为渡襄河, 与南岸苏区构通之孔道也。

（二）"进剿"之部署及经过情况

贺龙等部, 自在瓦庙集附近, 被我击溃后, 乃施惯用之狡计, 化整为零、向京山、潜江、天门、应城各境内, 分头退去, 乘隙滋扰。一经跟追, 即化零分散, 难寻追击目标。我到红军早已逃脱, 大有以牛捕鼠之感。"进剿"20余日, 至4月, 虽每日稍有斩获, 终不能将红军彻底解决。日跟"进剿"之军队, 常处被动, 而经红军流动之地方, 豪门多遭惨害, 若不将红军根据地捣除, 红军终难根灭。因是决心先铲除汈汊湖红军根据地, 尔后再"清剿"流动之红军, 倘贺龙率众来援, 则以逸待劳, 乘机全予歼灭。特定部署于5月1日下达各部队命令要旨如左（下）：

（甲）"进剿"部队

A、第四十一师张师长振汉, 率第四十八师徐继武旅, 及第四十一师之孟棠宣团, 由应城经长江埠、刘家隔、汉川县城隍港至分水咀, 向横堤、小里潭"进剿"; 占领该地后, 协同北面新三旅蒋作均部, "清剿"湖内红军根据地。

B、新编第三旅蒋旅长作均, 率驻应城之所部, 及军部李特务团, 并第四十八师第一四四旅之赵景武、曹毅两团, 分向桐冢集、梅花港、麻河渡之线"进剿", 向湖内"清剿"。

（乙）防堵部队

A、第四十四师华副师长文选, 以第四十四师辛明利、王金镛两旅, 及陈傅两补充团, 分驻柳河、皂市、龙王集等处, 联络驻应城之王、何两团, 阻湖内之红军, 向西北撤退; 倘段德昌, 或联合贺龙, 再由西面龙泉镇、永兴镇一带来援, 务不失时机, 以逸待劳, 予以痛击而歼灭之。

B、蚌湖口至仙桃间襄河沿岸, 由第三十四师派队堵截, 蚌湖口经汉川县至新沟间襄河沿岸, 由湖北警备旅容景芳部堵截, 以防红军流动。

C、刘家隔至新沟沿间汊湖东岸, 归湖北保安朱明善团堵截。独立第三十七旅, 派有力部队, 由岳口向乾镇驿, 新编第三旅派驻天门之薛团, 向芦家口"兜剿", 另购小汽划五支, 为入湖"搜剿"之用, 并备铁甲小轮两艘，在汉川、仙桃间游弋，防红军南北交行。定于5月2日开始动作。

依右（上）记部署，于5月2日开始动作，向各指定地点"进剿"。我张师及蒋旅并朱保安团等部，逐日均有进展，将沿湖之东北两面，及东南部之红军，次第肃清。于是蒋旅长作均，以第四十八师之曹、赵两团，由梅花港入湖"搜剿"；而张师长振汉，则以牛乐亭、任筱亭两团，由徐旅长继武率领，进攻横堤；自率张习崇、孟棠宣两团，向小里潭进攻。

惟以该两处红军根据地，三面临湖，筑有碉楼及坚固之防御工事，为汃汉湖之惟一根据地，由汪洋率部据守。我张、徐两部，当各以一部绕攻红军之侧背，而以主力攻击其正面。先以炮火极力破坏其工事，继则全线向红军猛攻。前赴后继，与红军短兵相接，肉搏3日夜，始将该红军击溃。纷向西北退去，另有一部退入湖内。汪洋当在湖内就擒，旋即被杀。所有红军根据地内各种机关，悉予捣毁，计击毙及落水淹毙之红军极多，生俘之红军千余。讯据红军供守汃汉湖之红军，除汪洋所领之天潜沔游击队，及各处退聚此处之赤卫队、警卫队外，余为第八师之大部。

横堤、小里潭既经攻克，乃令张师各团，乘船分途入湖，先行肃清中柱、糜摄、彭公、五隐等湖，及十屋台、黄氏祠、四屋台等处红军根据地；蒋旅则由北面向南"协剿"，以肃清全湖。而特将西南之斗埠头红军根据地，缺而不攻。俾湖内隐潜红军，任其退守于此，然后再转移兵力，一鼓聚歼。

自是连日"搜剿"，全湖各墩红军，凭险抵抗。幸我官兵，奋勇力战，火战肉搏，凡历7日夜之久，始将湖内各墩肃清。当场击毙及落水而死者，不计其数。余部果纷向斗埠头、蒋家湾、芦家口等处根据地退去。因于5月23日，复令徐旅长率该旅之牛、任、张3团，分由横堤、小里潭、向斗埠头进攻。距该处红军之工事，较横堤、小里潭两处尤为坚固。我徐旅长亲至前方督战。由23日晨迄24日夜，苦战恶斗，牺牲甚巨，终以红军阵地之坚，火力之猛，未能得手，迨至25日拂晓前，当以一部向红军右侧包围，另以一部乘船由湖面向红军之阵地侧击。激战至午后下时，红军终凭险顽抗，我徐旅长因令各部佯退，以诱红军出击。嗣红军竟出离阵地，向我反攻，我因来势猛攻，始将红军击溃，遂得占领敌之第一道防线。惟以当时误触地雷，我官兵伤亡30余员名，但士气仍奋，旋复将红军之第二道防线攻破。同时我左翼任团之由水道进攻者，已占领易家台，向红军侧击。右翼之牛团，亦攻至红军之左侧背，三面环攻。适第四十一师孟棠宣团，亦由二河攻占李家集、四方台等处。红军恐后路断绝，完全陷于包围，开始撤退。我复乘势追杀，所有坚守据点红军，几全数被围，其逃脱者，均向蒋家场、净潭口方向退去。自是沔汉湖红军根据地，始告完全削平。

计自5月2日开始"进剿"，以迄此时，将及一月。大小战斗，不下数十次；毙红军约在两千以上。获枪亦在两千余支。据俘敌供称，此次守斗埠头之红军，除第八师两团之一部，并增有第九师之第二十五团，及其他之独立团数个，计红军自瓦庙集迄沔汉湖两役，损失枪约在一万以上，实为贺龙由民国十六年（1927）以来所未有之损失。

（三）肃清襄河北岸及实施清乡

当本军"清剿"沔汉湖时，红军第七、第八、第九等师，除各以一部助守根据地，其余分进各地，以期牵制本军者，自是已又化零为整，屡向花台、柳河一带进扰，以图增援沔汉湖，以维护其襄河北岸根据地。但经华副师长率部迎击，该敌日有伤亡终于得知在襄河北岸，已无力与国民党军对抗，遂复退回南岸，固其洪湖根据地，并希图补充整理，时适6月中旬。

先是本军于"进剿"北岸之红军时，曾请由绥靖主任何令第二十一军（川军）同时向襄河南岸洪湖根据地佯攻，借以牵制南岸之红军。当本军在北岸已将红军主力击破，红军正南进，第二十一军之范绍增师，适于此时方到达江陵监利间之老新口附近，防范不周，被红军袭击受挫，损失枪械甚多。于是红军势力复张，将原来之第七、第八、第九三个师补充完全，复图进袭北岸，由张截港渡河，再袭全中、京、天、应等县境。本军因复重定部署，除一面于各处酌留部队办理清乡、督促民众组织自卫外，乃以大部向天门皂市之线以西，逐步"清剿"。

适于此时，蒋介石赴汉"督剿"鄂中区部队。奉令编为左路军，主任何兼左路军司令官，任源泉兼副司令及总指挥职；并以第十三师调属本路，参加"进剿"。自是部队单位增加，士气益振，当即禀承主任兼左路军司令官何意旨，并参酌原拟"进剿"部署，拟定左路军分期"进剿"计划，于7月6日给予各部队第一期计划如下：以万师长耀煌为第一纵队司令，第十三师属之；萧师长之楚为第二纵队司令，第四十四师（欠一旅及补充第三团）属之；张师长振汉为第三纵队司令，第四十八师（欠二八六团）属之；刘旅长培绪为第四纵队司令，独立第三十七旅属之；第四十四之一旅，及补充第三团，第四十八师一四四旅之二八六团及第十军特务团，湖北保安第一团等，为总预备队。令于天门京山境内，寻红军"搜索"。经二十余日之久，至7月22日，始将襄河北岸，完全肃清。

时南岸之潜江尚在红军手中，而该县城实为红军南北交行之根据，当此红军新败，人心有些涣散，亟宜乘机进取，以为我军尔后转进南岸"清剿"之据点，乃于7月23日，以第四纵队刘培绪旅、协同第三纵队之第四十八师，进攻潜江。占领后，即以刘旅驻守之。同时并划区清乡，俾收复各地，早告安定，以便移师转进南岸，进行第二期"清剿"之任务。

二、收复襄河南岸苏区及清乡

1. 肃清荆河两岸

段德昌、夏曦各路红军，自在襄河北岸，迭经挫败，被我逼由旧口马良间，退过襄河南岸后，时贺龙所率为第七、第八、第九3个师，伤亡逾半，已先期退过襄河以南，以数个独立团编入补充，勉强仍为3个师，踞于东荆河两岸地区各根据地。并以第八、第九师余部，在熊口、龙湾一带，向各方扰乱，诱我追击，希图保守其洪湖根据地。本军依据当时敌情，并为兼顾北岸之清乡，因以策定第二期肃清南岸、铲除红军之计划，于8月上旬给予各部，命令以第一纵队（第十三师）留驻襄河北岸，担任由旧口至皂市汉宜路以北地区之清乡，辅助地方，编练壮丁队，组织自卫。该师至8月18日奉令调鄂东后，襄河北岸，完全归第四十四师担任清乡。第二纵队（第四十四师）亦留襄北，担任汉宜路以南、襄河北岸间地区之清乡，协助地方组织自卫。而以第三（第三十四师、第四十八师、独立第三十八旅、第十军特务团）、第四（第四十一师、独立第三十七旅、新编第三旅）两纵队编为左翼军，由岳口渡河，推进南岸，担任"清剿"。另以第二十一军之第一、第二两纵队为右翼军，于东荆河西岸地区，在根据地西侧之堵截。并限令我左翼军第三、第四两纵队于交防后，各向指定地点渡河集中，以便开始"进剿"。

讵我各部，正在交防转移集结间，而红军第八师数千，分两路袭犯沙市。我右翼军之郭纵队，为因沙市之防务，由周家矶西移。此时本军为策援右翼军，免致被红军牵制计，所有原定"进剿"部署，不得不稍为变更。特于8月17日，命令第三纵队各部，由岳口渡河，向沔阳、宋新场、白庙线上集中，向峰口、府场攻击；第四纵队各部，自策口渡河，进至刁家庙场、杨家场线上，向瑶台场、总口铺、拖船埠进攻。

8月18日，我第三纵队第四十八师由岳口渡河，旋于24日攻占府场，第三十四师占领峰口。我第四纵队各部，亦由策口、潜江等处出动，攻占总口铺、渔阳镇、拖船埠等处。自是荆河东岸之红军，已被次第肃清。但右翼军各部，迄未能如计划依期进行，致荆河两岸，仍为红军占领。自老新口经新沟嘴、周老嘴之线，蜿蜒数十里，以达监利县之朱河市，均有红军占领之连续坚固工事。其军委会兵工厂、及湘鄂西省府等均在焉。倘舍此不攻，则我进捣洪湖，红军必由此以袭我之后，因决移左翼军之一部，先肃清荆河西岸，然后再"进剿"洪湖。留以第四纵队之主力，转由梅家嘴渡过西岸，向南"清剿"。迄至8月31日，始将西岸完全肃清，而以新沟嘴、周老嘴两处之战为最烈。

查该两处红军根据地，各有防线三道，工事极为坚固。当我第四十一师及独立第三十七旅进攻时，红军凭坚顽抗；激战竟日，未由得手，嗣由第四十一师之萧勤学旅，绕攻红军之侧背，前后夹击，红军始不支，纷向后退。我各部均乘胜急追，连得红军所筑三道防线，始将新沟嘴等处红军根据地攻克。红军向瞿家湾撤退。是役红军师长王一鸣，于胡家场附近督战，仅以身免，击毙红军团长杨祖民一名，及其以下约五百余具。生擒主席鲁易、团长王祖良、参谋长陈赣生，营连长以下及敌兵1350余名。夺获步枪970余支，第七师第二十一团全部缴械，其第十九、第二十两团，亦消灭殆尽。我官兵伤亡仅40余人。查周老嘴为红军之根据地，被我占领后，遗弃公文、图书印刷品极多。其机关遗迹，有省军委会、总工会、互济会、军官第二分校、经理处、军械处、县市乡区政府，及所属各会大小机关甚多。其军医院尚遗伤员千余名，并有电话网、体育场、俱乐部等设备，泉于是亲赴新沟嘴一带视察，慰劳各军。荆河西岸红军根据地，因以悉平。

2. "剿"灭洪湖红军根据地及附近清乡

荆河两岸，既告肃清，乃以第四纵队之蒋作均及刘培绪两部，留驻于策口、潜江、渔阳镇，及新沟嘴、周老嘴等处，办理清乡，"搜剿"附近潜隐红军。而以第四纵队之第四十一师及第三纵队之第四十八师，转向东进，

"清剿" 洪湖附近及其以北之柳家集、瞿家湾、小沙口等处红军根据地。

9月1日以来，我第四十一、第四十八两师，均各有进展。沿途"搜剿"，斩获甚多。迄至9月11日，我第四十一师已攻占朱河柳家集之线，而我第四十八师则已将沿途红军据点肃清，由瞿家湾经汉河口转进至新堤附近；泉亦于是日到达新堤。于是综合各方情报，洪湖北部红军，经我"清剿"后，其余部，一股退入湖内，一股退入于朱河东南之王福。第三、第四两纵部之"进剿"各部，开始动作，分别乘船入湖"进剿"。几经八日夜之血战，迄至9月20日，始将洪湖全部及附近各湖，完全肃清。经过战斗，以我第四十八师黄新旅各团，于"进剿"霍家地、邱家墩、作头沟、宋家墩，及徐继武旅各团"进剿"张家坊、高家老墩等处红军据点，为最激烈。

当我徐、黄两旅长率部"进剿"上列各红军据点时，适连日风雨大作，兼以满湖芦苇丛生，而红军复于各该处水内，预设木桩竹栅，并有士兵监守，汽船不能通过。经派队登陆，水陆夹击，次第破毁，始得通行。我黄旅长于作头沟附近，忽遇敌之"列宁号"铁甲兵舰一艘，向我炮击，同时作头沟守备红军，亦以步机枪对我猛射。当经黄旅长一面督同各船官兵，奋勇还击；一面以多数小划，携带炸弹机枪，逼进敌舰，将其包围。红军始不支，纷乘小划撤退。当将其兵舰夺获，据点捣毁。而我徐旅长亦于高家老墩、张家场等处，与敌激战多时，始将攻克。并于高家老墩附近，击获兵船多艘，内有兵工厂工匠多人。据供贺龙自知不能存在，预将兵工厂解散，其机器及经修理已成与未成枪炮，均投入湖中。

综计是役，所有守湖红军，几全被消灭。第二十二团全部缴械，其他落水死者，不知其数。生俘湘鄂西军委会经理部长徐才广、工会组织部长吴春芳、省府财政部主任吴清澄、湘鄂西省主席马武、谍报科长孙华堂、经理处长陈文进，及段德昌之妻母子女，又段之妹段舞仙，并俘第二十二团团长龙容、其他政治工作人员工匠士兵船夫等，不下2350名。获迫击炮49门、机关枪74挺、步马枪2830余支、无线电机5部、电话机50余部、马65匹、兵工厂1所、医院3所，内总院一，分院二，俱是新建洋楼，规模宏大，设备完全。总院可容伤兵5000余人，分院可容3000余人。唯时尚有伤病兵3000余人在内，未及逃脱。并获大小船500余支。其他机关工会等多处，均经破坏焚毁。自是贺龙经营多年之根据地，根本铲除。惟以是时洪湖境内，夏曦、王一鸣等，撤退于江陵监利界内、希图死灰复燃。又王炳南，进至白露湖西岸沙岗、张金河一带，希图合股。本军为乘机消灭夏曦、王炳南两部，以完成鄂中区"剿共"任务计，乃将洪湖沿岸划区清乡，并限于9月26日以前，一律搜清，以便主力西进"清剿"。

3. 肃清鄂中区全境及督练地方壮丁队

洪湖根据地及沿湖附近余部，均经我军次第肃清。因以第四十八师之徐继武及黄新两旅，并独立第三十八旅之一部，西进"清剿"监利西北之白露湖，及沙岗、汪家桥一带之夏曦、王炳南两股余部。该两余部约2000余人，惟此时贺龙又率其余部3000余人，已行至京山钟祥以北，与随枣毗连地带，希图重振旗鼓。本军为乘红军喘息未定，迅予扑灭，乃复以第四十四师、独立第三十七旅、独立第三十四旅、及第五十一师之王甲本旅（按：王甲本旅，及新编第三十四旅罗启疆部、均于9月下旬，临时奉令配属指挥。）令归萧师长之楚指挥，专任"清剿"京山以北之贺龙部。而以其余之第四十一师、新编第三旅、独立第三十八旅（欠一团）及第三十三师之一部，并新编第七旅李宗鉴等部（新编第七旅及第三十三师均系临时配属协同清乡）划分区域，分别担任长江以北，汉川、应城京山，旧口以南，鄂中区地境之清乡。

由9月27日，以迄10月上旬，我各部均在分别交防与转移中，并各"搜剿"沿途潜隐红军，斩获甚多。10月3日，我第四十四师萧师长之楚率该师之王金镛、陈永、于兆龙三旅，及第五十一师之王甲本旅，向六房嘴之贺龙部"进剿"。红军遂向大洪山方向撤退，经我各部奋勇跟追，至大洪山附近，激战多时，红军死伤逾半，获枪千余支。贺龙复率其余部，连夜经由石板河附近，折向西行。我陈、于、王各旅，复乘胜追至200余里乃止。沿途毙敌640余名，获枪亦在500余支。贺龙率其余部仅约千人，向西北方向退去。时正10月10日也。

10月11日，我第四十八师之徐继武及黄新两旅，亦进至徐李家场、余家埠、黄老潭、孟兰渊之线，当将附近之残余红军驱逐后，续向前进，继续"追剿"。至10月15日，于沙岗、华桥场附近，将红军击溃，纷向浩子口方向退去。复经我第四十一师驻扎该处之萧勤学旅堵击，将红军完全消灭。于是以新编第三十八旅之李显宗团，进入白露湖，以肃清湖内零星红军。自是鄂中区襄河南北两岸苏区，经已完全削平。但难免不到处潜伏红军，因令各部厉行清乡，并督率人民，组织壮丁队，以图自卫。自是天门、应城、潜江、沔阳、监利、江陵、锺祥、京山各县，壮丁队纷纷组织，放哨查路。因此中区各地，得渐安定。

10月29日，奉蒋介石电令，重新划分各军防区，自襄樊经武安、太平街、漳河口、张家渡至江口线上，及以东，统归第十军担任"清剿"。乃于10月31日，重行拟定本军各部清乡区域，并令各向指定地点进驻。31日给予各部命令之要旨如左（下）：

A、第四十一师丁治磐旅，进驻襄樊，派一团分驻宜城，兼顾武安；萧勤学旅两团酌情分驻钟祥、沙洋、荆门、建阳驿等处，办理各该处附近之清乡。

B、第四十八师徐继武旅，分驻潜江、熊口、龙湾、浩子口、丫角庙等处，对于白露湖北侧地区，负责清乡。

C、第四十八师黄新旅长率两团进至荆州，对于后港、什回桥、岑河口等处，派队分驻"清剿"长湖及三湖一带潜伏红军，余一团进驻郝穴。办理白露湖西侧地区之清乡。

各部队奉令后，次第移动。惟荆门当阳一带，自张连三部移防后，又有少数红军余部，及魏老么部，出没活动。而此时荆沙一带，第二十一军部队，又须急待入川，因令第四十八师徐继武旅，先往接替荆沙防务，并令该旅"清剿"魏老么部。经由该旅将魏老么诱至防区以内，予以缴械。魏老么、陈秉钧及以下130余名，均经讯明处决。泉率军部及直属部队，于12月20日，由岳口进驻沙市，分布新防，而鄂中区"剿共"任务，遂告完成。

湘鄂西 "清剿" 亲历记

韩浚[*]

1934年春，我在北平接到蒋介石来电，召我到南京一行。见面后，蒋对我说："贺龙在洪湖时就很猖獗，现又进入山区，非彻底'清剿'不可。派你到徐源泉那里当党政处长，要督促辖区各专员、县长，服从军事，配合'清剿'"。我一再推辞，但蒋仍坚决不允许，我只好勉强从命。

我回北平稍事料理，就动身到了沙市。徐源泉见到我后，格外高兴，几有"相见恨晚"之态。不久，我召集川湘鄂边境各专员、县长开会，传达了蒋介石旨意。大家表示服从。

就在这年下半年，徐源泉奉命率部前往川湘鄂边境"追剿"红军，我和党政处留沙市办公。在此期间，我对湘鄂西战场过去和今后的形势以及蒋介石为什么派我到徐总部当党政处长等问题，认真思考了一番。经过查阅文电，参合平日经历和到徐总部之所见所闻，有了些体会。

在黄埔早期毕业生中，蒋介石原来对我印象较好，还送我到苏联留学。但因我后来一再反对他，被其关押了一段时间。几年来我"韬光养晦"，没再找他的麻烦，因此蒋介石认为我回心转意了。加上他在四省边区设立"特区"，要找一个适当的人选担任这个特区的党政处长。我是黄埔第一期学生，在部队中有较广泛的关系；再加上这次作战，依托主要在湖北。我又是湖北人，生于斯，长于斯，人地相宜，可算熟手，同时我与作战双方主将，或者有旧，或者可以扯上关系。就贺龙而言，北伐时他是第二十军军长，而我由苏联学习回国后被分在第十一军当上校教导营长。当时这两个部队同属第二方面军总指挥张发奎，两人经常一起在张发奎总

---

* 作者当时系鄂湘边区"剿共"军总司令部党政处长。

部开会，贺还请我为他训练了一批学生，以后他又邀我到第二十军当训练班主任（我因事未去）。就徐源泉而言，我与他是黄冈小同乡，关系融洽，好开展工作，好掌握徐部官兵思想、士气、军纪、作战情况，随时上报。我的这些条件，蒋介石是胸中有数。找来找去，这个差事找到了我的头上。

进攻洪湖转战湘鄂西

现就当时我了解而现在尚能记忆的历次"清剿"情况叙述如下。

据我所知，蒋介石所发动的"剿共"军事行动，并不是直线进行的，时张时弛，时发时辍，都与当时国内外政治形势有关系。只要国内反蒋势力与他妥协，或者被击败，或者日本侵略者稍一减轻压力，他都要动一动。如1932年蔡廷锴、陈铭枢、蒋光鼐与李济深等部分反蒋力量在福建组织的"中华共和国人民革命政府"被蒋介石打败及1932年至1933年与侵华日军签订的《淞沪停战谈判》、《塘沽协定》，刚刚签字后，蒋就立即向各根据地红军发动了大规模的军事进攻。因为中央苏区、鄂豫皖、湘鄂西三大根据地犄角而立，起着相互策应的作用，蒋介石及其参谋部就采取了"桴鼓相应"的办法，把三个根据地摆在一个"棋盘"上考虑，在每次进攻中央苏区的同时，也发动对鄂豫皖和湘鄂西两根据地的进攻。查对"围剿"时间，前后都相距不远，有的几乎是同步进行。此中奥秘，确有一定规律可循。

洪湖根据地建立以后，国民党军曾多次进攻，均告失败。贺龙分兵桑植一带，组织地方武装，拥有人枪数千，成立了红三军，声势颇盛，徐源泉总部中下级军官窃窃私议，大有谈"龙"色变之慨。在洪湖地区，周逸群所部力量也急剧增长，成立了红六军。贺、周两部遥相呼应，两个根据地边沿相距不过百余里，几乎连成一片，公安、石首、监利等县官吏豪坤，团防头目纷纷逃往沙市、武汉避难。

1930年9月初，红军进攻沙市，已抵郊区，终因陕西部队新编第三师拼死顽抗，红军劳师远袭而失败，伤亡甚众。过了两天，再次进攻，集结时被长江巡弋的英舰"列迪巴笃号"发现，用大炮轰击，地面守军乘机反击，又受挫而退。红军牺牲的官兵之中，有团长一名。

　　新编第三师虽在沙市将红军击退，但鄂中环湖各县红军仍甚活跃，甚至汈汉湖和侏儒山都有游击队出没，汉沙的航道和公路受到严重威胁，武汉也风声鹤唳，一夕数惊。因此，中原大战刚一结束，蒋介石就抽调重兵，在"围剿"江西中央苏区的同时，发起了对湘鄂西苏区的进攻。徐源泉被任为"湘鄂川边区'剿共'清乡督办"。徐除指挥其基本部队第十军外，还指挥第四十四师、警备旅、新编第二、第三旅，第三军团特务团等部，川军驻在沙宜的部队也拨归徐部战斗序列。

　　双方初期交锋，由于红军机动灵活，徐部疲于奔命，进攻经常扑空。为此，武汉行营特颁发《清剿注意事项》严令徐部遵照执行，要求"进剿"与"防堵"协同一致，清查户口，封锁道路，防止"匪谍"渗入；宿营时构筑工事，受袭时刚胆沉着，不逼近不开枪，节省弹药；对苏区民众应晓以利害，免使误入歧途等。以期扭转被动态势。

　　徐部进攻洪湖，采取了"分进合击，扫清外围，逐步推进，紧缩包围圈，一举突入中心"的战术。红军虽然进行了全力抵抗，但装备很差，给养困难，伤病员无法医治，严重减员，因而徐部攻占外围各据点后，随即向根据地中心猛扑。根据地陷落时，突围不出退藏芦苇中的部分红军被纵火焚烧，伤亡惨重。一条浅水炮艇及红军师长段德昌的妻、母亦遭徐军俘获。事后，徐源泉曾授意在沙市中山公园建亭立碑，记述其事。洪湖根据地陷落后，徐源泉上报请功，蒋介石复电嘉勉，为他后来进入国民党第五届中央委员会打下了基础。

　　继此以后，徐源泉指挥所部又先后进行了湘北作战和鄂西作战。在湘北作战时，红军退入桃花山，凭险固守，徐部久攻不克，乃向湖南省主席兼第四路军总指挥何键求援，何先后派出第十一师、第十九师"会剿"，攻进了桃花山，破坏了苏维埃政府、兵工厂、医院等。红军伤病员未及撤出，损失很大。突围的部分红军转到洞庭湖以东地区继续活动。湘北作战后，徐部转入了鄂西作战，他使用三个师共九个旅的兵力，采取的是"东西夹击，南北堵截"的作战方针，意图"逐步缩小包围圈，聚而歼之"。由于鄂西地形复杂、道路险阻，交通不便，红军机动灵活，徐部进攻常陷被动，历时8月，收效不大，仅仅占领了一些城镇，红军向川黔边境转移，没有达到"聚而歼之"的战略目标。

　　由于战局重心西移，蒋介石重新调整了军事部署，派徐源泉为"鄂湘川黔四省边区'绥靖'主任"，作战任务是"追剿"红军第二军团。作战地包括鄂西、湘西、川东、黔东几十个县。徐军拥有两个军、五个师、一个独立旅、兵力处于优势，但红军出没无常，徐部无法进行主力决战，徐源泉乃严令所部，加强封锁，使得根据地军民生活极端困难，贺龙为此给徐写过一封信，对其严加谴责。徐复信表示："既然老百姓没饭吃，粮食可以放行，但食盐仍然禁运。"名曰粮食放行，但关卡人员为了发财，仍然禁运如初。这时鄂西战况比较沉寂，有"西线无战事"气氛，但红军此时已将主力调往湘西，以优势兵力把驻大庸的第五十八师一个旅吃掉了，蒋介石将该师师长陈耀汉撤职。

建立特区，未成实现

这年夏天，蒋介石又电召我到南京述职。他郑重地对我说："这次找你来非为别事，你要明白，贺龙的部队在平原没有"剿灭"，到山区更成问题，非彻底肃清不可。你们那里部队不够，我再调部队给徐源泉。你回去后，赶快在四省边境建立特区。由徐源泉担任主任，你负责协助。"所谓特区，包括四省边区39个县。临走时，蒋令我将特区计划拟就呈核。我回到总部，找了几位秘书，以民政、财政、教育、建设、军事等行政机关计划为蓝本，拟了一份《鄂湘川黔四省特区计划》，携往南京，请蒋介石批示。不料他看后大为不满，连连摇头，还说："这是一般的行政计划，怎么'剿共'一字不提，赶快回去重拟，按一切服从军事的精神重拟。"我回到总部，找了几位要笔杆子的，揣摩蒋的心意，甚至行文语气，也是按照蒋的口吻表达，为了表示尊重，还送请徐源泉审核。本以为他不懂装懂，照例判"行"，哪晓得厚厚一份计划，不过几天，他就改完了，增删润色、恰到好处。我惊奇之余，一向以为他是一个赳赳武夫的看法马上改变了。蒋看过重拟的"特区计划"后，还比较满意，批准交付执行。回忆其内容，不外"实行党政军一元化领导，所有党务、行政均应服从于军事之需要"、"集中一切人力、物力配合'清剿'，家家修路，村村建碉；清查户口，实行经济封锁，务使滴水不漏。"等等。按照蒋介石指示，还将计划呈送行政院一份，分送有关各省政府一份。我带了"计划"分访各省主席，请他们配合执行。后因战局变化，此一计划被束之高阁。"特区"也不搞了。为当"特区"主任而背了包袱的徐源泉听说"特区"不搞了，连说："阿弥陀佛，谢天谢地。"

湘西 "剿共" 回忆

王尚质[*]

1932年，我担任湘鄂边区 "剿共" 指挥部的参谋长兼桑植保安团团长，亲身参加过发生在湘西的几次 "剿共" 战役。现就个人经历和耳闻目睹的事实，略述梗概。

1928年3月，贺龙带17名红军战士由鄂西化装回到桑植。当时，桑植保安大队长陈策勋有枪百余枝。他得到贺龙还乡的消息后，立即进驻空壳树，严密堵截。1927年宁汉分裂时，陈策勋在贺龙率领的国民革命军第二十军当营长，他的叔父陈图南在贺龙军里当参谋长，因图谋叛变被贺龙将军处决，陈策勋畏罪逃回桑植。因此，他想趁此机会杀贺龙报私仇，并向国民政府当局邀功。他一面挑选得力部队命陈赫率领，埋伏在土地垭附近；一面派干探前往侦察贺龙的行踪。当时，连续报告：贺龙在其旧部、桑植先王麦地坪团总钟慎吾家吃午饭后，正向空壳树前进中。陈策勋再三嘱咐陈赫，定要坚持战斗，务求一网打尽。陈赫本是亡命之徒，曾在贺部当过连长，素知贺龙英勇，受命后吓得浑身发抖，但是为了个人今后前程，还是不得不全力以赴。他带领士兵在空壳树守候了一昼夜，未见贺龙踪影。次日晌午，赶集的老百姓纷纷传说："贺龙回到洪家关的家里了。"陈策勋听后大失所望，气得暴跳如雷。陈赫说："贺龙真是神仙。同他打，没有搞手。"事后了解，贺龙离钟宅后，确曾向空壳树方向前进。行数里后，忽然掉过头来，对他的随从说："喂，陈策勋不是好东西，可能捣鬼，我们改道走吧。"随即折回小麦地坪，绕过空壳树，经珠矶塔而往洪家关。

---

[*] 作者当时系湘鄂边区 "剿共" 指挥部参谋长兼桑植保安团团长。

贺龙回家后，随即召集旧部，发展武装，很快就组成了以贺英、王炳南为骨干的一支约3000人的队伍，并占领了桑植城，第一次在湘西建立了苏维埃政权。这时陈策勋逃往慈利，假借桑植各公法团的名义，急电国民政府和清乡司令部派重兵"进剿"。

1928年4月，湖南当局趁贺龙所领导的红军在湘西立足未稳，派第四十三军李桑部的一个旅向桑植城和洪家关进攻。由于红军枪械弹药缺乏，在双溪桥、梨树垭两次战斗中受挫，在国民党军队穷追下转移到桑植、鹤峰、石门交界的地区打游击。尔后，出没于湘西边区，进行艰苦斗争。直至1929年5月，贺龙率领红四军再次进军桑植，重建苏维埃政权，并改编大庸土著武装覃甫臣部，湘西红军才又发展为约有千余人，拥有步枪800多枝的队伍。

这时，驻湘西的独立第十九师师长陈渠珍奉命"剿办"红军。陈委派永顺防务司令向子云"进剿"，于是发生了湘西有名的"赤溪河之战"。

向子云是永顺的大恶霸，拥有土著军队3000余人，受陈渠珍招安，坐镇永顺。他得到"剿贺"的命令后，夜郎自大，骄傲地说："贺龙那几个鸟人有什么打手？不过，我们趁此机会多捞几杆枪，多扩充一些地盘，倒也很好。"随即命令团长周寒知率两营兵力向桑植进攻，绕至城北15里的南岔渡河，企图抄袭红军侧背一举而歼灭之。适值洪水泛涨，周命所部从上游征集船只强渡，行动迟缓。这时，红军守南岸的部队已向附近高地撤退。突然，贺龙由城西跃马而至，亲率红军趁向子云军队半渡而击，向军大败，部队损失过半，周寒知和桑植县长罗文杰落水遇救，周遂率残部狼狈逃回。向子云大怒，痛骂周："你简直没有鸟用，把我的老枪送给贺龙了！现在只有老子亲自出马。"

6月28日，向子云从永顺率部出发，直奔桑植。行至永顺、桑植交界的中立团，当地绅士杀猪宰羊犒劳向子云的官兵。向子云在这里吞云吐雾，留恋忘进，竟休息了两天，红军探明了情况，知道向没有后继部队，贺龙将军便做了空城诱敌的部署。

向子云自恃兵力雄厚，决定由赤溪河渡河，直扑桑植城。7月15日，向子云令其弟向捷先为先锋，向红军进攻。到达赤溪河时，发现渡河船只都在西岸，并无红军把守；又据探报："贺龙已撤退完了。"向捷先遂率部进城。向子云在渡口大叫大嚷地说："我早就知道贺龙那几个鸟人是不敢同我们打的，赶快渡河跟进。"其先头部队入城后，各自捶门打户，搜刮什物，准备开铺造饭。正在这时，忽然"啪"地一声枪响，红军主力突然在城北梅家山出现，发动反攻；城内伏兵四起，内外夹击。向捷先只身越城而逃，所部纷纷缴械。向子云正率本部渡河，陷入红军包围，当场被击毙，其残部向赤溪河下游的驻龙关高地逃跑，企图占领这个高地掩护撤退。不料这个高地在河西，水深难涉，红军已先至，居高临下，猛烈射击，向军无力抵抗，纷纷缴械。向捷先化装绕道渡河，星夜赶回永顺，收拾残部，只剩二、三百人了。原来，贺龙深知向子云指挥无方，大胆地让向军渡河，迫使向军背水为战，一举而歼灭之。据传闻：贺龙在打败向子云后，集合部队讲话，贺龙问战士们："蒋介石的兵工厂在哪里？"答："在汉阳！"他接着又问："我们的兵工厂在哪里？"大家不知所答。贺龙将军高声说："我们的兵工厂在赤溪河，厂长就是向子云。今后，像这样的机会多得很，同志们努力干吧！"

赤溪河战役的胜利，壮大了红军，为在湘鄂西建立革命根据地创造了有利条件。

赤溪河战役后，湘西红军威声远震，引起了国民党当局的恐慌。陈渠珍为了保存自己实力，决定放弃桑植，不再"进剿"。他派副师长曾从吾率同第一旅旅长陈斗南部进驻永顺，以资固守。桑植保安大队长陈策勋逃到慈利，接连打电报给国民政府求援，并自告奋勇，愿为前躯。当时，驻常德的第八军军长吴尚奉令"清剿"。吴派师长阎仲儒率全师由江垭向桑植推进，即以陈策勋为向导，进攻红军。贺龙主动撤退，向鄂西转进。8月，阎师追至樟耳坪，与红军发生激战，红军团长贺桂如牺牲。这时，红军处境异常艰苦，但贺龙充满着革命乐观主义的精神，红军始终保持良好的军纪。当时，桑植的劳动人民歌颂贺龙率领的红军说："贺家军是岳家军，不要别人一根针。"

1932年冬，贺龙率领红二军团由鄂西进军桑植，声势浩大，震动全湘。何键电令陈渠珍（陈部1930年已被改编为新编第三十四师，由陈任师长）严密"堵剿"，并将陈的"剿共"部队划归鄂豫皖三省"剿共"军左路军副司令官兼总指挥徐源泉指挥。陈接得何的电令后，立即召开军事会议，决定设湘鄂边区"剿共"指挥部，以龚仁杰为指挥，周燮卿为副指挥，王尚质为参谋长兼永顺、桑植保安联团指挥。参加的部队除周燮卿所辖第三旅第一团杨少卿部、第二团何瀚丞部及其迫击炮、机关枪、各直属营外，还有第一旅第一团田少卿部、独立旅第一团柏树亭部、新编第三团朱际凯（即朱疤子）部、独立团张晋武部和永顺保安团罗文杰部、桑植保安团王尚质部，以上各部队除周燮卿旅驻桃子溪，朱际凯团驻桑植城外，其余各部队都向永顺集中待命。

陈渠珍颁布命令后，龚仁杰还在长沙，要我先去永顺部署。12月30日，我由凤凰动身。出发前夕，陈渠珍向我面授机宜说："我们牺牲了，谁给补充？何键对我们是不怀好意的。所以，只要贺龙不来搞我们，或者迫其他处，做到互不侵犯，便是上策。你可照我们意见去办，一切可打电话商量。"1933年1月7日，我在保靖打电话与驻桑植的朱际凯联系，他说："红军约万余人，已抵桑（植）鹤（峰）边界，正向桑植前进中。如果贺龙本人不来，我决定打；如果他自己来了，我就要看情况再说。"通话之后，朱就自动撤退了，桑植情况不明。10日，我到永顺，和周燮卿通电话，得知桑植已被红军占领。接着，桑植的团队和乡绅都逃到永顺来了。为了解情况，我约集他们谈话。这些人都是惊弓之鸟，讲不出什么名堂来。只有长瑞乡乡长刘子维讲得还具体。他说："枪林弹雨我不怕，但一听贺龙来了，我就胆战心惊。因为他的本领我亲眼见过。1928年冬他失败了，身边只剩30多人枪，来到乐育住在我家，可是他毫无沮丧之色。夜间，谈笑风生，滔滔不绝。我送他就寝后，不久又去看他，已经不知去向了。事后才知道，那晚他独自跑到冰天雪地的森林深处席地而卧，原因是怕遭暗算。我曾问他：'打胜仗的要诀何在？'他说：'打仗就要不怕死，不但自己不怕死，还要别人（指部下）不怕死。团结一致，前赴后继，当然打胜仗。要怎样才能使大家都不怕死呢？那就要革命。革命就是打胜仗的要诀。'当时，贺龙家族的家被国民党当局抄没了，他们逃到乐育来找贺龙哭诉，要求他罢手，以保家族。贺龙简单地对他们说：'我这条路是走定了，你们何不跟着走，哭有什么用！'说完拂袖而去。他那种勇敢、机智和坚定不移的精神，怎不令人可怕呀！"

1月14日，我接到周燮卿的电话："贺龙全部来攻，正激战中。"次日战斗结束，周燮卿报告，贺军溃退。我们分析：红军进攻，可能是试探性质，并没有攻占永顺的企图。

1月25日，龚仁杰到达永顺，立即召开了军事会议，交换"剿贺"意见，并决定出发时间。龚仁杰决定部队到桃子溪集中，同周燮卿商量后再定作战计划。我们1月29日到达桃子溪，指挥部驻黄家台。我和龚仁杰先去拜访周燮卿，商讨了作战计划。回到黄家台，我根据商讨的计划，拟了作战命令：驱逐当面之红军，收复桑植城，压迫红军主力于洪家关附近，以包围攻击方式，一举而歼灭之。具体部署是：

1. 第三旅旅长周燮卿率同全旅由桃子溪出发，迅速进至南岔渡河，以一部抄袭桑植城之红军，策应本队进攻，其主力向洪家关前进，攻击红军之右翼，抄其侧背，出其不意而击破之。

2. 新编第三团团长朱际凯率全团由瑞悟铺出发经双溪桥向洪家关挺进，攻击红军之左翼，策应本队施行包围攻击。

3. 指挥官王尚质率同田、柏、张、王各团及直属第一、第二两营为本队，由现地（黄家台）出发，利用拂晓在赤溪河强迫渡河，猛攻当面之红军，于收复桑植城后，立即向洪家关追击前进，捕捉红军主力而歼灭之。

4. 各部队均限于1月31日12时以前到达洪家关附近，就攻击准备位置，开始攻击。

这个命令规定元月31日上午4时开始执行，但在命令下达后，我忽接周燮卿电话说："命令到了，但没有子弹，怎么办呢？"我说："后天可能运到。"他在电话中大发脾气嚷着说："陈师长怕我造反嘛，还打什么仗呢？我不搞了。"我立刻用电话报告陈渠珍，他说："子弹已运到永顺，星夜起运，可妥为劝慰。"我告诉了周燮卿，他怒犹未息。于是我建议龚仁杰将柏树亭团和直属各营士兵所带子弹分拨一部份给周。这个问题才得初步解决。但因此推迟了一天，把我们的预定计划打破了。实际上所谓作战命令是注定了无法贯彻的。因为周燮卿和朱际凯有隙，互相猜疑，不可能协同作战；田少卿等畏缩不前，各有保存实力的企图；龚仁杰本身没有力量，不得不迁就周燮卿完全处于被动地位。进攻部队于2月2日出发，向桑植城前进。到达赤溪河时，各团隐蔽前进，士兵用卧倒姿式向对河射击，这时连长张显南渡河侦察回报，红军已撤退了。周燮卿由朱家台渡河，抢先进城，龚仁杰反而落了后。部队入城后，停止前进，红军从洪家关向鄂西安全撤退了。

我们在桑植城住了5天，再次召开军事会议，决定兵分两路，向鄂西追击。即：由龚仁杰率同田少卿、朱际凯、柏树亭、张晋武、王尚质各团及直属第一、第二营为第一路，经昌垭向走马坪追击。周燮卿率领杨少卿、何瀚丞两团及其直属各营为第二路，经五道水向鹤峰方面追击。结果两路追击部队都未和红军接触，扑空而返。3月龚仁杰回驻永顺，周燮卿仍驻桑植。9月，据报红军再回湘西，驻在龙山茨岩矿休整。周燮卿自告奋勇率部往攻，红军突如其来地由北而南，折回洪家关，又东进到江垭去了，气得周燮卿大骂："他妈的，想不到贺龙竟向我的后方退走了。"不久，周燮卿驻大庸的部队来电告急：红军回头了，正向大庸急进中。周燮卿急忙召开军事会议，决定以全力驰援大庸。可是，当我们到达教子垭时，红军已渡过仙槎河到永顺去了。周燮卿决定跟追。但始终未能追上红军，部队也被拖得七零八落，疲惫不堪，只好由龙山开回了桑植。而朱际凯团则始终避战，闻风即逃。当时红军中有句口号："赶死朱疤子，拖死周矮子。"

百年中国记忆

文史资料

百部经典文库

第七章｜"围剿"东江革命根据地

综　述

东江革命根据地是由大小不等九块根据地组成。1927年4月30日，海丰、陆丰人民起义，首先在海陆丰创造全国第一个武装割据政权，后发展为海丰、陆丰、惠阳、紫金根据地。此后相继建立八乡山（揭阳、丰顺、五华）、南山（潮阳、普宁、惠来）、五兴龙（五华、兴宁、龙川）、梅埔丰（梅县、大埔、丰顺）、饶和埔诏（饶平、平和、大埔、诏安）、蕉平寻（蕉岭、平远、寻邬）、陆惠（陆丰、惠来），潮澄饶澳（潮州、澄海、饶平、南澳）等八块根据地。其中海陆丰、八乡山、南山是东江革命根据地三个不同阶段的中心地区。其全盛时期包括粤东、闽西南、赣南地区，共25个县，人口近200万。

自根据地建立起不断遭到国民党军"围剿"。其规模较大的有4次。

1. 1927年堵截南昌起义军南下广东

南昌起义军南下，广东当局调遣第七、第三十二、第四各军和新编第二师开赴粤东堵截。第十一师、第十二师一部和新编第二师在丰顺汤坑与叶挺、贺龙部发生遭遇战，起义军向海陆丰方向撤退，行至普宁流沙被第十一师拦腰截为两段，一部1000余人与海陆丰农军会合；另一部通过流沙被缴械。朱德、周士第部留守大埔三河坝，与第三十二军激战后向福建粤北转移，后在湘南组织暴动上了井冈山。

2. 1928年进攻海陆丰根据地

李济深主粤，组织"善后委员公署"，对东江革命根据地调集5个师又4个团联合地方民团分四路"进剿"，东路三个团，北路一个师又一个团，西路四个师，南路有"中山舰"等三艘军舰截击，采取先占据交通要道，然后进行"搜剿"。先占河田、河口、大安，后攻陷陆丰、海丰。再进攻中共东江特委所在地中洞，东江特委退出中洞转移到山区。

3. 1930年夏至1931年夏"围剿"东江西北部根据地

广东当局为配合国民党军向中央苏区进攻，截断东江红军与中央红军联系，以小部分兵力牵制南山根据地，以重兵"围剿"八乡山、梅埔丰、蕉平寻根据地，八乡山为主攻方向。1929年4月，对八乡山第一次"围剿"失败后，1930年9月，第六十二师进行第二次"围剿"，采取"步步为营，处处封锁"的策略，重兵围困，红军处境十分艰难，1931年5月，独立第二旅会同五华县警卫队连续两次进攻八乡山根据地。红军弹尽粮绝被迫撤退。

进攻八乡山同时，第一二四旅"围剿"梅埔丰根据地，蕉岑、平远、寻邬警卫队"围剿"蕉平寻根据地，到1931年底两个根据地全部丧失。

4. 1932年至1935年大规模"围剿"东江东南部各根据地

1932年春开始，广东当局重点"围剿"东江东南各根据地。设立"东区绥靖委员公署"，以第三军军长李敬扬任绥靖委员，统一部署指挥，以独立第二师"主剿"东江根据地中心南山；以第五师"围剿"南山西南翼海陆惠紫、陆惠根据地，配合进攻南山行动；以第七师"围剿"南山东侧潮澄饶澳根据地；以第八师"围剿"五兴龙根据地；独立第一师进驻闽西，防堵闽西红军进攻。兵力合计15000人，十倍于红军。

独立第二师于1932年3月，取"分进合击，大围合小围之法，分途围剿"，至5月未能奏效。8月，师长张瑞贵总结"五月教训"采取"进剿"与"驻剿"相结合办法，苏区红军和群众损失甚大，南山人口由50000减至700，根据地大大缩小。1935年4月，第九师接替独立第二师继续"围剿"，采取"先压西山、北山，迫其窜于南山而歼灭之"的战术，7月，该师教导团在揭阳五房山包围红军游击队，总指挥张木葵等牺牲，仅二十余人突围。中共东江特委机关在黄竹坑遭破坏，特委书记李崇三叛变，在南山一带活动的16个游击小组被其出卖，南山根据地全部丧失。

第五师进攻南山西侧翼海陆惠紫、陆惠根据地，先占平原，后攻山区，构筑封锁线，把各根据地联系切断，红军被迫从陆惠根据地转移到紫金鸟禽嶂，第五、第八两师又以重兵包围，红军伤亡惨重。1934年冬，两块根据地全部丧失。

1934年10月，广东当局增兵"围剿"五兴龙根据地，第八十师"进剿"饶和埔诏根据地，以两个师兵力将五兴龙根据地中心新村南扒紧紧包围,层层"搜剿",至1935年7月,五兴龙根据地完全丧失。饶和埔诏根据地范围在第八十师"围剿"下日渐缩小,仅存永埔游击队坚持下来。

1935年夏,第九师向潮澄饶澳根据地"进剿",先占平原,后四面包围根据地指挥中心浮凤山区,逐步推进,紧缩包围圈,红军被迫向闽西南乌山转移。东江革命根据地最后一块苏区潮澄饶澳根据地被占领。

从潮澄饶澳根据地撤至闽西南乌山红军游击队坚持至抗日战争爆发,国共第二次合作后,改编为新四军第二支队第四团,开赴抗日前线。

阻击叶、贺南征军的战争

黄绍竑[*]

四·一二以后的两广局面　两广局面与四·一二以前大不相同了，开始形成军阀割据的形势。在广州成立了两个为统治者利用的权力机关——中央政治会议广州政治分会和第八路军总指挥部。广西更成为黄绍竑一人的天下，并且把力量伸张到广东。

广州中央政治会议分会　中央政治会议是当时国民党中央最有权力的机关。经过四·一二事变之后，那些自命为"反共有功"的人们总想得到与中央同样权力的机构，国民党中央也不能不迁就他们，给他们与中央同样的机构。中央政治会议广州分会就这样改组了（广州政治会议分会前主席是张静江），李济深当了主席，黄绍竑、戴传贤、古应芬、陈孚木、甘乃光、陈可钰、朱家骅、李福林、李宗仁、白崇禧、宋子文、何香凝等当了委员（见1927年5月1日《申报》）。从这名单里不难看出，除何香凝、甘乃光两人当时没有什么反共的表示之外，其余都是强烈反共的。何香凝、甘乃光始终没有到职，名单里有他们，是另有作用的。蒋介石对广州政治分会并不放松，把他的亲信戴传贤（兼中山大学校长）、宋子文（兼中央银行行长）、朱家骅（兼广东民政厅厅长）作为委员，并用邵元冲为秘书长，曾养甫为后方政治部主任（原来是孙炳文，共产党员），其余都是两广实力派和其亲信。

第八路总指挥部　1926年国民革命军北伐后，李济深是以总参谋长的名义留守后方的，四·一二事变后，这个名义已不能适应军事上的需要了，于是乃有第八路总指挥部的成立。它可以对驻在两广的军队发号施

令，指挥调动。国民革命军北伐的时候，广东境内有些地方的土匪尚未完全肃清，而海丰、陆丰及各地武装农民又纷纷起来，四·一二事变后情形更加紧张，于是就决定分区负责"剿办"：师长钱大钧负责北江方面；师长徐景唐负责西江方面；师长陈济棠、薛岳负责东江及海丰、陆丰方面，重点是海丰、陆丰；李福林负责广府各属；南路及海南岛都有专人负责。他们对土匪用抚的方法，著名土匪袁带（袁虾九）就是在那时候招安的；对农民则用镇压的方法，认为这两种的性质是不同的，土匪是反共的，可以利用。

湘军许克祥旅反共投粤　四·一二事变后，广州高举反共旗帜，湖南尚拥护武汉，湘粤边境形同敌国。许克祥是湖南反共最早的部队，在湘南开始反共，在那里站不住，率领部队投向广东，驻在湘粤边界。

桂军东调　广东各地武装农民的力量日益壮大，广东的兵力不敷分配。李济深在4月22日就商得黄绍竑同意，调桂军黄旭初师（报载一旅，其实是一师）入粤驻韶关一带，接替钱大钧的防务。钱大钧则调往赣南一带。那时候赣南是归第八路总指挥部管辖的。后来兵力仍然觉得不够，又调桂军吕焕炎一师入粤，虽然说是商得黄绍竑的同意，而黄绍竑也有自己的打算。广西是穷省份，在四·一二事变以前要担负两个多军的军饷（前方的第七军和后方的第十五军，前方第七军到南京后才不由广西负担），而广东历来是广西的好饭碗。1920年以前陆荣廷时代，广西都是吃广东的，后来被粤军打回去了，称为旧的粤桂战争。现又有机会名正言顺地把桂军调到广东，起初是临时协防性质，不好提出什么要求，后来时间久了，就以广西经费困难，广西货币不能在广东行使为由，要广东每月补助军饷四十万元。当时黄绍竑认为广西军队既然驻在广东，就应该吃在广东，是天经地义，而不知从此就种下了新粤桂战争的祸根。

广州与香港关系的改变　1925年中国共产党领导下的香港大罢工，几乎把香港变成一个死港、臭港，把香港与广州隔绝了，香港殖民地的势力被遏止了，老百姓普通的往来都是在罢工纠察队严密监视之下，政府官员政治上的往来根本上是没有的。自四·一二事变之后，罢工纠察队被解散了，一般的往来就同前庭走到后院一样的方便，政治上的往来也就开始了。先是由李民欣拉拢一些小港绅如江筱侣、江贻荪、莫振声等往来，再由他拉拢一些所谓大英帝国的香港爵绅如何东、周寿臣、罗旭和等往来。这些人都是四·一二以前被广州报纸骂得狗血淋头的买办资本家、帝国主义走狗，现在一变而成为广州当局的座上贵宾了。再由这些大港绅拉拢而成为两方政府人物的公开往来。大革命时代的广州政府，是英帝国主义者香港政府所最头痛的。四·一二之后，香港政府认为与帝国主义者作对的共产党已被国民党所清洗了，"打倒列强除军阀"的革命歌也不唱了，于是，他们就把伪装"睦邻亲善"的手伸到广州去。香港总督金文泰（译音）到广州访问广州政治分会主席、第八路军总指挥、广东省主席李济深。他到埠的时候，广州海军放了二十一响礼炮。以李济深为首的官员都到码头欢迎，并举行盛大宴会。他们（指李、金）谈些什么，我不清楚，总不外是"睦邻亲善"的一些话，所谓"睦邻亲善"，骨子里就是共同取缔共产党的活动。金文泰来广州访问，无疑是表示帝国主义者反共的胜利，而广州那些反动的人则认为是广州外交的胜利，是历史从来没有过的盛事。不久李济深就乘坐四只烟囱的飞鹰炮舰到香港去回拜，有些人深以能同去为荣。陈庆云原是少将，自愿把少将肩章取下来降为中校，充当李济深的侍从武官。因为他架子好，会讲英国话，可以同港督和李济深做翻译。这就是四·一二事变之后最突出的事件。广州显要从此就把他们贪污得来的钱，公开在香港置了产业，作为失败后的打算。这是以后的事。

"八一"南昌红军起义　我自从在南京参加特别会议和徐州军事会议回到广州后，不久就病了，患了极严重的肺膜炎，由5月病到8月，才能勉强起床。1927年8月1日，南昌以贺龙、叶挺为首的革命军起义了，旗帜指向广东。消息传来，广州大起恐慌。蒋介石、李济深命令钱大钧率领两个师（钱大钧一师和王文瀚一师）在宁都县、兴国县之线堵击，但是失败了。那时广东只有我的两个师还可以调动，其余的都分散在各地镇压农民和肃清土匪。李济深要我派兵增援，要我当第八路军副总指挥兼前敌总指挥，到前方去指挥。

我的打算　我想：如果我不及早全力参加，共产党领导下的革命军已把钱大钧部队击败，粤军（指后方第四军各师和李福林的第五军）也会被各个击破。革命军与海丰、陆丰的农民军联成一气，声势更大，那时再参加，也毫无用处。广东如果落在共产党的手里，广西也很难守得住。仗，迟早总是要打，迟打不如早打，决心拼了吧！我又估量贺龙的第二十军是贵州军队，没有很大的战斗力；叶挺仅是前方第四军的一部分，力量也不大。我们的力量尽可把他击败的。如果胜利，则广西的地位更加巩固，势力更加扩张。于是，我就答应当第八路军副总指挥兼前敌总指挥，带病到前方去指挥，并且还加调了伍廷飏师的一部到广东来。

广州的金融风潮 正当我要出发的时候，广州市忽然发生金融风潮。有一天我的厨房连菜米都买不到，说是市民抵制银纸。广州政治分会开了紧急会议。古应芬那时是广州政治分会的委员兼财政厅厅长，他报告金融风潮情况说，这次风潮是由于共产党散布革命军回粤，广东的政府靠不住了，中央银行的基金没有了（其实早就空了）等等谣言，而十三行（十三行是广州银钱业的中心）的奸商又从中操纵。他主张严办造谣生事的人和查封十三行的所有钱庄。政治会议同意他的主张；当面命令广州市公安局局长邓彦华去执行。查封的结果，全广州市的钱庄只有毫洋六七百万元，就把这些现洋作为兑换基金。以后如何发还，是否杀了人，我不清楚。只知道那时候在广州杀个把人是不算稀奇的事。记得有一次戴传贤建议枪毙人要在晚上，不好在白天押赴刑场，被人看见太难看。因此杀不杀人，外人是难以知道的。

筠门岭的战役 钱大钧的部队在会昌、宁都之间作战失败，退回信丰城。黄旭初先头部队也在雩都县附近作战不利。那时我已率吕焕炎一师进驻南雄。就当时情况判断，革命军的意图是：一、是想由会昌经寻邬进攻兴宁、五华、龙川等县，以高屋建瓴之势与海丰、陆丰农军相呼应，东可以控制潮海，西可以威胁广州；二、是由会昌经寻邬、平远、蕉岭攻梅县、兴宁、五华，与海丰、陆丰农军相呼应，其效果是一样的。如果这样的目的达到，我们就处于非常被动的不利形势。于是我命令黄旭初撤退，固守会昌以南的筠门岭阻止革命军南下。革命军果然以全力进攻。筠门岭是粤赣两省的分水岭，地势非常险恶，黄旭初以劣势的兵力就把守住了。革命军屡次攻击，都被击退，伤亡颇大，于是改变方向，入福建的长汀、武平、上杭。黄旭初的部队也因伤亡很大，没有追击。这就是筠门岭战役的经过。1949年朱德总司令同我见面的时候对我说："以前同你的部队在筠门岭那仗打得很厉害。"朱总司令的话真是晴天霹雳，使我无地自容。

潮州城战役以前的情况 革命军既转入福建的长汀、上杭，我不去尾追，免陷被动。我判断革命军稍为休息整顿之后，必然下永定、大埔，进攻梅县或潮州、汕头。这样我们就有从容布置的余暇。我电请李济深把陈济棠、薛岳两师在丰顺、揭阳之线集结，并命令钱大钧残部由信丰向梅县集结。我亲率吕焕炎师及伍廷飏师的一部由南雄、信丰直抵寻邬，与黄旭初师会合，并逐步向平远、蕉岭南移，以监视革命军的行动。到达蕉岭后，情况仍未明了，不敢贸然下梅县，乃派一个很剽悍的营长黄鹤龄率兵一营往大埔县作火力搜索，才知道革命军主力已沿韩江下潮州、汕头，仅在三河坝留有周士第师和朱德所部，以防我军尾击，大埔仅有一些后方人员。我就这个情况判断，革命军的意图是想乘黄绍竑的桂军与陈济棠、薛岳的粤军尚未能靠拢的时候，由韩江直下潮州、汕头，其目的并不是消极的占领潮汕，而是积极的进攻揭阳方面的陈济棠、薛岳的粤军，实行各个击破，与海丰、陆丰的农军联成一气，然后再回击黄绍竑的桂军。他们知道桂军尚逗留在蕉岭，桂军若由蕉岭经梅县、兴宁向揭阳正面增援，要六七天的路程；同时还判断了黄绍竑不敢冒险越过梅县与潮州之间的大山脉鳄鱼障，袭击他们的侧后，这样就可以达到各个击破的目的了。

与广州方面关于战略的争论 我根据情报和判断决定我的部署：令钱大钧所部到梅县以东的松口镇监视和佯攻三河坝的革命军，掩护我的侧背；我亲率桂军的两个多师进军梅县，并在上游渡过韩江，由鳄鱼障北边的上罗衣翻过山南的下罗衣，那都是崎岖险恶的山壁小路，向潮州进攻。广州方面很不同意我这个计划。他们说，陈济棠、薛岳两个师恐怕经不起革命军主力的攻击；如果陈、薛被击破，革命军与海丰、陆丰农军连成一气，以后的局势就不好办。又说，历史上进入潮汕而不确守梅县、兴宁、五华的，必定失败。如果你下潮州，红军由三河坝攻梅县、兴宁、五华，你岂不成了釜底之鱼吗？他们的话听起来似乎有相当理由，但前方的情形他们不清楚。我的确知道革命军主力已沿韩江下潮汕，进攻揭阳方面的陈济棠、薛岳。我如果经梅县、兴宁、五华从正面增援，时间是来不及的；即使时间来得及从正面把革命军击退了，战果也是不大的。因为革命军可以东向福建撤退，而且进入潮汕的不是我；而我是为攻击革命军进入潮汕，与历史上的例子是不同的。我不顾他们的意见，仍然照我的计划实行。

潮州战役 由梅县到丰顺县，在地图上仅有九十多华里，都是山壁的险恶道路。我们第一晚是在山上露宿的，又值大风大雨，人马间有坠崖死亡的，这是我生平作战行军最苦的一次。次日下午才过丰顺县。第三日的中午才到潮州上游六十里的留隍圩，把潮州与三河坝的交通截为两段，这是革命军意料不到的。情况也更加明了，革命军主力并没有进驻汕头，而是由潮州向揭阳进攻陈济棠、薛岳，潮州作为后方，留置相当兵力。我军又继续向潮州前进，于第四日中午的时候到达潮州附近，革命军在潮州城西北高地驻守。这时陈济棠接连几次送报告给我，说正面革命军的力量很大，攻击很猛烈，要我派兵增援。我把情况告诉了他，要他顶着，我把潮州攻下，革命军自然动摇退却，那时前后夹击，战果一定很好的。我以吕焕炎师全部及黄旭初师的一部为总预备队。于是展开激烈的争夺战。到下午五点钟就把潮州全城占领了，缴获了大批武器。残余革命军有些渡过韩江向三河坝转移，有些沿潮汕铁路向汕头退却。次日我整队沿铁路向汕头推进，中途遇到一些由揭阳方面退回的革命军，据说揭阳方面也于昨日下午退却了。那方面的革命军主力到底是因潮州失守而自动退却的呢，或是被陈济棠、薛岳击败的呢？不很清楚。由于潮州已被桂军占领，揭阳方面的革命军残部不敢向东撤退，而是向揭阳以南的沿海转进，冀与海丰、陆丰的农军汇合，后来被陈济棠、薛岳部在海边消灭了，大约是1927年的9月底10月初。这就是第一次反共战争的经过。

我内心的隐忧 革命军在南昌"八一"起义的时候，张发奎、黄琪翔的第四军，仅有叶挺的一部分参加起义。唐生智在武汉反共的态度亦渐明显。张发奎、黄琪翔既不参加"八一"起义，又不主动反共，南京、武汉他们都不靠拢，形同中立。他们是广东人、广东部队，念念不忘广东，就悄悄地由南昌沿着赣江开回广东。我军正在潮汕与革命军作战的时候，他们就到达广州了。他们不满李济深的做法，反对桂系。他们对反共战争的态度是可以想象得到的，正在那里学卞庄刺虎的故事！我知道那时我的处境是十分困难的，败了固然危险；就是胜了，问题也不简单。我打下潮州之后，就向汕头推进。汕头是历来军阀争夺的肥地盘，而薛岳的部队也向潮州推进，在离汕头北方四十里的鼍埠，两军先头碰上了。薛岳的部队阻止桂军前进，说汕头已经被他们占领了，要桂军在鼍埠以北停止，只许我个人进入汕头，两军几至发生冲突。我只好命令桂军在鼍埠以北停止。那时我心里想，广州情形既然是那样，潮汕的情形又是这样，处境十分危险。于是我就决心把军队撤回广西，未得到总指挥李济深的同意和命令，我就令黄旭初师、吕焕炎师由陆路撤回韶关，前敌总指挥部及伍廷飏师的一部由海道绕西江撤回梧州，我也由海道回到广州。我以为这样至少可以减轻或免除粤桂之间的摩擦和冲突而徐观变化，殊不料11月16日反对李济深、反对桂系的问题就爆发了，我几乎命丧广州，而以后连年的新粤桂战争也就开始了。

阻击叶、贺南下起义军的汤坑之战

卜汉池 李 振[*]

1927年，我们俩均在国民革命军第四军第十一师（师长陈济棠）分别任师部少校副官及三十一团少校营长，亲自参加了在粤东地区对叶、贺军作战的汤坑之役。现将我们所知该次战役的战斗经过，回忆概述如后。惟事隔多年，时间、地名多已忘记，且因当时职位所限，对全局情况亦不尽明了，不够翔实处，希知其事者予以补充更正。

1925年北伐时，李济深任总参谋长兼第四军军长。第四军辖下有三个师及一个独立团：第十师师长陈铭枢，第十一师师长陈济棠，第十二师师长张发奎，独立团团长叶挺。北伐军出发，李济深派第十师、第十二师及独立团随军北伐，亲率第十一师担任广东后方防务。军部及直属部队驻广州市，第十一师师部驻北海市，第三十一团（团长余汉谋）驻高州及雷州所属各县，第三十二团（团长香翰屏）驻防廉州，第三十三团（团长黄镇球）驻防海南岛，补充团（团长张瑞贵）驻防钦州、灵山等地。后为扩充实力，充实后方，第四军又成立第十三师，由徐景唐任师长，师部驻光明，部队分驻新会、三水、高要等县，这就是第四军所属部队在汤坑之役作战前驻防广东的情况。

1927年4月12日，蒋介石背叛革命，进行"清党"。第四军留守广东部队政工人员中的共产党员，均被迫限期离职。

1927年8月1日，朱德、贺龙、叶挺等率部南昌起义后，蒋介石为了笼络部属，扩大实力，对所属将领大肆加官晋爵。李济深遂升任第八路军总

---

　　* 卜汉池当时系国民革命军第四军第十一师少校副官。李振当时系国民革命军第四军第十一师第三十一团少校营长。

指挥仍兼第四军军长，指挥所部与南昌起义军为敌。8月上旬末，南昌起义军计有叶挺的新十一军，贺龙的独立第十五师和朱德率领的军官教导团共三万多人由赣入粤，打败钱大钧的第三十二军后，直取潮汕（朱德所部到达三河坝后，转入江西）。当时广东省主席李济深即命令第十一师（缺第三十三团，该团驻防海南岛），新编第二师（师长薛岳）和第十三师三个师从广州出发，黄绍竑率第十五军（黄旭初师、伍廷飏师、吕焕炎师）由粤北出动，分别向东江方面进军，截击叶、贺由赣入粤部队，因而造成汤坑之役。

李济深命令陈、薛两师编成一个纵队，由陈济棠任纵队司令官。徐景唐师随后跟进，亦归陈指挥。部队由广州至石龙用铁路输送，以后，步行经五华向兴宁、梅县前进。薛师与陈师到达兴宁附近时，叶军（叶挺是新编第十一军军长，所辖两个师：第二十四师师长周士第，第二十六师师长古勋铭）与贺龙独立第十五师已经进入潮汕方面。原在汕头的潮汕警备司令王俊所辖警备部队三个团（第一团团长陈泰远，第二团团长王承烈，第三团团长何如）首当其冲，已被叶、贺军打败转移于揭阳，汤坑方面，继续向后退却。在此情况之下，薛岳曾到陈济棠师部会商进军策略和接受陈济棠纵队司令官的命令。会商结果，不向梅县方面进军，改由兴宁转向丰顺的汤坑前进。薛师仍在前头，陈师在后继续前进。第十三师（代师长云瀛桥）还在陈师之后约一天多路程跟进。

在薛师由兴宁进至汤坑的时候，王俊警备司令所辖的部队，纷纷沿薛师前进之路向兴宁方面后退，在中途王俊与陈济棠相遇时，王俊除将薛师官兵沿途辱骂他打败仗并缴去他们许多枪枝向陈诉说之外，并说打算退出战场不打了。陈济棠当面劝其不要退那么远，应在稍后适宜地点整顿好部队后再参加作战。但以后并未见王俊部队再来参加作战，究竟退至何处，也不清楚。

当薛岳师进至汤坑分水坳（分水坳是一带山地，揭阳与汤坑分界处）时，具体日子已忘记，大约在9月底，就与叶、贺军遭遇，互相搏斗，战至下午二三点钟，薛师不支，要求陈济棠迅速增援。陈即集合全师官兵训话约三十分钟，鼓励所属前进参加战斗。随即命令第三十二团在右，第三十一团在左同时展开为第一线向汤坑分水坳急进。并以张瑞贵补充团为预备队，位置在汤坑之后约七八公里地方，陈济棠的指挥所则设在离汤坑约六七公里的一个小高地上。当第十一师两个团加入前线战斗的时候，薛师已支持不住，大部分正在败退之中，后得陈师兵力进至分水坳时才稳定了战线，并在陈师掩护下退却。

第十一师的两个团进入阵地以后，作为右翼的第三十二团依托汤坑河，因属沿河地区，旱地与水田交错，且多甘蔗园，地形隐蔽，彼此了望甚为困难。及至发现对方，已成短兵相接之势，经过双方肉搏冲锋，反复多次，形成拉锯战。作为左翼的第三十一团因抢得了制高点，依托高地居高临下，作战形势较为有利，革命军须进行仰攻，彼此互以集团冲锋，战况极为激烈。直至黄昏以及是夜仍互有冲杀，战斗依然进行剧烈。薛师虽有一部仍在前线，但大部分已经后退了。

第二日拂晓至中午时间、战况仍很激烈，陈师几乎支撑不住。陈济棠于正午时即以张瑞贵团（预备队）参加第一线作战，拔队前进。同时，由云瀛桥率领的第十三师亦已到达。陈济棠即面请云率领该师渡过河之西（该河当时可以徒涉）向分水坳方面包围，攻击叶、贺军的侧后翼。但至黄昏时尚未到达目的地，因而未听到该方面的枪炮声。至张瑞贵增加第一线之后，经过剧烈战斗，虽能够稳住阵脚，安定了战局，但张瑞贵团加入前线的同时，薛师的部队却完全脱离前线退回后方了。

双方激战至午后6时左右，第三十一团参谋长吴子泰以该军死伤过大，如不将正面的起义军击退，则士气大有影响。遂亲率团直属部队及第一营发起大部队的集团冲锋，虽将叶挺部第七十四团击退，但陈军连、排长伤亡甚众，吴子泰亦阵亡，使第三十一团失掉指挥，形势仍大为不利。后团教导队及师教导营到达，加入战斗；同时，师派中校参谋黄涛到团接任团参谋长，负责指挥（黄在第三十一团官兵中颇有威信），因而士气较有好转，形成均势。激战至深夜，双方似已筋疲力尽，再不能冲杀，只是各自维持现状而已。这是第二日的情形。

是夜陈济棠手下已无预备部队。前线战况虽稳定一时，但他深恐明晨（第三日）情况变化，无法应付，他在指挥所自言自语地说，悔不该让第十三师整个师去包围叶、贺军，应该分割一部分兵力作为预备队。从这点来看，可以见到陈济棠当时对整个战局感到十分忧虑。

第三天，拂晓时，第十一师部队觉察对方已无动静，只好用火力搜索，但并无还击。至此始知叶、贺军队已自动退去了（以后据说叶、贺军因子弹用尽，粮食不继，自动退去）。第十一师清理战场之后，于是日下午一时左右转为纵队向叶、贺军追击。至黄昏时分约追至十余公里的地方

（地名忘记）宿营警戒。但半小时后据报叶、贺军不是继续退却，而是向后转有反攻模样。陈济棠据报，即乘夜退回分水坳附近一带布防，严阵以待，此时已是第四日拂晓了。

第四日整日不见叶、贺军来攻，第十一师仍在严阵以待，至夜半陈济棠接到黄绍竑由昭隍潮安方面来电，说他所率领的部队逼近汕头，叶、贺军队正向揭阳、陆丰方面退却，请陈济棠向叶、贺军截击。第五日中午左右陈济棠又据前方探报，叶、贺军不是反攻，而是由揭阳向陆丰方面而去。陈济棠得知这情况之后，即将十一师转向普宁方面移动，于第六日黄昏前到普宁城附近（第三十一团到普宁城宿营，其余部队在距普宁城之后约十华里左右宿营）。

第六日夜间，陈济棠下达命令以第三十一团（代团长黄涛）为前卫于明晨（第七日）拂晓时由普宁经流沙墟附近的山坳向陆丰前进，其余为本队在前卫之后二公里跟进。命令下达之后，以为明日可以按时行动。惟本队于第七日上午8时到达普宁城时，黄涛代团长未接到命令，以为在此休息，此时知要出发，乃下令造饭，耽搁了很多时间，直至上午11时第三十一团才集合出发。

第七日下午2时左右，第三十一团前进到流沙墟附近山坳（忘记坳名）时，发觉叶、贺军成一个纵队由东向西正由这个山坳通过，黄涛代团长即迅速占领了该坳险要地区。而叶、贺军通过该坳的部队，只向陆丰方面而去，并无回头还击，其未通过该坳的部队，于是日黄昏前后被第十一师解决了。

第八日，第十一师仍在该坳附近流沙一带宿营警戒，不敢向陆丰方面追击前进，因为陈济棠探知通过该坳向陆丰退却的叶、贺军尚有三师之众，迫得去电催促第十三师速来会合，然后才敢追击，因而在第八第九两天，仍在原地宿营警戒，迄至第九日黄昏前第十三师才与第十一师会合。

第十日，第十一师在前、第十三师在后向陆丰前进，是日下午到达离陆丰约二十公里左右地方（似系葵潭墟）宿营警戒。

第十一日早晨，第十一、第十三两师继续向陆丰前进，将到离城约十公里左右地方，贺军的一个团长吴骏声向陈济棠请求收容。陈问叶、贺二人如何，吴答他二人已走了。所有在陆丰部队因无弹药和粮食不能再战。陈济棠当日即把吴部枪械全部收缴，所缴枪枝大约三千多枝（另第十三师缴去一部份约数百枝不在内）唯子弹寥寥无几，大约平均每枪不到五颗子弹。从这点来看，可以证明在汤坑之战，并非陈济棠的战胜，实系叶、贺军子弹用尽，自动退却而已。

　　战役结束之后，两三日内，第十三师开回四邑去了。陈济棠师则在陆丰休息了十余天。这时指派卜汉池押运，并派军队一营护送这批枪械三千多枝由陆丰运到汕尾，等候第十一师步行到达汕头，雇备火船来汕尾载运。在陈师未到汕头之前，薛师与王俊所属的残余部队已先到汕头。惟薛师恃强欺弱，即将王俊所属的残余部队强缴枪械和强迫改编，借以扩大势力。王俊逼于无奈，只身离开汕头，无形中自行取消潮汕警备司令的职务。迄至陈师开到汕头，而薛师已乘火船返广州投归张发奎集团，做其反对李济深的行动了。

独立第二师对南山根据地的"围剿"

李汝祥[*]

陈济棠自1929年接受蒋介石的任命，担任了讨逆第八路军总指挥以后，实际上开始掌握了广东的大权。他为了巩固广东这块地盘，对全省范围内的红色革命根据地竭尽全力进行"围剿"。粤东方面，陈济棠于1931年春，派遣独立第二师张瑞贵部对工农武装力量进行"围剿"。当时，我在独立第二师师部担任副官之职，负责后勤及联络工作，对张瑞贵"围剿"大南山红军的情况，曾耳闻目睹。现在我把当时有关这方面的史实忆述下来，供治史者参考。

南山位于潮阳、普宁、惠来三县交界处，纵横百余里，峰峦重叠，田畴交错，密林石洞，星罗棋布，地形险阻，山路崎岖。地下蕴藏矿产丰富，满山遍野，果树成林。1927年，贺龙、叶挺两将军所率的南昌起义军南下广东时，在丰顺县的汤坑被陈济棠部截击，因弹尽援绝，向揭阳、陆丰方面撤退。有少数部队撤入南山，在这里建立了革命根据地。此后，中国共产党多次在这里召开重要会议；彭湃同志亦曾在这里领导开展革命活动，成为当时粤东主要的革命根据地。

陈济棠主粤以后，认为共产党在广东省范围内所领导的红色根据地日益壮大，是他巩固这块地盘的心腹之患，便分别抽调精锐部队对海南岛、南路、粤东一带的工农红军大举进攻。粤东方面，陈济棠于1931年春，把素有"生张飞"之称的张瑞贵及其所率领的独立第二师调驻潮汕地区，对粤东的革命武装力量，实行全面"清剿"。

张瑞贵师奉命自西江的高要调驻潮汕地区后，即把部队分驻汕头、

---

* 作者当时系独立第二师师部副官。

潮安、潮阳、揭阳、普宁、惠来、饶平、澄海、丰顺以及兴、梅、海陆丰各地。由于张师分兵把守，当时曾在粤东各县活动的革命武装力量不得不逐渐撤入山区，先后以南山（位于潮、普、惠三县交界处）、北山（位于潮、普、揭三县交界外）、八乡山（位于丰顺、五华交界处）为主要根据地，继续开展革命活动。

1932年3月，陈济棠为了消灭南山革命武装——工农红军，命令张瑞贵师集中全力，对南山进行"围剿"。

张瑞贵奉命后，即派第一团（团长张镜澄）进驻惠来（8月间，增调第三团钟芳峻部进驻惠来葵潭）；第二团（团长骆凤翔）进驻普宁流沙；教导团（团长陈耀枢）进驻潮阳两英，对南山地区形成了一个军事包围圈。

张瑞贵在完成进攻南山的军事部署之后，即在普宁流沙召开潮、普、惠三县的县长、区长、保长，以及军队团长、营长参加的"清剿"会议，决定采取政治、军事双管齐下的方针，拟订出"清剿"计划如下：

甲、政治方面

健全区乡保甲制度，重新调查登记人口；实行"五家联保"；"庇共"、"匿共"，与"共"同科，勒令"共"亲悬红购缉；颁布"自新"条例等等。此外，师政治部到处进行反共宣传，诬蔑共产党杀人放火，共妻共产。并贴出许多反共的漫画、标语，以欺骗群众。

乙、军事方面

集中独立第二师全师兵力，向南山地区进攻，以第一团负责扫荡惠来县境内的南山区；第二团负责扫荡普宁县境内的南山区；第三团负责扫荡惠来葵潭及普宁塘边的南山区；教导团负责扫荡潮阳县境内的南山区。

在流沙会议之后，"围剿"南山区的行动即告开始。不分昼夜进行"清剿"，所到之处，实行三光政策——杀光、烧光、抢光。南山周围几十个村庄全被烧毁，革命群众1000多人遭到杀害。到处田园荒芜，满目疮痍，一片焦土。此外，对进入南山的交通要道严密封锁，粮食物资不能进入山区，以断绝工农红军的粮食。

张瑞贵还呈奉陈济棠批准，建立南山移垦委员会，专司移民工作，将山区内居民二万余人，移至原属各县。并在山区内重新建立保甲制度，施行"联保连坐"，修筑公路，山边平原各村一律勒令成立联团，筑炮楼，严密控制山区。

南山的工农红军、赤卫队，在国民党军重重包围封锁下，环境非常艰苦。他们忍饥挨饿，几个月尝不到一点盐味。饿急的时候，只摘些野果及捕些鱼虾充饥。但是，他们斗志顽强，凭险据守南山，与来犯的国民党军进行浴血战斗。因众寡悬殊，经过大小数十战，红军队伍牺牲重大。

记得1931年春天一个上午，独立第二师第二团一个营分两路向南山望夫石进犯。工农红军百余人迅即占据阵地两侧制高点，向国民党军迎头痛击。国民党军前后猛扑，伤亡忱藉。战至中午，红军以众寡悬殊，阵地两侧据点，被国民党军突破，始放弃阵地向密林莽丛中转移。有六个红军战士，被国民党军所困，弹尽矢穷，隐伏于阵地石洞中，国民党军初用火攻，继投以手榴弹，遂壮烈牺牲。又在1932年秋一个下午，独立第二师第二团一个营，分两路向普宁县白马仔村进犯。红军二百余人迅速占领白马仔村后山，构成两侧交叉火网，与国民党军展开血战。国民党军数次猛扑，均被击退。战至傍晚，国民党军把主力转向正面，多次猛烈攻击。红军顽强抵抗，打得国民党军死伤累累，然后向牛牯山转移。翌晨，独立第二师第二团两个营，卷土重来，大举"进剿"，焚烧白马仔村房屋十余间，杀害革命群众数人。又有一次，独立第二师第一团与教导团各派一个营于夜间"围剿"南山林招附近的工农红军。红军派出一个小队向国民党军两方部队偷袭，投了几个炸炮，迅速撤出，引起国民党军一个营与另一个营互相打起来，战至天亮，始行发觉是自家人打自家人，事为张瑞贵所悉，气得要命。张恼羞成怒，为了泄愤，每当流沙圩日，将各部先后解来的无辜百姓诬为工农红军，一批一批地押赴刑场枪杀，真是惨无天日。但是，英勇的南山人民并没有屈服，他们坚持斗争，使张瑞贵师一直未能把南山攻破。

张瑞贵师于1935年春调离潮汕，陈济棠派邓龙光独立第四师继续"进剿"南山革命根据地，但这是后事了。

第九师"围剿"南山根据地的忆述

凌仲冕*

1933年间，日本侵略军进占热河，激起全国人民的义愤。粤省革命群众，纷纷请求北上援热，陈济棠乃抽调所部请缨官兵，编为独立第四师，号称抗日军，任命邓龙光为师长，并于5月1日在东校场誓师出发，举行了民众授旗典礼，到场的学生、工商各界数千。由于是北上抗日，民气高涨，所以才有如此场面。

当师至韶关，独立第四师的政治训练处长邓长虹没有随师而来，因此，由本人接任了独立第四师的政训处长职务。当师行至湘南边境，何（应钦）梅（津）协定签订了。蒋介石下令停止前进，陈济棠也来电就原地候命。其后，陈济棠把所部进行改编，将独立第四师拨给第三军编为第九师（师长仍旧是邓龙光，裁撤了政训处），调驻潮汕。第九师抵潮安之后，陈济棠给了一个"剿共"的任务，就是"围剿"南山根据地。这支原本是北上抗日的部队，却调来"围剿"工农红军。对这次"围剿"，本人耳闻目睹，现将所见所闻，忆述于后，以供参考。

南山横跨惠来、普宁、潮阳三县，峰峦险峻，蜿蜒崎岖。主峰望夫石，高达900多米，周围群山耸立，更有北山、西山，势如犄角。山内丛林密布，怪石嶙峋，岩洞深幽，地形易守难攻。1931年春，陈济棠为了消灭南山的工农红军，派遣独立第二师张瑞贵部进驻潮汕地区，集中全力对南山红色根据地进行"围剿"。红军凭险踞守，奋力抵抗，使张瑞贵的"围剿"计划未能实现。1935年春，陈济棠认为广东的红色根据地都肃清了，唯

---

* 作者于1933年系第四独立师政训处长，1935年系第三军第九师宣传队大队长。

独南山是最后一处，也是存在时间最久的一处，而张瑞贵师"进剿"了几年，未能完成任务，于是陈济棠把张瑞贵师调离潮汕，由第三军第九师邓龙光部接替张瑞贵师继续"围剿"南山根据地，限期4个月完成。

邓龙光接受此任务后，便于普宁流沙设立师指挥所，由副师长李崇纲坐镇，就近指挥"督剿"。全师四个团及第七师一个营布防于南山周围各县，对南山形成包围之势。以第二十五团李绍嘉部布防于潮安、澄海县，第二十六团刘镇湘部布防潮阳、揭阳县，第二十七团何宝书部布防于普宁县，教导团王德全部布防于惠来县，第七师第二十一团练惕生部一个营布防于陆丰、惠来县。

邓师布防完毕后，即于4月间，以三个团的兵力，并联合潮阳、普宁、揭阳、惠来、陆丰县十四个中队的警卫队大举"进剿"南山红色根据地。邓龙光的"围剿"计划分全面围、全面攻、缺口攻三个阶段进行、先以第二十六、第二十七两个团的兵力，将西山、北山之红军压迫至南山，然后一举而歼之。教导团以两个营分驻惠来县大道营、葵潭、头屯、溪河、葵店一线，断绝根据地的接济，及防止红军入海，以一个营为机动部队，随时策应各方，再以第二十团一个营到达惠来县荷树坪、青潭、上半溪、大塘肚、古坑一线协堵；各县的警卫队除留驻各要点外，其余亦到达指定地点，担任堵截。西、北两山"清剿"后，各团即推进至南山周围，实行全面封锁，然后入山全面进攻。

但是，由于革命军采取化整为零，分散活动的游击战术与国民党军周旋，使邓龙光企图聚而歼之的"围剿"计划落空，师指挥所只得改变原计划，于5月间重新部署各团分头进入南山内日夜四出搜索，"追剿"堵截，或以小部队及便衣队不时埋伏于红军经常出没的交通要道，施行截击，并突击清乡查户口，实行"严保甲、清户口、断交通、绝粮食"的"清剿"措施。环山乡村居民，均由部队直接组织起来，随时按户口册点名，有不对的便查根问底，必弄清楚为止。清查户口期间，一律不准各乡民离家，如擅自离开不报告者，即以"匪"论罪。曾有一户居民，出嫁女归家，未报户口，点名时，藏身于禾草堆内，被查出后抓去游街示众。邓龙光为了断绝红军的给养，对南山实行严密的经济封锁，把各区乡划分为若干段，每段日夜派出守望哨，检查来往行人。在戒严地区，要凭通行证才准通过。凡"庇共"、"通共"，接济粮食者枪毙。邓龙光采取这些"清剿"措施，使山内的红军完全得不到山外的消息和接济，以图困死红军。

邓龙光认为除军事"围剿"之外，还要抓好政治瓦解，实行"剿抚兼施"，提出了七分政治，三分军事的"围剿"方针。邓龙光首先实行毒辣的"五家联保"，强令五家住户互相具结，联保五家内无"为共"、"通共"、"窝共"、"济共"者，如该五家内有以上行为，又不报者，则该五家之人，一律问罪。其次是实行思想诱骗，宣布"不咎既往，欢迎自新"的政策，在限期内准予"自新"，携枪"自新"者，还有重赏。在期限内，仍不"自新"，一经拿获，立即枪决。为加强政治宣传攻势，还成立宣传队。我是当时宣传队的大队长。宣传队派出大批人员随各部队深入南山及各乡村，分头进行反共宣传活动，并协助部队督促调查户口，办理保甲，散发、标贴许多反共的传单、标语，以欺骗群众。由于邓龙光实行"剿抚兼施"的"清剿"措施，从而软化了一部分人，诱骗了山内革命队伍中一些不坚定分子出山"自新"，使邓龙光得到了山内的情报，然后派兵搜索包围，破坏了多个设在深山石洞内的苏维埃政府机关，许多红军被抓遭到杀害。

第九师从4月起，几个月来不遗余力地进行残酷的"围剿"，在搜索时连每一个石洞石窟都不放过，对每一条交通要道都实行严密封锁，使革命军的粮食物资不能运入山里。革命军在重兵围困下，虽浴血奋战，但因众寡悬殊，给养也发生严重困难，不得已作战略转移。1935年夏，第九师遂把根据地全部占领。在"围剿"末期，我曾随邓龙光进入南山内，看见山中有不少遗留下饿死的尸体，也有残喘一息尚存者。这是一场残酷的屠杀。尽管陈济棠的部队有张瑞贵和邓龙光对南山以及粤东其他革命根据地进行残酷的"围剿"，但古大存所率领的革命武装仍从南山转移到大埔，坚持了革命斗争，直到抗日战争爆发。

回忆第一五七师制造"漳浦事变"的经过

李友庄[*]

　　1936年10月,国民党第四路军余汉谋部第一五七师奉调从东江、海陆丰、揭阳一带开入闽西南驻防,主要任务是"清剿"闽西南的红军游击队。该师师部设在福建漳州。不久,师长黄涛兼任漳厦警备司令,参谋长为张光。当时,我是该师第四七一旅(旅长李崇纲,旅部驻漳浦)第九四〇团团长,驻福建平和县,第九四一团驻云霄县,第九四二团驻海澄县。该师第四六九旅(旅长练惕生)各团分驻闽西龙岩、华安一带,分别负责对各该地区的"绥靖剿共"。黄涛初抵漳州,即召集旅、团长训示:"当前红军游击队十分猖獗,我们不要怕他,以游击对付游击。他能游,我能击,我们要来个下马威,先下手为强,找他打,击到他们走投无路,最后把其乌山老巢摧毁为止……"各部队也就乘时进行"清剿",闽西南烽烟四起,百姓遭了殃。

　　1936年12月发生了西安事变,迫使蒋介石停止内战,与共产党合作,共同抗日,全国抗日民族统一战线初步形成。翌年春,中共闽西南军政领导人张鼎丞、邓子恢多次向国民党驻军第一五七师和国民党当局提出"停止内战,国共合作抗日"的呼吁,并提出六条谈判的条件:要求国民党方面的有三条:①立即停止向红军进攻;②实现民主自由,动员人民投入抗战;③释放一切政治犯。红军方面保证三点:①取消闽西南军政委员会,停止向国民党军队进攻;②停止没收地主的土地和打土豪筹款;③取消番号,改变名称,愿在国民政府统一领导下开展抗日活动。

　　1937年4月,由于我们部队紧迫"追剿"乌山游击队,该队政委吴今

---

　　* 作者当时系第四路军于第一五七师第四七一旅第九四〇团团长。

请求第一五七师师部派负责人来和平谈判，我转报黄涛，黄派政训处某科长与吴今直接谈判。结果，吴今带了十多名士兵下山到了漳州师部之后，黄涛委吴今为上尉，士兵照服兵役。这是闽南红军与第一五七师双方在平和县片仔村进行的首次局部和谈概略情况。6月，黄涛接见了邓子恢的代表谢育才，谢是由第一五七师第九三七团的营长吴琪介绍同来作为试探黄涛对关于和谈的意见，并落实进行正式和谈时的各项问题。黄要谢到龙岩与旅长练惕生具体谈判。谢抵龙岩后与练惕生几次谈判都未取得一致意见，练要求与邓子恢直接谈判。邓子恢于7月间来到龙岩练的旅部与练谈判。黄涛对和谈并无诚意，他企图以和谈为手段把闽西南红军置于第一五七师的控制之下，练秉承黄涛意旨，要红军部队下山，集中一个地方点编（这里包藏着阴谋缴红军的械）。邓子恢加以拒绝，坚持红军分两地集中，谈判陷于僵局。这是闽西地区国共和谈的概略情况。

与此同时，闽南方面，也有红军某支队领导人何鸣与第一一五七师第四七一旅旅长李崇纲接头谈判。李要何鸣带齐其所属部队人马枪支离开乌山集中漳浦县城点编为主要条件。经双方两三次谈判，何鸣接受了李提出的条件，亲自带领红军游击队共八百多人开进漳浦县城，上了国民党第一五七师的圈套。

7月16日晨，第一五七师以"训话发饷"为名并派第九四二团预先在县郊体育场周围布置好警戒网，形成个包围圈，然后命红军部队开往体育场内。当他们进入体育场后，即令部队站好，把枪架好，并用武力逼红军就范。也有一些战士不甘屈服，乱哄哄地逃走了一批，何鸣也乘机逃脱了。此时，警戒员兵为维持秩序向天鸣枪，并击毙了一些红军。就这样，八百多的革命武装于一旦之间便被全部解除了。这就是当时举国痛恨的"漳浦事变"。

"漳浦事变"发生于龙岩谈判尚未结束期间，当时邓子恢即向第一五七师提出强烈抗议，怒斥黄涛背信弃义。并向龙岩各界揭露第一五七师企图再制造"漳浦事变"的阴谋。龙岩各界哗然，纷纷谴责第一五七师。据闻，当时黄涛慑于民意，且奉上级责令将何鸣部的人枪发还，黄乃发还了少部份枪应付了事。

由于中共的努力，全国抗日浪潮高涨，闽西南国共双方经过多次谈判，和谈终于取得成功，双方于7月29日晚，在龙岩签字达成合作抗日协议，形成闽西南地区的第二次国共合作。尔后闽西南红军游击队改编为新四军第二支队第四团北上抗日。第一五七师于1938年2月调驻粤东潮汕，六、七月间出兵南澳抗战，开创了广东抗日收复失地的先河。

第八章│"围剿"琼崖 革命根据地

"围剿"边区革命根据地（上）亲历记

WEIJIAOBIANQUGEMINGGENJUDISHANG QINLIJI

综　述

　　1926年2月，中共广东区委组织一批琼籍党、团员回琼开展工作。4月，以琼山为中心，在澄迈、定安、万宁、乐会、琼东等6个县建立农会，到年底扩展到全岛13个县。从根据地创立起就遭到国民党军"围剿"。自1927年至1937年，10年间"围剿"大致可分为5个时期。

　　1. 清党委员会时期：1927年4月到1928年2月

　　1927年4月12日，在上海发动清党运动后，4月22日，琼崖警备司令部第三十三团对文昌、定安、乐会、澄迈、临高、儋县、海口、琼山等县共产党员展开搜捕。6月，中共琼崖特委书记杨善集以乐东县第四区为中心建立根据地。9月，在嘉积椰子寨战役中杨善集牺牲，11月，琼崖特委将讨逆革命军改编为工农革命军，分设东、中、西三路总指挥，控制100多平方公里的广大农村。乐会、万宁、陵水、崖县根据地连成一片，建立了乐四苏区和万宁六连岭根据地。

　　2. 善后委员公署时期：1928年3月至1929年7月

　　1928年3月，广东省把全省划为东、南、中、北四大善后区。南区包括高州、雷城、廉江、琼州各属。南区善后委员陈铭枢称："6个月内'剿灭'红军"。派第十一军副军长蒋光鼐赴琼布署"围剿"。3月，第十师师长蔡廷锴率4个团，分东、中、西三路对琼崖革命根据地发动第一次"围剿"，中、西路红军受挫，主力转移至六连岭根据地。

　　3. 琼崖国民党当局内部矛盾派别斗争时期：1929年8月至1932年7月

　　（1）陈定平部接防琼崖：1929年8月至12月

　　第二师第五旅第九团陈定平部到琼崖接防蔡廷锴师。9月，攻陷陵水县城，12月，第五旅第九团改编为独立第二团，团长仍为陈定平，其所部两个营发生兵变,陈定平被扣,琼崖震荡。陈济棠派陈策率海军第四舰队暨以陈籍为团长海军陆战队一个团开入琼地。

（2）陈籍海军陆战队驻防琼崖:1930年1月至1932年7月

1930年4月,红军发动反"围剿"。7月,陈策兼任琼崖"剿共"司令,扩大海军陆战队,由1个团扩大为1个旅3个团,对琼崖各革命根据地发动进攻。1932年7月,陈济棠派陈汉光接防琼崖防务。

4. 琼崖绥靖委员公署时期:1932年8月至1936年6月

1932年8月,广东琼崖绥靖公署成立,负责琼崖"剿共"任务。1932年8月至1934年8月,陈汉光部对琼崖革命根据地进行第二次"围剿"。陈汉光用"军事政治、剿抚兼施"策略。8月2日,向红军琼东县第四区平坦根据地围攻,红军被迫突围。8月15日,陈汉光部围攻乌揽湾,红军伤亡甚大撤往母瑞山,红军撤回母瑞山被陈汉光部层层包围,轮番进攻,红军伤亡尤重,红军师长王文宇、政委冯国卿率红一团向乐会突围,后与红三团会合,冯白驹、符明经留下坚持斗争,突围至乐会苏区红军又被陈汉光部包围,弹尽粮绝,王文宇、冯国卿、红三团团长王德春先后牺牲。1933年春,在母瑞山坚持斗争的只剩下冯白驹等26人。琼崖革命斗争进入空前艰苦时期。

5. 广东绥靖公署时期:1936年7月至1937年7月

1936年7月,余汉谋任第四路军总司令兼广东绥靖公署主任,撤销绥靖委员公署,广东划为9个行政区,琼崖为第九行政区,派张达为行政专员兼保安司令,王毅为保安副司令兼保安第七十一团团长。余汉谋指示继续进行"剿共"与防共。

1937年7月,抗日战争爆发。1938年1月,冯白驹与国民党当局谈判达成协议,将琼崖红军游击队于12月改编为广东民众抗日自卫团第十四区独立队,冯白驹任队长。

琼崖地区"清党"经过

李洁之*

 1926年（即民国十五年）夏，广州的国民政府为打倒北洋军阀、打倒帝国主义、建立三民主义的新中国，以完成孙中山先生未竟之志，乃挥军北伐。驻防琼崖地区（即海南岛）的国民革命军第四军十二师张发奎部，奉命陆续北上参战。广州军事当局乃调第四军第十一师第三十三团黄镇球团长所部前往接防，并任黄为琼崖警备司令，继续执行绥靖工作，以巩固北伐大后方。当时我任第三十三团第二营营长，于是年11月，率部由合浦县进驻琼州府城（即琼山县），从事练兵，准备参加第二期北伐。

 北伐大军只经过九个月的英勇奋战，就打垮了吴佩孚和孙传芳两大军阀，占领了两湖和东南各省。而且在帝国主义者手中收回了汉口、九江等处租界。这些辉煌的胜利，震动了全世界！

 第二年（即1927年）4月3日，琼崖各界在海口市大英山举行庆祝北伐胜利大会。会后约有二万人列队由海口市开往琼州府游行，并向警备司令部献旗祝贺。真是旌旗蔽空，锣鼓喧天，十分热闹。可是这些游行的队伍分成两条长龙，齐头并进。一条是打着青天白日旗为国民党所领导的；一条是打着斧头镰刀旗为共产党所领导的。当时虽国共合作，但彼此貌合神离，毫无团结气氛，谁也不肯让谁先行，好似仇人一样。弄得民众非常诧异。琼崖警备司令部曾派人告诫双方领导人，要严守秩序，不得滋生事端。沿途没有发生吵闹和打架的事情，但有人已由此意识到，国共两党的合作，是不巩固的、有分歧的，可能快要发生分裂，甚至互相火并，深为忧虑。

---

 * 作者当时系第四军第十一师第三十三团第二营营长。

这个庆祝北伐胜利大会的游行结束后不久，黄团长接到海口市传来上海消息：蒋介石要在南京另设中央党政机关，与新由广州迁往武汉的国民党中央党部、国民政府相对抗，并有可能发动取缔各地共产党的组织和活动。此外还有其他谣言，大有山雨欲来风满楼之象。黄认为如果这些传说万一成为事实，对琼崖地区的治安秩序，必然会受到很大的影响。为未雨绸缪计，当晚就召集团内的校官七、八人开会商议应付之策。到时黄首先向各人介绍这个消息，并请各抒己见，以备采择。由东江陈家军失败后因保定军校生的关系，投入革命军队伍来的叶肇（字伯芹）参谋长，好似满有把握地抢着说，我们是军人，以服从为天职，应以直属的蒋总司令、李济深军长之命是听。琼崖地区的驻军现在仅有我们的第三十三团，当不虞有他。至于共产党人数不多，又无武器，是乌合之众，如妄敢造反，是很容易收拾干净的，用不着大惊小怪。李济源团副说，万一宁汉分裂是真的话，我推测当是国民党内部政见不同之争，是容易调解的，如果同有国际关系的共产党分裂了，那问题就大多了，对革命前途当有很大的不利，不可轻视。黄其桢团副说，我们的第四军副军长陈可钰早已从前方来信说，自从我军攻占武汉后，唐生智就私自在两湖扩充军队。蒋介石在我军攻占南昌后，也同样在东南方面大肆扩编军队。他们的行径和北洋军阀差不多，渐成对峙之势，很可能造成洪杨事变的重演，令我忧心如焚！我认为唐蒋都是新军阀，不足称道。在此危急关头，我们何去何从，这是大事，应早作计虑，不能等闲视之。我说北伐是革命，它的使命是打倒军阀、打倒帝国主义、统一中国、进而建设三民主义的社会。谁搞私利、闹分裂、破坏北伐，谁就反革命，我们坚决反对，不管他是什么总司令，什么总指挥，什么军长。黄副团长又说，我完全同意李济源团副的看法，国民党内部政见不同是可以调解的；同共产党闹分裂，那影响就大了。云樵政治指导员，对此较有研究与认识，请扼要地对我们谈谈好嘛？

云樵稍加思索才说：从国共两党的理论、政策关系及其发展去分析，我认为国民党改组后，明确了革命的目的在：打倒军阀、打倒帝国主义，建立三民主义的新中国，并采取联俄、联共、扶助农工三大政策，这是好事。可是与共产党合作方面则没有商订共同纲领，作为统一行动的约束，那是绝大的疏忽！因此，难免发生你搞你的，我搞我的，各行其是，终于发生互相磨擦的现象。大家都知道，国民党是主张各阶层互助合作的，它首先联合进步力量实行民权革命。以为如能运用军事力量夺取政权，统一

259

国家，进而取得民族独立，然后运用政权去搞民生主义，实行平均地权，节制资本，振兴国有企业。待有成效，才逐步用改良方法向社会主义过渡，以减少流血的痛苦，来完成建国大业。即是孙总理所说的"毕其功于一役"。共产党则是无产阶级先锋队，主张阶级斗争的。它按人民的财产和职业来划分若干阶级，利用阶级矛盾发动革命，夺取政权，并在夺取政权的过程中同时解决民主、民族的问题。待掌握政权以后，则以无产阶级专政的手段去进行社会主义建设。所以经常都处在阶级斗争的紧张状态中。如同俄国人那样，局外人看来很觉得难受。国共两党对中国革命的最终目的虽然相同，但他们的理论政策、方法和步骤，如上所述是不一样的。有天下为公的孙中山先生在，他可以融洽两党携手并进，以求革命成功。现在孙先生不幸逝世了，谁有那么熟识情况，有政治远见与恢宏器量呢？当前两湖的唐生智，东南的蒋介石，固然都在拼命扩张私人势力，争夺地盘，将要爆发内战。国共两党也在各地积极发展组织，争取群众，以扩大自己的力量，所以在同一处地方就有两个工会，两个农会，两个学生会和两个商会的出现。其中一个是属于国民党领导的，另一个是属于共产党领导的，彼此不相为谋，互相猜忌。今天由海口来琼山游行的群众队伍，我们都看得很清楚，就是这样了。如果国共两党的上层人物，不赶快开诚布公，磋商合作的办法，共同遵守行事，让它们的分歧继续扩展，闹不团结，我看革命前途，是不可乐观的。我们是革命军人，受过孙先生多年的教育，当能明辨是非善恶、知所取舍。大家听了云指导员的发言，都感到时局严重，惶惑不安！

由于琼崖是孤悬在南海上的岛屿，交通、通讯都比较迟滞，大约将近四月半，海口市才传来一些片断的消息：蒋介石确已在南京另设中央党政机关，发号施令，并于本月12日发布"清党"命令。在上海市大肆逮捕共产党人，解散总工会，收缴工人纠察队枪械，打死打伤很多人。各方闻讯，都很震动。武汉国民党中央和国民政府，认为这是破坏国共合作，摧残群众组织的反革命事变，下令罢免蒋中正的国民革命军总司令及所兼各项职务。过几天又传说，广东军政当局也于15日，在广州市采取同蒋介石在上海市一样的行动，捕杀了许多共产党人、工人、农民和青年学生等，弄得人心惶惑不安。但确实情况尚不清楚。至19日第三营长陈公侠的堂弟陈公佩，由广州经香港乘船来到琼州，据说他是中国国民党广东省党部派来琼崖地区视察党务的。他将近来各地举行的清党情况，向黄镇球司令、叶肇参谋长作了较详细的汇报。大概也口头敦促过黄、叶在琼崖地区也要迅速行动起来。叶于第二天便秘密分别约国民党海口市党部、琼山县党部、文昌县党部、定安县党部、澄迈县党部、临高县党部的书记长前来商谈清党和布置工作问题。

于是黄镇球在还没接到广东省党政军的指示，在叶肇的怂恿下，便下了"清党"的决心。于21日晚上召集全团的校官和几个政治指导员到琼崖警备司令部开会，商讨有关"清党"问题，并请陈公佩出席，介绍各地办理清党的情况。陈说：蒋总司令认为共产党在上海设立总工会，大肆武装工人纠察队，挑拨劳资关系，煽动工人罢工，破坏生产，在各省县乡设立农会，组织农民自卫队，不搞二五减租，而去发动农民清算地主富农，破坏治安秩序；又煽动各地教师罢课，败坏道德。实系捣乱北伐后方，阴谋颠覆国民政府。所以要举行"清党"运动，解散红色工会、农会和学生会等，并拿办那些煽动指挥的祸首，以遏乱萌。在共产党方面，则指责他们勾结帝国主义，出卖民族利益，背叛革命，制造白色恐怖；还在乡村包庇土豪劣绅鱼肉人民等。谁是谁非？各有话柄，闹个不清。大众都说，曲在共产党。我以为上海、广州等城市已经举行清党运动，琼崖地区也不用犹豫了，但求慎重其事，不要株连好人就行了。接着政治指导员张三民则大骂共产党忘恩负义。说如果没有孙总理的容纳，国民党的扶助，它能够这样快发展起来吗？现在羽毛尚未丰满，才在学行，不见它们去北方军阀统治的地方闹革命，以配合北伐军的进展，专在革命阵营中和北伐大后方造谣捣乱，是可忍也孰不可忍也！叶肇说，共产党和它所掌握的群众团体，既然有捣乱北伐大后方，阴谋颠覆国民政府的罪行，我们当然要遵照上峰的意图，把它解散；并立即严拿他们的头子治罪，以绝祸根。接着张三民又说，我曾和共产党人打过几年交道，深知他们的阴谋诡计，是不择手段的，捏造是非，挑拨离间，利用这个打击那个，来达到他们不可告人的目的。我完全同意叶参谋长的主张，琼崖地区马上行动起来，将他们捕杀一干二净。云枢团政治指导员说，"清党"的含义，只能是将参加了国民党和我们合作不来的共产党员清除出去而已。当不是借"清党"之名，制造白色恐怖，自残手足。所以我们的行事要慎重，不要人云亦云，人干亦干，造成难以补偿的损失。黄其祯团副说，清除有国际关系的共产党是非同小可的事，我们这里要搞或不搞，都不应自作主张，应该先打电报去广州党政军领导机关请示，待它的复电到来才依照办理也不迟。不然操之过切，办对了不以为功，办错了责任难负，也对不起老百姓和国家。请团长多做考虑为是。我说，从武汉总政治部新近寄来的宣传品，已经看得很清楚，蒋介石勾结帝国主义，背叛革命，变为新军阀大独裁者。他的罪行是：一、反对中央政治会议的决议将国民党中央党部国民政府迁驻武汉；二、利用军权非法在南京另设中央党政机关，从中操纵，公然与武汉相对抗；三、举行"清党"，残杀自己的战友，违反总理三大政策。应给予撤职查办的处分。据此，蒋已丧失了统率革命军的资格。我们是革命军人，要明辨是非，绝不能认贼作父，盲从瞎闹，自陷于反革命的深渊中，害己、害人、害国，遗臭万年。叶肇又说：共产党以扶助农工做幌子，武装工人农民专在北伐大后方捣乱，蓄谋颠覆国民政府，岂不是为军阀、帝国主义张目吗？古人说得对，毒蛇噬手，壮士断臂，我们坚持清党运动，就是这个道理。不然当断不断，后患是不堪设想的。我说，孙总理在民生主义中说过，今天来分别共产主义和民生主义，可以说共产是民生主义的理想，民生是共产主义的实行。所以这两种主义没有什么分别。要分别的还是方法。他老人家又说，共产主义是民生主义的好朋友，为什么国民党人要去反对共产党呢？因此，我绝不同意搞什么清党运动，尤其反对拘捕与残害共产党人，以及他们所组织领导的各种群众团体的负责人，去摧残优秀的革命人物，损伤国家元气，危害国家前途。叶肇说，我不是反对共产主义，而是反对为非作恶的共产党人。现在情势已不是谈什么理论问题的时候，而是要执行总司令的意旨，在琼崖地区立即举行清党运动，捕杀那些过激分子，以消除隐患。李济源说，现在情势紧张，问题复杂，我们还摸不清楚各种各样的纠纷，因此我完全同意黄团副的意见，先打电报去向上峰请示，待接到复示后才做决定行动为好。就这样争论了两个钟头，第一营长陈见田、第三营长陈公侠，均推说情况不明，不敢妄发议论，一切服从团长的指示。最后黄兼司令做结论说，上海已于12日举行清党，广州也于15日采取同上海一样的做法，我们琼崖地区不应再拖延了，明晨就行动吧。请叶参谋长宣读琼崖地区清党方案，如有意见可以提出讨论修改。叶遂起立说其要点：一、为彻底消除隐患，琼崖地区决定于本月22日凌晨开始举行清党；二、所有共产党的机关及其组织的团体学校等负责人都在逮捕之列，并查抄其名册、文件等；三、各地捕获的人犯、财物务即解来府城琼崖公学交由监护队看管；四、第一营负责文昌、定安、乐会等处，第三营负责澄迈、临高、儋县等处，机关枪连负责海口市，特务连侦探队负责琼山县，任务区分会后再说。监护队负责共产党主办的琼崖公学校；五、各部队行动时要请当地国民党部派人协助；六、第二营在原驻地不动。黄镇球说，如无意见就照此办理。李营长已不同意清党，就让你做好人吧。我听了很气愤地说，讲老实话，如果团长真的给我一套乱命，我必然坚决拒绝执行。因此，受到你什么处分，也决不后悔。

散会后，我回到第二营营部，老是想不通，致终夜不能成寐。为什么北洋军阀还没有消灭，帝国主义还没打倒，中国还没统一，而我们革命阵营竟先自分裂，以致自相残杀，为亲者所痛，仇者所快呢？这样发展下去，国家前途当然不堪设想。自己再当军人也就没有什么意义了，甚至会堕落为新军阀争权夺利的工具。随即下定决心，设法辞职，回到兴宁县故乡去当小学教师，奉母终老，脱离军人生活，不再过问政治。

琼崖地区在黄司令命令下举行清党。自4月22日凌晨开始行动，三日间在各地拘捕了政治嫌疑犯男女合计320多名，均收押在琼州府城琼崖公学校内。黄司令随即命李济源团副率领政工人员张三民等四、五人，印制一种人事调查表，将那些嫌疑犯逐个提出讯问，登记其姓名、性别、年龄、籍贯、住址、学历、党派、工作、何时何地参加过什么社会组织，搞过什么活动和社会关系等极其详细。意在由此发现他（她）的不法行为，以凭处理。

至5月初李济源调升后方第四军政治部主任。他将第三十三团的政工人员除云棪外都带去广州做助手。黄镇球再三要我接管其事，加紧审判，做到无枉无纵。我为同情心所驱使，毅然允为效劳，请何军法员（忘其名）从中协理。

此后我同何军法员去琼崖公学校视察过那些嫌疑犯两次，他（她）们的身体精神尚好，看守人员对之亦无虐待情事。我们即将那些调查表拿来逐一查看，慎重地工作了4天，并未发现有不轨行为可以治罪的人。而且多数都是青年学生。我然后往海口市去访问一些朋友，听取社会舆论，多数认为黄司令对清党运动操之过切，没有经过调查，偏信一面之词，就乱捉人，受冤枉的很多，并说那些共产党主要人物早就闻风逃遁了。询问黄团副、云指导员所得的情况变复如此。乃与黄、云、何商谈处理办法，决定将他（她）们分为三类：第一类是20岁以内的青年学生；第二类是年岁稍长做过一些宣传事务工作的；第三类是群众团体委员或理事以及学校教职员等。依此分别先后交保释放或判刑，力求从宽。务于5月底前结束其事。

其后我去见黄司令说，外间许多人都议论你是一个洁己奉公，很要好的人，缺乏主张，事事都被叶参谋长把持操纵，弄得有些事情办得不得人心，实在可惜。例如此次清党抓来的政治犯，绝大部分都是十多二十岁的学生，他们是很纯洁的，那里会做什么坏事？共产党的主要人物，早已闻风逃跑了。而你则不分皂白，把他们抓来问罪，弄得人心惶惑不安，实在有损令德。对此，不知你有所闻否？黄问，然则你们意见如何？我说那些调查表，我与何军法员已做了详细审查，尚未发现有什么不轨行为的，也没有人控告他们，既无人证物证，很难把他们判刑。他们收押在琼崖公学校内，男女杂住，席地而卧，既不方便又不卫生。现在天气那么热，万一发生传染病，一下子死了十个、八个，受到社会抨击那就麻烦了。黄听了就急起来说，那就请你同何军法员并要他迅速将属于第一类的"犯人"星夜编造名册，附上我们署名拟予释放的签呈于第二天上午交给我，以备转呈。

到时我向何取了可以释放的210多人的名册面陈黄司令，他逐页翻阅一次，便提笔批示准予交保释放。我即将它携交何军法员，请向那些人宣布，尽快通知自己的亲人来办保释手续。就这样那第一类的男女210多名于5天内陆续交保释放恢复自由了，这是5月12日前后的事。

与此同时，我又与何军法员商定经过第二次审问第二类的没有发现不法行为的将近60人，同样编造了名册，请黄司令批示释放。谁知这本名册经过管理犯人的魏竞群副官核对后他竟误交叶肇参谋长。叶看后大发雷霆，追问是谁的主意，并立即批示不准释放。何军法员即跑来向我报告其事。第二天早晨，我去找叶肇说，这是黄司令委托我办的，你有什么意见，可以提出研究。叶竟充耳不闻，不做答复。琼崖地区的"清党"，叶是主张最力的，他阻挠释放那些"犯人"是可以理解的。

接着我便去向黄司令报告叶的批示。黄说伯芹是有名的霹雳火。我们发动清党后第三天，吴伯（曾当过粤军的统领，我们都熟识的）夫妇同来向我保释刚自法国留学回来尚未就业的冼荣熙和前两年在上海某大学毕业回来在海口市经商的黄某均与共产党毫无关系而被误拿的。我当即将之开释回家。事后伯芹对我意见很大。过了五六天，海口市商会理事林某陈某等五人，同来见我说，有他们的会员正当商人某某等三四人，在海口市某中学当教师好几年的某某等二三人，都是安分守己的好人，也是被误拿的，请准予以释放。我看了他们的姓名简历表后，才答应他待查明确是好人，明天交了你们保释。伯芹在房子里听了我们在客厅里的交谈，十分恼火。待他们辞别出到大门时，他竟蛮不讲理，立即叫卫兵将他们扣留起来。好在黄团副很快得知这个消息，随即跑来劝伯芹。这对我多难堪呀！黄团副问我，怎么办？我考虑了好久，才对黄说，既然我们内部有这么大的阻力，是不是可以将未释放的三分之一约110名"人犯"，逐个填上我们初步审查的意见，全部转送琼崖地方法院接办？黄说这个办法好，你叫何军法员找他们接洽为是。

何去琼崖地方法院接洽后，回来汇报说，法院以未奉上级命令，对清党案不敢擅自受理。但说，如你们没有收押人犯的地方，它在本城内新建成一座房舍宽敞可以收容200人的模范监狱，暂时借给我们使用。我听了很高兴，当天就约同何军法员、魏副官去查看。它是日字形的平房建筑，果然地方宽敞，房舍整洁，有卧房20多间，男女澡堂、厕所各一个，另有职员办公室、诊病室、卫兵室和厨房杂物房等，此外，房舍中央有个大院子，可供散步运动之用。我们看了都认为可以，确是一所模范监狱。就请魏副官马上去雇用木竹工人采买材料、桌凳、油灯、草席、蚊帐和厨房用具等，将12个房间搭好各能坐卧10个人的太平铺，要在5天内搞好备用，不要延误。

那些布置如期竣工后，我陪黄司令去检视一次，他也表示满意。随即监护队长黄复振将未批准交保释放的"犯人"约110名，全数搬迁到模范监狱，男女分别房间居住。由魏副官派定专人管理、看守和料理伙食。此事办好后，我又陪黄去巡视一次。然后将所有登记表和其他资料文件交给何军法员保管，我的任务就终结了，乐得心安理得。这是5月22日的事。我与此同时也请准解除第三十三团第二营长职务。于6月初，离开琼崖来广州。以后他们怎样处理，这批人的命运如何，我就不得而知了。

"南区绥靖委员公署"的
"剿共"和"防共"

林廷华[*]

1932年春至1934年春间，我曾任陈济棠的南区绥靖委员公署军务处长和代理参谋长，参与过陈济棠统治下的"绥靖"工作，主要是"剿共"和"防共"。兹就回忆所及，谈谈当时的情况。

陈济棠的五个绥靖区

在1928年李济深统治广东时期，曾把广东省划分为四个区，分别以四个善后委员主理所属区内的军事和政治各种活动。东区善后委员徐景唐，驻汕头；南区陈铭枢驻高州，北区王应输驻曲江；当时的陈济棠就是李济深的西区善后委员，驻在广州。

陈济棠统治广东以后，继承了李济深分区统治的办法。在1932年春，由"西南政务委员会"做出决议，在广东省设置五个区的绥靖委员，由他的第一军、第二军、第三军三个军的军长余汉谋、香翰屏、李敬扬分别担任西北区、中区和东区的绥靖委员，南区绥靖委员由参军陈章甫充任（陈当这个委员，仅仅是挂名，我的记忆中，他仅在该绥署成立时，到过署里一次）。陈章甫还兼任琼崖区绥靖委员。当时的广东，形式上虽然由陈济棠"统一"了下来，但在陈济棠的各个绥靖区里都有红色政权和人民武装

---

[*] 作者当时系广东南区绥靖委员公署军务处长，代理参谋长。

存在；同时，在陈济棠及其所属各军、师的公开划地割据之外，各地还有不少大小不等的"股匪"在山里、水上或偏僻地区做较小范围的割据，各霸一方。大割据中有许多小割据，这就是陈济棠统治下实际情况。陈济棠各个绥靖区的设置，其目的就是为了"肃清"这些小割据的局面，以利于陈对蒋介石政权的大割据；首先是企图"肃清"红色政权和人民武装。陈济棠手下的将领，也利用了他们合法割据的地位，进行排挤、吞并，扩充实力。我在南区绥靖委员公署的经历，可以说明这种情况。

陈济棠的第一军军长余汉谋兼任西北区绥靖委员不久，陈济棠便命其带领第一军调往赣南，配合蒋介石对江西苏区的"围剿"，堵截红军。西北绥靖区委员由李汉魂接充。李汉魂是我在保定军官学校第六期的同学，当了西北区绥靖委员是他在广东占领地盘，与国民党广东地方势力进一步角逐的开始。他当时与邓龙光同到我家，邀我充当南区绥靖委员公署的军务处长，他怕我不就，向我说出了他的心底话："我是西北区绥靖委员，控制了大小北江和西江一带，南区绥署如果也由我们的人来掌握，那我们就控制了半个广东了。"我就是在他这样的纵恿下，当了南区绥署的军务处长的。在我担任处长期间，有一次回到广州，邓龙光因听信外间讹传我要挤走绥署参谋长李江而自任参谋长，特为此事和我谈了一次。他说："你怎么这么大野心，想要赶走李江！李江同是我们的人，我们要一致起来，才好办事。"我极力否认想挤掉李江的事，但从邓的这番话，也可以看出李汉魂和邓龙光等人企图控制两个绥靖委员公署的用心。

绥署的编制，在委员、参谋长之下设军务处、政务处和军法处三个处，另一个总务科。各处以军务处为骨干，负参谋计划、作战指挥、编练团队等方面的责任，其他的处，实际是以军务处为中心去进行工作的。南区绥署政务处长陈翰华是广州湾地头蛇陈学谈的人，军法处长梁述庵是陈章甫的人，实际责任则是由李汉魂介绍的参谋长李江和我共同负担，后来我还代理了李江的参谋长职务。

各个绥靖区都有各自的"绥靖"任务，南区的"绥靖任务"是进攻琼州（海南岛）和钦廉方面的红军武装和肃清区内的"土匪"。各区执行任务时，都各有其基本部队，因为绥靖委员就是由军（师）长兼的，他们都使用自己的部队进行"绥靖"。南区陈章甫没有基本部队，但有权指挥区内的部队和编练地方武装（民团）。当南区绥署进攻钦廉一带红军武装和进攻徐闻山"土匪"时，配属指挥的是陈济棠第一集团军的四个独立团

（第一独立团团长梁国武，第二独立团团长钟继业，第三独立团团长张文韬，第四独立团团长刘起时）和一个警卫绥署的宪兵连，而"进剿"海南岛红军时（陈章甫兼琼崖绥靖委员），在海南岛则配属了陈汉光的一个警卫旅。

南区绥署设在海康，是为了便于指挥进攻徐闻山"土匪"和进犯海南岛以及钦廉红军的军事行动。以后（记不起那一年）陈章甫不再兼琼崖绥靖委员时，南区绥署就迁到了高州的梅录。关于南区绥署的任务，记得在成立初期，陈章甫曾约我与李江面授过"机宜"，我记得他曾分析当时全国形势说："中国南、北、中三部都有共产党，江西的最大。在广东则潮汕、钦廉和琼崖都有，我们如不消灭他，他就会消灭我们。"他向我与李江交代"绥靖"的任务时是这样说的："绥靖委员公署第一是'剿共'，第二是'防共'，要'剿共'必先剿匪，不能让匪为共用，如匪共合流，我们就失败了。我们当前的工作就是先剿清徐闻山的土匪，然后"进剿"钦廉和琼崖的"赤共"，做好这两件事，绥署才不算虚设，主要是靠你们两位了。"陈章甫的话，在我看来也就是陈济棠的决策。事实上，南区绥署的"绥靖"，就正是照陈章甫的话去办的。我在南区绥署做了两年处长，记得只有这一次见过陈章甫，因此他讲的话，我印象很深。

南区绥署行政人员训练所

我和李江为了培养地方行政人员，配合军事行动和贯彻"绥靖"的意图，打算逐步布置各县、各乡的地方行政人员，实行"防共"，因此按照陈章甫的指示，成立了干部训练所。训练所设在海康县城，一共办了三期，每期招收学员百余人，训练八个月毕业。所设教育长负全所的责任，第一任教育长由李江兼充，第二任是我，第三任似是黄涛。

训练所实行军事管教，学员每人配步枪一枝，学科分军事与政治两大类，军事科由军务处编排教练，政治科由政务处编排。军事按陆军学校办法，教授的是典（步兵操典）范（射击、筑城等教范）令（军中勤务令）那一套。政治科目以贯彻"防共"措施为主，特别着重于"清共"以后如何防止共产党的再生。具体科目有三民主义、地方行政、联防及保甲等等。

训练所的学员由绥署按所辖各县份的大小规定名额，由各县考选送训。送所受训时，又有所谓殷实乡绅二人的保证，保证其"身家清白，确无共产党嫌疑"。训练所的经费不由陈济棠总部拨付，而由绥署在各县征收捐税时征收付加税，按月解缴绥署。具体征收数字记不起了，但用这项"附加"来办一个百多人的训练所，等于养一连兵，是绰有余裕的。训练所的学员一切费用，仿军校办法，由所负担。学员毕业后均派往各县充当地方行政人员，三期的毕业生都派出了。

陈汉光进犯海南红军和压榨黎族同胞

1932至1933年间，陈济棠派他的警卫旅到海南岛进攻海南红军。因为琼崖绥靖委员是陈章甫兼的，所以警卫旅的旅长陈汉光曾到过海康和我见面，商讨进攻的部署。我告诉陈汉光：我也接到总司令（陈济棠）的命令，叫我协助"进剿"，问他需要什么协助，他说，一切要听候陈委员（陈章甫）指挥。我说：陈委员在广州，如向陈委员请示，不如直接请示总司令更好。他说这是手续。陈汉光以后直接由陈济棠指挥，进犯海南，脱离了陈章甫的节制（以后陈章甫不再兼琼崖绥靖委员，似由陈汉光以旅长兼任或是兼代了）。

陈汉光"进剿"海南苏区，并对当地黎族进行了"宣抚"，他的凶残和狠毒，我在当时是有所闻的。记得他来海康时，他曾经告诉我，他准备了两万多条短裤，大批烟丝和两船盐，是准备"进剿"苏区以后，深入五指山，"宣抚"黎族的。陈汉光的部队在琼东县的烟塘墟与红军接触，所俘红军和群众多惨遭杀害，红军师长王文宇被俘后壮烈牺牲。从此红军转移，深入了五指山。陈汉光曾拟修筑公路，继续进攻，但红军以五指山为根据地，进行游击战，五指山重峦叠嶂，陈汉光妄想消灭红军，但终不得逞。

陈汉光由琼东县进入黎区后，对黎族同胞实行了惨无人道的屠杀，以杀人"邀功"。在施行"小恩小惠"，散发他所携带的物资企图进行"羁縻"的时候，又用尽了恐吓和威迫的手段，杀死了许多黎族人民和抢掠了不少黎区的财产。他一面"施放"盐、烟和短裤，一面又宣布行使纸币，禁用白银和铜仙，强行收兑黎区白银。据说，他抢掠所得的白银和铜仙，一共装满了18辆牛车，由黎区运载出来，带到了广州。

陈汉光曾经利用黎族墟期，召开黎族头人会议。他预先在墟集四周山头架设了机关枪和迫击炮，又事前布置了飞机，在开会时由墟集上空飞过。飞机来时，竟向墟集投弹，黎民惊恐起来。陈汉光便当着黎族头人，向天下跪，愚哄黎族头人说："这是天神对你们的惩罚，你们过去依附共产党，天神一定要处罚你们，只要你们改过自新，天神就原宥你们了。"飞机过后，接着四周山头上的迫击炮和机关枪又向墟集轰射，陈汉光又同样下跪，愚哄黎族说："这是天兵，是惩罚共产党的，今后你们要是再收容共产党，天神天兵就会收拾你们。"这一欺哄使黎族同胞死伤百余人。陈汉光为了镇压黎族，竟使用这样卑鄙的手段。这以后，陈汉光强迫黎族家家户户悬挂陈汉光的像片，说是"安家照片"，挂了他的照片就可以驱灾避邪，共产党也就不敢再来了。陈汉光为了笼络黎族同胞，还组织了一些黎族人士到广州来参观，陈济棠为了向这些黎人显示他的武力，进行威吓，还特地叫他们参观了燕塘军校。当他们到达燕塘军校的时候，又故意派一架飞机在他们头上飞，带领他们去参观的人按照陈汉光的安排，立即叫他们下跪，要他们向头上的"天神"求饶。

在海南"剿共"、"抚黎"、"绥靖"的真相

林荟材[*]

1932年，我考进国民革命军第一集团军政治学校学习，毕业后被分配去该集团军警卫旅工作。到差之日，正是该旅奉命南下徐闻之时。警卫旅渡海后，旅长陈汉光知我是文昌人，就留我在旅部服务。以后多随陈旅长到各县、区、乡、镇开群众大会。在会上我代他翻译传话；平时，我又担任收发情报、向导等工作。所以，对陈汉光的"剿共"部署以及"抚黎"、"绥靖"措施，均曾耳闻目睹，现特忆述如下，供治史者参考。

陈汉光第一阶段的"剿共"措施

1932年5月，陈济棠接收广东海军，陈策率领部分海军在海南实行对抗。陈济棠一方面命令陈汉光旅进攻海南，一方面命令空军轰炸停泊在海口港的飞鹰、福安两舰。

陈汉光在飞鹰舰被炸沉后，得以渡过琼州海峡，进驻海南。他在把陈策在海南的实力吃掉以后，便按陈济棠的指令，在海南坐"剿"琼崖工农红军，进攻琼崖革命根据地。

陈汉光在徐闻待命期间，便着手搜集海南红军方面的情报。当时旅部参谋处向陈提供有关海南红军方面的情报如下：琼崖红军王文宇师的兵力有三个团，约四千人，武器多为旧式步枪，没有重机枪，只有手提冲锋枪

---

* 作者当时系第一集团军警卫旅参谋。

（即猪笼机）数支，手榴弹也很少。各县、区、乡的赤卫队，人多枪少。红军分别部署于琼山县的羊山地区，定安县的母瑞山地区，万宁县的六连岭和乐会县的阳江地区。琼崖苏维埃政府位于琼东县平坦、烟塘地区，以上地区均树木茂密，大部队兵力均难展开与运动作战。

根据以上情报，陈汉光决定对红军的"围剿"采取"分别逐个围攻而歼灭之"的原则，运用"速战快打"的战术，开展对红军第一阶段的进攻。

陈汉光旅所属的营、连、排长，多属追随陈多年的传达兵、马弁（近身卫士）提拔起来的，所以他的命令可以直接下达到营、连、排长，收到行动迅速、适应战机、速战速决的效果。凭着警卫旅装备精良，陈本人精力充沛和大胆采取行动，他在第一阶段作战部署中，以营为战术单位，他看着军用地图就用他的名片下达作战命令，指挥部队向红军根据地全面展开攻势。其兵力部署如下：

（1）第二团团长何宝书率同第一营叶百顺部、第二营韦卓升部向羊山地区搜索前进。

（2）第一团团长陈玉光率同第一营莫福如部、第二营某某部（忘记其姓名）、第三营陈伯英部向母瑞山地区搜索前进。

（3）第四独立团团长王定华率同第一营张国成部、第二营陈汉英部向平坦村地区搜索前进。第三营某某部（忘记其姓名）向烟塘地区搜索前进。

（4）第三团彭智芳部驻扎于大路墟，作为预备部队，存储粮弹，以备军用。

琼崖工农红军方面，当时，除各县、区、乡苏维埃政府直接所属的地方赤卫队以外，正规武装就是红军王文宇师和名闻中外的娘子军庞琼花部。红军广大战士对陈汉光旅悍然来犯，无不义愤填膺，全力奋起抗击，浴血战斗。但因武器装备，相去悬殊，加上弹药不足，红军不得不相继撤出羊山、平坦两个地区，向六连岭革命根据地转移。

陈汉光旅在攻占羊山、平坦两地区后，又立即以第二团及第三团全部兵力向乐会县的阳江、万宁县的六连岭进攻，对该地区红色根据地形成了包围的态势。

陈汉光第二阶段的"剿共"与"绥靖"措施

陈汉光在对琼崖工农红军大举进攻的同时,对红军曾经活动过的县、区、乡全力进行"绥靖"工作。陈旅彭智芳团在攻占平坦村时,俘获曾任琼崖苏维埃主席的陈骏业,陈骏业被俘后变节投降。陈汉光利用这个事实,亲自带陈骏业到海南各县、区、乡、墟镇去进行反共宣传,企图瓦解革命群众的战斗意志。与此同时,陈又部署修建碉堡,加强保甲制度,扩大地方"自卫"力量,并强迫施行"五户连保连坐法":(1)不做"共",不窝"共",不济"共";(2)知情不报同通"共"论罪;(3)探亲者早去午归,违者以通"共"论罪;(4)发现可疑男女,立即报告甲、保、乡长,否则同通"共"论罪;(5)一户犯法,五户共同论处。又散发瓦解和"宣抚"的反共传单和标语,其内容:(一)出来投诚自新者不杀;(二)携械出来投诚自新者重赏;(三)全班、全排、全队携械投诚者量才录用。又在每家大门上贴上石印的永久性标语,上书:"军民合作,杀绝共×"的字样。

陈汉光在对各县进行"绥靖"工作的同时,又调集第一、第三两个团的兵力向红军主力集结的六连岭根据地进攻。陈汉光亲自指挥,采取稳扎稳打、步步为营的方针。在六连岭根据地周围区、乡实行"五户连保连坐法",扩大地方团队力量,修建碉堡,择地封锁防守,完全断绝了六连岭根据地与外界的交通。又逐户搜查,伐林搜山,日堵夜伏,使红军完全失掉外援。经过几场激烈战斗之后,红军王文宇师长所率数百名战士和地方行政人员,处于饿、病交迫之中,不得不化整为零,向五指山转移。1932年11月间,王文宇师长匿居于六连岭一户居民的茅舍里,被陈汉光第三团查获,解回县府旅部。陈汉光认为"剿共"大功告成,电告陈济棠报捷。陈济棠电复令就地处决。1933年2月2日,坚贞不屈的王文宇师长在县城刑场上壮烈就义。

陈汉光第三阶段的"追剿"和"抚黎"措施

1933年3月间，陈汉光又奉陈济棠命兼任海南绥靖委员和"抚黎"专员，他亲率第一团陈玉光部和特务营陈济南部向五指山地区"追剿"红军和进行"抚黎"工作。

同年4月间，陈汉光亲率部队抵达白沙县营根铺，召开各苗、黎峒首领会议。会前，陈采取"攻心为上"的手段，赠给苗、黎首领施以一些小恩小惠，如烟丝、食盐、粗布、衣服等。会上，陈大作反共宣传，并向苗、黎首领们宣布约法五章：（1）不做"共"；（2）不窝"共"；（3）不济"共"；（4）不通"共"；（5）见"共"要报保、甲长和军队，并实行"五户连保连坐法"。此外，还要苗、黎胞捐款修筑炮楼，买枪枝弹药，以保卫他们的家和峒。陈在讲话后，又把他的八寸半身戎装相片分赠给苗、黎首领，要他们悬挂在自己家里的厅堂中间，以表示"反共"的决心。此外，还散发"军民合作，杀绝共×"的传单，每户一张，吩咐要贴于各家的门上。

会后，便请苗、黎首领观看军事射击表演。陈汉光先出动了重机关枪和迫击炮进行射击表演，接着，又出动了三架战斗机凌空表演，除表演各种飞行技术以外，还做了俯冲扫射和投弹的表演，其声如雷鸣，地面震动，窗门震响，有个苗族首领忙问："旅长，这是什么？"陈乘机恫吓说："这是天神，能飞天遁地，它比重机关枪和迫击炮还要厉害，一下子可以炸平你们的村峒，一下子可杀死你们一千八百人。"苗、黎首领们面面相觑，一齐向陈汉光叩拜施礼，表示诚服。陈汉光认为这个"攻心为上"的"抚黎"措施，收到"兵不血刃"而定黎境的效果。

陈汉光以帮助苗、黎同胞"开化"和"自卫"为幌子，于1934年春，征集不少苗、黎族青年集中海口市大英山营房进行训练。同年4月，陈汉光派我由海口率领这些青年壮丁三百余人到广州，再转往江村，编入警卫旅第二团刘秉刚部的入伍新兵。事后得知：这批苗、黎族青年被作为猪仔兵出卖，每名新兵身价银为80元，作为完成陈济棠在广东试办的1934年度第一期的征兵名额的任务。

陈汉光又曾提出苗、黎地区"自治"的口号,以培养苗、黎族干部为名,大举招考苗、黎族青年,于1933冬送到广州,编入广东军事政治学校,名为"化育班",共有三个中队,约四百余人,施以军事政治训练。当时,我亦正在该校军官深造班学习,与这批苗、黎族青年正是同期同学。后来,这批苗、黎族青年毕业后回到海南,充任该地区的县、区乡骨干,对海南人民的革命斗争,曾经起过重大的破坏作用。

陈汉光对他在海南的"剿共"、"绥靖"、"抚黎"措施,十分得意,曾胁迫海南人民为他歌功颂德,树碑立石,上书"功同伏波,抚吾黎庶"等字样。这些碑石,分别树立于海南岛的交通要道、重要市镇以及名山胜地间。在碑石上还刻上陈汉光的传略,妄图以此留芳百世。后来,我在参加海南抗日工作期间,发现这些碑石早就给海南人民完全砸掉了。

陈汉光警卫旅在琼崖的残杀

原吉征[*]

一

1931年至1934年,陈济棠的警卫旅驻琼崖(海南岛),几年来在琼崖"剿共"、屠杀少数民族(黎族)。旅长陈汉光有"琼州杀人王"之称。我曾在警卫旅任职,后任崖县警卫队编练队长。兹就我所知道的警卫旅和陈汉光的情况,作一个简单的介绍:

警卫旅是陈济棠在扩编军队时新编的直属第一集团军总部的部队,不受各军、师节制。兵员没有一定的限制,可以任意扩编,武器装备也比较精良,成为陈济棠部队中一支嫡系的部队,是巩固他的统治的"陈氏皇家军"。旅长陈汉光是陈济棠的侄辈,曾留学日本士官学校的陈济棠的弟弟陈济南,也派在该警卫旅任职。

1932年广东分区设绥靖委员公署时,陈汉光兼任琼崖区绥靖委员,归他指挥的还有黄宝华任旅长的独立第九旅。这样,陈汉光就独揽军政大权,生杀予夺,镇压、屠杀琼崖人民。为了对付岛上的黎族,特别设立了"琼崖抚黎局",陈汉光兼任局长,又成了屠杀黎族同胞的刽子手。

陈汉光凭借与陈济棠的特殊关系,任意屠杀,肆无忌惮。在琼崖几年,进步人士、善良人民、黎族同胞,遭他杀害者,不计其数。

1934年年底,陈济棠把陈汉光调回广州,离开了海南岛。

---

* 作者当时系海南崖县警卫队编练处长。

二

海南岛当时只有沿海的13个县，岛之中部是黎族聚居地区，未设县治。岛上交通干线的环海公路，当时还没有建成，从海口市向东只通到崖县，向西只通到儋县。陈汉光的旅部、绥靖委员公署、琼崖抚黎局都在海口市，部队则分驻海口、琼山等地。

当时琼崖地区的革命武装在共产党的领导下迅速发展，环海公路东路各区发展到陵水县与崖县交界处的藤桥，西路发展到昌江县，都极为活跃。其次，琼崖物产丰富，陈济棠想开发琼崖以扩大其剥削掠夺的财源。陈汉光曾说过这样的话："琼崖满地黄金，现在总司令（指陈济棠）叫我前来绥靖，地方已渐趋安定，希望地方人士，努力经营，尤望华侨大量投资开发，黄金俯拾即是，勿失时机。"可见当时陈济棠对琼崖，既有军事上消灭革命武装的打算，也有经济上在琼崖大肆掠夺的企图。

陈汉光的"剿匪"、"剿共"军事行动，是以海口市为基地沿着公路分东、西两路进行。他的"清剿"行动，常常受到共产党领导的人民武装的坚强抵抗，受到沉重的打击。记得有一次独立旅在东路万宁县的龙滚地区，遇到人民武装猛烈地反击，横渡公路的水泥钢筋的龙滚桥也在这一役中炸毁，半沉水中。人民武装给独立旅以重大打击之后，转移到横跨万宁、陵水两县的六连岭。这里地势险要，陈汉光不敢深入，只沿公路行进。

陈汉光陷在穷于应付之际，命令各县组织联防队，分驻于崖县的藤桥、陵水的分界、万宁的兴隆、龙滚及西路各险要地方，但是人民武装还是伺机出击。1935年间，有一次我经过万宁县，县长劳宇楷对我说，在万宁县和琼东县一带，共产党不时出来袭击，曾缴去不少县兵队的枪械，嘱我小心防范。

联防队是陈汉光一手设立的。其编制与各县警卫队小队相同，一个小队共3个分队，每分队士兵10名，1名分队长，一共36人（连炊事兵2人），驻扎在两县交界险要的地方。经费由县负担，如两县之经济情况不同，则负担的数目各不相同。名义上是两县县长都可以指挥，而实际上，则全由陈汉光直接指挥，各小队长俱系由陈汉光委派。

　　警卫旅给人民带来了深重的灾难。每到一处，大肆屠杀抢掠，当地的部队到一个县或一个乡村、墟镇，便大肆逮捕居民，对被捕者勒令觅具店户担保、勒赎释放。没有店保的、没有钱买放的就执行枪决，根本不问什么"罪证"。罚款少者一、二"百千"（当时琼崖流通银元，但银元缺乏，市面多以铜仙流通，每1元光洋，约值铜仙二千余至三千，"一百千"约等于光洋40元）。有因贫穷无法缴交罚款请求减免的，陈汉光默不作声，在案卷上批"执行枪决"，交士兵立刻执行。有些被捕者家属到处奔走，向亲友借到钱来赎命时，人已经被杀害了。

<h1 style="text-align:center">三</h1>

　　陈汉光每年"出巡"各县一、两次，每次"出巡"都有不少老百姓在他手下冤枉死去，各地人民恐遭横祸，经常打听他"出巡"的日期和路线，在他到达之前跑到别处躲避，真是"闻风而逃"。
　　陈汉光兼任"琼崖抚黎局"局长，黎族同胞更是灾难重重。
　　他每次到黎族地区"出巡"时，对黎族同胞任意拘捕处罚，黎族同胞稍有不顺从，就以血腥手段来镇压。黎族同胞不堪迫害，曾经团结起来用落后的武器进行反抗，陈汉光竟悍然下令用机关枪扫射。这类事件曾经发生于东方、大水、乐东等地。他在屠杀之后，还要勒迫各峒头人，强迫群众无偿开山、缴纳木材、筑路或罚款等等，罚款数有多达二三百千的。没有现金则以牛只折价缴纳。不依时缴纳的，就抓人杀掉。
　　琼崖有些公路，是陈汉光强迫黎族同胞修筑的。他划定路线，限定日期，必须依期完成，否则加以处罚。1934年底，陈汉光到乐东地区，他指定修筑的"九乐"公路（崖县的九所到乐东一段）尚未筑成，就将当地黎族头人韦那空逮捕，勒令即日迫群众开工，并限三天完成，否则将他枪决。韦那空在威迫之下，只得勒令当地居民加紧修建。陈汉光以他曾经反抗，将韦那空押到崖县，到达崖县后，将韦那空大骂一顿后释放。那次我看见陈汉光部的士兵在行军中牵着十几头黄牛，还有很多辆运载铜仙的牛车随军而行。
　　陈汉光有时也以"抚黎"为名，对黎族同胞进行欺骗。如他到黎族地区时，携带一些黎族地区少有的和黎族同胞喜欢的针线、红头绳、熟烟、粗毛巾等，作为诱饵，欺骗黎胞。这些用来表示"抚黎"的东西，比起他强迫黎族同胞修筑道路，勒令缴交木材以及公开掠夺的东西来说，实在是微不足道。

（陈大猷　记录）

陈汉光对海南少数民族的镇压

何凯诒[*]

我于1934年夏初到海南岛昌江县任县长，至1936年秋末离职，对陈汉光在海南时镇压少数民族的事实，知道一些，现就回忆所及写出，仅供参考。

一

先从陈汉光说起，他是广东防城县人，与陈济棠是同乡、同宗，过去在桂系李易标部队中做过事。他投陈济棠后，最初任国民革命军第一集团军总司令部的警卫营长，从营长而团长，而警卫旅长。在陈济棠将垮台前，急于扩军反蒋时，还做过短时间的师长。他在海南岛时，身居三要职，官封中将，是陈济棠时期显赫一时的人物。一般人说他是"海南王"、"杀人王"、"大黎头"（黎族的地主恶霸，称为"黎头"。他的地位驾乎其上，而成为"大黎头"）。

他与陈济棠是宗叔侄关系，又是陈济棠一手扶植起来的，所以对陈济棠敬服得五体投地。他时常对当时在海南岛的县长故作得意地说："古人以能够做到两袖清风是好官，我却认为现在做到十袖清风都不行。"听起来，好像他叫县长不仅要做到比古人廉洁，还得比古人更要有所作为，其实是有弦外之音的。真正的意思是：两袖清风算不了什么，只要和他一样蛮干，横冲直撞，敢打敢杀，不妨予取予求。

陈汉光一向是陈济棠的御林军首领，本来不会调离广州地区的，当

---

* 作者当时系海南昌江县县长。

时因为蒋介石想抽调陈济棠的部队参加"围剿"红军，陈济棠则借口海南有事，已动用到御林军，其他部队更不能抽调，作为对蒋的挡箭牌。陈济棠还觉得海南岛孤悬海外，与大陆相隔，仅一衣带水，和广东政局息息相关。它与雷州半岛相比邻，地理形势上占有战略意义，和它的家乡也构成唇齿相依的关系。这些原因加强了他对经营海南岛的决心。陈汉光在其时正想找个地盘，找个机会来表现一下自己，这样就促成他以国民革命军第一集团军警卫旅旅长的身份去"经营"海南了。他还兼上个抚黎专员。以后为了集中军政大权于一身，又兼任了琼崖绥靖委员。

二

在陈汉光兼"抚黎"专员的时候，是他镇压少数民族最高潮的开端。小孩子在夜间啼哭，一听到陈汉光的名字，就会立刻静止下来。在屠杀、镇压当中，他也运用过所谓"抚"的一套，派遣部下以督察名义，深入县、区、乡四出活动，还唆使汉族奸商、地主恶霸经常进入少数民族地区，勾结少数民族中的一些败类进行内部分化、收买、迫害等各种阴谋。更通过奥雅（黎族中的地主恶霸分子）及苗族的上层去推行其"剿抚兼施"的政策。有时也施以小恩小惠去笼络他们。如分赠食盐、粗布、棉花、针、线、烟丝、火柴等一些廉价的东西。将类似乡、村长（峒主）的某些官员，加封到上层分子身上，作为其实施统治的手段。又分发一些铜质证章给他们，上面刻着："琼崖抚黎专员公署"字样。还将他本人全副戎装的相片（下端印有："国民革命军第一集团军警卫旅中将旅长、琼崖绥靖委员兼抚黎专员陈汉光赠"），分赠给那些人，要求他们将相片挂在屋中央，节日要焚香跪拜。在新设的白沙、保亭、乐东三县，各办有小学一所，所用的教材是特别编订的，其中心内容是对陈济棠、陈汉光的歌功颂德；开卷第一、二页就是他们的相片。目的是要在黎苗同胞头脑中塑造一种无上权威、不可侵犯的偶像。与此同时还布置了线人耳目，经常明查暗访，去收集各方面的情报，随时准备着"剿"的一手。事实上陈汉光到过的地方，总是恐怖随之而来。他随意所欲，发出逮捕、通缉的名单。同时勒令少数民族缴交"花红"，拿这笔钱叫当地县长、区长为他建纪念亭。如昌江县曾有过"汉光纪念亭"，亭上写的一副对联是："汉族播威名，且看威镇琼中，兼施剿抚；光华歌复旦，愿率此邦黎庶，崇拜英雄。"上下联以"汉""光"二字开头，可见其狂妄之一斑。

他不时亲率军队直奔五指山区，沿途焚烧抢杀，十室九空。究竟他在海南岛杀了多少人，烧了多少村庄，那是无法统计的。记得一次他出发到感恩县与崖县的中途（可能是藤桥地区），他根据"密报"该区有几个村和共产党有关系，就以"庇匪"的罪名逮捕三十多名黎胞，就地执行枪决，还指定跟他出发的处长做监斩官。当押送他们赴刑场时，呼号之声极惨。其中有不能走动的黎胞，就用竹笼抬赴刑场。只从这一次就可以看到他杀人的残酷了，确是名副其实的"杀人王"。

1934年，我在昌江任县长。当时县区内还有一部分是黎境，聚居的黎胞约有一万多人。我随广东省民政厅厅长林翼中和陈汉光出巡前往该县视事。在就职前夕，旧县长林昭凤（林翼中的同乡，调任临高县长）宴请林、陈及他们的随员，我也被邀请去。席间，陈汉光兴高采烈地说："这里的人很野蛮，尤其是黎人，虽然经过我惩办了一批，但还是不行，应该大镇特镇，你（指我）明天就职，将我寄押在县监狱的七个黎人执行枪决，当作下马威。"我觉得不好办，就说："初到这里情况未明，以后查清楚再办吧！"他却很不高兴，带命令的口气说："我交代你办，我负责。杀几个黎人算什么一回事，我看你太懦弱，将来会被人欺负"。好在林翼中插话说："他（指我）是文人，第一次做县长，总不免有书生气。"这才勉强解了围。其实这件案是由于昌江县属第一区东方峒的黎人，和同区相连汉区村落的汉人积怨不相容，主要是汉族地主恶霸平时多欺负黎人，引起黎人的反抗，以致循环报复，抢夺耕牛、农作物，甚至掳人勒赎，而汉族地主恶霸却乘陈汉光出巡到县的机会，在他面前告了黎人一状，硬说黎人前前后后抢去了七百多头牛，还捉过汉人等等。陈汉光一贯仇视少数民族，听了一面之词立即派兵对该峒"进剿"，逮捕了七个黎人寄押在县府。我去到不久，在清理积案过程中发现此事。当时我认为黎汉间素不和睦，过去争端，原因复杂，从未加以解决，拟饬令黎人缴交罚款七百元（每人一百元）以充建筑平民医院之用，（设立县平民医院为陈济棠"五年计划"中第一年内应办要政之一，但苦于经费无所出）而将寄押的七人释放。这种处置办法给陈汉光讲通了，但他却要他们加缴交粉枪（土造隐枪）二十支。了结此案后，我物色了一个姓赵的参议员，平时和黎族有过来往的，去东方峒找峒主冯德彰，叫他来县城和我见面，以便从中贯彻"抚"的一套。辗转费时两、三个月，姓赵的亲身或托人去过几次，最后冯德彰才带同其亲属一行六、七人到县。当我第一天在县府请他们吃午饭时，适值守卫人员交班吹号，他们听见号声，立即放下筷子，站起来作离席状。我问他们："为什么这样？"他惊惶不知所措地说："我怕听这个号音，因为陈旅长到我们那里，杀人就吹这个号音。"我对他们解释吹号原因，并且安慰他们。这样才使他们安定下来。从这件事可以看出黎苗同胞心目中的陈汉光是怎样的一种形象。据说，陈汉光听到一些反映，说他的枪有孔（指手提机关枪），打不响，也打不倒人的。为了显示他的淫威，他每到一地，事先就叫黎、苗胞集合起来，指挥队伍将他们团团围住，所有机枪口对住一群耕牛扫射一轮，当耕牛应声而倒时，他就眉飞色舞地对黎、苗胞说："你们看见了吗？我的枪打得倒，还是打不倒人呢？如果你们中有谁再不相信的就站出来，再试试给你们看，以后你们有不听话的，就照着对牛的办法做。"黎苗胞对此甚为愤恨。

三

少数民族地区一有"风吹草动"，或者陈汉光认为向上报告的材料不够充实时，他就要带领人马去出巡，仪仗行列起码有一连人以上，其中还有参谋、副官、政工人员，浩浩荡荡，如临大敌，其目的是摆摆威风。搜罗五指山区的珍贵特产，也是其主要任务。有一次还带了摄影人员，照相工具，将他抚黎的"武功"、"政绩"，一一收入镜头。当时有一部影片"黎苗曙光"，就是他血腥统治的纪录。少数民族地区交通不方便，少不了要爬山越岭，他就事前派出先头部队，驱使少数民族到达公路终点，摆出欢迎的仪式，从中挑选壮丁抬他和妾侍所坐的轿子，借此大肆宣传黎苗同胞对他的拥护如何热诚。他每次出发都要携带妾侍同行，使他们看看他的威风。到达山区后住在粉饰一新的屋内，全屋洒遍香水，还要强迫黎苗族年轻貌美的少女随侍身旁，而且叫这些少女跟他们一同到海口，表面上说是送行，到达海口就留住不放，安置在抚黎公署、专员公馆听候"差遣"。解放后，1953年我在海南黎苗族自治区工作时，有一次下乡，从乐东县到保亭县的中途，还发现过一块大石碑上有"威镇南疆"四个字，这就是陈汉光所竖立的。听说，他每次出巡都要立碑。但这些东西在他离开海南岛后，即陆续被毁，这块石碑可能是仅存的一块。记得在1933年春节前后期间，陈汉光驱使黎苗族一行二十多人以参观的名目来广州，将他们摆在永汉公园（即现在儿童公园），作为陈列品展出。当时主其事的既怕人多拥挤，引起了意外事故，又怕黎苗胞愤怒反抗，于是用铁栅将他们围起来和外面隔离。这完全是一种不可容忍的人身侮辱。同时还编造了一些荒诞无稽的连篇鬼话，侮辱黎苗同胞。如说其中有一个黎人是猴子所生的，说有一次当其母年幼时，为其祖父母带去耕地，放在田边，至收工时失踪，遍寻不获，原来给猴子抱去了，由它抚养成人后和雄猴结婚就产生了她。又如说其中一人为蛇所生，因其母在山区耕地劳动，疲倦入睡，为蛇所乘，以后即怀孕产子。又说，他们都是长有尾巴的。其实他们的直系亲属都历历可考，陈汉光并不是不知道，却故意伪造一套谎言，耸人听闻。这是陈汉光一手导演的，其用心是想借此在陈济棠面前起着表功的作用，认为他有办法征服"蛮荒"；同时也可以引起一般群众的错觉，对他"治琼"、"抚黎"有了成绩。同时，他还可弄到一笔横财。春节期间游人如鲫，参观的人车水马龙，每人收门票二角，总的收入就大有可观。这些少数民族兄弟，是陈汉光用武装驱迫和欺骗他们来到广州，使他们受到折磨和凌辱的。

至于陈汉光在黎苗族地区的搜括剥削，如对当地土特产鹿茸、熊掌、鹿胎膏、兽皮、猴膏、红藤以及稀有金属矿产等特产，经常压价收购，高价卖出，更是人所共知的了，因没有详细材料数字，就不具述了。

（广东省参事室供稿）

百年
中国记忆
RAINIAN
ZHONGGUO
JIUI

第九章 | "围剿"左右江革命根据地

文 史 资 料　"围剿"边区革命根据地(上)亲历记

WEIJIAOBIANQUGEMINGGENJUDISHANG QINLIJI

百部经典文库

综　述

　　左右江革命根据地位于广西西部，北与贵州，西与云南接壤，西南与越南毗连。包括左江、右江和红水河流域的龙州、百色等地24个县，面积为5万多平方公里，人口达150万。

　　1929年12月11日，邓小平、张云逸、韦拔群等领导的百色起义和1930年2月1日，邓小平、李明瑞、俞作豫领导的龙州起义，创建红七军、红八军，同时成立右江苏维埃政府，雷经天任主席；左江苏维埃政府，王逸任主席。左右江革命根据地建立。

　　根据地建立后一直遭到广西新桂系军队的"围剿"。

　　1930年2月，师长李画新指挥4个团兵力向右江根据地进攻，隆安一役，红军被迫撤退，桂军追击红军至平马、百色一带。红七军将第三纵队留在东兰、凤山坚持，第一、第二两个纵队转移到桂黔边境进行游击战。至6月，桂系军队在右江一带由于参加军阀混战只留少数部队。红七军第一、第二两纵队便回师百色，收复百色、恩隆、果德等县城。

　　1930年3月，梁朝玑师以4个团兵力围攻左江根据地，3月20日，重兵围攻龙州县城，红八军突围至钦县南间圩。此时，第二纵队长刘定西叛变接受梁朝玑改编，梁朝玑攻占龙州城，然后即向靖西一带红八军第一纵队进行"围剿"，红八军第一纵队被迫转移至右江地区与红七军汇合。

　　1931年11月，桂军独立师、教导师对离开根据地进攻柳州、桂林的红七军第十九师、第二十师实行层层包围堵击，在罗城县四把、融县（今融安）长安两次战役，双方伤亡惨重，红七军于12月向江西转移，次年7月，在江西雩都与红三军团汇合。

　　1931年2月，桂军第七军军长廖磊趁红七军转移，调集第七军和第四军各一部共约一万余人，采用"步步为营，分进合击"战术，配合东兰、凤山、凌云县民团分三路进攻右江根据地。由于"围剿"根据地桂军准备出兵湖南反蒋，撤出东兰、凤山。

1931年11月，廖磊再调集第七军和第四军共4个团，加上特务营、各县民团共7000余人对东兰、凤山进行新的"围剿"。红军独立第三师采取避实就虚的游击战术，使其找不到红军主力作战。12月，参加"围剿"部队按新划分的防地，对东兰、凤山改行围困办法。

1932年8月，廖磊再次派4个团兵力并配合地方民团1万多人，对东兰、凤山进行"围剿"，并制定军事政治经济同时并进的"进剿"方针和"缩网收鱼"的策略。红军独立第三师只有1000余人，分散在西山和巴暮地区。9月上旬，桂系军队以优势兵力攻下西山，中下旬，又以数倍兵力对巴暮地区红军进行"围剿"。红军官兵大部牺牲，领导人被杀害，根据地丧失，少数化整为零撤出，到十万大山地区坚持斗争。

"清剿"左江根据地片断

萧抱愚[*]

1929年12月和1930年2月，李明瑞率领的广西部队先后在左右江起义，创建红七军、红八军。这样左右江地区的农民纷纷参加起义队伍，建立起地方苏维埃政权。当时红七军在右江，实力较大，这一地区的农民参加起义较多，声势浩大。左江方面的红八军，实力远不及红七军，内部成分复杂，混进不少龙州地方封建恶霸的武装，如黄飞虎、周建鼎等部。群众平日对他们就是敢怒而不敢言。因此，群众对红八军是有所观望等待的，农民起义的规模就远不如右江地区。

新桂系统治集团针对当时的形势，决定由黄绍竑亲率主力部队，到田东县"坐镇剿共"，进攻红七军和右江地区起义的农民队伍。另派师长梁朝玑率其部队进攻红八军和"清剿"左江地区起义的农民队伍。

关于右江"剿共"的具体情况，我不清楚，只知道当时采取了军事和政治并重的办法，不但调动主力部队去进攻，同时选派一批坚决反共分子担任县长，并抽调南宁各中学的一些男女学生组成宣传队，配合"围剿"部队的政工队，到右江进行反共宣传。黄绍竑的一个姨太太黄瑞华，就是那时候响应号召参加宣传队的南宁女三中的学生。在军事方面，双方战斗是很激烈的，右江沿岸凡建立苏维埃政权的各县和乡镇，以及国民党部队曾遭到武装农民抵抗过 的村庄，大都被国民党军队抢掳烧杀一空，变成废墟。当时国民党的进攻部队，遭到了红军顽强抵抗，负伤的官兵据说就达2000人之多。由于当时伤病官兵太多，又缺乏药物治疗，死亡很大，兵员补充困难，这样国民党军队的士气就低沉下来。为此，广西省政府不得不急

---

[*] 作者当时系广西镇南道中国国民党党务督察员。

电驻香港办事处设法赶运西药来广西，治疗伤病官兵。

我就是1930年春天奉广西省政府驻香港办事处的指示，化装成商人押运西药，取道广东北海市（今属广西）回广西的。我到达南宁后，就请求到田东跟随"老上司"黄绍竑，参加右江方面的"剿共"。并顺便把运回的西药送到右江抢治伤病官兵。但是，李宗仁认为我是龙州县人，比较熟悉该地情形，有乡土人情的关系，特委派我为镇南道（即后来的龙州专区，右江是田南道）中国国民党党务督察员，到龙州督促左江各县迅速恢复党部及其活动，要他们协助梁朝玑师进行"围剿"，镇南道财政整理处（处长白搏九）和各县政府"清剿""土共"（即起义农民），完成整理税收和试办征兵等任务。

我回到龙州的时候，梁朝玑已率部队攻下龙州城，红八军主力早已向南宁方向转移，一小部分向靖西方向转移。梁朝玑师正在龙州、上金地区"清剿"起义的农民。据我当时了解，梁朝玑师围攻龙州县城的那天，红八军正在县城召开群众大会，事前没有防备，突遭袭击，因此红八军、左江革命委员会和县苏维埃的干部群众，撤退时相当混乱，不少与会者因来不及撤退而被俘，其中被梁师枪毙的有到龙州向左江革命委员会汇报和请示工作的凭祥县长甘湛泽，龙州苏维埃的领导干部黄忠汉、苏时人等六、七人（其他几人我不认识，所以不记得他们的姓名）。

该师下乡"清剿"所到之处，只要农民稍事抵抗，或者瞭望哨放枪报警让人们疏散躲避，他们都格杀勿论，虽妇孺也难幸免。我现在记得被烧杀最惨的地方是龙州县下冻乡及其附近数十里的乡村，有的地方被杀害的农民的尸体根本就没有人收埋，其次是上金弄梅一带，也被烧成了废墟，据说这些乡村，到抗日战争期间都还未能恢复元气呢。国民党军队的武装进攻，并未能完全消灭农民的武装力量。于是，梁朝玑便利用地方豪绅势力参加"清剿"，要求李宗仁、黄绍竑起用龙州籍的老军人李白云，让他担任边防对汛督办和"剿共"司令。对一般农民进行欺骗和恐吓，对武装农民的家属、干部和领导人则采取利诱威吓，用离间和暗杀手段破坏农民运动，杀害了龙州地方最有名望、革命斗志最坚强的农运领导人、左江革命委员会委员周和平，接着改编了他领导的游击队，轰轰烈烈的左江根据地武装革命斗争，被镇压下去了。

右江抗拒红七、八军亲历记

岑建英[*]

1929年秋，俞作柏、李明瑞反蒋失败后，广西局面混乱。广西中共以张云逸为首，率领教导总队（3个营9个连）及广西警备第四大队，从南宁开赴右江。在百色、田东先后成立红军第七军和苏维埃政府，提出"打倒国民党"、"打倒贪官污吏"、"打倒土豪劣绅地主，没收其财产，分给贫苦农民"等口号，声势浩大，整个百色发生了剧烈的变化。当时，饱受国民党和土豪、劣绅、贪官污吏摧残的广大劳动人民，无不欢欣鼓舞，拥护红七军，拥护苏维埃政府。

1930年1月，红七军在百色整编就绪之后，乘南宁空虚，即由百色沿江而下，企图进取南宁。当时桂系内部情况，非常混乱。他们所悉力追求的，是个人眼前的利益，覆雨翻云，朝秦暮楚，今天拥蒋，明天反蒋，而后天又可以拥蒋。其时，我在南宁第四集团军总司令部充任直属第八独立营营长，接受白崇禧密令协同营长杨俊昌和营长覃兴解决驻在南宁的吕焕炎部杨义旅。我们三人经过秘商之后，在一个晚上，把杨义部队包围缴械，杨义仅只身脱逃。将杨部缴械改编后，我们即去电柳州欢迎李、黄、白，并闻黄绍竑当时还在贵县。李宗仁接得我们的电报，即由柳州回到南宁，重掌政权。李宗仁等论功行赏，先将杨俊昌和覃兴提升为团长，李宗仁亲口对我说："现在人员不够，待你开上右江后，再行扩充为团；目前你可将你部能够胜任营长的连长介绍出来，先把他们提升为别团的营长。"接着据报，右江方面的红七军的苏维埃政权，声势浩大，有进取南宁之势。为此李宗仁召开了一个军事会议，决定派杨俊昌团、覃兴团及蒙

---

* 作者当时系广西警卫第四团团长。

志仁的广西警卫第二团和岑建英营马上开上右江堵击,以李画新为总指挥。部队进到隆安时即与红七军遭遇,激战两天两夜,争夺隆安县城后的高山,双方都以白刃冲杀,岑建英营伤亡过半,蒙志仁阵上负伤,桂军大有不支之势。那时负责指挥战斗的李画新还坐在电船上,离前线约二、三十里,见战事失利,下令退却,可是前线正在胶着,难以脱离阵地。第二天下午,战事异形激烈,关系重要的左翼山头要点,为覃兴部先行占领,桂军始转占优势。从此红七军正面受到威胁,乃向后撤退,仍沿平马(即田东县)转入东(东兰)凤(凤山),战事逐告结束。战事结束的那天晚上,我用电报局的电话向驻在南宁的黄绍竑报告作战经过,我并说到本营伤亡过半,损失惨重,我已抱消极态度。黄绍竑在电话中极力安慰我,叫我切勿消极,以后定将我部尽先补充云云。后来不久,我就被升为广西警卫第四团团长。红军撤退,我与杨、覃两团开上右江追击红七军,沿途没有战事。李画新到田东后留杨、覃两团驻在田东,将我团开上百色,李本人亦移驻百色。不久,李画新因指挥不力,被撤职,杨俊昌、覃兴两团,也调回南宁,百色方面,只留下我一团驻守。黄绍竑由南宁乘船上右江,到平马时,我由百色赶来见面,黄面嘱应切实保卫地方治安,幸勿轻举妄动。红七军退入东兰、凤山后,扩大苏区继续向桂黔边境活动,发动群众,扩大政治影响。这是1930年春间的情况。

1930年4月,接乐里(即现今田林县治)电话报告说,何家荣率领一千多人,打起红八军旗帜,从八桂方面前来,快到乐里等语。当时我判断,这一定是红八军自左江方面移动过来,企图转赴东兰、凤山与红七军会合,我就决定派兵袭击,到第二天早上,乐里电话忽然中断,我断定红八军已到达乐里,并认为它一定是取道凌云县属的利周乡,经过蒙作、下甲两乡开往凤山的,同时查得红八军人数不多。我邀功心切,遂亲率所部四连人马,兼程赶赴利周,选定有利地点埋伏,企图给红军以猝不及防的拦头阻击、腰击。不料红八军行军非常迅速,沿途总不休息,我率部到达利周时,它已越过了利周,只得衔尾追赶,相距不过一、二十里。红八军并未发现有人追赶。红军因连夜行军,是日下午四、五点钟到达下甲乡的彩架村时,已人困马疲,当晚就在彩架村宿营(彩架村离下甲乡约三十华里)。我率部追到下甲,探知红八军就在彩架村宿营,明早将越过"八仙岩"(是一个大石山)进入凤山地界。这个山是非常险要的,只有一条道路通过,确有一夫当关,万夫莫敌之险。当时我认为,疲敌入险地,是聚而歼之的大好机会，遂在下甲乡布置包围红八军，并连夜飞调驻凌云县城的第一连赶来，加入战斗。次日拂晓，红八军果然直向八仙岩前进，刚到山腰，就被我部守军打退下来，同时伏兵四起，把红八军团团围困在彩架村狭隘地域，进退两难。我部官兵大叫红军缴械，但红军虽遭到意外袭击和处在极度困难的境地，仍然奋勇冲杀，愈战愈强；激战至下午3时许，红军终于突破一个缺口，冲出重围，向黔桂边区的百乐、根标退去。是役红军伤亡二十余人；在伤兵中还俘获一位伤及足部的军官，自认姓何，任副官长职务，要求送回百色医治。我同意他的要求，雇轿抬往百色医治，并发给法国大洋3元。其他伤兵则请土医治疗。

同年6月又据说，有"土匪"千数百人，自龙川方面过来，已到达雪平圩附近，距百色县城约八十华里等情报。我认为这不过是土匪扰乱地方，因此只派兵二连和民团二队，由团附黄文燎率领按址前往"进剿"。哪里知道，情报并不确实，乃系红七军全部由东兰、凤山方面开向百色前进。复查知红七军自隆安退却之后，即经过万岗、凤山继续向黔桂边区活动，进入贵州之榕江，获得许多枪枝子弹，实力比前大增，此次是由榕江回师百色，进取南宁。我派去所谓"进剿"的部队，一经接触，就被击溃，红七军乘胜跟踪追击到百色。当天下午3时，就把百色城包围起来。当时我驻在百色的部队，除派一部前往右江下游接护电船和派去雪平外，驻在城内的不过二、三百人，连同县城的税警队及民团二、三百人，全部兵力也不过五、六百人；另外还有一个刚到百色的滇军那师长，是李、黄、白同意他回云南活动的，随带卫兵十余人也参加守城。税警队和民团，毫无战斗力量，一闻炮声，即四散奔逃。尤以防守观音堂浮桥的民团，不鸣一枪，不战先走。红七军遂把百色城包围，从当天下午3时到第二天下午3时许，攻城两天一夜，战况异常激烈。我在长蛇岭炮台指挥，到第二天下午，该炮台亦被红军大炮击毁，军心慌乱；接着红军愈迫愈近，我部弹尽援绝，城遂陷，全军覆灭。我乔装老百姓，只身逃脱。市民万头攒动，欢迎红七军进城。事后，据留在城内的人说，红军纪律严明，鸡犬不惊，全市人民无不交口称赞。这是我第二次抗拒红七军的情况。

我脱险后，循右江下游逃走，行至中途，适遇护送电船的部队，我复率领这个部队移驻田阳县属的古眉乡。几天后，适滇军师长张冲所部入桂，路经百色，他到广南时，已知道百色的情形。张师长即委任我为田南守备司令，并令我立即赶回百色。自张部滇军开近百色时，红七军已主动撤退至田阳、田东一带。我因得滇军的委任和支援，因此亦回到百色。张冲到百色驻扎不久即开下南宁，留下两个补充团，约千余人，拨归我指挥，借以巩固滇军的后方，滇军开拔之后，红七军以为百色县城空虚，又从田阳进攻百色，在百色对河炮击县城，适河水大涨，不易渡河。我亦有了准备，决定死守待援。炮击三日不下，红军仍退回田阳，我亦无力追击。这是我第三次抗拒红七军的情况。

红七军总指挥李明瑞与我有同学之谊。我曾专函劝李脱离共产党，归回李、黄、白的怀抱。旋得李复信，责我以大义，劝我弃暗投明，投向共产党红七军。他信里说："共产党前途是光明的。国民党的味道已尝够了：它要利用你时，双手捧你，它不需要你时，一脚踢开。"又说："我们这里，饷项公开，官兵平等，劝及早觉悟，走向光明。"……可恨我中毒太深，名位冲昏头脑，拒绝了金石良言，甘心与人民为敌，今日回想起来，深感内疚，悔之已晚。

红七军退回田阳不久，就离开田阳，经过凌云、天峨北上江西会师去了。

教导师堵截红七军赴赣会师的长安之役

黄炳钿[*]

　　1930年秋,红七军7000多人在李明瑞、张云逸领导下,利用新桂系军队正与粤、滇等军阀混战之机,大力开展活动,并建立威胁河池、庆远的地方政权。李宗仁、白崇禧等从湖南新败而回,实力受挫,而滇军万余人正围攻南宁,与第十五军第四十五师韦云淞所部展开激烈的争夺战;粤军又占领宾阳,断绝邕柳公路的交通,策应滇军攻城。李宗仁、黄绍竑、白崇禧仅剩柳州及桂林两地,所需饷源全靠勒收贵州贩运入桂的鸦片烟税。庆远是黔桂交通的要道,设有禁烟局勒收烟税,派有新编独立师师长韩彩凤部队的新兵数百人防守。自从红七军占领怀远之后,庆远告急,柳州吃紧,这样红军又截断新桂系唯一的烟税财源,李宗仁、白崇禧自是急得七窍生烟,不得不以扯东墙补西壁的办法,放弃牵制宾阳的粤军,把教导师急调赴庆远,协同韩彩凤部,共同抗拒红军。教导师师长覃连芳即率所部特务营及第一团,附炮兵一排,山炮两门,放弃邹圩阵地,星夜兼程赶赴庆远,向怀远前进。到达庆远后即在庆远河南岸占领阵地,防止红军进攻庆远。但红军目的是在东进会师中央红军,不是在占领庆远的这个地方。后来教导师到怀远对河的时候,也未发生战斗,因为红军已自动撤离怀远。红军走了很久,我们尚未发觉。次日我们发觉怀远非常沉寂,鸦雀无声,始敢找寻渡船,派少数部队过去搜索。只见怀远镇上满街墙壁写满革命标语,其他商民财物,没有一点损失,秩序井然,足见红军纪律严明。

　　红军既已撤离怀远,教导师也跟着撤回庆远。次日据报红军已向天河前进,于是教导师急向罗城进发堵截红军。我部抵四把圩,即接得情报,

---

　　* 作者当时系第一方面军教导师少校营长。

红军正由天河前进，其先头部队已接近四把圩。覃连芳立即侦察地形，在四把圩西端附近高地布防，利用狭长隘路拦截红军。未几我们就与红军接触，展开激战。双方枪声响彻云霄，喊声震天。红军勇猛无比，一经接触就直冲过来。由于教导师部队先占领阵地，凭险狙击，居高临下占有有利地形优势，所以红军几次冲杀，仍无法突破我方防线，双方进入对峙的态势。入夜后，曾有一度激战，到了半夜，枪声渐疏。拂晓我们派兵搜索，始知红军已转移别处，无影无踪。教导师依例到天河，与红军尾随而行，以便向上级报告克复天河之功。而天河的情况，与怀远一模一样，除了街上写满革命标语及天河国民党部里面发现许多警告文字之外，其他一草一木，红军均没有乱动。

红军离开天河，复取道融县以北的地区，向长安方面进发。覃连芳接到这一情报，深恐红军夺取长安又影响勒收烟税，急率所部经罗城、融县驰往长安布防，背水而阵。我们在长安镇边沿选择防卫阵地，利用坚固房屋后园围的围墙，构筑防卫工事，对各房屋连接部分，则打开通路，开通枪眼，对空地则事先构筑壕沟，拆卸民房门楼板木，加强掩体设备，并于阵地前设置鹿砦和竹钉。在阵地前面约300公尺处的独立房屋，则选两、三处为防卫阵地的支点，利用原有围篱，再加副防卫的籓竹，遍装竹钉环绕，完全独立设防，清扫射界，前后左右均能协力支援，与主阵地构成严密的火网，四周都可以控制。这个支点设施，不特可以加强主阵地的防守，并可用火力支援警戒部队，迟滞对方进攻。此外，我们还在长安镇街道的交叉点，构成核心工事，准备巷战，工事大致完成之后，红军大队人马，向长安攻击前进。先与我师警戒部队接触，来势凶猛，先是冲破我警戒阵地，继将我警戒部队赶入古庙，开炮轰击，古庙被毁，我军死排长一人，士兵数十人。红军随即向长安展开攻击。双方激战两昼夜，红军便采取向我右地区防线大举冲锋。红军指挥员身先士卒，红军战士先破坏我阵地前的障碍物，继拔竹钉，开设冲锋路，以便发动攻击。此时我师凭阵地死守，正在千钧一发之际，我支点部队的机关枪声，忽告停息，而配置阵地两翼的重机关炮又发生故障，忽响忽停，不能连续发射，迫击炮弹也所存无几，预备队使用净尽，阵势发生动摇，战况十分严重。当时，我师的行李、辎重、马匹，已由浮桥撤过融江南岸，准备撤退，恰幸独立师师长韩彩凤率兵300余人赶到我师左地区队的阵地，增强火力，我师左地区队的守兵得以抽掉过右地区，延伸火线并增强火力，拼命抵抗，激战数小时，我们始转危为安。迫入二更的时候，枪声渐疏。次早枪声停息，许久后我们始派队伍到阵地前面搜索。此役双方损失颇重，遗尸累累。经搜索发现红军已经转移他去。

红军放弃长安，转向古宜进击。我师经长安激战的教训，对红军的勇敢善战，已经十分畏惧，不敢紧追，且谨小慎微，逐步向古宜搜索前进。到了古宜，也不敢渡河紧追红军。其时红军已到古宜附近，遥见红军侧卫部队数百人活动，我师便隔河对红军开炮十余发。红军将士从容经资源和金州，进入湘粤边区，向江西而去。

1931年春廖磊率部进犯东兰、凤山的经过

杨赞模[*]

早在大革命时期，韦拔群就在右江的东兰、凤山地区建立了革命武装，革命的力量日益壮大。国民党新桂系曾经多次派遣军队武装"进剿"。1931年春，新桂系第七军军长廖磊率部进犯东兰、凤山地区，大肆摧残和屠杀革命人民。我那时在第七军军部当参谋，亲身经历其事。兹就记忆所及，记述如下：

1931年春，第七军军长廖磊开始是对红军"围剿"，采取分进合击战术，力图消灭革命主力。当时估计革命主力主要在东兰，部分在凤山，人数约五六千人。2月底我们准备就绪，就按计划行动。

在廖磊亲自指挥下，兵分三路进犯东兰、凤山。由第七军军长廖磊亲率的第一路由百色出发，经那银、赐福到盘阳。这路兵力有第七军第二十一师第六十一团的两个营（欠谭何易一个营。谭营在西隆、西林护送鸦片烟），以及韦高振游击支队的四个连和军部特务营的李汉一个连；另一路是从田州出发，经万岗、武篆向东兰进犯。兵力有张发奎第四军第十二师的沈久成第三十四团和阚维雍第三十六团；还有一路是从凌云、乐业到凤山，兵力是百色区民团指挥官岑建英指挥的王海平所部的两个团（王海平部原是贵州省绿林队伍，开到广西边境，受新桂系改编为游击部队，以王海平为游击司令，属第七军统率）。

但各路部队到武篆、东兰、凤山、泗孟，都扑了空。没有与红军主力打过一仗，而红军实行游击战，用地雷炸死我部许多士兵。军部在盘阳捉来了一个女青年杨雪梅，田东县人，军部的军法处长杨曙光（湖南人）认

---

[*] 作者当时系第七军军部参谋。

定她是共产党员，予处死。经廖磊批准后就杀害了，实际没什么证据。杨雪梅有一个哥哥名叫杨一卿，在第四军第十二师第三十六团充少校团附，知道他的妹妹雪梅被捉，便由赐福防地赶来营救。可是他赶到盘阳时，雪梅已被杀害，他只好忍痛收尸埋葬。廖磊企图与红军主力决战的计划就这样落空了。

1931年3月间，收编的黔军王海平部，在凤山县脱离新桂系，并将该部的参谋长（姓阮）和凤山县县长罗文鉴杀死，然后开往桂黔边境，并将百色地区民团指挥官岑建英挟走。廖磊闻讯立刻派遣第七军第二十一师第六十一团杨一峰营前往营救。此后，廖磊改用分区"清剿"，重新布署兵力。把第四军第十二师沈久成第三十四团所部置于凤山泗孟；把第七军第二十一师罗活第六十一团所部置于东兰县城，把第四军第十二师阚维雍第三十六团所部置于东兰盘阳；第七军指挥所设在东兰武篆，率军部特务营的李汉连和指挥游击支队韦高振所部的四个连，共分为四个"清剿"区。各部队到达目的地后，就各自分头去"搜剿"，务求将革命的武装力量予以"剿灭"。这样搞了一个月全都扑空。派出的搜索部队，不时还在马路上、隘路间、房屋门口、室内笼箱触发地雷，伤了些人。加以部队的食米均由田州运去，蔬菜非常缺乏，部队生活十分艰苦。在此情况下，廖磊又改用"剿抚兼施"的办法，利用本地的土豪劣绅，诱骗群众回乡生产。在东兰就利用地主豪绅牙玉蹯、牙玉瑾做爪牙，要他们一方面搜集情报，一方面诱骗群众回村生产。我记得那时武篆附近的群众回家的不多，即使回来的也多是老年人，青壮年都不回来。廖磊眼看计划落空，很是着急。

到1931年4月底，指挥所在武篆接到南宁方面的电报，谓最近将有新任务，要各部队加紧"进剿"。于是，廖磊便命令各分区加速派部队去"搜剿"，遇到群众避于岩洞的，就围起来，用火攻，有的用烟梗甚至用辣椒粉夹在茅草里向洞内熏烟。第三十六团首先用这些办法取得"功效"，并打电报给第七军军部指挥所，并建议多备辣椒粉。指挥所采纳了这一建议，派人到田州、田东一带购买辣椒粉一二百斤之多，分发各分区使用。后来有的分区发电报到指挥所来说，有许多妇孺在岩洞里无辜被熏死。在武篆分区，最惨的算是围攻列宁岩。这个岩洞离武篆街上只有五里之遥。有一天下午，第七军军部指挥所得到情报说韦拔群已进入岩洞，指挥所认为这一机会不可失，即命令游击支队全部出动。支队长韦高振亲自到岩口指挥，在四个连中用一个连位置在岩顶，岩的左右各置一个连，岩口前面也置一个连。由于岩里缺水，估计困上三几天就可以解决。但过了三天，仍每天都听到歌声。因此，各连都得搭上茅草棚子准备长住下来。在此期间也曾用过火烧烟梗拌以辣椒粉熏，可是风向总是不听使唤，没有一点效果。恰巧接连四五天没有下雨，岩里群众才放话出来，请求准予派人出来取水。守在岩口的部队，答应每天只准挑四担水。他们是想用这个方法来判断岩内究竟藏有多少人。苍天真是无情，偏偏旱了十多天，国民党部队乘此机会强令他们迁出，否则不许再到岩外挑水，由于岩里群众没有水吃，不得已而答应搬出来。韦高振亲率手枪兵二十人，个个手持手枪、电筒进入岩洞，每进入一道石闸，即时将石闸拆除，同时枪兵两名驻守。从岩口到岩底约有十多处石闸，当时二十名手枪兵不足分配。韦高振又加派兵士入岩洞里，抢夺行李和粮食。岩洞里的男女老少全部被赶到岩外的小河滩上集合，由军法处长杨曙光登记名册。东兰土豪牙玉璠、牙玉瑾紧随杨身边，事先约定，如果遇到可疑的人即共产党员和革命武装部队的工作人员，两牙就扯军法处长的衣角，军法处长就在名册上打上一个记号。点名后，天已渐渐入黑。韦高振生怕群众乘黑夜乱跑，即将其中十三个可疑的人扣留起来，由特务连押送到武篆关押。当夜，廖磊要我去巡查和审问，说这些人是军法处长杨曙光扣留的。我遵命到监所里逐一讯问，结果，没有一个人承认是共产党员。十三个人之中有一个叫李正儒的田东人，是我过去百色中学的同学，他在第六班，我在第七班，两班寝室很近，时常见面，所以我们都认得。我问他："李同学你为什么跑到东兰来呢？"他说："离开学校后，在田东找不到工作，朋友介绍到东兰来做小学教员的。"刚好他的妻子郑瑶琴来送饭，郑是百色人，住在后府街，与我家仅隔一条街，她在百色女子小学读书，我的父亲是百色女子小学的国文教员，我过去是认识她的。郑瑶琴就对我说："你看，李正儒身患重病，他来东兰当教员，害怕国民党军队，而随群众一块儿逃进岩洞去，你应该顾念同学情份，向廖军长说情放了他，我们两人就回田东去呀！"我说："这是别人说他是共产党员，所以军部扣留他，为了查明身份，大概还要问一问的，到时我尽我的力说吧！"第二天中午，被扣的十三人连李正儒在内，就经军法处长杨曙光签呈，廖磊批准后，全被杀害了。郑瑶琴埋怨我不代李正儒求情，实际上我已向廖磊说过，廖认为杨曙光签呈那十三个人是共产党员，已有人证实，只有枪毙。其实我知道这十三个人都没有什么确凿证据，是被牙玉璠、牙玉瑾陷害的。此外，当时武篆分区还得到过情报说韦拔群已回到武篆之西端弄京，廖磊又派遣韦高振率武装兵两连前往围捕，结果也扑空，只抢回些粮食鸡鸭，就将那个村放火烧光。

1931年5月，第四集团军总部从南宁来电，谓各部队另有新任务，令第四军在田东、第七军在田州集结、待命。第三十四团由凤山泗孟经东兰县城、武篆、盘阳、万岗到田州，转到田东归还建制；第七军指挥所继第三十四团之后，移到田州；第七军第六十一团从东兰县城经武篆、盘阳移驻万岗，待第四军第三十六团通过完毕再开回田州；第四军第三十六团须待第六十一团通过盘阳到达万岗后，始从盘阳开田州转田东归还建制。第七军指挥所回到田州后，接第四集团军总部电报说要出兵湖南反蒋，至此，廖磊率部进犯东兰、凤山就告一段落。

我参加"围剿"东兰、凤山苏区的回忆

岑建英[*]

1931年春，新桂系首脑李宗仁、白崇禧等，重掌广西政权。当时百色右江地区，虽然红七军已撤出，但已种下革命种子，尤其是韦拔群在东兰、凤山建立的苏维埃政权，对新桂系的统治是一个莫大威胁。因而新桂系决定派第七军军长廖磊率部向东兰、凤山苏区进攻，妄想趁红七军离开广西前赴江西与中央红军会师的机会，一举摧毁右江革命根据地。

我当时在百色任百色区民团指挥官，指挥部刚成立不久，一切编制还未健全，廖磊利用我是本地区人和有一个封建家族，并熟悉地方情形等条件，命令我亲率特务连，并指挥刚由贵州招抚出来的黔军两个团，负责进攻凤山。当时廖磊对我口头交代，并没有开会研究如何进攻，黔军号称两个团，总共不过千多人，已在凤山候命。团长一名岑国斌，一个姓吴（已忘其名），他们请廖磊收编时，系一个叫做阮参谋长的奔走联系的，廖磊原拟先调该部到百色整编后再出发，但该军狡诈异常，受编不受调，他们谓初来投效广西，没有什么"功劳进献"，现在凤山地方不靖，请先在凤山待立了"一点功"，然后开来百色，听候整编。廖磊听信其言，就令他们在凤山候命。闻该匪系王海平那里来的，王是贵州盘江八属一个大恶霸，大土匪头子，他家住贞丰县板陈，与广西毗连，在盘江八属、红河边界，专门包庇护送烟土，坐地分肥。王海平一方面招收各方面无业游民、散兵游勇，独霸一方。一方面与官府互通声气，作为他的帮凶。我过去与王认识，这次听闻该军系自王那里来，故内心没有什么顾虑，加上自己是百色地区的人，凤山地方情形比较熟悉，我会说土话，遇事不难解决。因此，廖磊命我率该黔军参

---

[*] 作者当时系广西百色区民团指挥官。

加"围剿"时,我觉得自己虽然亲自带的兵力单薄,但得指挥黔军两个团亦可以壮大自己的声势,也就乐于指挥"围剿"了。

廖磊将主力放在东兰方面,大军都向东兰方面进发,以第四军第三十四团沈久成,第三十六团阚维雍,两团由田阳出赐福到武篆集中,沈团驻泗孟,阚团驻东兰县城附近。廖磊亲率第六十一团罗活的部队杨一峰营和秦霖营。韦高振游击支队,由百色出发,往那银出盘阳;岑建英率特务连由百色出发,经凌云入凤山,军部指挥所设在武篆。

廖磊企图一举攻占下东兰、凤山苏区。但据我当时得的情报和据东兰来往客商口中得知,苏维埃政权早已有了充分准备,他们一面组织发动群众积极抢收农作物,把粮食送到山林和岩洞埋藏起来,一面整顿各级组织,成立县、区常备队,并进行军事训练工作。县委提出"保卫苏维埃、巩固苏维埃"口号,并主动放弃县城,到农村去建立革命根据地,坚持展开对敌斗争,韦拔群还将刚成立的红军第二十一师分驻在七里、天峨、东兰、凤山、百色附近各地,防守苏区边境,苏区在政治、军事和经济方面都作了充分的准备。

廖磊原来的图谋是要找寻苏区的主力部队"围剿"的。但是,红军实行游击战,避开我们主力,并实行坚壁清野。所以,我们自占武篆、东兰后,看不见革命部队的影子,没打过一次仗。后来廖磊又改行分区"搜剿"的战术。据我所知道的是,廖磊军自进入东兰后,人民群众走避一空。由于红军实行坚壁清野,新桂系军队给养极为困难,连蔬菜也没有。廖磊就利用本地的土豪劣绅、地土恶霸牙玉璠牙玉瑾两兄弟作为爪牙,一方面劝人民群众回家生产,一方面搜索情报,带领军队去搜索岩洞,拘捕群众,不知陷害了多少好人,尤其以牙玉璠为最凶。后来他因为在东兰残害人民有功,被委为广西绥靖公署上校参议。这次,廖磊到东兰"围剿"红军失败后,便四处张贴布告,悬赏东毫一万元缉捕韦拔群、东毫八千元缉捕陈洪涛。但是,廖磊这一招又一次落了空,当时韦拔群等领导红军在东兰、凤山方面坚持反"围剿"斗争,经常出没于各山岽之间打游击,廖磊对此莫可奈何,这是东兰方面的情形。

我于2月中旬,由凌云县属的逻楼乡入凤山,当我经过谋轩、平乐乡时,发现这里自从地主武装参加实行对革命武装"围剿"之后,老百姓都走避一空,我走过一个大村寨(村名已忘记),据说是一个苏维埃政权所在地,有百多间瓦屋,全村的人都走光了。当我在另一个寨宿营时,有一个土豪大队长（好像是姓杨或者是姓唐，已忘其名）送来酒肉并向我报告，他近来常与红军发生战斗，村上的粮食都搬出去了，他说这些革命武装真不得了，有犀利枪械，并联合人民群众一起来同我们作战，因此我们无法取胜。第三天，我进入凤山县城，看见当地人民群众人心浮动，收编过来的黔军强驻民房，闹得民怨沸腾，市面萧条，行人稀少，稍微有点钱，有面子的人，都逃到外地了。只是凤山情形与东兰稍有不同，东兰县城已成立苏维埃政权，凤山仍在国民党统治之下，县长仍是国民党政府委任。廖磊曾经告诉我，东兰是"围剿"的主要方面，因为韦拔群长期在那里搞革命；凤山也有一些搞革命的，但是次要的。那里的情况，你到那里后可知清楚。

当时，凤山县县长罗文鉴是本地人，他一到任就要了韦姓土官后裔一个16岁的女儿做小老婆。罗文鉴自从做县长后，残酷压迫剥削人民，人民不能安居，生活非常困难。我过去认识的本地一个朋友邓福（过去在凌云做裁缝师傅），当时来会见我，他说他想请我吃一餐饭，因为买不到菜，所以请不起，可见当时凤山的市面萧条景况。我问他，凤山现在是怎样情形？他说两边势力都是一样，一边是革命武装凭险抗战，坚决打倒贪官污吏、土豪劣绅，深得人民同情；一边是贪官、污吏、地主恶霸，恃势威胁欺压人民，人民群众多怀愤恨。我们做老百姓的都希望双方和解罢了。他又说本县搞革命武装共有几处，都是坚决反对当局的，打击地方上恶霸地主，尤以垣里屯最为激烈云云。我再问凤山的革命武装与东兰方面有没有联络，他说当然有联络，凤山方面的行动是秉承东兰的意志，听韦拔群的指挥。他还说了出现在凤山的革命武装首脑姓名及一些情况（首领的姓名已回忆不起）。此次奉命"围剿"，我原以为不难办，因我与当地姓韦姓罗的都有亲戚关系。韦姓是土官后裔，而且我过去当团长时也有凤山子弟跟过我，因此，我认为我可以利用自己的地方封建关系相互配合，逼迫红军投降。因此我首先找线索，企图通过找人去和红军取得联系来诱迫红军投降，放下武器，以达到"围剿"的目的，但是，我这计划还未开始，即由于黔军的哗变而落空了。

当时，凤山县长正在率民团围攻县属的垣里屯苏维埃，（距县城约三、四十华里）已20多天，我到凤山原拟先召集一次"围剿"会议，听取各方面报告和县长汇报，然后计划如何进行"围剿"，但找不到人来开会，县长亦不在县城，因此，这会开不起来。贵州收编过来的黔军，这时也参加进攻垣里屯的战斗，由于战斗很激烈，黔军伤亡不少，每天都有伤兵抬回来。我未曾去过前线，阮参谋长，罗县长等均在前方，黔军曾几次向我要求，发给饷项，补充子弹，并发给药品，治疗伤兵等等。当时军队建制不健全，缺乏卫生所，没有医疗人员，受伤的人，无药医治坐以待毙。我到凤山后，还没有与廖磊取得联络，不仅弹药医药问题无法解决，伙食供应也极缺乏，因而影响黔军的情绪。由于黔军伤兵一天一天地增加，而饷械弹药又无补充，终于激起黔军哗变。一个晚上，黔军在前方把罗县长和阮参谋长杀了，接着派兵于天未亮时，闯进我的指挥部，把我抓住了，我的卫兵，看见我已被捉，便不敢开火，惊慌中四散逃命了。于是，黔军挟着我由天峨转回贵州老巢。

但是黔军哗变时，内部出现分歧，一派主张挟我为匪，岑围斌曾叫我派人去凌云接我家眷过贵州；一派主张挟我勒索巨款，然后放走。这是次年我到小板陈时，王海平对我说的。黔军挟我走了两天两夜，到达天峨县属的一个土山上。时已深夜，人困马乏，就地在山上露营，我就在这个时候，趁天大黑，乘机逃脱。次早我行约七、八里路，就遇见杨一峰营部队。原来，黔军哗变和我被挟走不久，廖磊就知道了此事，故派杨营跟踪追击黔军。黔军知道后面有追兵，对我的脱逃，来不及严密搜索，就离开广西转回贵州去了。

由于黔军的哗变，凤山方面的"围剿"已告失败，我也被撤职，丢了乌纱帽，几乎丧命。这是我亲身经历情况，以后廖磊对凤山方面如何处理，我不就知道了。

1932年秋廖磊率部进犯东兰、凤山和韦拔群被害的经过

沈诒[*]

1932年秋，新桂系第七军军长廖磊第二次率部进犯东兰、凤山革命根据地和杀害韦拔群的经过情形，是我调到第七军军部当参谋跟随廖磊进犯到东兰时，从参谋处长邓殷藩、政训处长臧进巧交谈中听到的。记述如下：

东兰、凤山革命根据地是农民领袖韦拔群于大革命时期在党的领导下亲自创建的。尽管新桂系的头目多次派遣武装进行疯狂"围剿"，但革命的武装力量仍在当地蓬勃发展。新桂系的头目为了巩固其在广西的统治，始终认为这支革命力量是他们心腹之患，务必铲除。

1932年秋初，白崇禧在南宁召开军政会议，又一次策划进犯东兰凤山革命根据地。会议前，白先召第七军第十九师第五十五团营长陈树森（东兰人）到南宁询问东兰方面的情况。后会议决定仍由第七军军长廖磊任总指挥，由总部和省府选派一些人员随军出发，协助处理一切事务。会后，廖磊就率领省府顾问罗蔼如、总部参谋马镇东、政训处科长马炯、军法处长徐家豫、第七军参谋处长邓殷藩、政训处长臧进巧、副官罗敏第等，并带总部警卫团第二营第七连长韦作之的第七连作护卫，由崔赞光带一台无线电台，一同向东兰进发。同时，廖还带第二十师第六十一团团长罗活（廖的外甥）到东兰帮他策划"进剿"的部署。"进剿"的部队，计有第十九师秦霖的第五十六团、陈恩元的第五十七团、第二十一师的第六十一团杨一峰营等。这些武装开进东兰凤山苏区后，把红军根据地的西山纵横

---

[*] 作者当时系第七军军部少校参谋。

三、四百里的峒场重重包围，步步为营，逐村搜索，并勒令各峒场居民搬到指定地点集中起来，不准分散居住，各峒场房屋，全部焚毁。这时红军为避开我部主力，化整为零与我部周旋。廖磊部队包围搜索两个多月，一直找不着红军踪迹。廖磊坐在东兰一筹莫展。

是年冬初，白崇禧率领总参谋长叶琪，亲自出马，由百色到凤山、东兰各地视察，决定悬赏东毫一万元缉拿韦拔群、东毫八千元缉拿陈洪涛。

在这交通阻绝、粮食缺乏、四面被国民党军包围的艰苦岁月里，韦拔群始终未离开根据地，经常出入峒场，领导群众抗击廖磊的部队，廖磊"围剿"部队曾几次侦知他的行踪，派队搜索，均未查获。是年10月18日半夜，细雨蒙蒙，韦拔群个人到了中和乡附近山峒，侦查白军进攻情况。韦拔群到了韦昂住的尝茶峒时，韦昂即图谋杀害韦拔群假意殷勤，要韦拔群到山峒里面休息，自己在峒口放哨。据说他第十次进峒想谋害韦拔群时，韦拔群尚未睡熟，见韦昂进来，问他有什么事，韦昂支吾其辞，说是找东西，转身仍出峒。不久，韦拔群睡着了，韦昂再进山峒口，摸到韦拔群的驳壳手枪，这时韦拔群惊醒，厉声呵止。韦昂对着韦拔群连打三枪，韦拔群当即牺牲。第二天一早，韦昂就到驻中和乡的廖磊部队报告，廖磊部队就派人到山峒察看，并将韦拔群的尸体抬到中和，经坪上老百姓证实确是韦拔群后，才向廖磊报告，廖磊命令他们砍下韦拔群的头，先在中和、后拿到东兰县城"示众"。廖磊还将韦昂全家接到东兰县城，发给他几百块钱，叫他们缝新衣服。廖磊对韦昂说："你杀了韦拔群，他们（共产党）是不会放过你的，你不能在东兰住了，跟我到柳州去，一万块花红钱，到了柳州再发给你。"后来韦昂就跟廖磊到了柳州，但廖磊却把这一万块钱存入广西银行，只准韦取息，不准动本。后又在这笔钱内取出了一千多元，给韦昂在柳州培新路买了一座房子，房契由军部保管，只能按月收些租金，不准变卖，这座房屋出租和营业的事，由军部政治指导员黄汉钟专门负责代管（黄是东兰人，后调总部政训处任少校科员，解放前当天峨县长）。韦昂对这一万元的"花红"，就像水里的月亮可望而不可及。往后韦昂就住在柳州，靠这些银行利息和每月十多元的房租，维持全家过生活。

韦拔群被杀害后，廖磊就在东兰组织了"东兰、凤山善后委员会"，廖磊为主任委员，罗活为副主任委员，罗蔼如、徐家豫、臧进巧和东兰凤山两县长为委员。他们积极收缴红军武器，一面派兵搜山，一面出布告诱迫红军人员"自新"，听说搜山部队见人就抓就杀。到廖磊回柳州后，留驻东兰办理善后的杨一峰营，先后两次把搜山捕获的群众共二三十人解到柳州后，被廖磊枪杀了。

我到河池时，韦拔群的头已运到河池县城"示众"。到东兰后，"东凤善后委员会"已经成立，所有公牍都由臧进巧办理，军部则无事可做。适廖磊临离开东兰回柳时，见我带有照相机，就叫我到西山各峒场红军根据地拍照，并说军部准备出《七军"剿共"专刊》，拟将山峒形势拍照好后，在专刊上一并付印。我就率手枪队一班，到各峒场拍照，我们前后经过三十多个峒场，当时"进剿"的部队已撤出，所有峒场房屋全部烧光，断墙塌壁，瓦砾遍地，荒烟野蔓，荆棘纵横，不但杳无人烟，鸡犬无遗，间或见有一二个石臼和破烂的锅灶，厥状极惨。我把各峒场情况摄影后回到东兰，廖磊早已回柳州。

我到东兰不久，军部电报电调我为第五十六团中校团附，我就离开东兰到桂林上任。我所拍摄的各峒场照片，因途中连日遇雨，衣履尽湿，底片受潮走光，到柳州后冲洗，多已报废，少数虽能洗出，亦模糊不清，后第七军专刊未编出，我那些模糊的照片也没有用场。

【文史资料百部经典文库】

全国政协文史和学习委员会 编

WEIJIAO
BIANQUGEMINGGENJUDI
QINLIJI

"围剿"（下）

边区革命根据地亲历记

中国文史出版社

《百年中国记忆·文史资料百部经典文库》
编辑委员会

主　任　王太华

副主任　卞晋平　王国强　方　立　龙新民　刘德旺　孙庆聚
　　　　闵维方　陈光林　林淑仪　周国富　梁　华　谭锦球
　　　　翟卫华　陈惠丰　韦建桦　张研农　陈建功　南存辉

委　员　(按姓氏笔画排序)
　　　　万　捷　王文章　王兴东　王怀超　左东岭　龙新南
　　　　叶培建　冯佐库　吕章申　邬书林　刘　春　刘兆佳
　　　　李　捷　李东东　李忠杰　杨冬权　励小捷　余　辉
　　　　汪　晖　张　皎　张廷皓　张晓林　陈　力　林　野
　　　　单霁翔　赵　卫　赵长青　俞金尧　施荣怀　袁　靖
　　　　聂震宁　黄书元　黄若虹　黄嘉祥　崔永元　梁晓声
　　　　彭开宙　葛晓音　韩　康　廖　奔

主　编　陈惠丰

副主编　刘晓冰　沈晓昭　张燕妮　刘　剑　韩淑芳

编　辑　(按姓氏笔画排序)
　　　　卜伟欣　马合省　王文运　牛梦岳　卢祥秋　刘华夏
　　　　刘　夏　全秋生　孙　裕　李军政　李晓薇　张春霞
　　　　张蕊燕　金　硕　赵姣娇　胡福星　段　敏　高　贝
　　　　殷　旭　徐玉霞　梁玉梅　梁　洁　程　凤　詹红旗
　　　　窦忠如　蔡丹诺　蔡晓欧　薛媛媛　戴小璇

CONTENTS 目 录

目 录 CONTENTS

第十一章 "围剿"湘鄂川黔边区 革命根据地 117

附录

百年
中国记忆
BAINIAN
ZHONGGUO
JIYI

第十章 | "围剿"川陕边区革命根据地

文 史 资 料

"围剿"边区革命根据地(下)亲历记

WEIJIAOBIANQUGEMINGGENJUDIXIA QINLIJI

百部经典文库

综　述

　　1932年10月，鄂豫皖边区革命根据地的红四方面军，遭到豫鄂皖"剿总"司令部指挥的重兵第四次"围剿"后，其主力2万余人向西转移，翻秦岭、渡汉水，越过大巴山，进入贫瘠的陕南、川北地区。开辟了川陕边区革命根据地。根据地位于秦岭以南，嘉陵江以东的大巴山支脉地区。它的活动范围在川北计有：通江、南江、巴中、旺苍、万源、平昌、宣汉、绥定（今达县）、大竹、苍溪、阆中、仪陇、南部、蓬安、渠县、营山、开江、广元、昭化、剑阁；在川东有：城口、开县；在陕南有宁羌、西乡、镇巴。面积4.2万余平方公里。人口500万。

　　自1933年2月至1934年9月，两次遭到四川驻军所发动的对边区进行的"三路围攻"与"六路围攻"重大军事进攻。

　　1933年1月，驻防川北的第二十九军军长田颂尧被国民政府委以"川陕边区'剿共'督办"，即以所部38个团约3万余人的兵力，组成左翼、中央、右翼3个纵队，于2月中旬兵分三路向川陕根据地中心通江、南江、巴中进攻。红军在3月至4月内，放弃巴中、南江、通江三城，5月下旬集中兵力开始反攻，将田部左翼纵队围歼于通江以北柳林溪地区，迫其退至嘉陵江边广元、苍溪县境，红四方面军先收复南江、通江、巴中，再收复长池、木门、旺溪坝，进抵广元、苍溪、仪陇各县边境。至此，历时4个月的"三路围剿"宣告失败。

　　6月下旬，红四方面军对巴中西南发动进攻，占领仪陇、并向南部、苍溪、广元方向推进，牵制了驻营山、渠县的杨森部队。10月，红四方面军又与川东游击队王维舟部汇合，占领了宣汉、绥定。至此，川陕边区革命根据地进入鼎盛时期，红军由原来4个师发展到5个军，共8万人。

1933年7月，国民党政府任命四川军务善后督办、第二十一军军长刘湘为四川"剿总"总司令。10月，刘湘纠集四川各军，共约20万人，组成六路"剿共"军。第一路军总指挥为第二十八军军长邓锡侯；第二路军总指挥为第二十九军军长田颂尧；第三路军总指挥为四川边防军总司令李家钰；第四路军总指挥为第二十军军长杨森；第五路军总指挥为第二十一军第三师师长王陵基；第六路军总指挥为第二十三军军长刘存厚，进行历时10个月的"六路围攻"。

川军部署是：西线方面，第一路位于贵民关、平溪坝一线；第二路位于青峪口、新场坝一线；第三路位于涪阳坝至通江城北五坪寨一线；第四路和总预备队在通江至麻石场间。东线方面，第五路位于万源东南凤凰寨至白沙河、清花溪一线；第六路一部在万源青龙观地区，另一部在龙池山、石窝场、镇龙关至喜神滩一线。红四方面军部署是：集中主要兵力（25个团）于东线抗击刘湘、刘存厚部的进攻，以较少兵力（12个团）于西线，抵御邓锡侯、田颂尧、李家钰等部的进攻。另以两个团警戒陕南，防御胡宗南部与杨虎城部。

红军为缩短战线，集中兵力，主动放弃仪陇、巴中、南江、通江、绥定、宣汉等县城。7月，唐式遵以指向万源的战斗开始全线进攻，激战十余日，川军伤亡约万人，第二十一军元气大伤。8月，红军发起反攻，占领青龙观，歼灭第六路军一个旅，造成对川军分割包围态势。第五路军争相撤退，半年所占地区，一日丧失殆尽。后在宣汉、绥定地区凭险固守，与红军形成对峙。

8月下旬，红军主力西移，在通江城南上老官庙渡过通江河，对川军第三、第四两路军结合部得胜山附近冷水垭实行夜袭，攻占杨柏河、得胜山，首战告捷。9月8日，突破右垭口阵地，进逼营山、仪陇，11日收复巴中，在黄木垭全歼第二路军曾起戎、胡开莹两个旅，17日收复南江，又歼第一路军周世英、陈泽两个旅各一部，收复仪陇，22日收复阆中、苍溪。至此，北起广元南至阆中的嘉陵江东岸地区已全被红军占据。"剿总"第一、第二、第三路军退至嘉陵江以西，第四路军退守营山、渠县地区。四川"剿总"对红四方面军的"六路围剿"以失败告终。

第二十九军对川陕革命根据地的三路围攻

田颂尧　张熙民　田泽孚　卿　俊　胡临聪[*]

红四方面军自1932年12月翻越大巴山，进入四川境内，仅一个月时间，解放了通、南、巴，1933年2月建立了川陕省苏维埃政府。田颂尧自恃其第二十九军兵员械弹均比红军优越，想趁红军立足未稳之际，予以压迫，似不难将其一举赶出川境，使通江、南江、巴中重归第二十九军管辖。1933年1月27日，蒋介石任命田颂尧为"川陕边区'剿共'督办"，并拨发军费、弹药为田撑腰。田奉命后曾说："自己的官可谓高矣，应该乘时好好地干一下才对。"于是便决定以第二十九军主力，分兵三路，于1933年2月中旬开始发动了对川陕革命根据地的进攻。

（一）兵力部署

前敌总指挥、副军长孙震。

右翼纵队司令官、第三师师长罗迺琼。以第三师及第一路组成。

中央纵队司令官、第二师师长曾宪栋。以第二师及第一师和第三路组成。

左翼纵队司令官、第四师师长王铭章。以第四师、第五师、独立师、独立旅等部的部分部队组成。

（二）各纵队作战行动

1. 右翼纵队先由南部、仪陇地区开进，肃清巴河沿岸，联系中央纵队，以收复巴中县城为目的。

2. 中央纵队由阆中、苍溪地区向巴中前进，第一步先行扫清巴河沿

---

* 田颂尧当时系第二十九军军长。张熙民当时系第二十九军第四师独立旅旅长。田泽孚当时系第二十九军第九旅旅长。卿俊当时系第二十九军师参谋长。胡临聪当时系第二十九军第二师独立团团长。

岸，然后以一部威胁红军侧翼，协助左翼纵队收复南江。

3. 左翼纵队由广元、旺苍开进，第一步以收复南江县城为目的。

4. 以巴中、南江县城全部收复，为作战第一阶段；经过略事休息整补，再将前线兵力分路并进，以收复通江县城，压迫红军撤离川境，将防区全部恢复，作为战役最后结束。

1933年2月上旬，第二十九军各纵队30多个团近6万人的兵力，即向指定地区分别集结完毕。田颂尧、孙震于12日亲赴阆中视察，孙震并将其前敌总指挥部设置于阆中；军指挥所决定先在南部，俟战况进展，再推进至阆中。

2月中旬，各纵队按上述计划开始行动。先头分别由仪陇、恩阳河、阆中、苍溪龙山、南江木门各地分路前进。

右翼纵队罗迺琼师之薛廉身、朱麟两团及田泽孚旅之宋培根团于望王山、枣林一带推进，先后进至梁家河、三江口之线，李炜如路由巴中所属之万安乡推进，从曾口渡河，进迫龙成寨，与扼守该寨之红军激战。红军自行撤退后，田军继续前进，沿途不断与阻击之红军发生战斗。

中央纵队沿阆（中）、巴（中）大道向巴中前进，曾师、廖旅进至恩阳河对岸之杏儿垭，因被红军阻击，当即联系右纵队罗师之一个团，合力向红军猛攻，但被红军反击退下。第二天，红军主动放弃巴中城，退守清江渡。田军3月8日进占巴中，并继续向清江渡前进，遂在该地左侧与红军相持了一段时间。继后，田军行至龙成寨时，因该寨有红军扼守，曾师之马团与右纵队李炜如路的部队联合向龙成寨攻击，经过一天的激战，因未奏效，仍退守原阵地。第二天红军自动撤离，中央纵队联系右纵队的部队继续冒进。当到达沙牛坪时，遇到红军的有力阻击，于是曾师廖旅与右纵队罗师、李路合力向红军攻击，自上午9时开始激战至夜，廖旅官兵伤亡在300人左右，武器亦有损失。继因红军主动后撤，田军得以进到巴（中）、通（江）边境。

左翼纵队，大部由成都，一部由绵阳继续出发，2月中旬于广元、元坝、旺苍等地集结完毕后，即以刘汉雄路的王耀祖、杨选福两旅沿普子岭、三江坝、孙家垭、癞巴石向罗家坝、侯家梁等地进攻；第五师之覃世科旅则由木门向周家坝进攻，企图逐步前进，达到收复南江之目的。

在左翼纵队各部向前推进时，沿途均被红军阻击，曾发生大小不同规模的战斗，因而进展较为迟缓。红军每于达到迟滞敌军前进的目的之后即主动撤退。当该纵队进至木门之马桑寨时，遂遇到红军的有力抗击。初由覃世科旅及第十五旅之谢安华团、叶济时旅之袁国驯团担任主攻马桑寨，在谢团行将攻到山顶时，红军突以8杆红旗形成纵队出击，立将进攻部队击溃，伤亡官兵200余名，于是田部被迫退守木门待援。是晚，李鉴陶旅开抵木门。第三天，李、覃两旅及叶旅袁团又再度向马桑寨红军攻击，从午后至入暮，反复进退数次，形成拉锯，战况颇为激烈。最后虽将马桑寨占领，但伤亡甚众。

与此同时，红军政治部主任陈昌浩命广元桃园地区游击队长侯某派人持函到广元同王铭章接洽。来信的大意说："我们不愿同你们作战，希望同你们签订一个关于双方互不侵犯的协定。王铭章接信后，当即召集随军幕僚商讨应付办法，最后他认为：一、听说张国焘杀人厉害，签订协定后，难免不遭受他的突然袭击，那不仅部队要受损失，而且个人也有生命危险；二、既要收复通（江）、南（江）、巴（中），军长决不容许签订协定。因此对这封信既不答复，也不转送军部。作战行动仍继续进行。田军将木门、马桑寨占领后，复前进至牌坊垭之线与红军作战，王师余大经团集中迫击炮向中奎寨轰击，据守该地的红军即行撤离（此次红军系白天撤离，为从前所没有的）。左纵队其余各部遂将牌坊垭一带据点完全占领，并乘势向长池前进。

长池是到南江必经之地，是一个军事上必争据点，红四方面军于此凭险固守。田军左翼纵队至此，即以覃旅担任攻击，伤亡甚大。曾起戎旅赶来增援，又经半日战斗，仍未奏效；再以吕康旅从右侧向红军进行袭击，激战一日，红军始向南江方向及八庙垭转移。3月25日田军将长池占领。

在长池占领之后，田颂尧命令右、中两纵队迅向巴河左岸地区全面展开攻势，以期有利于左翼纵队收复南江县城，并命令左翼纵队立向南江前进。

左翼纵队在其向南江的前进路上，首先必须通过与长池隔河对峙的八庙垭。八庙垭山高路险，绝壁临河，俯视长池，不能作正面进攻，在其山麓有大小两条道路，可盘旋而上。由侦察得知：红军并未在道路上设工事。于是决定第一师吕旅利用黑夜渡河，攀藤附葛进至山腹。到拂晓时，向扼守小道的红军猛扑，将工事突破，直趋八庙垭。红军当即放弃八庙垭向后转移约10华里。吕旅在占据八庙垭后，立即布置防守，以待纵队后续部队的到来。吕旅当时所选择的第一线阵地，虽低于红军所占的对面山头，但正面狭小；并在第一线阵地后方约50公尺的高地，布置了第二线阵地。第一师之曾起戎旅渡河后即进至八庙垭之右约10华里处。第三路之叶济时旅则于渡河后进至八庙垭之左约10华里处。各部队即准备向当面红军作有力的攻击。

到第三日拂晓时，吕旅（当时有17个连的人）突然受到红军约3团兵力的攻击，第一线阵地立被突破，经吕旅反扑，又将阵地恢复。两军由晨至午，3次肉搏，战斗甚为激烈，双方伤亡均大，吕旅的独立团团长何济民被击毙，由其团副何靖澜代理团长，又被击毙。田军当此危急关头，旅长吕康亲到第一线督战，始将八庙垭攻占。红军则转移到大明垭持续阻击田军第一师。

田军第一师部队进占八庙垭后，继续向南江前进，当进至沙河子（八庙垭前方约30华里）时，得知南江县城已为该纵队的另部占领。而田军第一师仍被红军沿途阻击，经过逐次战斗，始逐段向大明垭前进。到大明垭时，首由曾旅正面仰攻据守该地的红军，伤亡甚众，屡攻不下。团长邱芳如负伤，所属连队在一日之间伤亡达17人之多。最后电吕旅从曾旅左侧，利用地形隐蔽向红军侧背攻击，虽仍仰攻，但因绕至红军右后，遂迫使红军稍事后移；唯大明垭的红军仍坚守如故，遂形成胶着状态。在第二天红军大举反攻，经过一天的激战，双方伤亡甚众，红军始将大明垭放弃，同时放弃了大明垭后5华里的乌龙垭。

田军左纵队其他部队从长池出发后，即向两河口、观光山之线挺进。在观光山受到红军的有力阻击，争夺十分激烈，后红军向柳林溪方面撤退，并于4月上旬将南江县城放弃。

田军右翼纵队各部，原在驷马乡方面与得胜山之红军相对峙，接到向通江攻击前进的命令后，即以李炜如路的汪、黄两团为第一线，以刘鼎基旅为第二线，向得胜山展开攻势，受到了红军有力反击，第一线的两团部队遂被击溃。汪团之程绍颐营长负伤，全部仍退回驷马乡整顿。罗师之谢庶常旅则攻至八家坪。

田军中央纵队在接到进攻通江的电令后，即经鹦哥咀向通江前进，以协助右翼纵队攻取通江。

田军左翼纵队之第一师经乌龙垭向通江城北之涪阳坝、新场方面推进，以期切断通江后路，俾有利右、中两纵队进攻通江县城。曾起戎旅经乌龙垭（柳林溪以西）向通江城北约70华里的新场推进；吕旅则经乌龙垭从曾旅之右向通江城西北方面前进。其时，田军判断红军可能在左右受到威胁时，会将通江、巴中之间的部队向后转移，并将通江县城放弃。吕旅在渡过通江河进至距通江城北约40华里的涪阳坝，即向后山红军猛攻，占领了该地。据知此地距红四方面军政治部仅约20华里。他们以为再事推进，红军便非撤离川境不可。

田军左翼纵队其余部队于4月中旬自南江及其附近地区出发，向通江方面推进，沿途未遭到红军之有力抵抗，竟得深入通江境内。4月下旬，王铭章师各部分头进攻白院寺、程家坝，5月初将各该地占领。

原来因进攻得胜山红军而受挫退回驷马乡整顿的右翼纵队李炜如路，见中、左两纵队进展迅速，再由驷马乡向得胜山、杨家店、大下山等处进攻。其黄团利用夜袭，占了毡帽山、双凤场。

得胜山为通江右翼门户，素称天险，而双凤场又为得胜山门户，虽有红军扼守，但当4月下旬田军部队进迫各该地时，并未受到有力抵抗。据探报，红军所留置之少数兵力亦逐渐撤退，李炜如为贪首先占领通江县城之功，乃令汪、刘两团沿得胜山山脉急进，当行抵猫儿寨（距通江县城约5里，直下是笔架山，可以俯瞰通江城）前方时，突然发现少数红军警戒，乃不敢大胆前进，遂于猫儿寨附近布置警戒以观动静。当晚，发现红军有灯火自鹦哥咀方面向通江移动，该路前线指挥官断定系红军主动撤离，李炜如即令刘鼎基旅长转令汪团以小心谨慎的态度向通江县城摸索前进。5月1日，以一个连在通江县城附近侦察，确知县城内已完全无红军，始于5月2日进入了通江县城。

至此，第二十九军攻取通、南、巴之目的已达到，但他们却企图乘势将红军完全逼离川境。

当红军撤离通江县城以后，第二十九军前线指挥人员一时不知红军主力究竟转向何处，继而逐渐侦知红军系向毛浴镇、苦草坝、平溪坝方向退走。

田军右翼纵队及中央纵队于占领通江后，逐步向苦草坝地区搜索前进，沿途均无红军踪迹，直到川陕交界的巴山山脉始发现右方某山寨有少数红军出没，于是该两纵队的前进部队即沿着山脉布置警戒，停滞不前，一直到5月中旬。

田军第三路何德隅部的叶（济时）、杨（特生）两旅于5月中旬已进占三骡山；第五师之谢安华等两个团已进占贯口山；第四师之李鋆陶旅及第二路之杨选福旅已将大口子占领，并进到五台山。纵队司令部已进驻陈家坝。此时准备将左翼纵队的攻击目标指向于柳林溪、梓潼庙两地。

在上述情况下，当时第二十九军各部的前线指挥官，都错误地认为红军不堪重兵压迫，撤离川境已属必然之势，因而对红军可能采取的其他措施则毫无准备，满以为不待旬日之间，即可"奏凯还师"。此种骄矜之气，尤以左翼纵队为甚。

田军左翼纵队在进至前述之线后，即由第二路司令刘汉雄指挥李鋆陶、杨选福、杨特生、覃世科诸旅及余大经团等约9个团以上的兵力，沿滴水岩、猫儿山、椿树坪等地，以追击的态势前进。部队在前进途中曾拾得文件箱十个，内有拟向汉中撤退的计划略图一份，关于路线里程及各地有无工作人员与各地区可能征得粮秣多少，记载颇为详尽，并有攻略汉中的作战指示。此时该纵队各部指挥官咸认红军确已无力再战，齐向柳林溪挺进，沿途仅有小接触，并有红军战士在第一线喊话说："老乡们！我们不同你们打仗了，我们要到汉中去了，以后在陕西再会。"左纵队司令王铭章此时曾召集各部队高级指挥人员商讨进攻计划，一致认为占领柳林溪不过指顾间事，应即电催右、中两纵队迅速前进，乘势横扫苦草坝，早竟全功，借以显示左纵队的战斗力。可是当时，右、中两纵队因连日阴雨山洪爆发，无法前进。

田军左纵队各部队指挥人员，虽对红军主力真正所在及真正意图未能弄清，但贪功心切，骄躁万分，单独向柳林溪冒进；当进至柳林溪、小骡马山、大骡马山之线，才发现红军的有力部队在此布防。根据前线指挥的错误判断，认为这是红军从各方面集中兵力因撤退不及而在此布防的，它只不过是掩护其主力撤退的后卫阵地，如经有力部队加以压迫，不难一举将红军迫离川境。于是，刘汉雄即令杨选福、杨特生两旅攻击大骡马山；李鋆陶旅攻击小骡马山及柳林溪以威胁红军侧背；覃世科旅则在古楼子为二线部队；余大经团则位于高集子为总预备队；决定于5月20日全线同时进攻。当刘汉雄路进攻大骡马山，李鋆陶旅尚徘徊未前之际，红军即以主力部队先行击退刘汉雄部，再将兵力转用于小骡马山方面。李旅在刘师攻势顿挫以后，乃仰攻小骡马山，此时红军已集结优势兵力从小骡马山居高临下，一举出击。正值李旅被击无法立足之际，红军的另一部兵力又由柳林溪左右之空山坝、余家湾等地绕出李旅侧背，抄至其后方约20里之水磨场，将后方交通线完全切断，并分兵抄袭第二线部队及余大经团。于是前后部队纷纷溃乱，人自逃生，委弃军械、辎重甚多。刘汉雄路受左翼李旅崩溃影响亦分道突围，在退却路上互相践踏，溃不成军，第四师团附曾慎修被踩死。加上当时大雨倾盆，山洪暴涨，交通更为之阻塞。李鋆陶当时曾悬赏5000元,令所部占领高集子做收容阵地,但官兵已不听命,只顾夺路奔逃。余大经团在突围时,整团被红军包围缴械,余本人仅以身免。刘、李各部退至官路口收容残部不过1000余人,所有武器、辎重及全部9个团兵力,损失殆尽。叶济时旅退至观光山附近赵光岭时亦受到红军袭击。当时纵队司令王铭章严饬各部队固守观光山之线以挽颓势。唯因官兵皆无斗志,各部队指挥人员认为勉力再战,必将全军覆没,于是决定全线取道元潭、阴灵山向广元退却,途经麻石寨时又遭红军截击,并被跟踪追至木门附近,左纵队的残兵败将不得不做垂死挣扎,始免于被全歼。此后陆续退到广元,扼守嘉陵江之线。

其时,前进到涪阳关、新场附近之田军左纵队第一师部队,当得知纵队主力在柳林溪被包围聚歼的败耗,立即回经乌龙垭,向苍溪退却,沿途均被红军追击,由吕旅殿后逐次抵抗,节节后退。该师到苍溪后,随被调回中坝休整。

原来停滞于苦草坝地区的中、右两纵队,在知道左翼纵队在柳林溪惨败的消息后,遂立向巴河右岸逃走,退至巴中附近。

在柳林溪一役中,第二十九军损失了约13个团的兵力,官兵意志消沉,逃亡甚众,高级头目也完全丧失作战信心,一蹶不振。

红军于5月26日收复南江,5月29日收复通江,6月5日收复巴中。历时4个多月的三路围攻,即以田军的溃败告终。

田颂尧部对川陕边区红四方面军
三路围攻的失败

徐伯威[*]

1933年1月,蒋介石任命四川军阀田颂尧为"川陕边区'剿共'督办",饬其率所属第二十九军"剿灭"已入川创建川陕革命根据地的红四方面军。当时,我是田部的校级军官,仅就自己亲历和所知,追忆该部进攻红军及其失败的经过。

一、田颂尧部的防区、编制和人事概况

田颂尧,四川省简阳县人,早年在保定陆军军官学校毕业。20年代即被北洋军阀委任为"川西北屯殖军总司令",成为拥兵割据的地方军阀。1927年春,他投北伐战争之机易帜,获任国民革命军第二十九军军长时,已盘踞川西北10余年。所部防区共辖28个县。其中直接管辖的有成都、中江、三台、射洪、监亭、蓬溪、西充、南部、阆中、苍溪、仪陇、巴中、通江、南江等14个县和南充县的一部份。另有绵阳、安县、绵竹、德阳、梓潼、罗江、什邡、昭化、广元、剑阁、江油、彰明、平武、北川等14个县,则归属他的副军长孙震(号德操,亦保定陆军军官学校毕业)分辖控制。该军所有官吏的委派,财税的收入,田与孙各行其是,但在军事行动上,仍合作统率。

---

[*] 作者当时系第二十九军独立师政训处处长。

30年代初，第二十九军的编制极为庞大杂乱。单是军部一级机构就有3个，分别设在潼川（今三台）、留守成都以及靠近前线防区的阆中或盐亭、南部称为行营。并各配有中将参谋长蒋特生、袁昌骏、汤万宇、马瑶生4人，下设有参谋、副官、秘书、交通、宣传、军需、军法、军械、军医等9大处和"国民党特别党部"、"报社"、"宪兵队"、"川陕边区'剿赤'青年团"、"川西北'清共'委员会"等等名目繁多的机构，配有少将和校、尉级的处长、科长、副官、队长、处员、科员、干事等近千人，臃肿不堪，官佐成群，人浮于事，开支浩大。

当时，该军共有部队6个师和师级的5个路司令，下辖21个旅；另有两个军部直属旅级"警卫司令"和"特务司令"。全军兵力共有56个团，计4万多人枪。绝大多数是每团3个营，每营三个连的三三制编制，只有极少数营是4个连。总共约有520个连队；每连约计有人枪90左右。武器装备则极其陈旧落后，大多是川造步枪，半数以上连队只有一二挺轻机枪，没有重机枪，迫击炮更少得可怜。

二、田颂尧就任"川陕边区'剿共'督办"

1932年冬，田颂尧的第二十九军正同刘文辉的第二十四军在成都混战而吃了败仗，忽然风传红军到了陕南。田对亲信人员说，红军中的邝继勋（原曾在川军中任职）有信来，要求借路经过其"防区"。同时又据报，说通江、南江、巴中一带，已经发现有红军化装成磨刀匠的侦探。紧接着通江、南江相继为红军占领的告急文电到了。田颂尧和他的成都军部感到形势紧张。因为这时红四方面军已占领他控制的地盘，被打击受损失的也是他的嫡系第三师师长罗廼琼，距离副军长孙震所辖地盘和部队还比较远。于是，田急忙委升其第二路司令刘汉雄为独立师师长，令他星夜率部出兵堵截红军。

1933年1月27日，田颂尧兴高彩烈地在成都宣布就职"川陕边区'剿共'督办"，并立即向蒋介石电保孙震为"川陕边区'剿共'总指挥"，积极准备投入"进剿"红军的战斗。

田颂尧随即任命高冠吾为"督办公署"的中将总参议，实际上担任参谋长。高是江苏崇明人，曾任北洋政府的徐州镇守使，与田在保定军官学校同学。高受任后便同田一道由成都经三台去阆中，组织部署对红四方面军的"三路围攻"（这次围攻失败后，高即辞职回江苏，以后曾充任日伪政权的"江苏省主席"）。

"督办公署"各处人员，都由田颂尧从三台、成都两处军部调用。其中，参谋处少将处长，后来升为军参谋长的罗鹍，号天鹄，成都人，也是田在保定军校的同学。自从开始阻抗红四方面军直到田被打垮下台的整个时期，都是为田制定军事计划的主持人。

田颂尧的"督办公署"和孙震的"总指挥部"都设在阆中。这时，蒋介石曾先后派遣"复兴社"骨干分子叶维（号介人，康泽"别动队"的参谋长）和国民政府军事委员会总参谋部中将高级参谋殷祖绳（号仲堪，也与田是保定军校同学）前来同田联系，传达蒋对阻抗红军的机密指示。想借防堵红军为由，要田同陕甘边区的胡宗南切取联系，协同合作，让胡部的丁德隆、王耀武两旅，进驻接壤陕南的川北平武、广元之线。从而插一支蒋的中央嫡系精锐部队入川，便于将来牵制刘湘控制四川。殊不知田颂尧唯恐"中央军"的渗入而失掉自己地盘，尤因平武、广元一带，乃是孙震的"防区"，田不便自作主张。孙震也不会同意让出地盘。于是，田只派出一名临时从上尉连长提升为上校参谋的黄埔生罗纲秋前往甘肃，同胡宗南部进行一般性联络，没有表示欢迎入川。因此，胡的第一师独立旅王耀武部，只进驻川甘交界的碧口，未能到平武。约过两年，红军向广元方向扩展后，丁德隆旅虽得以进驻广元，但遭到红军的打击后，又复离去。

三、田颂尧组织三路围攻红军的进展和溃败

1933年2月，田颂尧和孙震把所属部队编组成左、中、右3个纵队，向占领通（江）、南（江）、巴（中）的红四方面军进行三路围攻。其编制是：

1. 左翼纵队，由第四师、第五师、独立师和独立旅等部组成，由第四师师长王铭章任指挥，约有兵力17个团；

2. 右翼纵队，由第三师和第一路组成，由第三师师长罗洒琼任指挥，约有兵力10个团；

3. 中央纵队，由第一师、第二师和第三路组成，由第二师师长曾宪栋

任指挥,约有兵力11个团。

田、孙共计出动这38个团约有三万人枪的部队,占第二十九军全军兵力的三分之二。超过红四方面军初入川兵力的两倍以上,企图把红军消灭或赶走,以确保和恢复他们所割据的地盘,并可讨好蒋介石。

这3个纵队组成后,以左翼纵队为主力,担任主攻,另两个纵队为助攻,于1933年2月18日,一齐向巴河左岸的红军全线发起总攻。

当时,红四方面军入川只有一两个月,兵力较少,根据地也小。于是他们根据川陕边区山高路险,易守难攻的特点,采取"以守为攻,逐步消耗田军有生力量"的战略,收紧阵地,诱敌深入,集中力量打破田军三路围攻的内线作战。这样,田军3个纵队,在红军利用有利地形的层层阻击下,付出了很大代价,才取得很小很慢的进展。两军在长池、木门、八庙垭、大明垭……等地,都曾进行过激烈的战斗。结果,奉命攻取八庙垭的田军第三路司令何德隅部的一个团,被红军全部歼灭,团长何济民和副团长何靖澜均被红军先后击毙;其余各部在红军阻击下损失亦极为惨重。3月8日,田部才在红军主动撤退后收复巴中,4月上旬,收复南江。经过大约1个月的休整之后,又一齐向通江猛攻,在受到红军重大打击挫伤之后,始于5月2日收复通江。

1933年1月至5月,田颂尧显得踌躇满志,趾高气扬。他一再向蒋介石电报告捷,得到蒋一再回电嘉奖,尤其是电报收复占领通江时,蒋回电称赞他"迭克名城",并要他把所谓"在'剿共'军事上取得节节胜利的战略战术",总结上报,交流经验。

同时,田颂尧又借"急需'剿共'军费"为名,在其"防区"各县,除原来征收的田赋和各项苛捐杂税之外,又加派一种"剿赤军费"。规定在每月摊派的军费之外,再加收一倍之数。于是当地人民群起反对,组成"川西北各县民众请愿团",一再要求减免而毫无结果。罗江人民愤而集众入城,捣毁该县征收局,包围县政府。其他各县也纷纷发生民众抗缴税捐的事件。因此,田部防区内出现了一系列骚乱。

田颂尧、孙震等起初还认为红军是不容易对付的,便做了比较审慎的作战计划与众多的兵力部署,谨慎地向前推进,尽管付出了很高代价,总算取得了一些战果。但正由于如此,他们狂妄地认为:"红军跑到四川,是经不起正规川军打的"。田、孙等人错误估量敌我双方有生力量的对比。

当时,田部曾有将领和军官怀疑:"红军只退不进,可能是诱敌深入之计，应该提防，不能轻进"；蒋介石派来的人，也曾提醒田，要注意张辉缵在江西的经验教训。田颂尧这才有点心虚，在攻占通江县城之后，就打电报给刘湘，要求借一架飞机到前线侦查敌情。大约在1933年的5月中旬，刘湘乃派其第二十一军航空司令高在田，驾一架小飞机飞到阆中。田即派少将参谋处长罗鹃，乘机往通江县属的平溪坝、鹰龙山一带，对红军退据的一小块地区进行实地侦察，判断红军究竟还有好多兵力。罗鹃的身体很差，坐在那种小型飞机上，只能昏头转向地用望远镜观察一遍，根本无法对证所带去的只有十万分之一的军用地图。他返回来报告说，只发现在险隘地方有小部红军活动，没有看见大部队。

于是，被所谓"节节胜利"冲昏了头脑的田颂尧、孙震，便错误地认为红四方面军并没有多大力量，才"节节败退"的，目前既是缩聚在一小块地方，正是围而歼之的好时机。我当时在阆中田颂尧的"督办公署"任宣传之职，就曾亲自听见总指挥孙震对来到阆中访问的文学家李劼人说："徐向前的队伍是一支流寇，已经是强弩之末"。

约在1933年5月下旬，田、孙便下达一道集中兵力，围歼通江北面地区红军的命令。但是，战事并不顺利，所有前线部队，都被红军阻止在鹰龙山一线，无法前进。此时，忽然得知红军在川东北万源、绥定（今达县）方向，沉重地打击了另一支川军刘存厚的部队，已经占领绥定和宣汉县城。田颂尧大吃一惊，立即通令前线各部严密注意红军动态，谨防反攻。但田等认为红军主力可能在万源、绥定地区继续与刘存厚部队作战，完成战役之后，还需要休整转移，计算总得要有十来天时间，才能转到通江北面地区。殊不知红军仅在两三天之内，便向田军开始了大反攻。田军前线各部，立即被打得落花流水地崩溃下来。

我当时正在编写田部的《协力日刊》，这是"川陕边区'剿共'督办公署"临时在阆中办的石印刊物，每天要由"督署"的参谋处、宣传处、电务处以及田颂尧的办公室和其他有关方面，送来有关战报和文件作为报导的资料。忽然从5月下旬起，各处室都没有可刊载的东西送来，因而停办。同时，看见参谋处、电务处和田办的人员都很紧张忙碌，我马上意识到这是前方打了败仗，收到的都是告急文电，没有可用作宣传的战报。从"督署"总参议高冠吾等人口中，陆续得知一些本军败退崩溃的消息。

当时，第二十九军不仅前线崩溃，连布置在较后地区的少数预备队，也被红军打垮。田颂尧、孙震的"督办公署"和"总指挥部"驻地阆中以及南部、盐亭和三台一带也一片空虚，根本没有堪作总预备队的兵力，使田、孙二人感到十分惊慌。兼之他们弄不清红四方面军的真实情况、实有兵力和最终目的？使他们更加着急，手足无措。田的第三师师长罗廼琼在阆中一带已盘踞了一二十年之久，他同其兄长罗度能对人民进行敲诈剥削，积累了万贯家财，除一部分早已弄回原籍彭县而外，另有一部分尚在阆中。这时他感到红军要来了，急忙丢下所率领的部队，跑回阆中同其兄一起带着警卫人员，紧急搬运所聚敛的财物，日夜不停地在城外的嘉陵江上反复渡来渡去，致使奉田颂尧、孙震之命正在指挥架设浮桥的执法大队长马骥张无法完成任务，双方竟打起仗来，直到孙震亲赴现场制止才告平息。

这次，红四方面军的反攻，使第二十九军所有前线各部都受到沉重打击，以刘汉雄的独立师损失尤为惨重，下属旅长杨选福负伤，团长张克纯阵亡。在崩溃中，还发生了一件可笑的事，就是从通江、南江败退下来的前线各部，撤到南江河边两河口时，正遇连日大雨，河水暴涨，无法渡河，以致阻塞在该处的左翼纵队之两个师部、五个旅部和十多个团的官兵，都想抢先渡河逃跑。纵队指挥、第四师师长王铭章不得不当场召集所有团长以上军官开会商讨，可是大家仍要争着先跑而不愿当后卫，闹得不可开交，致使王指挥官竟给部属们下跪求情，仍没有得到解决，还是各部自行乱跑了事。

第二十九军的崩溃，不仅再度失掉了通（江）、南（江）、巴（中）等地区，而且仪陇、苍溪、广元等县也处于红军兵临城下的危境。田颂尧、孙震等人逃回三台，前线各部在红四方面军停止追击之后，才慢慢地站住脚跟，收容整顿。在投入战斗的三十多个团中，已没有一个是稍微完整的团了，也没有一个是完整的连了。官兵伤亡和枪械损失大约达三分之一。至此，田颂尧、孙震部对红四方面军的三路围攻，历时四月而以失败告终。

四川"剿总"第一路军在"六路围攻"中的经过

黄　隐　杨晒轩　林翼如　周朗清　奉伯常[*]

一、第一路军邓锡侯部受命时的情况

1933年秋，四川军阀刘湘和刘文辉混战后，刘文辉兵败被迫退入西康，形成刘湘独霸四川的局面。第二十九军田颂尧部对川陕革命根据地的三路围攻被击溃，红军重新占领了通江、南江、巴中各县，迅速向西南方向发展，进入到嘉陵江左岸。蒋介石深恐红军占领全川，一面调亲信部队中央嫡系第一师胡宗南部进驻川、陕、甘边境防止红军北上，并相机插足四川；一面委派刘湘为"四川'剿共'军总司令"，统一指挥川军各部再次"进攻"川陕革命根据地。刘湘在成都召开"剿共"军事会议后，于1933年10月4日通电就职。随即发表邓锡侯、田颂尧、李家钰、杨森、王陵基、刘存厚等为四川"剿共"第一、第二、第三、第四、第五、第六路总指挥，在"剿总"统一指挥下，规定了各路军进攻路线和补给办法。除第五路军的补给由"剿总"直接办理外，其余各路军则就原有防区自筹粮饷，自办后勤，"剿总"只负责"进剿"部队临时费用和弹药补充；另由"剿总"分拨少数机、炮部队（每路拨路易式轻机枪和八二五迫击炮一至二连）受各路指挥。限期开赴嘉陵江沿线攻击准备位置，听候"剿总"命令

---

[*] 黄隐当时系第二十八军第二师师长。杨晒轩当时系第二十八军第一师第一旅旅长。林翼如当时系第二十八军第三师第六旅旅长。周朗清当时系第二十八军团长。奉伯常当时系第二十八军副团长。

同时向指定目标进攻。

当时川中各军阀，既不满意刘湘独霸四川，扼制了自己的发展，并怕刘湘利用"剿共"整编自己的部队，因而存在有很大的矛盾，但是他们深怕红军占领全川，危及各系的生存和财产，其利益又是一致的，所以对停止混战，共同"剿共"，则又有其共同的要求。如当时邓锡侯虽不同意刘湘决定分兵六路，不满意刘湘把他压下来同李家钰、王陵基各任一路指挥；可是他同刘湘反共是一致的。所以，邓在会议上表示"末将听命，愿效驱策"；但在会后，对他的参谋长朱瑛说，刘甫澄要把我压来同我的部属（指李家钰）和他的师长（指王陵基）看齐，我有啥说的，我看摆开六路做个挨打样子，中间还夹个神仙（指刘从云），打起来很难说了。邓的意思是想刘湘自将一路，他将一路，既免兵力分散，又可适合他的身份地位。各路总指挥先后就职后，一般有保存实力怕被打垮受裁编，不到危及生存关头不硬拼的打算。邓锡侯当然也是如此。以后在与红军作战全部过程中，无论是攻击、防御、追击、退却中，都直接间接地表现出来。

二、从广元、昭化向旺苍、南江、通江进攻经过情况

1. 第一路军的编成和部署

第二十八军军长邓锡侯兼任"剿共"第一路军总指挥后，为了保存实力，留有余地，即把第二十八军全部的41个团，分为前方"进剿"和后方"整训"两部。每次每师各出兵一部到前方作战，规定交换时间，以均劳逸，各旅也只以一部到前方，意在前方部队即使损失，后方还有部队，不至于要先裁编。同时抽调军部部分人员组成"第一路军总指挥部"，随邓进驻绵阳，指挥前方军事。第二十八军军部仍留驻成都，派第七师师长马毓智代行军长与刘湘周旋，筹备饷弹补给。派第一师师长陈鼎勋兼任第一路军前敌指挥，独立师师长陈离兼任副指挥，率第二师龚渭清旅（3团）、第一师杨晒轩旅（3团）、卢济清旅（2团）、独立师陶凯旅（2团）共4旅10

个步兵团，并指挥"剿总"拨来的路易式轻机枪一连（4排16挺）、八二五迫击炮二连（每连8门）为第一批"进剿"部队，前往广元、昭化接替第二十九军防务，就攻击准备位置。前敌指挥部初设剑阁，后移广元。派警卫司令谢无圻为兵站监，副司令刘耀奎为兵站副监，率所部4个团，直接受指挥部指挥，在绵阳、梓潼征调民夫、马匹，担任粮秣、弹药、军饷运输及维持北道后方广元至成都的交通。因川北情况日紧，"剿总"连电催促和成都地方士绅的责难，第一路军"进剿"部队于1933年10月下旬和11月上旬分别由川西崇庆、灌县、广汉、彭县、金堂等驻地出发，经绵阳、梓潼、剑阁，于11月中旬先后到达昭化、广元，随即接替第二十九军沿嘉陵江由昭化虎跳驿（俗称猫儿跳）和剑阁所属红岩子经广元至朝天驿的防务。陶凯旅担任虎跳驿、红岩子至昭化河防，右与第二路军联系；龚渭清旅担任昭化以左至广元，即原第二十九军黄正贵师河防；杨晒轩旅接替广元城郊原二十九军王志远旅防务；卢济清旅担任广元以左至朝天驿防务，左与陕西部队遥取联系。各旅接替防务后，一面加固防守工事，一面侦察当面红军，为进攻做好准备。

2. 第一阶段进攻旺苍、南江经过情况

进攻前"剿总"授予第一路军作战任务是由广元、昭化经长池、旺苍向南江、通江进攻。第一期收复南江；第二期协助友军会攻通江（包括作战地境线）。

1933年12月，"剿总"迭令第一路军协同各路军进攻，前敌指挥部即令各旅做好进攻准备，并令每团挑选富有作战经验的官兵和地方团丁组成一个武装侦察队（约一个连兵力），前进时在团之前头扫荡障碍，攻击时在之侧翼活动，掩护侧背安全。杨旅在广元还收集一些地痞流氓和地方团丁，组成便衣队，受旅部指挥，发给少数枪弹，以备在进攻时搜索敌情和做向导引路。各部准备完备后，于1934年元月上旬各就原防线分三路开始向指定目标进攻。规定右翼陶凯旅（2团）由当面红岩子渡江，第一次攻占保宁梁子、王家坝等地，右与第二路军遥取联系，左与龚旅联络。中路分两旅进攻，龚渭清旅（2团）由昭化当面渡江，第一次攻占童子观、梅水铺等地，右与陶旅、左与杨旅切取联系。杨晒轩旅（3团）附机、炮各一连，由广元通旺苍大道向东进攻，第一次攻占九花岩、大石板、元坝子等地，

右与龚旅、左与卢旅联络。左翼卢旅由朝天驿沿大巴山脚向东进攻,第一次占领凌溪寺之线,右与杨旅联络,左无友军应特别注意。令各旅留置强大预备队机动使用,抽出龚旅之杨宪芸团和"剿总"配属的迫击炮一连为总预备队,随前敌指挥部沿广、旺大道在杨旅后跟进。各旅齐头并进,大举进攻,当面红四方军王树声所部自动缩短战线向后引退。全线未发生激烈战斗,仅各团的侦察队与红军的掩护部队小有接触,全线伤亡不过三、四十人,即上报顺利完成第一次进攻任务。但各旅都是夸大敌情,谎报战果,捏造战斗如何激烈,已击溃当面红军,确实占领某要地,敌人伤亡若干人等等,以图邀功请奖。

第二次继续攻击前进。右翼陶旅由保宁梁子向东攻击,先头部队有小接触,红军即向木门方向引退,陶旅占领了大南山一线。指定中路龚渭清、杨晒轩两旅由现地向东进攻,在广旺大道之尖场子会师。龚旅由梅水铺向东进攻,在千担垭附近之马蹄寨和黎家垭与红军掩护部队战斗约10小时(官兵伤亡50余人),红军向后引退,龚旅随即前进到达尖场子。杨旅由元坝子向东进攻,先头部队进至距尖场子不远之分水岭附近,发现红军部队在分水岭的箭杆梁子一线阵地据险阻击。杨旅当令任建勋团附机枪一连(缺一排)、迫击炮一连(缺一排)为主攻部队,由本道正面攻击箭杆梁子之红军;令刘锦文团附轻机枪一排为助攻部队,绕道攻击箭杆梁子左侧高地龙珠寨之红军;姚超伦团附迫击炮一排为预备队,随旅部在任团后跟进。任团利用拂晓浓雾,在迫击炮、轻机枪的火力掩护下,攻击红军阵地,占领箭杆梁子部分山脊,红军预备队突由山后和侧翼反攻,任团伤亡颇大,将团预备队投入战斗,还不能稳定,战况紧急。杨旅即命旅预备队姚团的冯连铺营迅速增援任团正面,稳往阵脚。同时又派秦质昆营附迫击炮一排,由左侧袭击箭杆梁子红军阵地。原助攻部刘团已攻占左侧高地龙珠寨,居高临下,俯射箭杆梁子红军阵地。红军三面受敌,激战至午后三、四时始放弃阵地,逐步向旺苍坝子方向撤退。这次战斗,杨旅利用流氓地痞、做主武装组成的便衣队,因系本地人熟悉地形,搜索、收集红军情况,作部队向导颇收效果。任团官兵伤亡百余人,姚团伤亡50余人,共约200人。杨旅随即进驻尖场子与龚旅会师。左翼卢旅由凌溪寺一线向鱼洞河、曾家河推进,未与红军接触。第一路军进攻部队已占领大南山、磨摊子、尖场子、鱼洞河、曾家河一线。

第三次进攻目标是木门、猫儿湾、旺苍坝、盐井河各地。进攻前,前敌指挥部调整部署，令杨团归还龚旅建制。抽出杨旅（缺姚团）为总预备队，随指挥部行动。令右翼陶旅（2团）由大南山向木门攻击前进。中路龚旅（3团）附姚团及机、炮各一连，由尖场经快活岭、真武宫向猫儿湾、旺苍坝攻击前进。左翼卢旅（2团）仍沿大巴山脚经汪家坝、天星坪向盐井河、郭家坝攻击前进。各旅沿途未遇红军阻击，顺利占领木门、猫儿湾、旺苍、盐井河一线。时值旧历春节，奉令沿线停止，休息整顿两个星期。

第四次进攻长池、南江等地。1934年4月上旬前敌指挥部令右翼陶旅由木门向长池进攻。中路龚旅由旺（苍）南（江）本道经普子岭、分水岭攻击前进，占领分水岭后主力南下会同陶旅进攻长池要地（事前探报长池有红军大部队防守）。预备队杨旅继龚旅后由分水岭向大黑滩、南江县城攻击前进。规定陶、龚、杨三个旅在南江会师。左翼卢旅仍沿大巴山脚经平河坝向东攻击前进，占领南江县城以北约70华里之杨家坝左后之线，掩护南江左侧。此次各旅进攻，只有小部队接触，红军逐步收缩阵地，并无激战，遂占领南江县城和城下巴河一线（即南江河）。前敌指挥部即进据县城，一面委派县局官吏，一面夸大战果报功请奖。此时第一路军总指挥部又增调独立师黄时英旅（2团，黄本人未来，副旅长李国焕代行）；第七师周世英旅（2团）；第二师黄绍猷旅（2团）来到前方听候指挥。前线部队沿巴河设防休息整顿约一个多月。当时红军主动后撤，第一路军进攻沿途未遇激战，官兵已有轻敌思想。

3. 第二阶段会攻通江情况

1934年6月中旬，第一路军奉令会攻通江。前敌指挥部令右翼陶旅渡过巴河经新店子、关门场、兴马坎向通江正面攻击前进。中路龚渭清旅长指挥该旅部队及新调来之黄绍猷旅、黄时英旅渡过巴河占领鹿角坝、土地垭后，经赶场溪、分水岭、铁厂河、黑岩场，向通江以左地区攻击前进。左翼卢旅仍沿大巴山脚经上两河口、贵民关、溪坝向通江最左地区攻击前进。杨晒轩旅位置于南江附近，周世英旅位置于大黑滩附近为总预备队。进攻部队陶、黄、龚、黄（时英）4旅先后在新店子、鹿角坝、通木堡和楼子庙等地与红军掩护部队发生过小的战斗，一经接触，红军即向通江河左岸地区引退，各旅伤亡总共不过百余人。卢旅前进未发生战斗。6月上旬，全线分别占领青洛口、沙嘴、穿心店、平溪河、楼子庙、朱家坝、溪坝沿小通江河右岸一线,红军大部自动退却,一部扼守小通江河左岸阵地,阻止进攻部队。此时其他各路军进展情况不明,第一路军总指挥部顾虑前线部队过于突出怕被围歼,蹈第二十九军在柳林溪被歼覆辙,乃令前线部队暂时停止进攻,就小通江河一线择要筑工事防守,右寻第二路军联络,在抵大巴山脚(该地距嘉陵江约700华里)。当时部队系按进攻部署就地设防。右翼为陶旅,中路为龚渭清旅和由龚指挥的黄绍猷、黄时英共3个旅,最左为卢旅。各部阵线略有调整,在右起青洛口,左至碑坝,沿小通江河右岸筑工事设防,与红军隔河对峙。当时第一路军没有进攻,红军亦未反攻,只是白天派人在河边喊话宣传,夜间以小部队徒涉过河袭击,暂时进入休战状态。相峙至7月上旬,前敌指挥部为了平均劳逸,派预备队周、杨两旅由右至左接替陶旅、黄绍猷旅、龚旅防务。陶旅撤至南江县城为总预备队;龚旅撤下,受杨晒轩旅长指挥,为左地区预备队。卢旅以一个团在溪坝、碑坝活动,掩护全线左侧安全;以一个团留置贵民关做预备队。前敌指挥部驻南江县城。第一路军总指挥部部分人员进驻广元。当时正是红四方面军集中主力南下万源,与第五路军(刘湘主力)决战时期,暂时放弃巴中、通江等县。第一路军前方周旅右翼黎时雨营已与陕军王志远部取得联络。

第一路军总指挥邓锡侯初以情况不明,怕孤军深入被歼,令前线部队停止进攻,就小通河各岸防守。后悉通(江)、巴(中)、绥(定)、宣(汉)各县均先后被川军占领,刘湘正集中主力围攻万源,红军主力南下与第五路军决战。邓认为红军既已南下打刘湘,正可"坐山观虎斗",避免牺牲,于是按兵不动,前线部队停止在通江河右岸,俟情况变化,再做后图。其时,邓部所属上、中级军官以情况缓和多做到后方轮番休息的打算。如黄时英甫到前方不久,随又借事回成都;龚渭清则到庐山受训;陶凯借病、黄绍猷借事都先后请假离开部队回成都。团长中亦有一些人到了广元、绵阳,前敌正副指挥亦轮番到后方休息,全线处于休战状态。

三、从小通河、南江溃回广元经过情况

1934年7月至8月间,红四方面军集中主力在万源击溃第五路军进攻后,军威大震(第五路军是刘湘直属部队为"剿总"军的主力,各路进退均以第五路为转移),随即回师西向,横扫第五路以左各军,第四、第三、第二路

军望风溃败，营山、仪陇各县相继解放，红军进逼巴中、通江，川军全军震恐，形势骤变。8月下旬，第一路军指挥部明了各方情况后，以通江河一线突出过远，怕长池、木门、大黑滩等后方交通被截断，前线部队有被歼危险，即令一线部队转移阵地。第一步退守巴河一线，巩固南江，视情况变化，再向后撤；并与二路军约定9月4日开始行动，本想做有计划地撤退，不料各路军溃败情况，已由对岸红军做了宣传，各方面也不断传播，前方军心早已动摇；加以部分旅团长不在前方，指挥系统混乱，命令无法贯彻，官兵怕被围歼，都争先逃跑。因此撤退时多未按照计划进行，先得命令的先走，作掩护部队的不到时间也就溜了。其时左翼卢旅先撤，中路杨、黄、龚旅撤退时相互掩护不够，当面红军乘势反攻，各部遂且战且走，退至鹿角坝附近，沿途"难民"很多，突遭红军从左翼袭击，红军居高向退兵俯射；或冲入退兵行列打枪、扔手榴弹，从败兵肩上抢机枪，捉带弁兵的军官；有的大喊缴枪不杀、穷人不打穷人等口号。于是邓部官兵争先逃遁，无人指挥，秩序大乱。邓部官兵伤亡约四、五百人，士兵逃散更多，械弹物资损失更大。黄时英旅的无线电台亦被红军缴获。邓军前线部队退至巴河，指挥部预置的掩护部队陶旅邓团早已撤走。红军在后猛烈追击，各部系统混乱，无法照预定计划在巴河沿岸占领阵地。右翼周旅前面部队撤离时，当面本无红军，退至巴河前面亦自相扰乱。前敌指挥部在无法指挥的情况下，乃令各部自选路线退却，到广元集合。这一下，各旅团各自择路逃命，都想安全退回广元。据事后了解，大概是分四路溃退。右翼周世英旅等未等到该旅部队下来，即率指挥的预备队黄绍猷旅部队取道兴马坎、关门场、新店子、八庙场，经长池、木门向广元撤退，退至离长池不远的金银坎，突遭红军由左侧袭击。黄绍猷本人不在，部队不听指挥，秩序混乱，周世英几被红军生擒；陈永昌团被截在后面，官兵伤亡四、五百，死营长一人，才冲过金银坎垭口跟上部队。前敌指挥部率陶旅孙燮林团、黄时英旅2个团、龚旅3个团、周旅两个团共8个团取道大黑滩、普子岭、旺苍大道向广元撤退。沿途有红军部队和便衣队在后尾追和侧翼袭击扰乱，退至距普子岭不远的分水岭，前敌指挥部和陶、黄两旅部队甫过，后面部队还在坑坑店一带造饭，分水岭的垭口即被红军占领截断退路。当时龚、周两旅长不在，5个团长意见不一，龚旅赵云霖团长判断占领分水岭垭口的红军不多，坚主集中力量，交换掩护冲过去。周旅的钟开泽、唐庶康、龚旅的张南方、杨宪芸4个团长则认为分水岭山高地险，仰攻困难，主张避开本道，绕道左翼，超过旺苍，撤回广元，比较安全。结果各行各的主张。赵团利用黑夜摸上分水岭山腹,拂晓突然进攻,红军退居两侧山地,赵团伤亡士兵10余人,冲过了分水岭,沿途只在旺苍河边遭受少数红军截击,即追上陶、黄两旅部队,退回广元。钟开泽以副旅长的身份指挥后面的4个团,绕道五郎庙、水磨沟、鹰嘴岩、盐井河、汪家坝,向广元撤退,行经离水磨沟不远的袁家山、高肯垭遭到尾追杨、卢两旅的红军截击,袁家山和高肯垭隘路已被红军先期占领,截断退路。当时别无退路可走,钟开泽只得商请张南方团在前仰攻开路,杨团、唐团跟进,钟自率该团断后。张团仰攻袁家山伤亡不大,但攻高肯垭隘路时遭红军居高临下,据险阻击,张团反复冲击几次,伤亡很大,红军退守右后山头,才冲开隘路左翼部分阵地掩护部队退往水磨沟。这次战斗,张团营长王宗海率部仰攻在半山石盒子被红军击毙,全团伤亡官兵300余人。杨、唐两团继续通过,受右翼山头红军俯射和红军便衣队的袭击,伤亡亦大。钟开泽督率该团部队在后面掩护,遭到右翼山头红军和尾追红军的夹击,以及红军便衣的袭击,损失极重。该团营长钟俊(钟开泽的亲弟)在高肯垭隘路阵地上被击毙,营长罗纪纲在后面掩护被手榴弹炸伤腿部,几被红军生擒,全团官兵伤亡达600余人。最后才通过高肯垭到达水磨沟,经鹰嘴岩、盐井河、天星坝、汪家坝向广元撤退。红军尾追部队直追至距广元不远的汪家坝才停止前进。杨、卢两旅大部经杨家坝、平河坝、水磨沟、鹰嘴岩退回广元,因时间较早,沿途只有部分红军尾追,未遭截击,官兵伤亡百余人。此外,陶旅的邓雨初团、卢旅的傅汝州团、杨旅的刘锦文团,均先后离开各该旅系统,单独行动,绕道2000里以上,翻过大巴山经陕南境内,一个月以后才先后到达广元归队。部队伤亡虽不大,但士兵逃散的已达二分之一以上。这次邓部溃退,前线各旅官兵伤亡共约2500余人,士兵逃散在4000人以上,损失械弹物资更多,比进攻各时期全部的损失约大五倍以上。溃退中,士气异常低落,有的部队完全丧失了战斗力,各部所遇追击或截击的红军虽然都是小部队(多则三几百人,少到几十人),但作战英勇,猛打穷追;加以难民中混有红军便衣(可能是赤卫队)袭击溃军,从而迫使邓部整旅整团溃不成军。

第一路军溃退后,邓锡侯亲到广元整顿部队,曾向官兵说:"你们进攻几个月,才到小通江河,几天就跑回来了,你们一趟子跑到了700多里,真是跑得快哟。我不怪士兵,要问一问这些指挥官究竟在做什么?"这说明当时一路军溃败迅速和混乱的情况。

邓锡侯部参加六路"围剿"
红四方面军受挫记

何翔回 萧丽生*

1933年10月上旬，邓锡侯在成都以第二十八军军长身份，就任刘湘统率下的第一路"剿共"军总指挥，并任命其师长陈鼎勋（号书农）为前敌指挥官，师长陈离、杨秀春先后为前敌副指挥官。

邓锡侯统率的第一路军（即第二十八军）当时共有47个团的兵力，第一期开赴川北"进剿"红四方面军的有21个团，即：

第一师（原第三师）师长陈鼎勋所属的第三路司令王士俊，下辖第十二混成旅，旅长杨晒轩，团长姚超伦、任建勋；第十五混成旅，旅长卢济清，团长傅汝洲。

第二师师长黄隐所属的第四旅，旅长龚渭清，团长赵云霖、张南方、龚照平；第十混成旅，旅长黄锡煊，团长陈永昌、杨倬云；第八混成旅的杨宪芸团亦受黄锡煊指挥。

第三师（原第七师）师长马毓智所属的第三混成旅，旅长周世英，团长钟沛然、唐庶康。

第四师（原教导师）师长杨秀春所属的第一旅，旅长黄时英（副旅长李国焕代旅长），团长曾忠敏、陈畴九。

第五师（原独立师）师长陈离所属的第一旅，旅长陶凯，团长孙燮林、邓雨初。

---

* 何翔回当时系第二十八军特务大队大队长。萧丽生当时系第二十八军第五师电务处处长。

当时笔者何翔回任邓军特务大队上校大队长，萧丽生任邓军陈离师电务处中校处长，均随"进剿"部队行动。

1933年10月中旬，邓军第一期"进剿"部队，分别由各自驻防地新都、广汉、金堂、温江、崇庆、新繁、郫县、灌县、彭县、安岳、乐至等县出发，向绵阳、梓潼、剑阁、昭化、广元地区前进。总指挥邓锡侯亦由成都到达绵阳。先头部队陈离师的陶凯旅，陈鼎勋师的杨晒轩旅、卢济清旅，黄隐师的龚渭清旅等开到绵阳时，邓锡侯对这些部队的旅、团、营长分别讲了话，并向前敌正、副指挥官陈鼎勋、陈离布置了接替第二十九军在昭化、广元的防务问题。总指挥部下令以李国焕代旅长的黄时英旅为总预备队。陈鼎勋、陈离立即率领第一期各部队向梓潼、剑阁、昭化、广元前进。

当邓军前敌指挥部到达剑阁时，得知红军部队已经到达广元附近，邓军即在嘉陵江右岸布防。11月初，陈鼎勋命陶凯旅从昭化起向右接替第二十九军防务；龚渭清旅接替从昭化向左至广元间的河防；杨晒轩旅接替广元附近防务；卢济清旅接替广元以左到朝天驿间的防务；周世英、黄锡煊两旅为预备队，集结于广元附近。

接任河防的各部队立即搜索当面红军情况，积极准备渡江进攻红军。1934年1月初，陶、龚、杨、卢各旅均奉命迅速渡过了嘉陵江。接着，陶凯旅经保宁梁子向猫儿湾、旺苍坝前进；龚渭清旅直接向旺苍坝前进；杨晒轩旅由广元经元坝子、猫儿湾向旺苍坝前进；卢济清旅从朝天驿沿秦岭东麓的七盘山，向大黑滩、南江前进。

当时，在广元、王家坝、元坝子方面的红军主力，先得知邓军所属部队已经渡过嘉陵江，分成三路以攻击的态势扑来，为了集中力量进行抵抗，遂缩短战线，逐步向旺苍坝方面撤退。后红军得知邓军的主力正向旺苍坝前进，又从旺苍坝向普子岭、罗家坝、大黑滩、南江方面撤退。这时，邓锡侯的第一路军总指挥部命令，担任总预备队的黄时英旅开赴旺苍坝，归从广元推进到旺苍坝的前敌指挥部指挥。总指挥部亦相应地由剑阁前进到广元。

陈鼎勋、陈离的前敌指挥部到达旺苍坝后，即命令：陶凯、周世英两旅向木门、南江之线攻击前进；杨晒轩、卢济清两旅，向尖长子、罗家坝攻击前进；龚渭清、黄锡煊两旅向普子岭、大黑滩攻击前进；仍以李国焕率领的黄时英旅为预备队。

邓军"进剿"部队直抵木门、普子岭之线时，只在保宁梁子、木门、元坝子、猫儿湾、旺苍坝、普子岭等地，同缩短战线而主动后撤的红军部队有小的接触，并没有发生大的战斗。但是，邓军前线各部队，每前进一地，总是上报假战果，说什么经过怎样的激战，才占领了红军的阵地，以夸耀所谓战功。同时，前敌副指挥官陈离派所部少校参谋何方璧为别动队队长，率兵一连在右翼方面不分昼夜地搜索当面红军的情况；前敌指挥官陈鼎勋也派所部谭尚修营长为游击司令，不断以小分队向红军方面搜索前进。

红军为了进一步诱敌深入，又从容地主动撤出南江城。邓军占领了旺苍坝、普子岭、罗家坝、大黑滩、南江等地区后，又推进到了南江前面的铁厂河之线。这时，前敌指挥部进驻到罗家坝，总指挥部也由广元前进到旺苍坝。前敌指挥官陈鼎勋向总指挥部保荐他本师少将参谋长李鸿焘为南江县县长。

1934年5月中旬，前敌副指挥官陈离率兵一连与其本师参谋长江永；电务处长萧丽生等赴南江视察时，陈离召集路司令王仕俊、旅长龚渭清及县长李鸿焘等人开军事会议，商讨治理南江的善后问题。当天由李鸿焘设宴款待，并由陈离领衔向旺苍坝总指挥部发出"进剿"各部已获得大胜，推进到铁厂河之线，准备继续攻击前进的捷报。实际上以后数月，敌我双方都在加紧构筑工事，严密防守，处于对峙状态。邓军只有前线警戒部队和游击司令谭尚修一个营及别动队队长何方璧一个连，同红军前线警戒部队进行过一些小战斗而已。

7月，杨秀春奉命到南江前线接任陈离的前敌副指挥官职务。9月中旬，陈离率领其本师参谋长江永、电务处长萧丽生等，由罗家坝返回广汉县。杨秀春接任不久，红四方面军全面展开反攻。四川"剿总"所属各路军都被打得节节败退，特别是第二路军（即第二十九军）的曾起戎等两旅，于黄水垭地区被红军歼灭后；该军一溃千里。我第一路军右翼的木门与第二路军相连接，由于该军的溃退，木门就亮出。加之红军以主力向铁厂河方面的邓军部队攻击，前敌指挥部所在地的罗家坝前线，亦遭到红军猛烈攻击。虽然在铁厂河的卢济清等旅顽强抵抗，但由于右翼的第二路军全线溃败，同时本军又有部分军官请假离开了前线，指挥失灵。因而在红军的猛攻下，邓军官兵恐惧万状，争相夺路后逃。卢济清、周世英、黄锡煊等旅为了迅速脱离战场，由铁厂河一趟就跑过南江、大黑滩，向普子岭及朝天驿方面退却。在罗家坝前线的陶凯等旅，尽管仍在顽强抵抗，但因被红军四面包围，在陶旅的陈志华、苟嗣昌等连长阵亡后，该旅孙燮林团径向旺苍坝败退，邓雨初团突围以后，因后路被截断，无法向旺苍坝退却，便向朝天驿败退，经过半月之久，始到广元归还建制。

第一路军各部队在由南江、罗家坝向旺苍坝本道败退中，由于道路少而狭窄，大家都争相夺路，想跑在前头能安全撤走，因而沿途拥挤不堪，部队长官掌握失灵，无法指挥。在前敌指挥部刚撤退到旺苍坝，总指挥部尚未撤离旺苍坝时，第一线败退的部队就撤到了旺苍坝。旺苍坝的东河水深，过河部队又多，并争相夺船，十分混乱。邓锡侯总指挥在猫儿湾亲临现场，督饬特务大队长何翔回指挥渡河。何一面指挥船只依秩序运渡；一面指挥无船渡河的部队沿东河左岸，在猫儿湾上流几里处徒涉过河。结果大部队都是由此徒涉点过河的。这时，得知第二路军已退到苍溪，第一路军各部队深恐红军占领了广元，把后路截断，遂马不停蹄地向广元撤退。

在第一路军部队涌向广元时，总指挥部鉴于旺苍坝渡河的困难和混乱情况，参谋长黄隐便严令特务大队长何翔回，限期一昼夜在广元附近的嘉陵江上搭一座浮桥，以便败退部队过江。但材料不足，何向黄请示后，即将所有在江边的木船上的木板收集拢来，才于限期内搭成了浮桥一座，尔后大部队在广元渡江就比较有秩序了。

总指挥邓锡侯回到广元时，急电后方各师迅速派出第二期增援部队到广元布防。各师遵令派出的部队计有：

独立师第二旅（后改为第五师第十四旅），旅长冯鉴（后为陈泽），下辖团长王澄熙、周德汉。

教导师第二旅（后改为第四师第十一旅），旅长孙礼，下辖团长陈相楷、张元雅。

第二师第三旅（后改为第六旅），旅长黄鏊，下辖团长黄光辉、张中一。

第八混成旅（后改为宪兵司令），旅长刁世杰，下辖团长邓炘、汪良。

第三师第六旅（后改为第四师第十二旅），旅长林翼如，下辖团长瞿联丞、童福桃。

第七师第十七混成旅（后改为第三师第九旅），旅长李树骅，下辖团长罗纪纲、金晓六；

第四混成旅（后改为第三师第八旅），旅长刘鼎钧（乃铸），下辖团长郭鸿典、陈则明。

第二期部队增援广元后，总指挥部命令第一期撤回的陶凯、龚渭清、杨晒轩、卢济清等旅，开赴绵阳附近整补；其余撤回的各部即在广元附近整补。前敌副指挥官杨秀春随即奉命布置河防：以周世英旅担任昭化、广元间河防；以林翼如旅担任广元城防及附近地区防务；以李国焕代旅长率领的黄时英旅担任广元至朝天驿一带防务；以黄锡煊旅为预备队。

与此同时，在陕西的中央嫡系第一师胡宗南部丁德隆旅长奉命支援川军，阻击红四方面军北上。丁率领了3个装备优良的步兵团入川北，驻扎在三堆坝附近。他和副旅长曹日晖同到广元与邓锡侯会面，商定由丁旅接替广元附近防务，并把兵力重点置于广元对岸的乌龙堡一带。不久，红军进攻到嘉陵江边后，以一部攻击昭化、广元城；以主力在昭化、广元间渡过嘉陵江，向乌龙堡丁德隆旅猛烈攻击，丁旅亦奋勇抵抗。两军争夺乌龙堡的战斗，颇为猛烈，激战两昼夜，丁旅伤亡甚大，急电邓军增援。邓锡侯即令周世英、黄时英两旅向乌龙堡增援。丁旅极欲脱离战场，不待邓军增援部队到达，就利用黑夜将其余部向甘肃碧口撤去。邓军周、黄两部得知红军已占领乌龙堡，控制广元城，即退到保宁院附近。

蒋介石、刘湘得知嘉陵江已被红四方面军突破，非常震惊，急电邓锡侯率部反攻，将红军打回嘉陵江左岸。邓此时在绵阳总指挥部，十分着急地率领总部部分人员及特务大队进驻梓潼县城督战，严令前敌副指挥官杨秀春坚守剑门关、保宁院之线，并相机反攻收复广元。杨奉命后，即以周世英、黄时英两旅在白水河、保宁院一带占领阵地，阻止红军前进；将其余各部集中使用在剑门关一带，以便相机出击。红军方面，则以主力向白水河、保宁院方面的周、黄两部猛烈攻击，以一部向天雄关、剑门关方面的邓军防守部队攻击。在红军打击下，这两方面的邓军部队，均无力拒守，同时分别向沿涪江的江油、梓潼、绵阳等地退却。红军紧紧尾追，直向江油、中坝攻击前进。邓锡侯急忙率领总部人员及特务大队返回绵阳。

1935年4月，红军部队大举围攻涪江上游重镇江油城（老县城，不是现在的中坝新县城）。此县城由邓军的杨晒轩旅担任防守，龚渭清旅则在江油与中坝间的塔子山占领阵地。杨晒轩旅被红军四面包围困在城内40多天。龚渭清旅受命企图将塔子山北端的红军击退，以救援江油城的杨旅。同时，邓锡侯指派其军属第一路司令（后改为特科司令）游广居率卢济清旅驰赴中坝，并指挥龚旅协力攻击塔子山北端的红军。邓还亲自率领特务大队到中坝督战。由于龚渭清腿部负重伤，第一线指挥紊乱，一败涂地，全线溃退，前方部队纷纷向中坝、绵阳方面败退。邓亲见此状无法阻止，只得命令游广居在后面收容部队，他随即返回绵阳。红四方面军大败了总指挥的第一路"剿共"军，占领江油（老城）后，纷纷横渡涪江，西向阿坝地区胜利进军，与红一方面军会合长征。

邓锡侯部在剑门关江油防堵红四方面军

黄爵高*

1934年春初，邓锡侯的第二十八军已编属四川"剿总"第一路军。下属第八混成旅旅长刁世杰（文俊），奉令率本旅团长陈麟并指挥第六混成旅团长汪良，到广元县换防，受前敌副指挥杨荣相（秀春）师长指挥。当时我任第八混成旅参谋长。刁世杰率部抵达剑阁县剑门驿时，又奉令接替第二十九军（四川"剿总"第二路军）刘汉雄师，担任由昭化县至剑阁交界的三座山，长达150华里之嘉陵江河防。刁世杰当派陈麟团担任由昭化县城起至张王庙一段防务，汪良团担任由张王庙经打鼓山至三座山一段防务。刁的旅部设于张王庙街上。汪良团即派第二营营长许中文担负打鼓山下一段河防。在一个夜间，许营担负河防之第五连连长李其柱，请第六连连长李某（忘其名）吃野味。但当二人酒足饭饱后，李其柱突将李某杀掉，并率全连官兵渡过嘉陵江，从黄金沟投向红军以致防线发生动摇。四川"剿总"刘湘另调第二十九军吕康（立南）旅接替刁旅担任的全线防务。吕康因其兵力不足分配，请准由刁旅派陈麟团（缺廖豫章营）受其指挥。刁世杰则率汪良团及廖豫章营到广元城为总预备队。

1935年农历正月底，红四方面军有准备渡嘉陵江之势，我第一路军指挥部为保卫广元城，命令刁旅长率直属廖豫章营，并指挥第六混成旅之汪良团、第五混成旅之杨倬云团、陈书农师之李建营立即出发，限当日赶到剑门关布防。

剑门关在旧川陕大道上，剑阁城以北，距汉阳铺30华里。由汉阳铺至剑门关的25华里处，是剑门驿。在距剑门驿5华里处为范家坡，由此坡下山

＊ 作者当时系第二十八军第八混成旅参谋长。

有长约5华里之"范家沟",是一条由高而低的深沟,沟左为剑阁七十二峰高山;沟右由范家坡到姜维庙后山,是一条连绵不断的大山。范家沟沟口则是剑门驿,场口外右边岩上是姜维庙,庙前岩下,立有高大石碑,上刊有"三国姜维战死处"。当年蜀将姜维在此御魏兵而阵亡。由姜维庙到剑门关口,两面高山石岩,中间一条甬道,长约1华里,宽不足5丈。作战时任何一方占据一旁高岩,只需用石块向甬道内投掷,便可将通过甬道的对方部队消灭或重创。剑门关关门向北,由北至南是天险,右为台城,悬岩绝壁高约10余丈,长约20余华里;左即为剑阁七十二峰,山高岩陡,长约数十华里,自古闻名之"剑阁天下雄",是一个易守难攻的重要关隘。

刁世杰率部队到达剑门关后,派汪良团担任汉阳铺防守任务,杨倬云团担任范家坡沿高山至姜维庙防守任务,廖豫章营位于姜维庙为预备队,并担负姜维庙后山防守任务(此时李建营尚未到达)。旅部设于关外约5华里深沟内之自公寺,自公寺两面是高岩,只有一条夹沟,通往昭化县属之保宁院。

红四方面军以3个团从黄金沟(原李其柱连渡江投红军处)渡过嘉陵江,占领打鼓山至剑阁交界之三座山后,以一个团从沙坝河直攻剑门关,一个团攻范家坡。防守范家坡的是杨倬云团第一营,被红军击溃后,营长谢经武率残部80多人仓皇逃出关外。红军一个小队尾追至关口,即将关门占领;其余大队红军则沿大山向姜维庙后高山进攻。此时直攻剑门关的红军亦已攻上姜维庙高山。两团红军会合后,将杨倬云团两个营及廖豫章营,全部压迫至姜维庙左侧的山沟内。李建营在谢经武营尚未退出关前赶到,正欲增援杨团也被迫退入山沟内。由于沟小兵多,拥挤一团,完全失去战斗力,团长杨倬云及其营长姜孝诗和刁旅营长廖豫章、陈书农师营长李建等均被红军击毙。这5个营的官兵,除营长刘石甫先逃出关外和谢经武已率部逃出关者外,全部被红军歼灭于此沟内。杨倬云团中校副团长张又巡,在激战时逃入农民家,得免于死(这次作战经过,即是张又巡逃回时亲口所述)。

红军攻姜维庙后山正激烈时,枪声及手榴弹爆炸声,从山谷中震及自公寺。刁世杰以为红军攻打其旅部了,便仓皇率卫兵从夹沟内逃至保宁院后,再退到白河和石罐子。他以部队丧失将尽,责任重大,内心惶恐不安。后知汪良团撤退到三堆坝,旅部即移住三堆坝。但因粮道已被红军截断,刁又率部撤到车家坝及陕西属之广平河一带就食。

红军另一团，沿嘉陵江右岸向昭化横扫，在天雄关、嘉乐关、牛滚凼等地，将第二路军吕康旅痛击得溃不成军。吕康率部退过白河口即行停止，始得有喘息机会。

红四方面军后方主力在前三个进攻团取得胜利后，很快就全部渡过嘉陵江，直攻剑阁县城，驻防剑阁城之第二十九军刘汉雄师部队闻风溃逃，红军又顺利占领了剑阁城。

汪良团是在汉阳铺闻知剑门关部队全部被歼，剑阁县城已被红军主力占领后，官兵们感到进退无路，被迫冒险从剑阁七十二峰中之小吊岩攀藤坠岩而下，逃过白河，退至三堆坝。因小吊岩高10余丈，官兵坠岩时，死伤者达20人之多。

4月上旬，红军的3个团在剑门、昭化取得完全胜利后，又全部从川陕大道直攻梓潼、江油两县，将在梓潼县大庙山布防之第二十八军黄鳌旅的黄光辉团和黄时英旅的陈朝楷团击溃，迅即占领梓潼县城。绵阳危急，成都大为震惊。于是，蒋介石严令邓锡侯率部星夜驰赴绵阳，沿涪江布防，以保卫成都。邓因兵力不足，乃电令防守广元之杨秀春师长率林翼如旅及王含光团立即赶赴绵阳。当时，川陕大道已为红四方面军阻断，林旅和王团迂道经苍溪、阆中、三台开到绵阳时，红军部队已经陆续向松潘、茂县移动，准备与长征北上之中央红军会师。

红四方面军正向松、茂移动时，邓锡侯部又奉令以全力阻击红军去路。邓即令调陈书农师之杨晒轩旅、陈离师之陶凯（宗伯）旅，黄隐师之龚渭清旅，阻截红军由江油通松茂的道路。杨晒轩旅奉令守江油，全旅被红军围困于江油城近两月之久，后因红军转移始解围。陶凯旅及龚渭清旅均在江油观雾山和江油至茂县道上的茶坪一带，遭到红军大部队的猛烈反击，激战两天，被歼4个团，被俘众多，全部被击溃。龚渭清旅长受重伤，并被打断左腿。4月中旬以后，邓锡侯部又奉命沿香水（涪江支流）设防，以阻止红四方面军南下川西坝。陶凯旅奉命以4个团在松懋道上岷江左岸土门地区进行堵截时，被红军勇猛反击，伤亡千余人，团长孙燮林被击毙。红军大部队乃从涪江上游渡河，分别北向松潘、懋功等地胜利进军。

四川"剿总"第二路军在 "六路围攻"中的经过

田颂尧 田泽孚 卿 俊[*]

第二十九军对川陕革命根据地的三路围攻，于1933年5月在柳林溪最终被红军击溃后，受到重创，一时无力再向红军进攻，乃采取了一面凭嘉陵江防守以拒红军；一面寄希望于川军其他部队联合一致对付红军。当田颂尧退守嘉陵江沿岸时，即力图伺机反扑，重据通（江）、南（江）、巴（中）等地，并做了各种准备。主要是：一、在政治上成立并强化反共组织。在军部成立反共青年团，由田自兼团长；在军部成立政治宣传处，辖区各县设分处，形成一个自上而下的政治宣传鼓动系统，大肆宣传反共。二、在临近作战的地区以军官兼任地方行政官吏，加强军事控制，加紧向人民征夫、派粮。三、编练地主反共武装。四、强拉壮丁，并招安土匪补充兵员损失。五、加紧对人民进行压榨和勒索。田颂尧这些措施，使辖区人民更加陷于水深火热之中，更加激起了人民的反抗。

刘湘于1933年10月4日在成都召集"剿共"军事会议，提出其"六路围攻"、"五个作战阶段"、"三月完成"的军事计划。田颂尧在会上接受了刘湘授予的第二路军总指挥名义和夺回巴中、仪陇，并以一部兵力协助第一路军（第二十八军邓锡侯）夺回南江之任务。妄想会师于通江地区，以歼灭红军。刘湘并令田部限10月15日以前部署完结，待命总攻。

---

　　[*] 田颂尧当时系第二十九军军长。田泽孚当时系第二十九军第九旅旅长。卿俊当时系第二十九军师参谋长。

田颂尧对红军作战的策划和部署

田颂尧接受刘湘给予的任务后,认为"六路围攻"纠集了四川各军的兵力,可以乘机夺回通(江)、南(江)、巴(中)等县防地,但又考虑该军在柳林溪战役中所受损失太大,不愿再于此次进攻中再折本钱,从而决定保存实力,把自己当面防线守稳,让其他军去打的主意,在行动上则采取慎重应付的方针。为此,田颂尧将这次进攻任务交给了几个收编而来的非嫡系的部队去担任,而将其亲信各师控制在自己手中,一方面使之看住原阵地,另一方面准备做必要时好使用。

田颂尧于10月12日由成都返回第二十九军军部驻在地潼川(三台)。10月21日即召集该军将领开会,对今后作战作了如下策划:

1. 先令扼守前线各部分别派部队进攻嘉陵江左岸红军,置嘉陵江两岸地区于全部控制下,以确保沿江各县城及重要据点。

2. 以一部先行协助李家钰、罗泽洲、杨森等军增援营山、蓬安,以后相机向巴中、仪陇进攻。

3. 将昭化、广元地区防务移交与第一路军后,原驻当地的部队即协同第一路军进攻南江。

4. 在阆中、苍溪、南部各地部署强有力部队固守,以保障后方的安全。

5. 以潼川——盐亭——南部为主要兵站线路。

6. 军指挥部第一步进驻盐亭,俟战况进展推进至南部。

根据以上策划,作如下兵力部署:

1. 将该军之主力部队调到昭化、苍溪、阆中、南部线上集结。

2. 将进攻部队主要区分为左右两个纵队。右纵队由第一路李炜如任司令,指挥所部两个旅及新编警卫第三旅蔡海珊部,应择点抢渡嘉陵江,占领新镇坝、碑院寺各据点,以做相机进攻仪陇之准备。左纵队以独立师师长刘汉雄任司令,何德隅、王志远为副司令,指挥各该部及第二师之胡开莹旅,以一部策应第一路军外,主力应先攻占八庙垭构筑工事,然后协同右翼进攻部队攻占恩阳河;以后再合力进攻巴中。

3. 令罗迺琼师（包括谢庶常旅）并配以第二师古鸣皋旅在阆中集结待命。该师在未受新任务之前，应扼守阆中、苍溪、剑阁等地。

4. 调后方整补之王铭章师，以一部控制盐亭、南部间地区，做总预备队。

5. 以邢季卿旅长任兵站监，并维护兵站线路。

田部进攻红军的作战经过

一、进攻的头一阶段

田部右纵队李炜如部在原地集结。左纵队刘汉雄部于11月24日将昭化、广元防务移交与第一路军后，王志远、何德隅、刘汉雄所部亦先后于月底前调至昭化、苍溪间之猫儿跳（即虎跳驿）分别集结。此时，田颂尧并先令胡开莹旅集结于当地，受刘汉雄指挥。

当田部集结期间，红军在嘉陵江左岸进行了极为活跃的进攻活动，与前线各要镇川军均有接触。实际此时红军主力已移用于打击第五、第六两路军方面，并已解放了绥定、宣汉、城口、万源4县。在第五、第六两路军正大举反扑，战况十分危急时，刘湘见第二路军还未行动，乃急令开始进攻。田颂尧随即分别对两个纵队下达了前进的命令。

1. 令右纵队李炜如抢渡嘉陵江向南部前方之土地垭、高阳寺等地进攻，右与第三路军联络，攻占笔架山等地后，再向八庙垭进攻。11月底右纵队李炜如之汪朝濂旅于占领土地垭等地之后，未经重大战斗，继续进占大小东山、嘉陵江左岸新镇坝、碑院寺、谢家河等地。田颂尧为了巩固新镇坝以为进攻仪陇之据点，又令王铭章师派出一部兵力增强新镇坝。

2. 令左纵队王志远部自阆中附近渡河进攻。王部经凉水井，未遇大的战斗进至阆中之八庙垭。红军在八庙垭曾予王部以有力之抗击。王部系新归附部队，贪功立信心切，于付出较大伤亡之后，占领了八庙垭，随即在该地构筑工事防守。刘汉雄师与何德隅路亦于李炜如部占领新镇坝的同时将鸳鸯溪口一带占领，在虎跳驿与红军激战。红军退后，刘、何两部即将嘉陵江左岸该段地区掌握。与第一路军取得了联系。其时田的指挥部进驻盐亭。

田部在有了上述进展后，再令右纵队李炜如联系右翼第三路军第二十三师罗泽洲部向仪陇进攻；令左纵队刘汉雄师、王志远路、胡开莹旅会同罗酒琼师之一部，沿阆中——巴中大道前进，攻取恩阳河，进窥巴中。

川军慑于红军的威力，两个纵队接到田颂尧以上命令后，李炜如则停在新镇坝附近，徘徊不敢前进；左纵队除扼守于八庙垭，派小部队在阆中——巴中大道上之河溪关、二龙场等地进行游击活动外，亦不敢轻率冒进，于是两纵队当面皆呈停滞状态。

刘湘以田军进攻仪陇、巴中是既定的任务，数次电催田军进攻。田一律以官样文章照传下去，到12月底，李炜如等仍停滞原地不敢前进。此时，在营山、蓬安之第三路军副总指挥罗泽洲（第二十三师师长），因新恢复师长职务不久，亟图邀功固位。窥知红军准备缩短战线放弃仪陇，遂电请刘湘给该师以进攻仪陇的任务。刘湘当即电复允准，并分电第二、第三路军知照。田颂尧得到此项电令后，感到不能再事观望，乃令李炜如部配合罗部进攻仪陇。

罗、李两部于1934年1月上旬向仪陇县城进攻，因红军已有计划主动撤走，李炜如部遂于1月11日进入仪陇城。罗部后到，占领仪陇后山，向城内放枪，威胁李部，李疑是红军回攻，又慌忙撤逃，罗部随即入城。此后该两部对谁先入城还发生了很大的纠纷。

川军进入仪陇后，刘湘迭电第二十九军向恩阳河、巴中前进。田即转令在阆中——巴中大道上之罗酒琼师及曾宪栋师之一部迅向恩阳河推进。

红军为诱敌深入，亦如对仪陇一样，暂时放弃巴中。罗师自仪陇前进，田军向恩阳河前进，红军即将该两地放弃。罗泽洲部遂进占巴中县城，田军亦得以进占恩阳河。

4月上旬，第一路军邓锡侯部之陈鼎勋、陈离两部，在第二十九军刘汉雄师一部兵力之协同下，经过规模不大的战斗后，也进占了南江。在仪陇、巴中、南江相继为川军占领后，第二十九军正面前线所有嘉陵江左岸重要据点已完全确实掌据，田遂将其指挥部推进至南部。并认为两路纵队进攻计划已经完成，战斗正面已逐渐缩小，田乃任刘汉雄为该军前敌总指挥，统一指挥田军前线进攻各部。

此时，刘湘因各路军攻击进展迟缓，相互间矛盾甚多，感到指挥不灵，正拟重作总攻部署，一时各路军事转入停顿状态。田军前线亦暂时固守于已达到之线。

二、进攻的第二阶段

延至5月，刘湘又令各路军于5月初再发动总攻，田颂尧即令刘汉雄师由八庙垭向大河口进攻。5月下旬，刘探得红军为牵制该军之行动，有集结兵力向八庙垭进攻之迹象，刘汉雄、王志远部乃于八庙垭前线构筑一长达40余里的坚强工事扼守。6月中旬，红军在田部正面上增兵数千，随后又向元潭、神潭、仁和场等处李炜如部进袭。在予李部以重创后，红军旋亦退去。

刘湘于6月上、中旬间，又下达了一次发动总攻击的命令。此次进攻给田部的任务是，协助第三路军进攻通江。田颂尧随令前敌指挥部将前线兵力配备为右、左两翼出击；以李炜如指挥右翼之汪朝濂旅及古鸣皋旅；以刘汉雄指挥左翼王志远等部；并电令在后方整补之王铭章师长率第四师3个团及第一师曾起戎旅3个团开赴阆中、南部间地区为总预备队（曾旅直辖两团，配属有林瑞华之第三十团）。另将原驻苍溪之何德隅路调梓潼整补，而以第三师罗迺琼之一部接防苍溪。

6月下旬，各路川军开始总攻。第三路军李家钰部之陈绍堂旅于23日电报进占通江。实际红军为集中主力对付刘湘之第五路军，数日前已从通江撤走，而刘湘之第二十一军第四师第十旅周绍轩所部之高鹏团已于21日到达了通江城。

在李家钰部进抵通江附近之后，刘湘电田部速向当面红军展开攻击。22日田部开始出击。右翼李炜如路之汪旅及古鸣皋旅进占杨柏庙、四方碑，进迫大明垭；左翼刘汉雄师及王志远路进攻太平场后，续占大河口，并向孙家山前进。7月初，刘、李两部进逼小通江河，在大高山曾遭到红军有力的抗击，田军恃其优势兵力拼死攻击，经过激烈战斗后，到达了通江河右岸。此为田军这次总攻出击比较激烈的一次战斗。7月下旬，王志远路渡过小通江河，被红军猛击，仍退返小通江河右岸，据陈家场、大河口、大高山等地防线与红军对峙。

此时，右翼归李炜如指挥之古鸣皋旅，由曾宪栋派该师第五旅旅长马泽率该师独立旅张植之第一团及吴畅之第三十九团前来接替。田颂尧亦于此时将控制在阆（中）、南（部）地区之曾起戎旅3个团调到两河口，以增强一线兵力。

在刘湘再次发动对红军的总攻中，第二路军田颂尧的进攻即止于此，以后再未越过通江河一步。随着红军的反攻，形势急转，田军即全部溃败。

三、田军溃败经过

在8月中旬之际，红军已将刘湘进攻主力第五路军全部击溃，随即转移兵力反击第三路军李家钰、罗泽洲两部，重点指向罗泽洲部铁匮山阵地。在该地防守之罗部胡用宾团，一夜之间即被红军击破，罗泽洲曾两次组织反攻未果。罗部溃后，李、罗两部企图转移于通江河北岸之清江渡、丝连场、粉壁场一线固守。因红军跟踪急追，罗部在此一线亦未能稳住。

当罗部铁匮山防线被红军突破后，与铁匮山紧相衔接之右翼田军马泽旅张植团即行暴露。田颂尧为解除此侧背危险，乃与第一路军邓锡侯部商定同时将阵线向左移动，并于9月4日开始行动。田部前敌指挥刘汉雄根据田的指示，作了如下的变更部署：刘以自己所属独立师之一团接替大高山马泽旅的任务，令马泽旅移到韩山坪紧接独立师布置一侧面阵地，以掩护右侧安全；令曾起戎旅推进至大河口、草帽山之线，以增强防务。并即着手陆续集结部队，做撤退准备。因右翼罗泽洲部陆续崩溃，未能停止于原先拟定占领之清江渡、丝连场、粉壁场之线，巴中城已岌岌可危。罗即深惧遭到红军围歼，并为将来弃守巴中作推卸责任的准备。于9月6日自巴中致电田颂尧，谓巴中原系第二十九军防地，请即派队接替。

刘汉雄得悉巴中危殆，仓皇令全线撤退改守南江河一线，部队分两路于9月6日出发。令马泽率所部张、吴两团作掩护。尔后再经磨盘寨、石峰台退守两河口。马旅经磨盘寨时，遇一部红军包抄而来，当即展开激战，此时行进于深沟内之刘汉雄部，多数陆续上寨，一小部已被红军截断于乌龙垭；任掩护之张植团一个整连被歼灭，经鏖战入夜，该部始得脱离红军，退至两河口。

数日后，刘汉雄又令所部从两河口及其附近地区经黑水潭、和平场、新场、龙山向苍溪退却，马旅张植团为退却行列之前卫。当时张植团在和平场午膳后出场口，即见碑石上已有红军标语，乃加速急行，是日午后5时行抵新场附近，遭遇自恩阳河包抄前来的红军，当即展开激战，张团被红军歼灭的兵力在一个营以上。此时后面刘部大队正在和平场至新场之一段山腹隘道上，闻前卫遭到红军截击，各部互相夺路，一时秩序大乱。随经旅、团长临时商定，以一部兵力由原定路线退往苍溪，另一部兵力则分道由黄木垭向苍溪退却，以避免遭到全歼。此时李炜如部已自行选路，先从恩阳河方面向仪陇方向撤逃。

原位于草帽山、两河口之线的曾起戎旅，在未接到刘汉雄向苍溪退却令之前，先已得田颂尧令其去巴中接防，阻止红军前进的命令。其时，战场上的变化，田颂尧已失去掌握，得到罗泽洲请派队接防的电报，认为这正是自己回据巴中的好机会，乃径令曾旅赴巴中接防。

田部曾、胡两旅被歼经过

曾起戎接到田颂尧接防巴中电令后，当即收集所部3个团向巴中前进。9月下旬行抵距巴中约20里之地，始知罗泽洲师及田军李炜如等部业经撤离巴中及恩阳河等地。曾起戎不敢径进巴中城，乃暂就阴灵山占领阵地。另电田颂尧请示尔后行动，曾旅在阴灵山等待3日后，得田复电，令其自选道路向阆中撤退。曾旅得田的撤退令后，决定取道长池、木门向旺苍坝撤退。

曾旅向长池撤退途间，与自和平场向黄木垭辗转绕道撤退之傅贵梁所率的胡开莹旅两个团相遇，在通往长池道上互相争夺退路，部队秩序混乱。由曾起戎与傅贵梁临时商定两旅统一由曾指挥，两旅轮番交互前进；谁的部队在先头谁就担负扫清道路之责。该两旅沿途遭到红军截击，行进极为迟缓，胡旅伤亡逃散更众，在未到黄木垭前，所剩部队已经为数不多了。待行抵黄木垭时，此一要隘已为红军所占，扼住曾、胡两旅去路。曾旅当即展开攻击，夺路逃生，红军在黄木垭正面予以有力阻击，并以大部绕抄其后。经激烈战斗一昼夜之后，红军逐步将曾旅踞守的几个山头攻下，给以重大打击，最后曾只有不足一个营的兵力，还踞守一个山头负隅顽抗，随经红军集中兵力围歼，代旅长傅贵梁、团长张陶斋相继被击毙，曾起戎趁黄昏坠岩潜匿，入夜后脱离战场，化装改着便衣绕道陕西南郑经三叉口只身逃归成都。曾旅系田部新近得到补充、装备最好的精锐部队，每团3个营，均各有重机枪6挺，每连均有轻机枪和冲锋枪等武器，傅贵梁所带胡开莹旅亦系田部装备较好的部队，黄木垭一战悉为红军所歼灭，这是田颂尧始料所不及的。

在黄木垭战役惨败后，田颂尧部退到了嘉陵江边，收集残部，仍企图凭此地障天险，以拒红军，做最后挣扎。

1935年3月红军突破嘉陵江之后，势如破竹，田军败退一泻数百里。田颂尧眼见败势已定，挽回无术，为了减轻战败之责，存有一种以退为进的侥幸心理，乃发电蒋介石请给以"削职示惩"，随着将刘汉雄、何德隅、杨特生、陈继善等一干人等拟定处分报蒋。殊蒋介石就借势以"难以再事姑容"，将田本兼各职撤去。以该军副军长孙震戴一顶"戴罪图功"的帽子为蒋介石在田颂尧手里接过了部队。当田颂尧撤去了军长，孙震将上台接替他的时候，刘湘也派出要员王蕴滋携带巨款，潜到潼川来拖这支部队。田颂尧自己也暗中做了许多巩固部队工作，以图再起。结果还是让蒋介石把孙震收买了过去，田颂尧也就不得不交出部队，悄然下台了。

（张则荪 整理）

田颂尧部参加"六路围攻"红四方面军的江防被突破战斗

徐伯威[*]

田颂尧独以第二十九军对川陕革命根据地的红四方面军实行三路围攻遭到失败后，剩下的部队，担负着沿嘉陵江上自广元，下至南部、仪陇的漫长防线，实难自保，他曾致电蒋介石，请求辞去其"剿共"督办职。蒋虽未复电照准，但在1933年夏就已正式任命在四川军阀混战中获胜而实力最强大的刘湘为四川"剿总"总司令，并分令川军各部统受刘湘指挥，担负对川陕边区红军的"围剿"任务。

一、田部继编入刘湘"剿总"第二路军

刘湘乃于1933年10月4日在成都就任并召开"剿共"军事会议，提出了"围剿"计划，组成六路"剿共"军，以邓锡侯、田颂尧、李家钰、杨森、王陵基、刘存厚分任各路军的总指挥。并扬言在3个月内完成"剿灭"川陕边区共军的计划。如此部署完结后，除刘文辉的第二十四军因被刘湘部击败已退入西康，未参加"围剿"外，全川其余各军奉命出动到前线与红四方面军交锋的第一批部队，就有15万以上的兵力，仅在东线绥定（今达县）地区担任主攻的第五路军即王陵基所率刘湘嫡系部队，就有30多个团，号称5万之众。

---

[*] 作者当时系第二十九军独立师政训处处长。

开初，红四方面军因把大部分兵力，用在对付刘湘的主力第五路军王陵基部，从而使第二路军田颂尧部的正面压力得以大大减轻。同时，因第一路军邓锡侯部，接替了广元、昭化之线的作战任务，又使田军的正面负担缩小了。而田军的右翼，又得到第三路军李家钰部的倚托。于是田颂尧才稳住了脚跟，缓了一口气。他于10月中旬由成都返回潼川（今三台）军部后不久，便召集该军将领具体策划，一面整顿部队，调整部署；一面指挥所部小心翼翼地向前推进。田军从南部县城渡过嘉陵江，经恩阳河，转两河口、大河口，直到通江县属的陈家坝，没有发生大战斗就占领了一条弯弯曲曲长达三四百里的狭长地带，就连恩阳河这个比较大的集镇和两河口、鹰龙山、乌龙垭这些比较险要的地方，也没有经过什么大的战斗就顺利地占领了。但是，红军还没有放弃的仪陇、巴中、南江、通江等4个县城，就一处也没有为田军所占领。

1934年夏天，红四方面军已经远远离开阆中、南部的嘉陵江沿岸。田颂尧便从潼川（今三台）先到盐亭，再到南部县城，设立了他的第二路军总指挥部。当时，孙震没有同来，而且原先3个纵队的指挥官——所有资深的师长们，一个也没有再派到前线。以后只命令投归田军不久的独立师师长刘汉雄，在那个狭长地带里担任前敌指挥官。在此期间，我曾被田颂尧派到前方刘汉雄的师部去任政训处中校处长，刘经常向我或当着我面向他的旅长张汉中、杨修聿等人发泄不满，埋怨田对部属不公平，其亲任师长一个都不派到前线，却派令他来卖命，把队伍打垮了又不给补充。尤其是有一天在通江陈家坝，刘又当着我和另一个新投田军不久的第五路司令王志远的面，大骂田军第一师师长董宋珩自从同红军作战以来，就一直不在部队里，还没有听见过枪声。当时田军内部将领之间的矛盾，如此可见一斑。

二、田部嘉陵江防线被红军突破

1934年8月，田颂尧的第二路军，在红四方面军打垮进攻万源的第五路军（此时，唐式遵已接替王陵基任总指挥）之后，随着其他各路军的总崩溃，而退守嘉陵江以西，在沿剑阁、苍溪、阆中、南部等县的西岸布防。只有尚在控制的阆中县城是突出于嘉陵江东岸的一个桥头堡，由陕军归属田军的第五路司令王志远部防守；剑阁境内是由独立师刘汉雄部防守；苍溪境内由第三路司令何德隅部防守；南部境内由第一路司令李炜如部防守；剑阁以上依托着第一路军邓锡侯部，南部以下则倚托着第三路军李家钰部。

这时，刘汉雄又派我到何德隅处去当联络参谋。何的第三路司令部设在苍溪境内的东岳庙场上，该县县长杨廷哲从失陷的县城逃跑出来后，也把县政府设在这个场上，我就住在杨处，每天同何德隅在一起研究苍溪境内这一段嘉陵江的防务。

我曾经两次同何德隅部的第二十旅旅长陈继善一道视察境内的嘉陵江西岸防务，指示江防部队修筑碉堡等防御工事。何、陈二人以及何部第二十一旅旅长杨特生、参谋长黄尚言和我，都一致认为：这一段嘉陵江的西岸都比东岸高，而且江边除了零零落落的、狭长的、面积又小的一些河滩地段外，都是地形复杂的丘陵地区，易守难攻。我们分析：如果红军要从这一段强行渡江，首先就要暴露在我军居高临下的碉堡群火网之下；而在渡江之后，又必受我方瞰制。他们要运动于复杂而不易展开的丘陵地带的碉堡群面前，对我军进行仰攻。这对当时武器装备还很简陋的红军之作战是很不利的。因此，判断红军决不会出此下策，认定我们只要把碉堡工事搞好，便可万无一失。于是，便由我等亲率派遣人员去到阆中县城前面十里的龙盘山，参观学习王志远部构筑的碉堡工事，返回苍溪后即按照此模样，在本县境内的嘉陵江西岸修筑碉堡群，并且自认为修得很满意，对此段江防也就感到很放心。

何德隅同我们还错误地判断：嘉陵江是不能徒涉的，红军又没有渡河器材。这一段江中原有船只，都已被我部弄到西岸和下游去了，有的甚至烧毁了，东岸并没有渡河工具。而且，红军必须有很快就能渡过一两团兵力的大量船只才能过江。认定红军绝不会有这样的渡河能力。但出人意外的是，万没有料到红军竟已在远离嘉陵江东岸数十里路的地方，大量地造船，准备强渡。

何德隅同我们最感到恼火的是，得不到东岸红军的真实情报，派出侦探转来回报的东西，也不敢轻信。无法正确判断敌情，怎能制定好防守计划，例如：有一次我们得到消息说，红四方面军的总指挥徐向前已到达苍溪县的江东岸，但是难于判断真假，为了怕惹麻烦，根本不敢据以上报。

奇怪的又是，陈继善同我在江西岸沿线视察时，用望远镜向江东岸隙望，也从未发现红军的踪迹动静。有一次，我们到与苍溪县城隔江相对的庙宇中去，沿着去江边的路下坡，边走边指点红军占据的县城中那几面迎风飘扬的红旗，而城内却静悄悄的。但当我们从庙宇回头走上坡路的时候，县城边忽然出现大约一个班红军的步枪火力，集中向我们射击，子弹打穿了陈继善的棉大衣，幸未负伤。因此，我们又判断：县城中并没有多少红军，否则，定会有很大火力向我等连续射击。

由于始终弄不清红军真实的动向，我们竟借靠求神拜佛来"麻醉"自己。何德隅曾同我们在离东岳庙场上不远的关帝庙里，设过一个神坛，请了两个道士来扶乩，恳请关圣帝君、观音大士、玉皇大帝告知红军的情况，指示对付红军的办法。而乩笔上总说什么："红军要失败，要消灭，不会来。"因此，我们对这段江防更放心了。担任指挥官的何德隅，便准备在1935年2月间春节前后回成都娶姨太太。他同我到神坛去求乩时，乩笔上又说什么关圣帝君临坛，赐了何一首诗："跨骑赤兔下南天，嘉陵江边好清闲，将军各自放心去，红萝帐内戏婵娟"。何德隅喜欢得哈哈大笑，立即打电报向田颂尧请假回成都，田也立即批准；并指示把所负江防任务，交由刘汉雄一并指挥。这样，刘既指挥自己剑阁境内独立师的张汉中、杨修聿两个旅，又指挥苍溪境内何德隅所部的陈继善、杨特生两个旅。

正当何德隅在成都放心大胆地欢娶姨太太的时候，3月28日，红四方面军就在他的第二十旅旅长陈继善部防守的正面东岳庙地区塔子山一段，突破了嘉陵江防线。陈起初以为是小股红军渡过江便竭力抵抗，万没料到渡江的竟是红军一个团以上的兵力，他的小腹在作战中负伤，全旅部队被击溃。接着红军大部队一举渡江，扫荡我军，所有在沿江布防的川军部队都抵挡不住而向后奔逃。红军乘胜猛追败退的川军，最终取得了向松（藩）、茂（汶）、汶（川）、理（县）等县西进，与中央红军会师开始长征。

三、田颂尧被撤职下台

红四方面军突破第二路军嘉陵江防线时，田颂尧正在其潼川（今三台）军部，眼见所部防线崩溃而无总预备队增援，大有坐以待毙之势，不得已乃急电蒋介石和刘湘求救。当时蒋在贵阳，刘与蒋之驻川参谋团主任贺国光（字元靖）在重庆，他们接到田军溃败的电讯时，正在策划如何进一步处置田颂尧。当时，蒋介石嫡系势力刚渗入多年被地方军阀封闭割据的四川，拟运用所谓中央权力实施惩罚，以树其威信。

在此之前，蒋介石就曾发出电令，谴责第二路军总指挥田颂尧。电文曰："苍溪（指县城）失陷，该总指挥田颂尧督饬不严，着记大过一次，并将守城长官查明从严议处，呈报核夺，以为战守不力者戒！"

殊不知，田颂尧刚受这次处分之后才半月，又发生了所部在嘉陵江苍溪段防线被红军突破的重大事件。蒋介石便借此大做"杀鸡吓猴"的文章，即于1935年4月2日，发出严厉的电令：

"查嘉陵江向称险要，阆（中）、苍（溪）、南（部）一带原属第二十九军防守地段，一年以来，迭次通令构筑碉堡，加强工事，严密布防，以遏残余'徐匪'之窜扰，不啻三令五申。该军负责守御，经年靡饷实钜。复以救国救乡之大义，应如何激励军心，力图报称。该军防守不严，'徐匪'一部遂于二十八日（三月）晚突破嘉陵江，继复作战不力，使苍溪、阆中、南部守军亦竟先后撤退。弃篱藩而不守，陷人民于涂炭。实属玩忽命令，贻害地方，断难再事宽容！该兼川陕边区'剿匪'督办、第二路军总指挥、第二十九军军长田颂尧，着即撤职查办！副军长孙震辅助不力，记大过两次。着令孙震暂率第二十九军，戴罪图功。此次该军失败负责诸将领，由孙震查明呈报，以凭分别议处！该军现在收容若干，着孙震速即整理改编，秉承刘总司令湘指示办理具报。仰即转令一体知照。中正手令。"

事前，田颂尧本已料到自己将有被蒋介石用以惩戒川军将领的下场，便赶快在3月29日就急电其驻重庆代表李蕴鼎，急向刘湘求救。30日晨至午，李即到李子坝刘公馆求见三次，均被侍从人员婉言拒绝。最后，李怒形于色地说："见也要见，不见也要见，非见不可！"并将名片摔于地上。侍从不得已而报知刘湘。刘始延见，但在不愉快的气氛中，未能深谈。次日午后，刘湘始复见李蕴鼎说："我已将你们的意思转达给贺元靖，他表示只能听候委座处理！似无折中余地。"李说："甫公何不马上就以总司令的命令处理！"刘说："委座马上就要从贵阳回来，他要亲自处理……"刘所说的已转知贺的意思，就是要保全田颂尧和第二十九军。但是过了一天，即4月2日蒋介石便发来了前述那个手令。

1935年4月4日早晨，设在潼川（今三台）县城草堂寺的第二十九军军部，召集处长以上军官开会，孙震到场宣布："军长这两天有病，命令我暂时代理他。"接着他就离开了，但会议桌上丢下一张纸单，大家面面相觑了几分钟后一看，才知是蒋介石的电令，田颂尧已被撤职查办，整个军部立即被愁云惨雾所笼罩。当日午后，军部上校秘书雷雨琴前往斗坡子街田公馆探视，直奔田寝室，田正患腹泻，相对黯然，雷挥泪劝慰而退。一月之后，田颂尧回到成都，送了一院大公馆给他的同学、当时任蒋介石侍从室一处处长的晏道刚，使问题得以初步缓解。继又央求何应钦、顾祝同和刘峙……等保定同学庇佑，向蒋求情，希望免去"查办"二字。不久，蒋介石才又召见了田，委了他一个国民政府军事参议院上将参议的空头官衔，从此结束了他几十年的军旅生涯。

第二十九军部队即由孙震负责率领整编，一月之后，蒋介石遂任命孙震为整编后易名的第四十一军军长，军司令部设于绵阳。

田颂尧部的嘉陵江防线崩溃略忆

吴仲勋[*]

　　1935年春初，在四川东北部川陕革命根据地的红四方面军，逐渐挥师向西转移，迫近川军嘉陵江防线，有欲渡江继续西进到川康边境，与长征北上的中央红军会师之势。

　　当时蒋介石为了遏阻两路红军的会师，并妄图在四川境内消灭红军，除亲自指挥其中央军薛岳等部对中央红军进行尾追不舍外，并令四川"剿总"总司令刘湘指挥所属各军，严密防阻红四方面军突破嘉陵江防线。刘湘奉令后，亲自部署指挥这一防堵战役。他分令川军邓锡侯、田颂尧、李家钰、杨森、唐式遵等部，在长达1000余里的嘉陵江沿线，分段布防。即是：以自己的第二十一军潘文华部进驻南充，指挥所部及李家钰、罗泽洲部，担负嘉陵江右翼地区从南充起经蓬安至南部新镇坝一线的防御任务；第二十九军田颂尧部，担任嘉陵江中央地区从新镇坝起经南部、阆中到苍溪一线的防御任务；第二十八军邓锡侯部，担任左翼地区从苍溪至广元以北一线的防御任务。各军部队随即遵令分别到达指定地点布防完毕。

　　我是田颂尧部的第二十九军军事政治学校毕业生，在这次防守嘉陵江时，任田军第二师曾宪栋部的连长，始终参加了第一线防御战役，现就回忆所及，如实追述：

　　* 作者当时系第二十九军第二师的连长。

一、田军的防御部署及兵力配备

田颂尧的第二十九军所担任的嘉陵江中央地区防御阵地,正面宽大约60公里,南起南部县新镇坝,沿江北上直至广元县以南。所配备的防守兵力,共计约5个师,相当于10个旅,有官兵3万人左右。从前沿阵地第一线到军预备队,纵深大约5至10公里。第一线预备队及军总预备队的兵力,大约4个旅,共有1万人左右。防御地区和部队的分布如下:

右地区防御正面:从南部县所属新镇坝,沿石河场、盘龙驿、燕子矶、南部县城到阆中县以南,主要由第一师董宋珩所属曾启戎(甦元)旅和吕康旅及第一路司令李炜如所属莫树新团和汪朝濂团担任。此地区预备队,由马骧张等部所属的4个营担任,位置于盘龙驿附近。

中央防御正面:从南部县城以北,沿阆中城东10余里之梁山寺、梁山关(蜀汉时阆中守将张飞大战魏将张郃于瓦口隘的遗址)、双山桓、大元宝山至蟠龙山一线,分别由第二师曾宪栋(南夫)所属马泽旅之刘佑成团及杨熙团和第五路司令王志远之张宣武团及魏书琴团担任。此地区预备队由特科司令李景骅之王龙文团担任,位置于阆中城东到梁山关大道附近。

左地区防御正面:从阆中蟠龙山以北,沿苍溪县城,六博垭至广元县以南一线,分别由第三师罗迺琼所属万选青旅及薛廉身旅,与第三路司令何德隅(瞻如)的两个团担任。此地区预备队,由独立师刘汉雄部担任,位置于苍溪县以西。

这三个地区防御阵地,均在嘉陵江以东绵亘的大山地带,背临江水,浮桥可渡,前线工事,构筑坚固,阵地前沿及各前哨阵地、副防御及交通壕均构筑完善,照明设备亦普遍敷设。同红军交战前,均由军部派出视察组分别查勘,自认为固若金汤,万无一失。

军部总预备队,由特务司令田泽孚旅之宋培根、邱玉成两个团及第三游击司令韩国柱所属之田重耕等3个营担任。位置于嘉陵西岸之锦屏山附近,机动增援。

此外,由盐事至金山铺道上,还派有陈宗进旅及特科第一团张厚培团,做军后方预备部队。

王志远部，原系冯玉祥旧部的一个旅，蒋、冯、阎战争中冯遭失败以后，这个旅远在汉中，改隶田颂尧部。王志远被委为第二十九军第五路司令，下辖两个团，兵员充足，战斗力强，平时训练严格，大刀队及神枪手排，直接掌握在团部，阵地构筑采取碉堡群组合，士兵炊爨以班为单位，生活较好，纪律严明。当时王部蜚誉川军，刘湘特令所属各军组织参观团到蟠龙山王部阵地视察学习，并效法王部的士兵生产组织（如织毛巾组、军鞋组、缝纫组、园地生产组），加以推广。

二、田军的嘉陵江河防被红军突破经过

1935年3月，红四方面军总指挥徐向前亲率主力部队，由巴中出发向苍溪前进；同时以司令员何畏（红九军军长）、政委张琴秋率领左翼红军部队，以牵制川军，策应主力红军渡江为目的，向阆中方向前进。据我方探悉，这支红军纵队在到达阆中城东距梁山关、双山垭前线约10至15里之滥泥沟后，设立了前线指挥所。他们采用扰乱、佯攻之战术，立即对田军马泽、王志远两部防御阵地发起猛烈攻击，并进行夜袭。其阵地宣传鼓动，也是夜以继日，不稍停歇。红军曾于一个夜间，偷袭梁山寺成功，占领了马旅杨熙团顾学渊营第三连连长邹爵右支点的高地阵地。继因我奉命率本连部队去增援反扑，红军则又放弃所占高地阵地，遂使我方得以复占。接着，红军连续向双山垭刘佑成团第一营张清海阵地，发起攻击，相持两昼夜；同时又在大元宝山及蟠龙山王志远部阵地前反复争夺，但均未奏功。以后前线一带突趋沉寂，当时我防守官兵均感迷惑不解。不料军部突来命令，要王志远、马泽两旅，火速通过阆中嘉陵江浮桥向西撤退，到盐亭金山铺待命；同时令罗迺琼师占领阵地，对苍溪方面，严密扼守，以掩护何瞻如旅及刘汉雄师的溃兵残部向河西撤退。直到此时，我们才得知红军主力，已于昨夜突破何瞻如部所守苍溪六博垭阵地后，大举渡过嘉陵江，正向江东岸的苍溪、广元两翼席卷前进，扩张战果。

田军嘉陵江河防失守以后，除将罗迺琼师留置于阆中外，鉴于红四方面军主力已向广元、青川方向挺进，军部始命令前线各师，陆续撤退至盐亭、秋林驿、潼川（今三台）、射洪、绵阳、江油、安县、北川以至松潘

等县，尾追红军，一步一趋，虽始终保持接触，但从未再发生战斗。田颂尧本人则颓丧地回驻潼川（三台），因有失守嘉陵江江防阵地之责，心中恐惧如焚，静候蒋介石和刘湘对他的处置。

四川"剿总"第三路军在"六路围攻"中

熊玉璋　陈启鸢　罗时英　何蕴伯　奉伯常　整理[*]

第三路军的兵力、任务和部署

四川边防军总司令李家钰和新编第二十三师师长罗泽洲，原为第二十八军军长邓锡侯的旧部，割据川北遂宁、南充等10余县。因军阀互争雄长，李、罗先后失利（罗在南充被部下扣押，李在遂宁被刘文辉进攻），促成溃败，投附刘湘，得到刘湘的扶植补充。1933年，刘湘联合其他军阀击败刘文辉时，李家钰的部队已恢复为6个混成旅（18个步兵团）驻防遂宁、安岳、潼南、资阳、新津等县；罗泽洲已有部队3个旅另两个独立团（共11个步兵团），驻防资中。两部共有人枪4万余。

刘湘发表李家钰、罗泽洲为四川"剿总"第三路军总、副指挥后，即命其率部由遂宁、资中出发，开赴营山、蓬安前方，配合各路进攻红军。第三路军的进攻任务是：第一期，收复仪陇、巴中；第二期，合攻通江。粮饷、兵源，则各就防区筹集。"剿总"负责作战临时费和弹药补充，并拨路易式轻机枪一连（16挺）和八二五迫击炮一连（8门）受第三路军指挥部指挥。

李家钰、罗泽洲受命后，都感激刘湘对他们的提拔之恩，尤其是李家钰原是邓锡侯的部下，快垮台时去投刘湘，现经刘湘提来与邓各任一路指挥，意颇自得。李曾对人说："我们是快死的人，是甫公（刘湘号甫澄）用洋参水灌活的。"李、罗都愿出力卖命，但又恐惧红军威力（红军在柳

---

[*]　熊玉璋当时系四川边防军旅长。陈启鸢当时系四川边防军旅长。罗时英当时系四川边防军第三混成旅第九团团长。奉伯常当时系第二十八军副团长。

林溪击溃第二十九军进攻后，川中各军无不震恐），不敢全部前往，怕被歼后没有翻身的资本，存有保存实力的打算。李部6个旅，只派第一、第三、第四等3个旅到前方作战，第二、第五、第六等3个旅在后方整训。罗部3个旅虽然都带去了，但抽出了他的女婿叶德明、妻弟王凤楼两个团在后方做基干，并成立新兵训练处，四处抓兵，准备补充。至于李、罗两人分任三路正、副指挥，由于相互间的矛盾（李吃过罗泽洲的部队），实际上也是互不相信，各据各的，命令既不统一，行动更难一致。

第三路军的进攻和溃败

1. 进攻仪陇、巴中和通江的概况

李家钰、罗泽洲两部先后于1933年10月下旬分别由驻地出发。李家钰率四川边防军第一、第三、第四混成旅9个团和指挥部直属护卫大队，以及"剿总"配属之路易式轻机枪一连（缺一排）、迫击炮一连（缺一排），约有官兵16400人，由安岳、遂宁出发，经南充渡嘉陵江向营山前进。到达营山之丰窦场后，停止了一个星期，闻营山红军已向仪陇撤退，第四路军杨森部已进驻营山县城，乃推进至营山之回龙场，右与第四路军联系，左与罗泽洲部联系。同时，李部在福元场、高观山一带构筑工事，防止红军反击，并准备进攻。罗泽洲率新编第二十三师第一、第二、第三旅（缺第二团叶德明、第五团王凤楼）和独立第一、第二两团共9个步兵团及师直属重机枪营、手枪连，加上"剿总"配属之路易式轻机枪、迫击炮各一排，共约官兵15000人，由资中出发，经遂宁、南充，前往蓬安徐家场集中，右与李家钰部联系，左与第二路军联系，做进攻准备。李、罗两部先后于11月上旬到达营山、蓬安攻击准备位置后，李部利用蓬溪、南充匪首何志远联络当地袍哥土匪组织"剿共"游击队，配属给各旅（每旅约一连人），在部队先头和侧翼活动。罗部则利用"红灯教"组织的"神兵队"，在部队的先头和侧翼活动。这两种封建会道门的武装，对人民生命财产的损害，比之军队还更甚。

第三路军的任务，最初是配合第二路军进攻仪陇、巴中和会攻通江。李、罗两部到达前线后，即行筑工事防守。到1934年1月"剿总"连电催促，其他五路均已开始进攻，并闻仪陇红军已向鼎山、玉山方向撤退，李、罗两部才开始向仪陇推进。李部以第一混成旅(旅长李青廷)3个团附机枪一部为右纵队,经三溪口、龙凤场向鼎山推进;以第三混成旅(旅长李宗昉)3个团附机枪一部为左纵队,经六合场、龙背场向玉山推进,右与第四路军联系,左与罗部联系;第四混成旅(旅长陈绍岭)3个团和护卫营为预备队,随指挥部在两旅后面跟进。约在1月12日,右纵队之刘吉平团尾追红军,在鼎山附近高地,突遭红军掩护部队猛烈反击,激战约半日,刘团伤亡官兵300余人,全团溃退,红军猛追,经左纵队唐焕昭团尽力掩护,才避免被全歼。红军于痛击刘团后,又从容向巴中、通江方面撤退。李部受此重创,以后尾追红军,均不敢迫近,总是确知红军走后,才敢前进。随着探知当面确无红军,李部才推进至梁永河、三河口、猫儿垭之线,与红军隔河相持。及红军后撤,又闻左翼罗泽洲部已抵巴中,李部乃又推进至复兴场、曾口、甘泉场一线,与红军相持。此时左纵队罗时英团在甘泉场山地遭红军夜袭,拂晓撤退,损失不大。至4月份,红军撤至龙城寨、石垭口,因地势险峻,李部未敢进逼。随后红军撤退,李部才经清江渡推至龙吼山、凤凰垭、金字山等地与红军相持。经过月余时间,红军又主动退守通江背后高地一带。约至6月中旬,李部才经沙牛坪、杨柏河、板凳垭推进到恩哥嘴(即鸣盛场)、渡头铺、胡家坪、方山寨至通江河附近,筑工事防守。此时已与罗部在猫儿垭的部队取得联系,李部由营山回龙场至恩哥嘴、通江河。整个进攻过程,除尾追红军在鼎山一度受到打击外,一般都是红军退了才进,沿途偶与红军小部队有接触,并无激战,因之全部不过伤亡官兵四五百人。到通江河后,即未前进,其时第五路军正进攻万源。

罗部与李部同时于1934年1月5日开始会同第二路军李炜如部向仪陇、巴中进攻,右与李部联系,左与第二路军联系。李炜如观望不进,罗泽洲为了邀功和多占防地,乃电请"剿总"总部批准由该部单独进攻仪陇。罗部进攻时,是以第二旅(旅长王之槐)为右纵队,经复兴场向仪陇进攻;第三旅(旅长王蜀铮)为左纵队,经双河场向仪陇进攻;第一旅(旅长马乐南)和独立团为预备队。罗部向仪陇进攻时,仪陇红军早已撤退,罗部熊飞团进占了仪陇城后高山金城寨,只与红军少数掩护部队小有接触。时第二路军李炜如部乘虚进占仪陇县城,委派了县、局官吏,熊团不服,乃在城后高山打枪,伪装红军反攻,第二路军进城部队以为真是红军反攻,遂携县、局印信弃城逃跑。于是熊飞又进入仪陇县城。因此,第二、第三两路军就演出了所谓收复仪陇县城的争功的好戏。

罗部进占仪陇县城后，3月初又经兴隆场、磨子场、明杨场、猫儿铺、恩阳河向巴中推进，沿途与红军只有小接触，即进占巴中，随向通江推进。约3月中旬，罗部只在巴中前方向庙场、士林场之间的方头寨和鼓楼山，与红军打了一仗。左纵队第三旅第九团梁宪培攻方头寨，第七团王光铸攻鼓楼山。当面红军是红九军的第七十九团和第八十一团，激战两三个钟头，红军向后引退，梁、王两团占领方头寨和鼓楼山两处阵地。是役梁团伤亡官兵100余人，王团帅开全连长被击毙；伤亡士兵60余人。罗部遂继续向通江推进，约在1934年6月上旬，罗部经新场、中兴场、柳南坪、白庙子等地，推进到通江之马家坪、猫儿垭、穿云洞、铁匾山、柳岗坪之线，即停止前进，筑工事防守，右与李部、左与第二路军均已取得联系。

2. 由通江、巴中溃回营山、蓬安概况

李、罗两部进至恩哥嘴、小通江河、马家坪、猫儿垭、铁匾山、柳岗坪等地时，正是红四方面军集中主力在万源击溃第五路军的进攻时期。红军回兵西向，横扫各路军。第四路军杨森部随即溃退；第三路军罗部铁匾山阵地于9月2日被红军攻破，李、罗两路相继溃退。约9月3日李部沿白杨河、沙牛坪、板凳垭左右道路向龙吼山方向退却；右纵队退至沙牛坪被红军腰击，激战半日，伤亡惨重，戴团张营全部被歼，引起各部混乱，仓皇溃退。李部经龙吼山、新庙场、官山寨、曾口场，渡梁永河、三江口昼夜兼行，红军在后猛追，沿途又遭赤卫队袭击，秩序大乱，损失很大。李部退至郑家梁以北之粉壁场、丝连场、清江渡、碧玉山、马鞍山之线时，曾与罗部取得联系，企图利用预备队尽力掩护，占领阵地，阻止红军。殊不知红军乘夜突击丝连场左翼李部刘吉平团与罗部衔接阵地，迫使罗、李各部向主阵地败退。李部得总预备队尽力掩护，于9月中旬经三江口、梁永河、鼎山、悦来场、观音河直退至仪陇属之二龙场和营山属之天池场，距红军已远，才停止下来收容整顿，直至是年年底。

罗部在通江属之马家坪、猫儿垭、铁匾山、柳岗坪之线，与红军隔河对峙。铁匾山胡团阵地于9月11日被红军攻占后；全部望风披靡，未经战斗即放弃了巴中，16日又放弃了仪陇县城（蒋介石以罗不战而失两城，予以撤职查办，戴罪立功的处分）。罗部溃退时，曾在郑家梁以北丝连场、清江渡之线，与李部联防，企图阻止红军追击，被红军夜袭丝连场以北两军接合部阵地，突破缺口，席卷两翼，罗部即昼夜奔逃，红军在后尾追，沿途又遭红军便衣袭击，损失人员、武器不少。罗部退至蓬安境内后，红军停止追击。约在9月中旬，罗部才扼守天宝寨、凤凰寨、青云寨、云雾寨之线收容整顿部队，直至次年2月。

1935年2月初，仪陇红军后撤，"剿总"指示李、罗两部，谓红军主力北向陕西，饬第三路军配合友军相机收复仪陇、巴中。李家钰部行动稍迟；罗泽洲为了争取立功赎罪，奉命后立即行动，亲率所部进攻仪陇北左苍溪以右地区。罗部于2月8日推进至方头寨、玉盘山、凤青山一线，左与鸡山梁之第二路军李炜如部取得联系；右翼一旅（旅长马乐南）在九节梁、八角寨之线；左翼第三旅（旅长王蜀铮）在方头寨、玉盘山、凤青山之线；旅部和第七团驻方头寨，第八团驻玉盘山，独立第一团（团长罗少辉）驻凤青山右侧，第九团驻凤青山，第二旅（旅长王之槐）为预备队，与师部同住两旅后方的石滩口。罗部原准备次日全线向当面红军进攻，谁知是夜红军猛袭凤青山阵地，第九团尽力顽抗，右翼独立第一团不支向后溃退，阵地右侧出现空隙，红军大部突入缺口，向两翼阵地席卷包抄。第九团正、右、后三面受攻，团长梁宪培率部边打边向左边撤退，企图向左侧鸡山梁第二路军阵地靠拢。殊不知第二路军李炜如的部队早已撤走，鸡山梁前后高地已被红军占领。山上红军猛烈下压，后面红军包抄上来，梁团全部被包围于鸡山梁的山腹和山脚。激战两个小时（约在2月9日午前）全部被歼。团长梁宪培、第二营长邱泽维自杀；第一营长杨覆宇、第三营长骆州伦、团附雷少卿等均被俘。在第九团被歼的同时，王蜀铮旅长派第八团由玉盘山前往增援，增援部队在中途即被红军围攻，全团亦被击溃。第二营营长曹志文率队抵抗，当被击毙，官兵伤亡逃散三分之二。是夜罗部全线撤退，红军在后面猛追，又从侧翼分割包围。第一团在九节梁、第六团在玉盘山、第七团在玉盘山左侧，均被红军包抄，沿途制高点多被红军占领，四面八方都受到红军和赤卫队的攻击。罗部始而交换掩护撤退，且战且走，继而建制打乱，指挥失灵，终于溃不成军，官兵争先恐后地逃命，全部溃败下来。尽管罗泽洲亲自督战，枪杀了第八团溃败的两个连长，还是约束不住拼命奔逃的官兵，直溃逃至蓬安的丝家场附近，才停止下来进行收容和整顿。至此，前方任务即由李家钰部接替。罗部之第九团全部被歼，第八团损失三分之二，第一团、第七团损失二分之一，第六团、独立第一团损失三分之一，全部伤亡逃散官兵在5000人以上，械弹物资损失很大，已溃不成军，全师失去了战斗力，以后即已不能担任作战任务了。

李家钰部在罗部后两天出发，向仪陇和仪陇以右地区进攻，在黄家梁与红军小部队接触，红军撤退；右翼第一旅推进至仪陇右前方的兴隆场，左翼第三旅和第四旅一部未经战斗占领仪陇县城。第四旅（缺一个团）为预备队同指挥部进驻日兴场。闻罗部进攻失败，各旅停止前进，即就兴隆场、高家河、大石块、仪陇城一线构筑工事设防，严密戒备。在2月11日晚间，红军一部向右翼第一旅兴隆场阵地进攻，李部守军据险顽抗，激战两个小时，红军自动撤退。同时红军大部绕攻后方日兴场、大丰场阵地，李部第四旅和护卫大队据工事顽抗，并飞调第三旅大部和第一旅李克源团回援后方，内外策应，经一昼夜激战，至13日拂晓前，红军全部撤退，是役双方伤亡均重。红军在猛攻日兴场时，兴隆场、高家河、大石块、仪陇县城附近均受红军攻击，李部依据工事抵抗，未被突破，红军旋亦撤退。李家钰重怕蹈罗泽洲作战不力撤职查办的覆辙，严令各部死守阵地，稳进稳退，战况紧急时，亲到前线督战，虽勉强稳住未垮，但官兵伤亡亦在1000人以上。仪陇附近红军经这次出击后，即全部撤走。李部随即在仪陇集中整顿。直至3月底红军渡过嘉陵江，李部才又西移灌县。

李、罗两部从进攻到溃败，伤亡逃散官兵共约6500人，其中罗部占5000人左右。

四川"剿总"第四路军在"六路围攻"中的经过

杨汉域　向廷瑞　向文彬　唐代才　奉伯常　整理*

1. 进攻时的概况

1933年10月中旬，第二十军军长杨森就任四川"剿总"第四路总指挥后，随即进行进攻准备。杨森首先把部队分为"进剿"、"整训"两部，轮流调赴前方，以免全部被歼。同时在营山、蓬安、渠县境内征集民工、砍伐树木、大修碉堡，以防红军进攻。一面扩大干部训练团，并办政治军事训练班，加强反共的政治教育和军事训练，以培养反共骨干，并派这些人在后方做反共宣传，期骗群众；把城区各县的教育局长、中、小学校长集中南充受训，灌输反共思想。此外，还加强保甲组织，"实行连保连坐"，并派该军"将校队"人员不断清查户口，一家有事，九家同坐。一面借"剿共"需钱为名，增加苛捐杂税，大量搜刮民财，单是田赋一项，1933年就征了12年的粮税，并把粮款征收标准，由原来的每一斗粮额征收2元6角提高为6元。在军事方面，首先是企图复占营山；其次是会攻巴中、通江。在10月下旬，杨森派该部的第三、第五、第六共3个混成旅为第一期"进剿"部队（第一、第二、第四旅和精练司令所部为整训部队），分别由渠县、营山、蓬安、广安等地出动，联络右翼第五路军王陵基指挥的范绍增部，左翼第三路军李家

---

　　* 杨汉域当时系第二十军第三混成旅旅长。向廷瑞当时系第二十军团务精练司令。向文彬当时系第二十军第五混成旅第十三团团长。唐代才当时系第二十军营长。奉伯常当时系第二十八军副团长。

钰部，向营山县城进攻。11月中旬，杨部第六混成旅（旅长罗润德）由周口向营山进攻，进至丰澄铺时，即遇据守该地的红九军部队英勇阻击，罗润德亲率所部猛攻数次，反复冲杀，仍不得逞，只得退下，筑工事对峙。这次激战，双方伤亡均重。是夜红军主动放弃丰澄铺阵地，撤出营山县城，退守新店场。第五、第三混成旅分别由渠县和营山境内花桥向营山县城进攻，在进攻中，均先后遭到红军部队有力打击，伤亡颇大，不敢再进，即在前线筑工事防守。有天晚上野狗从警戒线的草中经过，发生音响，哨兵惊问"是谁"，不答，打了几枪，引起全线慌乱，打了一夜枪，次日才查明究竟。这种自相惊扰的情况，当时传为笑柄。所以在红军撤离营山后，第二十军部队还是不敢入城。后由杨汉域（第三混成旅旅长）派他的"弁兵"唐时信等化装入城，探知营山城内红军早已撤走，11月21日，第三、第五两混成旅部队才先后进入营山县城。杨汉域随派部队向北搜索，试攻新店场红军阵地，仍被红军打退，遂在营山县城及附近地区筑工事防守。杨森在进占营山后，一面谎报战况请奖，一面把军部移回营山，表示固守。当时第二十军部队迭遭红军打击，各旅多已残破、军心极为涣散。旅长夏炯（第一混成旅）、杨汉域等目睹该部当时处境，深知士无斗志，如果再与红军作战，不异于以卵击石，自取灭亡；如向后撤退，又怕蒋介石、刘湘借机加罪，受到严惩，兼并部队。因此，杨部既不敢前进，又不敢后退，乃决定就地长期与红军对峙。夏炯随即秘密向杨森献策：为了保存实力，最好派人与红军秘密联系，要求"双方不打"，不仅可以保全实力，暂时苟安，而且可以让红军集中兵力专打刘湘的嫡系部队（王陵基指挥的第五路军），借以削弱刘湘在政治上和军事上的势力，还可以借此发泄刘湘、杨森之间争权夺利积累已久的私愤。夏炯这个建议，经杨森同意后，于1934年初，由夏炯派其旅部的副官长王一鹗化装潜往通江，会见红四方面军领导人陈昌浩、张国焘，达成了"双方都不进攻"的协议。陈昌浩亦派徐秘书（名字记不清了）前来密住夏炯旅部，担任联络。从此第四路军方面形势趋于和缓，几个月内双方仅以小部队看守原阵地，只间或打上几枪，并没有发生战斗。到了1934年4月，第三路军李家钰、罗泽洲的部队已先后占领仪陇，进窥巴中，这时杨森悍然撕毁了"双方都不进攻"的协议，增调其在后方整训的第四混成旅（旅长高德周）来到前方参加各路军向巴中、通江的进攻。4月上旬，杨森亲率第四、第五两混成旅部队向巴中所属之兰草渡进攻，第三、第六两混成旅在后跟进。第四混成旅旅长高德周率部先进攻巴河右岸兰草渡前方红军的前进阵地，当被红军英勇阻击，伤亡甚大，当即溃退下来。红军乘势猛烈反攻，第二线的第五混成旅杨汉忠的部队亦被痛击，该旅第十五团团长侯世光、营长王子才均被当场击毙，营长唐炳卿负伤，官兵伤亡1000余人，溃不成军，得到跟进部队的掩护，才勉强稳住阵脚，进行收容整顿。杨森亲率所部进攻，遭此挫败，只得改取守势，就地设防，筑工事防守。并经多方设法，与红军再次取得联系，重申"互不进攻"的前约，红军才主动撤过巴河左岸，杨部始得进至巴河右岸兰草渡左右之线，与红军隔巴河相接。是时双方除以小部队看守河防亦对峙外，杨森为了换取暂时苟安，达到保存实力的目的，曾命夏炯送给红军一些食盐和交换了一些物资（如用布匹、医药材料换取银耳、党参等土特产和银元）。到6月中旬，红四方面军主力东下万源，自动缩短战线，逐步向通江方向后撤。其时，第五路军范绍增师由三汇、江口向北推进，杨森的第二十军部队又于6月中旬配合范师向通江县城进攻。杨部在攻击前进中，沿途受到红军掩护部队的不断阻击，第五混成旅第十五团的营长戈厚培被击毙，官兵伤亡200余人，始达通江城外小通河右岸。旋因红军主动放弃通江县城，退守城后银顶包、三花顶等高地。范绍增师的周绍轩旅于6月21日先进通江县城，第二十军第五混成旅部队，随亦渡河入城，第三路军李家钰部亦有少数部队渡河入城，曾演占领通江三部争"功"的丑剧。随着第五路军暂编第二师彭韩部亦到。几日后范绍增、彭韩两师部队攻下通江城后银顶包红军阵地，继续进攻三花顶，但几次都被红军击退，即扼守银顶包，与三花顶红军对峙。嗣因范、彭两师奉命东调，增援万源战场，乃将银顶包阵地和通江县城的防务移交第二十军接替。当第二十军第五混成旅部队接防银顶包阵地不久，即遭红军猛烈攻击，官兵伤亡惨重，遂又退守通江县城，银顶包高地又被红军夺回。杨森以县城危急，乃急电范、彭两师派部队回援通江，经过一夜激战，又将银顶包阵地占领，并与第四、第五两路部队轮番会攻三花顶，企图占此要地，巩固通江县城，但三花顶的红军依江凭险固守，适时对进攻的各路军队进行英勇顽强的反击，使其每次进攻都遭到重大损失，三花顶红军的阵地始终屹然未动。以后范、彭两师部队东移，银顶包阵地和通江县城仍由第四路军接防。第二十军第五混成旅以主力扼守银顶包；建筑工事，与三花顶红军对峙，以其余一部守城。第二十军其他混成旅的大部则沿小通河右岸设防，右与第五路军部队联系，左与鹦哥嘴第三路军联系，与红军相持两月余，并无激战。

2. 由通江溃回营山概况

1934年8月中旬，红四方面军在万源境内击溃第五路军的进攻后（第五路军原是刘湘嫡系部队，"剿共"军的主力），回师西上，各路军望风披靡，防守银顶包阵地和通江县城的第二十军部队官兵，原来就怕红军进攻，及闻第五路军被红军击溃，伤亡甚大，更为恐惧，人人自危。8月底，红军猛烈进攻银顶包阵地，第二十军防守部队一经接触即放弃阵地，撤出县城，退至小通河右岸沿河防守。9月2日红军有力部队乘夜渡河攻破第三路军罗泽洲部的铁匾山阵地，歼灭守军胡用宾团，席卷两翼。防守小通河鹦哥嘴的李家钰部队于9月3日向后撤退。第二十军守小通河沿线部队，亦于9月3日晚夜经元山场向兰草渡溃退，只在兰草渡稍事收容整顿后，即撤回营山、渠县、蓬安等地区，依山凭险，筑工事防守。这次战役第二十军官兵伤亡约2500至3000人，连过去伤亡，共在6000人以上。

在溃败后休息整补时期，杨森前与红四方面军秘密协商"互不进攻"和同红军交换物资的情况，已渐为刘湘探悉。刘湘尤因王陵基、唐式遵、范绍增等第五路军部队被红军集中兵力痛歼的惨败，更恨杨森，遂以"私通红军"的罪名，密令当时驻南充的四川"剿共"总预备队总指挥潘文华用武力解决第二十军部队。当时在刘湘"剿总"作参谋的姜仲雍（原在杨森部当过团长）将上项消息向杨森密告，杨森甚为恐惧，急电该军驻京代表罗象翥多方设法向蒋介石陈情献忠。是年底，参谋团插足四川，夏派参谋长刘镛（骏鸣）驰往重庆，找贺国光秘密活动，请贺设法将第二十军转调到其他战场，以图避免被刘湘搞掉的危险。贺与杨原是清末军官速成学校同学，更重要的是执行蒋介石分化川军的既定政策，贺当即答应为杨森设法。时值中央红军北上已到贵州境内，贺乃以防堵中央红军入川为理由，于1935年春将第二十军全部由川北战场调到川南宜宾、雷波、屏山、峨边一带，摆脱了刘湘的控制，杨森也进一步靠拢了蒋介石。

四川"剿总"第五、第六路军进攻川陕 革命根据地万源地区的经过

范绍增　许绍宗　彭焕章　韩全朴　周绍轩　陈章文　整理[*]

1933年10月至1934年5月，四川"剿总"第五、第六路军向占据绥定（今达县，以下同）、宣汉之红军进攻，先后历时8个月，损兵折将，进展缓慢。1934年6月，该第五、第六路军伙同总预备军又进攻万源红军。到8月中旬，红军大举出击，势如破竹，该第五、第六路军节节败退，乃至全线崩溃，损失惨重，伤亡散失逾二万人。现将经过概况分述于次。

王陵基就任四川"剿总"第五路总指挥 后亟图收复绥（定）、宣（汉）

刘湘于1933年10月4日在成都宣布就任四川"剿总"总司令后，随即发表邓锡侯、田颂尧、李家钰、杨森、王陵基、刘存厚为四川"剿总"军第一至第六路军总指挥。红军占领绥（定）、宣（汉），第六路军刘存厚部被击溃。王陵基始则按兵不动，至此才率兵13个旅（包括路司令）共30余团，外加第六路军的两个师一个旅，以及机、炮、飞机（5架），总兵力约

---

　　[*]　范绍增当时系第二十一军第四师师长。许绍宗当时系第二十一军第三师师长。彭焕章当时系第二十一军第一师第一旅旅长。韩全朴当时系第二十一军第三师参谋长。周绍轩当时系第二十一军第四师第十旅旅长。

9万人,向红四方面军进行攻击。

王陵基于1933年11月1日就任第五路军总指挥(范绍增任副总指挥),除率领所属正规军外,还在梁山、开江、开县、万县、绥定、宣汉、城口、邻水、大行、渠县等县组织地方武装,并拟定第一步计划——收复绥(定)、宣(汉)。

一、组成两个兵团发动第一次进攻

王陵基以第二十一军第三师为基干,附第六路刘邦俊(刘存厚在绥定、宣汉溃败后已被撤职)就余部整补编成的第二十三军廖震、汪铸龙两师和范华聪独立旅计5个旅,及战地所辖之各县团队为右方兵团;以第二十一军第四师为基干,附第一独立旅与收编之游击司令徐载明部及战地所辖之各县团队为左方兵团。

右方兵团将开江附近红军击退后,即向宣汉城进攻;占领县城后,进出于普光寺、楼门口、罗文坝一带,企图将红军压迫于后河地带而歼灭之。

左方兵团将绥定南岸亭子垭、杨柳垭附近红军击退后,即向绥定城进攻;占领县城后,进出于土地堡、邱家堡之线,企图将红军压迫于巴河江陵溪地带而歼灭之。

两个兵团之作战地境线为亭子铺、罗江口、卜家场、马渡关之线,线上属于右方兵团。

全线开始进攻日期为11月1日拂晓。

右方兵团编为右、中央、左3个纵队:以第二十三军廖震、汪铸龙所属五个旅并指挥开江、开县、城口团队为右纵队;以第二十一军第三师(师长王陵基)之第七、第八两旅(旅长许绍宗、李树藩)附机、炮各一营为中央纵队,由许绍宗指挥;以第二十一军第三师之第九旅(旅长张邦本)暨独立团附机枪二连、炮兵一连为右纵队,由张邦本指挥;以各路警备司令所部为总预备队,集结于开江、普安场地区,准备随时加入战斗。

左方兵团编为右、左两个纵队:以第二十一军第四师(师长范绍增)之第十一旅(旅长廖开孝)、独立第一旅(旅长范楠煊)为右纵队,附机、炮各一连,由师部直接指挥;以第四师之第十旅(旅长周绍轩)暨游击司令徐载明附机、炮各一连为左纵队,由周绍轩指挥;以第四师第十二旅（旅长孟浩然）暨师直属部队及配属之机、炮兵营为总预备队，集结于石板店附近地区，准备随时加入战斗。

二、第一次进攻战斗概况

右方兵团：

右纵队　廖震、汪铸龙部由南雅场向三汇口红军阵地进犯，在中和场、大兴寨、大罗山之线经过两天激战，廖震部伤亡近千人，形成对峙状态。一周后，红军自动放弃杨柳关，廖、汪两部即进至该地。

中央纵队　第七旅许绍宗部由永安场、灯草坝之线向仁和场进犯，经过激战，红军撤走，许旅进占国太寨、虚岩寺、虾扒口之线。许、李两旅正面较广，王陵基又调警备第三路马云平部四个营增加于双河口、高板桥之线。旋红军集中大部兵力向永兴场附近之沙罐坪、吴家垭口等地猛攻，马部被击毙副营长一人，伤营长一人，官兵伤亡200余人。入暮红军撤去。红军另由回龙场方面向警备第二路雀二旦部进击，毙营长2人，伤亡300余人，被迫退守后方数里之狮子寨。入暮红军后撤，该部才进据宝盒寨、高板桥、红灯坡之线。次日拂晓，李旅李子猷团由右翼迂回金山寺红军之右侧背，各部又向当面红军阵地进犯，伺机进占回龙场，前线推进至天师观、泉水铺之线。

左纵队　第九旅张邦本部由檀木场、大石桥之线向盘石铺、亭子铺进犯，在柏树场、太平寨之线经过较为激烈的战斗，将该两地占领。该旅随即在太平寨、大石桥之线构筑工事与红军对峙。

左方兵团：

右纵队　第十一旅廖开孝部由木瓜铺本道向红军进犯，以第三十三团叶成龙部为主攻部队，叶团逼近杨柳垭与红军发生激战，红军旋向左翼之横梁子撤退，叶团占领杨柳垭，即向绥定河边急进，推进到河边。杨柳垭左撤之红军与横梁子之主力汇合后，向宝盒寨之饶团猛烈攻击，激战至午后二时，饶、叶两团伤亡过大，遂令饶团向卧牛石本道撤退，叶团向木瓜铺原来阵地撤退，并以预备队的廖团在卧牛石北端占领阵地收容。红军当即收复杨柳垭、横梁子、宝盒寨之原阵地带（是役饶团被击毙连长二人，官兵伤亡600余人。营长张孟斋被俘，事后乘隙逃回）。经过休整，又以范旅由木瓜铺本道进犯杨柳垭、上三清庙，同时以一部向右翼雷音铺方面佯攻，牵制红军增援；以廖旅由木瓜铺经卧牛石南进，向下三清庙、宝盒寨、横梁子进犯，另以一部向左翼高地天宝寨佯攻，隔断红军与横梁子的联络线。各军乘浓雾先接近红军阵地，然后猝然猛攻，自晨至午，受到红军还击，死亡枕藉，而杨柳垭、宝盒寨的红军阵地屹然未动。绕向雷音铺方面的范旅部队，也被红军截击，不能进展。其后范绍增即令范旅就原地暂取守势，另令廖旅增兵向宝盒寨猛攻，范旅并以机、炮侧击支援，激战至日暮，宝盒寨红军向横梁子撤退，廖旅即在横梁子与红军相持成对峙状态。

左纵队 第十旅周绍轩部由木子场、双唐场向滩河、申家滩、木头石前进，沿途只与红军少数游击队接触，得以迅速推进到绥定河南岸，由第二十九团谌克纯部担任木头石河防。11月3日上午，红军约两个团抢渡，该团凭河据守，激战3小时后，红军停止攻击。

范绍增以全线无任何进展，乃决定渡过渠河，进攻三汇，夺取由巴河进窥绥定侧背的滩头阵地。11月17日晨攻击开始，利用团队偷渡，将渠河东岸之三角寨占领，拂晓以第三十团刘克用部全力抢渡，午前占领三汇。红军于11月20日分四路反攻：一由土溪逼近肖家寨；一由水口逼近园寨子；一由涌兴场逼近宿汇寨；一由三角寨逼近白坝楼。各约1000余人。攻势甚猛，激战至夜，水口、土溪两路的红军撤退。次日，涌兴场、白坝楼方面的红军亦撤走，周旅第二十八团高鹏部进占涌兴场，即就地筑工事防守。

三、各军经过整补再做第二次进攻

第五路军自11月1日开始向红军进攻以来，由于受到红军的反击，伤亡较大，至11月20日后，全线遂成对峙状态。此后王陵基积极从事整补。同时侦悉当面红军为第四、第九、第十、第二十三、第二十九共5个军，总兵力约4万人，再加上王维舟率领的川东游击军，当在5万人左右，作战过程中可能消耗兵力1万人左右。又据空军侦察，红军部队连日调动频繁，大批辎重纷向通江后方移动。又探知在川、湘、鄂边境的红二、六军团，已转移湘南，似无与红四方面军会师迹象。王陵基据此判断，目前红四方面军不可能向下川东进取，可能是陈兵绥定河南岸，巩固绥定、宣汉新占领区，尔后再谋发展。

刘湘为了减轻对自己防区的威胁，企图先将红军压入大巴山脉，严密封锁，使红军补给困难，然后再进图消灭之。但鉴于第五、第六两路军自11月1日开始向红军进攻以来，损失甚大，元气已伤，虽经补充，力量终不如前，因此又调派独立第一团杨勤安、独立第四团佟毅两个特别加强团到前方增援，并令第一师唐式遵所属各旅及第二师师长王缵绪之第四、第五旅及独立第二旅等部，由川中腹地移驻川东之大竹、梁山、开江、万县等地，控制为第二线部队，以备随时加入第五、第六路军作战。刘湘部署既定，随即下令第五、第六路军再度向绥定、宣汉红军进攻，目的在进占两县县城并夺取外围要点；一面令第四路军杨森部同时会攻渠县，期收协同之效。

这次作战兵力布署，与第一次进攻时基本相同，仅右方兵团小有调整，即中央纵队许、李两旅之间永兴场方面，增加了警备第三路司令马云平部及其副司令郝耀廷部；李旅正前方回龙场增加了警备第二路司令崔二旦部；总预备队增加了杨、佟两个特别加强团。

四、第二次进攻战斗概况

王陵基奉刘湘之命下令于12月1日开始第二次进攻。其作战过程，可按15日前后划分为两期。前期战斗大略如下：

右方兵团：

右纵队　第二十三军之廖震、汪铸龙部，12月1日由杨柳关出发，向南坝场攻击前进，在南坝场附近之圣灯寺与红军数度激战后，即进占南堤、南坝场，即渡宣汉河向桃花坪、帽盒山进犯。第二十三军之另一部进攻石鼓寨，死伤枕藉，薄暮红军撤去，该部始进占帽盒山；继又遭到红军反攻，即逐次撤过宣汉河南岸之南坝场、独树梁之线，沿河防守，红军未再追击。12月3日，该军复重新组织进犯，因守备上八庙、桃花坪之红军后撤，川军即进据南坝场至峰城场之线；红军继向虾扒口、老君场方面撤退。次日，红军分三路（一由东升场，一由虾扒口，一由双河口）向峰城场猛烈进攻，尤以清平寨方面的争夺战最为激烈，自晨至暮肉搏十余次，该军凭山险工坚，利用机、炮火力压制，幸免溃退。红军撤走后，周绍武旅即进展至虾扒口、黄金口之线。

中央纵队 第三师许绍宗旅，同日由永兴场向芭蕉场、纱帽尖方面进犯，自晨至午，经过激战，赵团午后占领岩门子、凉风垭之线，红军向纱帽尖方面撤去。官焱森团攻至纱帽尖主峰前方三、四百公尺处，面临断岩，不能再进，即就地与红军对峙。12月4日，该军再次进犯纱帽尖，集中迫击炮20余门，并派有飞机助战，经过激烈战斗，午后占领该山之一部，红军仍坚守北端高地掩护向碗厂沟撤退。入暮前，该军继续推进至北端高地，至此始完全占领纱帽尖。警备第三路副司令郝耀廷部则由俞家坪推进至高笋塘。第八旅李树藩部附清乡二路之朱载明团则由回龙场、长田坝进犯七里峡和三登坡，自晨起激战至午后5时，占领天生桥北端之西山坡及三登坡之线。此处为红军第四军、第九军之第四师、第二十五师、第三十三军之第十六师等主力所在，兵力约七、八千人，李树藩旅第二十三团、第二十四团进占西山坡后，红军又增加4000余人，以多路密集部队猛烈反攻，全线极为紧张，李旅倾尽预备队增援，往返拉锯肉搏多次，并有飞机4架4次往返轰炸扫射，激战竟日。王陵基亦亲到三登坡督战。李旅两团伤亡1000人左右。入暮后，红军向张家观、桐树坪方面退去，李旅占领西山坡、三登坡、香炉山之线，警备第二、第三两路亦随之推进。

左纵队 第九旅张邦本部之包衡、刘国佐两团，亦同日开始由大石桥向亭子铺进犯，午后3时占领甘草铺，旋推进至土地垭、雷音铺之线，红军退至罗江口方面。

右方兵团：

右纵队 12月1日范楠煊旅以郑清泉团从正面杨柳垭进攻，以曹正鲲团并附周执经团之一营从右翼雷音铺方面绕袭红军后方，经过两天激战，仍被阻于杨柳垭不得前进。右翼迂回部队亦被阻于周鸡公梁。廖旅以饶正钧、叶成龙两团占领曹家寨、三清庙后，即向宝盒寨攻击。2日晚，红军自绥定、罗江口两地调来生力军1000余人，连同原有部队约四、五千人，分向杨柳垭当面的郑团阵地及曹家寨方面饶团阵地同时反攻，经过彻夜战斗，范、廖两旅共伤亡200余人，至3日拂晓，仍在原阵地相持。3日范绍增以总预备队孟浩然旅投入战斗。其后范旅郑团夺占了杨柳垭。廖旅之饶、叶两团嗣亦冲至火烽山、天宝寨之间，但遭到红军交叉火网射击，死伤颇大，全线势将动摇，范绍增见势不佳，曾以大竹云雾山的"松杉教"头子吴和尚率领神兵（徒子徒孙）五、六十人，左手挽诀，右手持刀棍，头顶黄钱纸，狂呼乱叫直向火烽山、天宝寨冲扑，廖旅挑选的敢死队随"神兵"之后跟进。将冲到棱线时，吴和尚即被打死，其徒子徒孙及敢死队伤亡殆尽。红军乘势反击，猛烈围攻宝盒寨，范、廖各军势已不支，适范绍增急调之孟旅曾、徐两团赶到，同时飞机亦临空助战，始得稳住阵脚。红军随即退走。次日，廖旅方面增加了孟旅之徐团为进攻部队，拂晓发起攻击，红军阵地上寂然无声，始知红军已连夜撤退过河扼守达县县城、凤凰山及城南之铁山一线。范、廖各军随即推进至绥定河南岸右起小河嘴、滥井坝至大滩河之线，与红军隔河对峙（至12月15日渡河进攻为止）。此役廖、范两旅共伤亡一千五六百人。

左纵队　周绍轩旅同日以高团推进至涌兴场、孙家场、石底坎之线，与红军小有接触后进占了以上三个场镇。

左方兵团在作战过程中侦悉当面红军为第八十八师全部、第九十师之两个团、第三十一军之一部、义勇军一个团、游击队1000余人。

1. 红军放弃绥定、宣汉县城

川军各部自12月1日起至5日止，虽先后到达绥定河沿岸，但伤亡重大，弹药消耗亦多，王陵基乃利用隔河对峙期间，快速进行战地整补。此时侦知红军以宣汉、绥定两城郊为中心，围绕着光寺、上主场、卜家场、双龙场、凤凰山、金窝场一带星夜赶筑工事，大多数工事筑有掩盖，极为坚强，兵力重层配备，有待敌军渡河背水，而消灭之的企图。又得确息，红军总指挥部设于卜家场，徐向前总指挥即亲在此处指挥。

刘湘此时估计红军伤亡亦大，且根据地尚未稳固，应速渡河进攻，收复绥定、宣汉。王陵基奉命，决定于12月15日开始全线渡河进攻。这是第二次进攻的后期作战，兵力部署如前，攻击重点仍在右方兵团。战斗概况如下：

右方兵团：

右纵队　因红军集结主力于绥定、宣汉方面之敌军作战，第六路之廖震、汪铸龙部仅与当面红军少数游击队小有接触。更因王陵基想整编其部队，该部粮饷亦常无着落。故仍在虾扒口、黄金口原线与红军游击队保持原来对峙状态。

中央纵队，掩护渡河部队之独立第一团于12月15日拂晓即对宣汉河北岸之插旗山、曾家山、新朗坡、张家寨、石骨寨一带红军阵地进行猛烈射击，同时开始抢渡；正午前后，飞机临空助战，炮兵亦不断轰击红军工事。独立第一团一部首先过河，沿河激战两个小时后，即行占领曾家山，掩护第七、第八两旅强行渡过宣汉河北岸，向插旗山红军阵地猛犯。插旗山制高点约高1000公尺,雄踞江边,由东林河渡过的第七旅全部向山上仰攻;红军凭地形险要与既设的坚固工事,以逸待劳,英勇反击,次晨更以一部扼守阵地,以主力向疲惫之来敌反攻。许旅、杨团背水为战,亦知只有前进才能幸免覆灭,故在该地与红军反复肉搏,虽死亡累累亦未敢稍退。从拂晓至薄暮,许旅伤亡一千四五百人,杨团伤亡二三百人,机枪营长胡泽江负重伤。最后只好坚守在斜面上与红军对抗。

由羊烈子渡河之李树藩旅刘团占领新朗坡,即依傍于曾家山杨团占领阵地之后,以待游团渡河,该旅于17日晨续向大山坡、插旗山进犯,自晨至暮,战于大山坡、插旗山、周家桥、景家垭口一带,第七、第八旅及独立第一团所有兵力都先后投入了战斗。红军亦数次增援向来敌进击。双方兵力约2万余人,反复冲锋,血战空前。战况紧急时,飞机多次飞临助战。红军继见敌军已全部渡河站稳阵地,17日晚遂自行后撤。李树藩旅付出伤亡1000多人的代价,始得推进至鹅颈坝、插旗山、西二面坡高地。许绍宗旅占领新场、尖山子之线。官团于17日晚占领宣汉城。

左纵队 第九旅15日由羊烈子下游先李旅渡河,在沿河与红军激战竟日。16日进攻石骨寨,自晨至暮,往复冲击,红军坚守不动,待来川军进至寨墙下或冲到盖沟上,乃以有力部队冲杀出来,就这样打退了川军多次进攻。旋张邦本旅集中迫击炮一、二十门、机关枪多挺,对红军进行疯狂射击,入暮,张旅遭受到1000余人的伤亡后,始将石骨寨占领,并同时进占张家寨、红岩寺之线。次日,继向明月场、王家场、双庙场等地攻击前进。

左方兵团:

范绍增估计红军在达县既无坚固阵地,城后凤凰山一带高地应是主阵地带,用以瞰制进攻部队,为了避免渡河部队损失以及完成夺占绥定城目的,决定采用在绥定正面佯攻,以主力由下游30里之老君庙、夹溪桥方面抢渡过河,再由铁山、双龙场方面向右迂回进攻绥定城郊及凤凰山之红军。另从三汇方面进攻佛楼寺、石桥河之线,借以牵制红军向绥定城增援。左方兵团仍分右、左两纵队进行作战。

右纵队 12月25日开始渡河攻击,利用浓雾凌晨偷渡,拂晓被红军发觉时,该部即以炽盛机、炮火力制压。当时该部兵力占绝对优势,至天明,廖旅饶团已渡过两营,红军利用近河之罗顶寨据点英勇抵抗,饶团往复冲犯,飞机亦飞临助战,午后3时,该部占领罗顶寨。叶团续渡过河,占领了夹溪桥街市及其附近地区。廖旅率其预备队廖团向复兴场、双龙场纵深楔入。范旅在正面亦已先后渡河占领文家梁与廖旅会攻县城。廖旅由双龙场方面迂回凤凰山，从侧面之崇实寨经过一日之激烈战斗攻上叶家坪。至此，甚为险峻的凤凰山，双方各据一半，红军已无固守县城必要，16日晚撤离县城，向东北方面退去。廖、范两旅即于17日晨占领达县县城及凤凰山、东岳庙地区。红军退守金华寺、北山场、江陵溪之线。次日孟旅经凤凰山、双龙场进据李家坝、碑牌河地带与红军对峙。

左纵队　周旅已进占石桥河，并在佛楼寺与第四路军之杨汉忠旅会合。

此役范绍增师及游击司令徐载明部，共计伤亡1000余人。

2. 绥、宣两县外围的争夺

12月17日第五路军先后进占绥定、宣汉两县城郊后，王陵基为了巩固该两县县城并企图达到将红军压迫至大巴山脉加以围困的目的，12月下旬又对当面红军要点继续进攻。这次战斗经过概略如下：

右方兵团：

右纵队　第六路廖震、汪铸龙部在虾扒口、黄金口之战，以主力一部掩护右侧背之安全，向红军左翼攻击，至1月中旬，逐次转进至罗文坝、毛坝之线。

中央纵队　第七旅许绍宗并指挥王泰、马云平两部经尖子山推进至板庙垭附近；复经双河场、池溪场、胡家场之线，于1934年1月10日至18日进至夏家场、梨儿坪、老鹰寨、花池山等地，与红军激战五日，伤亡约千人。1月23日该军占领鸣鼓场、双凤场之线，因前途地形险阻，无法前进，即就地与红军成对峙状态。警备第三路副司令郝耀庭，率原清乡第二路司令部及手枪一排和张禄堂团暨郝自兼团长的张开齐、文少林两个营，进至胡家场前约三十华里的马鞍山附近占领阵地，掩护总部的安全。第八旅由王家场出发，将双庙场、三溪口之红军击退后，经隘口向马渡关前进，1月18日将罗鼓寨、大罗坪等要地占领；1月24日，继续以主力两个团向马渡关进攻。

王陵基急欲抢守马渡关，因为这里地当冲要，且为山区交通枢纽，可以作为困扼红军发展的主要据点。红军亦以马渡关形势险要，为绥定、宣汉、城口、万源的交通要道，早已布置精锐部队严加守备。因即展开了一场激战。第八旅先集中机、炮兵各一营向红军阵地猛烈射击，然后以步兵多组攻至棱线，在马渡关沿山边工事前与红军展开肉搏。红军凭有利地形，向来犯川军反击；川军后有督战队威逼，虽积尸枕藉未敢稍退。双方在棱线上悬岩边连续二日不断强攻、反击,红军终将川军完全赶杀下来。第八旅伤亡约1000人,红军阵地仍屹然未动。王陵基闻讯狂叫:"我不信红军是三头六臂,马渡关就打不下来!"第四天,王陵基亲率两个手枪大队及独立团杨勤安部到隘口前方督战,并把第八旅代理旅长刘若弼叫来对他说:"你如把马渡关拿下来,当旅长我负责不成问题,不然就以军法从事。"其时第八旅已占领烟灯山、烟堆山、落雨山,马渡关东、北、南三面高地,对红军形成三面火力包围。第八旅再次组织进攻,先以飞机轰炸,继又临空助战,红军工事附近防御物木城、丛草皆着火燃烧,烟雾腾腾,顿成一片火海。刘若弼既想升官,又惧军法从事,乃编成多组加强连,亲自率同进攻。王陵基并在阵前许下重赏:先攻占马渡关的奖3000银元。各军在威胁利诱之下,舍死忘命地只顾向前冲爬,不少敢死队员接到银元刚入衣袋,瞬即被红军击毙。此役红军伤亡虽亦较大,但已达到阻滞川军前进的目的,至28日入暮后,遂放弃马渡关退守大垭口、鹰背场之线,第八旅先后伤亡共约2000人。

左纵队 第九旅张邦本部由双庙场、王家场前进,仅与红军掩护部队小有接触,即进至得胜场、鲁班河、百丈岩之线,以巩固马渡关第八旅之左侧背。

在城口、万源方面,城万警备司令陈国枢部游动于万源地区,已进驻万源县属的固军坝,先头已抵旧院坝前面。陈并统辖王三春部为第一纵队,徐勘光(率金仲禹、冷伯云、熊小篁各部)为第三纵队,向万源县城推进,距城仅三十里。一部于1月中旬已进抵石塘坝、龚家坝前方之栅栏子一带高地,向清花溪、白沙河接近,逼近万源。

左方兵团:

范绍增部12月17日占领达县城及其近郊各点后,即就地进行整补。12月下旬奉令再次进攻,范即对所部进行部署:以第十二旅(旅长孟浩然)由李家坝向碑牌河前进占领嵌口岩、王家岭地区;以廖旅由凤凰山经石观音推进至周家坪、何家岩;以范旅由复兴场、大兴场经双河口推进至来龙场、新庙子。同时令周旅立将三汇至佛楼寺之线交与第四路军杨森部防守,随即由石桥河渡过巴河,进据普子岭、大梁山。

攻击开始,孟旅之曾团由李家坝向庙岗、大龙山红军阵地攻击,激战一日,进至石庙坝;次日在鹤项颈、大寨梁与红军战斗5个小时,红军撤至嵌口岩。翌日拂晓该军进占嵌口岩,红军向王家岭方面撤去。廖旅饶、叶两团向北山场仰攻,自晓至午始达山顶,随即逐步向红军主阵地逼近;红军以逸待劳,待川军将接近时,一面从两翼包抄,一面在正面以主力冲击,该军立被击溃,伤亡约五、六百人,仍退回原阵地。于是该军又变更攻击计划,先以周旅从左乘夜攻占北山场左翼之王家场,吸引红军反攻,胶着战斗,分散红军在北山场的兵力,然后范旅居中、廖旅自右齐头向北山场红军主阵地进犯。及至周旅攻占王家场后,北山场红军果增援反攻,该军竭力死守拉住红军;廖、范两旅按预定计划行动,再度攻至三冠石、韩婆岭、林家寨、点兵山前方时,又遭到红军有力反击,激战竟日,入暮红军退回原阵地,该军即就红军阵地前方一、二百公尺处赶筑临时阵地。次日,范绍增令廖、范两旅各以一团兵力固守既设阵地,其余4个团各组两个进攻部队,各选进路,一齐进攻,攻势上午7时开始,红军坚强抵抗,并不时反冲锋,该军虽已迫近红军阵前,但为红军火力及所敷设的防御物所阻,欲进不能。范绍增见状,就进而使用"神兵";"神兵"在前,敢死队在后,其余部队紧紧跟随向前冲扑,只准前进,不准后退。范与副师长罗君彤分头指挥,对北山场形成钳形攻势,廖旅首先从右翼楔入纵深阵地,遂将北山场、高冠子、龙台寺一带占领,伤亡达1000余人。红军退守土地垭、石龙场一带。周旅亦由江陵溪沿巴河进出于三溪口、青龙场之间。

次日,孟旅向王家岭、金华寺进攻,到达王家岭时,孟浩然认为北山场红军主力已被击退,由王家岭、金华寺进袭土地堡切断红军后方当属轻而易举。如果左与廖旅联络,协同对土地堡、邱家堡的红军形成包围并进而将红军击破后,可以直抵通江邀功请赏,即令所部徐团由右翼吴圣寨方面向金华寺东面攻击,夺取马鞍山制高点;潘团由左翼梭草岭、林家祠、兰家坪向金华寺西南面进攻;曾团为总预备队位置于王家岭街市附近。拂晓攻击开始,激战至午,虽分别进至金华寺山腹,但前面悬岩陡立,红军防御极为坚固,且居高临下,瞰制有利,孟旅攻击至此,既已伤亡重大,更是精疲力竭,正进退两难之际,孟浩然亲来督战,催逼继续仰攻。不意红军突分多路冲杀而下,锐不可当,孟军仓皇失措,顿形混乱。原先退入林家祠、兰家坪左翼深谷内隐蔽的红军,亦于此时冲出,漫天遍地,红旗招展,红军大呼"缴枪不杀"之声,震撼山谷。两团败军东奔西窜,只顾逃命,孟浩然亦慌忙逃跑,红军赶杀数里,一直追到王家岭街市。入暮范旅郑团火速来援,占领嵌口岩北端两鼓山阵地,收容孟旅余部,始与红军暂成对峙状态。孟旅在此役中,伤亡失踪逃散共达2600余人。

廖旅在占领北山场、高冠子、印盒寨、龙台寺一带后，便在新线构筑阵地。红军在金华寺将孟旅击溃后，即乘战胜余威，转向高冠子、印盒寨廖旅阵地进攻，午夜3点钟，当面红军对廖旅饶团发动猛烈攻击，一部从正面楔入，一部从右后方迂回包围，与川军展开肉搏。此时范绍增在北山场，见势不佳，乃一面令廖旅严守主阵不得后退，一面急派总预备队包括师部直属特科手枪一营、冲锋枪一连及范旅之周执经团快跑火速增援。黎明时，红军一部于饶团阵地茂林猛攻其背。廖旅预备队廖团亦已全力投入战斗。从午前3时开始轮番争夺，形成拉锯，战至次日午后1时，红军以打击敌军之目的已达，乃节节掩护，逐渐退去。廖旅伤亡共达一千余人。

截至1934年1月底，第五路军右方兵团夺占山区要冲的马渡关；左方兵团亦推进至达县以北的山区边缘地带。由于伤亡重大，亟待整补，全线基本上扼险构筑工事，形成短暂的相持状态，但个别地点仍有断续的小战。

王陵基被撤职，唐式遵继任第五路军总指挥，后续向红军发动三次进攻

1934年2月上旬，接近农历春节，许绍宗侦知红军徐向前总指挥等在泥龙堡召开军事全议，并发现当面红军调动频繁。许当令第七旅严加防备，并派专人通知驻在胡家场的郝耀庭副司令，叫郝注意。2月12日（农历腊月28日），红军突然夜袭，将其远离司令部三十里外的罗大湾前线部队击溃，随即直捣郝的司令部，并将郝本人击毙。是役，击毙副司令一人，团长一人，营长二人以及参、副两长和全体参、副人员，共伤亡官兵约900人。

红军随即推进占领毛坝、胡家场，对鸣鼓场方面的许绍宗旅形成三面包围。王陵基闻耗，立令总预备队杨勤安独立团驰援，沿途与红军发生战斗，历时3日，始得进至红岩、佛耳岩之线占领阵地，以固许旅右翼。此时第六路军廖震、汪铸龙部已将主力转移退守灯笼坪附近；第五路第一师饶国华旅、第二师刘光瑜旅亦奉命推进至傅家山、江华山占领阵地，构筑工事，一面策应许旅，一面掩护第五路军总指挥部。红军旋即转攻为守，并于2月14日以大部兵力围困防守鸣鼓场、老木口的许绍宗旅，企图进而消灭之。许旅被红军围困的时间达27天之久。

王陵基于春节前夕飞回万县,春节次日奉刘湘电召飞成都开会。刘湘对王早已不满,再加此次郝耀庭的败亡,历年积压矛盾一时迸发,王陵基一到成都即被软禁,并撤销其本兼各职,另任命第二十一军第一师师长唐式遵继王为第五路军总指挥,许绍宗继王为第三师师长,赵鹤继许为第七旅旅长。

唐式遵于1934年3月5日赴双河场就职。鉴于许旅仍在鸣鼓场一带陷于红军三面包围中,解围是当务之急,乃调新由后方增援前来的第二师第四旅王泽浚率部前往解围。3月10日前后,王旅由池溪场进至毛坪前方大门寨山脚与红军激战一日。次日再以两个团兵力分路进攻,并有飞机助战,红军凭险英勇抵抗,且不时乘隙反击,激战又一日,红军阵地仍屹然未动。至此,王旅已伤亡1000余人,许旅则仍在一个狭小地区内凭工事死守。入夜,红军自动撤至沿山场之线。许旅解围后,立即加强当面阵地,以防红军再度进攻。王旅以伤亡过大,调到开江集结整补。至此,第五、第六两路军全线与红军暂呈对峙状态。

一、刘湘、唐式遵对形势的估计及其兵力部署

1934年3月中旬,刘湘认为:红军伤亡甚大,子弹缺乏,红军的核心部队(指原来豫、鄂、皖的老红军)业已分散配备到各部,其向陕南发展的企图,已被杨虎城部阻回;又侦知徐向前总指挥与政治部主任陈昌浩等开会决定,拟集中主力突破下川东,与贺龙总指挥所部联络封锁长江,进袭川、鄂边境,另图发展。同时证之第一、第二、第三、第四各路军当面红军逐渐减少,而第五、第六路军当面红军则不断增加,常有激战,从而误断红军将以主力突破第五、第六路军以进图下川东(见刘湘致蒋介石皓电)。因此刘湘特令唐式遵密切注意,并以独立第二旅杨国桢部、第一师第二旅饶国华部、第二师第四旅王泽浚部(后王升任第二师代师长,林毅继任第四旅旅长)、第五旅刘光瑜部、独立第四团佟毅部、第二十一军边防第一路司令陈兰亭部加入第五路军;并令从速准备全面出击,完成第二期作战计划(刘湘指示第五、第六路军作战计划分三期:第一期攻占绥定;第二期攻占罗文坝、兴隆场、复兴场之线;第三期是攻占通江,压迫围困红军于大巴山区而聚歼之)。

唐式遵估计由李家钰、杨森两路军方面移来当面红军主力共五、六万人，万源方面的红军并无有力部队。"剿总"军除第五、第六路军原有兵力外，现又新增兵力约20个团，当已足够应付。随即开始进行部署，以原有各部暂取守势，以新增加的兵力进攻。第五、第六路军仍分右方、左方两个兵团：右方兵团以独立第二旅杨国桢（附城、万警备司令陈国枢所辖两个纵队）为最右翼指挥，作战地区在虾扒口、白马庙一带；以第一师第二旅饶国华部、第二师第五旅刘光瑜部、独立第一团杨勤安部分别增加于右纵队与中央纵队之间的胡家场地区；以第二师第四旅林毅部位置于池溪场附近；原左纵队第九旅张邦本位于隘口场，独立第四团位于东升场，第二十一军边防第一路副司令吴锦堂率第四、第五两团位于峰城场附近为总预备队。左方兵团则增调第二十一军边防第一路司令陈兰亭率两个团到北山场任左翼副指挥。

二、三次进攻毫无进展

从1934年3月中旬直到5月末，第五、第六路军共向红军发动三次攻势。

第一次进攻自3月15日至3月底，各部均无进展。唐式遵、范绍增等联名电请刘湘饬令第一、第二、第三、第四各路军由南江、巴中东进，夺取通江，向右横扫侧击，使红军腹背受敌，俾易收功。刘湘同意分令各路军与第五、第六路军同时推进。于是唐式遵重新组织第二次进攻（自4月3日至4月底）。右方兵团逼进秦家河、镇龙关之线。红军则集中全力于通江外围。刘湘鉴于红军地区日益紧缩，兵力日益集中，唯恐红军突破一点不可收拾，特又严令各路严密封锁。自4月尾至5月初，各条战线转趋沉寂。

5月初旬，据报红军一面增兵镇龙关、得胜山、苦草坝等地与"剿共"军对峙，一面出兵向陕南发展，业已占领镇巴。刘湘认为红军两面作战，正是向红军进攻的大好时机，当即饬令各路军于5月8日全面总攻（即第三次进攻），结果仍无所获。

此时刘湘在成都召集各路总、副指挥开会，研讨所谓第四期"剿共"计划，亦即各路围攻通江、万源的作战计划。唐式遵应召赴会，在去成都前，再次调整部署：

1. 独立第二旅旅长杨国桢仍为最右翼指挥，陈国枢、汪铸龙为副指挥，统率各该部及周、刘两旅担任邱坡梁、龙王沟、黄中堡、大面山地区之攻防。

2. 第六路军第二十三军第一师师长廖震为右翼指挥，统率该师及刘光瑜、饶国华两旅担任土龙场至双龙场、大沙坝地区之攻防。

3. 第二师代师长王泽浚为中央队指挥，率林毅旅、警备第三路司令马云干部、独立第一团杨勤安部担任河口场至望水河地区之攻防。

4. 第三师师长许绍宗为左翼指挥，担任望水河至寨口河地区之攻防。

5. 第四师师长范绍增为最左翼指挥，罗君彤、陈兰亭为副指挥，统率第四师、独立第一旅、边防第一路之两个团及巴中团队，担任寨口河至长滩河、刘坪、巴陵寨、元山场之攻防。

三、唐式遵组织的三次进攻经过概略

上面所述唐式遵继王陵基后向红军发动的第三次进攻，经过概略如下：

右方兵团：

最右翼　3月15日起，城、万警备司令陈国枢部经马鞍山进犯土地垭、毛垭子、白果园；杨国桢旅之石、王两团由白马庙经凉水井、大树塥进犯大、小炮台山至吴井沟之线。此线红军随即转移到柏生塔、降仙庙一带。陈部于当日将土地垭、毛垭子、白果园占领。红军旋又分向固军坝、官渡退去，次日该部再进据固军坝。杨旅之石、王两团（继又加入周团）将庙顶、红庙儿、转角楼等地占领后，继向官渡、厂溪推进，并将两地占领；但两地均在河边滩头，地势低下，无险可守，官渡之军次日遂移守山腹。红军乘敌军后移，17日晚曾分两路向石、周两团进袭，天明自动退走。次日红军续向桅杆坝、曾家场、考文坝撤退。杨旅王团将刘家坪、马家坪之线占领，周围推进至官渡对岸石垭子、小垭口附近高地，向铁矿坝、桅杆坝方面警戒。

25日杨国桢到达王家坪，认为白合寨形势险要，是通江、万源的重要屏障，得之足以瞰制罗文坝，威胁红军左侧背。于是以周团经柳树榜、吊水岩、庞家山攻击前进；以王团由黑石岩会攻庞家山、吊水岩间之高地，占领后即向左翼横击，期将白合寨争夺到手。周团攻击五日，至31日始到达吊水岩下，这时红军向周王两团进行反击，4月1日红军克复小垭口。周团地位突出，2日拂晓前，庞家山、柳树榜、毛坪三方面3000余人向其包围猛攻，激战半日，红军虽亦有伤亡，但不断增援并向两翼扩展，川军余部向后撤退。这次作战杨国桢部伤亡共达2000人以上。

不几日红军自动撤离白合寨，"剿共"军于4月11日推进至罗家坪、逼近桅杆坝。红军续向后撤，杨部又推进至葱坪、龙行坝、烟雾山之线，18日再进达长坝场。19日周团进攻石人坝，石团进攻岚垭场，红军续向黄中堡撤退。王团推进至赵圹坝、龙池山之线。其余各部分别集结于长坝场附近，以待右翼江铸龙指挥之周、刘两旅到达双龙场后，再行齐头并进。

另一方面，早在3月27日城、万警备司令陈国枢部之第一、第三两纵队，即由白沙河袭犯万源。守城红军仅少数留守部队，众寡悬殊，自动离城退向距城30里之相墩、官渡湾等处。陈部第三纵队之苟、杜两大队首先入城。

4月19日，陈部由万源进攻灯盏窝、翠屏寺、邱坡梁等地，遭到红军反击，仍退回附城阵地。5月下旬，陈国枢部之一大部在万源附近受到红军的攻击，部队逃散，其中一部由山地逃到万源东北面之大竹河地区被红军完全歼灭，刘湘闻讯大惊，给陈国枢革职留任戴罪图功的处分。

4月中旬，唐式遵为了加强最右翼力量，以陈国枢部及第二十三军汪铸龙指挥之周绍武、刘育英两旅，拨归第六路军代总指挥刘邦俊指挥，相机由万源石盘关推进。周、刘两旅于4月17日从王家咀推进至官家溪；周旅于次日占领清花溪，并由清花溪向右官厂坝方向旋回，当面红军向左撤去，该军进据青龙观。

5月初旬，红军以有力之一部对清花溪、青龙观地区之汪铸龙部予以进击，经两日激战，汪部向凉垭子溃退，红军克复清花溪。

右翼第六路军廖震部于3月15日攻击开始前，受到红军夜袭，该军拼命抵抗，红军退走，该军乘势由虾扒口进占大树墒、石柱坪，红军向厂溪方面撤去16日红军继续撤过中河。自是黄金口以右、中河左岸的红军已全部撤退。

3月16日起，廖震部自黄金口方面进攻白合寨，迭经战斗，直到最右翼杨国桢旅占领柳树榜、吊水岩后，始于4月11日占领白合寨。红军退守大尖山东南之文峰山、五龙山。该军先后伤亡近2000人。4月18日，廖部推进至曾家场地区，旋即进驻三教寺、大沙坝之线，此时红军守备阵地在朱家坪、双龙场、五龙台、石窝场、镇龙关之线,这一线是万源的屏障。廖部探知红军早有严密准备,未敢轻进。

4月27日,唐式遵派饶国华、刘光瑜两旅协同廖部攻占朱家坪,该军伤亡1000余人。红军退守高鼻寨。迄至5月底,此一地区即进入相持状态中,仅前线时有小接触。

中央纵队,此一地区为第五路军主力所在,这时拥有30团左右的兵力。3月15日攻击开始后,各部均无进展。唐式遵旋令第五、第六路军于3月22日全线同时进攻(攻击重点在中央地区即饶旅进攻地区)。饶国华旅于是日由傅家山、江华山、池溪场之线向毛坝场地区红军阵地进犯,其余各部两翼佯攻,从拂晓至中午,虽已逼进毛坝场,但仅杨勤安团占领鸡公岭,先头一小部进抵佛耳岩山麓而已。由于主攻方面吸引住红军主力,其余各部刘光瑜旅占领了罗鼓山、斯罗溪;饶旅右翼协同右纵队之廖震部占领了玉斗坪、五宝寨、清水观、苟必垭,并推进至后河左岸;林旅由毛坪进占石观音之一部。3月23日林旅以姚、王两团为攻击部队,再由毛坪出击,将毛垭子占领。3月24日刘光瑜旅及杨勤安团攻至佛耳岩、红岩之下二岩,即在该地相持。同日饶旅及马云平部攻至猴坝(大水函对岸),与红军隔岸对峙。

4月3日,唐式遵又下令右方兵团之中央纵队及左方兵团各部向当面红军阵地进攻。攻击开始,刘旅之赵从周团进占红军阵地赵家坪、尖锋寨;何成聪团进攻云蒙山之五台坪,占领了石连寨。第九旅张邦本部及杨勤安团将红岩、佛耳岩、夏家㟷之线占领。第七旅赵鹤部先占领石龙场,继向沿山场进犯并将该地占领。第八旅刘若弼部先占领岩石场,即向城隍庙、鸡公寨之线推进,在鸡公梁、白垭子之线,与红军激战终日。由于赵鹤部已占沿山场并向红军横击,最后始将兴隆场(鹰背场)占领,其先头部队进出于高桥河、圣经寨前方一带。

第二旅饶国华部先向镇江寺进攻,马云平部向毛家坪进攻,旋占领两地,续攻铁顶寺,推进至后坪,于4月6日再度占领楼门口,即由右翼进攻白马归槽、河口场等地,续将鞍子坪、石盆口、望乡台之线占领。是时第四旅林毅部、第五旅刘光瑜部已进占秦家河、袁家坝、史家山、三合场之线。

4月中旬,右方兵团进至雷家场、三合场、鹰背场之线,唐式遵探悉红军第九、第三十两军集中镇龙关一带,红四军扼守大垭口、金龙台、麻石口、毡帽山、千秋垭、朱盘寨一线,似有决战之势。乃调马云平部扼守后河沿岸；令饶旅由谭家沟、河口场向石窝场进攻，以威胁镇龙关红军主阵地之侧背；其余各部相机推进。4月15日，饶旅开始由河口场攻击前进，经两日激战，占领朱家山、五龙台。

5月初，中央纵队各部，仅饶国华、刘光瑜两旅略有进展，但一到五龙台、朱家山前方，即被石窝场方面的红军击回，仍退守原阵地。

左翼第三师长许绍宗以第七、第八两旅于4月15日晚向长岩堰、金龙台、麻石口一带红军阵地袭击。红军猝不及防，一部分阵地被攻占。天明后红军大举反攻，激战竟日，嗣后刘光瑜旅从右袭击占领新根梁，第七旅进占大垭口，第八旅亦进占长岩堰、金龙台、麻石口。红军则据守白岩洞。此时红军受到三面交叉射击，伤亡较大，鏖战至午夜，始行撤走。4月16日凌晨3时，许师乘势向苦竹滩推进。迄至4月底，整个右方兵团推进至望水河、苦竹滩、寨口河沿河之线与红军成对峙状态。5月初，第七、第八两旅推进到宝珠寺、老鸦城附近后，无法再进，乃留置一部保持接触，主力仍沿河扼守。

当时红军主阵地在石窝场、镇龙关、老鸦城之线，镇龙关近处全系断岩绝壁，只关门一条独路，两翼之石窝场、老鸦城为其屏障，此乃万源、通江、绥定、宣汉之交通枢纽，红军集中主力扼守。许师进攻多次，皆被击退，红军阵地一直屹然未动。5月中旬以后，唐式遵赴成都参加"剿共"会议，前线就转趋沉寂了。

左方兵团：

3月15日开始攻击，范绍增令范楠煊旅进占王家岭后，又续向袁家坪、金华寺进攻。廖开孝旅由高冠子、印盒寨出击，被阻于土地垭。孟浩然旅进占八庙山后，遭到冠子山、阴阳寨红军的抗击，迄无进展。

周绍轩统率不同旅的4个团为主攻部队，先将青龙场攻占，当晚即在青龙场召开营长以上军官会议，决定将4个团分为左、右两个纵队。当右纵队刘团攻占盘云庙附近之石城寨后，遭到板橙垭方面红军的阻击，无法前进；左纵队潘团先占领王家坪，又前进将牟家坪土寨内的红军击退，再前进约1000公尺即为望京山红军主阵地带。潘团随即向望京山进攻，红军第一线部队火力甚猛，潘部仅前进三、四百公尺续占两个小高地后，即为望京山石卡所阻。时约正午，红军突然发动反攻，潘部不支，遂退回小高地下与红军肉搏，稍后红军又撤回原来阵地。潘部认为红军反击是以进为退，若再次进攻或可拿下望京山，于是又分三路直向望京山及其左侧翼猛烈攻击。右翼出击部队仅前进至200公尺处，即为红军炽盛火力阻住，无法前进。但"剿共"军仍以为红军注意力已被右翼吸引，急由正、左两面直向红军进攻，初时红军阵前寂然无声，将达山顶，突然冲锋号声大起，霎时红军的机枪、自动步枪、手榴弹一齐发射抛掷，从两翼抄出的红军，直扑川军先前占领的小高地，并冲到小高地前方土坎上插立十几面红旗，红军指战员则沿旗竿跃入川军阵地进行肉搏，激战3小时，红军不断增加，潘团亦全部投入，在纵横不到1000公尺的高地前后，双方集中兵力达三、四千人。直至日暮，"剿共"军死力抗拒不敢后退，红军亦即在川军阵地前不远的反斜面上构筑工事扼守。是役，"剿共"军营长一人负伤，连长二人被击毙，官兵伤亡共500余人。

3月19日范绍增复令全线进攻。范、廖、孟各旅同时向当面红军阵地进犯，自子至酉，连战20小时，范部遭到了不同程度的伤亡，但仍无所进展。唯左翼周旅刘团抄到板庙场、红灵台后面，谌团亦突破白嘴子向红灵台进攻。红军旋由下老关庙增来约三、四千人，从两翼反攻，激战至午，迫使川军退去，红军乘势尾追，稍后红军又主动退走。这次范军伤亡逾500人，被红军夺去枪枝200余支，入夜由红灵台山麓撤回原阵地。就在当晚，红军分四路向周、孟两旅正面之李家山、卧牛山、护城寨、八庙山阵地终夜袭击，数次突入，范绍增、罗君彤曾分赴前线督战，天明红军始撤回。

3月23日拂晓，范绍增令周旅全部及徐载明部由王家坪进攻板庙场、红灵台，激战一日，最后仍退守原来阵地。次日罗君彤复率周旅高、谌两团及机、炮各1连，于午夜2时向卧牛山、甘草垭、白嘴子红军阵地进袭。红军节节抵抗，逐步撤退，该军于上午9时将各该阵地占领，即就此赶筑工事。范又令高团向红包梁进攻，红军据险抗击，日暮高团退回。

3月25日后，该军拟具进攻计划：以周旅之刘团及徐载明部封锁望京山、石城寨之线；抽调第十一旅廖团、第十二旅潘团到迎凤铁，由红包梁向红灵台、甲子山进攻；以廖旅一部封锁何家山，并以两个支队向雷家寺、东岳庙同时进攻；以范、孟两旅各派一部同时出动，策应周旅主攻方面之作战。

4月3日，范绍增师大举进攻，并有飞机3架助战，日夜连续攻击，至5日据飞机侦察报告，红军辎重后移，有撤退模样，范绍增立即以10个团的主力部队全线出动，到4月6日，右翼范旅占领泥龙场，续向土地堡推进。廖旅占领石龙场，续向邱家堡推进。孟旅占领石垭场，续向中嘴梁推进。

周旅占领红灵台，续向溮滩河推进。先头部队已到达溮滩河左岸。至此，右起土地堡、鹿鸣场至溮滩河之线均为范部占领。红军撤退至复兴场、长滩河、刘坪、曲溪口设纵深阵地拒守。自3月15日以来，范部伤亡共达2000余人。

范绍增继又再次进攻，4月14日开始发动：右翼廖旅经烟堆寨、牛盘寨前进，红军稍事抵抗后即放弃土门场向长滩河撤去，廖旅继续向长滩河推进。廖旅于当日进至曲溪口，随即渡河向李家山、何家山进攻。孟旅曾团于进攻中嘴梁、财神庙时，受到重大打击，伤亡300余人，又撤回原阵地扼守，该旅主力即右移邱家堡。范绍增见状，当令廖旅饶团由元山子仰攻罗顶寨，并令孟旅徐团率兵二个营轻装急进，由廖旅之饶团阵地左翼间隙楔入复兴场后方。是晚在罗顶寨、复兴场一带混战终夜，最后廖旅饶团占领罗顶寨，孟旅进至复兴场。左翼周旅由溮滩河抢渡后，即经元山场、巴陵寨急进，其先头部队进出对花岩子、纳溪口地区。

4月18日，右翼范旅已确实占领寨口河至长滩河之线，孟旅亦已推进到朱家山、箭曲子之线，与红军隔河对峙。廖旅先后占领何家山、李家山、赵家山，不敢深入，亦暂呈对峙之局。周旅于4月19日在溮滩河、下老关庙全部渡河，即续向巴陵寨、元山场红军阵地进攻，红军据险防守，无懈可击。其时据报张公庙附近的寿南寨红军集有重兵，该军恐再进会受夹击，因即进入相持状态。

5月8日，范绍增部又再次进攻，廖、孟两旅各以1团兵力分由朱家山、深溪子、何家山向刘坪钳形进攻，受到红军有力抵抗，无法取得进展，次日罗君彤到何家山指挥攻击，亦未得逞。后即改用车轮战法，连日多次进攻。在廖旅叶团、孟旅徐团的一次合攻中，徐团从风箱溪方面攻到龙王寨绝壁时，即向左翼迂回进入刘坪市镇隐蔽；叶团由深溪子攻击到刘坪市镇右面，两团已遥遥取得联络。时已近午，官兵早疲惫不堪，正准备午餐后再协同进攻，不意无数红军突从龙王寨山上直冲而下，两翼隐蔽的红军也手执红旗、大刀杀出，双方兵力共约六、七千人，麕集刘坪街市附近，纠缠在一窄小地区，范军自知增援困难，只有拼命死战才有生路，苦鏖至薄暮，始零零落落相继撤回。此役营长蒋树森被击毙，另被击毙连长2人，伤连、排长10余人，其余伤亡合计500余人。

次日，又以廖旅饶团、孟旅黄团会同进攻，红军不再拼消耗战，在阵地不动声色，待川军进至有效射距时，乃以狙击手射杀先头川军。因此范部不敢进逼，以后间一、二日轮番攻击一次，迄5月底，刘坪方面时打时停，阵地未有变化。

左翼周旅附徐载明部，5月8日由下老官庙、张公庙方面向巴陵寨、元山场一带进攻，因红军设防严密，昼间无法接近，乃于夜间（10时许）挑选"敢死队"100多人，由水沟石缝爬上斗嘴子。占领阵地后，跟即突破大燕寨，该军后续部队继进，红军阵地被切成两段，该团即以主力横击，将巴陵寨占领。周旅进占巴陵寨后，张公庙方面的谌团亦向元山场猛攻，与亮垭子方面的第四路军杨森部的杨汉域旅取得联络，并协同作战，当日占领了元山场。红军向通江方面撤退。此后该军即与红军就地对峙。

乞灵"神仙"进犯万源（包括通江）

刘湘自1933年10月任四川"剿总"总司令以来，初以为在进攻绥定、宣汉后，可以直取通江，曾说3个月内即可将红军肃清。但自作战以来，损兵折将，实力消耗极大。至1934年5月中旬以后，万源方面被阻于大面山以左石窝场地区，通江方面在镇龙关至刘坪地区之线又不能越雷池一步，红军方面亦正收缩阵线集结于通江、万源地区，逐步东移，威胁城口。刘湘深恐红军再出绥定、宣汉，进袭下川东，直接威胁到他的地盘，便妄图倾其全力，将红军击破于通江、万源，进而逼出川境，以延续其统治局面。

一、刘湘图挽败局任命刘从云（神仙）为 前方军事委员会委员长、潘 文华为总预备军总指挥

当刘湘指挥第五、第六路军在绥定、宣汉、城口、万源与红军激战时，第一、第二、第三、第四路军邓锡侯、田颂尧、李家钰、杨森等部姗姗其行，并借口粮弹筹措困难，阴作壁上观。刘湘对此颇为忧虑，亟欲谋求对策。1934年5月中旬，刘正在成都召开第三次"剿共"会议，会上就把"刘神仙"（从云）抬出来，示意各军公推其为四川"剿共"前方军事委

员会委员长,进驻南充指挥各军。原来刘湘利用"刘神仙"为工具,自己先拜他为老师,四川各军阀先后也都拜在他的门下;此刻以老师出来指挥"剿共",各军当然要唯命是从了。这是刘湘自己打的如意算盘。

就在这次会议上,还制订了所谓"剿共"第四期作战计划——即进攻万源(包括通江地区)计划。另又任命第二十一军教导师师长潘文华兼任四川"剿总"总预备军总指挥。第二十一军暂编第二师彭韩部,教导师第三旅郭勋祺部、模范师第二旅何纯五部均拨归潘文华指挥,并立即从原驻防地出发。

刘从云(潘文华、彭韩等随行)于6月初到南充就任四川"剿共"前方军事委员会委员长,所有第一至第六路前方作战军队,均受其指挥。此时刘从云发出了要在短期内"消灭"红军的狂言。他说神道鬼,以占卜推算来指挥作战,实际上加速了刘湘进攻万源的崩溃,这不是刘湘始料所及的。

二、第一次进攻万源(1934年6月中旬,包括通江)

为了实现刘湘的意图,6月初第五路军唐式遵、范绍增在宣汉举行会议,主张各异,或攻或守,举棋莫定。6月15日,红军突以大部兵力进占城口。城口守军为城、万警备司令之第一纵队王三春部,红军将该部驱逐后,乘胜向庙坝、双河口等地进攻,唐式遵得悉城口失守,唯恐红军急图明通井盐区,从而南下开县、云阳、奉节、万县等地,与川湘鄂边境之红二、六军团贺龙总指挥会师,当即急调饶国华旅、汪杰支队、杨勤安独立团等部右移,以固右侧防线。

1. 唐军仓皇部署提前进攻

刘湘原令各部先事充分准备,于6月22日一致向万源、通江总攻,但因城口失守,情况发生变化,唐式遵即下令第五、第六两路军提前于6月15日全线出击,以图阻止红军的进展。

各军未出动前,唐式遵先做了如下部署:

万源方面:

(1)第二十一军独立第一支队汪杰附第二十三军独立旅范华聪部之邓团,由双河口向箭杆坪、大尖山、分水垭、甘菽梁、甑子坪、猪院子大梁、曹家坝一带进攻;

（2）城、万警备司令陈国枢部由八台山向天平山城区进攻；

（3）第二十一军第二师第五旅刘光瑜并指挥第四旅林毅部及第一师第一旅彭焕章部为主攻部队，由清花溪右翼白沙河方面向万源进攻，以夺取万源为目的；

（4）第六路军汪铸龙指挥所属之刘、周两旅，由清花溪本道向万源进攻，以协助主攻部队占领万源为目的；

（5）第六路军廖震师并指挥第二十一军边防第一路副司令吴锦堂部两个团向石窝场、高鼻寨地区进攻；

（6）第二十一军独立第二旅杨国桢部集结于赵塘坝附近为总预备队，并派一部游击、警戒于刘光瑜、汪铸龙与廖震部之间隙；

（7）第二十一军第一师第二旅饶国华部及独立第一团杨勤安部续向右移，饶国华到达双河口后，即指挥最右翼范华聪、汪杰、陈国枢等部作战。

通江方面：

（1）第二十一军第三师许绍宗并指挥警备第一路司令王泰部、警备第三路司令马云平部向镇龙关进攻，进出于龙凤场、芝包场地区；

（2）第二十一军范绍增部附边防第一路司令陈兰亭部两个团向刘坪、得胜山之线进攻，以占领通江，进出于红山堂、毛浴镇之线。

第四师左翼应与总预备军潘文华及第四路军杨森部切取联络。

2. 第一次进攻万源（包括城口、通江）战斗经过

这一次进攻，系城口、万源、通江三方面同时进兵，下面特分别加以叙述。

城口方面：

独立第一支队汪杰部于6月16日拂晓开始攻击，以一个团由正面向分水垭、箭杆坪进攻，以两个营由黄白湾向红军阵地侧击，迄正午将分水垭、箭杆坪、大尖山.甘菽梁四个要点占领。两三日后，又续向甑子坪进攻，遭到红军反击，伤亡颇大，遂溃回原阵地（营长死伤各一人，连、排伤亡10余人，士兵伤亡三四百人）。6月20日邓团向前推进，经红军反攻，败回双河口。何团进至黄白湾、青岩子、野猫坪后，亦因陈国枢部已被击溃，退守八台山，后汪支队以两翼空虚，又退守女儿尖、王家坝之线。6月22日独立第一团杨勤安部进占新八台山，即就原地对峙。

6月28日，第二旅饶国华部到达双河口，29日即派第四、第五两团到石

槽寨协助江支队及邓团向前攻击。独立第四团佟毅部早于25日到达糯口子、里二坝向蒙蒙溪、后坪进攻。边防第一路陈兰亭的李宗煌团亦于29日到达明通井，即向三溪山、旗盖山进攻，并将两地占领，随即构筑工事防守。

此时唐式遵下令所有在右翼的范华聪旅、刘若弼旅、陈国枢司令、汪杰支队、佟毅独立四团等部均归饶国华统一指挥。

6月29日，饶国华令汪支队及邓占山团于拂晓再向黄白湾、野猫坪、青岩子、分水垭等地进攻，战斗至午，红军向甑子坪、岔溪河方面退去，该线当被占领。

7月4日，范华聪旅之王团进占厚朴梁、联盖山；杨团进占分水垭、大尖山；刘团进占笄嬠厂、茶垭子；王泰部进占三排山等地。嗣卫三友团又由旗盖山进占二坳口、尖洞山；王三春纵队由高观寺进占老鸦口，一部由修溪口进占二甲寨，与王三友团联合进逼城口。

7月6日，范旅之唐团攻下廉坝；王三春、王三友两部分向天马山、羊岸河、高家庄前进。自晨至午，在天马山、洗脚坡与红军激战，旋红军退蒋家坪、闹羊山。次日，王三友团进占闹羊山，并掩护王三春部于大渡口抢渡。红军迭向川军反攻，经多次肉搏后，旋向广线垭、长池垭退去。

7月7日，红军放弃城口，王三春部与王三友团于当日正午进入城口县城。

万源方面：

6月15日，第五旅旅长刘光瑜指挥第一、第四、第五旅及汪铸龙部之刘、周两旅向当面红军阵地进攻，并有飞机助战。第一、第五两旅进占鹞子寨、马鹿垭、红梓山（孔家山附近）、老鸦寨、麻姑石、耳山及香炉山山腹（以上地点在清花溪右前方地区）。红军入夜后大举反攻，川军第一旅叶、周两团伤亡400余人。第四旅进占柳家堡、大罗山、珠宝寨、金条铺（石马河附近）。红军退守邱家梁、笋子梁之线。汪铸龙部周旅及第五旅之杨团进占青龙观（在万源西南约70里罐坝场正南、清花溪正北）、石垭子、八庙垭、牛背梁、大面山。红军退后坪附近之玄祖殿（在万源南60里清花溪正前方本道上）。

6月22日，汪铸龙部刘旅同第五旅杨团向玄祖殿进攻，激战一日，未取得进展。第六路军廖震师进占高鼻梁，后即协同第二十一军第九旅张邦本部进攻石窝场。6月25日，廖师陈岳旅于晨间推进至连盖坪；陶旅午前占领石窝场。红军向草坝场、朱家坪退去。廖师随即进驻大沙坝。27日该师进占苟家坪及摩天岩的一部分，红军退守五龙台；新店子、涌泉寺（在海音寺、黄中堡之间,在万源西南,距城220里)。该师赓即协同第九旅张邦本部向五龙台进攻。

第二十一军边防第一路副司令吴锦堂在6月25日占领宝顶寨后,又进占罗顶寨。29日再进占罗家寨、苦竹坪、猫跳岩。红军以一部扼守小寨子,大部退新店子。

6月28日,廖震师向五龙台推进,红军向草坝场撤退。其后唐式遵以该师急需整补,即令移驻石窝场、双龙场、大沙坝一带地区作总预备队,五龙台防务则交由边防第一路司令陈兰亭部接防。

通江方面:

第三师许绍宗部,6月21日占领镇龙关、元顶子、粉壁寨之线。红军向草坝场、朱家坪、兰包场方面撤退。6月29日,第七旅官团占领距赶场坝3里许的元顶山,第九旅占领石帽山。6月底该师奉令右移(向万源方面移动),第七旅开赴旧院坝,第八旅开赴双河口(受饶国华指挥),九旅开赴石塘坝,师部即进驻白羊庙。

第四师范绍增部周旅高、刘两团先于6月12日向当面红军夜袭,取得佛祖岩、三溪口、云龙寺诸阵地之一部。范绍增一面令周旅续攻三溪口,一面分兵进犯得胜场。6月16日,廖旅进犯刘坪,范旅进犯中岭梁,均受红军阻击,仍退回原来阵地。范绍增认为刘坪方面不易进攻,乃令十二旅长孟浩然率郑、黄两团到巴陵寨协同周旅进攻得胜山,以期直达通江,夺取红军根据地。

6月17日,红军自动放弃刘坪,范旅曹团推进至麻石场。孟旅潘团经过街楼占领麻石场前方的陈子山、瓦尖山、高柳寨诸要隘,阻断红军交通。

6月21日,周旅之高、刘两团占领得胜山。红军向毛浴镇、硝口、熊溪口方面撤退。当晚22时,川军占领通江县城。红军撤出通江时,在安凤场附近有1000余人被川军截断,情势危殆,但最后仍奋战突围而归队。

范师周旅进入通江城后,第三、第四路军之一部相继到达,李家钰说是他的陈绍堂旅熊团王营于23日午前7时占领的;杨森又说是他的杨干才旅于23日午后2时30分占领的。各执一词,意在争功邀赏。刘湘亦电向蒋介石报功。其实红军仅因战略变更,退出通江,主力当即布置在通江城后以北之银鼎包、三花顶及乌烧背、关山梁、老鹰咀一带据险以守。

6月28日廖、孟两旅攻占印顶寨后,继占帆准寨。红军向高插寨、鸡公梁、乌烧背退去。7月4日,孟旅进攻高插寨,红军旋将该地放弃。

总预备军亦在通江附近参与作战，其经过略如下述：

总预备军总指挥潘文华于6月初到达南充后，其先头部队即已抵达巴中、江口一带。6月下旬范绍增师占领通江后，该部即进至通江附近与范部取得联络。7月4日，彭韩部接替第四师周旅防务。7月5日潘与第三路军李家钰、第四路军杨森在兰草坡会商，决定于7月10日与李、杨两部及范绍增部协同进攻。当日午前4时，各路军先从左、右两翼开始出击，激战至午，李家钰部突破红军三坪寨阵地工事一、二道防线，逼近王坪石墙，对红军形成包围。空军亦飞临王坪寨、三花顶助战。彭韩师拂晓向简家梁、银鼎包一带进攻，随即占领简家梁，再前进至王坪寨右翼山脚突破红军三道工事后，即为绝岩所阻，无法前进，遂在该地相持。杨森部队从正面乘左右两翼迫近王坪寨时，即将三花顶、小寨子占领，其后即在小寨子附近与红军相持。

三、刘湘图逼红军入陕第二次进攻
万源（包括通江地区）

7月上旬，刘湘获得情报：红军正猛攻陕西之紫阳、镇巴，有向安康扩展模样；徐向前指挥东方军在万源方面，政治部主任陈昌浩在通江以北指挥西方军。刘湘认为红军进兵陕西，势力已分，川军在万源方面的兵力已达10个旅以上，左翼通江方面范绍增师4个旅及陈兰亭部均已全数右移，王三春、王三友部已于7月7日占领城口，判断红军欲图向下川东发展已不可能。于是乃电令唐式遵迅即进兵，以期一鼓攻下万源，即使不能消灭红军于通江、万源以北地区，亦应将其逼入陕境，同时由"神仙"刘从云卜定7月11日为各路军总攻日期，说这一天是"黄道吉日"。刘从云下达的攻击命令，是用黄缎包裹由飞机分投各路总指挥部驻地的。

唐式遵奉令后，即令所属各部于7月11日遵令进攻，同时并做如下部署：

万源以东城口、双河口方面，由第一师第二旅旅长饶国华指挥第二十三军独立旅范华聪部、第二十一军独立第一支队汪杰部、第三师第八旅刘若弼部以及王泰司令、王三春纵队、第一师第三旅王三友团、独立第四团佟毅等部，担任右翼地区之攻击，以占领万源以东之花萼山地带，期形成对万源的包围；

白沙河方面，由第三师师长许绍宗指挥（时许正生病由第九旅旅长张邦本代）所属第七、第九两旅附独立第一团杨勤安部，担任该地区之攻击，以占领万源为目的；

清花溪方面，由第二师第五旅旅长刘光瑜指挥第一师第一旅彭焕章部、第二师第四旅林毅部，担任孔家山、大山坡、大面山万源中路地区之攻击，实行中央突破以夺取万源。第六路军汪铸龙部之刘育英旅，协同刘光瑜部作战。刘光瑜所指挥各部之攻击，为第五、第六两路军的攻击重点；

岚垭场方面，由独立第二旅旅长杨国桢指挥所部及第六路军汪铸龙部之周少武旅、边防第一路司令陈兰亭部，向大面山左翼助攻，以牵制红军；

第六路第二十三军廖震师即移清花溪附近，随时准备加入本道正面之作战；

第四师范绍增部将通江地区防务交由总预备军接替后，所属四个旅即逐次右移秦家河、麻包山、镇龙关地区集结，策应万源方面之作战。

1. 第二次进攻万源经历三个阶段

第二次进攻万源，大体分为三个阶段：第一阶段从7月11日起；第二阶段从7月22日起；第三阶段是在8月5日，也就是川军的最后一次进攻。

第一阶段的进攻，川军进展甚微。伤亡很大。刘湘并未接受教训，复据情报：红军已分兵五路向陕南发展，辎重行李正续向陕境移动。遂认为趁机加强进攻，当可使红军首尾不能兼顾，自必可操胜算。于是又调山炮兵一营，并将休整后之第二十三军廖震部增加到中路清花溪方面；另派机关枪司令刘佛澄代表他（刘湘）到石塘坝、党家坡战地前方视察，传达作战指示，并与唐式遵磋商进攻计划。

从7月22日起，川军又向万源进行第二阶段攻击，唐式遵亲率督战队到第一线督战。经过3天的激烈战斗，在主力进攻的清花溪方面，在狭小地区内使用兵力达7个步兵旅以上，结果红军阵地屹然未动，唐部则被打得焦头烂额，溃退下来。是役川军伤亡逃散在万人左右。此后则陷入了打打停停的局面。

8月初，唐式遵得到情报，说是红军存粮将尽，秋收未熟，仅日食面糊二餐，仍有不继之势。就认为这是天赐良机，只要突破一点，全力冲击，万源指日可下。为鼓励官兵卖命，特悬出重赏：攻占万源，奖洋一万元；攻占花萼山、孔家山，各奖洋4000元；攻占大竹河、梨树溪、灯盏窝、大面山，各奖洋2000元；攻占老鹰寨、香炉山、玄祖殿、黄中堡等万源附近要隘，各奖洋1000元。原定8月3日一起进行攻击，但适逢大雨，山洪爆发，延至8月5日开始行动。这是最后一次的进攻，结果仍是伤亡重大，没有什么进展。紧接着红军即集中兵力从左翼突破，第五、第六路军便节节败退，终至不可收拾。

2. 各阶段战役经过概略

第一阶段（7月11日起）

城口、双河口方面：

城口：7月11日王三春部及第三旅王三友团已将广线垭、老君山占领，红军向长池垭撤去。7月13日范华聪旅攻占吞口石，红军退凉水井、龙王垭。7月16日王泰、王三春两部占领冉家坝。二旅杨团占领岔溪河。

双河口：汪杰支队7月11日向甑子坪攻击，13日占领甘菽梁后再无进展。7月14日第三师第八旅向龙角山、帽儿梁、松树梁之线进攻，红军向曹家沟方面撤退，川军继续尾追，15日到达小坪寨、桥梁石，即行筑工防守。

白沙河方面：第三师第九旅7月15日先后攻占苟坝子、后坪、笋子山，随即占领笋子坝。独立团刘国佐部占领解家垭口后，即续向万源方面进攻。第七旅推进至田家坝策应正面。独立第一团杨勤安部进驻白沙河就攻击万源的准备位置。

清花溪方面：第二师第五旅旅长刘光瑜指挥第一、第四、第五各旅及汪铸龙部刘旅进攻，由于玄祖殿当面尽是悬岩绝壁，刘旅协同第五旅杨团仰攻两日，均告失败，即据白岩子、古文坪、八庙垭等处与红军对峙。第一旅彭焕章部及第五旅何团7月13日午攻至香炉山，被红军大部逆袭，苦力支撑至晚；14日晨、午红军一再增兵猛勇冲击，彭旅溃退，傍晚撤至香炉山脚及老鹰岩半山。彭旅周团第一、第三两营及彭、叶两团伤亡均甚重大，官兵伤亡共千人左右（营长负伤达3人）。同日第四旅赵团及姚团进攻至大山坡半山，红军猛烈反击，川军复以王团增援，但皆先后败回原阵地内。

第二阶段（7月22日起）

城口方面：7月22日饶国华指挥王三春部由冉家坝向红花寺、木王山红军阵地进攻,占领心子山山腹,红军凭山顶主阵地抵抗,双方即就地相持。王三友团协同王泰部向中停坝、官家垭之线猛攻,午后进至黄草梁及苦草坪附近。范华聪旅进攻瓿子坪、猪院子大梁,第八旅刘若弼进攻曹家沟,均无进展。7月24日拂晓,汪杰支队进至瓿子坪红军主阵地附近。饶旅第五、第六两团进攻帽顶山、孙家祠、斗嘴子(凤凰寨以东),亦被击退,均仍就原地相持。7月27日饶旅第六团再攻斗嘴子及狮子坡、恕家垭,午后1时将各该地占领。同日晨汪杰支队会同第二旅第四团第二、第三两营向土寨子、朱家湾进攻,王营被歼灭过半,营长被击毙,仍退回原阵地。又同日第八旅刘若弼部于拂晓侧击猪院子大梁红军阵地,仍未得逞。

白沙河方面:7月22日第七旅赵鹤部由万源正面进犯,官团攻正面本道,为一石围墙寨子所阻,营长焦仲彭亲率敢死队向守寨红军进攻,遭到很大伤亡,该营长当被击毙。赵旅攻势顿挫,即又进入相持状态。同日第九旅之第二十六团进占后坪、马鞍山之线,第二十七团攻下大千子,并前进封锁龙神溪。7月24日,第九旅由后坪、马鞍山、大千子,第四旅由南池坪、袁家山协同进攻大面山,遭到反击后,仍退就原地与红军对峙。

清花溪方面:7月24日,第四旅林毅部与右翼第九旅协同进攻南池坪、袁家山,傍晚将该两地占领。此地接近大面山红军主阵地之最后阵地,当即赶筑工事,以之作为夺取红军最后主阵地的进攻据点。同路第六路军廖震师向当面红军进攻,自晨至午激战甚烈,午后3时始占领垭坝、瓜坝溪。此外,第一旅彭焕章、第五旅刘光瑜及汪铸龙部之刘育英旅分向老鹰寨、玄祖殿红军阵地进攻,但均无进展。

至于岚垭场方面,自22日起,独立第二旅杨国桢部及第六路军周绍武旅,各向当面佯攻,均无进展。五龙台方面的陈兰亭部,亦仍在原地与红军相持。

第二阶段的最后会攻

唐式遵以为自7月22日开始第二阶段进攻以来,进展虽微,但已接近万源正面红军主阵地,各部如于此时齐心协力进行一次合攻,当不难达到中央突破、夺取万源的目的。于是下令在7月25日这一天大举会攻,除先已集中大量机、炮外,并派飞机临空助战。攻击开始前,先用平射步兵炮、山炮、迫击炮进行压制射击,然后以第一、第四、第五、第九各旅及第六路军汪铸龙部之刘育英旅同时一致行动,右起南池坪、袁家山、老鹰寨、木旺坪、香炉山、玄祖殿、瓜子山、土地垭各地,向大面山、孔家山、大山坡诸处红军阵地进行强有力之攻击。各部队利用炮兵火力，破坏红军工事数层，曾攻至老鹰寨、香炉山半山的枣子院、胡家山、谢家园等地。在即将攻临大面山顶时，大雨如注，坡陡路滑，攀登困难，川军正是精疲力尽、饥渴不堪之际，红军突以暴风骤雨之势，居高临下，由正面及两翼向敌军猛烈冲击，川军各部立呈溃散状态。其时唐式遵且亲在党家坡高地指挥，见此情状即严令各部死力抗拒；川军面临生死关头，在纵横十余里的山坡斜面上、悬岩边与红军展开了剧烈战斗。红军冲入唐军阵线内，短兵相接，枪刺刀劈，手榴弹也不断掷入川军密集部队中，斜坡上只见川军尸体累累。唐式遵见势危急，即以电话立令彭旅集中机、炮从老鹰寨方面猛烈侧击，阻止红军追击；并令第七旅官团占稳袁家山作掩护，令赵团、祝团由园坝子飞速增援。由于唐式遵亲自督促掩护收容，部队拼死抵抗，而红军亦以火力包围消灭敌人之目的已达，遂未穷追，最后唐军始得退回原来阵地。

此一会攻，川军共使用7个旅，兵力逾20个团，唐式遵亲来督战，迭次使用密集部队进行波浪式多层冲锋；而红军则以逸待劳，掌握战机，先是英勇顽强地抵抗，继即进行猛烈反击，伤毙敌军一万人左右，战果甚为显赫。这是川军对红军作战以来失败最惨重的一次，也是在一个地区伤亡最多的一次。

8月初，唐式遵正处于进不可能、退又不敢、进退两难的窘境中，适崔二旦部于万源附近乘隙再次钻入万源县城，唐式遵便说："第五、第六路军与红军血战三昼夜，确实"克复"万源，红军退离万源二十里，狼狈不堪，已令先头部队跟踪追击……。"实则红军依据地形，环绕万源要隘布防，县城早成空城一座，崔部进入仅一短暂时间，旋即为红军逐出，对整个战局来说，根本没有丝毫影响。

第三阶段（8月5日起）

8月5日拂晓，第三师师长许绍宗指挥第一旅、第七旅由红子山、马鹿垭本阵地分两路向老鹰寨前方高地进攻，先集中炮火制压，然后步兵继进，同时有飞机三架进行轰炸，并散发"招降"传单。正午攻至老鹰寨山腹，前面断岩险峻，难以攀登。午后红军反攻，入暮许军仍退回原阵地。

第四、第五两旅编组成四队向香炉山、太平寨、玄祖殿进犯，进至半山，即为红军炽盛火力所阻，仍然退回。第六路军廖震师由白庙子、寨子坪本阵地向大面山进犯，占领蛮子洞、网川梁两处红军阵地，即筑工事相持。

唐式遵见攻势顿挫,立又另做如下部署:

以第三师师长许绍宗指挥第一、第七两旅专攻老鹰寨方面;

以第六路军第二十三军廖震师附独立第一团杨勤安部专攻大面山方面,并以杨勤安为右翼队长,廖师旅长陈岳为左翼队长,旅长陶璞率吴团及机、炮特科各连即推进至偏坡子附近为预备队,就地构筑工事。

其余各部即在以上两部进攻时,派出一些小组游击,并加紧战地整补。

8月6日,右翼队长杨勤安及廖师李少度团,左翼队长陈岳率徐、汪各团,均在拂晓前利用浓雾分道接近红军阵地,激战至8时,红军向蛮子梁、大面山主阵地撤去。右翼队杨勤安部当即占领兰地坪、茶园坡之线。是日夜间,左翼队陈岳旅进攻袁家山,激战至天明,将该地占领,就地与红军对峙。

次晨,陈旅由袁家山向大面山进攻,攻至山腹,红军以大部向敌军反攻,并从左侧抄袭,陈旅即行溃败,退至魏家岭得到掩护,始稳住阵脚,红军克服袁家山。

唐式遵以袁家山为进攻大面山的前进据点,地势重要,如果失去,有碍今后进攻,乃严令廖震务将袁家山争夺到手,廖部又付出较大伤亡,仍未达到目的。

第三师师长许绍宗指挥第一、第七两旅,于8月6日集中了本部所有机、炮及配属之山炮连,向红军阵地猛轰,飞机亦飞来轰炸老鹰寨、白庙儿、大面山等地红军纵深阵地带,红军工事多被川军炮火破坏,为川军步兵开辟了进攻道路。午后2时川军遂开始向前猛犯(此时廖震部已攻达大面山主峰附近),以为乘势可以攻下老鹰寨。但是当进攻的密集部队接近该寨山顶时,遭到红军猛烈反击,最后仍纷纷败退回原来阵地。

通江方面:

自7月初旬以来,范绍增师即奉命(向万源方面)右移,但因总预备军潘文华部及第四路军杨森部迟迟未前来接防,故仍逗留在通江地境。7月中旬,第四路军杨森部甫行接替通江前方简家山一线防务,即遭到红军进袭,失去简家山。红军乘势向通江挺进。范师正在右移途中,杨森、潘文华都要范支援,范因之派周绍轩旅协同总预备军彭韩师回援通江。经过三部配合作战,又重将简家山夺回。此后周旅仍折返万源赶场坝一带,其谌团则与右翼白岩洞之陈兰亭部联络,以徐载明部推进至启山。

7月下旬，范部又奉命以廖开孝旅向喜神滩、新庙场、土门场、唱歌郎进攻；以孟浩然旅经草坝场进犯插旗山、朱家坪。廖、孟两部均被红军击退，仍回原地扼守。徐载明部向启山以北红军阵地进攻，红军向插旗山方面撤去。该部完全占领启山。周旅谌团向解家梁红军阵地进攻，红军向兰包场退去。该部乘势跟进将太平坎占领。

当廖、孟两旅从两翼进攻均遭到红军坚强抵抗，左翼方面又迭接潘文华请援的电报时，范绍增感觉形势不利，一面令前线各部赶筑工事，严防红军进攻；一面与唐式遵、潘文华往复电商，研究今后应是右移或是左靠。范曾电唐请酌调部队协助，时唐部主力在万源方面迭受重创，亦只有嘱范自行努力将事。范绍增本不愿到万源与唐分担责任，遂以潘文华要其援助为借口，观望不动。

7月29日，范师廖旅饶团拂晓进袭斗嘴子，红军据大寨抗击，旋红军向插旗山转进。当晚，红军一由斗嘴子分两路向太平仓左侧廖旅廖团阵地进攻，一由大东山分四路向观池垭前方孟旅谌团阵地进攻，天明均撤去。

8月6日，范绍增奉到唐式遵5日全线总攻的命令，即令周、廖两旅及五龙台方面边防第一路陈兰亭部严密封锁铜观山、葫芦寨之线，同时令范、孟两旅联合在竹兴场附近之总预备军李御良旅，于7日拂晓向当面红军阵地进攻。7日正午，范旅由木廷寨方面攻占土门场，孟旅亦已占领石板店，并续攻鸡公梁、杨万山，进到山腹，即就地构筑工事与红军相持。

总预备军潘文华部作战情况：

潘文华初派暂编第二师彭韩部接防通江，继于7月15日又将通江城及以北之简家山防线交与第四路军杨森部接替。红军乘敌军交接之际，一举攻占简家山，并直逼通江城下，经潘、杨、范三部协同作战，始将简家山重行夺回，以上经过，前已略为记述。潘文华认为红军此次反攻，攻击力量不弱，自己兵力虽不算少，但战斗力实在太差，乃电请刘湘将范师留在通江，协同攻守。但因万源方面战局紧张，唐式遵迭催范部右移，未得如愿。

7月22日，潘文华约同第三路军李家钰部、第四路军杨森部会攻懒板凳、蓑衣梁及简家山前方红军阵地，曾进占工事数道。后红军大举反攻，川军伤亡数百，仍退至原阵地扼守。24日彭韩师周旅夜间协同李家钰部再攻懒板凳、简家山前方一带，25日拂晓进占红军工事数道后，再无进展。周旅以城内杨团何营出城侧击，与红军相持于城郊。同日彭韩师之彭团向三花顶及简家山左前方进攻，杜团向蓑衣梁助攻，终因各军中、左两翼友邻部队不能齐头并进,红军遂以主力向彭团迭次反攻,并由毛浴镇增来千余红军以密集部队向川军猛冲,川军受到沉重打击,这时潘文华重向刘湘提出要范绍增师支援的请求,得到刘湘的允准。

8月2日,范绍增派副师长罗君彤到通江竹兴场会见潘文华,两人曾同赴团包子、高插寨一带视察,认为当面右起朱家坪至兰包口、唱歌郎、大龙山至通江河边,红军山高地险,工事坚固,进行扼守,右翼万源又久攻不下,红军似有诱使川军深入交通极为不便的大巴山区以消耗川军力量,待秋收成熟,然后大举进行反攻的迹象。前传红军有放弃四川以图陕西之说,以这种情况判断,殊少依据。且当面战线过宽,兵力已嫌薄弱,如直接进攻唱歌郎一带,则纵深90余里,道路崎岖,障碍重重,困难殊多。潘、罗商议后,决定先巩固阵地,实行封锁,待两翼有了进展,再图攻取。

8月7日,总预备军所辖暂编第二师李御良由竹兴场方面出击,配合第五路军范绍增师之范、孟两旅,向当面红军进犯。范、孟两旅未取得进展,李旅以一部进出于秦家岭、王家湾、石板店、土寨子一带游击,仅与红军游击部队小有接触,旋亦撤回原来阵地。此后总预备军截至第五、第六路军在万源地区崩溃时,均无大的战斗。

各军在万源地区的崩溃

第五、第六路军唐式遵、刘邦俊所部,对万源地区的红军开始围攻以来,至1934年8月,历时4个月之久,在以万源为中心周围百余里内,使用兵力逾20个旅,使用于万源正面的攻击部队先后达200多团次,有时在一个狭小地区内曾同时使用几个团,在清花溪、白沙河并不宽广的地面上甚至使用到20多个团同时进攻。但每次攻击,不管是试攻也好,佯攻也好,总攻也好,多半是受到红军的反击,伤亡惨重,最后以败退告终。

刘湘、唐式遵到8月初见红军收缩阵地,集中兵力,已料到这是红军大举反攻的前奏,而川军屡遭挫败,实已无力再事进取,只得一再命令各部坚工严防,筑碉自固,完全改取守势,未敢轻进了。

一、红军大举出击，川军溃不成军

正在刘湘、唐式遵严令前线各军就地固守之时，红军出击已经准备就绪。8月10日晚，红军以主力向罐坝场正南方约10里许之青龙观敌军（第六路军汪师周旅）两个团的防御阵地接合部，一举突破，川军全线混乱，立时四散奔逃。天明，红军完全占领青龙观阵地，随即扩大攻势，一面向纵深楔入，一面向两翼席卷。

8月11日晚，红九军主力向青龙观左翼黄中堡方面挺进，防守赵家坝、南天门之独立第二旅杨国桢部首当其冲，该旅担任防守的黑钵山、龙池山天险以及左翼大毛坪、亮垭子诸地，遭到红九军第二十五师主力猛攻。此时红军约四、五千人，不断强攻杨旅第五、第六两团接合部的扫风垭阵地，第六团第一营营长唐尚镜当场被击毙，守军两个连被歼殆尽。红军将该地占领后，即以大部队直插纵深。该旅已无兵可援，持续至16日，全部防线均告瓦解。正当该旅各团面临崩溃时，杨国桢亲率手枪两连前来督战，并言他将与阵地共存亡。但川军已亡魂丧胆，全不听命，杨国桢立被红军四面包围，"缴枪不杀"、"活捉杨国桢"之声响彻山谷。此时杨忙令第四、第六两团余部沿长坝山脉撤走，第五团向大沙坝方面撤退。杨本人仓皇撤到老林口，原拟请求先行撤退的汪铸龙部代其收容余部，不意汪铸龙部早已闻风远飏。红军跟踪追至，杨国桢无法立脚，又急逃往长坝场。杨逃至长坝场时，防守当地的第五旅刘光瑜部已先被红四军的主力在清花溪方面将其击溃，玄祖殿、后坪等阵地也相继为红军摧破，所有部队皆被打得四散奔跑，纷纷渡河凫水逃命。杨国桢匆率余部渡过前河逃到官渡，其第五团向左翼大沙坝方面撤退途中，遭红军截击，即再向左转移，复被围于团保梁，后第四师孟旅由秦家河方面驰来救援，才得脱围，遂与陈兰亭部共同退守鹰嘴岩。

在杨国桢旅原守阵地左后方的五龙台、五龙岗一带，边防第一路副司令吴锦堂所指挥的廖青云、吴德三两个团，于杨国桢旅被击溃的同时，亦受到红军另一有力部队的猛烈攻击，吴锦堂在无线电机上一再向范绍增求援，希望范饬令来援的孟旅飞速移兵往救。孟旅部队尚未抵达秦家河，汪铸龙、杨国桢、刘光瑜等部的败报先已传来，吴锦堂甚为惊慌，深恐被红军截断后方通路，遭致全军覆没，遂将所守阵地完全放弃，逐次向河口场、秦家河方面撤退。吴锦堂部退抵秦家河时，适与来援的孟旅潘团会合，当由潘团占领阵地抵挡红军，掩护该军沿宣汉、绥定本道后撤。

由于汪、杨、刘、吴等部所守阵地先后完全崩溃，红军突破口愈来愈大。红军以主力跟踪追击，毫不停留，直向川军阵地心脏纵深插入，同时又席卷两翼，至此，第五、第六路军防守阵地的中央突破口已达百里以上，整个防线就即告瓦解了。

二、唐式遵下令总撤退，匆忙沿中河布防

唐式遵在石塘坝初闻败耗，还打算严令两翼固守，并抽调部队弥缝突破口，一面电范绍增派出一旅以上兵力星夜驰援，一面又急电刘湘请立即加派援兵。继之汪、杨、刘、吴四部相率溃退，红军愈向后方突入，川军在白沙河以左完全暴露，后方补给线将被截断，全军大有尽被包围歼灭的危险。随着前线各部节节溃退，红军先头追击部队已出现于石盆口一带，孟浩然旅被迫退到镇子垭、黄城坝之线；而清花溪以右的当面红军，乘中央突破之势亦向川军猛烈进攻，川军各部恐被消灭，率皆望风披靡，不待命令便自行撤退。这时唐式遵手忙脚乱，随即在石塘坝召集附近各师、旅长开临时紧急会议，商讨对策，冀挽危局。许绍宗、赵鹤、李文柱、刘光瑜、林毅等参与会议，多主张迅即后撤，放弃中河，退守前河，将绥定、宣汉委之红军，则红军追击自然停止；并引证第一次欧战兴登堡先脱离敌踪而后取得胜利的战例，目前应以远撤布防为宜。唐式遵犹豫不决，又同其亲信（参谋处长）罗浩莹密商，罗说："他们想苟安一时，避开正面，不顾全局，可以远离敌踪，退守前河，但你却不能这样做；因为绥定、宣汉两县城都在前河右岸，守前河就要放弃绥定、宣汉，今一战而失重镇，即使今后战局好转，人必谓王总指挥（陵基）取绥定、宣汉，唐总指挥失绥定、宣汉，势将得到与刘存厚同样的结果；且前河水浅，到处皆可徒涉，各部已成惊弓之鸟，谁能保其固守无虞？一旦再有疏失，前途就更不堪设想了！"唐听信罗言，愤而拍案大叫："要我放弃绥定、宣汉，万万不能！"于是命令右翼前线各部相互掩护总撤退，沿万源、宣汉间的中河

布防；左翼由副总指挥范绍增相机与总预备军潘文华部切取联络，以掩护左侧背之安全。各部在未奉到撤退命令之前，早已自由行动，纷纷后撤，及奉令撤退，则争先恐后，各不相顾，谁也不愿掩护谁了。山路崎岖，羊肠小道本属难行，但有整个旅、团一昼夜间逃跑达200余里的。川军半年来所进占的地区，仅一日夜间即为红军完全克服。

在各部撤退时，万源长坝场因地处战场前沿交通枢纽，各部队纷至沓来，在此附近一带，各军整团整营及零星小股被红军缴枪俘虏的，近一万人。中、上级军官逃命时，初还乘马坐轿，红军追到，即冲入队列中去，红军见乘马坐轿及穿毛呢服的，便一一擒捉，右翼中上级军官后来多半弃轿马，脱华装，杂于乱军之中，才幸得漏网。唐式遵本人亦早逃离石塘坝，如不是跑得快，也会被红军活捉。

唐式遵为右翼方面重做防御部署如下：

1. 城口方面，以城、万警备司令陈国枢部之第一、第三两纵队，独立第一支队汪杰部，独立第四团佟毅部，第一师第三旅王三友团，担任漆树沟、窄口子、七里沟等地的防守；

2. 以第三师许绍宗附独立第二旅杨国桢余部，右起响水洞、新场、固军坝、官渡，沿中河左岸厂溪、黄金口、普光场、下渡口，掩护各部后撤，即在中河左岸布防固守。并以该师第八旅李子猷团驰赴宣汉，指挥各部留守部队，巩固城郊防御阵地；

3. 第一师第一旅彭焕章部撤退到南坝场积极进行整补。第二旅饶国华部及独立第一团杨勤安部撤退到南坝场占领阵地为总预备队，以巩固前河防线为目的；

4. 第二师第四、第五旅林毅、刘光瑜部，撤到白马庙积极进行整补；

5. 第六路军第二十三军之廖震师及汪铸龙余部，即撤至宣汉、开江地区收容整编；

6. 第五路总指挥部转移南坝场。

第三师许绍宗部移住普光场时，即派杨玄团固守右岸灯笼坝，注视当面镇江寺、太平坝之红军动态。许绍宗还认为灯笼坝左后方的杨侯山甚为重要，特增派一个加强营占领阵地，以掩护灯笼坝的左侧背，巩固宣汉。这时红军的追击部队，以多路锥形突击方式直指宣汉，前锋已过马家场，守宣汉城的第三师第八旅李子猷团告急，唐式遵又命刚从右翼抽调下来的独立第一团杨勤安并授以宣汉守备司令之职，令其就近指挥李团及第二十三军留守后方的王彬如团，一同固守宣汉。杨勤安到宣汉后，当即加强城防工事，并赴板凳垭一带督饬各部阻击进攻红军，经过三日撑拒，红军自行撤走。至此，右翼全线战况转趋沉寂。红军这时已改变战略，再图陕南并向西进军，唐式遵所部得以进行整补。

三、左翼军进据绥定城区

左翼方面，第五路军副总指挥范绍增部，先是奉令尽快抽调部队右移，以增加进攻万源的力量，迨至右翼青龙观方面被突破后，右移之孟旅在石窝场、秦家河一带即与追击陈兰亭部的红军先头部队遭遇，乃即转移到镇子垭、皇城坝。红军跟踪追来，留置一部与孟旅在正面周旋，大部分向两翼迂回急进。其时陈兰亭部已纷纷向达县方面溃走，孟旅前后左右更无友邻部队，深恐孤军被歼，便经城隍庙、双凤场撤至马渡关，与第十一旅廖开孝部会合。范绍增师当面虽尚未发现红军大部队，但唐式遵所指挥的右翼十万主力，已经撤退下来，几天以来，范与唐失去联系，右翼情况不明，如红军先事攻占绥定县城，截断后方补给线，自己部队的处境就十分危险，因此范遂决心将全部撤至绥定城郊及附近要隘，集中力量以资固守。

范绍增既决定退守绥定，当即急令第十二旅第三十六团潘寅九部兼程在12小时内到达绥定县城，指挥城中原有军、警、团队担任城防，如红军攻城，应死守待缓；该团如按时到达，奖洋3000元，如有违误，即以军法论处。潘团遵令出发，先头部队于次晨到达。其余各部，则分到指定地区担任防务。其部署是：

1. 第十二旅孟浩然部以一团接任绥定城防，以主力担任凤凰山主阵地，筑工防守；

2. 第十一旅廖开孝部以主力占领北山场至江陵溪之线，以巩固绥定外围各要点，并掩护周绍轩、范楠煊两旅梯次撤退到巴河西岸江陵溪至三汇之线。廖旅完成任务后，即撤过巴河，接替范楠轩旅所担任的防御任务；

3. 范楠煊旅在到达巴河完成收容任务后，即转移绥定河南岸，整理补充；

4. 第十旅周绍轩部先与范旅协同互相掩护撤退到巴河西岸后，即占领三汇附近要点，构筑阵地，以阻止红军进攻，重点应保持于三汇，构成坚强阵地，以利固守；

5. 边防第一路陈兰亭部，以一部扼守绥定河上游之罗江口外，主力集结于绥定河南岸，进行战地积极整补。

截至8月下旬，红军已停止追击，红军主力分往陕南及向通江、南江、巴中方面对第一、第二、第三、第四各路军及总预备军各部进攻，第五、第六路军正面压力减轻，才稍得喘息机会，慢慢稳住阵脚。

四、各军损失官兵二万以上，刘湘被迫辞职

唐式遵在万源的退败中，被红军摧破的部队计有：第六路第二十三军汪铸龙部之周绍武一个旅；第二十一军独立第二旅杨国桢部与边防第一路司令陈兰亭部三个团均残破不堪；第二十一军第二师第五旅刘光瑜部被歼二分之一以上。其余右翼的第一师第一、第二两个旅，第二师第四旅，第三师第七、第八、第九旅，廖震师之两个旅暨其他各部，以及左翼的第四师四个旅，均各有轻重不同的损失。当时估计，各部被打死、打伤、逃散、被俘的官兵在二万人以上，至于械弹粮秣、辎重行李，那就不好计其数了。

当第五、第六路军败退消息传到成都时，刘湘以自己二十年来苦心拼凑起来的军队，赖以称霸全川的统治资本，大部毁于一旦，不禁惊愤交集，立即分别严电绥定、宣汉前方各部，不准再行后撤，应与邻接部队切取联络，互相靠拢，以待援军；并令于令到之日，立即组成督战队，由驻在地的最高指挥人员，负责收容余部，不管是否隶属，均须听其指挥，如敢违抗，就地枪决。这样才勉强压住了各军的败逃。同时刘湘电令潘佐、林梅坡两个独立旅，邓和、邓国璋两个路司令，立即各率所部昼夜兼程驰赴宣汉前方增援。一面又令总预备军总指挥潘文华在通江方面变更方向，与第五路军范绍增部密切协同占领江陵溪、巴陵寨、元山场之线，构成坚固的侧面阵地，以阻红军西进。

这时，红军先声夺人，四川的军阀、官僚、地主、资本家都大为震恐，纷将存款汇往上海，申汇暴涨，在四川交200元，在上海只收100元。在成都的地面上头面人物，在惊惶万状之中，于西御街安抚委员会召集会

议，商筹挽救危局办法。会上对四川"剿共"军前方军事委员会委员长刘从云大加指责，认为军事失利，皆刘从云指挥谬误所致，决议以安抚会名义致电刘从云，要其自裁，以谢川人。前方各部亦纷纷攻讦刘从云毫不知兵，指挥不当，以致全军败退；第三师第八旅代旅长刘若弼，曾电请刘湘杀刘从云以安军心。

第五、第六路军在万源败退的情况传到南昌后，蒋介石亦大为震惊，来电斥责，说"即因地形关系'进剿'困难，亦应筑碉自固，防其进扰，……如有再行后退，牵动全局者，当以该主官是问"。刘湘受此打击之后，既慑于蒋介石的压力，又感到各路军希图保存实力，互相观望，步调不齐，难于统一指挥。各路军粮、饷，虽各在其防区内自筹，但战时活动费及械弹补充，则须由"剿总"总司令部拨给。蒋介石承认补助的饷糈械弹，又是口惠而实不至。同时四川人民的抗粮抗捐，则是此伏彼起。刘湘在上下交迫的情况下，计无可出，乃于8月23日通电辞去四川"剿总"总司令及第二十一军军长职务，随即自成都出走重庆（途经内江裨木镇时，刘湘曾跑出汽车，演了一幕假投江的滑稽剧）。

刘湘发出辞职通电到了重庆后，既不到部办公，又避不见客，以示辞意甚坚。其实刘湘是以退为进，已在幕后开始进行一系列的活动。他首先派飞机把范绍增接来，对范抚慰备至，并拨给大笔作战活动费用，意在鼓励范继续卖力，抗拒红军。另又派其妻弟周成虎、亲族刘树成携带大批慰问品到前线慰劳各将领，并运去大量械弹，充实各部战斗力量。此外，刘湘还严令下川东20多县的县长集中团队，每县至少须调出地主武装1500人以上，开赴前线；另还须广募兵员，补充前方作战部队。同时日夜召集亲信幕僚，商讨准备今后作战计划。刘湘还决定在最近期内到前方召开将领会议，并令第二师师长王缵绪克速来渝，随同前往绥定、宣汉，视察战地情况，及参与今后第五、第六路的作战指挥。

刘湘知道他与蒋介石之间矛盾颇多，现又新遭败局，各方多所责难，恐蒋与川中各军阀合力将其排挤，不好应付，故伴为辞职，以事缓冲。而自己的实力，仍较四川各军阀为大，在当前的危急局势下，无人能继其任。因此又于9月8日电蒋介石表示："愿以在野之身，权支危局"，又说现刻绥定、宣汉吃紧，第三、第四路军复相继告急，决即驰赴前线视察整理，期能暂时稳定，以待"中央"处置。此时四川各军阀也自知谁也无力取代刘湘，刘湘以退为进，蒋介石终必加以慰留，于是纷发通电，挽刘复职；随着蒋介石亦同意刘湘购置生银及无烟火药，并允即行拨给补助的械弹军饷，又再令四川各军必须严格服从刘湘指挥。刘湘的意图已达，遂于10月22日通电复职，宣布即日赴开江前方督师，继续进行内战。

王陵基、范绍增部进攻宣汉、绥定、通江红军纪实

刘沛雄[*]

1933年10月,刘湘就任四川"剿总"总司令后,所统率的六路"剿共"军中,第五路军就是他以自己的第二十一军第三、第四两师为基干组成的,派这两个师的师长王陵基、范绍增分别任正副总指挥,实有较精锐的兵力3万多人,为其直属的主力部队。当时,我是第四师第十二旅第三十六团的中校团附,后升为该旅参谋长。现追忆片断如下。

王陵基部进攻宣汉遭红军突袭,第五路总指挥换马

1933年11月初,王陵基在驻防地下川东万县就任第五路军总指挥后,其作战计划是首先攻占被红四方面军占领的川东北宣汉、绥定(今达县)地区,收复川陕边防督办刘存厚部先进攻红军溃败失去的这一片防地。于是,他亲自率第三师为基干的右方兵团进攻宣汉,由范绍增率第四师为基干的左方兵团进攻绥定。12月中旬,经过激战,同时占领了宣汉、绥定两县城,又继续争夺外围要点,企图压迫红军至大巴山脉加以围困。

王陵基的总指挥部设在宣汉所属胡家场。1934年1月,他直辖的3个旅(第七旅旅长许绍宗、第八旅旅长刘若弼、第九旅旅长张邦本)均在宣汉城外向红军争夺据点,占领阵地,部署防线,同红军成短暂的对峙状态。

---

[*] 作者当时系第二十一军第四师第十二旅中校副团长、旅参谋长。

同时，他令其警备第三路副司令郝耀廷率领约两个团的兵力进至胡家场前方约30华里的马鞍山，占领高地布置前哨防线，掩护总部的安全。

当年，红四方面军对各路川军的态度、打算及其兵力、战斗力、部署和行动，基本上是了解的，他们采取缩短战线，首先击破刘湘直属第五路军这支较强的部队，以动摇其他各路的川军。于是便集中一部红军的优势兵力，在1934年2月12日（农历春节前夕腊月二十八日）深夜拂晓前，进行突然夜袭，一举突破郝耀廷部的马鞍山前哨阵地，击溃其罗大湾前线部队；随即迅速地直趋胡家场前方马鞍山楼门口，将郝的司令部占领。郝跃耀廷率领几个弁兵仓促抵抗，当场被红军击毙，其余官兵一团混乱，拼命向胡家场逃窜。这一役，郝部还有团长、营长、参谋、副官等多人被红军击毙，官兵伤亡近千人，被俘、逃散者也不少。经几天的收容、整顿，兵力已损失过半，武器、弹药和军需用品，被红军缴获甚多。事后，官兵们都为红军行动之神速、战术之巧妙，犹谈虎色变，部队士气受到严重打击。而且，当时红军乘胜推进，占领了胡家场等地，以大部兵力，将防守于鸣鼓场、老木口的王陵基部主力许绍宗旅三面围困达20多天。

郝部惨败和许旅又被困时，王陵基已于除夕前乘飞机返回万县正与家人欢度春节，他闻讯后十分惊慌，感到自身离部有过，不便责怪其旅长许绍宗等人，为了减轻自己的责任，便向副总指挥范绍增所部（实际上范很少在部队，他的第四师由副师长罗君彤率领）发牢骚。当时，王打给在绥定的罗君彤的电文中，指责罗"隔岸观火，幸灾乐祸"。罗也复电反唇相讥，谓王"温柔难舍，姗姗其行"（指王在万县与妻室欢聚过节，迟迟不赶回前线，致误戎机）。当时我们军官得知王、罗二人的来复电文，一时传为笑柄。

春节刚过，王陵基回防后，各方又议论纷纷。加上当时王有妨碍刘湘总揽军权称雄四川的野心等因素，刘湘早已对王不满，便借机为提高第五路军声势，振作前方士气，免贻其余各路总指挥的笑柄，立即电召王陵基返成都加以软禁免职；另派其第一师师长唐式遵继任第五路总指挥，并提升许绍宗继任第三师师长，委派赵鹤继任第七旅旅长。唐式遵于是年3月上旬就职赴任后，急调由后方前来增援的第二师王泽浚旅，前往鸣鼓场助解许绍宗旅之围，经过同红军部队数日的激战，五旅又伤亡1000余人。红军自动撤走，许旅始得以解围。

范绍增部绥定备战进攻通江尾追红军

范绍增的基本队伍第四师,共有3个旅;即:第十旅,旅长周绍轩;第十一旅,旅长廖开孝;第十二旅,旅长孟浩然。每旅均辖3个团。我所在的第十二旅下辖第三十四团,团长黄行伦,副团长陈子衡;第三十五团,团长徐钊鉴,副团长张少凡;第三十六团,团长潘寅久,副团长就是我。

1933年12月,当红四方面军缩短战线,主动放弃绥定(今达县)后,罗君彤即率第四师进驻该县城。"剿总"总司令刘湘鉴于蒋介石以重兵四次"围剿"中央红军的失败和王陵基一部在宣汉遭红军突袭失败的现实教训,指示所属前线部队采取稳扎稳打,步步为营,目的在于封锁赤区红军,伺其疲惫而图之。罗立即派第十、第十一两个旅在通往通江、巴中的道上,选择阵地配备前哨防线,将我们第十二旅作为预备队。

本旅旅长孟浩然接受任务后,把兵力部署如下:令第三十四、第三十五两个团在绥定县前方,向通江、巴中两县布置第二防线,加紧构筑工事和碉堡;令我第三十六团担任绥定城防,按照江西"剿共"办法,在老百姓中推行保甲制度,实行五家连坐,随时抽查户口,每天人口异动情况必须登记呈报。顿时,绥定城乡,碉堡林立,戒备森严。

到1934年秋,罗君彤为了对付红军的游击战和短促突击战术,还在绥定创办了一所"军事训育营",他自兼营长,营副是谢浚(初由日本士官校毕业,经上海的杜月笙推荐而来)。下设4个连,连长由师部决定,遴选中、少校团附刘沛雄(即笔者)、陈子衡、张少凡、黄君殊4人兼任,并担任军事教官。各连的排长,由本师直辖3个旅和陈兰亭旅(当时受第四师指挥)各派连长或副营长充任,班长则由各旅抽调排长9人充任。并从各旅抽调中、下士班长各2名作为学兵,随身携带武器装备入营受训。训育营的课程设学科:《战术学原则》,《射击教范》,《阵中勤务令》,《筑城教范》;术科:班、排、连战斗教练,实弹射击,排、连哨配备,散兵壕、交通壕、机枪掩体和碉堡的构筑等实施。

北风乍起,第四师师部转四川"剿总"司令部电令:"通江之敌(指红军)有掩护其主力向西北方面转移之势,该师迅即进攻,占据通江县城，并将敌人主力指向查明具报"。为此，本师军事训育营历时一个多月，即行宣告结束，所有官兵各回原部，待命执行任务。

本师经几日探索前进，到达通江县属北面的涪阳县。我前卫第十二旅占领乌林垭制高点后，发现前面高山有红军的几层工事，便选择阵地，配备警戒，赶筑工事，搭造营房。师部及第十、第十一两旅就涪阳县附近宿营。这次向川陕革命根据地中心行军途中，除看见悬岩上有石刻大字"打倒刘湘！"在石包上、大路旁和屋顶、门壁上，有用石灰、土红写的"打倒军阀"、"打倒地主"、"分田分地"等标语和少许路障外，没有发现红军遗留的其他痕迹。

我师在涪阳县乌林垭与红军对峙一个多月，经过对敌情的观察，情报的收集，攻击方式的研究，进攻路线的选择，在做了比较充分准备后，决定向金华台的红军阵地发动攻势：第十二旅向正面进攻；第十一旅向左翼侧击，一面牵制红军主力，一面掩护正面攻击的进展；第十旅为总预备队。从正面攻击的战斗部署是：我第三十六团为主攻部队，在火力掩护下，冲击前进；第三十五团为助攻部队，配合炮兵连、轻机枪连（炮兵、机枪由军拨给师各一个营，师拨给旅各一个连），选择阵地，集中火力，摧毁红军工事和轰击其后援部队，掩护我主攻团快速进展；第三十四团为预备队。

攻击战于1934年秋末某日上午7时开始，在我军炮兵、机枪和步枪的猛烈火力发射下，红军的前哨有七八名战士撤退到第二线阵地。我攻击部队即进据其掩体，继续向红军第二线阵地仰攻。但红军阵地前早已坚壁清野，扫清射界以待，又是缓倾斜地带，无死角和树石可作依托，我部前进目标完全暴露。而且红军战士的射击精确，枪声虽稀疏可数，但命中力极强。经我部三四次匍匐前进，皆被击退。相持至下午一时半，红军见我攻击精神不振，即由其工事两侧出动约两个连，持几面鲜红大旗在前，用快跑分两路从上而下，向我团进行迂回突击。我团在增援部队和火力的掩护下，只得退到原有阵地抵抗，红军的突击部队即尾追到我阵地前，在倾斜变换线的死角下，与我部对峙，几面大红旗竖立在棱线上，迎风招展。黄昏后，我团就原地布置警戒，红军突击队也利用黑夜主动撤走。这一战役，我第三十六团有营长王仁山负重伤，两个连长阵亡，一个连长负轻伤，士兵伤亡30余人。

在金华台战役后，我师与红军成对峙状态约十余日，最后前哨连报告："红军阵地近来没有动静，发现其附近山腰似有老百姓耕种，曾派探侦察，红军已经撤走"。师部得此情报，决定向通江城开进。

1935年初，我前卫第十二旅到达距通江城约三、四华里处，发现了红军前哨的步哨，我用望远镜到高处了望，看到通江城外，有层层工事成弧形排列，从最高点到山腰构成三道防线，山麓棱线上，设有前哨阵地，阵地前布满障碍物。我进攻部队如进入射界，即被控制在红军火网中。此时天色已近傍晚，奉师部通知，各旅就原地布置警戒宿营。入夜，我驻地左前方远处传来隐约可闻的炮声。师部判断，红军的主力似已撤走，留在通江的只是断后的掩护部队。于是令各旅做好准备，决定次晨六点半钟，向通江之红军展开攻势。战斗序列是：以第十一旅为主攻，第十旅从右翼侧击，第十二旅随师部为总预备队。

次日拂晓前攻击开始，天明时已占领红军前哨阵地。由于夜摸前进得手，即向红军第一道防线继续攻击前进。但为红军火力所控制，我前进部队目标在天明后已暴露无遗，又无可供掩蔽的物体，攻击情绪出现低沉，直到午后2时，仍毫无进展，而且伤亡已大，幸而红军部队还没有出击。入夜，我进攻部队才撤回自己阵地。又与红军对峙两日后，因他们自动从通江撤走，我师始进入该县城。

在通江城休息一段时间后，接师部通知，红四方面军已突破嘉陵江西进。我师奉命取捷径截击西进的红军，经过若干天的长途行军，才到达成都再直抵灌县防堵。殊红军已向西北方向开始长征，堵截任务遂告一段落。

王陵基、唐式遵率部 "进剿"
红四方面军始末

李参化[*]

一、刘湘就任四川 "剿总" 总司令前后

1933年2月，第二十九军军长田颂尧被蒋介石委为川陕边区 "剿共" 督办，受命率部迅即 "追剿" 已进入川北通江、南江、巴中地区的红四方面军。此时，田因所部于上年冬与刘文辉的第二十四军在成都巷战，实力损失甚大，尤以 "剿共" 军费缺乏，乃电请与他结盟的四川军务善后督办、第二十一军军长刘湘拨助经费及械弹。当时，刘湘以其实力强大，认为应首先安抚四川统一全省后才能 "剿共"。

是年2月23日，刘湘便在重庆召见第二十八军驻渝代表李光舍、第二十九军驻渝代表沈与白，商谈安川 "剿共" 问题。他表示拨给田颂尧军费10万元，子弹20万发，饬田负责 "剿共"。而刘湘则忙于同他争雄的刘文辉交战，无暇顾及 "进剿" 红军之事。

同年7月，红四方面军，已击败田军向通江、南江、巴中革命根据地进攻的三路部队，并向绥定（今达县）、宣汉、营山、蓬安等县扩展。蒋介石鉴于田颂尧部不能对付红军，又虑四川战争旷日持久，红军势力会乘机大发展，乃照令发表刘湘为四川 "剿共" 总司令，同时严令制止川军混战，饬所有川军统由刘湘指挥，限3个月内全力 "围剿" 消灭川北红军。

---

[*] 作者当时系第二十一军第三师第八旅第二十四团军需官。

7月20日，刘湘到成都后，即召集邓锡侯、田颂尧、杨森、李家钰、罗泽洲等地方军阀，协商决定于短期内联合打垮刘文辉部，随即共同"围剿"红军。9月中旬，刘文辉率余军败退入西康，二刘之战结束。刘湘始于10月4日正式宣誓就任四川"剿共"总司令职，国民政府特派何成浚为监誓员，来参加刘的就职典礼。田颂尧即辞去川陕边区"剿共"督办职务。

刘湘接着将刘文辉部以外的各川军部队组编为六路"剿共"军，任命袁彬为参谋长。

二、王陵基指挥第五路军进攻红军克复绥定、宣汉

刘湘"剿总"所属第五路军，系由他自己的第二十一军第三师（师长王陵基）、第四师（师长范绍增）以及军独立第一团（团长杨勤安）、炮兵营（营长代岚青）、重机枪营等部组成，全部兵力约计5万人。以王陵基和范绍增分别任正副总指挥，王又以其师参谋长韩守斋为总指挥部参谋长。

1933年10月上旬，川东北的绥定（今达县）、宣汉地区告急，王陵基立即命本师第七旅旅长许绍宗、第八旅旅长李树藩（李病卧床，由第二十三团团长刘若弼代理）、第九旅旅长张邦本，均率部集中梁山待命；范绍增师则集中大竹、邻水待命；杨勤安独立第一团及机炮各营，亦调往梁山待命。

10月中旬，负责防守绥定、宣汉的第六路军（即刘存厚部），被红四方面军一举击溃，绥定、宣汉被红军占领后，王陵基急令刘若弼率第八旅开赴开江布防，许绍宗率第七旅开赴开县布防。王的总指挥部即移驻梁山。第八旅到开江后，以第二十四团进驻普安场一线布防，此地为宣汉通往开江、梁山之大道。该团刚到普安场，即闻红军已过天险七里峡，到达宝塔坝。团长周从化即令所属第二营营长刘鼎率部前往堵击。该营刚到宝塔县后，就遭遇红军之少先队猛力冲击。该营亦竭力堵击，激战至夜晚，红军始行撤退。第八旅即向前推进，通过七里峡，占领天星桥。据说红军原拟于解放绥定、宣汉之后，乘势解放开江，直下梁山，进攻万县，以扼锁四川咽喉。由于刘湘的主力第五路军出动，乃改变战略为引川军深入，遂即撤退到宣汉河北岸，仍防守绥定、宣汉南岸一线。第五路军务部，亦沿宣汉河一线与红军对峙。

刘湘以绥定、宣汉失守，全川震惊，为了稳定人心，转变困境，乃严令王陵基积极准备，不计一切立即收复绥定、宣汉。王奉令后，即将总指挥部移驻普安场，命范绍增之第四师进攻绥定，他的第三师第八旅和杨勤安团分别进攻宣汉城下游三十里之插旗山与羊烈子两高地，第七旅伴攻宣汉城正面。第八旅则以第二十三团主攻插旗山，第二十四团为预备队；杨勤安团主攻羊烈子，第二十二团为预备队。并沿插旗山及羊烈子对山，布置重机枪阵地两线，迫击炮阵地一线。于12月15日拂晓开始进攻，中午抢渡过河，傍晚占领曾家山之曾家祠。翌晨，红军反攻，第二十三团及杨勤安团拼命反击，占领了插旗山制高点。是晚，红军全部引退。第八旅又积极向前推进，至马家场一线布防。绥、宣两城旋于12月16和17日得以收复。此时，王陵基气焰甚高，即率总指挥部进驻宣汉，并命令第七旅向马渡关进攻。红军仍复节节引退，第五路军随即占领马渡关一线。

刘湘以第五路军克复了绥定、宣汉，使战局情况好转，他的处境得以稍苏而高兴。但又恐该路军继续深入，遭受红军围歼，乃连电王陵基制止其部队冒进，嘱在现有防线固守。

三、刘湘嫉恨王陵基野心勃勃撤免其职

王陵基系武备生，刘湘当在弁目队时王已任教官，刘湘入军官速成学堂时，王又任队长，故刘对王以"方师"（王号方舟）尊称之。王曾任江巴卫戍司令，是1927年重庆"三·三一惨案"的主凶，反共十分卖力。他在重庆曾主办团务训练所，江、巴等县之团总皆出其门下。他赋性骄横跋扈，刘湘既用其能，又防其叛。故王陵基师所属旅团长，都经过刘湘的精心调配，如旅长许绍宗、罗伟、张邦本，都是师长整编下来任旅长的，均系刘之心腹，王不易驾驭。王之所以得任第三师师长，系1928年川军李家钰、罗泽洲、杨森等部进攻重庆时，刘湘处境危殆，乃以各个击破战略，先派王陵基游说杨森，以缓和杨的攻势。刘遂集中主力，击败先发动进攻之罗泽洲师，再以全力击败杨森部。由于此役王有功，刘湘遂于战后委以第三师师长，驻节杨森原来据有的万县。

当时，王陵基居功自傲，野心渐大，以所属3个旅长皆刘心腹，不能随心支使，乃私设手枪、机枪、炮兵几个大队；又招安鄂豫边区土匪王泰、

崔二旦、马云平等，编为警备第一、第二、第三路司令，并设幼兵营，由崔、王、马等拉的"肥猪儿"（巨富家人）组成；还设萝卜店山防大队，以团练生王崇德为大队长，在防区内各县均设团练大队，并自设关卡，抽收税捐。加以万县为川江进出的咽喉，上下船舶经过均须接受检查。1930年刘文辉由上海运回四川之新购武器，到万县即被王扣留。刘文辉为此曾亲自到渝，向刘湘索讨。刘湘答称：系"方师扣留，我亦无法"。刘湘信任刘神仙，王陵基反对最烈。王驻万县日久，淫威日著，人皆称之为"万王"。因之刘对王早有疑虑。

王陵基率第五路军占领绥定、宣汉后，更傲横自大，不可一世。他收容了被红军击溃下来的第六路军刘存厚部，并直接向蒋介石报告了刘存厚所属第二十三军的腐败以及他如何收复绥定、宣汉的战绩，向蒋邀功。当时蒋以刘存厚不战而退，撤销其军长职务。王欲继位该军长，并向蒋表明了愿望。蒋亦欲以此笼络王，以分化刘湘集团，但又不能不征求刘湘意见。刘拒不同意，蒋只好暂时搁置。当时，川中其他各军均指责王陵基要吃掉第二十三军，也涉及刘湘。刘亦见王野心很切，怕他与蒋介石勾结，对自己不利，遂决心对王采取行动。

兼之，王陵基在攻克绥定、宣汉后，又做出了错误的估计，以为红军不堪一击，急欲继续进攻，妄图将红军歼灭，以竟其功，便一再请刘湘补充饷款械弹。但刘湘却再三电令王，不得妄动，固守现有阵地。王电问其详，刘则答以"川情复杂，非函电所能尽其意，吾师可来蓉面商。"王陵基性甚躁急，欲当面说服刘湘同意其进攻主张，即请刘派飞机接他到省。刘复电允许。王即派兵将宣汉河坝平为机场，于1934年3月1日乘刘湘所派飞机抵成都，其第五路军总指挥职务暂由参谋长韩守斋代行。

王陵基面见刘湘，刘仍谓川情复杂，各路军队行动不统一，他的命令得不到贯彻执行，且经费困难万分。并说："吾师收复绥定、宣汉，已经劳苦功高，宜在省城休养，勿庸再返前线。"王返寓所后，气急败坏，暴跳如雷，已无出入成都几道城门之自由矣！

四、唐式遵继任第五路军总指挥进攻万源失败，各路军遭红军反攻而溃败

当王陵基先率第五路军开赴梁山时，刘湘即调其第二十一军第一师师长唐式遵率部开赴万县。王部移驻开江普安场后，唐部即移驻梁山，王指挥所部克服绥定、宣汉进驻宣汉后，唐即率部移驻普安场，名为做本路军预备队，实系刘湘老谋深算，采取在必要时以唐取代王的措施。

1934年3月4日，刘湘致电前线各部，谓第五路王陵基总指挥因病请假在省休养，已派唐式遵继任总指挥职，并升任许绍宗为第三师师长，赵鹤升为第七旅旅长。

唐式遵于3月5日到宣汉就任后，遵照刘湘的指示，以筑防御工事固守为主。所部向城口、万源两县方面的红军包围，并未积极进攻。在一个月内，红军亦未出击。其他各路"剿共"军也无进攻行动。

5月，蒋介石见川军"剿共"无所进展，即电刘湘转令各路军迅急进攻，谓"我迁延一日'匪'即巩固一日"。刘湘奉电后，即召各路军将领返省，商讨围歼计划。对加紧进攻红四方面军做出了一些重大决定。一为发表潘文华任总预备军总指挥，令潘于5月26日率部开赴顺庆（今南充），作各路"剿共"军的预备部队。更为奇特的是6月14日，竟发表其军务善后督办署高级顾问刘从云为"剿共"军前方军事委员会委员长，令他代行指挥各路"剿共"军的作战行动。刘湘认为，刘从云不但能神机妙算，而且邓锡侯、田颂尧以及其他将领多为他的门徒，由他赴前线指挥督师，各路军均能听命，可收统一军令之效。刘从云奉命后，即专车赴顺庆设立行营。他离省前曾通电各方就职，略谓奉命处理前方一切作战事宜，公义私情所在，不克固辞，只好勉任艰巨。唐式遵、刘邦俊、李家钰、范绍增等将领均致电祝贺，并愿受其指挥。

7月初，各路"剿共"军奉令向占领通江、万源等处的红四方面军进攻。这时红军则实行转移，放弃了通江而固守万源。"剿共"军第二、第三、第四路军各部队始同时进入通江，均向蒋介石报称自己收复了通江。

蒋以各路军互有争执,特电刘湘查明收复通江经过,并对通江胜利表示嘉慰。实际上当时第一、第二、第三、第四路军,均系"敌退我进,敌出我止";而唐式遵的第五路军则集中力量向万源进攻。红军放弃通江后,也集中力量抗击第五路军,8月10日晚,先以重兵猛攻第六路军(即第二十三军)刘邦俊(继刘存厚之军长职)部阵地,一举突破。接着,红军从两翼纵深包围,迫使第五路军各部节节败退,全线崩溃。于是绥定、宣汉又告急,军民纷纷撤离。唐式遵一筹莫展,直至8月中旬,红军停止追击,第五路军才稳定阵脚布防。

红军击退第五路军以后,乘胜向西线之川军反攻,从通江以南突破"剿共"军防线,所有西线之第一、第二、第三、第四各路军全线动摇,纷纷向后败退。嘉陵江东岸各县,遂均被红军占领。

五、刘湘引咎辞职以退为进向蒋索权

第五路军失利,其他各路军相继溃退的消息传至成都,使上层统治者一片恐慌,官僚、富商、豪绅,纷纷将存款兑往京沪,或携眷逃离川境,以避"赤祸"。刘湘此时亦焦急万状,欲继续"围剿"红军,但各路军心一蹶不振;兼以川情复杂,各军对其命令阳奉阴违;而且军费、粮食困难万状,各方指责又纷至沓来。在此重重压力之下,刘湘乃向蒋介石电请辞去本兼各职,随即悄然离开成都。蒋介石闻讯,大为震怒,除电刘湘表示慰留外,并希他整饬军纪,如有自行后退者,唯各路主官是问。各路军又将溃败责任,归咎于他的第五路军防守不严,全线溃退,以至影响动摇各路军无法固守。更有认为刘湘重用的"神仙"刘从云不晓军事,专以妖言惑众,盲目指挥,以致全局溃败,众口一词,请杀刘从云,以偿败军之罪。刘湘鉴于舆论沸腾,乃于8月15日电召刘从云返省,令其自行隐退,以息众怒。

8月23日,刘湘离省城赴重庆后,各方以红军势大,川局严重,非刘复职,不能收拾局面,乃纷纷去电挽留,请刘复职。刘湘则以众情难却,愿以在野之身,协助"剿共",但不允恢复原有职务。9月中旬,刘湘亲赴前线开江,召集第五路军将领开会,部署一切,稳定军心与防守阵线。他回重庆后,各军代表和省城绅者又纷纷到渝进行慰问,面挽复职。刘湘以情不可却，乃允返回成都，是否复职，俟到蓉后再行商议。

10月10日，刘湘专车返成都后，各路军总指挥、副总指挥均亲来省城谒见。10月19日，他们和地方绅耆以及各团体首长共24人，在"剿总"总司令部开会，再度敦促刘正式复职，促成四川统一，并决议四项办法。

一、设立四川"剿总"参谋团，由总司令部规划，商承中央准予组织之；

二、设立四川"剿总"总政治部，担负"赤"区及邻近"赤"区之政治工作，并救济难民，组织民众；

三、设立全川财务委员会，筹集"剿共"经费，并负监督、分配之责；

四、统一全川民财各政，设一委员会负责办理。

上述各案议毕后，到会各军将领又提议请刘湘复总司令之职，并表示各军绝对服从指挥。

刘湘当场表示愿意复职，于10月21日发出复职通电。

刘湘复职后，仍感面临红军势大，军事指挥不能绝对统一，财政经济亦极端困难的现状，不得不依靠蒋介石中央设法解决。乃于10月29日离成都赴重庆，11月14日乘巴渝兵舰东下，18日抵京，先谒见林森国民政府主席。20日蒋介石在官邸欢宴刘湘，同时有何应钦、何成浚作陪。其后，蒋又两次召见刘湘，对四川"剿共"问题，省政府的组织问题，统一川省民政财政问题，解决财经困难问题，以及成立参谋团等问题，均做了详细的商讨与指示。蒋对刘极力笼络，满足了刘的一切要求，所有四川的军权、政权完全交由他负责；并表示财经问题，中央亦尽力帮助解决。11月28日，刘湘谒见行政院院长汪精卫，内定了省政府组成人员名单。宋子文为了拉拢刘湘，即与杨虎约刘畅游西湖。刘湘于12月8日再度谒蒋辞行，10日搭轮回川，19日抵达重庆，即向记者发表谈话说，所有关于"剿共"和四川政治、军事、民政、财政等问题，均已与蒋委员长商定了有效计划，一切毫无问题，他表示对川事前途又充满信心。但后来蒋介石派来军事委员会参谋团，以"助剿"为名，直接插手控制川局，实际削弱了刘湘的势力。

六、红四方面军突破川军江防第五路军追击扑空

1935年3月28日夜,红四方面军在苍溪县境突破"剿共"军防线,渡过嘉陵江。29日,渡江红军从两侧翼进击,第二路军田颂尧部溃不成军。红军势如破竹,击败第一路军邓锡侯部,连克剑阁、昭化、梓潼、青川、江油、平武、北川等县,成都再度陷于惊慌状态。蒋介石怒将田颂尧撤职查办,着令孙震暂率第二十九军戴罪立功。刘湘立即调令总预备军总指挥潘文华率部火速赶赴成都防守,并电令第五路军立即追击红军。

殊知红四方面军大部队不断突破川军各路的防堵,向川西北松潘、理县、茂汶方向前进,与长征到达的中央红军会师。第五路军之第三师追击扑空,在中坝驻约两个月,即奉命回防万县。

丁德隆、王志远部在川北广元
防阻红四方面军忆述

黄爵高[*]

1933年冬，我在邓锡侯的第二十八军杨秀春师第八混成旅（旅长刁文骏）任参谋长，曾随军奉命到川北广元县换防，对胡宗南师丁德隆旅和陕军王志远旅在该县城防阻红四方面军一部的作战经过，有所了解，并向各方探询甚详。现追忆于后。

1932年底，当红四方面军进入川北大巴山边区，建立以通（江）、南（江）、巴（中）3县为中心的革命根据地后，将游击区继续向旺苍、广元方面发展。1934年春夏，蒋介石为了守护广元这个川陕门户，调令中央嫡系第一师胡宗南部第一旅旅长丁德隆、副旅长曾日晖，率兵3个团进驻广元城。丁德隆自以为所部装备精良，弹药充足，十分轻视红军。该部到广元后，并不设防。一支红军部队乘其不备，分两路袭击广元城，一路从下游河湾场渡过嘉陵江，占领广元县城对岸之高山乌龙堡，在堡上用步枪即可以射入城区；另一路从柏林沟直攻广元城，占领城南之高山南山。于是广元城内情势危急万分。丁德隆始令副旅长曾日晖指挥一团坚守县城，以另一团防阻南山红军攻入城内，丁则亲率一团兵力抢夺乌龙堡。红军居高临下，与丁部激战。丁部系由河边仰攻高山，在官兵中有畏缩不前、后退三步者，被丁就地枪决了20余人。

红军达成袭击广元城任务后，一路仍从原路（河湾场）向旺苍方面撤走，一路从柏林沟向快活岭撤走。

---

* 作者当时系第二十八军第八混成旅参谋长。

丁旅在此次激烈战斗中伤亡很重,当时曾在阵亡官兵中择20名葬于广元县城内东山半山腰上,命令地方政府建修所谓保卫广元而牺牲的"烈士墓",以他们阵亡之日为纪念日,每年设祭一次。丁旅受到重挫后,请求调回陕南汉中整顿补充。1934年夏秋,蒋介石乃另调陕军王志远旅率兵两团,接替广元防守任务。

王志远率部到达广元接防后,鉴于丁德隆旅遭受重创,自量兵员、武器、装备及各种条件均不如丁旅,决心坚守城垣,无力顾及城外。他利用乌龙堡地势建成强大堡垒,把城墙加高,并在城墙外挖掘又宽又深的战壕,将东门城墙加高,把城墙建在小山之中,在城墙外及城门口均加筑两道深沟;在城内大街小巷也修筑坚固工事。

当时,红军将游击区逐步扩大到川陕交界的棋盘关、朝天关、朝天驿、沙坝河、莲花山以至广元北郊的将军桥,把川陕交通完全截断。在南江方面的红军游击区也扩大到旺苍县及其县属之快活岭至广元城外南山一带。

有一次红军从南山越过南河,直攻广元县城东门,猛不可当,又越过两道深沟,冲至东门口,同王志远的守城部队发生一场血战,互有伤亡,红军达成袭击任务后仍撤回南山。

川陕公路被红军截断后,王部后方交通补充完全断绝,广元城亦三面被围,另一面则临嘉陵江,形成孤城一座,岌岌可危。王志远便以兵力不足,孤城难守,不能达成任务为由,报请另派部队接替防守任务。蒋介石乃电令川军第二十八军军长邓锡侯派队到广元接防。邓锡侯即令师长杨秀春率陶凯(宗伯)、黄锡煊、黄世英三个旅赴广元城,仍按王志远原有部署设防,在河西乌龙堡至曾家桥一线驻重兵,保持后方交通;在成都至广元道上分段设立军粮转运站。王志远部因川陕交通阻绝,不能返回陕西,遂被指定移驻昭化县三堆坝整顿补充,后归属刘湘"剿总"所辖第二路军田颂尧部,参加六路"围剿"作战。

第十一章 "围剿"湘鄂川黔边区革命根据地

"围剿"边区革命根据地(下)亲历记

WEIJIAOBIANQUGEMINGGENJUDIXIA QINLIJI

综　述

　　湘鄂川黔革命根据地，是第二次国内革命战争时期长江南岸最后一块革命根据地。它的区域以湖南的永顺、大庸、龙山、桑植4县为中心，包括湖南的保靖、慈利、沅陵、桃源、常德、石门、临澧、澧县；湖北的宣恩、来凤、咸丰、松滋、鹤峰、利川；四川的西阳、秀山、黔江、彭水、石柱；贵州的沿河、印江、德江、松桃等20多个县的部分地区（其中大部分为游击区）。

　　红三军在贺龙、关向应、夏曦领导下，于1934年7月建立黔东特区。湘赣边区红六军团在任弼时、萧克、王震领导下于1934年8月7日，由江西遂川横石出发开始西征，遭到国民党军"剿共"西路军第一纵队刘建绪所指挥的第十五师、第十六师、第十九师和桂军廖磊、黔军王家烈等部的围追堵截。经过两个多月的艰苦转战，于10月24日和红三军在贵州印江木黄会师，红三军恢复红二军团番号，两个军团联合行动，由任、贺、关统一指挥。

　　1934年10月28日，红二、六军团主力从南腰界出发，向湘西永顺、保靖、龙山、桑植、大庸等地挺进。陈渠珍怕红军返回湘西，急调龚仁杰、周燮卿、杨其昌三个旅共万余人，从永绥（花垣）和保靖向北移动，阻止红军入湘。湖北驻军徐源泉亦调张万信、陈万纫两师开赴津市、澧县堵红军东进。红军于11月16日在永顺北90里龙家寨十万坪设伏，歼陈渠珍部1000余人，俘旅参谋长以下2000余人，为创建湘鄂川黔根据地奠定了基础。下旬，占领了永顺、桑植、大庸。12月17日，红军进行桃源浯溪河战斗，消灭罗启疆独立第三十四旅大部，占领桃源。18日，红军开始围攻常德，何键一面令罗启疆部固守，一面急调李觉、章亮基、陶广3个师回援常、桃。红军返回大庸、永顺休整。

1935年2月，国民党军组建"剿共"军第一路军以何键为总司令，刘建绪为前敌总指挥，陶广、李云杰、李韫珩、李觉为第一、二、三、四纵队司令。4月又组建鄂湘川边"剿共"总司令部，以第十军军长兼第四十八师师长徐源泉为总司令兼先遣总队司令，第四十一师师长张振汉、第五十八师师长陈耀汉、第二十六师师长郭汝栋为第一、二、三纵队司令，第三十四师师长张万信为总预备队司令。

1935年1月，湘鄂两省达成协议，组成以陈耀汉、李觉、郭汝栋、陶广、徐源泉、张振汉为司令的六路"围剿"湘鄂川黔红军的计划，2月8日，在慈利溪口棉花山战斗，3月14日，在永顺高梁坪战斗，21日，在大庸后坪鸡公垭战斗，红军基本上是失利的，始终处于被动地位。4月13日，桑植陈家河战斗，歼灭陈耀汉第五十八师，击毙旅长李延龄（迴麟）。使红军由被动防御转为主动进攻。4月15日，永顺桃子溪战斗，消灭第五十八师一个旅部及一个整团。为策应中央红军长征，红二、六军团进行东征，先后占领石门、临澧、澧县、津市。6月13日，在湖北咸丰忠堡战斗，红军生俘第四十一师师长张振汉、团长王茹山。8月3日，在湖北宣恩板栗园战斗，击毙第八十五师师长谢彬。8月8日，在龙山芭蕉坨战斗，击溃陶广部十个团。到此，粉碎国民党军六路纵队对边区红军"围剿"的计划。

1935年9月至10月，蒋介石又布置了新的"围剿"，调来樊崧甫纵队5个师，孙连仲第二十六路军3个师又1个旅，共约正规部队22个师又5个旅，130个团，共20万人，加上地方保安队共30万人，并在10月8日在湖北宜昌设立行辕，派陈诚任参谋长，代行主任职权，统一指挥。红二、六军团总兵力只有2万多人，在双方力量悬殊情况下，1935年11月19日分别从桑植刘家坪和瑞塔铺突围转移。1936年1月中旬到达贵州石阡、镇远、黄平，2月初占领黔西、大定、毕节。至此，湘鄂川黔革命根据地的光辉历史结束了。

第四路军在湘、黔、滇阻追红军的经过

李 觉[*]

（一）

1934年7月，湘赣边区红军在萧克的指挥下，突然集中于湘赣边的武功山脉地区，向湘粤边区方向前进。当时何键的第四路军总部（即赣粤闽湘鄂五省"剿共"西路军总部）并不明了红军的企图，估计他们可能是为了集中突击某一点而集结部队；因此只令各部队加强封锁线，严阵以待。8月初，红军在湘南的汝城，同当地恶霸头子胡凤璋的部队发生战斗后，继续西进，宜（章）、郴（县）地区告急。第四路军总部当即令第六十二师、第十六师、第六十三师各部迅速向郴、桂（阳）方面集中，以观动静。这时，萧部红军由湘粤边境经宜章、嘉禾、新田、永明地区向广西的全县方向前进，蒋介石电令广东、广西、湖南各省部队从事堵击。但各方面仍不知红军这一行动的企图，估计可能要在湘粤桂三省边区发动大规模"流窜"，以便牵制三省的兵力，使对赣闽边红军主力的决战有利，或在不利时便于突围，以建立新的根据地。而各省都为自己的安全打算，忙于堵截红军，使不致威胁自己省区的腹地。因此，虽然互相联系，并不通力合作。

当湘南永明、道县地区发现情况时，我奉命率领在邵阳集中的第十九师的部队，经永明县向宁远、道县方向前进。当到达永明时，知道红军已进入广西全县附近，继续向西。我们判断红军有向城步、绥宁地区进出的可能，因改道经零陵的铲子坪向东安前进。这时知道桂系的部队已向全县、龙胜方面前进，阻止红军向南进入广西腹地，但彼此联系不上。

---

* 作者当时系"追剿"军第一兵团第六路"追剿"司令兼第十九师师长。

第四路军总部为了保证湖南境内的"安全",除令警备长沙的独立第三十二旅(以下简称独立旅)车运武冈协同地方团队防守外,令第十九师急速由黄沙河经东安、新宁星夜向武冈前进,大约在8月中旬,两部在武冈会合。这时红军已经由龙胜入湘,到达绥宁境内,该县保安队(约一个营)已退到长铺子附近待援。第十九师迅速向长铺子,并跟踪红军的进出路向金屋塘、瓦屋塘之线前进,独立旅则在第十九师后尾跟进。因为这个旅虽然成立已有两年,训练和装备都比较好,但从来没有参加过战斗,连长途行军也还是第一次,所以不敢放手使用,只能把它作为预备队。当第十九师到达瓦屋塘时,才发现红军主力已转向通道县。除派地方团队在红军后尾名为追击,实际是监视"送行"外,第十九师和独立旅即向靖县推进,目的在压迫红军离开湖南省境。

大约在中秋节的前4天到达靖县和通道附近时,接到总部电令,知道广西已派廖磊率领桂军4个团向湘、桂、黔边境堵截红军,指定湘军各部队归廖磊统一指挥,协同"围剿"南"窜"的红军。湘、桂两省的军队,从北伐以来,经过"东征"、"西征"及蒋桂战争以后,各因利害分歧,不无隔阂;同时桂军将领素来自命不凡,认为他们的部队能征惯战,战斗力比别人强,看不起别人;又在蒋、桂矛盾之间,湘、桂军曾有几次互相攻讨,彼此已有成见。这时虽是共同对付红军,但各省都有自己的打算,因此在行动上并不十分协调,联络也不确实,就不免闹出笑话。记得在中秋节的前后,第十九师在通道附近继续追击红军时,在离通道不远的一个地方(地名记不起了),我师先头连突然发现情况,因双方都在急进,来不及考虑,便横冲直撞地打起来。等到我们检视对方死者的符号,才发觉是友军,可是已经互有伤亡,演出了一场哭笑不得的闹剧。从这次误会中,我们对桂军能征善战的谜也打破了,他们只是一支有名无实的部队。当我见到廖磊(廖磊早年在湖南第一师当团长时,我当过他的营长)时,他还自我解嘲地说,他们第七军的老兵已经复员了,现在大部分都是新兵,只有班长、副班长和部分上等兵是老兵,部队训练还不久,因情况紧急,只好临时凑合使用。

湘桂军会师后,红军已进入贵州,到黎平附近去了。我们虽然仍不了解红军的目的何在,但各有各的想法:广西方面是要把红军送远一点,免得威胁广西;我们则要阻止这部分红军到湘西去与红二军团(当时我们并不知道这个番号)会师,以免增加湖南的困难。我们和广西的想法不同,但把这部分红军送得离湘桂两省远一点的目的,却是相同的。我当时同廖磊商定:湘军由靖县经会同、晃县、玉屏,向蕉溪、镇远前进,以便超越到红军进路的前面进行堵截,阻止红军北进,并压迫其远离湘黔边境地区;桂军则由贵州黎平跟踪在红军的后尾追击,压迫红军向剑河、镇远方向北进,使不致向南转趋广西;同时电请贵州省主席王家烈迅速派兵到黄平、凯里一带协同"围剿",并请随时告知部队到达位置,以便联络协同。这样,我们企图从三方面包围红军。

当部队进入贵州后,到处山高路险,行军、宿营、补给都非常困难。那时贵州的部队,多以营为独立作战的单位,主要是因为地势险要,大部队施展不开。而我们那时有5个团的兵力,在行动上很迟滞,因此也组织了两个轻装的追击队,进行远距离的搜索。当我部到达镇远时,红军已绕过镇远,向余庆、石阡方面去了。桂军此时也到了镇远附近,主要是解决补给问题。到此时止,我们原来的计划已完全落空,湘桂两军都没有同红军见到面。至于贵州部队,我们按王家烈电报指定的位置去联络,但一直没有联络上。据联络人员的报告,说黔军根本没有派出部队。后来才知道贵州的军队是集结在贵阳附近的龙里、贵定一带,以保卫省会安全为主要目的。

我同廖磊在镇远见面后,判断当面红军有与湘西红军会合的企图,初步决定:湘桂两军应以镇远、石阡之线为基地,阻止其向东与湘西红军(红二军团)会合,并尽量将其向西压迫,以迫使贵州部队出来堵截,然后压迫红军于乌江江畔强行决战。于是,桂军以镇远为中心,向北延伸到羊场附近;湘军以石阡为中心,左接羊场,右翼向北延伸至大坝附近,构成一条纵贯南北的封锁线。然后派出小部队向西搜索。

此时红六军团(当时并不知此番号)经过长途的急行军,部队已很疲乏,沿途掉队的战士不少,需要做短时的休整,因此在石阡、镇远以西的山地中停止未动。这一带山高路险,地势险峻,易守难攻,有许多地方,真是"一夫当关、万夫莫敌",谁想消灭谁都不可能。同时,我们虽然补给比较方便,但在长途行军之后,也相当困乏,必须加以整补。最困难的还是这个地区军民关系太坏。因为当时黔军军纪之坏,在旧军队中要算最突出,官兵每人都有两支枪,一支烟枪到处抽鸦片,一支大枪到处抢掠,真正是"军行所至,鸡犬不留"。所以当地人民,只要看见军队,就都逃入高山岩洞中避难去了。我们每到一地,都是人烟绝迹,必须由当地政府派人到各处把地保人员找回,才能办理补给。地保人员,又要从中敲诈,大肆贪污，人民畏之如虎，被迫送来的柴米菜蔬，也不敢收钱，丢下就跑。部队所花的钱悉被这些人中饱，结果还是得不到够量的供应。在这种情况下行动，自然困难很多。后来，我们也仿效红军的办法，在先头部队的前方，组织一支小的宣传队伍，向地方说明来意，并用现洋直接向人民购买东西，不经过地保人员转手，以便收买人心。但因国民党的军队本来就不好，而黔军的坏影响更深，尽管我们做了这些工作，也不能使人民的态度和看法转变过来。因此，部队行动大受影响，不得不在石阡、镇远之线暂时停止前进，就地防守，封锁红军，不使向东发展，防止红二、六军团会师。这样，即可节省兵力，便于集结主力，应付两面红军的夹击，又可确保主动地位，便于派遣小部队，搜索敌情、地形，避免在行进中遭受突然的袭击。

我们在石阡、镇远之线，相持了约七、八天。红军有几次在夜间试图突过封锁线，都被我们阻止折回。后来在9月底的一个晚上，红军乘雨夜阴暗并得到当地一个老猎人作向导，由石阡以南约四十里处（地名记不起了）的独立旅正面，沿着一条不通人际的溪沟安全溜出了封锁线。我们在第二天拂晓发现有掉队的红军时，才知道红军主力已经过去，离封锁线起码已有二、三十里之远。当时除派队跟踪搜索外，我们的主力部队也只好在失望之下开始集结。

红六军团既已突围向湘西会师，桂军认为他们的任务已经完成，准备开回广西，要我直接向第四路军总部请示我部今后的行动。王家烈则一再电约我们要在石阡集会，商讨今后湘黔两省如何联合对付红军的问题。廖磊也只好暂时留下。等到第三天，王家烈才从余庆来到石阡。经三方面初步交换意见的结果，我们知道黔军内部复杂，王家烈本身也不能统一指挥，即使做出决定，仍是空谈，反正他说的不能算数。大家敷衍了两天，并无结果。我们就决定于次日各取捷径回防。王家烈因地方善后尚待处理，决定在石阡再留几天。

（二）

当我们在石阡和王家烈、廖磊会谈结束，决定在第二天即开始回防的时候，当天夜间，忽接何键的特急电，命令第四路军入黔部队星夜兼程回省,并指示:独立第三十二旅到达沅陵后,即车运长沙担任警备省垣,芷江区团队在洪江集中;第十九师全部迅速开到祁阳、零陵地区集中待命。何在电令中并未说明原因,我们考虑一定是出了重大问题。由石阡到祁阳,通常最快也得半月时间,但恪于命令,我们只好尽速前进。待赶到芷江,知道闽赣边区中央红军主力已经集中,准备突围北上。我们才想到前次红六军团之突然向西行动,原来是替中央红军当先遣队,来侦察湘粤桂黔各省情况的。大约在1934年10月下旬,我个人先行到邵阳参加总部召开的紧急会议。这时进一步知道中央红军主力离开瑞金后,已向湘边方向前进。为了不使红军扩大在湘境的活动范围,我们决定利用湘江主流为障碍,在耒阳、永兴间及衡阳、祁阳、零陵间构成几道防卫线。并做了如下的部署:以第十五师在耒阳、永兴之间,第六十二师和第六十三师在衡阳、祁阳、零陵之间筑成碉堡线,沿河固守,所有当地团队,交各师就近指挥参加防守;第十九师和第十六师到零陵集中待命。时西路军总部已奉令改为"追剿"总部,率第十九师之第一一二团进驻衡阳指挥作战。

由于几年来红军在江西五次"围剿"中,把国民党军队打得疲惫不堪,被歼何止三四十万,尤其像董振堂率部起义参加红军的事实,对国民党军心震动最大。所以当时湘粤桂三省的地方部队,谁也不敢迎头堵击红军。湖南因有长沙失守的教训,当局更是极度紧张,人心异常浮动。这时,在湖南境内,已有许多国民党军在江西的整补部队及补给机关,利用水陆交通向衡阳、邵阳、芷江方面转移。这些部队过去在江西"围剿"中执行碉堡政策,即所谓"乌龟"战术,战斗时部队交互前进,不敢脱离乌龟壳稍远,十天半月才有一次行军,距离也不到四、五十里;构筑工事的能力是加强了,可是行军能力非常薄弱,经过几天的急行军,落伍及逃亡的已经不少。有的通过衡(阳)、邵(阳)时,所余不到半数,且已疲惫不堪,大部分的枪枝,都是雇人挑着走,可以说是毫无战斗能力。

湖南军队那时大都没有固定的防地,行军时间比较多;因此,在急行军中还能保持一定的员额,同时在本省行动,收容补给都比较方便。尽管如此,但看到蒋介石的中央军那种情况,我们对于截击红军谁也没有信心。湖南当局的想法,只是如何能使红军迅速通过,不要在本省境内停留下来,就是万幸。士气既不高,行动上自然不免消极。当我率领第十九师到达零陵时,红军主力已通过广西全县向湘黔边境前进。原来指定沿湘江设防的各部队,也刚到达指定地点,尚未开始构筑工事。这时,由薛岳、周浑元所指挥的几个"追剿"纵队的先头部队,已通过我们集中的地点——零陵和广西的全县,在红军后尾紧追。湖南方面松了一口气,就开始让各师分别在衡阳、郴县、邵阳一带集中,稍事休整。同时派出一部分部队,帮助汝城、宜章、临武、道县、永明一带的地方团队,对红军经过的地区做所谓"清扫战场"的工作,收集红军和国民党军的伤病落伍员兵,分别遣送收容。第四路军总部认为红军已入黔境,并已有中央大军跟踪"追剿",湖南省内的追堵任务已告一段落;但在湘鄂赣边、湘赣边、湘粤边及湘鄂川黔边境地区,遗留的红军部队甚多,应该继续"清剿",因向蒋介石提出,希望解除"追剿"任务,以便从事湖南省内的"清剿"工作。蒋的指示是:已由陈诚组织宜昌行辕,统一指挥湘鄂川黔各省部队及一部分中央部队对湘西红军(此时红二、六军团已会师)进行"围剿",并指定第四路军所部归陈诚指挥,执行对湘西红军的"围剿"任务。

(三)

1934年11月,陈诚开始对活动在湘鄂川黔边境的红二军团进行"围剿"。他令第四路军所属各部队及地方团队担任从南正面沿澧水流域对以桑植一带为中心的红二、六军团的"围剿"任务。其防线从东面的澧县起,经石门、慈利、大庸、永顺、保靖以至龙山。除右翼利用澧水下游为障碍外,并于石门、慈利、大庸、后坪、鸡公垭、石堤溪、永顺、龙山之线,构成碉堡封锁线,从事固守。同时指定总指挥部推进到常德城,即时开始部署。总部当时指定入湘之川鄂部队郭汝栋、徐源泉等部担任澧县、石门、慈利至溪口之线的守备(1935年夏,郭、徐等部他调,该线曾由"中央"部队樊崧甫师守备了一个时期,尔后则由各该县保安部队担任守备);第十九师附第六十三师之第一八八旅及常桃地区团队,担任联系溪口经大庸、鸡公垭、石堤溪到永顺(不含)之线,师部在石堤溪;第十六师右翼联系第十九师担任永顺以北之线的守备;第六十二师联系第十六师担任永顺西北地区的守备,后期且以一部进驻龙山、洗车之线,以增强新编第三十四师的守备;新编第三十四师则驻永绥、保靖、乾城、凤凰、龙山等处。(第十五师这时已由湘桂黔边境调至湘川边境的酉阳、秀山,担任防守乌江东岸。在湘西"围剿"的全部过程中,除所属汪之斌旅后来调驻永顺外，其余并未调来。）

我指挥的第十九师（缺一团）这时由零陵经邵阳、安化集中桃源后，再向慈利、溪口、大庸前进。当时，总部认为第十九师的防线比较长，故加配以第六十三师一个旅及两个保安团，共有九个团的兵力。部署大要是：从溪口到大庸之线，主要由保安团和第十九师的第五十五旅（缺一个团）负责守备；衔接大庸（不含）到石堤溪之线由第五十五旅的一个团担任；石堤溪至永顺（不含）之线，由第五十七旅（缺一个团）负责；留一个团在石堤溪师指挥所附近为预备队。各部队的接合部都互相衔接，于沿线构筑碉堡。碉堡材料以木料为主，中间筑土，外面涂一层厚的泥料，以防火攻。每一个碉堡群由母碉附若干子碉编成，母碉用砖石构筑，比较大而坚固。在碉堡外有宽大的外壕，重要地点并加设铁丝网。由这样的碉堡群，组成为一个个坚固的据点，以尽量减少守兵，集中较大的预备队，依靠碉堡的掩护，保持行动的主动性。

第十九师于11月中旬由桃源、慈利、溪口向大庸前进时，红军刚离开大庸县城向永顺撤退。省方军队以大部队进入陈渠珍的防区，这还是历史上第一次。当时红六军团已与红二军团会师，在湘鄂川黔边区展开活动，一时声势浩大，陈渠珍部退守永顺、古丈、凤凰地区。大庸、桑植地区只有一些地主恶霸土匪武装，各据一点，凭险固守。我们去时发现这些人所报的情况多不可靠，为了慎重起见，必须先了解情况，然后行动。因此，将部队以大庸城为中心，沿澧水设防，并派第六十三师陈子贤旅（第一八八旅）的一个团，到后坪附近对鸡公垭隘路的进口处设防封锁。鸡公垭是有名的隘路，它的两侧，一面是属于武陵山脉的崇山，一面是澧水，只有沿崇山山麓一条狭长的路通过，非常险要。过去北洋军队在这里曾有过全军覆灭的教训，我们是早已知道的。这时为了使部队安全通过这条隘路，决定先对崇山方面加强搜索，相机占领鸡公垭隘路出口前方，以掩护大部队的通过。其时第十九师主力已在大庸集中，派出一部在后坪附近搜集船只，架设浮桥，以待各部到达指定位置集结。第二天早上，陈子贤旅由隘路进口封锁线派出小部队，向隘路内崇山山麓的森林村庄隐蔽地进行广泛的搜索。大约在上午9时，突闻隘路内有断续枪声；不久，枪声愈来愈密，搜索部队都在逐次抵抗后退回封锁阵地上来。据报告：在崇山山麓的森林地和凹部后方，发现有大部队红军集结，有待我军通过鸡公垭隘路时实行截击的企图。此时，红军的企图已经暴露，即迅速向占领鸡公垭隘路入口处的陈子贤旅猛攻，战斗极为猛烈，陈旅告急。我当即以在后坪附近的第十九师第五十五旅驰援，将陈旅正面一个团的阵地接替，并向左右延伸占领阵地，掩护第十九师主力的作战。因我方阵地在隘路入口处，阵地前面一边濒河，一边是大山，正面不大，封锁很为严密，没有迂回包围的威胁，对方必须冒正面进攻的危险。但我阵地后方正处在澧水弯曲部的前面，在地形上必须背水作战，这是对我不利之点。这时，红军则集中兵力从正面攻击第十九师阵地的一点，从午前十时开始攻击，轮番冲杀，愈挫愈烈，牺牲颇大，我方伤亡亦不少，因将第十九师第五十五旅全部在阵地后作梯次配备，轮流迎击，一直战斗到午夜稍后，攻势才逐渐减弱。我方即乘机调整部署，准备迎接第二日拂晓攻击。直到天明仍未见有攻击的迹象，只闻有零散的枪声，我们判断红军可能撤退，或重新调整部署，伺机进攻。但为慎重起见，除加强阵地防守外，并派出小部队进行搜索，发现红军已在拂晓前全部撤走。当即派一部沿隘路左侧山麓搜索前进，并迅速占领鸡公垭隘路前方的出口，以掩护主力部队通过隘路。

在这次争夺隘路的战斗结束后，我留一部兵力在大庸、后坪及鸡公垭隘路进出口筑碉防守，主力即于第三日进驻永顺、石堤溪一带。据当地老百姓说，当面红军已经从石堤溪向塔卧方向撤退，主要是因为弹药缺乏。于是，第十九师决定在衔接永顺（不含）经石堤溪、大庸、溪口到慈利（不含）这一线上，构筑碉堡及大规模的防御工事；并严令在碉堡封锁线上的各部队，如在自己的防守线上被红军突破或钻隙通过，则该防守部队长应负防守不力的完全责任。

当时，我们的设防部署虽然按指定之线完成了，但就地形上说，澧水本身并非不可逾越的天险，特别在冬季枯水期间，徒涉时渡河点是很多的。由慈利经大庸到永顺之间有180公里的正面，除慈利经大庸、后坪至鸡公垭一段，可以依澧水为障，隔河防守外，由鸡公垭至永顺一段则系山地，虽地形起伏，有利于设防，但并没有不可通过的悬岩绝壁，诚如俗话所说："山山有路，路路相通"，对于行动矫捷的红军来说，也可以说无险可守。当时第十九师及其配属部队以9个团的兵力，担任这样宽的正面，在部署上真是处处设防，处处薄弱，即有守住的任务，却没有足够守住的兵力。何况湘西方面的红军，对湘鄂川黔边区的地形，比我们熟悉得多。我们认为澧水流域很可能成为红军选择的突击点，因此，除了用电报以外，并用书面详细绘图呈报，说明理由，要求增加兵力或缩短防线。我之所以这样小心，主要是我对陈诚这个人向有戒心，他一贯利用机会整人家的部队，来扩大自己的势力，过去他在江西时，用"作战不力"的罪名，编并了不少的杂牌部队。我自然不能不加以警惕，事先将情况上报。第四路军总部也把情况向陈诚转报了，但均没有得到任何指示。

正面红军在鸡公垭、后坪战斗后，由大庸撤到桑植，战事沉寂了一个时期。不久，突然在大庸附近发现有被红军俘获后遣散的零星士兵。经查讯结果，知道在大庸北面有陈诚指挥的一个旅（不记得番号）被解决了。可是我们事前并不知道这个旅的位置。我们把情况转报后，接着又听说湖北方面徐源泉部又有大部队被歼灭。当时宜昌行辕方面还有电责备我部对大庸北面被歼的那个旅没有支援，并要追查责任。我申述：当时那个旅向桑植孤军深入，虽说离大庸我部的防线颇近，但他们事先既不同我们联络，而且在被解决时，我们始终没有听见枪炮声，自然无法支援；同样，对于被解决的徐源泉部，我们事先也不知道他们的位置，当然也无法从战斗上进行协助。我除申述以上情况外，并请他们重视澧水防务，增强守备力量，但仍没有得到任何答复。我们这时很担心红军从湖北这两个部队取得人员、武器的补充后，又可能回过头来对付我们。可是，我们的防线非常单薄，虽有几个月来所做的工事和碉堡驻有部队防守，究有多大效力，连自己也很怀疑。在防守期中虽有好几个月没有发现重大情况，但精神上一直是很紧张的。只好一再加强工事和守备，并尽可能筹集机动部队，以求战斗时能保持主动地位。

（四）

1935年10月下旬一个风雨交加的夜晚，红二、六军团主力突然在大庸潭口之线的第十九师防区内强渡澧水，突破封锁线，初向常德方向佯动，嗣经桃源、沅陵间地区向溆浦、辰溪方向前进。我当时除将红军突围情况上报外，并将第十九师所属各部集结待命。总部得报后，即以第十九师、第十六师、第六十三师等部编入第四纵队战斗序列，仍以我为纵队司令，指挥各部跟踪红二、六军团的前进路线尾追。先是，当年2月下旬，何键曾将第四路军进入湘西的部队和协同作战的友军，区分为四个纵队，第一纵队司令为陶广，第二纵队司令为李云杰，第三纵队司令为李韫珩，我为第四纵队司令。旋第二、第三两纵队被调入黔,但我的纵队司令名义仍未撤销。此时,我既奉令追击,因以在邵阳、武冈整补的第六十三师(缺一旅)迅速集中安江堵截。第十六师于集结后随即经古丈向泸溪方面追击;第十九师从大庸跟踪红军前进方向追击。红军到溆浦、辰溪、新化后,继续经芷江、晃县向贵州行进。

湘军各部在追达芷江以前,除了第十九师第五十五旅在浦市与红军后卫部队小有接触外,都没有发生过战斗。我们当时估计红二、六军团的目的在北上,没有同我们决战的必要,所以对追击任务也同前次对中央红军一样,抱着送行的态度,以避免部队的损失。但想到此行可能是一次长途行军,将要远离省境,我考虑部队出境后,湖南局面会受影响,就有意识地把行动放慢;如果红军进入贵州,任务有了交代,就可想法要求把部队调回。所以当各部在芷江集中后,我就把第十六师推进到便水,用稍事休整再行前进的办法来迁延部队的行动。而陈诚在这次红军突围的第二天,曾电令第四路军总部将我撤职查办,并将守军团营长扣押。好在我已将兵力单薄及布防情况上报,并要求增加部队有案,第四路军总部即将过去要求的详细经过电复。陈诚说他原先没有看到这个报告,既然事先已经呈明,就不便要我负责了。但第四路军总部为了敷衍陈诚的面子,此时仍以防守不力的罪名给我记了两次大过。我既然已经是有过之人,自然再不好拖延时日,只好将部队继续推向晃县,做进入贵州追击的准备。

贵州方面,自前次中央红军长征入黔后,蒋介石已乘机将国民党中央军大量调进,并将王家烈的主席职务撤了,由吴忠信任省主席。同时由顾祝同以行营前进指挥部的名义,驻在贵阳指挥军队,且在该省留下了不少蒋的嫡系部队。当时我以为只要红军到达贵阳附近及其南北地区,我们的任务就算完结,因而只想推进到黔边,交差了事。大约是阴历腊月24日左右,我们继续前进,指定在便水的第十六师继续担任掩护,俟第十九师由芷江到达便水(相距约15公里)后,再向晃县前进。我们在芷江休整期间,并没有发现红军的情况,据报是已经向贵州撤退了。我们还以为这次追击,不过是照例执行命令而已,并没有作战的思想准备。不过湘黔边及黔境全属山地,容易中伏,我们对此是有戒心的。因此,规定部队在前进中应有正面和较远距离的搜索,每到宿营地,应有三分之一的兵力占领警戒阵地,以防突然袭击。

可是,当第十六师向晃县前进,越过便水约七、八公里的地方,大约是下午1时前后，在行进路的右侧方突然发现枪声，当时估计可能是搜索部队遇到了土匪（因为这一带经常有土匪出没）截击部队，夺取枪械弹药。旋闻枪声渐趋激烈，才知道有了情况。据搜索部队报告说是红军的掩护部队。当即令第十六师迅速占领阵地，掩护第十九师、第六十三师在便水以南地区集结待命。跟着前方便开始发生争夺战，显然不是掩护部队的战斗。于是又令第十九师向第十六师的左翼延伸，准备向红军的右侧背侧击；第六十三师除以一部掩护第十六师的右翼安全外，其余控置为预备队。从午后3时起双方发起冲锋，战况十分激烈，双方伤亡都大。当时我们认为红军总是要撤退的，可能是由于我们追得太紧，红军为了主力行军的安全，故派出一部或大部占领侧面阵地，给我们以突然袭击，迟滞我方的追击行动。我们为一劳永逸计，也决心打一仗。因此，将第十九师全部和第六十三师的一部也都投入了战斗，其中以第十六师第九十三团唐肃部打得最激烈。到黄昏以后，枪声逐渐沉寂下来，估计红军已开始撤退。但这一带山高林密，地形不熟，不敢轻进，只稍微调整一下阵地，准备第二天拂晓的战斗。到第二天拂晓，证实红军已经脱离战场，除派一部向晃县搜索前进外，各部即着手清扫战场。到第三天，部队全部到达晃县，先头部队已进入贵州的玉屏。这时离春节很近，部队要求在春节时能休息一天。但上面对追击进程严加限制，催促迅速追击前进的电令如雪片飞来。这时实际同红军的距离已经远了，为了符合命令规定的行程和时间，我们按地形道路和宿营地的情况，采取以多报少的办法，安排出春节休息一天的行程来。我记得从晃县经玉屏到达岑巩的龙颈坳，是腊月29（1936年1月23日）午后3时，但我们向上报告的到达地点是玉屏附近。就这样把休息一天的行程捏报出来了。正在这个时候，第六十三师师长陈光中，来电向何键请求，说该师初由毕节、大定东返，旋师劳累，随又在湘境内参加了一段追击，亟需休整。他同时向我表示，不愿再入贵州。我认为这时已不需要这样大的部队，加以贵州地形的限制，部队大了，行军宿营补给成问题，因而同意了他的要求。适陈诚亦来电令该师驻江口休整，因此，该师就停止在江口没有随我们前进了。

春节的第二天（1936年1月25日），部队继续出发，经黄平、马场坪、贵定、龙里到达贵阳附近。这时红二、六军团已从贵阳东北方向渡过乌江，继续西进。我们以沿途伤病及落伍人数甚多，在贵阳附近大约休整了一个星期，又奉令开到安顺，随经普定、水城向威宁前进。沿途并无情况，也没有得到全部情况的通报，究竟红军到了哪里，我们都茫然不知。我们既不明了这种行军的目的何在，只是每天按照命令的规定行动，黄昏报告到达和宿营的地点而已。当到达威宁的第三天，忽然得到十万火急的电令，限第四纵队于电到第二天黄昏前到达七星关，并将先头部队到达的时间和指挥官的姓名报备；如有贻误，以"纵共"论罪。使人奇怪的是电令中并没有说明当面红军行动的情况。从威宁到七星关，计有240里路程，沿途都是高山峻岭、羊肠小道，部队行进，每天走90里已是万分困难；这样大的部队，如何能如期到达呢？我们完全知道顾祝同的指挥作风，他本人毫无主见，一切都听参谋摆布。国民党军队的参谋，部分是陆军大学毕业的；他们一般只晓得纸上谈兵，没有带兵和作战的实际经验。当时国民党部队里有这样一句话："参谋划一笔，部队跑一七"。图上作业是非常容易的，实际行动起来问题就大了。好在老的部队长都知道这一套，能说出一个未按命令行动的理由，也就可以过去了。因此，当我接到那个电令以后，便想出一个办法：选拔约一百名比较精壮的士兵，留出百分之三十的徒手，完全轻装，组成一支象征性的挺进队，带一部小电台和必要的干粮，并预发犒赏费，叫他们不论采取什么方式，只要按时到达七星关，派出警戒，立即发出"已占领七星关"的电报。当他们第二天中午到达七星关时，什么情况也没有发现。以后顾祝同来电说红军已绕道进入川滇边境。因此，我部在七星关休息了三天，等大部队到后，又奉令折回水城，再到普定集中。

（五）

这时大家认为追击任务已告一段落，官兵都要求回湖南，我也曾电何键要求调回。但得到的复电，却是令"追剿"军刘建绪所部樊崧甫、李觉、郭汝栋等三个纵队继续向云南前进，到云南后，改归龙云指挥。这时，我们知道蒋介石有意把湖南部队远远调离本省，很可能乘机打我们的主意。因此，今后如何更好地掌握部队，保全实力，以应付环境的变化，便成为必要的课题了。为了保持部队的战斗力，减少掉队病兵，我们决定没有必要时不作急行军，每天只按驿站的距离走60里，必要时还在中途休息一两天。当时前方并无敌情，而命令总是要我们迅速前进。我揣想，可能是假追击红军为名，把我们调到西北去，以分散何键的力量；也有可能像对付贵州一样，用我们去对付云南。何键当然也顾虑很大，所以虽在蒋介石的压力下，要我们积极进军，但同时也在我们将要进入云南之前，打电报给龙云要他给予照顾。我们在将要进入云南之前，也有电给龙云，表示接受指挥，并请指示部队行动。我们的部队于1934年4月到达云南平彝（富源）时，龙云当天就派汽车把我接到昆明。当时因部队还要一些时间才能到达昆明附近，我与龙云接触的时间比较多，我除对他表示服从命令之外，并微露衷悃，表示我们是同属一个类型的非蒋嫡系部队，需要互相照顾，不必存什么顾虑；云南如有什么不利，必要时可以互相协助。这些表示自然能获得龙云对我们的谅解和放心。龙云明了我们的态度后，就给我们以最大的方便，但对郭樊两纵队则是另一种态度。郭固早已投靠"中央"，但其军队原是四川地方性武力，且此次入滇又系行动于川黔滇边境，距昆明尚远，影响不大，所以龙云对他既无好感也无恶感。樊崧甫既是浙江人，又是带的"中央"部队，是龙一向厌恶的，加以樊性情粗鲁，对云南的许多措施动辄指摘，更引起龙的不满。所以在我们进入云南后，龙指定樊纵队从会泽向盐边、盐源方向前进；对我这个纵队则指定经曲靖、马龙，从昆明外围绕到富民，再经禄丰、梦雄向祥云方面前进。龙云对我说："现在反正追红军是追不上的，让他们去追好了。你们（指第四纵队）从这一条道路前进，补给交通都比较方便，可以休整部队。"龙并准许刘建绪的总部率一个警卫团进入昆明，表示非常关切；还拨两个师的军服给我们更换。对樊崧甫有什么要求，则一律拒绝，要他直接向蒋介石请求。过去蒋军追击红军入滇时，龙对任何部队都不准进入昆明城，昆明四周都以云南部队驻守，以防万一。这次龙对我们的部队给予特殊的待遇，我们自然也以同样的友好态度对待他们。如当时我们部队的薪饷，按云南的物价来说，每个士兵每月至少可节余法币4至5元，云南部队是按新滇币计算，要新滇币2元才能合法币一元，待遇悬殊颇大。因此，过去可能有许多云南士兵逃走，补入"中央"军。当龙云总部的参谋长要求我们部队不要收补云南逃兵时，我们都严格执行了。

我们在云南这段时期，蒋介石曾亲自来云南一次，召见了三个纵队司令，每人都送了一万元法币。他要我们好好了解云南的地方情况，好好维持部队军风纪，以保持中央部队的威信。蒋还坐着飞机在部队行进路上的空中盘旋了一会，表示对部队的慰问。我们部队到达祥云和大理后，对红二、六军团的追击行动告一段落，部队即停止前进，就地休整。

1936年6月间，因两广"六一"事变爆发，第四路军的"追剿"部队奉令开贵州，"追剿"任务完全结束。

第四路军对湘鄂川黔边区的"围剿"和"追剿"入滇的概况

郭雨林[*]

（一）

1934年10月，在赣红军突围入湘，蒋介石于11月14日任命西路军总司令何键为"追剿"军总司令，指挥其原领的第四路军及薛岳、周浑元等部蹑追之。何乃由长沙移驻衡阳（其参谋长郭持平随行），区分"追剿"军为五路：第四路军为第一路，以第二十八军军长刘建绪为司令；第三路军为第二路，以该路军总指挥薛岳为司令；第三十六军为第三路，以该军军长周浑元为司令；第二十三师为第四路，以该师师长李云杰为司令；第五十三师为第五路，以该师师长李韫珩为司令。全军成多数纵队取广正面向湘桂黔边境"追剿"。到达湘黔边境后，复将军队区分改为两个兵团，以第四路军的各师及李云杰、李韫珩两师组成第一兵团，派刘建绪为总指挥；以薛岳、周浑元等部组成第二兵团，派薛岳为总指挥。时我任第二十八军军部即第一兵团指挥部作战参谋，随军行动。至1935年刘建绪任总指挥后率部"追剿"入滇，我仍任总部作战参谋，后任作战科长。

11月30日，刘建绪统率第十五师王东原部，第十六师章亮基部（原师长彭位仁在上月以"剿共"不力被何键撤职，章以旅长升代师长），第六十二师陶广部，第六十三师陈光中部等共四个师与红军在全州之觉山、朱兰铺一带接战。其后，何键即由衡阳移驻邵阳，令薛、周等部经洪江、

---

* 作者当时系"追剿军"第一兵团指挥部作战科长。

晃县、镇远继续西追；李云杰、李韫珩两部向黔东北地区进出。时李觉的第十九师在"追剿"萧克将军的红军到达贵州石阡后，回防湘南，先以之集结零陵，准备参加"堵剿"；旋又调赴湘中。

12月中旬，原在湘鄂川黔边区的红军第二、六军团，以一部入桃源、攻常德，驻常德之黔军罗启疆旅（辖三个团）及湖南的一个保安团凭城固守。时李觉师已由湘南开抵益阳，何键委李为第六路司令，使之驰援，围已解。旋川军郭汝栋师由赣北开抵常德，何键委郭为第七路司令，令向慈利进击。已抵石门之鄂军徐源泉部张万信师亦向慈利续进。红军遂返漆家河。

1935年1月，何键由邵阳移驻常德，郭汝栋、李觉、张万信等师抵慈利、大庸、桑植境。中旬，北上红军已渡乌江，红二、六军团集大庸。何键令刘建绪抽调陶广、章亮基两师，后又抽调王东原师的汪之斌旅向大庸、永顺境进击，连同先到湘西之李、郭等师，统由何键直接指挥，担任对红二、六军团之"进剿"（但何仍回驻长沙，对部队行动以电报遥制）。刘建绪则率陈光中、李云杰、王东原等三个师（王师缺汪旅）转向湘黔川边境，驻守酉阳、秀山，并在思南以南亘沿河至四川龚滩、乌江东岸之线构筑工事，防堵北上红军"回窜"，刘驻铜仁指挥之。

何键对红军东攻西守之部署既定，也就造成了对新编第三十四师陈渠珍部包围的态势。（陈渠珍当时号"湘西王"，拥其土著部队久驻湘西，形成割据局面多年，为何键之军令政令所不及。）24日，何键发布命令，饬陈师按乙种师（三旅六团）编制改编，由总指挥部按月点名发饷（该师原有李可大、顾家齐、周燮卿、龚仁杰、戴季韬等五个旅共十多个团），余枪收缴，余员遣散。其自立之地方武装名目，自设的军械修理、制造机构，自设的税收关卡等概予撤销（原令十项，我不能尽忆）。陈迫于大势，悉顺受之。

2月15日，蒋介石令撤销"追剿"军总司令部，委何键为"剿共"军第一路司令，使专任对红二、六军团的"清剿"。何于18日派刘建绪为其前敌总指挥，刘遂撤乌江之防。

当刘回抵沅陵将半月，乌江防守部队正在东撤之际，接蒋介石电说："据报，该部乌江东岸防守部队已擅自撤走，殊属非是！着即返防固守，并将兵力直接配备于江岸，严防'共军'东窜。倘不遵办，即治王、李两师长任一人以纵'共'殃民之罪。"刘乃于3月9日仍返铜仁，部队亦各返原防。何键此时曾一度由长沙去沅陵指挥。

这时，蒋介石已令陈诚组设了宜昌行辕，统一指挥湘鄂川黔各省部队及调到该四省边区的"中央"部队对红二、六军团"进剿"。何键既已分兵在黔担任乌江防务，蒋介石即有乘机拆散第四路军实力的企图。4月20日，刘建绪接得蒋介石试探性的电报，询以可否率部继续向贵阳"追剿"，望与何键商决。是时，红二、六军团已经先后攻克永顺、龙山、桑植，第五十八师陈耀汉部覆灭（陈师属湘鄂川边区"剿共"总司令徐源泉部的战斗序列，时徐驻澧县）。蒋介石既已令何键负湘西北地区"进剿"的专责，同时又令徐源泉以总司令名义率军入湘西。一个地区，两个主帅，宜昌行辕又未及时作出统一的"进剿"部署，而是各不相属、各自为战。但未久徐部调鄂，大庸、慈利震惊。刘因此急电告何，略以湘西北"赤情"紧急，桑梓糜烂，而入黔之"赤军"，既已北渡金沙，长追亦无济于事，不如舍缓图急，请即调他回湘。何复电认可。刘遂于23日回抵沅陵。李云杰、王东原、陈光中各师则仍暂留乌江原防未动。未久，李、陈两师由宜昌行辕调赴黔西，脱离了何、刘的指挥系统，未参与湘西的"围剿"（陈师于1935年冬仍调回湘南参加过湘境内的一段"追剿"，为应付两广"六一"事变，曾一度被陈诚调往广东英德）。

（二）

第十六、第十九、第六十二各师，自元月进入湘西北地区以来，由何键遥制，在慈利、大庸、沅陵、永顺等县范围内往复驰驱，零敲碎打，没有总的作战计划，部队苦之。在此期间，与红二、六军团发生的战斗，有：2月间的大庸后坪战斗，鸡公垭战斗，沅陵大窝坪战斗，永顺塔卧战斗，慈利溪口战斗；3月间的大庸战斗；4月间的塔卧战斗，永顺战斗，桑植战斗等。每个战斗实际参加的兵力都没有超过一个团，而且一城一地得失无常。迄4月间刘建绪由铜仁回到沅陵，才按照宜昌行辕指示，着手选定阵地，策定筑碉"围剿"的计划（这个计划是刘建绪在永顺王村商同第六十二师参谋长曾广国拟定的，我在旁做记录），呈准实施。碉线的概略位置是：由澧县经石门、慈利、大庸、大庸所、后坪、石堤溪沿澧水南岸之线，复延经永顺以北之钓矶岩、塔卧转经龙家寨、招头寨至龙山之线；右翼与湘北"剿共"部队、左翼与鄂西南方面的碉线衔接；全长600余里，由第十九师（缺一团，附第六十三师陈子贤旅及两个保安团）、第十六师、第十五师之一旅、第六十二师（缺陶柳旅）、新编第三十四师及沿线各县保安团队分段据守筑碉（由慈利至西北90里的江垭沿淡水北岸，有一条碉围支线，原系樊崧甫师构筑，后由刘建绪派保安部队据守）。刘建绪则亲驻王村督促，并不时前往碉线巡视。其中东起慈利西至洗车河以北长达400余里的碉线，于9月间最后完成，耗费人力、财力、物力难以数计。其由洗车河转北至龙山之线，即属于新编第三十四师陈渠珍部负责筑碉的地段，则始终没有形成连贯的碉线，该师仅沿线择要点构筑少数简易碉楼派兵驻守而已，虽曾一度由陶广派兵协助，但加强的程度不大。

碉围部队在筑碉期间的最大困难是缺乏粮食。因当时湘西贫瘠，军队无法就地取粮，军粮全赖滨湖各县运济，而这年又值洪水为灾，湖区亦窘于搜刮。各级粮食机关迫于军令，铁网盲张，颗粒皆宝，搜一粒算一粒，零零碎碎地向军前接济。而湘西交通困难，湖区之粮，输运及桃源而止，由桃源经沅陵至王村的河道，则滩险流急，换用小木船，500余里之程，恒半月始达。粮到王村以后，只能肩挑背负，男女民夫重荷于崇山峻岭间，炎灼于上，鞭笞于后，受尽虐待。而每一批运抵前线之粮，常不足饥军一、两日干稀搭配之食，此后又须等待三数日才能继续运到一批。而有的部队长与军需人员复从中克扣以高价出卖，故军食更形紧张。刘建绪电告何键，有"唱筹量沙，苦无计矣，啜粥莫饱，饥卒难驱"之语。而各部队在答复刘建绪"出剿"或"限期完成碉线"的命令时，辄以"军粮不济，无法分遣"或"苦于粮罄，无法施工"为对。这种情况使刘建绪对于"围剿"工作一筹莫展。入秋，粮食问题才逐渐得到解决。

正当粮食缺乏的时期，何键又连续在6、7、8、9四个月不发给部队的薪饷。原因是当他在1933至1934年间出任西路军总司令时，指挥14个师和1个旅，其中只有5个师是属于他自己的第四路军的，对于此外的9个师以上的部队，他也要经常拿出一笔钱来贴补，这都是挪用第四路军的经费。在一年多的时间内，他就挪用了500万元上下（一说为200余万元）。他满以为蒋介石会弥补他，不料1934年11月西路军总部撤销时，蒋竟不核销他这笔钱，他只好停发全军薪饷数月，以资弥补。在这几个月当中，部队既吃不到饱饭，又拿不到薪饷，因而官兵怨怼，士气消沉，增加了身临前敌的刘建绪在指挥统驭上的困难。

在碉围期间，红军没有发动全面的攻击，只先后对塔卧、龙山两据点进行了比较激烈的围攻。

大概是6月间,据守塔卧的陶广师钟光仁旅的一个团被红军围攻数日,弹粮两缺,情势危迫。何键数电李觉师抽调部队赴援。李部终不发。钟愤而独往。红军返桑植,围遂解。陶与李原不协,此后则龃龉日甚。

7月初旬,红军围攻龙山。据守龙山之陈渠珍师第四团(团长刘文华)坚守十余日后渐不支。时刘建绪因升充第四路军总指挥应蒋介石召赴川未归,何键由长沙电令陶广师由塔卧经洗车河赴援。陶初怯于野战,且有坐视陈师耗损实力之意,以抽兵不易且粮匮难行为由,迟迟不前。刘团日夜呼救于前,何键屡电趣战于后,而兵终不发。嗣知陈渠珍、刘文华正先后迳电蒋介石的宜昌行辕请援,行辕且空投了一部分粮弹到龙山接济,并给刘团奖金3000元。陶惧以逗留受谴,始率该师主力并指挥陈师周燮卿旅以行。军抵招头寨,遭红军邀击,激战一昼夜后,红军东移,龙山之围遂解。时已7月下旬,刘建绪已由四川回抵沅陵。

先是,当刘建绪由四川到达沅陵着手碉围时,何键即已令他兼办湘西绥靖事宜,但未明令给以职衔。6月7日刘请辞。28日湖南省政府省务会议议决,设立湘西绥靖处,驻沅陵,以刘兼任处长。绥靖区域为:慈利、石门、大庸、桑植、龙山、永顺、保靖、乾城、凤凰、古丈、永绥、芷江、黔阳、麻阳、晃县、沅陵、泸溪、辰溪、溆浦等19县,每4县或3县划为一个行政区,设置专员以加强督导。慈石庸区以危道丰为专员,驻慈利;永保龙桑区以陈国钧为专员,驻永顺;乾凤古绥区以余范传为专员,驻乾城;芷黔麻晃区以张其雄为专员,驻黔阳;沅、泸、辰、溆四县,由刘直接掌握,未设专员。以上四个专员,除陈国钧为留美生外,其余都是湘籍的老牌军人。刘受命后往长沙,率同四个专员同日就职,随即各赴驻所。关于绥靖方面的措施,我只知道它与当日军事上有关联的几点是:在政治方面为组织民众、严密保甲、遣散"胁从"、收编散枪,并悬赏5万元购买贺龙之头,以及立价收缴红军枪械等(如缴获重机枪一挺者奖洋30元);在经济方面为对红军根据地实行严密封锁,特别是粮食、食盐、布匹、药品等生活必需品绝对不许流入苏区。当日湘西地区的地方武装,大多是地主、恶霸与土匪三位一体相结合的,有时还挂上乡保联防等头衔。他们各视其实力的大小,霸占若干乡镇、村寨为"防地",谁的"防地"就是谁的天下,生杀予夺由他主宰。他们之间也常因争权夺利而明斗暗杀,致使地方更糜烂不堪。刘建绪对于这些人的处理感到棘手,一方面对一些地主阶级的上层人物而没有直接掌握武装的所谓"贤达"、"绅耆"进行拉拢,给以顾问、秘书、参议等名位,赋以在绥靖处、在专员公署、在县、在乡的大小不同的任务;并不时召集他们来沅陵或王村会谈,或亲住乡县访问。这样礼貌周到,无非要他们促使地主武装协力"剿匪"。另一方面对顽不受命,续逞故伎,以致"妨害绥靖"者如永顺某人(忘其姓名),则收缴其武器并当场把他击毙(1935年夏,刘建绪在王村嘱我拟密令稿,令第十五师驻永顺的旅长汪之斌执行的),立威以儆其余。刘建绪当时就是这样运用多面手法对付、争取地主土匪武装来协同"剿共"的。至于他那时收编了多少枪,编成了若干队,收编后的经费何出,装备何来,事属"绥靖"业务,我不了解。

(三)

1936年春节前夕,各纵队概抵湘黔边境线上,刘建绪亦到达晃县龙溪口。农历正月初三,刘离龙溪口入黔,督率各纵队追击前进。其部署:樊纵队在右,李纵队居中,郭纵队在左。后来,郭纵队有时在李纵队之后,有时与李纵队行进交叉而出李之右。刘本人则始终循李纵队的行进路线行进。各纵队所历道路是:李纵队沿湘黔古大道行进,且大部分地段有公路路基,有些地段还勉可行车,全程在行军、宿营、补给、联络、指挥、掌握等方面的条件都比较良好。樊纵队的行进路线大多是崇山峻岭,地形险阻。樊崧甫在这一点上牢骚满腹,认为是刘建绪因与陈诚向有嫌隙,此时利用机会把陈的部队整一下,以快其私。他有一次在刘建绪发给他的作战电令上批着这样一句话:"一日一令,不理。"(这是刘派往樊纵队的联络参谋熊培镇对我说的)樊崧甫在给刘的电报中有一次说:"雪迷山径,人马堕悬崖深涧而死者十数起,职躬爬绝岭,誓图报称。"这自然是牢骚话。他们两人之间的摩擦,直至刘建绪到安顺派人携礼品前往樊处慰劳之后,始趋和缓。郭纵队行进路线虽多迂回盘错,但未闻有龃龉之事。

刘建绪从龙溪口出发,行三日抵镇远,在此逗留十余日之久,仅以电报遥制各纵队的行动,似不欲再向西进。其主要原因之一,是为了保存实力,没有与红军作战的决心。但是对蒋介石的命令又不能不应付,所以后来直到滇西都是追而不"剿"。沿途曾多次发现过红军预先留下给追击部队的字条或壁报说："我们已经在这里休息了三天（或两天），换洗了衣服。想你们同样有休息的需要，请你们也就在这里休息三（两）天吧！"追击部队也就真的在这里休息三天或两天，有意识地放弃"衔尾"的机会。入黔以后，虽接蒋介石来电，要追击部队由两侧超越红军先头予以拦击，或与红军并列行进后予以截击，不要以尾追为已足，但追击部队并没有执行这个命令。另一个迟迟不进的原因，是刘建绪不愿太远太久地离开其留置于湖南的第四路军主力和湖南老巢。其在镇远逗留，是静候各追击纵队到达贵阳附近地区，如果蒋介石更换追击主帅（时薛岳似在贵州），他就可以摆脱这一任务。

元宵节以后，蒋介石一再来电催行，总部始继续向西行进。行前一日，刘对我及主任副官周崇洛做了指示：此去贵阳大约七日之程，打算走一天休息一天，期以半月到达。你们于途中处理公文（指拟命令、通报、报告稿）及设营、补给，可本此意去做。总部行一日抵施秉，我即通报总部人员和直属部队：明日在原地休息。夜间突接何键转来蒋介石的电令说："新任贵州绥靖主任刘兴，辞不就职，该缺着以"追剿"入黔之刘建绪代理。"刘当即把电报交给秘书邹同戬，要他拟呈复的电稿，说："衔命驰驱，计日可达贵阳。"随又对我说："明天不休息了，继续前进，此后逐日按驿程宿营。以六天到贵阳。行止情况按日上报。"翌日在行进中，他对周崇洛说："我到贵阳后（就指绥靖主任职后），首先就要把这条湘黔公路修好。"其心情也变得很愉快了。

不料当刘驰抵贵阳时，刘兴已先两日由南京飞贵阳就职了。这对已衔命到达贵阳的刘建绪又如何发落呢！恰好顾祝同为了指挥黔境的军事也在这时到了贵阳，任新成立的"贵阳行营"主任。他了解了这个问题，就呈准蒋介石任刘建绪为"追剿"军总指挥，并正式颁发关防。除原由其指挥的樊、李、郭三个纵队仍归其节制外，还把在黔的万耀煌、郝梦麟、李家钰、李云杰等师各编为一个纵队，统交其指挥。本来以上的这些部队都是由顾祝同直接指挥的，为什么又要设一个"追剿"总指挥部这样的双层指挥机构呢？这可能是因为刘建绪没有得到贵州绥靖主任的职位而因人设官，以此安定他的情绪。刘对此也应付得很好，他不但没有表现不高兴，而且郑重其事地通电四川的刘湘、云南的龙云、贵州的刘兴和广西的李宗仁、白崇禧等宣告在贵阳就职；同时专电呈报何键。又为了避免在指挥上的重叠，适应敌情，将"追剿"总部由贵阳一下移到扎佐，一下又移到清镇，最后移驻安顺（约在农历3月上旬）。刘到安顺不久，就因病返贵阳，并电催其参谋长彭松龄由湘来黔代理其职务，旋即告假回湘休养。

刘建绪在黔指挥七个纵队不到两个月的时间（自农历正月下旬至3月中旬），一切秉承顾祝同的意旨行事，所表现的作战行动，仅仅是在黔西北地区与红军互相捕捉、回环打圈而已，处置恒出于被动，部署尤变更无定，竟使所拟定的作战计划成为官样文章，根本无法依照实施。除郭纵队在黔北地区与红军发生过一两次战斗外（第二十六师有营长一名被击毙），其余各纵队均无战斗。但顾祝同、刘建绪和各纵队三者之间，则书信络绎，电报纷繁。凡关于作战的文电，顾既已送致刘，又同时迳达各纵队，而刘又将顾之来电按照公文程式首尾加上例语向各纵队转达。各纵队既受顾与刘叠床架屋的指挥，则上报之电自需同时分呈两处，而刘又向顾转呈一次。于是同一事由的文电，竟一发再发，一受再受，无聊已极。因此当时在幕僚中流传有"打仗就是打电报"一句话。

（四）

红二、六军团于4月上旬渡过盘江向滇境西进后（记得当时我所拟的电报稿，有"萧贺东日渡盘"一语，当为4月1日），刘的"追剿"总部也由安顺移到盘县。顾祝同令其率领原来的樊、李、郭三个纵队向滇境继续"追剿"，而在黔交其指挥的各部队则仍留黔省。先是，刘建绪自到贵阳以来，与云南省政府主席兼"剿共"军第X路总司令龙云（其时何键为"剿共"军第一路总司令，刘湘为第二路总司令。龙云是第三路或第几路总司令？我记不确实了）电讯往还甚密。而在刘将提兵入滇时，向龙发出多次电报，尽管措词特别客气（如对龙的称呼由习用的平辈称法"龙总司令"改为下级对上级的称法"总司令龙"，且加上"钧鉴"二字），均得不到复电。"追剿"总部意识到入滇尚有问题，不得不率部暂时停留于黔滇边境。这时陆续由滇境传来消息：龙云已把由平彝至昆明公路的汽车一概扣留在昆明，断绝了这一路的交通运输，并提高滇币的币值以与"法币"抗衡，甚至还传说拒用"法币"。这当然是龙云不愿意外籍军队尤其是"中央"势力乘机挤入云南直接威胁他在云南的统治地位。其所以忽然停止与刘建绪的文电往还，乃闭门不纳之意，是与他整个的拒外态度一致的。

在贵阳的顾祝同,当然了解这个情况,他及时电告刘建绪(彭松龄代理)说,他即日飞昆明会商"剿共"事宜,要"追剿"总部指挥各纵队继续前进。我们进入滇境后,顾已在滇事毕回黔。彭松龄去电给龙云,说拟即日先来昆明晋谒,请示机宜。旋得龙复电欢迎。彭即乘汽车先行,"追剿"总部乃由余贤立率领前进,行抵马龙,就乘坐经龙云许可由昆明雇来的几辆卡车直达昆明。总部人员、警卫部队和直属部队均驻城内,这是龙云的特许。纵队的部队则一律不许入城,只准在离昆明五十华里的地区经过或休息。"追剿"总部到达昆明的第三天,龙云派卡车二辆送来了酒、肉、水果、饼干、香烟、毛巾等犒劳的物品(他对各纵队此时还没有这个表示),并津补总部经费二万元。从这些表现可见顾、彭昆明之行的作用。

几天以后,蒋介石飞抵昆明,当日召见了彭松龄。次日,蒋邀龙云同机视察了各部队后仍返昆明转飞贵阳,并邀彭松龄随行,密询以对龙云的军事力量和政治态度的看法。翌日由贵阳行营派飞机仍将彭送返。彭返昆明后,当被龙云召见,以昨与蒋在贵阳谈话的内容相询。彭诡以垂询入滇部队的纪律和第四路军的情况答之。龙未深信,固诘不已。彭答仍如前,始罢。仅此一事,足见国民党内部互相猜忌之深。

刘建绪在湖南是何键的前敌总指挥,在贵州是顾祝同的"追剿"总指挥,入滇后又改为龙云的前敌总指挥了。他在蒋介石离昆明后不几天,由湖南经重庆飞抵昆明。他很理解龙云对他疑忌的心理,但对他没有对蒋介石嫡系那样严重,而是可以运用一些手法来消除的。果然,龙云在刘的多方面应付之下改变了对刘的看法,两人之间在表面上相处得很好,而且后来刘在6月间率部离滇时,还博得龙云的热烈欢送。

刘建绪究竟用的一些什么手法来应付龙云的呢?除了他与龙云密谈的内容不得而知外,就我所了解,他采取了如下的一些办法:一、他一到昆明,即赠送龙云一份厚礼,中有大幅湘绣一件。其时龙已在滇军中抽调八个团编为一个纵队,以孙渡为纵队司令,交他(刘建绪)指挥。他也同时送给孙一份礼品。二、他请求龙云派联络参谋到他的总部来。依惯例,派遣联络参谋,一般是上级采取主动;同级单位互相派遣时,主动权在于派遣之一方。这次刘破例以下级主动向上级请求派联络参谋,是为了对龙云表示"恭顺"。但当龙派了一个少校参谋(昆明人,名忘)来到总部时,刘又暗中嘱咐我:"假使有要紧的东西(文件),就不要给他(联络参谋)看到了。"三、龙总部的参谋长某(名忘,曾留法学陆军)纳妾,刘赠礼五百元（法币，合滇币五千元）。这在当时说来，是一份厚礼。当然也是为了讨好龙云。刘在湖南是从来没有拿这样的重礼赠人的。四、对一些脱离了军籍住在昆明的保定军官学校出身的人，尤其是与龙云有些关系的人，大拉同学关系，不吝过从，谦逊备至，并且委他们为总部的顾问、高级参谋等职，按月致送津贴一百至二百元，个别的达四百元。刘拉拢这些人是企图造成对他有利的"舆论"，从而获得龙云对他的好感。这本是他的一种权术，在离滇之后，对他们就概不理落了。五、刘由大理返昆明后，以盛筵和包场戏招待龙云和在昆明的滇省高级文武官吏，博得了他们普遍的好评。据闻，以一个外籍统兵大员而对龙云这样"恭顺"的，刘还是第一个。六、对于滇军的官佐来会者，刘一律亲自礼见，这同样是"敬其上而礼其下"的一种手法。有一次，在昆明的一个滇军排长来见刘，刘照例延见。该排长怒气冲冲而入，唐突地对刘说："你们军队的钱多饷多啦！我排一个兵潜逃了，你们就收补，这是你们勾引的，我一定要人……"刘毫无愠色，善言遣之。

（五）

刘建绪在昆明俟红二、六军团已进入滇西北地区将入西康之时，他就率总部由昆明去大理（彭松龄此时告假回湘），驻东门外七里桥。这时除孙渡纵队已进入西康，次第到达会理、盐边及德昌、盐源之线外，其余各纵队均盘旋滇西北地区，成半休整状态。

刘驻大理约半个月，接到蒋介石的电报，以两广异动，要他即率樊、李、郭各纵队迅速开贵阳待命。我依照刘的指示，选择定了各纵队旋黔的路线，将拟好的命令稿亲自送核时，适刘不在，见其桌上置有龙云拍来的寥寥两语的一个电报和刘亲拟的复电稿。龙电说："两广事变，吾兄态度如何？"刘的复电稿说："某电奉悉，职唯钧座马首是瞻。拟即日赴昆晋谒，请示机宜，乞派飞机到祥云接职。"（当时滇西只祥云有机场）龙电措词直率莽撞，刘则玲珑圆滑之至，足见他们之间的戒备心理。

旋师命令既下达，刘建绪即经祥云飞昆明谒龙，其总部也移驻昆明，时为端午节前数日。刘到昆明与龙就两广问题会谈的内容，外间虽不得而知，但就他们在昆明酬酢过从的情形来看，可以判断他们在意见上是没有多大分歧的。

6月底，各纵队已分途到达昆明附近地区，刘即离滇返黔，为时8个月的所谓"追剿"也就结束了。

刘建绪离昆明之日，龙云派出宪兵（龙自建的宪兵）、警察各两个团，还有各机关官吏、学校学生和部分绅商所率领的群众在东郊沿公路列队长约十里，热烈欢送。据客居昆明多年的湖南人说，除了唐继尧离滇时，昆明举行过这样一次大规模的欢送外，这一次算是空前的了。

部队在黔停留不久，两广事件和平解决，刘即率章、李两师回湘，旋复率其第四路军入浙。

文史資料
百部經典 文库

回忆湘西的几次"剿共"战役

戴季韬[*]

在叙述陈渠珍的部队参加湘西"剿共"的史实之前,有必要概述一下陈渠珍在"剿共"战事中的基本态度。

陈渠珍为了确保其湘西的割据统治,既反对何键统一湖南,又反对红军在湘西建立革命根据地。当红军进入湘西时,共同的利益使何、陈暂时互为依赖,陈唯何的"剿共"之命是从;当红军离开湘西后,何、陈之间的利害矛盾又紧张起来,何键必欲将陈赶出湘西而后快。陈为形势所迫,常在"剿共"战争中考虑为自己预留余地,"不为己甚"地向红军谋求暂时妥协。这就形成了陈在与何键的斗法中挟"剿共"以自重的基本态度。

我曾在陈渠珍部队中任团长、旅长、师长和湘西绥靖公署参谋长等职。本文所记各次战役均系陈部的独立行动,我曾亲身参加指挥和策划。

桑植和桃子溪之战

1933年冬末,贺龙将军率红三军由川东进入湘鄂边,再占鹤峰,向桑植挺进,声势浩大,全湘震动,国民党鄂湘川边"剿共"总司令徐源泉部以此时还在洪湖一带(后移至五峰),何键的主力部队也远在中央苏区附近,湘西的地方武装只有陈渠珍的新编第三十四师和所属保安团队。何键奉蒋介石命令将陈的"剿共"部队划归徐源泉指挥。时龚仁杰正逗留长沙,得讯后,当以奉陈命赴徐源泉部请示机宜为名,进行个人地位活动。

---

[*] 作者当时系新编第三十四师警卫团团长、独立旅旅长。

龚原与徐有旧，徐派龚为"鄂湘边区'剿共'指挥官"。陈渠珍在凤凰闻讯，恐龚大权独揽，将来尾大不调，乃硬保委第三旅旅长周燮卿兼指挥官、桑植保安团长王尚质兼"剿指"参谋长。陈要王尚质在龚仁杰未回湘西之前，先去永顺组织指挥部，编组兵力。计编属"剿指"的部队有：新编第三十四师第三旅（旅长周燮卿、辖杨少卿、何翰丞两个团）、第一旅第一团（田少卿）、独立旅第一团（白树庭）、独立团（张晋武）、新编第三团（朱际凯）、永顺保安团（罗文杰）、桑植保安团（王尚质）。除周燮卿旅这时还在桥头一带执行"剿共"任务和朱团守桑植外，其余部队均集中永顺待命。

陈渠珍这次对红军作战，策略上有所改变。这时有曾率大庸地方部队投向红军、为贺龙将军收编并派到陈渠珍处做幕后联络工作的覃甫丞来到凤凰，陈特为设密室于凤凰桥头蒋家，待为上宾。陈利用这联系主动向红军提出"互不进攻"的建议。事为陈部副官长双景吾所知。双为报复陈不重用他的积怨，将此事向何键告密。何派一杨姓参谋到凤凰侦查后，向陈索覃，并尽力破坏。陈和红军的秘密协议虽遭破坏，但当时陈未将覃出卖。（1935年何键武力解决陈渠珍时说陈勾结红军，即指此事。）陈垮台后，何即将覃逮捕，关在常德。是年我被何键编掉去上海过常德时，曾到监狱送过100元银洋给覃。自此以后，我就不知覃的下落。

陈当时之所以要采取两面手段，可用他当时对我说的一段话来说明他的考虑。那时他对我说："我们处在何键的控制下，不得不阳奉阴违，敷衍塞责。何键是老虎，谁碰着他，谁就有被吃掉的危险。贺龙当过我的支队长，关系密切。他曾帮助我打过熊克武、汤子模，把从川军手里夺回的地盘交给我，派陈慕叔到保靖欢迎我出山。贺这个人够交情。赵恒惕在澧州赶走贺龙（1926年），贺退经湘西，赵严令我堵击，贺派人到保靖要我不要堵击，我让开一条路，要他进入贵州。现在贺龙当了红军，我们还可以讲旧情，虚与周旋，借以自重。要是他远走高飞了，何键是有余力对付我们的，那时也就是我们垮台的日子了。鸟尽弓藏，千古名言，不可不信。何键对我们是不留余地的。只要红军不打我们，我们也决不打红军。"陈渠珍怀有这种个人打算，所以他在这次出兵永顺、反攻桑植的前夕，找了王尚质面授机宜："如果贺龙真的被消灭了，我们还有什么可干？我们打红军，牺牲了自己的实力，谁给我们补充？何键对我们是不怀好意的，心里应该明白。只要贺龙不来搞我们，做到互不侵犯，我们便可谈和。你照着我的意思去办，一切随时可打电话商量。"

据我们当时了解，贺龙和关向应将军是愿与陈渠珍谈判的。但红军中亦有人反对和谈的。谈判破裂后，1934年1月桃子溪之战就打响了。红三军这次是经豫南、陕南进入湘鄂边的，长途跋涉，没有稍事休整，就投入了战斗，最终进攻失利。

当红军向桑植进军时，桑植守军朱际凯团迭电陈渠珍乞援。陈派周燮卿旅驰援。在周部未到达之前，朱团就闻风逃到水獭铺去了。桑植于1月12日为红军攻占。13日拂晓周旅进抵桑植边界，为扼守三磴岩壁道路的红军部队所阻，这条路是周旅去桑植县城的必经之路。当时大雪封山，道路冰冻雪封，用兵极为困难，相持至18和19日，扼守三磴岩的红军毁掉数丈险道而退。周旅不明红军情况者数日。20日据探报：桑植红军全部退走。周燮卿电询慈利、永顺方面的情况，知慈利方面并无变化，而永顺则有红军分三路：一路由苦渡河、一路由泥湖塔、一路由墓阴界向永顺进攻之说。周燮卿认为红军素以奇兵见长，现在相持十多天不见动静，且又不战而退，其中必有计谋（周并不知道和谈问题），他根据判断，变更计划，移兵就永。21日过温塘、桥头开抵黄家店、桃子溪一带，守泥湖塔、墓阴界之线。

陈渠珍见和谈无望，本拟俟龚仁杰到达永顺后，会同周旅率所指挥的各部反攻桑植城，不料红军秉陈的部队尚未集中之前，于12月下旬，由慈、庸回头，向驻永顺桃子溪以逸待劳的周燮卿旅进攻。

桃子溪是永顺的门户，离桑植城30里，四周是高山，地区险要，只有一条小路通永顺，利于守不利于攻。红军于23日拂晓在泥湖塔展开，分三路向桃子溪猛攻，其第一路由岩路口攻桃子溪。周部除留两个营在桃子溪为预备队外，余部均即出迎击，集中全部机关枪向红军扫射，周率预备队和机枪各营居中指挥策应。激战两小时，红军退至岩路口，凭险抵抗。周部主力从正面佯攻，一部分从两翼林麓分道抄袭，于午前攻占岩路口。第二路由姚家湾迂回攻击周部右翼高地，红军集中主力猛冲，战斗激烈。周部集中机关枪和迫击炮火力压制红军，并派预备队抄袭红军后路，红军攻势顿挫，不支而退。第三路红军由汉湾包抄桃子溪后山，周部杨团由黄家台经万灵反抄汉湾红军的后路，激战至夕，红军向泥湖塔退去。周部乘胜猛追，夺占泥湖塔，红军向桑植城撤退。据周燮卿后来对我说，这一仗红军损失很大。

陈渠珍为了巩固他的割据统治，在取得桃子溪的胜利之后，向何键和徐源泉表功。他打电报向何、徐报捷，乘机索请补充。在此之前，龚仁杰已代陈渠珍向徐源泉请领了一批子弹，可是陈没有及时运给周燮卿，周大为不满。而且周素不甘居龚仁杰之下，桃子溪的侥幸胜利，更助长了他的骄气。他说："老子冒生死危险打胜仗，得不到补充，龚仁杰却坐收渔人之利。"龚、周之间发生了利害冲突。当龚仁杰于1月25日回到永顺，召开军事会议时，周燮卿借口前方吃紧，拒不出席，连代表也没有派一个。到会各团长在交换"剿共"意见时，都表示怕跟贺龙打仗。如田少卿说："黑胡子（指贺龙）不好惹，他这次打输了是要赶本的，往后要小心谨慎。"其余多只附和他这看法。

29日龚率部抵桃子溪。他明白自己是空头指挥官，不得不迁就周燮卿。于是偕同王尚质先生拜会周燮卿。一见面，周就说："打仗没有问题，问题在于子弹，有了子弹，那么贺龙再狠，打胜仗老子是包了的。"龚仁杰最后仍被迫满足了他的要求。

由于闹子弹问题，拖延了预定的作战计划。红军由桃子溪退到桑植后，得到了休整时间。所以在追击部队于2月2日向桑植进攻，到达赤溪河时，红军早已从容地向洪家关撤退。

周燮卿首先得到红军撤退的消息，他不按原定作战计划，即由朱家台渡河，抢先进桑植城，夺取进攻桑植的首功，当即向陈渠珍报捷。这样一来，其余部队也只得跟着进城，于是互相争功。周燮卿目空一切，引起各团长不满，都按兵不动。让红军安全地经洪家关向鄂西撤退。陈渠珍对此也装聋作哑，置之不问，也不催龚、周继续追击。王尚质觉得在桑植一住5天，任令红军退走，将来不好向何、徐交账，乃向龚仁杰提出继续追击的意见。当即由龚、周、王3人决定分两路向鄂西追击前进。

龚仁杰同田少卿、朱际凯、白树庭、张晋武、王尚质各团及龚直属第一、第二营为一路，经晏家垭追到马坪，由于沿途老百姓尽逃匿山中，找不到粮食和夫役，官兵情绪低落，于2月中旬回驻若竹坪。周燮卿所率一路经五道水追抵鹤峰附近，回驻桑植。

十万坪遭红军伏击

十万坪（又称龙家寨）之役，我虽未亲身参加（时我率独立旅驻守沅陵），但战前会议和战后检查，我是在场的。因为这次战役与我防守沅陵关系很大，所以随时注意收集和掌握其战斗情况，对是役经过了解甚详。

1934年10月间，红二、六军团在贵州印江木黄镇会师后不几天，由贺龙、任弼时率领向湘西永顺、大庸、桑植进军。他们在离木黄之前，在酉阳西边兜了一个圈子，把国民党的部队调酉阳以西，然后回过头来，打下龙山，直向永顺挺进。

这时原驻防永顺的陈渠珍新编第三十四师的第一、第三旅、教导旅都调到黔东帮助车鸣翼去打王家烈去了，第二旅远驻辰溪一带，永顺只驻扎罗文杰的一个保安团。罗平日疏于警戒，到红军临城时才发觉，当1934年11月7日红军进抵永顺城郊时，罗团即弃城而逃，红军只花一个早晨的功夫就占领了永顺城，随即向四周开展。陈渠珍大起恐慌，马上把第一、第二旅和教导旅由黔东调回防堵。在黔东被王家烈打败的皮德沛、杨其昌、雷鸣九各师和廖怀忠部统统随陈部退来湘西就食。

各部于11月中旬在凤凰台集所有新旧头领开作战会议。在讨论中，存在两种不同的主张。我们老派旧人员认为贺龙所部多是湘西子弟，在湘西有群众基础，这次再来是不会轻易过去的；且红二、红六两军团会合后势力比前强大，如果贸然进攻，定遭其打击。因此，我们主张接受1930年守津澧的教训，实行坚壁清野，以沅陵为支点，扼守沅、酉两水各重镇互为呼应，徐图进取，当为上策。且徐源泉在沙市来电说，他已令驻藕池的张万信师和周万仞师全部开津澧与刘运乾联络堵住红军向东出路，我们等该两部到达津澧后，会合同时从两面向红军进击，不难一鼓歼灭。但是新进的黔军头领们这一派的意见就大与我们相左的。他们以就食湘西，人多食繁，必须迅速恢复陈的防区，经济上才有办法，大家才有饭吃。因此，他们主张马上向红军进攻，夺回龙山、永顺。他们之中以廖怀忠为代表。廖的一套理论，在会上引经据典，说得娓娓动听。所以我至今还能记其大意。他说：湘西的民族复杂，地势险阻，最利于割据（这头一句就抓住了陈渠珍的思想），秦汉以来的政令都因鞭长莫及，无法对蛮区进行严密控制。所以刘尚和马援都未能深入五溪；马援父子统一湖南，但对南北两江的英雄豪杰终无可奈何。唐宋虽置州县，也只能收到羁縻之效，到明清逐渐统一版图后，苗族叛乱，仍劳大军远征，但也未能真正平安，因为地势利于负隅顽抗，豪强奋起其间，可以凭险抗命自守。湘西民风朴实强悍，善用之可以杀敌致果，保卫疆土。明朝永顺兵最为大名，仇钺借永顺兵平贼，俞大猷用永顺兵平倭，清朝的镇篁（凤凰）兵也是一样，其声威与曾国藩的湘勇齐名。诸公所占之地是可攻可守的创业之区，所率又大多系三厅子弟兵，官都是湘西魁杰之士，如拔濯奋起，大足以表现于世，否则闭关自守，未尝不可大有可为。贺龙和他的部队都是土生土养于湘西，也就是看到了湘西有以上特点，想将湘西建成红军创业的基地。他现在又来了，其目的是想以永顺为中心建立根据地。我们已掌握了这一点。现在诸公主张择险固守，或者等待友军前来"会剿"，我认为旷日持久，贺龙的部队一经站稳脚根。到那时你们再想打恐怕也打不动了。他们一旦羽毛丰满，凭着他们的攻击精神，我看也就很难抵御了。岂能养虎贻患，将这块好地方拱手让人？应当趁我们部队集结在这里的时候大干一场。我们合起来有两万多人，红军估计不过万把人，我们定可操胜算。我们黔军此次是为报陈司令之德而来的，他和我们是患难之交。他出兵贵州帮我们打王家烈，现在来帮陈司令打红军，互相帮助，理所当然。湘西在陈司令主持下建设好了，我们也可托福向外发展，为目前计，我们也可以维持军食。如果坐守，眼看着地区一天天缩小，不但我们，即诸公部队也将难以供养了。他最后提出，"主张即日联合出兵，乘红军立足未稳迎头痛击"。

陈渠珍割据湘西20余年，对湘西人文、地理、历史素有揣摩，曾一再拿类似廖怀忠这一套说法向人宣传，作为他割据统治湘西的根据。廖是新来的黔军头领，对湘西情况所知实极肤浅，但他为人狡猾，善于揣摩陈渠珍的心理，也可能直接或间接地了解陈的个人野心。因此，他这席话迎合陈渠珍，使陈大为倾心。

陈渠珍的思想被主动出击的主张打动了，他于是决定联合黔军，即日向永顺进攻。

为了统一指挥，大家在会议上临时抬出一块"湘、川、黔联合办事处"的招牌，公推陈渠珍主其事。陈基于会议结果，决定：一、作战指导方针是分进合击；二、组织"剿共指挥部"，委派龚仁杰、周燮卿为正副指挥官；三、军队区分：以龚仁杰兼第一路"剿共"纵队司令、周燮卿兼第二路"剿共"纵队司令、杨其昌兼第三路"剿共"纵队司令、皮德沛兼第四路"剿共"纵队司令。

这支临时拼凑起来的部队，于11月浩浩荡荡由凤凰出发，经花垣、保靖成梯队向永顺进发。这时，红军已在永顺休息了六七天了。据战后了解，贺龙在永顺时就已决定了打伏击战的方案，并向其指战员说明战术手段和打法；到处设伏，先骄纵，后引诱，设法将敌人引进既设的口袋阵地，予以全歼。所以当陈部于11月13日到达永顺城郊，红军即故示虚张，于临撤退永顺前几小时把城西的大木桥烧掉；又在皮家坳留置少数警戒部队，担任"诱敌深入"的任务。当警戒部队一与陈部皮德沛军接触，于稍作抵抗后，即沿着红军主力撤退路线，出永顺城东门向城外通向吊井岩的山沟里退去了。

吊井岩离永顺城10多里。去永顺城东门里把路，就是一条两旁层峦高耸的曲折山沟，沟中有一条石板大道通吊井岩。红军顺着山沟过了吊井岩，然后又从小路回到吊井岩，埋伏在南北两山边上，准备伏击。

但"剿共"部队于13日进入永顺城后，就住下不前进了。14日，红军又故示虚张，由吊井岩出发，不沿大路去塔卧，而向北翻过60里的大山，退到龙家寨，在镇子两旁山上照样布一个口袋阵，准备伏击。但"剿共"部队追到吊井岩，又住下不追了。红军又空守了一夜。

"剿共"部队连日来见红军只有逃跑，毫无还手的力量，断定是红军疲惫不堪，于是骄狂起来。他们把红军在永顺烧桥时发给老百姓几百块光洋，要老百姓在战后重修大桥的事看成为"收买人心"，说成是"张飞断桥——怕追。"所以在第三天（15日）就把梯队行进改为一字长蛇阵，鱼贯衔尾而行，周燮卿还自告奋勇率所部打先锋。由吊井岩翻北山到龙家寨一探："红军刚走"。他认为是红军被他吓跑了，遂又昏头昏脑地向前胡冲。

周燮卿带着这个两万多人的长蛇阵冲进南北都是高山、中间一条宽两里、长十多里、两面山上尽是茶树林的十万坪峡谷中去了。部队到十万坪入口处官地坪时已近黄昏，周燮卿在马上对官兵说："黑胡子今晚一定会在杉木村（十万坪出口处）睡觉，我们揭他的被窝去！"昏头昏脑地督促队伍往前追。他们过官地坪（十万坪的中心点）时也没有停歇，前面又没有派兵搜索，一直冲向杉木村。龚仁杰比较小心一点，他率部进到官地坪时，准备宿营。他见四周地形险要，害怕了起来，即派出一个营上北山搜索，并配备警戒。

龚仁杰的搜索队刚爬到山顶，忽见红六军团高举红旗从茶树林中冲出来，号声四起，杀声震天，山鸣谷应。仗打响后，龚仁杰急率部夺路向南山突围。埋伏在南山的红二军团这时也是万枪齐发，龚部复被压进山沟，无法冲出，只因天黑了，他们才挤出了一部分人。周燮卿这时冲向杉木村，忽闻后面激烈枪声，才清醒过来，大喊"中伏了"。他本想继续向杉木村突围，部下对他说："这是袋子口，必有埋伏，冲不过去了。"于是他率部向南山突围，准备逃往塔卧。部队刚到乌龟洞山头，却遇上了早埋伏在那里的红二军团的主力军从山上压了下来。周部无法招架，伤亡成堆；周本人在黑夜中听到到处喊："活捉周燮卿"的吼声，吓得他钻进一个小茅屋里换上便衣，化装向永顺逃命。

红军估计龚、周必逃经永顺他窜，所以预先在永顺城北山上设下埋伏，几乎把从十万坪逃回永顺准备他窜的龚、周残部一网打尽。红军于1934年11月17日复占永顺城。

这一仗打掉了陈渠珍基本部队的三分之一，损失人枪两千以上。杨其昌部是客军，地形不熟，损失更大，被打死、生俘者达千余人。

红军经过这一仗之后，就连续取大庸、攻沅陵、占桃源、慈利，进逼常德，创造以永顺为中心的新根据地，直接配合中央红军的长征。

沅陵和常德之战

陈渠珍部于11月16日在十万坪遭到红军伏击，所属龚、周、皮、杨各部几全军覆灭。红军复占永顺后，即挥师向永、沅边的王村移动，有进攻沅陵模样。陈渠珍本拟放弃沅陵，想退守北河南岸，以保凤凰老巢。他从凤凰打电话给我说："我们在十万坪损失太大，一时得不到补充，再不能跟红军硬拼死打了，如果实力再有损失，将来消灭我们的不是红军，而是另一伙（指何键），一定要保住老本，你可在适当的时机放弃沅陵，退向北河。"不知道这个消息怎么传出去了，湘西一般豪绅地主闻悉大起恐慌。住在沅陵城内的豪绅修承浩、许应卿等立即直接打电话给陈渠珍，要求死守沅陵，陈委婉地回话谢绝。修、许等接着邀同一批豪绅联名致电何键，请他严令陈渠珍死守沅陵，并要求何键派兵增援沅陵。何键乃严令陈渠珍死守沅陵待援。

我当时任新编第三十四师独立旅旅长，正驻防沅陵，陈渠珍在地主豪绅和何键的压力下令我遵令"死守"。

经过反复考虑，我根据沅陵地势特点，以一部守后山一带外围据点，以主力守城。但沅陵城多年失修，墙垣坍塌，且四周房屋很多，射界不宽，不但难以发挥火力，且难以与外围各据点联系。结果，我决定一方面派民工和军工日夜抢修城防工事，另商请豪绅修承浩、许应卿等出面，动员拆迁城周居民房屋,以扫清射界。在我军大力压制和修、许等协同威吓下,城周民房被拆毁千栋以上,东城和西城沿城脚所有民房则全部被毁光了。我们在这废墟上构筑起据点,还挖穿墙身编成水平火网,另设防御云梯和爆破攻击的城下坑道,城上吊置塞有棉花灌注洋油的竹筒火把,又在沅陵河面搭上船只拼成的浮桥,以策万全。

当红军向沅陵进军时,驻柳林汉的我部王尚质团忽然发生兵变。变兵原来准备杀死我和王尚质后拖部队去投红军,这计划未全部实现,只杀死了两个连长,拖走了一个排。据王说,红军战士和被杀死的两个连长都是贺总派来做地下工作的。红军战士要他们乘红军攻沅陵时暴动拖走,可是那两个连长不肯走了。红军战士就将两连长杀死逃奔红军,后被王派兵追至大庸附近山上全部消灭。我闻讯后,当今王团调进沅陵城来清理内部(如何清理的,我不知道),并要该团参加修城工事。

在增加防守实力方面,最初陈渠珍派黔军廖怀忠率其残部两百多人来沅陵助战。他到后就以其"黔军总指挥"的头衔在四城张贴安民告示,虚张声势。我当即致电陈渠珍说打仗不能靠虚张声势,廖怀忠来不但不能增强防守力量,且妨碍统一指挥,于守城不利,要他派周燮卿旅来协助防守。

红军先头部队进至永、沅边境王村后,沅陵城内秩序大乱,富商巨贾纷纷下河包船,准备逃走。经我与廖怀忠商定,当由我与廖怀忠、沅陵县长黄碧藩联衔张贴"安民告示";并派军官手捧旅部"大令",率兵四街巡逻。县政府也派便衣队四出侦察,逮捕嫌疑人"犯",并由我派兵一排协助防守监狱,以防犯人暴动。这时,我外表故示镇定,实际自己内心恐惧至极,想尽一切办法加强防守力量,以图幸免于万一。

11月23日,红军主力向王村移动时,我即派兵前往阻击。这时,陈渠珍又任命第三旅旅长顾家齐为"剿共"前敌指挥,出兵古丈,指挥所部分向王村、永顺和桑植进击,在永属之薄西坪与红军接触,红军向大庸、慈利方向退去。28日,红军攻慈利之溪口受阻,折回大庸,稍事整顿后,再向沅陵挺进。

12月5日,红军进抵沅陵之红树坪,6日,抵离沅陵50多里之马尿水。我令守沅陵后山的周旅及各部进入阵地,严阵以待。下午3时红军与我在马家店的警戒部队接触后,随即进围沅陵城,首先攻击守沅陵外围据点的刘鼎团和王尚质团。周旅在后山凭险抵抗,发生激战。这时城内有钱的人纷纷抢过浮桥逃往南岸,秩序极为混乱。红军数次向刘、王两团阵地冲锋,我令两团即撤进沅陵城，参加防守，同时折断浮桥，以阻止因抢渡造成城内更大混乱。入夜在四城燃起火把，防红军爬城。通夜战斗激烈，拂晓时红军发起攻击，接近城垣，几乎破城而入。适此时顾家齐旅已进抵距沅陵30里处之马宿向沅陵增援，红军恐遭夹击，乃自动撤离沅陵城，向桃源浯溪河转移。

在红军撤离沅陵的当天，何键还放了一个马后炮，派飞机一架到沅陵上空，绕城一周就走了。

这时罗启疆的独立第三十四旅（辖第七〇〇团、团长杨恩贵，第七〇一团，团长周人纪，第七〇二团、团长梁珍）已于12月6日由澧县开往常德，进至浯溪河一带修筑工事。他们以为红军此刻与我军相持于沅陵，一时不会东下，且自恃常德、桃源兵力雄厚，红军不敢进攻，所以全不戒备。不料红军于12月8日主动撤离沅陵后，即猛扑浯溪河。罗启疆这时正在浯溪河视察工事，几被活捉。红军于16日攻占桃源，18日攻向常德。罗启疆乘汽车逃常德后，督同所部及常澧警备司令刘运乾所属保安团，堵住四城各门，死守待援。何键急电催"追剿"军第六路司令李觉率第十九师（附独立旅陈子贤部）第十六师等部及各县保安团队，星夜驰援常德解围，又派飞机轰炸进攻的红军。

红军于12月19日由常德撤退，23日进占慈利、大庸，建立了以永顺为中心的新根据地，直接配合中央红军长征。

这是陈渠珍割据湘西时期指挥他的部队"剿共"的一仗。经过这一仗之后，陈渠珍的湘西王宝座随即被何键弄垮了。

罗启疆部参加"追剿"
红二、六军团的回忆

牟龙光*

一、参加"追剿"前的形势

1934年秋，红二、六军团向湘西挺进中，于11月初攻克湖南永顺城，接着击溃湘军陈渠珍部的龚仁杰、周燮卿、杨其昌三个旅的进攻，旋又乘胜进驻桑植、大庸、进袭沅陵。红二、六军团来势甚猛，使湖南省主席何键频电告急。蒋介石急电调独立第三十四旅罗启疆部开赴常德一带防堵，该旅由鄂东经武汉船运至公安县属之陡湖堤登陆，步行进驻常德、桃源一带防守。11月底到达常德、桃源。

常德是湘西的一个商业比较繁荣的市镇，川东的酉阳、秀山、贵州的松桃、铜仁以及湘西十县的桐油、茶油、生漆、五棓子和竹木等土特产均运到此地销售。罗部官兵历年均处在鄂东北山区，生活较为单调。到了常德这个吃喝玩乐俱全的闹市，团、营长日夜沉溺于酒楼、妓院之中。长途行军后的部队未加整训，纪律也逐渐松弛下来。约一周后，部队分驻在桃源属之陬市、浯溪河、三阳港等地防守时，官兵个个都是昏昏迷迷地离开了常德。

---

* 作者当时系独立第三十四旅少校参谋、营长。

二、几个战役的回忆

（一）常德桃源之役

罗启疆部在常德休息了一周，原在随县枣阳的家属及伤病兵和留守在随县的军官队、修械所，都到达常德，罗本人准备以常德为后方，全部库存武器弹药均集存于此，罗在各项后勤工作都安排好后，开始把部队分驻到各要隘地点防守。周人纪团驻浯溪河，杨恩贵团驻三阳港，梁轸团驻陬市，并以李超群营分驻桃源县城。罗的司令部及直属队驻常德城。首先是罗及团营长因历年在鄂东北与赤卫队多次接触都取得了一些小胜利，故有骄傲和"轻敌"思想。罗本人曾说："贺云卿与我是老朋友，他知道我罗启疆是不好惹的。"其次是根本没有情报。对红二、六军团的行动，没有确切掌握，得到的只是一些不可靠的消息。部队布防后，没有就地构筑工事，根本没有作战准备。

12月初传来红二、六军团由沅陵沿江东下的消息，罗部认为还距常桃三、四百里，也未在较远的地区对红军进行侦察。在一个早晨，罗启疆由常德打来电话，要我率全营由陬市取道常桃公路进驻桃源县城，行程计70余里、限午后5时到达，罗马上乘车去桃源。我率全营将到白杨河渡口时，罗率军官队两个中队赶上我的部队。罗对我说，浯溪河、三阳港电话不通，迅速派通讯兵去查查线。这时浯溪河方向已有隐约的枪声。我报告罗恐周、杨两团有战斗发生。话方毕，即见对面山上有溃散士兵逃向陬市。罗令我营继续前进，罗本人也驱车前行。罗到白杨河渡口边，即发现胡建营长由浯溪河方向收容了一部分溃兵来到对面山腹。罗传令要我跑步前进，我到白杨河渡口边，已发现渡口对岸山脚有一群便衣在活动。罗令我徒涉过河占领对岸山岭，扫清前进道路上的障碍，速向桃源前进。我在渡河时遭到射击，渡过西岸时，发现约一华里的山脚有五、六百红军向我扑来，当即展开战斗，约半小时，将红军阻击住，正准备继续攻击前进。罗大声呼叫："牟营长迅速回来！"我一面战斗，一面撤至白阳河东岸。此时罗的附近已遭到射击。我营渡河时伤亡较大。集中后又派部队出击，扫清公路两旁障碍，罗才驱车返陬市。我亦随罗后撤至陬市。这时会见胡建营长，才知道拂晓时红军突然对浯溪河、三阳港两处同时袭击，部队仓皇应战，兵力尚未集中，即遭击溃。罗令我在陬市附近死守待援。我说："此间地形不宜防守，以撤至河洑山上为宜。"此时杨再云、胡建两营均已收容起来，撤至河洑山上时天已入暮，常德城内的军官队300余人全部开来增援。约2小时后，红军大部已集结在我阵地前面，向阵地猛攻，经两小时激战，罗启疆见部队伤亡过众，前方溃散下来的又未收容起来，桃源城内的李超群、裴克斋两个营情况不明，乃决计退守常德城。但入夜后一片漆黑，部队联络困难，撤至常德城时，仅我及杨再云两营比较完整，承担了城防任务，其余均星散未能完全收集。红军亦终日战斗疲劳太甚，虽曾到了常德大西门外和北校场附近，也未攻城。

次日拂晓，桃源的李超群、裴克斋两营已赶到，增加了防守力量，城内秩序逐步稳定下来。第三日敖傅禄、喻杰等共5个连亦由临澧方面收容了五六百人由北向常德增援，力量逐渐加强，红军乃于星夜迅速撤退。第五日，罗启疆令我营与李超群营出城以武力搜索，出大西门直至河洑都未发现红军的一兵一卒，常德、桃源战役于此基本结束。

战后罗启疆整饬了纪律，撤了第七〇〇团团长周人纪，代之以胡建。又调了第七〇二团团长梁轸，代之以张鹏霄。共计伤亡士兵百余人，连排长20余人，营长裴克斋负轻伤。

在红军包围常德时，蒋介石急调第二十六师师长郭汝栋率该师5个建制团及工兵、特务两个营星夜以车运至汉寿县属之军山铺，下车徒步来援，何键亦由湘南调来李觉的第十九师和章亮基的第十六师前来增援。一时常德大军云集，约有十五、六个团的兵力，共编为两个纵队，第二十六师与独立第三十四旅为一个纵队，以郭汝栋为司令，罗启疆为副司令。第十九师与第十六师为一个纵队，以李觉为司令，章亮基为副司令。

部队"追剿"序列就绪后，李觉纵队沿沅水经桃源、永顺方向前进。郭汝栋纵队开赴慈利县，溯澧水而上，逐步搜索，每到一地，即在该地构筑碉堡，行动异常迟缓。

（二）慈利县属溪口棉花山之役

2月中旬第二十六师第四、第六两团进至溪口登上棉花山宿营。第二日晨，5时左右，红二、六军团突然向棉花山四面包围进攻，一时周围10余里响遍了枪炮声，经三、四小时的激战，罗启疆由慈利赶去增援，李觉纵队亦由桃源方面赶来，援兵方到阵地脚下，山上已无枪声，随即派部队上山与第二十六师联系，方知红军已撤走，但向何方撤退，不得而知。真是犹如九天之上下来的奇兵。

是役红军遗尸10余具，第二十六师第四、第六两团伤亡官兵20余人。由战斗开始到结束，虽然为时甚短，但是猛烈冲杀是很少见到的，若不是第二十六师有充分布置，警戒严密，那结果是不免要彻底溃败的。以后郭汝栋对第四、第六两团还给予嘉奖。

（三）大庸北之役

棉花山之役结束后，郭、李两部队稍事休整，补充粮弹，按原计划向西推进。约3月初郭、李两部沿澧水南北两岸前进，经一周到达大庸附近。一日晨，李纵队之第十九师突然在大庸北附近之山上与红军遭遇，李部即展开战斗拼命争夺这个山头，李部由1个团增至5个团，双方在山头上搏斗，由晨7时左右到黄昏，往复十余次，战斗始告结束。李觉的指挥所设在澧水北岸之河边，南北两岸架有浮桥。在战斗激烈时，李觉请郭汝栋增援。郭汝栋得到李觉请援的报告后写了便函给罗启疆云："启疆兄，大庸北之敌，机炮俱全，是萧、贺主力，云坡（李觉号）兄部，5个团用尽尚无进展。除由第二十六师派胡团前去增援外，希兄再派一营同胡团前往云坡兄处请示任务"等语，郭即派第二十六师第三团，罗启疆派我营归第三团团长胡荡指挥；跑步至李觉的指挥所请示李派任务，李令在北岸山头上待命，当时我们由山上看去，只见刺刀闪闪发光，确是一场少见的战斗，李部官兵曾一度败到河边上浮桥往北岸退时，李即下令把浮桥砍断，落河溺死者数十人，逼倒做背水一战，终于挽回了战局。

战后清扫战场，发现死尸百余具，红军于入暮时撤走，向何处撤去不得而知。

（四）塔卧之役

大庸北战役结束，休整了半月，郭、李两纵队仍按原订计划沿澧水南北两岸搜索前进。于3月底到达大庸县属之温塘，侦知红二、六军团集中在永顺县属之塔卧地区。塔卧是红二、六军团的根据地，设有干部训练班，后方医院等机构。这时部队已归湘鄂川三省边区"剿共"总司令徐源泉指挥。徐源泉的总司令部设在鄂西恩施。指挥有第四十一师、第四十八师、第二十六师、第三十四师、第五十八师、独立第三十四旅、新编第三旅、暂编第四旅等部队，还有李觉纵队的第十九师、章亮基的第十六师、谢彬第八十五师也临时受其指挥。

3月底徐源泉命令郭、李两部由温塘和永顺等地分路向塔卧进攻。郭纵队以6个团的兵力先排除温塘场的部分红军后，大面积的展开向塔卧前进，李纵队亦以6个团的兵力由永顺展开向塔卧前进。当达到塔卧坳时，除了作前卫的牟龙光营与红军的余留部队百余人做了小接触约半小时即占领了塔卧坳之外围，其余部队全部扑了空。当天10多个团在四面山上搜索，都未发现一个红军。究竟红军往什么方向撤走，连一个老百姓也找不到来问讯。吃粮也得到永顺方面去买。红军的坚壁清野工作是国民党军队根本不能做得到的。

在攻击塔卧坳时，俘得红军战士二十多人，都交给郭汝栋的纵队司令部去处理。以后把这些人分到连上去当兵，我营第五连也分得二个，几个月后都不见了。

以后侦知红二、六军团放弃塔卧后，先集中在龙家寨，因这个地区狭小，采取守势施行内线作战，对红军说是不利的。但要走什么方向，企图还不明确。郭汝栋下令一面休整，一面准备进攻。尤其在整饬纪律方面，下了很大的功夫。暂编第四旅张连三部是由河南招安来的土匪，在塔卧周围乱抢乱杀，第二十六师的谍报人员去了解它的情况，也被杀了几个，并剜了眼珠。郭汝栋对此大发雷霆，把张连三叫到纵队部来，问张："是军队还是土匪，还要不要纪律？"张连三吓了一跳，恐怕郭汝栋要杀他。当时罗启疆也在场，他说："报告师长，张旅长是能下决心把部队整好的。"郭说："看你以后的整顿。"这样为张解了围。张连三回去后，把犯事的那个连，从连长到班长，一夜之间全部杀掉，以后部队纪律就好转了些。

在塔卧还做了一件事顺便提一下，这就是在溪口棉花山之役捡到林彪作的《论短促突击》一书。如获至宝，郭汝栋令第二十六师副师长刘雨卿指定各旅派一个有军事修养的军官集中在第二十六师司令部去研究对策。

当时我是罗启疆派去参与研究的。花了三、四天的功夫，翻遍了《阵中勤务》和《战斗纲要》，研究出一本名叫《短促突击对策》的小册子，把各团营的军官集合起来由刘雨卿讲了两个多小时。

郭汝栋纵队休整后，于4月10日左右准备向龙家寨进攻，突然得知红二、六军团向东移动，正准备由后尾追，于4月13日晚得知红军已在桑植县属之陈家河将第五十八师陈耀汉的李延龄（回麟）旅击溃。因该旅孤军深入，又是北方部队不善于作山地战，突经红军袭击，虽经一天的反复冲杀，终于全部被歼。15日红军乘胜前进又在桃子溪进攻陈耀汉部的1个旅和师部的直属队亦全部被击溃。这两次胜利震动了整个湘鄂川黔边区。蒋介石又调孙连仲第二十六路军、樊崧甫纵队由慈利方向前来增援。由江西向贵州前进的第八十五师，经过常德做小休息，也被何键留在常德、桃源，以后向石门前进拟包围红军二、六军团，在桑植、大庸、鹤峰地区被歼灭之。郭汝栋部沿澧水东下，到达桃源、慈利之间，李觉纵队撤至永顺、沅陵地区防守红二、六军团突围。但红二、六军团以迅雷之势进出于湖北宣恩、来凤地区。于6月上旬在来凤县属之李家河、忠堡一带向张振汉部进攻，经3日激战，击溃了张振汉的一个旅及第四十一师司令部和一个特务营、师长张振汉被俘。紧接着又在板栗园截击由四川石柱来援的第八十五师的两个团，师长谢彬当场阵亡。

三、由进攻转为"堵剿"

红二、六军团在来凤、宣恩等地的胜利，声势浩大。这时蒋介石恐红军由酉阳、秀山向贵州突围长征，遂抽调郭汝栋纵队由桃源经沅陵、乾城、永绥，四川的秀山、酉阳到达川鄂交界的两河口、撮河坝"堵剿"。到达酉阳后本来可以直至两河口，但罗启疆深恐在途中遭遇红军，孤军无援而被歼灭，乃取道龚滩乘船至彭水再由邮山镇至撮河坝较为安全。到达两河口、撮河坝后，遍山遍岭修筑碉堡。直到10月底，得知红二、六军团已突破澧水、沅水向湘西的辰溪、溆浦、浦市、芷江等地前进。郭纵队由宣恩经鹤峰、桑植、龙山于1936年1月底到达湖南永绥稍事休整，又接受向贵州尾追的任务。

四、由"堵剿"变为"追剿"

部队到达松桃县境，正值阴历年关、还路过罗启疆的老家张坝院，罗是第二次带领部队还乡，乃有光耀门楣之感。部下与戚友都登门问候，家中的应酬也忙得不亦乐乎。但只休息一夜就走了。到松桃城休息3日，罗部中下级军官多为松桃人，多有"衣锦还乡感"。对同事和知好，家家大宴贵客，日夜不休凡3日夜，第四日始前进。经铜仁、玉屏、镇远、施秉、黄平、炉山、贵定、龙里以日行八九十里的行程，于3月初到贵阳。

这时红二、六军团在李觉部尾追中到达毕节。罗启疆部一进入贵州境内就严厉整顿军风军纪。如违犯群众纪律者一经查出就要严格处分。每日宿营和出发都有政工人员来检查，因此上下都能不扰民。

在贵阳休息三日后，即兼程驰赴黔西转纳雍、水城，期在援应李觉纵队。到威宁之日，已是下午四五点钟，我们又再赶50余里达到朱歪地方，解李纵队之围。因李部与红二、六军团激战张家、桃园等地，随带口粮已尽，官兵疲饿交加。我们到朱歪后，以粮接济了李部，同时红军知道援兵已到即向胎通、宣威撤退。3日后红二、六军团到达宣威县属之倘堂、旧铺子山上布置阵地。

五、最后一次大战

大约是1936年3月中旬，红二、六军团达到宣威县属之倘堂、旧铺子严阵以待。看来处境是不利的。当时李觉部由昭通尾追而来，郭汝栋部由草海南岸向宣威前进，孙渡纵队由曲靖以六个团的兵力赶来，樊崧甫纵队六个团亦由贵州盘县经云南沾益向宣威方向防堵，看来已形成四面包围之势。一日中午南北两方未有接触，是待红军退却时尾追的。东边的郭部之第二十六师，西边的云南部队一致发动攻击，在倘堂、旧铺子酣战了两日夜，反复冲杀数次，仍胜负未决。计投入战斗的孙渡部5个团，第二十六师的4个团，罗启疆部先作预备队。至第2日午后4时左右，也派了一个团参加战斗。还未展开攻击，红军已由宣威与曲靖之间突围西去。是役是参加"追剿"以来未有过的。双方鏖战之激烈，冲杀时间之久，牺牲之多，伤员之众，都是"追剿"以来的第一次。

战后清扫战场，发现双方死尸共500多具。郭汝栋的亲弟弟郭汝明在旧铺子山上阵亡，郭汝栋守在其弟的尸旁哭了几个小时。

这次战斗把云南军队的主力大部调到滇东来，滇西方面较为空虚，滇西方面的空虚给红二、六军团脱离宣威后得以无阻的通过，以致从容地由鹤庆、大窑、丽江等地安全渡过金沙江进入西康。

宣威战役以后，红军行进速度快，日行百多里，国民党军队仍然以步步为营的态势跟在后面摇摇摆摆，哪能追得上红军！

罗启疆一进入云南境内，就以函电同龙云进行卑躬屈膝的拉拢。记得到达宣威县属的明家烟场休息一日，罗启疆来到我的营部找我和李超群营长随他司令部去，要我和李超群考虑给龙云写封信，说明龙是主宰西南，进而问鼎中原的主要领导者，今后罗以贵州与云南的关系，必须以龙为马首是瞻。称龙为老伯，自称为侄。（因龙之次子龙绳武与罗为云南讲武堂第十八期同学）是李超群执笔，我参加意见。派副官钟灵乘马送去。另一面罗严整饬纪律，更得龙云之称赞。当部队到马龙向易龙前进中，龙云打来电话，要罗部到达易龙晚餐后赶至小河待命。到达小河是下午6时左右，已走了120里，这时龙云之次子乘汽车来到小河接罗去昆明，并转达龙云指示，当晚无论如何都要赶到嵩明，因为红军距嵩明只30余里，有进攻嵩明威胁昆明之势。罗启疆下令各团务于拂晓前到达嵩明，否则嵩明失守部队长须受严惩。罗乘车去昆明，部队又急行了60里，天将破晓，先头部队入城，红军距此仅十余华里，到后由电话报告龙云的副参谋长韦杵，韦转告罗，罗向龙云报告，龙说保住嵩明，昆明就安全了。是日行程一百多里，部队甚疲劳，在嵩明休息了3日。

罗启疆由昆明来嵩明，很高兴，因得了龙云补充的单军服5000套，子弹10余万发。以后罗部追过元谋牟定、左觉过金沙江，到华坪休整时，蒋介石与龙云乘飞机来华坪慰问，投下慰问信一封，云："荣封（罗启疆号）弟鉴，据龙主席称，入滇部队，以贵旅纪律最好，行动敏捷，希望保持贵旅光荣传统。"罗得此信后，沾沾自喜。

其余部队如樊崧甫部由大渡河以西过金沙江向西康前进。李觉部追到鹤庆大窑，郭汝栋部追到华坪、永胜，就在该地构筑工事，修建碉堡，以防红军回窜。

第五十八师在陈家河桃子溪地区惨败经过

张鹤鸣[*]

1934年，红军由湘鄂西革命根据地西进，集结在湘鄂川黔边区。当时形势极为紧张，蒋介石把鄂豫皖边区的部队大量西调，大举"追剿"红军。

第五十八师陈耀汉部，原分驻在湖北大冶殷祖、阳新和咸宁等县境。当时陈耀汉为湘鄂川边区第三纵队司令，将暂编第四旅旅长张连三部归陈耀汉指挥，并令陈耀汉率部西进，隶属鄂湘川边"剿共"总司令徐源泉指挥。1934年12月，第五十八师在汉口集中，先后分批登轮船，沿长江上游西进，至藕池口下船登陆，经过公安、石首等县。1935年1月底，第五十八师全部到达湖南澧县，补充粮饷弹药完毕后，于2月间，陈耀汉派第一七二旅旅长李延龄（回麟）率第三四三团团长王瑞斌、第三四四团团长孙芳兰为先头部队，向石门地区推进。石门一带，驻有湖南陈渠珍的保安第十团，临时拨归陈耀汉指挥。石门县和桑植县接壤处都是群山接连，岗峦起伏，狭路崎岖，车辆不能通行，运输颇感困难，只有用人力挑运和牲畜驮载。陈耀汉为了适应大军进攻桑植县，把兵站补给基地设在石门。随后又率师部直属队和第一七四旅旅长张镜明率第三四七团（团长陈向宸）、第三四八团（团长徐心同）先后到达石门。暂编第四旅旅长张连三部也到达了石门附近。

这时桑植县城，还是红军占据。陈耀汉在石门开始准备作战部署，令部队分头搜索，逐步推进；并稳固后方交通线的安全，使运输补给不受影响。陈派第一七二旅旅长李延龄（回麟）率全旅为进攻桑植的主力部队，由正面直趋桑植县城；派张连三旅由左翼前进，策应李旅进攻；派第

---

* 作者当时系第五十八师第一七二旅第三四三团军需主任。

一七四旅的第三四七团（团长陈向宸）从右翼前进。陈耀汉率直属部队和第一七四旅（旅长张镜明）第三四八团（团长徐心同）为总预备队，随后跟进。先头部队前卫是李延龄（回麟）旅的第三四三团。沿途并未遇到大部红军抵抗，只有少数游击队截击扰乱，略有接触，游击队就撤走了。李延龄（回麟）旅到达桑植城附近时，红军已弃城退走，李旅没费气力就占领了桑植县城。接着各部队陆续到达桑植附近地区，最后陈耀汉带着直属部队也推进到桑植县城。

桑植县城处在群山环抱的山区地带。红军撤走后，居民也逃避一空，因此，粮食缺乏。陈部因不能就地筹粮，需要由石门兵站运来。由石门到桑植，沿途翻山越涧，道路狭窄，大小车辆不能通行，只有用人力挑运。但每人平均只能挑60多市斤，往返要四、五天。除挑夫途中食用外，到达桑植，每人只剩下40多市斤。陈耀汉一面由地方征雇民夫挑运，一面令各团营连抽派士兵挑运，还利用驮枪炮弹药的骡马参加驮运。为了这项运粮工作，部队在桑植县城停留了好多天。

陈耀汉在桑植县城，把粮食弹药准备就绪后，即开始部署，调派部队，分别向西南推进，追赶红军。李延龄（回麟）自告奋勇，愿为进击红军的先头主力部队，并在陈面前提出他和红军作战有必胜的信心。陈也深信李机智、勇敢，作战有办法。1935年4月，第一七二旅由桑植县城出发前，李延龄（回麟）曾发布命令50条：如不服从命令者斩，作战不力者斩，临敌退缩不前者斩，擅自后退者斩，等等。在部队临出发前，李还集合全旅官兵讲话，并宣读了条文，申述他作战的经验，如何作战有把握，他这次抱着作战必胜的决心，不成功则成仁，强调他铁面无私，决不徇私情等等。

李延龄（回麟）所以下达这严厉的军令和他讲话的用意，实际是为了对付第三四四团团长孙芳兰的。孙芳兰是黄埔军校第四期学员，孙在第三四三团任副团长时，李就对他印象不好，主要是因派别不同。李常表露，孙作战没胆量，并在陈耀汉面前说过一些不好的话。因此，陈曾一度把孙芳兰调任第一七四旅任营长，经过一年多，陈没征取李的同意，就发表了孙芳兰到第一七二旅任团长。这使李延龄（回麟）极不愉快，曾向人表露："过去我不要的人，派到我这里任团长，使我难堪！我要是赌气的话，我这个旅长就不能干了。既然这样，我只好忍气吞声，将来犯在我手里，我要让他知道我的厉害。"

李延龄（回麟）率第一七二旅全部，由桑植县城出发，派出尖兵和警戒部队，分别沿着层密林丛，逐步搜索，向西南方前进。第一七四旅第三四七团和新兵营，跟在第一七二旅的右后方行进。暂编第四旅张连三部，在第一七二旅的左后方行进。陈耀汉亲率师部特务连、手枪连、工兵营、炮兵营之一部、骑兵一部和徐心同第三八四团为总预备队。

桑植县城以西都是高山重叠，立壁陡崖。陈耀汉部队都是北方人，不习惯爬山涉水，行进极为困难。

4月中旬，李延龄（回麟）得到情报，发现陈家河一带，有红军第二军团贺龙的部队。4月12日早上，李就令部队向陈家河疾进。当天下午5时许，尖兵部队（第三四三团第三营）在陈家河以东约10华里左右地区，和红军接触上了。随后第三四四团部队继续到达，当晚占领了陈家河东口三蓝子大山阵地。李延龄（回麟）令第三四三团第一营营长王良遂率兵三连（一个连随团长王瑞斌前进）留在三蓝子高山以东，保护后方十五华里的交通线。其余部队和第三四四团于13日早晨分头向陈家河红军进攻。在上午10时左右，攻占陈家河及其周围的山头阵地，两个团部和旅部人员，都进驻到陈家河街内。陈家河四面都是高山环绕，层山接连，陈家河街内形同一个小盆地。红二军团占据着后面高山头，李旅部队占据低山头，由低山往高山攻击，非常吃力。李延龄（回麟）把全线部队攻势布置好以后，一面令第三四三团团长王瑞斌指挥部队从两侧向红军包围进攻；一面指定第三四四团团长孙芳兰率兵一连，附机关枪两挺，从正面向前进攻，并指定夺取前面某山头。孙芳兰明知团长是指挥全团作战的，要发挥全团的战斗力量，不应当把团长作一个连长使用。因旅长和自己不睦，不敢违抗命令，当时就带着一连人，冒着红军猛烈的弹火，鼓起勇气向这座山上冲击。孙芳兰把这个山头攻下后，回头一看，李延龄（回麟）也带着一连人附两架机关枪，紧跟着在他的后面，这很明显是旅长督战，并有意的考验他。李延龄（回麟）接着又令孙芳兰带着另一连人，向前面另一个山头攻击。孙芳兰从上午到下午4时，连续攻占了7个山头，李延龄（回麟）始终跟在他的后头。

这一天的战斗情况，非常激烈，双方伤亡都重，还俘获红军有三、四百人。剧烈战斗到下午5点多钟，红军虽然放弃了一些山头阵地，逐步后退到高的山上，但并未撤走。孙芳兰、王瑞斌两个团长商议，认为今天的战事，已经得到了胜利，我们的阵地在低处，红军阵地在高处，我们处的形势很不利，如果明日拂晓，红军用主力反攻，我们要吃大亏，最好把部队撤到陈家河以东，守住三蓝子一带高山，进可以战，退可以守。两团长所见相同，孙芳兰对王瑞斌说："旅长对我有意见，我不敢说话，请你把我们见到的情况报告旅长。"王瑞斌立即用电话向李延龄（回麟）报告，李坚拒不听，并说今天战斗，已使红军丧胆，现某某山头还包围了红军有七、八百人，明早天一亮，就要把这部分红军解决。王瑞斌、孙芳兰又和旅部参谋魏猷堂商议，请他把利害向李延龄（回麟）详细陈明，李仍是不允。两位团长无奈，又向李请示："天快要黑了，我们再不能向前进攻，既然不撤退，应在原阵地做些防御工事，较为稳妥。"李延龄（回麟）应允了，这才停止进攻，做防御工事。这日晚间，新兵营营长申鸿序率队到达了陈家河以东，与第三四三团第一营取得了联系。

4月13日下午6点多钟，我（时任陈耀汉部第三四三团军需主任）到旅部找参谋魏猷堂打听战事情况。正在谈话，李旅长回来了，我赶快去看他，他说："我打了这么多年的仗，从没遇到像今天这样激烈的场合。"又说："我过去认为孙馥庭（孙芳兰别号）打仗不行，今天看起来，馥庭打仗还真行。"我问他战事情况如何？李说："今天叫共产党知道，我们的部队不是好惹的。我们已经俘虏了几百人，现在还包围了七、八百人，明早天一亮，就要把这部人解决，你们都安心吧。"这是李延龄（回麟）和我最后的一次谈话。我辞别李出来，又找魏猷堂谈话，魏很同意两个团长的意见，对李的军事措施，极不同意；并说："昨晚和今天早晨，这里的战事情况已由无线电台报告给陈师长了，不料到现在没接到复电，无线电也叫不通了，不知是什么缘故？"又说："你可以住在我这里，后面就通三蓝子大山，如果战事不利，可以上这座山。"我说："到时候看情况再说吧！"我回到了第三四三团团部，因团长王瑞斌在前线一夜未回来，从此和他再没见过面。

4月14日早晨4点多钟，红六军团的大部队增加上来，和红二军团的部队，从三面高山如潮水般地包围冲击下来。李延龄（回麟）的部队竭尽力量抵抗，激烈战斗进行了两个多小时，各个阵地完全被击溃了。团长王瑞斌当场阵亡，孙芳兰被俘虏，营连排长和士兵的伤亡更是惨重。这时各山头阵地缴械的缴械，被俘的被俘，仅有极少数人奔逃出来。在部队已经土崩瓦解、无法收拾的时候，旅长李延龄（回麟）仍督同随从副官、卫士等带着两架机枪向前迎击红军。跟随他的人向他说："部队已经垮了，战事不能挽回，大势已去，请旅长赶快退走！"李说："我一生没打过败仗，今全旅覆灭，我有何颜面再见陈师长！"坚决不听左右人的劝阻，带着两架机关枪冲上红军大队，进行搏斗。机关枪子弹打完了，手枪子弹打完了，最后拿出大刀来，向前冲杀。李延龄（回麟）在这样情况下，终于饮弹身亡。

这天早晨，我还在睡梦中，被激烈的枪声惊醒了，走出门外一看，陈家河街上已经秩序混乱，满街是人马和挑子，争先向东奔逃。再往高处一看，满山遍野而来的都是追击我军的红军，我赶快唤起同事们逃跑。我的行李，由勤务兵放在我骑的一匹骡子身上，他牵着出了陈家河的东山口。我走到东山口时，见两边是高山立壁，中间一条深涧，只有靠南边一条狭窄的小路，人多抢逃，拥挤难行。同时红军的火力，集中向这里发射，有些人伤亡倒地。我当时就不敢从这条路逃走，遇见第三四四团的李团附，腿部带着血淋淋的伤，他唤我赶快上山，并说要守这座高山。我又想到昨晚魏参谋的话，于是转回身来，就登这座高山。当我爬到山的中间，看到山地上如雨点落地似的扑出扑出地起土窝，在我附近的人不断地栽倒在地。我这才知道是红军射来的子弹，立刻感到惊慌。我极力鼓着劲往上爬，因脚上的鞋是帆布胶底，爬山滑得很，越想急走，越走不动。两腿酸软，满身大汗，竭力挣扎往上爬。走了两个多小时，眼看要到山顶了，满希望越过这座山，找到我们一营的部队就安全了。不料已被红军战士们截住，大喊交枪。当时我军的一些士兵齐声说："不要打枪，我们交枪。"我这时心想性命完了，心里一慌，不自主动立脚不稳，跌下山去。幸为山中间的树木挂阻，没有坠落谷中。红军战士们叫我慢慢下来，我便作了俘虏。红军对俘虏很优待，可惜我那时对革命没有一点认识。我在红二军团住了12天，仍回到原来的部队去了。

当14日拂晓，陈家河战况紧急时，驻在陈家河以东的第三四三团第一营营长王良遂把掩护这一段的交通线任务，交给了新兵营营长申鸿序接替。王良遂指挥部队，沿着两面高山，向陈家河前线增援。行至三蓝子大山的东端，就遇到由前线逃回来的兵，知道前方部队已被打垮，当时停止前进，在原地山头布置阵地，掩护由前方退下来的人员后退。这时由陈家河东山口退出一批人员，红军大部队在后紧紧尾追。王良遂以众寡悬殊，不敢抵抗，就率部队向东南方向撤走。在途中遇到红军几次截击，伤亡了些士兵和几个连排长，由于奔跑得快，没完全被歼。新兵营撤退后，在途中被红军包围击溃，营长申鸿序被俘。

陈耀汉在4月12日夜晚和13日早晨接到李延龄（回麟）的电报，知道第一七二旅已和红军接触，开始向红军进攻了。陈耀汉一面令第三四七团团长陈向宸赶快从左翼进至陈家河增援，一面令张连三旅从右翼向陈家河推进，由侧面包围红军，以收夹击之效。并令湖南保安第十团保护石门到桑植的后方交通线。陈耀汉亲率直属部队和第一七四旅旅长张镜明率第三四八团跟着向前推进。因为从13日上午10时以后，和第一七二旅的无线电叫不通，未能取得联系，得不到李旅在陈家河的战争情况，陈耀汉很是着急，督促部队急行军，兼程前进，毫不知道李旅已被歼灭的情况。

红军二、六军团，在陈家河歼灭李延龄（回麟）旅后，大部队并没有停留休息，接着分头东进，以迅雷不及掩耳的行动，截击陈耀汉的增援部队，首先在途中把第三四七团击溃，将团长陈向宸俘虏。在红军押送陈向宸往红军后方时，陈向宸夺取红军战士的枪枝，企图反击，因此被红军战士在途中击毙。暂编第四旅张连三部在途中观望不前，后听到李延龄（回麟）旅溃败消息，恐惧万分，并未见到红军的面，就连夜逃跑，不知去向。

陈耀汉带着直属部队和第一七四旅张镜明及徐心同第三四八团，行至桃子溪一带，被红军二、六军团集中兵力，分别包围起来。张镜明旅和师部直属部队竭力抵抗，由下午激战至天黑，伤亡惨重，已经不能支持；适大雨倾盆，对面看不见人，旅长张镜明、团长徐心同趁着这个机会，率领残部向大庸方向溃逃去了。陈耀汉和参谋长周植先，带着特务连、手枪连，被围困在一座高山上。其他直属部队正在纷纷缴械被歼的时候，红军一部主力攻上这座高山，和陈耀汉的卫队短兵相接。红军向卫队夺枪捉人的时候，陈耀汉看到大势已去，于是向卫士要枪，意在自杀。有一副官陈忠起在他身边大声阻止。正在千钧一发的时候，陈耀汉脚上中了枪伤，眼看红军要到跟前，陈忠起心想，横竖师长难保安全，于是用力把陈耀汉从山顶上，向南面顺山推滚下去。陈忠起接着大声喊叫："弟兄们快随我滚下山去！"陈忠起说罢，首先带头卧倒，滚下山去。接着特务连的卫士等也随着滚下山去。这时正值大雨如注，天黑无光，陈忠起等在山下寻到陈耀汉，除足伤不能行走，其他无恙。由几个卫士把陈耀汉抬在肩膀上，顺着往东南的山路摸索向前行走。陈耀汉告诉陈忠起，奔向塔卧，到第二十六师师长郭汝栋那里去。因大雨不止，天色昏黑，又不识路途，正在盲目地往前行走，忽然发现三岔路都不知道走哪一条路，才能到达塔卧，又担心走错了路，走到有红军的地方，都在愁虑不能决定，幸而闪光一亮，发现路旁边有两个石碣刻的有字："南往塔卧"。于是卫士马上又抬起陈耀汉顺着路向南走，走到午夜后一、二点钟的时候，遇到第二十六师的士兵，正在远出防线以外，搜掠农民粮食，他们有箩筐挑子，也有抬杠。经过说明，就把陈耀汉抬上，直奔塔卧。郭汝栋得到报告，亲自带马匹和担架把陈耀汉接到第二十六师师部。

陈耀汉的直属部队，伤亡损失严重，参谋长周植先被俘。逃出来的部分官兵，由工兵营营长张震、炮兵营营长张好善等率领，跟随第一七四旅旅长张镜明和第三四八团团长徐心同逃奔大庸。张镜明在大庸收容了几天，接到蒋介石的电令，率残部开往澧县收容待命。陈耀汉脚部负伤，并不甚重，在塔卧诊治休养了10多天，就回到了澧县。陈耀汉收容的部队，连同后方留守的非战斗人员，共有残余5000多人，计损失半数以上，所余的枪械马匹，为数极少了。

陈耀汉是北方人，原非蒋介石的嫡系。这次陈耀汉的部队，在湘西陈家河、桃子溪的战役中，损兵折将，等于全军覆灭。蒋介石正好趁此机会，消灭这一杂牌。当时蒋介石下了一道命令："第三纵队司令兼陆军第五十八师师长陈耀汉，指挥无方，作战不力，着即撤职，听候查办，听遗第五十八师师长一缺，任命俞济时补充。"蒋介石并电令第一七四旅旅长张镜明率第五十八师残余部队由澧县开往南昌，听候俞济时改编。以后俞济时把第五十八师编成蒋介石的嫡系部队，并吞了这个杂牌军。

参加"围剿"红军的芭蕉坨战役

向飞鹏[*]

民国18年（1929年），我17岁。古丈县亮坡的宋清军是我舅舅，他当时是新编第三十四师第一旅第二团团长舒安卿的警卫排长。一次我到亮坡走亲戚，恰好宋清军请假在家，邀我跟他去；就这样我跟舅舅到了舒部，被分配在警卫排，随团部驻扎乾城。

民国24年（1935年），贺龙率领的红军到河东（永顺县境），新编第三十四师师长陈渠珍命令舒团回师保靖堵截。因此，我到乾城仅一个多星期就随部队到了保靖。我们在保靖县城附近驻扎了一个多月，"剿灭"了一些小股"土匪"。这期间贺龙部队经常在北河（酉水）拦截我们的运输船队，因此部队军需物品相当缺乏。

驻守在龙山县城的第四团被贺龙领导的红军围了35天，舒部奉命前往龙山解围。部队从保靖出发，经隆头到洗车河。当时驻扎在洗车河的部队很多，有贵州的廖怀忠师、皮德沛师，湘军王东原师的汪之斌旅、章亮基师、谢彬的第八十五师，以及杨其昌旅、周燮卿的第三旅。我们在洗车河驻扎了4个多月，听说龙山县城里什么东西都吃完了，团长刘文华抱着电话哭："你们若再不来解围，我们第四团就全完了，老百姓也要死光……"龙山城有很坚固的城墙，外面是一丈多深、一丈多宽的护城池，且东南北三门有酉水河环绕，北门易守难攻，红军攻了35天都没法攻下，于7月27日撤了龙山之围。

6月6日，舒安卿部从洗车河出发，翻越洛塔山界到达招头寨。部队途经岩门口时，碰到一个寨堡。据说堡上住有很多老百姓，有五、六十条

---

* 作者当时系新编第三十四师第一旅第二团警卫排列兵。

枪。当时寨门大开，人已跑尽，我们上去了30余人，看见有四层朝门，每层朝门安有1门土炮，火药都装好了。堡里有个妇女因"坐月子"没走，煮熟的两罐猪脚肉正冒着热气，惹得我们的一些弟兄涎水都流了出来，直嚷要吃。我说："莫吃她的，造孽"。她还有些炒米，就被弟兄们你一把我一把地抓完了。从堡子上下来，队伍横山而过，到了岩门口，然后从岩门口对面上坡直达胡家堡。第四营还没上到胡家堡顶上，就与红军交了火。胡家堡半坡上有几栋木屋，舒安卿将团部就设在那里。我方与红军激战，四营打头阵，一次冲锋下来只剩下了几个人，营长被打死，地里的包谷被打断完了，桐子树被打得像竹竿一样。第二次冲锋又去了五六十人，不仅没有把红军击退，我们反而被冲垮了。红军直向团部逼近，情况十分危急，我们警卫排也投入了战斗。恰在这时，机枪连赶到了，十多挺机枪同时开火，才把红军堵住。第三次冲锋我们第二营、第三营同时上，红军被迫退往燕塘、可力坡方向。这一仗打得相当残酷，红军在胡家堡上伤亡数很大，我们团伤亡了二三百人，第四营营长彭联成（四川酉阳人）战死，第二营营长赵永华、第五连吴连长、第六连连长田超、第七连连长罗安银、第十一连向连长、第十二连连长黄军、重机枪连连长包绍奎都在战斗中受伤。当晚八、九点钟，红军退出了招头寨。

我们在招头寨休整了两天，便前往龙山县城解第四团之围，途经芭蕉坨时遭到了红军的伏击。从招头寨出发，指挥官是第三旅旅长周燮卿，队伍一到芭蕉坨湾槽，红军从两面山上冲下来，把我部冲成两段。混乱中舒安卿骑的骡子受惊了，把舒给抛了下来，骡子朝着红军跑去，舒安卿则坐在地上哭嚎："这下我该死了，没有骡子怎么跑得动？"士兵们各自逃命去了，没有人肯背他。当时我已上了几丘田坎，见舒坐在坪里，就又跳下来，用手枪打退了冲上来的几个红军，勒住迎面而来的骡子，把舒扶上骡子，随即在骡子屁股上就是一枪托，骡子飞快地向坡上跑去。乌宿岩山寨有个姓宋的，我们是老表关系，他见我救舒安卿，也跟着跳下来打掩护。就在我送走舒安卿的一瞬间，被我打退的那几个人，从后面向我老表打了一枪，老表的肠子都被打露在肚子上，喊我救他。我说："老表，这硬是没有办法，上坡背不动。"他还没死，我就边打边往山上退，退了大约两里路到了一个坳上，先上去的人此时已架起机枪开了火，才将红军堵住，但我们已被团团围住了。

我们几个团被围困在一个小山堡上。时值6月，天气酷热。堡上有很大一丘田，头天晚上还有两寸多深的水，到第二天早晨连泥巴浆子都被我们刮干喝了。当晚周燮卿放口说："哪个敢突围到湖北去搬救兵，赏他光洋200块，先预付50元，其余的等转来再付，若被打死了，钱就寄回家里。"俗话说，重赏之下必有勇夫，当即有4个四川人答应去搬救兵。第二天晚上10点多钟，那四个四川人带回了鄂军的一封信，约定晚上11点由鄂军一个团到芭蕉坨对面的山上用机枪打掩护，要我们做好准备，机枪一响就突围。得此消息，大家分头准备。平时若遇打仗，要大家准备，不是这个喊肚子痛，就是那个叫头晕；这次准备是为了逃命，连咳都没有人咳一声。

晚上11点整，对面山上鄂军的机枪真的响起来了。我守护在舒安卿的左右，跟着向导摸下湾槽，过一个小土坪，又翻过一座小山，便到了酉水河边。这时天已大亮。那天夜里，鄂军机枪一响，红军以为鄂军要过河搞两面夹击，便调转枪头迎击鄂军，直到天亮发现包围着的山头已空无一人，才知道上了当，赶忙调转头来追赶我们。追至酉水河后面的半山腰，我们正在强渡酉水河。那天，酉水上游发大水，水齐腰身，过河速度很慢。红军见状，用机枪对我们扫射，队伍顿时大乱，拼命扑往河里，打死和被水溺死的有五六百人。

激战板栗园时，谢彬师长曾率第八十五师开到利福田堡"围剿"红军。谢首先派人将该堡大寨团团围住，然后派人进寨搜查，没有发现红军的一兵一卒。问老百姓，老百姓说红军昨晚擦黑时就开走了。谢彬深信不疑，坐上八抬大轿大摇大摆地进寨，刚走到新收割的稻田边，从稻草下杀出了七、八百人，谢彬才知上当，但已经是走投无路了。几个壮汉冲上来，将谢彬拖出轿外，一刀砍去了脑壳（另一说为谢彬脑部受伤，举枪自杀）。我们进堡时，红军已经撤走。第二天，我们开到来凤城休整。在来凤体育场给谢师长（只得个脑壳）开了追悼会。

后来，顾家齐命令我们两天两夜赶到沅陵驻防。我们刚到沅陵，红军即到达沅陵县城外围，双方交火后，打得难分难解。然而，哪晓得红军是派小股部队和我们假打，大部队却从下面文司架浮桥过河，开往贵州方向去了。

对川黔湘鄂边苏区最后一次"围剿"

樊崧甫[*]

川黔湘鄂边苏区，由川东黔东湘西鄂西毗联各县组成，万山重叠，川流湍激，道路险阻，民风剽悍，是一个绝好的革命根据地，共产党党员贺龙（云卿）生长于斯，"八一"起义后，重来旧地，建立苏区，任红军第二军团总指挥，1935年7月下旬，击溃蒋介石部"进剿"军，生擒师长张振汉，东进克澧州，武汉、长沙震动，纷纷电蒋告急。蒋命徐源泉退保施南来凤，郭汝栋第二十六师和第二十六路军保守公安、石首，何键保守常德、临澧，刘建绪（恢先）保守龙山、永顺，陈渠珍、陈光中保守麻阳、凤凰。

一、蒋介石调樊崧甫纵队"进剿"

1935年8月初，蒋介石命令将湘鄂赣边区"进剿"纵队改为川黔湘鄂边区"进剿"纵队，仍以樊崧甫为"进剿"指挥官，归武汉行营主任何成浚指挥，率所部第二十八、第四十三、第七十九、第九十七、第九十八等5个师集中常德待命"进剿"，拟完"进剿"计划具报。樊和何锡爵（何成浚）是老熟人，知道他是一位好好先生，乐于接受指挥，但另一方面，感觉他是一个政客式的军人，没有作战经验，左右都是一些昏官做混饭吃的官僚，敷衍塞责，听他命令，凶多吉少，且看他的出手再说。时正当炎暑，兵站设施尚未齐备，深入苏区，后顾可忧，况贺龙是个有名的绿林好

---

　　* 作者当时系川黔湘鄂边区"进剿"纵队指挥官兼第七十九师师长。

汉，惯打游击，又取得如此大胜利，士气正锐，千万碰不得，不如慢步缓进，以老其师为是。遂决心先巩固常德、临澧防务，徐图进取。

二、"进剿"纵队集中常德、临澧

樊崧甫命令孔令恂率第四十三师、第九十七师经常德集中临澧，先构筑常德、临澧碉堡线，以利兵站运输。第二十八、第七十九、第九十八各师集中常德整训，并构筑常德城防碉堡据点，以为后方根据地，自己却在长沙携妓冶游，似若无进攻意思者，有人告樊：便衣单独外游，贺龙如派刺客来刺，不是好事，须防备。樊笑说：我够不上行刺的资格，生平不阴谋杀人，人也不会阴谋杀我，刺死我一个人何用？比我高明的人，成千累万，何必自命不凡，我轻如鸿毛，不足为虑。但等到我第七十九师到近益阳时，樊也渡湘江向常德前进了。

在"进剿"纵队集中时期，红军一度袭扰益阳和桃花江，樊派队搜索，渺无踪迹，樊羡桃花江名胜，听那桃花江上美人多的歌曲何等醉人，过益阳时亲去游赏一番，江山真秀丽，但美人却避兵灾逃走了。

湖南的公路，修筑得颇好，尤其是路边行树栽植油桐，阔叶遮暑，桐子轧油，既经济而又美观。

何键也建筑些碉楼，高大美观，但无生活和战斗设备，又不派兵防守，点不成点，线不成线，徒具形式，枉费公币。

三、"进剿"纵队指挥部进驻常德计划"进剿"

9月初，"进剿"纵队指挥部进驻常德，分兵一部建筑桃源——陬市——常德碉堡线，掩护常德左侧背，樊崧甫拒绝行营"进剿"命令，电蒋请亲临指挥；樊崧甫到达常德后，电武汉行营报告集中完毕，何成浚立来电令，命迅速挺进，猛打穷追，求"赤共"主力歼灭之。樊想茫茫大海，哪里去捉鱼？送了一个张振汉，又来送我了。当密电蒋介石云：此次奉命"进剿"川黔湘鄂边区"赤共"，胜败关系全局，张振汉全军覆灭，还可推是杂牌部队战斗力不强，现派中央军5师之众来"进剿"，如再失利，则地方军队更有借口，说中央军也不过如此，何况我辈，影响甚大，只许胜不许败，自必计全而后动，边区万山重叠，纵横千里，贺龙生长这里，人情地势异常熟悉，此"剿"彼审，乘虚踏隙，偶一失着，颠覆是惧，职初到湘西，情况未明，兵站未备，贸然"进剿"，必遭挫折，似宜先固后防，再图进取，筑堡围攻，逐步缩小"共区"，限敌于桑植小范围内，分取合击，一举聚歼为得策，何主任急于求成，命长驱深入，猛打穷追，势必再踏张振汉覆辙，职不足惜，其如大局何，俯乞钧座早日下山亲临指挥，职当勉奋驰驱以图报称。蒋复电暂缓前进，组织宜昌行辕，指挥"进剿"。

1. 陈诚代蒋主持宜昌行辕

陈诚时任陆军整理处主任，等于一个小型军事委员会，分军政部和训练总监部职权，与何应钦起了摩擦，何等当然竭力掣肘，陈诚正在骑虎难下，只好随蒋介石参商"追剿"机宜，樊请蒋亲自指挥，暗里是给陈诚撑一把腰，果然蒋和陈商量，决定设置委员长宜昌行辕，因徐源泉、何键都挂总司令头衔，并分割何成浚武汉行营事权，陈资望浅，蒋只好自兼主任，而以陈诚为参谋长，代行主任职权，来指挥这边区的作战。陈诚把一切计划和行动，一概要托于樊，怕樊气盛难驾驭，又给樊戴一顶帽子，听第二十六路总指挥孙连仲的指挥。孙很乖觉，素知陈、樊关系密切，电樊说：一切由你主张，要兵力援助，我积极支援，事权统一了，樊于是乎动手计划作战。

由于樊屡次变更军委会及行营命令，蒋左右幕僚给樊起一个绰号，称为不听命令的将军，或跋扈将军，樊自解释说：我是最听命令的，命令主旨，要打胜仗，没有要打败仗的，变更命令，打了胜仗，达到目的，是真正服从，说什么不听命令。

2. 红军袭攻桃源汉寿被"进剿"军分兵击退

蒋军"进剿"纵队云集临澧、常德，于此战地构筑碉堡阵线，按兵不进，出红军意料外，而樊的个人行动尤极荒唐，和湘中各将领每晚吃酒，打牌，叫条子，似无意于作战然。红军乃以试探性从石门袭攻桃源，与筑碉部队接触，樊亲率第七十九师于延溪北岸击退之。红军又以一部袭攻汉寿，樊派夏楚中第九十八师收复扼守，掩护右后方。

3. 刘建绪和樊崧甫争论红二军团突围方向

刘建绪（恢先）为何键部第四路军总指挥，何键、刘建绪、陶广均保定军官学校同学，在反袁反北洋军阀时期，以两半（陶广一条烂枪）步枪起义，得发后何任总司令，刘总指挥，陶军长兼师长，但何、刘名为一系，实则同床异梦，常左右于中央与桂系之间，南辕北辙，暗中水火。是时刘驻沅陵指挥湘属部队"防剿"，由长沙赴沅陵，途经常德，顺便访樊，约樊赴桃花源洞里游览，第十九师师长李觉，第七十九师副师长陈安宝偕往，樊挟妓陈文玉同行。

　　桃花源洞为陶渊明栖隐处，小山怀抱，风景幽美，但规模狭小，不及南阳卧龙岗，里许外便是一般农村，我们在那里住了两天，在那里交换作战意见，樊以"进剿"步骤告刘，刘亦以"防剿"配备图示樊，谈到包围圈最后缩小到桑植县境时，红军将向哪儿突围问题，刘建绪说：必然向永顺、龙山西窜，从历史看，贺龙总是如此，樊崧甫说：我看不然，突围总是从薄弱点着手，昔日永顺、龙山防御力不强，故从此处突击，今日这方面做了三层碉堡线，配置上5个师兵力，硬向这儿碰壁，红军不会那么呆，北限长江，东濒洞庭，"进剿"部队由东向西，贺部决不会走东北两路，只有向西向南，现澧水南岸慈利、大庸线，守备部队只第十九师一个师，防线长360华里，并且派一个旅在北岸游击，这是一个最大的薄弱点，贺龙红军不从此突围，更向何处？恢先兄，你必须在此线增加兵力；刘说：贺如南窜，那歼灭机会到了，他要渡澧水、沅水、资水三条河川，奈何渡得过去！樊问：水是险阻，但水不是子弹，不会飞起打人，没有兵守，有啥不可渡过呢？刘说：哲山兄，你不是湖南人，不懂得湖南事，我是土著，料得准不差；樊说：你说我不是湖南人，很对，但我懂得出其不意，攻其无备，他日贺部如从大庸、慈利间第十九师防线突破跑出去，你负责去追，不可要我去；刘很强硬说：如从李部跑出，我负责去追，决不要你去。我心知他和李觉不对，要他好看，但是准会破坏整个计划，说他不通，和蒋、陈再说吧，不再苦争下去。

　　4. 蒋军"进剿"作战计划

　　樊崧甫在常德拟订"进剿"计划，以不战而屈人之兵为主眼，稳步前进，碉堡封锁，压逼红军于桑植极窄地区，尖刀直刺心巢，一举而歼灭之。分三阶段进行：

　　（1）"进剿"准备：以第九十八师控制汉寿，第二十八师接守常德、临澧碉堡工事，掩护运输安全。抽出第四十三、第九十七两师肃清慈利、常德间"散共"，构成封锁线，转向澧水南岸，构成临澧、慈利间封锁线，肃清澧水以南红军。

（2）"进剿"第一阶段：以第二十八师守备合口、临澧至常德碉堡线，第九十八师由汉寿逐段筑堡向澧州进展，郭汝栋纵队之罗启疆旅守备常德，孔令恂率第四十三、第九十七两师由新安镇渡过澧水占领合口、新安建成桥头堡和澧水浮桥，"进剿"纵队指挥部及第七十九师随后跟进，觅敌主力而攻击之。慈利、常德间守备由第十九师负责。这个既不攻澧州又不攻石门，而占领澧、石中间的新安、合口，是一个肩挑两头的策略，如敌留恋澧州，则我军径行北进，遮断其归路围困红军于湖沼地带，歼灭更易奏功，如红军西退，则澧州不攻而下，挫折红军士气，无论如何，总占第一着胜利。

（3）"进剿"第二阶段：判断我军进占新安、合口后，红军必然西撤，否则徐源泉、郭汝栋、刘建绪等军乘虚长驱入桑植，根据地完全倾覆，红军决不出此下策。红军如西撤，我军避开10里长山隘路向西北溇水平原分段西进，步步逼进桑植县境，局限红军于狭小地区。

（4）"进剿"第三阶段：苏区日渐缩小，判断红军有两种办法，第一是突围，第二是死守，突围可能性大，"防剿"部队应负责严阵以待，如死守为我军所希望，"进剿"部集中兵力尖刀直入，一举而歼灭之。

这个计划，分送到蒋介石、陈诚、孙连仲各司令部，各经俱复电批准。（现因无文件及军用地图，部队时间、地点仅凭记忆只能概述，不能细致，错误难免）

四、蒋军"进剿"纵队大举进攻

"进剿"计划批准时，"进剿"准备已大致完成，第四十三、第九十七两师延伸合口南岸临澧间碉堡线早经构成，部队都有所休整，迄未发生战斗，第七十九师在常德、慈利间的漆家河苏溪有小接触，但无大战斗，慈利、常德间封锁线也次第筑成，澧水南岸已无敌踪。

1. 第一阶段"进剿"：10月中旬炎暑已消，云高气爽，第四十三、第九十七两师渡过澧水，占领新安、合口建立桥头堡，樊崧甫率"进剿"指挥部及第七十九师跟进，在新安镇渡澧水时，樊见只有一条渡船，急命第七十九师工兵营构设架柱桥以利通行。樊到新安后，正拟向北进展，遮断贺部红军归路，翌晨得报，昨夜贺已率红军退出澧州，西移至石门附近。樊遂命第九十八师由汉寿渡澧水收复澧州，据报：贺此次进占澧州，以曾做澧州镇守使，与居民有旧，并无惨杀破坏情事，樊电各方报捷，孙连仲亦率部进驻津市策应。各部均未发生战斗。樊见贺用兵灵活，行动飘忽，更加警惕谨慎。

2. 第二阶段"进剿"：樊崧甫因在湘西"进剿"，聘一位沅陵籍的陆大同期同学陈克家（子贤）做总参议，陈干过第十九师的旅长，对湘中情形熟悉，咨询他第二步"进剿"意见，陈对樊说：石门以东有十里长山，贺龙惯于此地埋伏侧击，将须注意；樊同意他的见解，原新安镇到石门县城只30华里路程，但这条路上北面是十里长山，林木荫森，南面濒澧水，如我军钻进这条隘路便会受山上红军侧击，逼到澧水里去；樊便令第四十三、第九十七两师向长山口前进，筑堡封住山口，折而北向，经街店子向新堰口延伸碉堡线，掩护主力向官渡进出。命第七十九师随着先进部队展开建筑公路，在此线停留近十日，红二军团果然埋伏在十里长山待机，等得好不耐烦；碉线完成，公路初成，樊命孔令恂率第四十三、第九十七两师正面向西进攻十里长山，以第七十九师绕出官渡，以平坦地区迂攻十里长山左侧后，官渡方面战斗激烈，樊电孙连仲派兵增援，掩护右侧后，孙立派第二十七师冯安邦部从公安边境，赶到官渡来，冯对樊有旧谊，非常卖力，在正紧张时夜半赶到，加入战斗，稳定了战局。同时樊令第二十八师展开于临澧、慈利线，筑堡防红军南窜；红二军团见蒋军兵力强大，形势不利，乘夜向西撤退，翌晨据报已退过磨岗隘，"进剿"纵队主力进展到磨岗隘——车坊——赵家坪，通车铺慈利之线构筑碉堡封锁线，以第七十九师建筑磨岗隘、官渡、王家厂线碉堡及公路。这一战役，双方杀伤只数百人，没有决战。以稳扎稳打，也不追击，红军行动矫捷，日行200华里，"进剿"纵队停留筑堡路，红二军团退回桑植，向来凤施南方面活动，徐源泉电蒋告急，陈诚电樊崧甫，注意红军向来凤突围；樊电蒋、陈："贺龙用兵非常机动，决不坐困待毙，现在已到突围时机，职判断攻来凤系虚幌一枪，回头来出我不意向慈利、大庸间强迫渡过澧水南窜，这线长达360华里，守备兵力只李觉第十九师，又以一旅进入桑植游击，势必无力拒止，万一窜击，半年之功，废于一旦，请飞速传令刘总指挥建绪派兵增防，以利戎机为感。"蒋复电并通令各部队："现包围圈紧缩，红军有突围模样，'防剿'部队务严密堵截，如由那师防线突击，该师师长军法从事，决不宽宥，仰各凛遵。”樊再去电申述：“大庸、慈利线兵力薄弱，不增加兵力，而于突围后杀一师长，于事何补，乞速电刘总指挥增兵益防，以免疏失为恳。”蒋再电复并再通令各部队，重申严令，如向哪师突出，必杀其师长。樊想：这是蒋同意刘恢先陷害李觉了，盖尔时何键联桂系李、白自固，而刘建绪则投靠蒋介石，想取何键而代之，李觉为何的女婿，想借端杀掉他，以拆何的墙脚，樊以为军事最高领袖不应利用作战，制造圈套，谋杀部将，决心破坏此种阴谋，作不平鸣，又去第三次电：“大庸、慈利线兵力薄弱，职再三报请添兵，未蒙采纳，如敌果于此线突出，则责任不在守将，务乞俯鉴愚诚，立即增防，以维战局为恳。”蒋接电不复，樊心知事败垂成，只能就自己范围，尽力所能及，以挽回危机。

第十九师师长李觉是很敏感的，当然知道兵少势孤，身踏危机，对樊极力靠拢，借着学习筑碉筑路为名，派了一个参谋，率领一队军官，到第七十九师参观，樊接李的通知，想李云波真不懂事，在红军将向他防线突围，还派许多排连长出来，万一发生战斗，岂不减弱指挥力量，当亲自接见那位参谋，对他说：据我判断，红军将由大庸、慈利你师防线突围，守备阵地要紧，我们所做碉堡极其简陋，公路也是粗坯，没有什么可学，你在此休息一会儿，我请你们吃顿中饭，饭后赶快回去，报告你师长说：樊指挥官叫我们即刻回来，防备红军突围，不得疏失，碉路容以后有时间再研究。那参谋要求樊给他的军官讲一次活，樊答应了，给他们讲些战斗要领，鼓励了他们一番，在酒馆里陪他们吃了一顿酒饭，饭后就催他们回防。

樊崧甫对大庸、慈利线放不下心，想办法堵塞这缺口，而无兵可抽，逆料共产党消息极其灵通的，拟用一个空城计欺骗对方，把“进剿”纵队指挥部及第七十九师直属队移驻慈利县城，使红军误认指挥部所在，必然是重兵所在，取消向大庸、慈利间突围计划，一方面呢，也为第二步“进剿”部队前进做好准备。

是时以前在江西收编红军俘虏组成的游击大队，据报形势不稳，有暴动企图，当将该大队缴械，官佐给资遣散，士兵插补原挂名部队，将步机枪装备炮兵营，作步兵使用，以厚兵力。

接徐源泉通报：红军一度攻来凤，骚扰约一星期，忽然退去，樊判断：向南窜来了。把第七十九师交给副师长陈安宝指挥，自己率第七十九师直属队、特务连、骑兵连、炮兵营、工兵营移驻慈利，途经十里长山和石门渡澧水循河南岸行,在第七十九师和第二十八师部队两侧掩护下,行军是很安全的。慈利专员兼县长为王友兰,前曾在江西吉安任专员兼县长,和樊是熟人,驻军是第十九师旅长邓南骥(季良),樊告王、邓:红军怕就要向大庸、慈利突围,所以指挥部移驻慈利来摆个空城计,嘱邓令知各部队严密防守,尤其是半夜里特须戒备,只可白天睡觉,不可夜间安寝,邓拍胸负责说:决不许红军渡过,请指挥官放心。到的那夜安然无事,第二天王专员宴请高级将领,醉饱后还招待鸦片烟。

五、红二军团由大庸、慈利间强渡澧水突围

樊到慈利第三日(约1935年12月初旬)早两小时,樊崧甫从睡梦中听到电话,慈利西约25里之鱼米渡附近,红军强行渡河,双方已接触,樊嘱竭力抵抗,不得疏漏,并电你师长派兵增援。拂晓邓南骥来报,红军已突破该旅防线南窜。樊跺脚说:蒋、刘等不听忠言,半年之功,废于一旦。此时长沙以西,兵力空虚,判断敌兵有三种可能性,第一是步红一、三、五军团后尘从湘南湘西经黔滇川康北窜;第二是诱"进剿"部队追击,变碉堡战为运动战,扼险击破"进剿"军再回桑植老巢;第三是乘虚攻略长沙。另一方面也顾虑到会乘胜围攻慈利,但"进剿"部队近在咫尺,可能性较小。当即电报告行辕,埋怨蒋、陈不听忠言,以致疏失,请飞电何键、刘建绪率军"追剿",以免后患。又接通长途电话,请何键讲话,由参谋长郭持平来接,郭云:何总司令、刘总指挥均到南京开国民党第五届代表大会,长沙无兵,如红军来攻,无法应战,你可否派点部队救急,樊告郭说:红军距长沙程途远,短时期不会飞来,现时堵住沅水要紧,你速电沅陵派兵守住柳林汉,并集中兵力追击,我慈利也无兵,正在调度中,千万不可着忙。

樊据探报:红军奔向黄石市,部众甚盛,似倾巢而击,不须再顾虑桑植方面,遂令第四十三、第七十九、第九十七各师兼程集中慈利,令第二十八师、第九十八师准备待命。

樊据传闻:何键、刘建绪背金150万,运动当选中央委员,遂密电蒋:"何、刘置前方军事于不顾,背金运动当选中央委员,职想提名与否,钧座当已成竹在胸,不如明白告知,让他免费冤枉钱和时间,迅速回到前

线,以免一再贻误戎机。"蒋复电:"立催刘建绪乘飞机回湘,率军"追剿"。旋令何键为"追剿"总司令,刘建绪为"追剿"总指挥,李觉以樊松甫去电请蒋查核以前请增兵益防三电,不宜重处,记一次大过了事。红二军团行动异常神速,突过澧水后,当天走了180里夜半到达柳林汊,诱缴了沅陵派来守柳林汊的一营部队,并俘获了乘船,利用船只安全渡过沅水,第三天就展开在新化、安化做民运工作。樊崧甫的"进剿"纵队奉令改为"追剿"第三纵队,归何键指挥,边区"进剿"结束。

川黔湘鄂边区的"进剿",是非常特别的一次战争,双方斗智取巧,非万不得已,决不力拼,像打太极式的手势,虽激战中,一见形势不利,便缩手转向有利方面发展,交手3个多月,谁都讨不到便宜,尤其是蒋军高级统帅内部的政治摩擦,甚于对红军的作战,不惜破坏战争的成果,谋害一个政治的部曲,兔死狐悲,物伤其类,将贰兵离,将何以战?樊崧甫对于此役不期然发愤懑感慨,觉得前途非常暗淡,不知生之何日,对蒋政权的幻想,一落千丈。

附录一

"围剿"边区革命根据地大事记

（一）"围剿"井冈山革命根据地大事记

（1927年10月至1929年2月）

1927年

9月

17日　毛泽东率领的秋收起义队伍被国民党军包围于浏阳，第三团大多数牺牲。

23日　江西朱培德部在萍乡芦溪伏击秋收起义队伍，秋收起义总指挥卢德铭牺牲。

10月

下旬　毛泽东率领秋收起义队伍到达井冈山，创建第一个农村革命根据地。

12月

25日　第八军吴尚部的独立团与湘东清乡司令罗定部以20个连的兵力，在挨户团配合下，猛攻茶陵县城之工农革命军。

1928年

1月

中旬　第三十一军金汉鼎所属第二十七师第八十一团由吉安进至泰和，第七十九团一个营进占宁冈新城，对井冈山根据地发动第一次"进剿"。

2月

4日　第二十七师杨如轩部由万安向遂川进攻。

18日　工农革命军两个团攻克宁冈新城，全歼守军第二十七师第七十九团一个营和一个靖卫团，活捉县长张开阳。江西省对井冈山根据地首次"进剿"失败。

3月

上旬　第三军王均部第九师杨池生部与第三十一军金汉鼎部第二十七师，分三路由永新、安福、万安"进剿"遂川、宁冈工农革命军。

23日　江西省政府主席朱培德电告南京国民政府："被击之'匪'多窜入湘境"，"有联合湘境'共匪'朱德所部再图暴动之语"，"请钧府电饬湘粤两省，克日派兵会剿"。

29日　湘鄂政务委员会主席程潜电国民政府："已一再令饬湘东、湘南'剿共'司令吴（尚）及李（朝芳）派兵'协剿'，并于湘赣边界认真堵截"。

4月

1日　许克祥独立第三师攻下宜章。

程潜第六军之第三十四师李朝芳部攻下耒阳。

5日　第三十四师李朝芳部攻下永兴。

8日　范石生第十六军教导师胡凤璋部攻下汝城、向桂东逼进。原工农革命军所占据各县除桂东、酃县、安仁3县外，悉被国民党军攻占。

上旬　程潜与白崇禧商定分路"会剿"湖南南部工农革命军。以范石生第十六军第四十六师和教导师胡凤璋部进攻酃县；以向成杰第二十一军和李朝芳第三十四师进攻安仁；以程潜第六军第十八师张轸部协同吴尚第八军在湘南北地区"进剿"。

中旬　朱德率湘南起义队伍与毛泽东的秋收起义队伍在宁冈砻市会师。

下旬　第二十七师第七十九、第八十一团由永新、遂川向井冈山根据地发动第二次"进剿"。

月底　第二十七师第八十一团在遂川五斗江与工农革命军发生战斗，该团大部被歼；该师第七十九团一个营在永新城附近亦被击溃，永新守军退往吉安。江西省对井冈山根据地第二次"进剿"失败。

5月

3日　蒋介石电令湘、粤、赣三省政府："克日会剿"。

4日　朱德所率湘南起义队伍与毛泽东所率秋收起义队伍，组建工农革命军第四军。

中旬　第二十七师和独立第七师、第九师各一个团共五个团，对井冈山根据地发动第三次"进剿"。

19日　杨如轩第二十七师3个团由永新向宁冈进攻，第七十九团在永新草市坳与工农革命军遭遇，激战后该团被歼灭，团长刘安华阵亡，师长杨如轩在永新城内战斗中负伤，抵龙源口地区的4个团仓皇撤离。江西省第三次"进剿"失败。

6月

14日　吴尚第八军以3个团围攻酃县县城，与工农革命军在茶陵、高陇等处激战，工农革命军有400余人牺牲。

湖南省第八军3个师由酃县、茶陵、桂东，独立第十七师由衡阳，独立第十九师由耒阳分路向宁冈推进。独立第六师为机动预备队。

20日　江西省杨池生第九师、杨如轩第二十七师共5个团由杨池生为总指挥，向井冈山根据地发动第四次"进剿"。

22日　"进剿"军以3个团分两路推进至永新以南之龙源口和白石。

23日　左路军一个团在龙源口激战中被歼灭，右路军两个团在老七溪岭被击溃，工农革命军进占永新城，师长杨如轩再次负伤。江西省的第四次"进剿"失败。井冈山根据地进入全盛时期。

7月

3日　湖南省第八军所属第一、第二两师从茶陵、酃县开始进击。

4日　第八军攻占宁冈、砻市、新城一带。

5日　第八军攻占宁冈。

7日　由于第八军提前"擅自移动"，湘赣两省重新商定自今日起发动对井冈山根据地第一次"会剿"。

13日　工农革命军攻克酃县。

15日　第六军胡文斗部所属5个团，王均第三军和金汉鼎第三十一军所属5个团，分途由吉安和安福向永新进攻，占领永新城及近郊地区。在永新城附近30华里处被红军围困达25天之久，后来发觉工农革命军主力调往湖南，随后发起反攻，占领了永新、宁冈全境及井冈山根据地平原地带。未几，由于内讧，湘军第六军6个团撤离回湘，江西第三军、第三十一军5个团退守永新城。湘赣两省第一次"会剿"基本告吹。

24日　工农革命军攻克郴州，当晚，第十六军范石生率部反攻，工农革命军团长2名，营长4名，连排长以下400余人阵亡，被迫退出郴州。

8月

下旬　湘、赣两省发动对井冈山根据地第二次"会剿"。

23日　第八军吴尚部之第三师阎仲儒部两个团猛攻桂东县城，工农革命军退出固守附近山头，据点被击溃，伤亡近千人。

26日　吴尚第八军第一师熊震部出大垅、茅坪，进击井冈山根据地。

30日　第八军吴尚部第一师两个团向井冈山黄洋界哨口发起仰攻，激战一天未克，旋即撤回酃县。江西省部队一个团闻讯亦撤退。

9月

月初　湖南省部队因："友军未能及时会合，我军复多伤亡，""遂令退驻大垅江西待命"。制定湘南、湘东"剿共"计划："先清腹地，再向赣鄂边境推进。""故沿边驻军，扼要防堵，相机再进。"

8日　江西省独立第七师刘士毅部以五个营兵力追击工农革命军进占遂川。

13日　独立第七师刘士毅部5个营被击溃，退回赣州，工农革命军攻克遂川。

24日　第二十一旅李文彬部和独立第七师刘士毅一部由泰和、赣州夹击遂川、工农革命军撤出。

第五师第十四旅周浑元部进驻永新、宁冈一带。

10月

驻守袁州（宜春）的第三十一军向成杰部营长张威率部起义加入工农革命军。驻桂东第八军吴尚部第三师126人在毕占云带领下起义，到达宁冈加入工农革命军。

11月

9日　第五师第十四旅周浑元之第三十七团在宁冈与工农革命军激战，一个营被歼灭，一个营被击溃。湘赣两省第二次"会剿"失败。

13日　湘赣两省策划对井冈山根据地第三次"会剿"。国民政府任命朱培德、鲁涤平为湘赣"剿共"总指挥、副总指挥。朱培德电令各县靖卫团"剿共"期间暂归各地"剿共"指挥官调遣，决定湘赣两省"剿匪"部队统一指挥、统一行动。

朱培德任命王均、金汉鼎为江西省"剿共"正副指挥官。

中旬　湖南省何键、吴尚等部集中湘东，粤军进抵大庚，赣军进至宁冈、永新一带"堵剿"。

12月

10日 彭德怀、滕代远率红五军到达宁冈与红四军会合。

1929年

1月

1日 湘赣两省"会剿"总指挥部在萍乡成立，何键代总指挥、金汉鼎为副总指挥。"会剿"部队分五路，由李文彬、张与仁、王捷俊、吴尚、刘建绪任各路司令。由永新、莲花、茶（陵）酃（县）、桂东、遂川等地向井冈山根据地攻击。

4日 朱德、毛泽东率红四军主力向赣南出击，彭德怀率红五军和红四军一个团留守井冈山。

12日 "会剿"第二路部队中午攻占宁冈。

14日 红四军主力3600余人离开井冈山经遂川向赣南出击。何键急令第一路李文彬部之第六十八团与第二路张与仁部两个团驰往赣南，协助第十五旅刘士毅部堵截；李文彬率第二十一旅跟踪追击；第五路刘建绪部由桂东兼程尾追。何键还令其余部队"齐头并进"攻下井冈山。

21日 何键电蒋介石，告"井冈山'匪'巢极为险峻"。"敬恳飞机来赣助剿"。

24日 广东省政府主席陈铭枢电告何键：广东已兵分两路，配合湘赣两省"会剿"，一路由粤北善后委员王应瑜指挥步兵3个团由南雄推进；另一路由第五军李务滋师长指挥步兵3个团由连平推进。

26日 何键率"会剿"指挥部进抵莲花，令各部向井冈山发动总攻：第一、第五路奋勇跟进与粤军联络夹击，"会剿"各路部队各以挑选的200名敢死队为先导，强攻井冈山红军5大哨口阵地。

28日 第三路王捷俊部谢团和周浑元旅盛营于晚8时攻占黄洋界哨口。

29日 第四路吴尚部王团于拂晓攻占八面山哨口，中午占领五井。

30日 国民党军占领井冈山根据地。

2月

1日 "会剿"部队在遂川大汾镇堵截从井冈山突围红军部队。

2日 红军从井冈山突围，付出重大伤亡。

6日 第三路王捷俊部攻占九陇山根据地。

3月

蒋桂战争爆发，"会剿"各路部队相继撤离湘赣边区根据地。红军何长工、王佐率部收复井冈山。湘赣两省第三次"会剿"又被打破。

（二）"围剿"湘赣边区革命根据地大事记

（1930年2月至1935年7月）

1930年

2月

6日至9日　毛泽东在吉安陂头主持召开红四军前委和第五、第六军军委、赣西南特委会议，决定把赣西（包括原赣西和湘赣边）、赣南特委合并为赣西南特委，以统一赣西南地区的革命斗争，建立湘赣边区革命根据地。

24日至26日　国民党军唐云山旅在吉安东南之水南、施家边和值夏与红四军、红六军第一纵队发生激战。

月底　红五军第三、第四纵队攻克安福县城。

3月

20日　红五军攻克分宜县城。

5月

16日　红六军攻克安源。

8月

中旬　红二十军又攻克安福县城。

9月

中旬　红十二军占领茶陵县城。

10月

5日　红军攻占吉安城。

11月

19日　第七十七师罗霖部占领吉安城。

25日　红军湘东独立师攻占鄮县县城。

1931年

2月

10日　湘军攻占永兴。

17日　第四十三师郭华宗部占领宜章。

3月

24日　第十九师一部与红军激战于茶陵将军山，第十九师团长陈汉雄被俘。

红军独立第七团占领遂川县城。

4月

4日　吉安县西南之永阳镇被红军攻占。

17日　第七十七师罗霖部占领遂川。

27日　第五十二师与红军战于安福县廖塘桥。

9月

16日　第二十八师与红军在吉安县永阳镇发生激战，俘第二十八师团长毕卫汉以下近千人。

10月

23日　第六十三师第一八八旅与红军独立第一师战于茶陵尧水。

11月

月初　国民党军集中10个正规师连同地主武装共约8万人，对湘赣边区革命根据地进行"围剿"。

12日　第七十七师罗霖部占领莲花。

中旬　第七十七师罗霖部与红军独立第三师战于莲花以南之升坊，第七十七师一个连被歼灭。

12月

月初　第十四师与红军独立第三师战于永新傅家陀，第十四师一个营被歼灭。

第七十七师第二三一团与红军独立第一、第三师激战于莲花九都，红军第二团团长彭年牺牲。

红军独立第一师攻克酃县，活捉县长谭仲梅。

1932年

1月

3日　第十四师在永新钱市街遭红军伏击，双方均有重大损失，红军独立第一师政委谭思聪牺牲。

10日　第七十七师罗霖部在莲花清水、黄陂战斗中被歼灭两个连。

11日　第七十七师罗霖部与红军又战于莲花九都。

5月

17日　第二十八军刘建绪所部占领湖南桂东。

30日　国民党军将领余汉谋、刘建绪、陈诚所部连日与红军彭德怀部战于桂东、郴县、崇义。

6月

13日　第十五师王东原部进占湘赣之间上堡。

下旬　红八军攻克茶陵县城。

8月

6日　第十五师与红八军战于攸县官田，该师一个团被击溃。

19日　第六十三师第三七八团与红八军战于茶陵高陇（沙子岭）。

9月

下旬　红八军北上袁水，攻打分宜受挫。

第十五师王东原部、第六十三师陈光中部和攸县、醴陵、衡山地主武装进攻苏区，在攸县东乡烧毁民房90余栋，杀害干部群众数十人。

粤军余汉谋部对湘赣南部的上犹、崇义地区进攻，大王洞后方医院被陷，上犹、崇义地区丧失。

11月

国民党军集中8个正规师与地主武装，共约十二、三万人，进攻湘赣边区革命根据地。

12月

12日　第五十二师李明部与红八军在安福金田、桂林坊激战，该师一个营被歼灭。

28日　遂川、万安、泰和红军游击队在碧江洲被国民党军包围，损失甚大。

1933年

3月

22日 第六十三师陈光中部占领莲花。

26日 第二十八师王懋德部和粤军第二师叶肇部分别占领遂川之衙前、高陂。

4月

6日 第二十八师与红八军战于遂川于田圩,该师四个营被击溃。

13日 第六十三师占领永新县城。

5月

2日 红八军在莲花青塘击溃第六十三师陈光中部一个营。

6日至7日 第六十三师在茶陵界化陇、九渡冲地区与红八军激战,陈光中部三个团被击溃,被俘六、七百人,旅长钟中山被击毙。团、营长数人被俘。

8日 第六十三师一个营会同保安团包围莲花浯塘村,制造了屠杀人民群众108人的"浯塘惨案"。

29日 红八军和独立第十二师于塘下、崇市地区击溃护送辎重的国民党第十五师、第十九师、第六十三师的4个团1个营,俘团长以下约800人。

6月

19日 第十五师侯鹏飞旅韩团向塞藏、梅花山进攻。

8月

11日 红六军团在梅花山向五佛庵、更鼓寨、毛竹坳等处进攻,未克。

9月

2日 红十八师第五十二团进攻宁岗之下水湾、大夫坪等处,后与第十五师王东原部激战于七团庙。

11日至13日 第十五师王东原部与红六军团在大陇激战三昼夜,双方都有较大伤亡。

25日至28日 第十五师王东原部在毛坪与红六军团激战三昼夜,红六军团被迫退至白石。

10月

14日至16日 第十九师李觉一部由醴陵向西坑、东桥"进剿",第六十二师陶广部由萍乡向竺南、江口"进剿"，第十六师彭位仁一部由莲花向罗汉司、柏树下"进剿"。

15日　第六十二师陶广部和第十九师李觉部与红六军团遭遇于麻山，战斗甚烈，双方都有较重伤亡。

11月

8日　第十六师彭位仁刘旅由上马首附近向永新茶陵边境之五佛庵右翼高峰进攻，其团长一人负伤，伤亡官兵200人。

13日至21日　第十六师彭位仁部东进，于13日分途向将军山、梅花山进攻，占领五更寨、五佛庵、梅花山。

20日　第十六师与红六军团在潞江激战。

红军遂川、万安、泰和游击队在泰和田南村遭到靖卫团围攻，一百三十余人牺牲。

12月

14日至16日　第七十七师罗霖部在潞田、读堂、东村头一带与红六军团第十七师发生战斗。

1934年

1月

国民党军西路军第二纵队司令刘膺古命令彭位仁、朱耀华部"进剿"，与红十七师战于上梅，国民党军两个团长负伤，官兵伤亡400余人。

2月

5日至7日　第十五师王东原部于5日夜袭永新七溪岭东南高峰占据据点，7日用迫击炮强攻。红十八师等部坚守七溪岭，龙源口一带。

17日至18日　第十五师王东原部于17日夜潜进厚塘，18日拂晓开始进攻，旋即占领永新县城。

3月

18日　第十五师王东原部第四十四旅张毂中旅长率部在永新高原岭、西梅与红六军团进行激战，双方都有较大伤亡。

19日　在潞江以东红十八师与潞江补充第三团发生激战。

21日　第六十二师陶广一部及独立第三十二旅一个团在株亭上向红十七师渡袁水时进行堵击。

4月

5日　第十五师王东原部和第十六师彭位仁部遭红十七师和红十八师埋伏，激战于永新莲花间之沙市、三王庙，王东原部旅长侯鹏飞、团长徐本桢被俘。

15日　第六十二师陶广部王育瑛旅在安福里仁与红十七师激战，国民党官兵伤亡200人。

6月

3日　第十六师彭位仁部于永新金华山向红十七师、红十八师猛攻，遭到坚强抵抗，彭师副旅长李国强、团长康肃、团附郭与川负伤，300余人被歼灭。

24日　第十六师彭位仁部于永新、安福间进抵溶江、菱山、汶水、虚皇山之线建碉堡。

7月

1日至3日　第五十三师李韫珩部向安福、分宜间左坊、松山进攻，红十七师、红十八师进行阻击，后国民党军占领了松山。

第十六师彭位仁部攻占永新莲花间之吴郎、野猪岭和石灰桥、金华山、锣锣坪。

15日　第十六师彭位仁部攻占永新北源头、黄江一带。

26日　红六军团自永新、莲花退至高家山，第十五师王东原部、第十六师彭位仁部自永新追击。

8月

7日　红六军团从遂川横石出发突围西进。

12日　红六军团自赣入湖南桂东。

国民党军留下第五十三师李韫珩驻安福，第二十三师李云杰驻吉安，第七十七师罗霖驻泰和、遂川，第十五师王东原驻莲花，第十八师朱耀华驻茶陵，对湘赣边区革命根据地进行"清剿"。

9月

中旬　第二十三师、第五十三师、第七十七师在各地地主武装配合下对湘赣边区革命根据地开始"清剿"。

10月

5日至6日　第六十三师陈光中部李伯蛟团一个营兵力向安福、莲花之洋溪红军独立第三团进攻。

12日至13日　第六十二师陶广部王育瑛旅指挥所部向永新以南津洞、牛田一带红军警备营游击队"进剿"，战于黑山，红军遭较大损失。

14日　第六十二师王育瑛旅攻占泰和属之白象山、九岭一带。

11月

第五绥靖区司令官谭道源部及其所属第十八师朱耀华部"清剿"莲花、永新、宁冈、遂川等县。

12月

中旬　国民党军"清剿"安福长源头。

1935年

2月

20日　第十八师朱耀华部以主力向莲花太和山红军独立第三、第五团进攻，21日抵烟竹湖。

22日　第十八师朱耀华部康文岳团向茶陵尧水红军新五团攻击。

27日　第十八师朱耀华部康文岳团陈营向攸县柑子园红新五团攻击。

3月

10日　第十八师康文岳团陈营向三尖峰攻击。

4月

14日　第十八师朱耀华部王俊武团向宁冈附近杨家田"进剿"。康文岳团经莲花棠市向贺田、倒坪方向截击。使红军留下各部队不得不化整为零。茶陵、攸县边境斗争陷于困境。

（三）"围剿"湘鄂赣边区革命根据地大事记

（1927年9月至1937年7月）

1927年

9月

9日　湘赣边界爆发秋收起义。

本月　鄂南发生秋收暴动。

1928年

3月

湘军第十五师王东原部等3个师对平江实行"清剿"。

7月

22日　彭德怀、滕代远、黄公略等组织和领导了平江起义，成立工农红军第五军。

月底　湖南省政府主席鲁涤平调刘铏、朱耀华部十多个团直扑平江，进行"会剿"。

8月

15日　江西"剿共"军从武宁、万载向修水红五军进攻，红五军返回平江黄金洞。

月底　红五军在万载大桥遭国民党军第十八师朱耀华部袭击，折回平江、修水。

10月

湖南省政府主席鲁涤平、湖北省清乡督办胡宗铎联合江西，对红五军实行三省"会剿"。

1929年

6月至7月

湘鄂赣三省国民党当局发动5个团兵力及7个县地方武装对边区进行"会剿"。

12月

25日　湘军在平江与红军遭遇，红军纵队长冷虎牺牲。

1930年

7月

16日　何键派第十五师师长危宿钟为"剿共"指挥官。

21日　红五军大败湘军第十五师危宿钟部于平江。

何键急调危宿钟第十五师和第十九师罗树甲旅，共4个旅兵力，分两路向平江进攻。

24日　何键任湘鄂赣三省"剿共"总指挥。

红三军团彭德怀部自平江南趋，再败国民党军第十五师危宿钟部于新街。

27日　红三军团攻克长沙。何键退至益阳。

31日　独立第二旅韩中杰部抵阳新县城，红军进攻不利，损失颇大。

8月

5日　何键部攻占长沙。

8日　国民党国务会议决议派何应钦办理湘鄂赣"剿共"事宜。

9月

10日　国民党军何键部罗霖师、公秉藩师、危宿钟师、陶广师、刘建绪师分5路攻击红军。

18日　陈光中师、罗霖师分向浏阳、醴陵进攻。

30日　何键自长沙到汉口，晤何应钦商讨"剿共"事宜。

10月

5日　何应钦与鲁涤平在南昌会商"剿共"计划。

9日　湘军第十九师李觉部、第七十七师罗霖部进至江西宜春"剿共"。

10日　第十五师、新编第三十一师与红十六军在湘阴激战。

16日　第十八师朱耀华部占领新淦。

17日　第二十八军军长刘建绪兼任"平浏绥靖处处长"。

20日　刘建绪所部新编第三十一师陶广部占领平江。

22日　第二十六军郭汝栋部占领阳新。

23日　武汉行营主任何成浚召集湘鄂赣三省绥靖会议。

30日　红十六军击败新编第三十一师陶广部，再占平江。

11月

4日　新编第三十一师陶广部与红十六军激战于平江。

9日　新编第五师公秉藩部占新喻（今新余）。

10日　第七十七师罗霖部占分宜。

12月

9日　蒋介石在南昌召开"剿共"会议，对湘鄂赣边区进行第一次"围剿"。王东原第十五师与陶广新编第三十一师分别从平江、通城进入修水，陈光中新编第三十二师由浏阳进入万载、铜鼓，谢彬新编第十师一部由通城、崇阳进入修水，郝梦龄第五十四师向武宁、修水进攻。

26日　鲁涤平任南昌行营主任，指挥在赣"剿共"各师。

1931年

1月

5日　新编第三十二师陈光中部占铜鼓，第十五师王东原部、新编第三十一师陶广部占修水。

18日　红十六军发起通城战斗后，经十余日于18日占通城，全歼新编第十师谢彬部一个团。

下旬　陶广部等两个师向通城急进，企图消灭红军于通城，红军迂回平江，歼守军一个团。

第二十六师郭汝栋部攻占阳新的太子庙、三溪口、沿埠头等地。其刘公笃旅又沿埠头南下，进占阳新之淬洲、木石港、龙港及通山的燕厦等地。第五十四师第一六一旅由赣北向龙港进攻，形成了对红军的包围形势。

21日　第五十四师郝梦龄部攻占湘鄂赣边区武冈山红十六军之根据地。

25日　驻扎江西湘军3个师返回湖南，企图包围平江消灭红军，红十六军避开主力，进入宜丰、万载、上高、高安等地。

29日　第五十四师攻占上高，红十六军转移。

30日　第二十六师郭汝栋部在龙港遭袭击，团长袁帮铃被击毙，红军攻克龙港，郭部退出燕厦。至此，对湘鄂赣边区第一次"围剿"被粉碎。

2月

国民党军开始对湘鄂赣边区进行第二次"围剿"。

3月

月初　红十六军进入江西，克复铜鼓。

第十八师朱耀华部进攻万载潭埠。

6日　第五十师谭道源部岳森旅占领铜鼓。

10日　新编第十师谢彬部与红十六军激战于通山一带，各有数百伤亡。

4月

14日　红十六军克复江西罗坊。

本月　第二十六师郭汝栋部围攻阳新三溪口。

6月

月初　新编第十师谢彬部向通山苏区发动进攻。

16日　红十六军及红三师分两路进攻咸宁官埠桥、马桥之敌，均获大胜。至此，对湘鄂赣边区第二次"围剿"被粉碎。

7月

本月　国民党军开始对湘鄂赣边区发动第三次"围剿"。

14日　红三师攻占木石港。

21日　红十六军、红三师及地方武装共两万多人进抵阳新三溪口，准备集中力量向第二十六师郭汝栋部进攻。

武汉行营代主任何成浚命令郭汝栋率领所部4个团从三溪口、白沙铺、木石港3路出击，同时命令瑞昌、通山的国民党军加以支援。

8月

12日　第二十六师郭汝栋部攻占三溪口。

9月

本月　独立第三十二旅刘夷部两个团一个保安营，进犯修水之渣津。

10月

上旬 第十八师朱耀华部两个团和宜春地方民团，进攻万载茵果。

11月

15日 独立第三十二旅一个营在武宁之横路被红十六军歼灭，缴枪120枝。

20日 新编第十师谢彬部4个营在通山大畈被红十六军歼灭。

12月

6日至10日 新编第二十师袁英部两个团，被红十六军打垮。

21日 第二十六师郭汝栋部两个营和一个保安大队在阳新刘星湾被红军全部歼灭。红军并在阳新玉岭山战斗和黄坊战斗中击破了国民党军。至此，第三次"围剿"被粉碎。

1932年

1月

23日 红十六军由阳新、大冶挺进咸宁石岭与第八十二师袁英部激战于武岳路。

30日 鄂南第二十六师郭汝栋部攻占阳新龙港，其团长袁祁铨战殁。红十六军叶金波部南走。

2月

红十六军在修、铜、宜、奉边区于当地赤卫队配合下，组织了武装暴动，攻下宜丰县城。

3月

13日 红十六军克复江西安福。

31日 第六十二师陶广部进攻万载潭埠。

6月

本月 国民党军集中第十六师、第十九师、第六十二师、第十八师、第七十七师、独立第三十二旅、第五十师、第二十六师、新编第十师、新编第二十师等部，以重兵包围苏区，对湘鄂赣边区开始了第四次"围剿"。

12日 红十六军和红独立第一、第二两师联合攻占丰田，俘营长以下300余名。

7月

14日　红十六军击败第二十六师郭汝栋部，占领阳新木右港。

15日　红十六军第九师李灿部进攻武长路咸宁南之马桥。

26日　红十六军再败第二十六师郭汝栋部，占领阳新辛潭铺、三溪口、阳新镇。

8月

12日　赣北红军进攻武宁。

21日　红十六军等部攻占靖安。

28日　蒋介石令何成浚、谭道源、刘建绪等部约11个师分3路"进剿"鄂南红十六军。

29日　鄂南"剿共军"向苏区发动总攻。

本月　红十六军在万载高城歼灭江西保安团1个团，活捉团长1名。

9月

11日　"剿共军"西路刘建绪部第六十二师陶广部占领江西万载小源。

12日　红十六军进攻万载大桥。

21日　"剿共军"东路谭道源部第五十师岳森部占领江西修水之渣津、马坳。

10月

3日　第二十六师第一旅张刚部两个团攻占阳新龙港。湘鄂赣边区首脑机关由龙港转移至燕厦。

5日　郭汝栋、谭道源部占燕厦。

11月

本月　红十六军第七、九两师和湘鄂赣独立师，与进攻万载潭埠的第六十二师陶广部两个团激战于茵果和枫林一带。

22日　湘鄂赣边区"剿共"军东路谭道源部、罗霖第七十七师与红十六军战于修水黄沙港。

1933年

2月

红十六军、红十八军向上高挺进，在徐家渡与第六十六师和第六十师一部分兵力遭遇，红军获胜，毙伤200余人，俘敌140余人。

3月

15日　第十六师彭位仁部在平江与红十六军激战，彭部折损一千余人。

4月

月初　第七十七师罗霖部在宜丰黄港口与红军遭遇，激战四小时，全歼罗部一个营，俘团附席炳南。接着又打垮由宜丰芳溪来的增援部队，营长被击毙，代理团长刘浪滔被俘。

8日　第十六师彭位仁部一个旅在万载仙源与红军遭遇，红十八军阻击，红十六军和红三师轮番向株木桥进攻，激战一昼夜，彭部被毙伤600人，红军伤亡400人，红三师损失较大。

13日　第六十二师陶广、第十六师彭位仁部占万载仙源。

24日　红十六军自赣西向浏阳进攻。

5月

21日　鄂南红十六军进攻阳新。

月初　红三师联合鄂南游击队、赤卫队进攻咸宁楠林桥，将国民党军一个营全歼。

7月

本月　红三师与鄂南方面国民党军大战于石灰窑，重创国民党军。至此，第四次"围剿"被粉碎。

10月

本月　国民党"剿共"军西路军总司令何键，以刘膺古为第二纵队，指挥袁水以北、修河以南部队。陈继承为第三纵队，指挥修河以北鄂南地区部队。以第五十师、第二十六师、第三十二师等部队首先进攻红十六师，开始了第五次"围剿"。

中旬　岳森第五十师在修水县境内与红十六师激战，岳师一个团被击溃。

12月

本月　红十六师转战万载、宜春、分宜，然后沿袁水东进，经新余向北入高安，在灰埠附近击溃国民党军两个团，缴枪几百枝。接着攻克清江临江镇，又在南昌西山万寿宫附近消灭国民党军两个营，俘300余人。国民党军妄图东西夹击，一举消灭红十六师。红十六师掉头西走，渡锦水向宜丰前进，途中遇国民党军袭击又遭飞机轰炸，伤亡惨重。经过浴血奋战，红十六师进入宜丰、奉新交界九仙汤深山大岭中隐蔽休整。

28日　江西南昌城防司令部召开治安会议。进至万寿宫红军受阻。

1934年

1月

4日　第六十二师陶广部与红十七师萧克部战于赣西黄陂路田，萧部失利退走。

8日　西路"剿共"军第二纵队刘膺古部第六十二师陶广部攻占铜鼓、万载间之高村。

本月　彭位仁第十六师向铜鼓排埠进攻。红十六师伏击受挫。

24日　刘膺古组成5个支队向万载仙源发起总攻。

26日　红十七师从湘赣边区北上湘鄂赣边区，会同红十六师一道破坏南浔铁路，截断国民党军进攻中央苏区的运输线。

28日　西路"剿共"军第二纵队刘膺古部钟先仁、陶柳二旅占领万载仙源。

2月

3日　第十八师朱耀华部和第六十二师钟先仁旅与红十七师激战于宜丰黄沙，击伤旅长钟先仁，取得黄沙大捷。

本月　红三师、河北师、赣北师、红十六师一个团先后攻下何子恕、湖田畈，然后围歼木石港国民党军，恢复了木石港周围苏区。

本月　红三师在王文驿遭国民党军袭击，损失兵力三分之二以上。

16日　红十七师、红十六师克武宁。

19日　红十七师、红十六师自瑞昌攻占南浔路黄老门。

20日　红十七师、红十六师进至距九江三里之沙河镇。

21日　红十七师由瑞昌经若溪渡修水南走靖安。

3月

2日　西路"剿共"军彭位仁、李觉、岳森、朱耀华等将红十七师萧克部围于修水东南。郭汝栋师与红十六师战于修水以北。

7日　西路"剿共"军与红十七师战于修水西南，占领幽居。

5月

本月　红十六师在沙坪同敌人作战遭受严重损失。

27日　西路"剿共"军第二纵队刘膺古与红十六师激战于修水，红军受挫。

6月

13日 红十六师师长高咏生在修水不幸被俘，次日在修水脚鱼塘牺牲。

7月

本月 红十六师和省委机关沿龙门山向西转移，被西路军六个师四面包围。分三路突围，损失惨重。这次失败称之为"六、七月事件"。它标志着湘鄂赣苏区第五次反"围剿"斗争失败。开始进入艰苦的游击战争时期。

11月

本月 第三十三师两个团在崇阳、通城之间老虎洞与红十六师遭遇，激战中红军受挫返回黄金洞。

1935年

1月

1日 红十六师第四十六团从平江黄金洞向驻大屋场新编第三旅第二营进攻。

3日 红十六师到杨芳林与国民党军激战一日，随后到通山敌后活动。

2月

本月 红十六师第四十六团在崇阳大源桥与第五十师第三〇〇团激战。

3月

本月 红十六师第四十六团在崇阳高忱与第一〇五师刘多荃部一个连遭遇，全连被红军俘虏。

本月 武汉行营派一个高级参谋率第一〇五师一个营，到高忱调查缴械事件。红四十六团将该营全歼，击毙高级参谋和营长。

4月

本月 第十六师成铁侠旅两个团和湖南省两个保安团在平江虹桥与红十六师激战。

5月

19日 李国钧旅在平江南江桥与红十六师激战。

23日 蒋介石派陈继承为湘鄂赣边区"剿共"总指挥。

6月

上旬 蒋介石将汤恩伯、樊崧甫等部调到湘鄂赣苏区，会同何键所部及湘鄂赣三省保安团共六十多个团兵力向平江虹桥、长庆一带包围进攻，红十六师决定突围。

14日 红十六师和省级机关到达修水渣津西北一线时，遭国民党军严密封锁，伤亡甚大。其第四师又从通城赶来，无法突围，遂连夜折回黄龙山。

15日 红十六师和省级机关三路从通城麦市突围，损失甚大。

本月 红十六师第四十六、第四十八团在阳新太子庙休整后，准备到靖安、奉新，在渡江战斗中遭受严重损失。

7月至8月

红四十七团一部，冲破敌人包围，返回黄金洞。第四十六团和第四十八团少数人员亦先后返回黄金洞。至此，湘鄂赣边区进入三年游击战争的最艰难阶段。

9月至10月

红十六师第四十七团一部，辗转到长沙、醴陵一带敌后游击。

1936年

3月

本月 国民党军把湘鄂赣地区划分为三大"清剿"区，由大举进攻转入分兵、分区、分期"清剿"。第一"清剿"区指挥罗霖，以平江、浏阳、修水、铜鼓边区为主。第二"清剿"区指挥陈继承，以阳新、大冶、武宁、通山、临湘、岳阳边区为主。第三"清剿"区指挥谭道源，以万载、宜春边区为主。

7月至8月

红十六师挺进奉新向修、铜、宜、奉、边一带游击。

9月

红十六师在奉新东坑伏击海军陆战队一个团，毙其团长，取得东坑大捷。继向靖安方向前进。

10月

红十六师原四十七团一部在万载上坪、宜丰洞上、直源、港口等地开展游击战活动。

12月

本月　湘鄂赣省级机关和红十六师从平浏地区转移到鄂东南一带，与第十八师一个团激战，红军失利，转移到通山边界九宫山区。

1937年

1月

红十六师和独立团与国民党军保安十团在崇阳、通山交界的三界尖遭遇激战，红军受挫。

3月至4月

湘鄂赣野战军在铜鼓胆坑和宜丰同安两次同数倍于红军的国民党军作战，均遭严重损失。

7月

13日　湘鄂赣省委秘书长黄耀南到平江献钟，与武汉行营两个参谋接洽谈判事宜。

（四）"围剿"闽浙赣（赣东北）边区革命根据地大事记

（1927年9月至1935年2月）

1927年

9月

12日　方志敏在弋阳湖塘村召集秋收暴动会议，遭到国民党军一个营的包围搜捕，会议被迫停止，暴动未能实现。

1928年

1月

江西省政府主席朱培德派第三十一军一个团进驻河口镇、弋阳、横峰等地，向弋横起义土地革命军"进剿"。

2月

江西省政府在铅山县河口镇成立"广信七县军民联合剿共委员会"，策划向弋阳、横峰起义区域"围剿"。不久，分四路向弋横武装起义区域"进剿"。

6月

26日　江西当局开始对赣东北边区革命根据地进行第一次局部"围剿"，有弋阳靖卫团配合。

8月

第四十六军杨劲旅罗英团在靖卫团、挨户团配合下，向赣东北边区革命根据地开始进行第二次局部"围剿"。

9月

24日　红军攻克横峰县城。

12月

以独立第十四旅周志群部为主力，开始对赣东北革命根据地进行第三次局部"围剿"。

周志群部匡龙海率其第十一连官兵起义加入红军。

1929年

2月

周志群部龙志光率其第十二连官兵起义加入红军。

周志群部调往南城整训。

4月

第七师王均部开始对赣东北根据地进行第四次局部"围剿"。

6月

江西省政府派第十八师张辉瓒部之第五十三旅旅长戴岳督队"剿"办，戴岳率五个营进驻信江流域各地，并督促贵溪、余江、万年三县靖卫团向周坊红军"进剿"，开始进行第五次局部"围剿"。

1930年

1月

3日 第五十三旅分六路冒雪"进剿"，并由上饶、弋阳、横峰、铅山、贵溪、余江、德兴、乐平八县靖卫团配合，"进剿"弋阳、横峰县交界处磨盘山地区。

20日 红军突破"进剿"包围圈，攻占上饶县城，捣毁"八县剿共委员会"会址。

5月

5日 第五十三旅第一〇四团第三营在乐平秧坂与红军激战，该营一个连被歼。

第五十三旅旅长戴岳被任命为余江、弋阳、贵溪"剿共"司令暨"进剿"第四路指挥官。

11月

月底 第五师、第五十五师、新编第十三师李坤团"围剿"赣东北革命根据地。

12月

13日　新编第十三师李坤团在河口镇与红十军激战，红军攻占河口，李坤负重伤，全团除百余人逃脱外悉数被歼。

1931年

1月

陆海空军总司令南昌行营主任何应钦令阮肇昌为总指挥，指挥第五十五师、第四师第十旅、第十八师第五十三旅、浙江教导团、余江保安团"围剿"赣东北革命根据地。

2月

24日　第五十五师在德兴县南港与红军四千余人激战，红军阵亡营长以下百余人。

4月

下旬　红军邵式平部与赤色警卫师攻克华埠镇，全歼浙江保安团一个营。

5月

月初　南昌行营主任何应钦令正规军与地方团队构筑碉堡"围剿"红军。

6日　第四师第十旅在洋口附近截击红军，红军遭到严重挫折向葛源撤退又遭第五十五师"搜剿"，经半个多月激战，红军又伤亡数百人。

6月

14日　闽北红军独立团攻克崇安县城。

1932年

5月

1日　国民政府任命何应钦为赣粤闽边"剿共"总司令，赴赣"督剿"。令第八路军司令赵观涛负责"清剿"赣东北地区红军。赵观涛指挥驻在玉山、弋阳、铅山一带第五师、第六师协同第七十九师先行逐步分区"清剿"；驻德兴、乐平、余江、余干之第五十三师、第五十五师一个旅与保安团分区"清剿"，限期肃清。

10—14日　红军攻击乐平之泗田，未克，乃转移。

6月

7日 第七十九师在黄沙塘、罗桥之线遭红军与地方武装两万余人猛攻，"剿共"总部派飞机轰炸，红军遭到第七十九师两翼包围，伤亡千余人。

7月

27日 赵观涛为不使南北苏区连成一片，令第六师、第七十九师各一部向北"堵剿"，并电闽浙边区驻军"协剿"，第五师以一部协同地方团队扼守贵溪，主力协同第七十九师进取横峰，以策应信江南北两岸之"进剿"。

9月

21日 闽北红军攻占浦城后，被第四十九师击退，红军损失甚重。

10月

29日 第五师周旅分两路"进剿"攻占葛源。

11月

1日 第五师、第六师在港口南方源岭附近与红军五千余人发生激战，红军伤亡千余人。

12月

5日 第五十三师在万年县城与红军攻城部队发生激战，红军受重创后退出。

前敌总指挥陈诚令部队暂缓"进剿"改为"防剿"。

1933年

2月

17日 第八路军司令赵观涛改任中路军第三纵队指挥，率部在金溪附近集中。

赣东北划为两个"清剿"区，由徐庭瑶、阮肇昌分别任第一、第二"清剿"区指挥。

5月

月底 赣东北警备司令部在上饶成立，赵观涛任司令，将赣东北划为四个"围剿"区，由邢震南、樊崧甫、李韫珩、周浑元分别担任"围剿"区指挥。

10月

22日 浙赣闽边区警备区在上饶成立，赵观涛任司令。由北路军总司令顾祝同指挥。

12月

21日 独立第四十五旅攻占崇安县城。

1934年

1月

浙赣闽边区警备区改名为赣浙闽皖边区警备区，司令仍由赵观涛充任。

4月

中旬 赣粤闽湘鄂"剿共"军预备军总司令部从抚州移住婺源，指挥四省边区部队"围剿"闽浙赣革命根据地。

10月

红七军团到达德兴曹溪，遭到国民党军堵截，红军损失过半。后与红十军合并，成立红十军团，向皖南转移。

南昌行营调集大军对红十军团前堵后截，并严令作战部队迅速消灭方志敏的红十军团。

赣粤闽湘鄂"剿共"军预备军总司令部从婺源迁回抚州。

11月

24日 南昌行营取消赣粤闽湘鄂"剿共"军及东西南北各路军战斗序列。任命顾祝同为驻赣绥靖主任，蒋鼎文为驻闽绥靖主任，张钫为第七绥靖区司令官，赵观涛为第八绥靖区司令官，刘和鼎为第九绥靖区司令官，卫立煌为第十绥靖区司令官。赵观涛并兼任赣浙闽皖边区警备军总指挥。

12月

月初 南昌行营电令各部队应立即"从事碉堡之构筑与'散匪'之肃清。"

14日 红十军团在歙县以南谭家桥一带与国民党军激战，红十军团副军团长兼红十九师师长寻淮洲牺牲，军团政委乐少华，政治部主任刘英等八名师级以上干部负伤。

1935年

1月

27日　方志敏不幸在婺源南怀玉山地区的高竹山被独立第四十三旅所俘。红十军团至此遭到彻底失败。

2月

粟裕、刘英率红十军团少数余部由怀玉山地区突围，后开辟了浙南游击区，坚持三年游击战争。

（五）"围剿"鄂豫皖边区革命根据地大事记

（1930年10月至1932年10月）

1930年

10月

11日 国民政府建立陆海空军总司令汉口行营，任命何成浚为行营主任，负责对鄂豫皖边区根据地"进剿"事宜。

11月

3日 国民政府特任李鸣钟为鄂豫皖边区绥靖督办。

初旬 吉鸿昌第三十师进驻潢川、商城，张印湘第三十一师进驻罗山，与原驻边区戴民权新编第二十五师、夏斗寅新编第十三师、郭汝栋第二十六师、潘善齐新编第五旅等，初步形成对鄂豫皖根据地包围。

中旬 红一军攻打黄陂姚家集、黄安县城，与夏斗寅、郭汝栋部发生激战。

24日 夏斗寅部第三十八旅一个营在麻城附近被红军歼灭。

30日 郭汝栋部第二混成旅由副旅长王莱山率领至新洲宿营，遭红一军突袭，大部被歼。

12月

月初 汉口行营主任何成浚令新编第十三、第四十四、第四十八等师由麻城、宋埠、黄陂向北推进，第三十、第三十一两师由商城、罗山向南"进剿"。另以驻平汉铁路之岳维峻第三十四师、戴民权新编第二十五师、李定五新编第一旅由西向东逼进，驻皖西的第四十六师、安徽警备第二旅，驻罗田的新编第五旅由东向西防堵。总计八个师又三个旅，近十万人的兵力，对鄂豫皖边区根据地开始第一次"围剿"。

9日 第四十四师王金镛旅攻占黄安，辛朋利旅攻占河口镇。

14日 驻守六安金家寨的第四十六师一个营和民团共千余人被转战于皖西的红军歼灭。

16日　红十五军千余人及地方武装联合猛攻河口镇。

红一军进占麻埠、独山。

18日　红军在苏家埠、韩摆渡等地歼灭第四十六师两个营。

19日　红一师包围六安城，第四十六旅据城抵抗，激战二日，红一师师长刘英负伤。

21日　红一师撤出对六安包围，逼近霍山。

26日　吉鸿昌第三十师和张印湘第三十一师分别从光山、罗山出发向黄安七里坪进攻，红十五军阻击两天后撤出七里坪。

第三十师彭国桢旅由商城进占金家寨，第四十五师一个旅进占叶家集，宋世科支队由正阳关向叶家集"协剿"。

29日　第四十六师分三路向麻埠地区进攻。

30日　第四十六师在东、西香火岭与红一军激战，被歼灭三个团，计三千余人，俘团长柏心山。

占据叶家集第四十五师和占据金家寨第三十师部队分别向固始、商城撤退。

1931年

1月

14日　第三十师第八十九旅在四顾墩地区遭红军猛攻，所属五团大部被歼。

26日　红军攻打麻城北部磨角楼，新编第十三师副师长朱怀冰率四个团驰援，红军堵击，双方激战三昼夜，被歼五百余人，磨角楼守军亦被迫撤离。

2月

15日　驻守六安城内第四十六师第二七二团第三营营长魏金贤率第三营兵变，打死团长杨慕铭和警备第二旅旅长陈孝思，次日由红军接应进入麻埠地区。

3月

1日　红十一师夜袭平汉铁路信阳李家寨车站，击毁从信阳南开军车一列，全歼车上新编第十三师一旅官兵，击毙旅长侯镇华。

5日　红十一师再袭柳林、李家寨车站，新编第十三师被歼一个营、两个团被击溃。

9日　红军对进入双桥镇第三十四师进行突袭，歼灭近千人，旅长王俊杰和三个团长负伤，师长岳维峻被俘。这样，对鄂豫皖边区根据地第一次"围剿"被打退。

22日　军事委员会委员长蒋中正养来电批准汉口行营制定的第二次"围剿"计划。并电示："以先积极消灭鄂豫皖境赤'匪'主力，拟定追'剿'堵击兼施方法，逐渐缩小'匪'区而歼灭之"。

汉口行营接电之后，开始对鄂豫皖边区根据地进行第二次作战部署如下：任命吉鸿昌为"追剿"部从总指挥，以第三十师（欠一个混成旅）、第三十一师（欠一个混成旅）、第三十三师为"追剿"部队，专寻红军主力作战。令岳盛宣第四十六师附暂编第二旅宋世科部在叶家集至六安、霍山、英山之线构筑工事，防止红军东进。李韫珩第五十三师、戴民权新编第二十五师于潢川、光山、商城、固始地区，夏斗寅新编第十三师、萧之楚第四十四师于罗田、麻城、黄安、黄陂地区，赵观涛第六师于平汉铁路东侧，分别组成堵击部队，配合"追剿"部队。

4月

月初　鄂豫皖边区绥靖督办公署由武汉迁到潢川就近指挥，限各部队10日以前准备就绪，候令行动。

13日　岳盛宣部占领霍山诸佛庵。

15日　岳盛宣部占领麻埠。

20日　红四军在地方武装配合下攻占独山镇，歼守军一个团。

麻埠、诸佛庵岳盛宣部撤退至霍山。

24日　吉鸿昌指挥所部第三十师、第三十一师分别从光山、罗山出发，第三十三师从黄安出发，南北夹击鄂豫皖边区，占领新集。

30日　吉鸿昌部占领七里坪。

5月

月初　吉鸿昌部经宣化店退往罗山。

10日　李韫珩第五十三师四个团从泼皮河南下进攻新集，在新集北之浒湾与红四军遭遇，被歼千余人。

下旬　红四军南下围攻黄安、宋埠之间的桃花店，守军第四十四师徐州敬营受重创，黄安守军巩长香团长率三个营驰援，在十里铺遭红军伏击，大部被俘，巩长香及营长王汉民负重伤，营长王鹤山、谢绍武被俘。从此，只坚守黄安几个据点。对鄂豫皖边区根据地第二次"围剿"被打破。

8月

1日　红四方面军军长徐向前率领五个团南下支援中央苏区,攻下英山县城,将守军第五十七师张汉全团和民团歼灭,活捉团长张汉全、县长黄典文和警察局长。

8日　红四方面军攻克浠水、罗田。

10日　汉口行营电告鄂南部队:"红军有偷渡江南,与江南红军联成一气,再行北窥武汉,南迫崇通的意图"。令驻江南的新编第十师、第十二师、第二十六师除派一部分兵力沿江警戒,严防红四军偷渡长江,主力"进剿"红十六军,使渡江红军首尾不能接应。并派军舰游弋长江。

汉口行营主任何成浚又令第十军军长徐源泉率第四十八师徐继武旅、第四十一师丁治磐旅赶到鄂东"截剿",新编第八旅王光宗部从武穴北上"协剿"。

14日　红军以两个团奔袭蕲春北漕家河,俘获新编第八旅旅长王光宗在内一千六百余人,乘胜进占广济,威逼蕲春、武穴、黄梅,与湘鄂赣苏区红十六军遥相呼应。

20日　第四十八师徐继武旅进入浠水县城。

30日　第三十师师长吉鸿昌宣布"解甲归田"。第三十师师长由李鸣钟兼任。

9月

1日　红四方面军在洗马畈地区歼灭丁治磐"围剿"纵队的四个团中的三个团的大部分。

11月

对鄂豫皖边区根据地"围剿"的国民党军将近20个师。其部署如下:陈耀汉第五十八师、汤恩伯第二师、曾万钟第十二师、戴民权第四十五师、唐云山独立第三十二旅在豫东南地区;彭振山第三十师、张印湘第三十一师、葛云龙第三十三师、赵冠英第六十九师、萧之楚第四十四师、夏斗寅新编第十三师、徐源泉第四十八师在鄂东地区;岳盛宣第四十六师、阮肇昌第五十五师、李松山第五十七师、李韫珩第五十三师、王均第七师、徐庭瑶第四师在皖西地区;俞济时南京警卫师等部调往河南,张钫第二十路军向信阳聚集。开始对鄂豫皖边区根据地进行第三次"围剿"。

20日　红四方面军以8个团兵力发起黄安战役。

12月

红四方面军进行历时43天的黄安战役，先后打退第三十师彭振山部、第三十二师葛云龙部的增援部队，攻入黄安县城，俘虏第六十九师师长赵冠英，15000余人被歼。

1932年

1月

13日　红军发起商城、潢川战役。向位于商潢公路北亚港曾万钟第十二师、位于北亚港东南傅流店、豆腐店、江家集的汤恩伯第二师及唐云山独立第三十二旅，位于商城及何凤桥陈耀汉第五十八师，位于商城以北、潢川以西固始地区戴民权第四十五师发起攻击。

19日　红军在北亚港、傅流店歼国民党军一部、并占领豆腐店、江家集、仁和集、何凤桥。

第二师汤恩伯部、第十二师曾万钟部退往潢川。

26日　驻何凤桥第五十八师陈耀汉部退入商城。

31日　国民党军有19个团兵力，沿商潢公路、潢固大道向边区根据地进攻。

2月

1日　进攻边区部队在豆腐店被红军击退。

2日　红军进抵潢川近郊，作战三天红军歼灭国民党军4000余人，缴枪两千余支。第二师师长汤恩伯由于作战不利被撤职。

3月

10日　第五十八师陈耀汉部弃守商城退往麻城，红军进入商城。

18日　第四十六师岳盛宣部、第五十五师第一六三旅，警备第一和第二两旅布防于六安至霍山之间沿淠河东岸阻止红军向东扩展。

红四方面军主力东进与皖西红军及地方部队会合。

21日　红四方面军渡过淠河，围攻青山店、苏家埠、韩摆渡守军。

4月

下旬　苏家埠、韩摆渡守军被围长达一个月之久。第七师代师长厉式鼎率第七师5个团、第十二师两个团、第五十七师两个团、第五十五师4个团、警备第一旅两个团，共15个团两万余人，自合肥前往解围。

5月

2日　第七师代师长厉式鼎率部由六安城向苏家埠推进的途中,被红军分割围歼,下午5时战斗结束,该师除少数逃脱外,悉数被歼。

8日　被围困在苏家埠、韩摆渡守军全数缴械投降。

苏家埠战役历时48天。国民党军被歼3万余人,第七师代师长厉式鼎、第五十七师代师长第一七〇旅旅长梁鸿恩、第四十六师第一三六旅旅长王藩庆、第一三七旅旅长刘玉林等5个旅长和11个团长以下官兵二万余人被俘,缴枪两万余支,大炮43门,击落飞机一架。对鄂豫皖边区根据地第三次"围剿"被打破。

12日　红二十五军占领淮河沿岸重镇正阳关。

15日　红二十五军进占霍丘县城。

24日　国民政府特任蒋中正为鄂豫皖三省"剿共"总司令。

6月

鄂豫皖三省"剿共"总司令部在汉口成立。

调集第一师胡宗南部、第四师徐庭瑶部、第八十八师俞济时部、卫立煌第十四军、上官云相第四十七师往安庆、蚌埠、武汉、武穴等地,准备向鄂豫皖边区根据地进行"围剿"。

10日　鄂豫皖"剿共"总司令部第一师、第十二师曾万钟部、第四师徐庭瑶部统归第三军军长王均指挥向霍山、霍邱、正阳关、六安推进。限20日以前占领淠河西东岸地区。

红军发起潢川、光山战役历时5天,先后在光山南椿树店、槐树店、潢川东南仆塔集、仁和集、双柳树等地歼灭新编第二十师师部、第七十五师宋天才部、第七十六师张钫部共8个团和地方团队,第七十六师参谋长李亚光被俘。

13日　红七十五师攻入罗田,克复广济。

16日　上官云相第四十七师占领广济。

25日　红军攻下平汉铁路线上李家寨、柳林、新店、鸡公山等地,歼灭马鸿逵第三十五师一个团。

27日　红军各部东返。

28日　曾万钟率第十二师、第七师占领六安戚家桥、韩摆渡、青山镇以北地区;胡宗南率第二师、唐云山独立第三十三旅进占霍山;攻占青山镇;徐庭瑶第四师进占苏家埠。淠河以东地区都被国民党军攻占。

蒋介石亲到汉口部署对鄂豫皖边区根据地"围剿"事宜。

29日　鄂豫皖三省"剿共"总司令部公布指挥系统：蒋中正任总司令，李济深任副总司令，曹浩森任参谋长。下分左、中、右三路军。由何成浚任左路军司令官，负责"围剿"湘鄂西地区；中、左路军全力"围剿"鄂豫皖边区根据地。中路司令部设在信阳（后移广水）蒋中正亲自兼司令官，刘峙任副司令官，共指挥6个纵队，一个总预备队。右路军司令部设在六安，李济深兼任司令官，王均为副司令官，指挥三个纵队，一个预备队。参战部队合计达25万人，发动对鄂豫皖边区根据地第四次"围剿"。

7月

7日　红军围攻麻城，占领骑骡铺、长岭冈，在七里桥地区歼灭第三十一师第九十三旅，俘旅长辛辅卿以下官兵3000余人，继续围攻麻城。

12日　右路军徐庭瑶部攻入霍丘城，红军损失一个团。

陈继承部由罗山地区南进。

18日　红军攻入黄陂仓子埠，第八十九师、第五十四师企图夹击红军，红军第四师在李家集、靠山铺、甘棠铺一带重创第三十师、第三十一师一个旅，复转至麻城进行围攻。

下旬　卫立煌纵队由孝感向东推进。

8月

月初　东线右路军推进至霍丘南之河口、丁家集及淠河一带；西线的陈继承纵队向宣化店、黄陂站一线"进剿"；马鸿逵纵队由双桥镇向丰家店、大新店一线"进剿"；卫立煌纵队向夏店、蔡店一线"进剿"。各路"围剿"部队已进入边区根据地中心区边缘。

3日　蒋介石下令总攻击："用迅疾秘密手段，深入"匪区"逼迫"散匪"，以"七里坪、黄安县为目标，直趋猛攻"。

陈继承纵队开始向七里坪急进；卫立煌纵队及其指挥的总预备队第八十九师进抵河口，扑向黄安。

10日　红四方面军决定放弃围攻已久的麻城，兼程向黄安急进迎击"进剿"军。

11日　红四方面军在黄安城西冯寿仁、冯秀峰与"进剿"第十师李默庵部激战，第十师副师长王劲修、团长龙其伍、曾鲁负伤。第八十三师蒋伏生部、陈继承纵队抽调一个旅赶来投入战斗。

13日　红四方面军决定撤出黄安冯寿仁、冯秀峰战斗，转向七里坪。下午卫立煌纵队进占黄安。

14日　第三师李玉堂部攻入七里坪。红四方面军主力进抵七里坪地区，沿倒水河东岸布置阵地，控制酒醉山、大小雾咀山，古风岭。

15日　第二师黄杰部、第三师李玉堂部向红军阵地攻击。红军越过倒水河，直插白马斯河第二师指挥所，六名团长被击毙；红军独立第一师师长曾中生负伤，伤亡达2000人。

17日　卫立煌纵队由南向北逼近七里坪，与陈继承纵队夹击红军。红四方面军向新集北胡山寨转移。

25日　上官云相纵队攻入罗田城。

30日　卫立煌部第十师进占皖西根据地中心金家寨。

9月

1—5日　红四方面军转移到新集以北，陈继承率第三、第八十、第八十三、第五十八师由西赶来，在浒湾西部胡山寨、四面山、金竺山一线激战，陈继承纵队伤亡两千余人，红十二师师长陈赓负伤。

张钫纵队从北南下，卫立煌纵队北上，欲与陈继承纵队合围，聚歼红军于胡山寨地区。

5日　皖西右路军徐庭瑶部攻占独山。

8日　第三师李玉堂部攻占鄂豫皖边区根据地政治中心新集。

红军主力东移，"进剿"军第二纵队迅速向东跟踪"追剿"。

11日　皖西右路军徐庭瑶部攻占麻埠。

13日　上官云相纵队攻占英山城。

15日　张钫纵队攻占商城。

中旬　红四方面军主力向皖西转移，抵东、西香火岭与徐庭瑶部遭遇，卫立煌、陈继承纵队又逼迫，红军遂转头南下，到达霍山燕子河。

月底　红军主力经东、西界岭南下，趋英山，上官云相固守县城攻克未下，遂继续西进。

10月

2日　红军在罗店、团陂歼灭"进剿"军骑兵一个连。

3日　红军主力向黄安麻城地区转移，蒋介石命令卫立煌、陈继承两个纵队跟踪追击；令上官云相第四十七师向英山以西截击，令郝梦龄第五十四师向团陂以西地区堵击；令张印湘第三十一师向麻城东南地区回击；令彭振山第三十师集结在泊水港、中馆驿、新洲一带严密"堵剿"；令鄂中万耀煌第十三师集结在黄安县策应；令胡宗南第一师从砥家矶推进至团风堵截；令俞济时第八十八师从孝感向黄陂推进。要求将红四方面军一鼓歼灭。

8日　红四军到达黄安河口地区与第八十八师冯圣法旅激战，胡宗南率四个团增援，被红四军击溃，死伤两千余人。

红军一部在黄安冯寿峰、冯寿仁地区与万耀煌第十三师激战后，即向黄柴畈转移，在这次战斗中，红二十五军军长蔡中熙、红十一师师长甘济时牺牲。

鄂豫皖"剿共"总司令部委派陈继承为总指挥，统一指挥黄安以南地区各部队，企图把红军在河口地区一网打尽。

9日　黄杰第二师向河口东北仙人洞、两河口一线进攻，发生激烈争夺战，第二师副师长杨天民，第四旅旅长王仲廉负伤，伤亡近千人。

10日　陈继承纵队与万耀煌第十三师密布于河口镇以东至华家河一线，准备从东南两面进攻；马鸿逵部由北南下，向四姑墩方向进逼；胡宗南和俞济时部从河口镇向北推进。红军面临四面被包围境地。

红四方面军为了保存力量，挣脱包围圈，二万余人离开了鄂豫皖根据地转移平汉铁路以西活动，留红二十五军在根据地坚持斗争。

12日　红四方面军二万余人在广水与卫家店车站之间越过平汉铁路向西转移。第四次反"围剿"未能取得胜利。

（六）“围剿”湘鄂西边区革命根据地大事记

（1927年7月至1933年2月）

1927年

7月

15日　汪精卫宣布武汉国民政府正式决定“分共”，与共产党决裂。

国民党军第十五军和第二军、第八军、第四十八军各一部陆续进驻湘鄂西各地，实行“清共”。

1928年

3月

上旬　中共湘西北特委书记周逸群和贺龙经监利、石首辗转到达湖南桑植洪家关，组建湘鄂边工农革命武装。

4月

27日　“湖南省清乡督办公署”成立，程潜兼任督办，何键任会办。以常德、桃源、桑植等湘西20个县为第二清乡区。

“湖北省清乡督办公署”成立，第十九军军长胡宗铎兼任督办，第十八军军长陶钧兼任会办。划湖北全省为鄂中、鄂西、鄂北等5个清乡区。在清乡区内设清乡委员会。

4—5月

湖北省第十八军一部在监利、沔阳、潜江等地团防队协同下进行“清剿”。

8—9月

湖南第十四军教导师李云杰部“进剿”工农革命军第四军在石门磲阳驻地，工农革命军阵亡100余人。

11月

第十八师张辉瓒部赴洪湖清乡，当地铲共团与之配合。

鄂西游击队段德昌部和鄂中游击队彭国材部转入洪湖地区活动。

1929年

3月

上旬　湖北鹤峰县"湘鄂民团联防"总指挥王文轩，纠集桑植、鹤峰等县团防队共约4000余人，分路进攻红四军占领的鹤峰县城。

6月

中旬　湖北江陵、监利团防队自郝穴和汪桥向江陵沙冈"会剿"，在青阳宫被游击队歼灭80余人。

7月

15日　湘西新编第三十四师师长陈渠珍令独立旅在地主武装配合下进攻桑植，在赤溪河遭到惨败。旅长向子云逃跑时溺水淹毙。

9月

国民政府将湘鄂西划分为若干绥靖区。第五十师谭道源部和第三十四师岳维峻部对江陵、石首、监利、沔阳等地红军游击队进行"清剿"。

10月

中旬　国民党军一部在来凤庄尔坪"堵剿"红四军，红四军伤亡300余人。

1930年

2月

监利、沔阳游击队和江陵、石首游击队在监利会合，成立红六军。

4月

蒋介石、阎锡山、冯玉祥和桂系（李宗仁、白崇禧）在中原大战爆发。

7月

4日　红四军与红六军在湖北公安会师，成立红二军团，贺龙任总指挥，周逸群任政治委员。红四军改称红二军。

8月

5日　驻监利朱河市国民党军一部并有团防队配合共1000余人，"进剿"北吴墩洪湖军政学校，与红军军校学生在王福三桥发生激战，红军伤亡200余人。

10月

23日　汉口行营主任何成浚在汉口主持鄂湘赣三省"剿共"会议，与徐源泉、何键等商量军队作战配合，所需经费和联络事宜。

11月

上旬　第十军军长徐源泉被国民政府任命为"湘鄂川边区剿共督办"，指挥5个师和7个旅兵力，对湘鄂西苏区发动第一次"围剿"。

国民党军在石门、松滋交界处杨林寺一带向红二军团发动围攻，红军失利转移到长阳、石门。

第四十八师和第五十一师先后对襄阳、枣阳、宜城革命根据地进行三次"围剿"，红九军第二十六师遭到失败。

1931年

1月

1日　国民党军分数路开始"围剿"洪湖苏区。

11日　新编第二旅攻占监利柳家集，第一四二旅攻占北口。

13日　新编第三旅由沔阳杨林峰攻占峰口，红军向戴家场撤退。

17日　新编第二旅占领洪湖苏区中心瞿家湾。第一次第一期"围剿"结束。

2月

下旬　湘境新编第五十一师杨明旅进占长江南岸苏区华容县城。

3月

22日　第四十八师第一四二旅徐继武部"进剿"长江南岸，攻占调弦口和焦山河。

下旬　徐源泉调集部队封锁湘鄂边苏区，企图一举将红军围困于恩施、鹤峰一带，然后消灭，贺龙率部渡过长江北上，进入巴东、兴山、秭归地区。

4月

4日　第四十八师第一四二旅第二八四团向华容塔寺驿开始"搜剿"。

6日　第二八四团占领塔寺驿。

13日　川军第二十一军第三师占领秭归。

红三军占领远安。

中旬　国民党军占领华容东山。

22日　湖南第十九师庄文枢团由华容三汊河向注滋口"搜剿"。红军经插旗向洞庭湖畔撤退。第一次第二期"围剿"结束。

月底　第四十八师一部、川军郭勋祺旅和湖南境内部队分西南北三路在荆门，当阳一带"堵剿"红三军，贺龙率部向鄂西北山区转移。第一次第三期"围剿"结束。

7—8月

长江荆江段洪水猛涨，国民党军在车湾等处掘堤水淹苏区。

9月

月初　第十九师、新编第十一师、新编第七旅对湘鄂西根据地发动重点进攻。开始第二次"围剿"。

7日　湘西国民党军分四路进攻鹤峰苏区，湘鄂边独立团和游击队以掩护中共湘鄂边特委和湘鄂边县政府向石门岩转移。

10月

上旬　红三军返回洪湖苏区，开展恢复根据地的工作。

11月

川军第二十一军第三师接替罗启疆旅进驻湘鄂边，继续进攻鹤峰苏区，后遭到湘鄂边独立团攻击退回石门。

1932年

2月

中旬　汉口行营主任何成浚调第四十一、第四十四、第四十八师共11个团的兵力，向襄河沿岸红三军进攻。

徐源泉调整"进剿"部署，以三个师两个旅的兵力阻止红三军向东发展，以防止湘鄂西苏区与鄂豫皖苏区联成一片。

5月

21日　蒋介石就任"鄂豫皖三省剿共总司令"在汉口策划新的"围剿"。

23日　徐源泉集中20个团的兵力"清剿"汉川、刁汊湖，与红三军激战8昼夜，红军被迫撤退。

月底　蒋介石调集50万军队，分左中右三路"围剿"鄂豫皖和湘鄂西根据地。左路军10余万人，以汉口行营主任何成浚兼任司令官，徐源泉任副司令官兼前敌总指挥，专对湘鄂西苏区实行"围剿"。

6月

上旬　川军第二十一军所部为策应襄河北岸作战，以教导师第二旅、第二师第五旅共5个团分三路攻占潜江、老新口、陈沱子口等地。

中旬　赵鹤部攻占鹤峰县城，又向燕子坪进攻，中共湘鄂边特委和湘鄂边独立团转移至鹤峰与湖南桑植县边界。

7月

6日　徐源泉制定"左路军第一次'剿共'计划"，决定采取逐步"清剿"的方针，首先围歼襄河北岸红军。

14日　左路军自皂市、天门一带由北向南推进，开始"围剿"襄河北岸苏区，逼迫红三军向襄河南岸撤退。

8月

10日　徐源泉制定"左路军第二次'剿共'计划"，以左翼军从岳口渡河，进攻洪湖中心区域，以右翼军担任东荆河西岸之"堵剿"任务，并以海军舰艇封锁长江，防止红军南渡。

18日　左路军第二次"围剿"开始。

20日　蒋介石下令封锁各革命根据地，禁止盐粮输入。

左路军控制了岳口、白庙间整个东荆河北岸地区。

25日　第三十四师第一九九团薛鸿哉部攻占峰口。

31日　国民党军占领周老嘴。

9月

3日　瞿家湾被徐源泉部队攻占，随后柳家集亦被占领。

7日　徐源泉部占领洪湖根据地重镇朱河市，转移至湖中红军全部牺牲。

10月

下旬　湖南第十九师围攻由华容东山转移到洞庭湖岸边的红军游击队。

红三军由鄂豫边向湘鄂边地区转移。

1933年

6月

国民政府任命徐源泉为"湘鄂边'剿共'总司令"。

徐源泉调集湖北省保安团张冈部和新编第三旅、第四十八师第一四二旅，以及湖南新编第三十四师龚仁杰旅、周燮卿旅，共14个团的兵力，分数路向红三军和湘鄂边苏区进行新的围攻。

7月

中旬　新编第三旅攻占巴东龚家垭、建始、恩施石灰窑等地。红军向宣恩、鹤峰边界转移。

12月

下旬　红军离开了湘鄂边根据地，向川东发展，另建湘鄂川黔边区根据地。

（七）"围剿"东江革命根据地大事记

（1927年4月至1937年7月）

1927年

4月

30日 海丰、陆丰两县人民举行武装起义，攻占县城。

5月

月初 海陆丰起义人民成立临时人民政府。中共东江特别委员会亦成立。

广东当局部署"围剿"海陆丰人民政权，第十八师师长兼惠州警备司令胡谦派刘秉粹补充团从惠州出发，第十一师第三十一团余汉谋部从汕头出发，对海陆丰进行夹攻。

9日 海陆丰农民与第十八师补充团在海丰惠阳交界分水坳、红花地激战后，撤至公平、新田山区，海陆丰临时人民政府亦撤出县城。

7月

国民政府任命李济深为国民革命军第八路军总指挥，黄绍竑为副总指挥。

8月

1日 周恩来、贺龙、叶挺、朱德、刘伯承领导北伐军3万余人在南昌举行起义。

3日 南昌起义部队撤离南昌，南下广东。

6日 广东当局布防黄绍竑第七军、钱大钧第三十二军自南雄至会昌，陈济棠第十一师于东江一带，阻击南昌起义部队南下。

9月

3日 南昌起义军与钱大钧部激战于赣粤边境，钱部战败。

上旬 第六师黄旭初部固守会昌以南筠门岭，阻止起义军南下，起义军进攻伤亡颇大，改由闽入粤。

14日　起义军进入广东大埔县境。

19日　起义军朱德、周士第率第九军教导团和第二十五师3000余人扼守三河坝，牵制敌军，主力挺进潮汕。

第八路军总指挥部制定包围起义军计划：（1）以钱大钧部牵制三河坝起义军；（2）以黄绍竑部9000人经平远、丰顺、阳隈直取潮州；（3）以陈济棠率第十一师、徐景唐第十三师一部、新编第二师薛岳部，汕头警备区王俊部共15000余人，经紫金、兴宁、丰顺、汤坑而趋揭阳。

21日　黄绍竑、陈济棠、薛岳、徐景唐等部分赴粤东阻击南昌起义军。

23日　起义军第二十军第三师占领潮州。

24日　起义军占领汕头。

27日　海丰、陆丰农民再次举行武装暴动，初收复海丰、陆丰县城，后在敌军进攻下转移山区。

28日　叶挺、贺龙起义军在奉顺汤坑的分水坳与陈济棠、薛岳、徐景唐部遭遇，激战至第三天，叶挺、贺龙部向海陆丰方向撤退。

月底　黄绍竑部两个师攻占潮州。

薛岳部沿韩江攻入汕头。

10月

2日　钱大钧部进攻三河坝，朱德率所部退出，在饶平附近与潮州突围部队会合，进入福建转往粤北。

第十一师第三十一团在普宁莲花山拦击自汤坑向陆丰撤退起义军，起义军损失重大。

5日　起义军第二十军第一师副师长欧学海与第十八师补充团陈学顺谈判要求改编。

10日　起义军第二十四师1000余人在流沙突围后，由董朗率领抵达中洞，后组建为工农革命军第二师。

起义军第二十军第一师一部在副师长欧学海率领下要求改编，被第十一师与第十三师尾随追至陆丰县城缴械。

30日　在南昌起义保存下来一部分武装配合下，海陆丰农民再次举行起义，占领海陆丰及其附近地区。

11月

13日　陆丰县成立苏维埃政府。

18日　海丰县成立苏维埃政府。海陆丰革命根据地正式形成。

12月

16日　广州起义部队一部撤退到花县,组成工农红军第四师,叶镛任师长,袁国平任党代表,随即向海陆丰转移。

1928年

1月

24日　海陆丰守备司令蔡腾辉率600余人攻下海丰鹅埠,次日占领赤石。

26日　红四师一部与海丰农民武装共2000余人,分四路包围蔡腾辉部,将其击溃。这是海陆丰苏维埃政权建立以来获得第一次胜利。

2月

第八路军总指挥部在广东设东、中、西三大军事区"围剿"红军,东区主任陈济棠,中区主任徐景唐,南区主任陈铭枢。

广东军事当局决定派第五军4个师,第七军一个师,第十一军两个师,第十三军两个师,第四军一个师"驻剿"东江,计划1个月"剿平"海陆丰红军。

下旬　广东当局派出四艘军舰开进汕尾港,第十一师一部集结揭阳,进逼陆丰,第六师开赴紫金"助剿"。

五华县农军在黄旭初部"围剿"下,因力量悬殊.古大存率部转移到八乡山开辟新的根据地。

26日　第十一师进占陆丰河田。

28日　第十一师主力进至河口,攻占大安。

29日　第十一师分兵两路进攻海陆丰,第三十一团先占公平,再攻海丰;第三十二团与红军激战于大安,红军向河塘、赤坑撤退,第三十一团占领陆丰县城。

3月

1日　第十一师第三十一团攻占海丰县城。

2日　军事最高当局电令李济深:"要尽快肃清该地(海陆丰)共产党"。

第十一师第三十一团自海丰攻汕尾遂即占领。当晚第四舰队的广金、中山、广庚、飞鹰四舰驶抵汕尾港。

3日　红四师与海丰农民赤卫队围攻汕尾，守军得到海军舰艇支援，红军撤往惠来兵营乡。

14日　国民党广东政治分会决定，把广东划为4个善后区，撤销3个军事区，徐景唐任命为东区善后委员。

红军攻占惠来县城。

15日　第六师黄旭初部攻占紫金县龙窝、炮子、洋头，次日占南岭。

17日　第二十六师两个团反扑惠来县城，红军退出。

19日　第五军第十五、第十六两师由邓彦华率领抵海丰。

第十六师第七十七团团长向卓然率一个营由惠来出发向虎头山进攻，中途遭伏击，向卓然被击毙。

22日　彭湃率红二师、红四师攻占惠来县城，建立惠来县苏维埃政府。

26日　第二十六师两个团，第六师、第十一师、第十八师、第十三师等准备多路"围剿"惠来县苏维埃。

4月

5日　第六师黄旭初部向普宁进攻。

6日　第十三师、第十一师两个团向惠来县城进攻，红军撤出。

8日　徐景唐至汕头、潮州，设立第五军指挥所和东区善后委员公署。

5月

3日　红四师和农军反攻海丰县城未果。

6月

17日　第十六师第四十八团和蔡腾辉师守备团在海丰白木洋夹攻红四师，师长叶镛被俘后遇害。

18日　第十六师第四十七团"进剿"陂沟，在八方圩与红军激战，红二师遭重大损失。

7月

15日　东区善后委员公署决定"会剿"东江红军：第十六师负责海陆丰东、西、北一带山区；第十八师负责高谭、新港一带山区；第六师负责紫金、陆丰交界山区；第十三师负责惠来、陆丰交界山区。

25日　第十六师邓彦华部分5个支队，向海丰、陆丰、惠来、紫金山区开始进行第二期"会剿"。

11月

17日 蒋介石电令李济深限1929年5月以前"剿灭"广东共产党。

中旬 第十六师对海丰、陆丰、惠来、紫金实行第三期"会剿",将4县全部圩镇及要道控制,对山区紧紧包围,日夜搜索。

1929年

3月

五华、丰顺、揭阳三县国民警卫队分五路"会剿"八乡山根据地,被红军击退。

五华、兴宁、龙川3县成立五兴龙苏维埃政府,五兴龙根据地形成。

第十六师加紧"搜剿"海、陆、惠、紫边山区,海丰赤卫队指挥部在银瓶山被包围,有20余人被捕。

7月

4日 讨逆军第八路军总指挥陈济棠召开绥靖会议确定:第一步消灭叛军;第二步肃清共产党;第三步大举"搜剿"。东江限11月前肃清。

8月

9日 独立第二旅蔡廷锴将所部分防惠州十属,限1个月肃清共军,第一团驻惠州,第二团驻博罗,第三团驻海陆丰。

9月

24日 第六十一师教导团与第二四四团分四路"会剿"八乡山根据地。

10月

19日 朱德率红四军6000余人从闽西进入东江,攻下梅县松源、蕉岭县城。

26日 第六十一师第一二一旅和教导团由梅县松口镇出发,尾随红四军。

31日 第六十一师教导团负责守上梅城,红四军攻未克,撤回闽西,第七十六师和一二一旅追击。

1930年

4月

28日 第六十一师毛维寿旅分三路"进剿"南山根据地,红军在林柏村两侧夹击，敌军撤退。

下旬　第六十二师香翰屏部赴潮梅接替第六十一师防务，第一二四旅驻梅县、兴宁、蕉岭、大埔，教导团驻揭阳、潮阳，补充团驻海丰、陆丰。

第六十二师香翰屏部拟定"剿共"计划：（1）以相当兵力扎于宁远、蕉岭，防堵红军；（2）指派各部分赴各县"进剿"，务于短期内肃清；（3）整顿各县警备队，以维持治安；（4）令每县推出三人成立"剿共委员会"。

第六十二师张达旅对梅埔丰根据地九龙幛、铜鼓蟑等地区进行"围剿"，在主要乡村设团防、筑炮楼，将民众迁往平原，要苏区人民"自新"，如不"自新"即枪决，根据地受到严重摧毁。

9月

9日　陈济棠令香翰屏第六十二师："限两个月内肃清潮梅共党"。

11月

2日　第六十二师对八乡山根据地进行数月"围剿"，用"步步为营，处处封锁"策略，各乡村建立联防，实行联保法。红十一军教导团向西南突围到紫金县炮子区，红军化整为零，在根据地坚持斗争。

月末　中共东江特委等机关从八乡山转移到南山，南山成为东江革命根据地指挥中心。

12月

红十一军改编为红六军第二师，后改称东江红军独立师，师长彭桂、政委黄强。

1931年

1月

15日　第六十二师在汕头召开"剿共"会议，决定分段"剿共"，要各县整顿警卫队，构筑炮楼。

蕉岭、平远、寻邬三县成立苏维埃政权，正式建立蕉、平、寻革命根据地。

2月

7日　饶平、平和、大埔、韶安4县成立苏维埃政权，饶和浦韶革命根据地建立。

中旬　中共东江西南分委决定：把陆丰县东南部和惠来县西部山区组

建一个陆惠县。陆惠革命根据地形成。

15日 陈济棠增派独立第二旅张瑞贵部至东江潮汕地区。

中旬 独立第二旅骆凤翔团,从潮阳两英、惠来、普宁三路"围剿"南山根据地之林招、牛角圻、迭石等地。

23日 独立第二旅第三团"进剿"八乡山根据地咽喉要地贵人村被击退。

6月

1日 独立第二旅第三团一个营"围剿"八乡山根据地贵人村,红军与其激战6天,弹尽粮绝撤离,古大存率领少数红军于11日撤离。

中旬 蕉、平、寻地方武装千余人围攻蕉、平、寻根据地高头、司城、大仙背,被击退。

下旬 陈济棠调独立第一师黄任寰部至东江,负责绥靖惠州十属。

8月

独立第二师(由独立第二旅扩编)占领八乡山后,令五华、丰顺两县派出警卫队驻扎,实行联防。

10月

蕉、平、寻根据地不断遭到梅县、蕉岭、平远地方武装"围剿",至年底根据地大部分丧失。

12月

梅、埔、丰根据地由于受到国民党军频繁"进剿",根据地全部丧失。

1932年

1月

19日 广东当局将全省划分为东、南、西、北、中、琼崖6个绥靖区,东区管辖惠、潮、梅各属。第三军军长李敬扬任东区绥靖委员。

本月 陈济棠部署五个师向东江根据地发动大规模进攻,独立第二师"围剿"根据地中心南山;第二军第五师"围剿"南山西侧海陆惠紫、陆惠根据地;第三军第七师"围剿"南山东侧潮澄饶澳根据地;第三军第八师"围剿"五兴龙根据地;第三军第一教导团驻防丰顺;独立第一师驻闽西防堵闽西红军进攻。

2月

11日　东区绥靖委员李敬扬召开粤东区绥靖会议部署"剿共"筑路。

3月

月初　独立第二师布署向东江根据地南山发起大规模进攻，"围剿"方略为先"剿"后抚，分两期3个月。

12日　独立第二师以3个团兵力会合惠来、普宁、潮阳3县警卫队共4000余人，由惠来华湖、普宁流沙、云落、潮阳两英等处入山，向南山大举进攻。

17日　第五师开始向陆惠根据地发动进攻，红军苦战两天由于弹药缺乏，撤出根据地。

25日　独立第二师师长张瑞贵在潮阳两英圩召开潮普惠3县善后会议，决定实行烧光、移民和经济封锁策略。

4月

15日　东区绥靖公署在汕头召开潮属十县绥靖会议，决定各县加强力量实行集中"会剿"，清查户口，实行联保联坐。

19日　独立第二师警备团"进剿"南山根据地西部汤坑，红军毙伤其副团长以下官兵近百人。

5月

26日　东区绥靖公署在惠州召开惠属绥靖会议，决定两期"剿共"海、陆、惠、紫根据地。

本月　第五师、独立第一师等部"围剿"海、陆、惠、紫和陆、惠根据地，先后攻占平原游击区乡村，再合力进攻山区。

8月

下旬　独立第二师采取"进剿"与"驻剿"结合办法，一个团驻扎南山周围，一个团在山里"搜剿"，以图困死红军，寻歼红军主力。

本月　第八师教导团集龙川、兴宁、五华、平远、寻邬、和平、定南7县地方武装5000余人，向五兴龙根据地之上坪、荣活苏区，实行7县大"会剿"。

9月

中旬　第四十九师黄南鸿团集中11个连，分3路围剿饶和埔根据地中心区石下苏区，红军坚持10多天，后突围转移到饶平北部。

28日　第五师重新制定"围剿"海、陆、惠、紫根据地办法，改"追剿"为"驻剿"。

10月

4日　第五师第十五团、教导团，独立第二师第二团进入惠紫根据地山区，施行大规模"驻剿"。

11日　独立第二师调一个团至陆丰、惠来，另一个团至潮阳、普宁、揭阳，"包剿"东江特委、军委，军委主席袁策受伤。

29日　东山特委、军委返回南山。

11月

28日　独立第二师独立团一个连突击普宁与惠来交界汤头村，红二团团长古宜权率二十多名战士奋力抵抗，古宜权与二十多名战士悉数牺牲。

1933年

2月

17日　东江军委主席朱炎率独立师、红一团从陆惠根据地转移到惠紫边乌禽嶂，遭到第五师第十五团、第十四团一个营、第八师第二十四团一个营"围剿"。红军将第十五团副团长黄翰光击毙，向河源撤退。

中旬　东江苏维埃主席陈魁亚等10余人，在南山根据地松柏林与独立第二师激战，全部壮烈牺牲。

下旬　第五师第十三团一个营在紫金、河源边界截击红一团，红一团伤亡严重，一部分撤回陆丰山区，一部分隐蔽在紫金山区。

5月

2日　由于叛徒告密，中共东江军委主席朱炎率领数十名战士在紫金县赤溪乡牛角坑山内被第五师第十四团一个连包围，全部壮烈牺牲。

第五师对陆惠根据地加紧"围剿"，根据地已绝大部分被占领。

12日　由于叛徒告密红一团团长彭桂在海丰县大安洞新杏村遭第五师第十五团一个排包围，彭桂被俘遇害。

21日　东区绥靖委员公署增调独立第二师钟芳峻团到澄海、饶平会同第二团、第七师第二十团"围剿"潮、澄、饶、澳根据地。

6月

1日　国民政府特派陈济棠为赣粤闽湘鄂五省"剿共"军南路军总司令。

月初　独立第二师第一团、教导团"会剿"南山，以三分之二兵力常驻山中，专任游击"搜剿"，以三分之一兵力驻南山外封锁路口，根绝根据地粮食。

以独立第二师师长张瑞贵为南山移垦委员会委员长，将山区二万余人，移殖原属各县，山区内建立保甲制度，开辟公路，严密控制。

1934年

2月

6日　陈济棠连日召开军事会议，决定惠、潮、梅防务由独立第一师、独立第四师、教导师负责。

中旬　独立第四师第二十六团和龙川上坪民团300余人进攻五兴龙根据地，在上坪包围红军游击队70余人，游击队仓促应战，伤亡很大。

3月

独立第四师第二十六团会同龙川、和平、定南三县地方武装1000余人，分三路"进剿"五兴龙根据地之黄麻地区，黄麻失陷。

4月

广东省东区绥靖公署在汕头召开东区第二次绥靖会议，决定将东区划分为五个"剿共"区：梅蕉平三县归第三军李敬扬负责；潮属十县归独立第二师张瑞贵负责；五、兴、龙、海、陆、紫六县归独立第四师邓龙光负责；河、连、和、新四县归第二军香翰屏师第一教导团负责；惠、博两县归第一教导师缪培南部陈骥团负责。由4月1日起限期两个月肃清区内红军。

7月

13日　东江游击总队参谋长卢笃茂率二百余人在揭阳县大北山，遭独立第四师会同警卫队1500余人"进剿"。突围时卢笃茂负伤被俘，后就义于广州。

10月

第八十师用"驻剿"与招安办法"围剿"饶和埔根据地，苏区逐渐缩小。

五兴龙根据地红军向寻邬、平远转移，途中遭独立第四师包围，队伍被打散，损失严重。

1935年

4月

月初　参加"围剿"中央苏区粤军返防广东，邓龙光独立第四师改编为第三军第九师接替独立第二师"围剿"南山根据地，驻防潮阳、普宁、惠来、揭阳、澄海、潮安六县。

20日　第三军军长李敬扬令邓龙光第九师"进剿"南山根据地。

月底　第九师邓龙光部开始"围剿"南山根据地，"先压西山、北山，迫其窜于南山而歼之"的策略。

中共东江特委决定：南山留少数人员坚持隐蔽斗争外，武装人员一律冲出重围，分散活动。

5月

4日　第九师教导团两个营在南山盐岭老仑山石涧内俘虏潮普惠苏维埃政府财政部长郑奕正等18人。

16日　闽粤赣边游击纵队司令罗屏汉率一支游击小队转战到龙川县径口，由于叛徒告密，驻龙川、兴宁国民党军分三路包围，罗屏汉及大部分人员在突围中牺牲，龙川县委书记蔡梅祥被俘遇害，五兴龙根据地丧失。

月中　中共东江特委机关在南山普宁地尾黄竹坑附近石洞遭破坏，特委书记李崇三被俘叛变，南山游击小组、机关悉遭袭击破坏，南山根据地丧失。

月底　第九师以3个营兵力"围剿"潮、澄、饶、澳根据地。除隆澄苏南区委和游击队保存下来外，其余各区均被摧残殆尽。

7月

11日　第九师包围在揭阳五房山张木葵所率游击第一、第三中队，红军伤亡过半，仅20余人分散突围。

8月

第九师集中两个团兵力"围剿"潮、澄、饶、澳根据地中心浮凤苏区。

9月

月初　浮凤苏区日益缩小，东江游击队第二中队卢桂秋等部先后撤离，向闽粤边转移。

9日　第九师一部在叛徒黄平带领下，包围浮凤苏区潮澄饶县委机关，机关人员已向粤闽边转移。潮澄饶澳根据地亦丧失。

10日　第九师师长邓龙光以"剿共"任务完成，将"督剿"南山指挥所结束。

12月

古大存率17名红军战士离开南山在大埔高陂一带隐蔽活动，直至抗日战争爆发。

1936年

5月

第八十师协同独立第一师对闽西南红军进行"围剿"。

7月

10日　粤军第一军军长余汉谋接陈济棠任第四路军总指挥兼广东绥靖主任。

24日　余汉谋撤销五个绥靖委员公署和第一集团军总司令部，将第一集团军改编为十个师，各师直属第四路军总司令部。

10月

第四路军第一五七师黄涛部由粤入闽，黄涛兼任漳厦警备司令，"围剿"闽西南红军。

1937年

2月

17日　大埔县长李善余在大埔高陂塘卜"围剿"古大存率领游击队，游击队撤至深山中。

25日　国民党军再次"围剿"塘卜村，游击队转移到桃源乡东瓜坪。

4月

中共闽粤特委派出代表在平和县片仔郭坑村与第四七一旅旅长李崇纲谈判，未达成协议。

7月

16日　中共闽粤边特委派何鸣与第一五七师谈判，红军部队800余人在漳浦县体育场集中时被第一五七师全部缴械。这是当时轰动全国的"漳浦事件"。

诏安县保安团沈东海部袭击诏安月港村，逮捕杀害闽粤边特委书记张敏等12人，史称"月港事件"。

月底　中共闽西军政委员会副主席邓子恢、委员谢育才在龙岩与第一五七师师长黄涛代表第四六九旅旅长练惕生谈判合作抗日，谈判中传来

"漳浦事件"的消息，黄涛惮于民意，释放被缴械红军。

29日　红军代表邓子恢与驻军代表练惕生、专员公署代表张策安，三方就正式谈判条文达成协议，签字生效。闽西南红军改编为新四军第二支队第四团开赴抗日前线。

（八）"围剿"琼崖革命根据地大事记

（1927年至1937年）

1927年

4月

21日　国民革命军第四军第十一师第三十三团团长兼琼崖警备司令黄镇球、参谋长叶肇在海口布置对共产党人大搜捕，准备次日发动"四·二二事变"。

22日　第四军第十一师第三十三团下午开始搜捕琼崖地区共产党人，第一营负责搜捕文昌、定安、乐会等县；第三营负责搜捕澄迈、临高、儋县等地；机枪连负责搜捕海口市，特务侦察连负责搜捕琼山县。

下旬　第三十三团在琼崖地区逮捕共产党员、共青团员、革命群众共约2000余人，遭杀害500余人，其中有琼崖地委委员李爱春、工会领导人林平、吴清坤，妇协领导人陈玉婵等。

在海口成立"国民党琼崖清党委员会"，黄镇球任主席。

5月

12日　第三十三团驻万宁县分界墟的第一营两个排，配合地方民团，向云连岭的藤寨、加索、加荣、北甬一带村庄进攻。

16日　第三十三团一部和大路墟、嘉积镇商团袭击驻琼东第四区郭村（官村）、帝涌（礼昌）村的农军，激战半天，农军蒙受重大损失。

6月

中旬　广东省国民党当局成立"广东省清党委员会"，并把全省划分10个区，各区成立"清党委员会"。

20日　广东省"清党委员会"任命黄镇球等为"琼崖清党委员会"委员。

7月

16日　"国民党琼崖区清党委员会"举行就职典礼，黄镇球任主席，同时撤销前"琼崖清党委员会"。并决定成立宣传队，每县派一个队，对机关、学校、团体进行清党。

8月

琼崖国民党当局发展地方武装和民团、商团共约3000人。

琼崖警备司令兼第三十三团团长黄镇球指挥所部进攻文昌县讨逆革命军第七路军。

9月

28日　第三十三团第一营配合嘉积镇商团进攻讨逆军，杨善集、陈家芹率万宁、乐会讨逆军在椰子寨外围加所坡高地迎战，后被迫退乐会第四区。

下旬　第三十三团一部配合民团，对临高县乾彩村冯平领导的讨逆军袭击，讨逆军后撤。

10月

26日　第三十三团一部对新州镇讨逆军发动攻击，儋县讨逆军退出县城。

下旬　黄镇球调回广州张发奎总部，第三十三团由副团长兼参谋长叶肇统帅。

第三十三团第一营与民团"围剿"乐会县第四区。

11月

琼崖警备司令部广为张贴布告，实行清乡。

张发奎率第二方面军声称为"护党军"要统治广东，讨伐原在广东的桂军黄绍竑部和第四军第十一师陈济棠部。

张发奎任命张云逸（第二方面军第二十五师参谋长、中共党员）为琼崖绥靖委员。张云逸率300余人渡海去海口，被拥护陈济棠的叶肇在海口缴械，张云逸逃脱。

12月

4日　第三十三团第一营一部配合文昌县县兵连共200余人，对文昌县水北乡赤土村的工农革命军进行袭击，文昌县委书记许侠父率部抵抗，激战五小时后许侠父牺牲。

12日　驻临高县国民党部队袭击临高县龙坡村，琼崖工农革命军西路军副总指挥率部前往抗击。

下旬　叶肇缴获张云逸部枪械后扩充实力，第三十三团增至1200人，收编土匪、民团、商团，在琼崖中、东、西三路各成立一个联防大队，向工农革命军进攻。

1928年

1月

琼山县长邢森洲多次率县地方武装向琼山、文昌县根据地进攻。

20日　民团团长何清雅带领团兵从大塘岭和盐墩向万宁县进攻，沿途群众被杀达400余人，被捕50余人。

2月

8日　广东省军事厅长徐景唐制定"肃共"计划，先整顿民团，继派兵分头"围剿"，使军队会同民团进行"剿共"。

13日　根据广东省政府军事厅制定"围剿"计划，先派兵"围剿"南路（包括琼崖），继之西江、北江。东江已开始"围剿"。

崖县县长兼琼崖南区"剿共"总指挥王鸣亚趁徐成章东路红军北上，带县兵、民团进攻藤桥，旋即占领三亚。

3月

上旬　广东当局决定把广东省划分为东、南、中、北四个善后区，南区包括高州、雷城（海康）、廉江、琼崖各属。南区善后委员为陈铭枢，调第十一军到南区"围剿"红军。

14日　第四军第十一师第三十三团进攻崖县藤桥红军，次日进攻崖县苏维埃政府。

16日　第十一军第十师蔡廷锴率所部4个团开赴琼岛进行"围剿"红军。开始对琼崖革命根据地第一次"围剿"。

29日　崖县县长王鸣亚趁红军主力北上，率队占领陵水县城。

4月

初旬　第十师第二十八团向文昌县文教、潭牛、宝芳、东阁、水北、公坡、昌洒、翁田等乡村进行旬日"围剿"，革命群众遇难多达2000余人。

13日　广东南区善后委员公署在海口成立。

第十师师长蔡廷锴率独立团、教导营、第二十八团一部分路向琼山县谭凉、龙发和文昌县蛟塘等地进行"围剿"。

第十师第三十团刘占雄部"进剿"崖县、乐会、万宁等县。

14日　崖县县长王鸣亚率警卫队民团与第三十团联合进攻崖县藤桥墟。

16日 第三十团第一、第二两营分两路进攻乐会阳江墟与红军激战。

中旬 第三十团团长刘占雄率一个营及机枪连围剿中共琼崖特委所在地乐会县第四区。

第二十八团沈光汉部继续对文昌县进行"围剿"。

20日 第三十团开赴万宁县"围剿"。

21日 第十师师长蔡廷锴率独立团、第二十八团、教导营各一部追击红军第二营到琼山县与定安县交界处红台村。

25日 第十师独立团第一营进攻南豪村、凤凰村。

26—27日 第二十八团沈光汉部梁营追击红军至莲塘,另一部在大墓山伏击红军。

28日 第二十八团第二营陈国勋部"围剿"澄迈县儒舍村和琼山县儒郭村、儒万村。

下旬 驻乐会第三十团第一营杨富强部"围剿"坡市、仙村、青地岩岭、黄竹等地。

5月

月初 广东省南区善后委员兼第十一军军长陈铭枢声称:"6个月内要剿灭红军",并派副军长蒋光鼐赴琼策划"围剿"事宜。

第三十团刘占雄部用八天时间先后"围剿"琼山县文市、单圹村、乐会县山心岭、黄竹墟、牧养村、万宁县录马村、攀丹村、九峰岭、冯村、冯家岭等地,与红军激战十余次。

9日—10日 第十师副师长张世德率第二十八团第三营陈国勋部"围剿"澄迈县西昌墟,坡尾根据地。红军游击队司令冯平、政治部主任符节被俘,不久就义于澄迈县金江镇。

14日 第十师第二十九团邓志才部进攻六罗峒。

20日 广东南区善后委员陈铭枢在海口召开善后会议,决定:(1)实行"清剿";(2)办团练、警卫队;(3)办保甲;(4)开辟公路。

下旬 第二十八团沈光汉部先后"围剿"文昌县抱罗、昌洒、琼山县文岭墟、鸿喜村等地。

第三十团与崖县、陵水县民团共千余人,向中共陵水县委驻地港陂、马村进攻。

6月

7日 第三十团与崖县、陵水县民团近千人,向陵水港陂村"围剿"。

13日　驻万宁第三十团在地方民团配合下向云连岭进攻。

16日　第三十团在民团配合下进攻陵水县彭谷园，县委书记许邦鸿等牺牲。

下旬　第十一军副军长蒋光鼐前往琼崖，指挥"围剿"琼崖红军。

7月

第十师师长蔡廷锴返穗，"清剿"由副师长张世德指挥。

8月

上旬　第三十团一个连向乐会四区"进剿"。

第三十团一部进攻乐会四区阳江墟。

中旬　第三十团占领乐会四区火熏、高塘，向中共琼崖特委所在地中平仔进攻。

下旬　第十一军增派驻雷州第二十四师一部到文昌、乐东参加"围剿"。

9月

第十师一部与琼山县警卫队，"围剿"红台村、山门及沿溪一带。

10月

第十师副师长张世德率第二十九团在安定县进行"围剿"。

第十师谢琼生等两个营于万宁进攻六连岭根据地。

11月

8日　第二十八团进攻乐会、万宁苏区，强令群众迁往文寺、阳江、上科等地。

12月

第十师特务营在临高县进行"围剿"。

1929年

1月

上旬　广东南区善后委员陈铭枢就任广东省政府主席，南区善后公署交由蒋光鼐负责。

第二十九团邓志才等部向安定县南端的母瑞山根据地"围剿"。

下旬　陵水县农军总指挥王昭夷、副总指挥吴中育投敌，带领国民党军进行"围剿"。

3月

下旬　第十师入五指山区。"围剿"告一段落后,在五指山开辟公路。

15日　第十一军改编为第三师。

4月

1日　第三师第七旅蔡廷锴部由琼调穗。

5月

28日　广东省政府裁撤东、南、西、北4个善后区。

6月

上旬　由第五军缩编的第二师所属第五旅吴道南部调往琼崖,其第九团团部驻海口,第一营驻嘉积,第二营驻万宁,第三营驻琼山、定安。

7月

4日　陈济棠召开绥靖会议,通过"剿共"计划;令各师于5个月内,将广东全省共区、土匪歼灭。

本月　驻海口中共琼崖特委机关被陈定平部破坏,省委巡视员黄学增、特委书记官天民等10余人被捕。

8月

中旬　中共琼崖特委机关被破坏后,由王文明在定安县主持由各县委代表参加的联席会议,选王文明为书记,由冯白驹主持日常工作。

9月

15日　第二师第五旅第九团陈定平部由琼崖开抵省城进行改编。

10月

月初　陈定平部改编为新编第二独立团返回琼崖,继续"围剿"红军。

本月　陈章甫任命为南路警备司令,办理琼崖"剿共"事宜。

海军第四舰队司令兼琼崖国民党党务特派员陈策率兵舰及陆战队到海南,加强琼崖地区"剿共"兵力。

1930年

5月

19日　广东省政府派陈策为琼崖行政专员。

6月

海军陆战队从金口调往临高县郭隆一带包围袭击红军。

7月

下旬　陈策任命为琼崖"剿共"司令，陈济棠限3月内将琼崖共军肃清。

8月

中旬　陈策赴琼检阅海军陆战队第一团，并布署"剿共"事宜。

海军陆战队特务营黄运华率部由长坡墟出发，分三路向琼东苏区进攻。

9月

2日　陈策出巡南路，赴琼主持绥靖和建设工作。

12月

海军陆战队陈籍部以一个营兵力偷袭驻昌城村红三营，红军有较大伤亡。

海军陆战队陈籍部在塔寺、昌城村和三江田尾村和红三营发生激战，红三营受到重大损失。

海军陆战队4个连和海口警察局准备起义，事泄被陈策镇压。

1931年

1月

月初　广东省保安第一团黄固部、第二团樊宗迟部开赴海南协同海军陆战队陈籍部"剿共"。

10日　保安第二团特务连、机枪连会同第二营"围剿"抱虎岭红军。

22日　保安第二团团长樊宗迟赴澄迈、临高、高安一带指挥"进剿"红军。

26日　海军第四舰队参谋长陈鼎章与保安第二团团长樊宗迟在金江召集澄迈及琼西各县会议，商定派队四出"围剿"红军，并整顿各县民团。

下旬　保安第二团第二营驻防澄迈、临高两县，四出"围剿"红军，破坏几处中共机关。

2月

8日　陈籍海军陆战队和樊宗迟保安第二团在临高、琼山等处"围剿"红军。

18日　樊宗迟部两个营"围剿"在澄迈、临高两县交界处活动红军。

20日　樊宗迟保安团"围剿"在文昌县活动的几百名红军。

23日　樊宗迟保安团在迈岭发现红军五百余人，双方激战，红军伤亡较大。

下旬　樊宗迟保安团第三营在皇桐一带"围剿"红军。

5月

15日　保安第二团改编为海军陆战队第二团，第一团第三营改编为特务营。

陈策兼琼崖警备司令。

6月

16日　陈籍部第二营在乐会县卜科村与三百余红军发生激战。

27日　驻乐会县中原墟乐会县"剿共"总指挥陈贵苑带国民兵200余人向乐万苏区围攻。

8月

1日　万宁县派出大队团兵"围剿"大茂、中兴等地红军。

10日　海军陆战队派兵两个连到万宁协同县兵"会剿"红军。

10月

陈籍部第一团一部进攻万宁县六连岭红军根据地。

1932年

1月

19日　广东省划全省为东、南、西北、中四个绥靖区，成立绥靖委员公署。

3月

20日　伍朝枢任琼崖特别行政区长官。

月底　中共特委交通员在海口被捕，中共琼崖特委与广东省委和中央联系中断。

5月

17日　陈济棠任陈章甫为琼崖"剿匪"司令，负责收复苏区。

7月

18日　广东省政府设琼崖绥靖委员公署，陈章甫为琼崖绥靖委员。

月底　第一集团军警卫旅旅长陈汉光率所部3个团一个特务营共3000余

人调到海南，对琼崖苏区和红军进行第二次围剿。

陈汉光部第一团驻嘉积镇，第二团驻定安、澄迈，第三团与旅部驻府城。陈汉光采用"军事政治、剿抚兼施"策略，以"迅雷疾风"手段，"先攻要点"、"重层包围"、"个个击破"的战术，进行第二次"围剿"。

8月

1日　陈汉光部第三团第一、第二两营及特务营共八九百人向羊山进攻。

陈汉光部第二团第一、第二两营向儒郭山进攻，旋即占领。

陈汉光部第一团主力和其第二、第三两团各一部共1600余人，分三路向琼东四区根据地进攻，发动"平坦之役"。

8日　陈汉光亲临文曲，指挥四个多营在飞机配合下，向母瑞山根据地围攻，占领母瑞山，烧毁红军军械厂、医院、粮食加工厂、农场等，掳走大批粮食财物。

11日　陈汉光指挥文魁岭之役，四个营分四面进攻，红军伤亡甚大。

中旬　陈汉光部在红军退出文魁岭至六连岭据守，对其多层包围。

15日　平坦与母瑞山战役后，红军撤到琼东、定安交界处乌榄湾，陈部四个营来攻，红军又撤回母瑞山。

31日　伍朝枢辞去琼崖特区行政长官，特区撤销。

9月

陈汉光部向马岭村、多异岭进攻。

陈汉光部班德卿营在阳江以西，滴水、亭父公祠一带"搜剿"红军。

陈汉光部第二团在儒郭山、牛探岭、内洞山、马岭等处"清剿"红军。

陈汉光部彭智芳团占领羊山后，实行严密封锁，红军营长陈金利牺牲。

陈汉光部当琼崖苏维埃撤回母瑞山将其层层包围，修筑碉堡炮楼。

10月

陈汉光部向琼东内洞山进行"围剿"。

陈汉光部得悉红军从母瑞山突围，增强对文魁岭、乐万苏区包围圈，发起轮攻，乐万区红军陷入弹尽粮绝境地。

陈汉光部对万宁茄槽峒、太平峒、陵水县六号峒红军根据地发动"围剿"。

12月

陈汉光部对六连岭进攻之后,在六连岭周围村庄制造无人区。

1933年

1月

琼崖各块革命根据地先后被陈汉光警卫旅攻破,琼崖革命斗争进入空前艰难时期。

红军师长王文宇在乐会山察村被陈汉光部捕获,后在海口就义,红军部队最后只剩下冯白驹等26人。

2月

19日 陈汉光部发动三江之役,"围剿"红军。

4月

陈汉光率部抵达白沙县根铺,召开苗、黎峒首领会议,采用攻心手段。

冯白驹等26个人再次从母瑞山突围回到琼山大山乡长泰村冯白驹家中。

7月

陈汉光部向琼西临高、儋县、昌江、白沙、八所、感恩一带"围剿"。

12月

陈汉光选送400余名黎苗族青年到广州,进入广东军事政治学校化育班接受教育,学成返回海南成为执行国民党政策的骨干。

1934年

1月

陈汉光部在六连岭周围建筑炮楼,加强对六连岭根据地"围剿"。

2月

上旬 陈汉光就任琼崖绥靖委员。

18日 广东各县推行新保甲制度,实行连保连坐,琼崖实行五家联保。

3月

12日 独立第四团开赴昌江老宏村围剿红军。

7月

第一集团军警卫旅陈汉光部开始调防广州、粤北，第二团先行，9、10月，第一团与第三团方离琼。

9月

6日　第一集团军警卫旅"围剿"琼东县。

14日　警卫旅"围剿"琼山县第九区南道岭头等处红军。11月

1日　许廷杰接陈汉光任琼崖绥靖委员。

12月

7日　陈汉光警卫旅离琼后，独立第四团继续驻琼，负责绥靖任务。

1935年

1月

20日　澄迈县编练处"剿"缉海严村和美斗村活动红军。

中旬　独立团及琼山、文昌警卫队往马陵沟搜捕红军。

17日　琼山县编练处"围剿"苦瓜山红军。

2月

中旬　琼山县警卫队围攻该县红军游击队。

20日　琼崖公署令独立第四团前往琼山马陵沟"清剿"红军。

4月

上旬　独立第四团会同警卫队"会剿"六连岭红军。

琼崖公署令警卫队"搜剿"在文昌县活动红军。

独立第四团第九连赴吉龙乡"围剿"红军。

第一集团军第三特务营调琼。

5月

15日　陵水县、感恩县联防队赴东亚乡"剿"缉红军游击队。

24日　独立第四团在万宁县第四区袭击红军。

6月

上旬　独立第四团、万宁、定安、琼东县编练处"会剿"六连岭红军。

4日　琼崖公署令琼东县派兵与独立第四团联合"围剿"内洞山红军。

8月

上旬　琼山编练处会同演丰驻军"围剿"龙宫坡红军。

独立第四团第一营"搜剿"文昌县福建园山红军。

10日　独立第四团第二营"围剿"文昌县烟墩墟宾村红军。

29日　独立第四团第二营第六连前往美坡村追击红军。

30日　独立第四团第二营第六连"围剿"文昌县赤泉坡村红军。

9月

1日　澄迈县编练处会同驻军前往该县第四、第五区追击红军游击队。

6日　独立第四团第二营第四连"进剿"合龙乡东园村红军。

上旬　文昌县编练处会同驻军"搜剿"清澜冠南一带红军。

11日　临高编练处围捕太白村红军。

17日　独立第四团第一营分四路"搜剿"加当田岭红军。

18日　澄迈县编练处会同防军"搜剿"花场红军。

24日　万宁县编练处会同防军"搜剿"茂田、猿水等乡红军。

10月

9日　独立第四团和琼东编练处"围剿"琼东千秋乡红军游击队。

12日　独立第四团第四连在文昌县迈豆、坡田各村遭红军袭击。

24日　澄迈县编练处"围剿"塘下村红军。

28日　警备第一团第五连在定安黄竹追缉红军。

11月

8日　万宁县编练处会同驻军到梁石乡袭击红军。

13日　独立第四团第一营到文昌县东郊"剿"缉红军。

25日　独立第四团第八连在文昌县南阳、钟端围剿红军。

1936年

5月

26日　琼崖绥靖委员许廷杰、独立第四团团长王定华、警卫团团长陈济南针对仍有少数红军活动，召集各营长及各县长参加的"剿共"会议。

7月

24日　余汉谋接管广东行政权后，撤销绥靖委员公署。

10月

琼崖划为广东省第九行政区，委张达为第九区行政专员兼保安司令，王毅为保安副司令兼保安第十一团团长，驻海南。

1937年

4月

第四路军总部任命李江为独立第九旅旅长，组成三个团，驻琼。对红军进行"围剿"。

第四路军第一五二师调琼。

7月

中共琼崖党组织得到恢复，建立七个县委，党员发展到六百余人，与广东省委和中央恢复了联系。

抗日战争爆发后，冯白驹与国民党当局谈判，将琼崖红军游击队于1938年12月改编为广东民众抗日自卫团第十四区独立队，有队员300余人，冯白驹任队长。

（九）"围剿"左右江革命根据地大事记

（1929年至1932年）

1929年

12月

11日　邓小平、张云逸、雷经天、韦拔群等领导广西警备第四大队、教导总队和右江农军在百色举行起义。

中国工农红军第七军在百色成立，张云逸任军长，邓小平任政治委员兼前委书记，龚鹤村任参谋长。

12日　右江苏维埃政府在平马（田东）成立，雷经天任主席，韦拔群、陈洪涛等10人选为委员。

下旬　百色地区地主武装和土匪2000余人两次偷袭百色红七军。

1930年

1月

李宗仁平定吕焕炎部反叛，重掌广西军政大权，对红七军开始"进剿"。

2月

1日　共产党领导龙州起义，成立苏维埃政府，王逸选为主席；成立红八军，军长为俞作豫，政治委员由邓小平兼任，红七、红八两军总指挥为李明瑞。

4日　桂系师长李画新指挥第七军4个团一个营进攻隆安县城，与红七军激战，红军伤亡300余人。

6日　李明瑞、张云逸率部驰援隆安。

7日　隆安县城失守，红军退往恩隆。

12日　桂系第七军覃兴团与红军激战于平马镇马鞍山，红军撤往燕峒一带。

红八军第二路游击司令黄飞虎叛变，率队回老窝下冻乡，成立"讨赤军"司令部。

中旬　法国在越南飞机两架飞入左江红八军所在区域，被红军击落一架。

28日　桂系第七军蒙志仁团在恩隆县亭泗村袭击红军，次日红军转移东兰、凤山一带。

3月

月初　黄绍竑坐镇平马镇"围剿"右江根据地，并派梁朝玑师四个团进攻左江根据地。

红七军前委决定：第一、第二纵队到桂黔边游击；第三纵队留东兰、凤山活动。

12日　红八军冯飞龙部叛变放弃驮芦，梁朝玑部陷雷平，截断龙州第八军与第七军第一纵队联系。

20日　梁朝玑部袭击龙州，红八军第二纵队长刘定西叛变，退出龙州接受桂系改编，第八军第一纵队转移至右江地区。

4月

月初　桂系第七军杨腾辉部在思恩截击红七军第一纵队，红七军第一、第二纵队向贵州转移。

29日　岑建英团在凌云县彩架村伏击红八军第一纵队，红军向桂黔边境转移。

30日　红七军第一、第二纵队攻克贵州榕江县城，歼灭黔军两个营，缴获大批武器弹药。

5月

3日　红七军第一、第二纵队回师右江地区。

6月

上旬　红七军回师百色，全歼守敌，乘胜收复沿江奉议、恩隆、思林、果德各地。

7月

月初　滇军在果德果化鹧鸪坳遭红七军袭击。

9月

18日　叛军冯飞龙部进攻镇结苏维埃政府所在地，主席汤学承牺牲。

10月

2日 红七军改编为红十九、红二十两师。

中旬 红七军与红八军会合。

下旬 白崇禧指挥桂军追击滇军,占领果德、思林、奉议、恩阳、百色等地。

11月

11日 红七军攻占怀远镇,第四集团军独立师、教导师对红七军进行堵击。

18日 独立师、教导师在罗城县四把截击红七军,双方伤亡惨重。

12月

5日 红七军攻打融县长安镇,与独立师、教导师激战四昼夜后,退往桂黔边境,再向江西转移,韦拔群率少数人员留下坚持游击战争。

1931年

2月

月初 桂军第七军廖磊部向东兰、凤山根据地"围剿"。

29日 黔军王海平部两个团在海亭村杀戮红军和群众近四百人。

3月

20日 黔军王海平部与当地民团进攻凤山县城,县苏维埃转移至恒里岩。

21日 廖磊部占领东兰县城。

23日 廖磊在东兰召开军事会议,决定分区"围剿"。

4月

1日 庆远区"剿共"司令石化龙指挥民团1000多人在东兰板升与红军激战。

17日 黔军王海平部哗变,红军乘机占领凤山县城。

20日 桂军韦高振支队围攻武篆、弄砦岩。

21日 廖磊部杨一峰营占领凤山县城。

5月

月初 廖磊在东兰县组织东凤"剿匪"司令部,韩彩凤任右江军事指挥,负责"围剿"红军。

6月

上旬　东兰县长黄汉杰命令陈儒珍、陈儒瑾率民团攻占东兰县长安区，红军第六十三团团长廖源芳牺牲。

7月

月初　桂军第二十一师两个营进攻红军第六十二团驻地，被迫撤离七里区。

18日　桂军第四十五师第一三二团进攻向都，红军撤离。

8月

月初　红军第二十一师改为独立第三师，由韦拔群任师长、陈洪涛任政委。

下旬　红军独立第三师八百余名战士从西山转移到东兰苏托、苏邦一带。

11月

中旬　廖磊指挥4个团和民团共7000人向东兰、凤山根据地进攻，将红水河以东根据地悉数攻陷，红军分散转移到苏托一带。

23日　桂军攻破凤山县恒里岩，岩峒内374名红军及民众全部遇难。

12月

月初　桂军分三路进攻巴暮，红军坚守一个月后退出。

下旬　桂军第四军调离广西，第七军撤离东兰、凤山。

1932年

2月

驻巴暮地区桂军调离东兰，红军重新回巴暮地区活动。

4月

8日　桂军韩彩凤师占领巴暮都楼乡。

18日　东兰县长李瑞熊在叛徒带领下，指挥民团进攻红军独立第三师所在地西山弄京，韦拔群率部转移到西山南部。

5月

月初　桂军再次进攻红军独立第三师师部所在地。

8月

月初　廖磊再次率部到东兰县"围剿"红军。

28日　廖磊在东兰县召开会议，布署"剿共"事宜。

9月

6日　廖磊分兵七路围攻西山、大、小弄京。

8日　大、小弄京被桂军攻占,韦拔群等分散转移。

中旬　桂军罗活团和地方民团5000余人分三路进攻巴暮红军,攻陷巴暮,红军大多牺牲。

10月

8日　白崇禧到东兰县城召集军政负责人面授"围剿"事宜,组织"东凤善后委员会"。

19日　红军独立第三师师长韦拔群在东兰武篆区那烈乡东里屯尝茶峒被叛徒韦昂杀害。

11月

1日　广西省政府在东兰县成立"东凤善后委员会"实行清乡查户。

12月

9日　红军独立第三师政委陈洪涛在恩隆县七里区燕峒乡那其村被捕。22日就义于百色城。

（十）"围剿"川陕边区革命根据地大事记

（1933年1月至1934年9月）

1933年

1月

27日 国民政府任命川军第二十九军军长田颂尧为"川陕边区剿共督办"。

28日 田颂尧在成都就任"督办"职，并委其副军长孙震为"前敌总指挥"。

2月

上旬 田颂尧以38个团组成左翼、中央、右翼三个纵队对川北红军进行"三路围攻"。

田颂尧以第四师师长王铭章为左翼纵队司令官，由旺苍向南江进攻；以第三师师长罗乃琼为右翼纵队司令官，由南部、仪陇联系中央纵队向巴中进攻，以第二师师长曾宪栋为中央纵队司令官，由苍溪、阆中进攻巴中。

中下旬 田颂尧部左翼、中央两纵队向巴河左岸发起全线进攻，与红军激战10日后，25日左翼纵队占领长池。

3月

8日 川军进占巴中，续向清江渡前进。

4月

上旬 红军撤出南江县城。

26日 川军再次全线发起猛攻，三路纵队一齐扑向通江县。

29日 红军撤出通江县城。

5月

2日 川军中央纵队第一路司令李炜如部进驻通江县城。

20日 川军又一次发起全线进攻。

21—24日 川军左翼纵队十三个团被红一师、红七十三师、红十师、红十二师包围于空山坎的余家湾、柳林溪地区，经3昼夜激战，川军被歼7

个团，6个团被击溃，1个团被包围缴械，副团长曾慎修撤退时被踩死，被俘官兵5000余人，损失长短枪3000支。

26日　红十三师克复南江。

29日　红十二师收复通江。

6月

5日　红十二师收复巴中，逼进仪陇。

15日　红十一师收复长池、木门，逼进苍溪；红七十三师进占旺苍坝，直接威胁广元。

21日　川军范绍增部进驻通江县城。

7月

7日　国民政府任命四川军务善后督办、第二十一军长刘湘为四川"剿总"总司令，统率四川境内各军，对川陕边区根据地红军发动新的"六路围剿"。

10月

4日　刘湘在成都就任四川"剿总"总司令，（设总部于成都），国民政府派何成浚为监视员。

6日　刘湘在成都召开"剿共"军事会议，提出："六路围攻"、"五个作战阶段"、"三月完成"的军事作战计划。

第一路为邓锡侯第二十八军，出兵18个团，从广元、昭化、向旺苍、南江、通江进攻。

第二路为田颂尧第二十九军，出兵24个团，目标夺回巴中、仪陇，并协助第一路夺回南江。

第三路为李家钰四川边防军和罗泽洲新编第二十三师，出兵18个团，配合第二路进攻仪陇、巴中、通江。

第四路为杨森第二十军，出兵12个团，由渠县、蓬安、营山出动，占营山会攻巴中、通江。

第五路为刘湘第二十一军，出兵30多个团，由王陵基指挥，由开江、开县向宣汉、达县、万源方向进攻。

第六路为刘存厚第二十三军，出兵12个团，由副军长刘邦俊指挥，配合第五路进攻万源。

11月

1日　王陵基就任第五路军总指挥，范绍增任副总指挥，组织第一次进攻。

以王陵基第三师为基干，第二十三军5个旅组成右兵团，以范绍增第四师为基干组成左兵团，从开江和绥定南岸亭子垭出击。

中旬　第四路第六、第五、第三等3个混成旅，由周口、渠县向营山进攻，在丰澄铺与红军发生激战，双方均有较大伤亡。

第二十八军邓锡侯委其第三师师长陈鼎勋为前敌总指挥，进驻广元、昭化。

21日　杨森第二十军第三、第五混成旅进占营山。

下旬　田颂尧第二十九军右纵队占领新镇坝、谢家河，进攻仪陇；左纵队占领八庙垭、鸳溪口。

12月

1日　第五路、第六路组织第二次进攻，相机进占达县、宣汉两县外围据点。

15日　第五路、第六路开始全线渡过绥定河进攻。

17日　第五路、第六路与红军争夺插旗山制高点，双方投入兵力共约2万人，川军伤亡3000人，红军撤离宣汉、达县，川军进占。

1934年

1月

上旬　第一路由广元、昭化向南江进攻，进至木门、旺苍、盐井河一带。

第三路军罗泽洲部配合第二路进攻仪陇、巴中。

11日　第二路军李炜如部进入仪陇。

中旬　第四路杨森派王一鹗入通江与红四方面军张国焘、陈昌浩达成双方互不进攻协议。

第五路、第六路在达县、宣汉外围与红军展开争夺战，右兵团争夺马渡关，伤亡3000人；左兵团在达县以北遭红军袭击，伤亡达4000人；第一期攻击计划受挫。

2月

16日　王陵基赴成都开会，被刘湘免去所兼各职，并遭软禁。由唐式遵接替王陵基指挥权。

3月

3日　川军发起第二期总攻，企图夺取巴中、通江、万源。

5日　唐式遵赴双河场就任第五路军总指挥。

西线川军第一路攻旺苍坝；第二路攻恩阳河；第三路攻玉山场；第四路攻鼎山场，企图将红军压至通江、巴中以北地区。

东线川军第五路、第六路将红军压迫至石盘关至竹峪关一线，封锁川陕门户。

中旬　第三路罗泽洲部进占巴中。

第二路进占恩阳河。

第一路进占旺苍坝。

15日　第五路、第六路向红灵台、毛坪进攻，受到红军阻击，川军伤亡达3000人，东线暂呈对峙状态。

28日　刘湘发动第三期总攻，企图在东线夺取万源，西线进占南江、通江，然后东西合围。

4月

3日　川军猛攻万源、通江、南江，东线红军退出万源，西线退出江口、长池、南江等地。

5日　西线第一路进攻长池、南江等地，遂占领南江、下巴河一线。

23日　东线第五路、第六路进攻镇龙关、石窝场一线红军阵地，被击退。

28日　东线第五路、第六路在通江方面，从镇龙关至刘坪一线和万源方面大面山，皆受阻不能前进。

5月

13日　刘湘在成都召开各路总指挥第三次军事会议部署第四次总攻，任命"刘神仙"（刘从云）为四川"剿共"前方军事委员会委员长，任命第二十一军教导师师长潘文华为"剿共"军总预备军总指挥。

6月

上旬　"刘神仙"、潘文华赴南充任职。

刘湘下达第四期总攻命令。

中旬　第一路、第二路、第三路会攻通江，红军撤出。

15日　唐式遵下令第五路、第六路发起第四期总攻，猛攻万源至通江城北一带红军阵地。

21日　第五路进占通江。

23日　第三路于午前，第四路于午后亦进入通江城。

7月

7日　第五路进占城口。

11日　"刘神仙"以占卜定11日为"黄道吉日"，令各路军发动总攻，用黄缎包裹下达命令，派飞机投各路军总指挥部。

22日　唐式遵率第五路、第六路亲自督战，以夺取万源为目的发动全线总攻，激战十余日，川军伤亡约万人，第二十一军元气大伤。

8月

月初　刘湘宣布：攻下万源奖赏三万元。

5日　唐式遵再次下令全线总攻万源。范绍增部在竹兴场向红军进攻，范楠煊旅进占土门场，孟浩然旅进占石板店。

10日　第六路汪铸龙师阵地被红军突破，被歼1000余人。

16日　第五路杨国桢旅、刘光瑜旅、吴锦堂等部所守阵地被红军突破、东线川军防线整个瓦解。

中旬　唐式遵在石塘坝召开师旅长紧急会议，决定右翼各部队互相掩护撤退，左翼范绍增部掩护左侧背之安全。但各部队未奉命令争相后撤，川军半年进占地区，仅一日丧失殆尽。

23日　刘湘见万源溃败，电呈蒋介石："从本日起，所有'剿共'总司令、善后督办、第二十一军军长各职务，分别交由参谋长代行。"自成都出走重庆。

月底　第四路放弃通江撤至营山、渠县。

9月

上旬　第一路退守巴河一线。

第三路罗泽洲部铁匾山阵地被红军突破，罗泽洲部退至蓬安县境，李家钰部退至仪陇县二龙场和营山县天地场。

中旬　第二路曾起戎旅接防巴中与撤退胡开莹旅相遇，二个旅在黄木垭地区被红军围歼；两个旅损失达7000人。第二路军退至嘉陵江边苍溪、阆中一线。

22日　红军连克苍溪、阆中，收复北起广元南至阆中的嘉陵江东岸地区。

至此，历时12个月的川军的对红四方面军川陕根据地的"六路围攻"宣告失败。

（十一）"围剿"湘鄂川黔边区革命根据地大事记

（1934年3月至1936年1月）

1934年

3月

6日　红三军进攻湘西大庸，为湘军陈渠珍部所阻。

8月

3日　红六军团在任弼时、萧克、王震率领下，自江西遂川、永新南走，进行转移。

10月

14日　蒋介石任命何键为"追剿"军总司令，何移驻衡阳布防，分为五路军"追剿"湘桂黔边境红军，第二十八军军长刘建绪为第一路军司令；第三路军总指挥薛岳为第二路军司令；第三十六军军长周浑元为第三路军司令；第二十三师师长李云杰为第四路军司令；第五十三师师长李韫珩为第五路军司令。

24日　红三军与红六军团在贵州印江木黄会师。

28日　红二、六军团主力从酉阳南腰界出发，开展湘西攻势。

11月

3日　红二军团进占川边酉阳，被川军所阻。

7日　红二、六军团攻占湘西永顺县城灵溪镇。

13日　红二、六军团退出永顺县城。

16日　红二、六军团于永顺龙家寨十万坪进行伏击战，大败陈渠珍师，俘旅参谋长以下2000余人。

17日　红二、六军团克复永顺县城灵溪镇。

红二军团一部占领桑植城沣源镇。

湘军陈渠珍部进占永顺。

红二军团进占大庸溪口。

29日　湘军占溪口，红二军团走大庸。

12月

7日　红二、六军团猛攻沅陵，湘军新编第三十四师陈渠珍部进行阻击。

13日　红二、六军团撤沅陵之围，北退大庸。

17日　红二、六军团在桃源进行浯溪河战斗，歼国民党军罗启疆独立第三十四旅大部，占领桃源县城。

18日　红二、六军团主力围攻常德，独立第三十四旅罗启疆部固守，何键派李觉、章亮基、陶广等师赴援。

21日　红二、六军团主力撤常德之围。

23日　"追剿"军第六路司令李觉进驻常德。

24日　"追剿"军李觉、郭汝栋师进占桃源。红二、六军团退大庸、桑植。

26日　红二军团第四师占领慈利。

31日　湘军第十九师李觉部陶柳旅占慈利，红二军团第四师返大庸。

1935年

1月

19日　"追剿"军总司令何键到常德，督促"围剿"红二、六军团。

22日　湘军陈渠珍部占领永顺。

23日　湘鄂两省国民党军达成协同作战协议，组成陈耀汉、郭汝栋、陶广、徐源泉、李觉、张振汉为司令的六路军"围剿"。

27日　湘军陈渠珍部遵令缩编。

29日　国民党当局任命徐源泉为鄂湘川边"剿共"军总司令。

2月

8日　湖南慈利溪口棉花山战斗，红军与郭汝栋部激战。

24日　陶广、郭汝栋等师与红二、六军团战于大庸、沅陵。

3月

2日　第一路军前敌总指挥刘建绪自沅陵赴黔东南岸布防，阻止第一方面军与红二、六军团会合。

4日　何键、徐源泉部分路向大庸、桑植红二、六军团进攻。

5日　"剿共"军第一路军总司令何键到常德，督"剿"红二、六军团。

6日 鄂湘川边"剿共"军总司令徐源泉在湖南澧县就职。

9日 何键到沅陵。李觉、陶广、章亮基等师连日与红二、六军团战于大庸、永顺。

14日 永顺高粱坪战斗中,红军遭受损失。

15日 第十九师李觉部和第二十六师郭汝栋部占领大庸县城。

21日 在大庸西后坪鸡公垭红军与第十九师李觉部发生激烈战斗,李部伤亡近千人,红军指战员伤亡亦大。

22日 第五十八师陈耀汉部占桑植,红二、六军走永顺、龙山。

4月

9日 湘军章亮基师、陶广师占领永顺,李觉师占领红军根据地永顺塔卧。

13日 桑植陈家河战斗中,第五十八师第一七二旅被歼,旅长李延龄身亡。

15日 永顺桃子溪战斗中,第五十八师第一七四旅旅部、一个山炮营、一个整团被歼。

16日 第五十八师一个团由桑植撤至大庸,红军占领桑植县城。

29日 红二、六军团进至慈利江垭,李觉师由石田溪星夜赴慈利堵击。

30日 陶广、王东原、陈光中等师与红二、六军团战于大庸附近。

5月

2日 第十九师李觉部陆续到达慈利城。

3日 红二、六军团进至慈利通津铺东岳观附近。

5日 红二、六军团自大庸、桑植进至石门、慈利。

7日 红二、六军团于永顺县城塔卧路上茶林坡,歼第六十二师解运弹粮一个营。

10日 第十九师李觉部占领慈利通津铺。

27日 红二、六军团进攻湖北来凤。

6月

1日 蒋介石电令徐源泉、何键,由于红二、六军主力返回桑植、鄂西,电令徐源泉部第三十四、第四十一、第四十八各师专任"堵剿",令何键部第十五、第十六、第十九、第二十六、第六十二、新编第三十四各师专任"进剿"。

10日　第四十八师第二八七团和第二八五团与红二、六军团激战于湖北宣恩椒园。

增援部队第八十五师谢彬部归鄂湘川边"剿共"总司令徐源泉调遣。

13日　红二、六军团与鄂湘川边"剿共"军第一纵队司令兼第四十一师师长张振汉所部在湖北咸丰忠堡激战。是役红军歼第四十一师一个师部、一个旅又一个营，俘师长张振汉、团长王茹山。

21日　蒋介石令黄新代理第四十一师师长，吕振先代理第四十一师第一四四旅旅长。

22日　国民党义勇队郑鼎九部进占桑植。

23日　红二、六军团围攻龙山县城首善镇。

28日　湖南省政府决议，设立湘西绥靖处，驻沅陵，以刘建绪兼任处长。

30日　龙山守军新编第三十四师刘团被围困，城内粮弹俱尽，由宜昌用飞机投送。

7月

3日　红军在永顺小井阻击湘军陶广纵队。

9日　蒋介石令何键夹击挣脱碉堡线外红军。

10日　在龙山象鼻岭，红军与鄂东独立第三十八旅激战。

11日　红六军团在永顺西北大小甘溪与湘军陶广、章亮基部对峙。

12日　第二十六路军第三十一师第九十二旅接张万信第三十四师防地。

15日　红军在湖北来凤胡家沟阻击由咸丰增援之第四十一师黄新部五个团。

27日　孙连仲部第三十一师接替走马坪，鹤峰太平镇至黄家台一带防务，第三十师担任泥沙市南北渔洋关及聂家河一带防务。

28日　鄂军第四十一师向橡皮岭进攻，第三十四旅到达郁山镇。

29日　鄂军第四十一师进至龙山外围，红军撤出对龙山包围。

8月

3日　红二、六军团在湖北宣恩板栗园、冉大河、汤湾与第八十五师谢彬部发生战斗，师长谢彬被击毙。

8日　龙山芭蕉坨战斗，红二、六军团击溃陶广部十个团、六路纵队对红军"围剿"到此被粉碎。

20日　红军主力转入进攻，东出石门、临澧、澧县、津市。

25日　红军占领石门。

29日　蒋介石令于湖北利川樊崧甫部集中常德、澧县。

30日　红军占津市、临澧鳌山市。

31日　红六军团占澧县，红二军团占桃源。

红军在澧县附近大堰挡及东岳庙、石子滩与第二十六路军第二十七师对峙。

何成浚飞长沙布置"剿共"军事。

9月

14日　红军萧克部退出津市。

18日　国民党军将澧县、临澧、津市次第占领。

25日　红二军团活动于石门北皂角市、彭家湾、合口一带。樊崧甫、孙连仲部于合口、新安、王家厂、暖水街线向红军进攻。

10月

1日　红军占领石门及皂角市。

2日　何键电徐源泉加强来凤至龙山、李家河、沙刀沟间，鹤峰至走马坪碉堡封锁线守备。

8日　蒋介石下令成立宜昌行辕，自任主任，派陈诚任参谋长，代行主任职权。开始新的"围剿"。

19日　宜昌行辕发布第一期"进剿"计划。令第二十六路军及樊崧甫纵队均归孙连仲统一指挥，冯安邦师为"进剿"军由新安、牛圹坊、皂角市、樟树阁向磨岗隘交互逐段筑碉。

29日　桑植方家坪红军兵工厂被国民党军空军炸毁。

11月

2日　红二、六军团经磨市石门垭西向返回桑植。

5日　宜昌行辕发布对湘赣川黔根据地实行封锁令。

10日　红十八师奉命留守根据地，钳制国民党军，掩护主力突围。

19日　红二、六军团在桑植刘家坪、瑞塔铺开始突围。

20日　红军主力突破澧水封锁线后南走。

22日　红军主力突破沅江封锁线。

23日　红军由大庸经沅陵东北一带渡沅江后南走。

12月

1日　李觉部占领辰溪。

3日　湘保安团一团王毁轩部占桑植。

8日　湘军陈光中部占溆浦。

21日　"剿共"军第一路军总司令何键赴宝庆，督促"追剿"红军。

1936年

1月

1日　红二、六军团进入芷江冷水铺。红十八师突围后抢渡北河，进入鄂川边。

9日　红二军团占贵州石阡，红六军团占江口，红十八师经鄂西、川东、黔东突破重重阻截后，到达贵州江口与主力会合。

19日　红二、六军团决定向黔西大定、毕节一带转移。

2月

5日　红二、六军团于贵州大定，黔西击败第五十四师郝梦龄部。

至此，湘鄂川黔革命根据地光辉斗争历史结束。

附录二

"围剿"边区革命根据地
参战部队指挥系统表

本表所用代号：

军：A

师：D

旅：B

团：R

独立：S 　如独立旅：SB

新编：N 　如新编师：ND

暂编：T 　如暂编师：TD

预备：P 　如预备师：PD

骑兵：K 　如骑兵师：KD

（一）"围剿"井冈山革命根据地
参战部队指挥系统表

（1927 年 10 月至 1929 年 2 月）

1. 江西省"进剿"部队指挥系统表
（1928 年 1 月至 6 月初）

江西省政府清乡总部　省主席：朱培德

江西省警备司令
3A（王均）
- 3A（王均）——9D（杨池生）
  - 25R（李文彬）
  - 26R（陈显武）
  - 27R（郭体国）
- 31A（金汉鼎）
  - 27D（杨如轩）
    - 79R（刘安华）
    - 80R（　　　）
    - 81R（周体仁）
  - 7SD（刘士毅）——38R（李世龙）

2. 湖南"进剿"部队指挥系统表
（1928 年 4 月）

湘鄂政务委员会主席：程潜

16A（范石生）
- 46D（范石生兼张浩代）
- 教导 D（胡凤璋）
- 3SD（许克祥）

6A（程潜）
- 34D（李朝芳）
- 18D（张轸）

21A（向成杰）

8A（吴尚）
- 1D（熊震）
- 2D（程泽润）
- 3D（阎仲儒）

3. 江西、湖南两省第一次"会剿"指挥系统表

（1928 年 6 月）

江西省政府清乡总部　省主席：朱培德

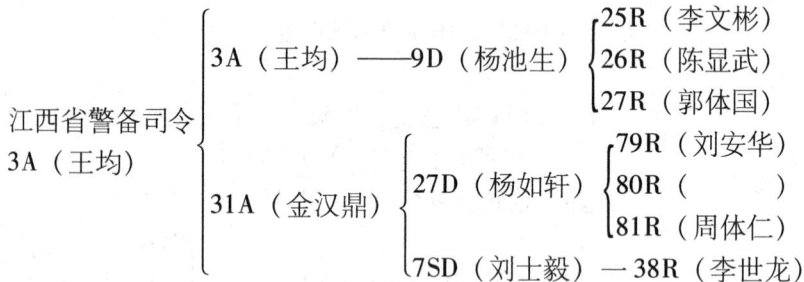

江西省警备司令
3A（王均）
- 3A（王均）——9D（杨池生）
  - 25R（李文彬）
  - 26R（陈显武）
  - 27R（郭体国）
- 31A（金汉鼎）
  - 27D（杨如轩）
    - 79R（刘安华）
    - 80R（　　）
    - 81R（周体仁）
  - 7SD（刘士毅）— 38R（李世龙）

湖南省清乡督办公署　督办：鲁涤平

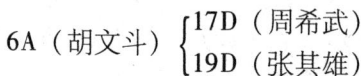

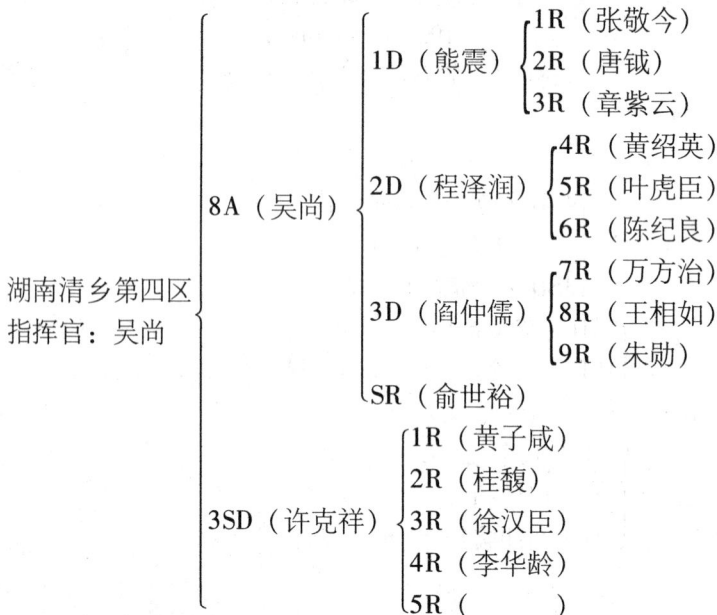

会办：何键

6A（胡文斗）
- 17D（周希武）
- 19D（张其雄）

湖南清乡第四区
指挥官：吴尚
- 8A（吴尚）
  - 1D（熊震）
    - 1R（张敬今）
    - 2R（唐钺）
    - 3R（章紫云）
  - 2D（程泽润）
    - 4R（黄绍英）
    - 5R（叶虎臣）
    - 6R（陈纪良）
  - 3D（阎仲儒）
    - 7R（万方治）
    - 8R（王相如）
    - 9R（朱勋）
  - SR（俞世裕）
- 3SD（许克祥）
  - 1R（黄子咸）
  - 2R（桂馥）
  - 3R（徐汉臣）
  - 4R（李华龄）
  - 5R（　　）

17SD（　　　　）

19SD（陈渠珍）

6SD（陈汉章）

4. 江西、湖南两省第二次"会剿"指挥系统表

（1928 年 7 月至 11 月）

江西省政府清乡总部　省主席：朱培德

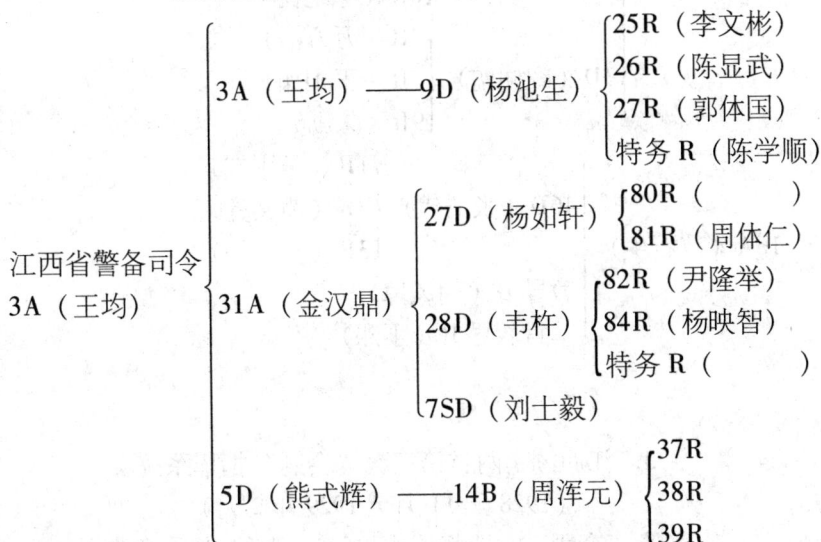

```
                                                    ┌ 25R（李文彬）
                                   ┌ 3A（王均）——9D（杨池生）│ 26R（陈显武）
                                   │                         │ 27R（郭体国）
                                   │                         └ 特务 R（陈学顺）
                                   │
                                   │            ┌ 27D（杨如轩）┌ 80R（　　　）
                                   │            │             └ 81R（周体仁）
江西省警备司令                      │            │             ┌ 82R（尹隆举）
3A（王均）                         ┤ 31A（金汉鼎）┤ 28D（韦杵）│ 84R（杨映智）
                                   │            │             └ 特务 R（　　）
                                   │            └ 7SD（刘士毅）
                                   │                         ┌ 37R
                                   └ 5D（熊式辉）——14B（周浑元）│ 38R
                                                             └ 39R
```

湖南省"清剿"督办公署　督办：鲁涤平

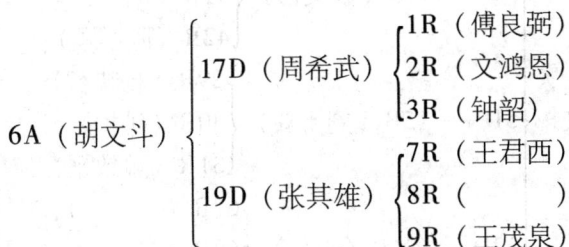

会办：何键

```
                      ┌ 17D（周希武）┌ 1R（傅良弼）
                      │             │ 2R（文鸿恩）
                      │             └ 3R（钟韶）
6A（胡文斗）          ┤
                      │             ┌ 7R（王君西）
                      └ 19D（张其雄）│ 8R（　　）
                                    └ 9R（王茂泉）
```

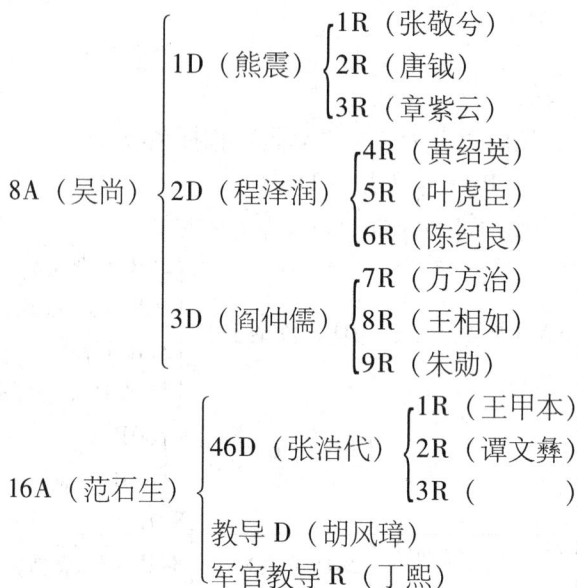

5. 江西湖南两省第三次"会剿"指挥系统表
（1928 年 11 月至 1929 年 2 月）

湘赣"会剿"总指挥：朱培德　副总指挥：鲁涤平

会剿总指挥部　代总指挥：何键　副总指挥：金汉鼎

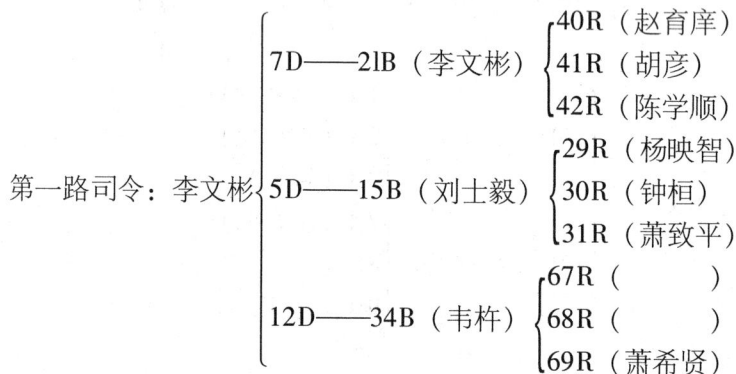

```
                                          ┌ 70R（        ）
                      ┌ 12D——35B（张与仁）│ 71R（        ）
                      │                    └ 72R（        ）
                      │                    ┌ 26R（李世隆）
第二路司令：张与仁 ┤ 5D——14B（周浑元）│ 27R（张学文）
                      │       15B          └ 28R（冀朝美）
                      │                    ┌ 37R（        ）
                      └ 7D——19B（厉式鼎）│ 38R（        ）
                              21B          └ 39R（        ）

                                           ┌ 朱R
第三路司令：王捷俊——18D——53B（王捷俊）│ 谢R
                                           └ 姚R

                                        ┌ 1R（王沛）
第四路司令：吴尚——1SB（吴尚）│ 2R（陈纪良）
                                        └ 3R（张敬兮）

                                           ┌ 周希武R
                                           │ 王英兆R
第五路司令：刘建绪——19D——57B（刘建绪）│ 魏镇R
                                           └ 53B——陶柳R
```

（二）"围剿"湘赣边区革命根据地参战部队指挥系统表

（1931 年 7 月至 1934 年 11 月）

1. 1931 年 7 月进行第一次"围剿"部队

湘鄂赣"剿共"总指挥　何键

　　　　14D（周至柔）

　　　　18D（朱耀华）

　　　　28D（王懋德）

　　　　43D（郭华宗）

　　　　53D（李韫珩）

　　　　59D（韩汉英）

　　　　62D（陶广）

　　　　63D（陈光中）

　　　　77D（罗霖）

　　　　12D——34B（马琨）

2. 1932 年 11 月进行第二次"围剿"部队

第四路军　总指挥　何键

　　　　　　　　　15D（王东原）

　　　　　　　　　16D（彭位仁）

　　　　　　　　　19D（李觉）

　　　　　　　　　62D（陶广）

28A（刘建绪）　　63D（陈光中）

　　　　　　　　　28D（王懋德）

　　　　　　　　　43D（郭华宗）

　　　　　　　　　52D（李明）

　　　　　　　　　77D（罗霖）

　　　　　　　　　粤军 1D（李振球）

3. 1933 年 6 月 1 日，军事委员会委员长南昌行营建立赣粤闽湘鄂"剿共军"东西南北四路军，实行分区"合剿"，"围剿"赣西、湘赣边为西路第一纵队，"围剿"湘鄂赣、湘赣边为西路第二纵队。

西路军"剿共"总司令　何键

　　　　　　　　　　参谋长　郭持平

　　第一纵队　　　司　令　刘建绪

　　　　　　　　　　参谋长　彭松龄

15D　（王东原）

16D　（彭位仁）

23D　（李云杰）

46D　（戴嗣夏）

28D　（王懋德）

53D　（李韫珩）

62D　（陶广）——欠185B（李国钧）

63D　（陈光中）

77D　（罗霖）

第二纵队　司　令　刘膺古（兼）

　　参谋长　罗寿颐

22A（谭道源）
{
18D（朱耀华）
50D（岳森）
19D（李觉）——欠57B（陶柳）
62D（陶广）——185B（李国钧）
}

湖南全省保安司令　李觉

19D——57B（陶柳）

补充1、2、3、4R

32SB（胡达）

各保安区司令所辖之保安团以及义勇队

常澧警备司令部第一团

水陆警察机关

铁甲车队

4. 1934年8月红六军团西征后"围剿"部队

西路军"剿共"总司令　何键

23D（李云杰）　　驻吉安

53D（李韫珩）　　驻安福

77D（罗霖）　　　驻泰和

15D（王东原）　　驻莲花

18D（朱耀华）　　驻茶陵

5. 1934年11月，中央红军和红六军团进行长征后，赣粤闽湘鄂"剿共军"东西南北各路编组为驻赣绥靖新建制，辖八个绥靖区，湘赣边区在第五绥靖区。

驻赣绥靖主任　顾祝同

第五绥靖区司令官　谭道源

18D（朱耀华）

"清剿"区域为莲花、永新、宁冈、遂川等县。

50D（岳森）

清剿区域为武宁、修水线以南及铜鼓、万载、宜丰、上高、高安、奉新、靖安、永修、安义等县。

77D（罗霖）

"清剿"区域为萍乡属之观前、泸溪、张家坊、黄沙岭线以东宜春、安福、分宜、新喻等县。

赣保安第四团兼团长宜春专员危宿钟

"清剿"区域为萍乡属之观前、泸溪、张家坊、黄沙岭线以西。

（三）"围剿"湘鄂赣边区革命根据地参战部队指挥系统表

1. 1928 年 7 月对平江起义红五军"围剿"部队

湖南清乡会办何键
- 1SD（刘铡）
- 15D（王东原）
- 18D（朱耀华）
- 31ND（陶广）
- 32ND（陈光中）

2. 1930 年 9 月第一次"围剿"部队

（1）平（江）浏（阳）绥靖处处长刘建绪

28A（刘建绪）
- 15D（王东原）
- 16D（彭位仁）
- 31ND（陶广）

（2）1930 年 10 月参加部队

湘东方面
- 15D（王东原）
- 31ND（陶广）
- 32ND（陈光中）

鄂南方面
- 26D（郭汝栋）
- 10ND（谢彬）

赣西方面
- 54D（郝梦龄）
- 32SB（刘夷）

3. 1930 年 12 月对鄂南"围剿"部队

武汉行营主任　何成浚

26D（郭汝栋）
- 1B（韩杰）
- 2B（刘公笃）

10ND（谢彬）
- 1B（刘竹铭）
- 2B

11D（罗卓英）
- 31B（张鼎铭）
- 32B（萧乾）
- SB（霍揆彰）

20ND（袁英）

4. 1931年2月第二次"围剿"部队

湘鄂赣"剿共"总指挥　何键

- 15D（王东原）
- 18D（朱耀华）
- 50D（谭道源）
- 31ND（陶广）
- 32ND（陈光中）
- 32SB（刘夷）

鄂南"进剿"指挥　何成浚

- 26D（郭汝栋）
- 10ND（谢彬）

5. 1931年9月第三次"围剿"部队

鄂南"进剿"指挥　何成浚
- 26D（郭汝栋）
- 10ND（谢彬）

28A（刘建绪）
- 18D（朱耀华）
- 50D（谭道源）
- 31ND（陶广）

6. 1932年6月第四次"围剿"部队

武汉行营主任　何成浚

左翼军指挥官　刘建绪

28A（刘建绪）
- 15D（王东原）
- 16D（彭位仁）
- 19D（李觉）
- 62D（陶广）
- 32ND（陈光中）

右翼军指挥官　谭道源

22A（谭道源）
- 18D（朱耀华）
- 77D（罗霖）
- 50D（岳森）
- 32SB（刘夷）

中路军指挥官　何成浚

  26D　（郭汝栋）

  85D　（谢彬）

  82D　（徐承熙）

  33SB　（唐云山）

7. 1934 年 6 月"剿共"西路军进行第五次"围剿"部队

 西路军"剿共"总司令　何键

  第二纵队司令　刘膺古

22A（谭道源）
- 18D（朱耀华）
  - 52B（易振湘）
  - 54B（喻镜渊）
- 50D（岳森）
  - 148B（彭彰）
  - 149B（朱刚伟）
- 62D（陶广）
  - 184B（钟先仁）
  - 185B（李国钧）
  - 186B（王育瑛）
- 19D（李觉）
  - 56B（邓南骥）
  - 57B（陶柳）
- 补充总队

 第三纵队司令　陈继承

  26D　（郭汝栋）

  23D　（冯兴贤）

  58D　（汤恩伯）

  85D　（谢彬）

  82D（徐承熙）
- 3TB
- 4TB（张连三）
- 17NB（李宗鉴）

8. 1935 年 4 月进行"围剿"部队

 湘鄂赣边区"剿共"总指挥　陈继承

湘鄂赣边区"进剿"纵队
指挥官樊崧甫
{
28D（王懋德）
43D（周翔初）
79D（樊崧甫）
97D（孔令恂）
98D（夏楚中）
105D（刘多荃）
117D（吴克仁）
116D（彭位仁）——47B（成铁侠）
}

9. 1936年3月进行"清剿"部队

（1）第一"清剿"区（平江、浏阳、修水、铜鼓地区）

指挥 罗霖

15D（王东原）

4D（王万龄）

77D（罗霖）

63D（陈光中）

19D（李觉）

湖南保安团

（2）第二"清剿"区（阳新、大冶、武宁、通山、临湘、岳阳地区）

指挥 陈继承

40D（刘培绪）

30D（张金照）

35D（阮肇昌）

（3）第三"清剿"区（万载、宜春地区）

指挥 谭道源

16D（彭位仁）

1SD（朱耀华）

50D（岳森）

江西省保安团

（四）"围剿"闽浙赣（赣东北）边区革命根据地参战部队指挥系统表

（1931 年 1 月至 1935 年 1 月）

1. 1931 年 1 月至 11 月
   陆海空军总司令南昌行营主任：何应钦
   赣东北"剿共"总指挥：阮肇昌
       55D（阮肇昌）
       4D——10B（徐庭瑶）
       18D（鲁涤平）——53B（戴岳）
       浙江教导团（邹××）
       余江保安团

2. 1932 年 5 月至 1933 年初
   第八路军司令：赵观涛
       5D（周浑元）
       6D（赵观涛兼）
       53D（李韫珩）
       79D（王锦文）
       55D（阮肇昌）
       57D——171B（谈经国）
       21D（刘珍年）
       36SB（戴岳）
       江西保安 2R（曾戛初）

3. 1933 年 2 月——5 月
   赣粤闽湘边区"剿共"总司令：何应钦
   赣东北第一"清剿"区　徐庭瑶
       4D（徐庭瑶）
       21D（梁立柱）
       55D　165B（张彬）
       57D——171B（谈经国）
   赣东北第二"清剿"区　阮肇昌

55D（阮肇昌）

江西省保安 B $\begin{cases} 1R（胡正济） \\ 2R（曾戛初） \end{cases}$

4. 1933 年 5 月——10 月

赣东北警备司令　赵观涛

第一区（邢震南）$\begin{cases} 4D（邢震南） \\ 21D（梁立柱）\begin{cases} 61B \\ 62B \end{cases} \\ 55D——165B（张彬） \\ 57D——171B（谈经国） \end{cases}$

第二区
（樊崧甫）$\begin{cases} 79D（樊崧甫）\begin{cases} "进剿"第一纵队（副师长陈安宝） \\ "进剿"第二纵队—237B（张洪） \\ "进剿"预备队（樊崧甫） \\ "清剿"纵队—235B（华木生） \end{cases} \\ 贵溪保卫团 \\ 贵溪"剿共"义勇队 \end{cases}$

第三区（李韫珩）$\begin{cases} 53D（李韫珩） \\ 江西省保安团 \end{cases}$

第四区（周浑元）$\begin{cases} 5D（周浑元） \\ 6D（周碧） \end{cases}$

5. 1933 年 10 月——1934 年 1 月

军事委员会委员长南昌行营主任：何应钦

北路军总司令　顾祝同

前敌总指挥　蒋鼎文

浙赣闽边区警备区司令　赵观涛

21D（梁立柱）

12D（唐淮源）

53D（李韫珩）

55D（李松山）

57D（阮肇昌）

85D（谢彬）

80D（李思愬）

45SB（张銮基）

浙江保安 R——计四个团

6. 1934 年 1 月—4 月

军事委员会委员长南昌行营主任：何应钦

　北路军总司令　顾祝同

　前敌总指挥　陈诚

　赣浙闽皖边区警备区司令　赵观涛

　　12D（唐淮源）

　　21D（梁立柱）

　　49D（伍诚仁）

　　55D（李松山）

　　57D（阮肇昌）

　　85D（谢彬）

浙江保安部队 { 第一纵队（何凌霄）
第二纵队（蒋志英）

7. 1934 年 4 月至 10 月

赣粤闽湘鄂"剿共军"预备军总司令　陈调元

安徽省政府主席兼保安司令　刘镇华

15A（刘茂恩） { 64D（刘茂恩）
65D（武庭麟）

安徽省保安 R

11 路 NA——SB（阮　）

赣浙闽皖边区警备区司令　赵观涛

浙江省保安处（俞济时） { 浙江保安第一纵队（何凌霄）
浙江保安第二纵队（蒋志英）

21D（梁立柱） { 61B { 121R
122R（崔振东）
123R（马　）
63B { 124R
125R（张书田）
126R（王元堂）

57D（阮肇昌） { 169B（梁鸿恩） { 337R（刘福璜）
338R（张序声）
339R（李琰）
171B（谈经国） { 340R
341R
342R

12D（唐淮源）

55D（李松山）
- 163B（杨 ）
  - 325R
  - 326R
  - 327R
- 165B（张彬）
  - 328R（张景渠）
  - 329R（王嘉楠）
  - 330R（王偶）

福建保安R

赣闽边区"清剿"指挥官：廖士翘

副指挥官：李磊夫

43SB（刘震清）

36SB（陈雷）

7D——21B（李文彬）

7NB（李宗鉴）

浙江省保安第一、第二团

浙江保安第二纵队（蒋志英）

49D（伍诚仁）
- 289R
- 291R
- 294R

25D——75B

补充1B（王耀武）
- 1R（刘保定）
- 2R（周志道）
- 3R（李天霞）

总司令部特务R

8. 1934 年 10 月

驻赣绥靖公署主任；顾祝同

赣浙闽皖边区警备军总指挥　　赵观涛

第八绥靖区司令官

```
                                          ┌ 1R（李秀）
                          浙江保安第二纵队  ┤ 3R
                                          └ 5R
                                          ┌ 1R（刘保定）
              浙江省保安处（俞济时）┤ 补充1B（王耀武）┤ 2R（周志道）
                                          └ 3R（李天霞）
                          49D（伍诚仁）
                                          ┌ 40R
                          7D——21B（李文彬）┤ 41R
                                          └ 42R

  12D（唐淮源）
                      ┌ 163B
  21D（梁立柱）┤ 165B（张彬）
                      ┌ 169B（施忠诚）
  57D（阮肇昌）┤ 171B（谈经国）
                      ┌ 1R
  7NB（李宗鉴）┤ 2R
                      └ 3R
  43SB（刘震清）
```

（五）"围剿"鄂豫皖边区革命
根据地参战部队指挥系统表

（1930 年 11 月至 1932 年 10 月）

1. 第一次"围剿"参战部队
（1930 年 11 月至 1931 年 1 月）

陆海空军总司令汉口行营主任　何应钦

- 25ND（戴民权、杨国耀（副））
- 30D（吉鸿昌）（刘翼峰副）
  - 88B（彭振山）
  - 89B（彭国桢）
  - 90B（徐华荣）
- 鄂豫皖边区绥靖督办：李鸣钟
  - 33D（葛云龙）
    - 97B（鹿文彬）
      - 193R（康法如）
      - 194R（阎心元）
    - 99B（冯兴贤）
      - 197R（田树清）
      - 198R（张建勋）
    - 特务 R（高玉洁）
    - 工兵营（谷雪峰）
    - 炮兵营（秦丹云）
    - 重机枪营（侯金融）
    - 辎重营（张咸升）
  - 45D（卫立煌）——第三支队（宋世科）
  - 46D（范熙绩）
    - 136B（刘玉林）
    - 137B（王藩庆）
    - 138B（陈众钧）
  - 皖警备 1B（施中诚）
  - 皖警备 2B（陈孝思）
  - 38SB（潘善斋）
- 13ND（夏斗寅）（朱怀冰副）
  - 37B（万耀煌）
  - 38B（卢本荣）
  - 武汉警备旅

26D（郭汝栋）
- 混成1B（王竣澄）
- 混成2B（刘公笃）
- 混成3B（萧毅肃）
- SB（朱宗懋）

44D（萧之楚）
（华文选副）
- 130B（陈永）
  - 259R（于兆龙）
  - 260R（张虎臣）
- 131B（辛明利）
  - 261R（李印臣）
  - 262R（杨鑫）
- 132B（王金镛）
  - 263R（巩长香）
  - 264R（张池）
- 补充1R（陈旭）
- 补充2R（傅佩亮）

48D（徐源泉）——144B（韩昌峻）

31D（张印湘）
- 91B
- 92B（朱敬明）
- 93B（章辅卿）

34D（岳维峻）

1NB（李定五）

开封绥靖公署
主任：刘峙
- 6D（赵观涛）
- 12D（袁英）
- 1KD（张华堂）
- 76D（张钫）

2. 第二次"围剿"参战部队

（1931年3月至4月）

鄂豫皖边区绥靖督办　李鸣钟

"追剿"部队总指挥
吉鸿昌
- 30D（吉鸿昌）
- 31D（张印湘）
- 33D（葛云龙）

46D（岳盛宣）兼皖西"剿共"总指挥

2TB（宋世科）

13ND（夏斗寅）

44D（萧之楚）

53D（李韫珩）
- 157B（张敬兮）
- 159B（周启铎）

6D（赵观涛）

25ND（戴民权）

潢川、商城 ⎰30D——混成 B

守备部队 ⎱31D——混成 B

3. 第三次"围剿"参战部队

（1931 年 11 月至 1932 年 6 月）

郑州绥靖公署主任　刘 峙

2D（汤恩伯）

12D（曾万钟）

58D（陈耀汉）

45D（戴民权）

33SB（唐云山）

76D（张 钫）

武汉绥靖公署主任　何成浚

30D（彭振山）

31D（张印湘）

33D（葛云龙）

69D（赵冠英）

44D（萧之楚）

13ND（夏斗寅）

预备军团总指挥　陈调元

48D（陈调元）

46D（岳盛宣）——附安徽警备 1B、2B

55D（阮肇昌）

57D（李松山）

53D（李韫珩）

7D（王均　厉式鼎代）

4D（徐庭瑶）

4. 第四次"围剿"参战部队

（1932 年 6 月至 10 月）

鄂豫皖三省"剿共"总司令部

总司令：蒋中正

副总司令：李济深

参谋长：曹浩森

（1）右路军　司令官　李济深（兼）

副司令官　王均

第一纵队指挥官：徐庭瑶 { 4D（徐庭瑶）
40SB（宋世科）

第二纵队指挥官：王均 { 7D（王均）
12D（曾万钟）
34SB（罗启疆）

第三纵队指挥官：梁冠英——第二十五路（梁冠英）

预备队指挥官：阮肇昌 { 46D（岳盛宣）
55D（阮肇昌）
57D（李松山）（梁鸿恩代）

（2）中路军　司令官　蒋中正（兼）

副司令官　刘峙

第一纵队指挥官　张钫

45D（戴民权）

75D（宋天才）

76D（张钫）

20ND（郜子举）

第二纵队指挥官　陈继承

2D（黄杰） { 4B（王仲廉） { 7R（赵公武）
8R（杨少初）
5B（郑洞国） { 9R（刘启雄）
10R（何大熙）
6B（罗奇） { 11R（周良）
12R（钟松）

3D（李玉堂） { 8B（冯剑飞） { 15R（李植华）
16R（成刚）
9B（李仙洲） { 17R（许家相）
18R（胡素）
补充R（冯春申）

80D（李思愬） { 238B（陈明仁） { 475R（何文鼎）
476R（何旭初）
239B（冯巃） { 477R（马志超）
478R（王光汉）
补充R（易毅）

58D（陈耀汉）
- 172B（赵忠日）
  - 343R（朱振元）
  - 344R（傅起俊）
- 174B（张镜明）
  - 347R（李延龄）
  - 348R（徐公同）

13KB（刘凤岐）

15KB（章鸿春）

第三纵队指挥官　马鸿逵

　　　35D（马鸿逵）

　　　3KB

第四纵队指挥官　张印湘

　　　30D（彭振山）

　　　31D（张印湘）

　　　22路特务B

第五纵队指挥官　上官云相

　　　47D（上官云相）

第六纵队指挥官　卫立煌

　　　10D（李默庵）

　　　83D（蒋伏生）

总预备队指挥官　钱大钧

　　　88D（俞济时）

　　　89D（汤恩伯）

（3）左路军　司令官　何成浚

副司令官　徐源泉

第一纵队指挥官
13D（万耀煌）
- 37B（潘祖信）
  - 73R（刘锐）
  - 74R（金振华）
  - 75R（钱镇亚）
- 38B（夏鼎新）
  - 76R（王亚山）
  - 77R（刘汉涛）
  - 78R（张亚一）

第二纵队指挥官
44D（萧之楚）
- 130B（陈永）
  - 259R（丁显文）
  - 260R（张虎臣）
- 131B（于兆龙）
  - 261R（李印臣）
  - 262R（杨鑫）
- 132B（王金镛）
  - 263R（徐世敬）
  - 264（张池）
- 补充1R（陈旭）
- 补充2R（傅佩亮）
- 补充3R（郝奇）

第三纵队指挥官
41D（张振汉）
- 121B（丁治磐）
  - 241R（王茹山）
  - 242R（依介卿）
- 123B（萧勤学）
  - 245R（阎福印）
  - 246R（孟棠宣）

第四纵队指挥官
37SB（刘培绪）
- 709R（刘祥麟）
- 710R（吕振先）
- 711R（刘耀清）

长江上游"剿共"总指挥
王陵基
- 鄂西"剿共"司令（袁彬）
- 施鹤七属第二路司令（张杰）
- 第一路司令（郭勋）
- 第二路司令（张邦本）
- "剿共"5B（刘光瑜）
- "剿共"第一支队（吴锦堂）
- 1R（杨勤安）
- 2R（佟毅）
- 3R（赵元吉）
- 7NB（李宗鉴）

预备队
- 10A特务团
- 41D孟团
- 鄂北保安1R
- 82D——一部
- 84D——一部
- 3NB——一部

（六）"围剿"湘鄂西边区革命根据地参战部队指挥系统表

（1932 年至 1933 年）

1. 1932 年

（1）鄂豫皖三省"剿共"左路军副司令官兼前敌总指挥

徐源泉

10A（徐源泉）

- 48D（徐源泉）
  - 142B（徐继武）
    - 283R（牛乐亭）
    - 284R（任筱亭）
    - 285R（张习崇）
  - 144B（黄新）
    - 286R（曹毅）
    - 287R（徐元崇）
    - 288R（赵景武）
- 41D（张振汉）
  - 121B（丁治磐）
    - 241R（王茹山）
    - 242R（依介卿）
  - 123B（萧勤学）
    - 245R（阎福印）
    - 246R（孟棠宣）
- 3NB（蒋作均）
  - 1R（薛豫屏）
  - 2R（王春溥）
  - 3R（李建平）
- 特务R（李德惠）

44D（萧之楚）

- 130B（陈永）
  - 259R（于显文）
  - 260R（张虎臣）
- 131B（于兆龙）
  - 261R（李印臣）
  - 262R（杨鑫）
- 132B（王金镛）
  - 263R（徐世敬）
  - 264R（张池）
- 补充1R
- 补充2R
- 补充3R

37NB（刘培绪）

- 709R（刘祥麟）
- 710R（吕振先）
- 711R（刘耀清）

34D（张万信）
- 100B（张万信）
  - 199R（薛鸿哉）
  - 200R（董廷伯）
  - 201R（李朗生）
- 102B（姜宏模）
  - 202R（王兆瑞）
  - 203R（王志强）
  - 204R（孙耀武）

第三军团特务R（曹振武）

82D（容景芳）
- 244B（徐承熙）
  - 487R（潘绍岳）
  - 488R（刘瑛）
  - 489R（丁动伟）
- 246B（容景芳）
  - 490R（曹振武）
  - 491R（管心源）
  - 492R（王赞绪）

湖北保安1R（朱明善）

13D（万耀煌）
- 37B（潘祖信）
  - 73R（刘锐）
  - 74R（金振华）
  - 75R（钱镇亚）
- 38B（夏鼎新）
  - 76R（王亚山）
  - 77R（刘汉涛）
  - 78R（张亚一）

38SB（潘善斋）
- 712R（潘春霆）
- 713R（张瑞同）
- 714R（李显宗）

（2）第二十一军军长兼长江上游"剿共"军总指挥：刘湘

第二十一军第三师师长、代总指挥：王陵基

2D——5B（刘光瑜）
- 14R（杨焕）
- 15R（苏奎武）

3D——9B（张邦本）
- 25R（张云波）
- 26R（包衡）
- 27R（郭瀛通）
- SR（刘国佐）

```
                        ┌ 1R（郑清泉）
              1SB（范楠煊） ┤ 2R（周执经）
                        └ 3R（曹正锟）
4D（范绍增） ┤
                        ┌ 4R（廖敬安）
              11B（廖开孝） ┤ 5R（饶正钧）
                        └ 6R（叶成龙）
              └ 重机枪营（吴作敏）
```

边防第一路司令部副司令（吴锦堂） ┤ 4R（冉良成）
　　　　　　　　　　　　　　　　　└ 5R（万奎武）

```
              ┌ 1R（袁治）
2SB（郭勋祺） ┤ 2R（秦晋康）
              └ 3R（傅楠）
```

军属1SR（杨勤安）

4SR（佟毅）

手枪大队（尹仕宦）

机枪营（胡泽江）

炮1营（戴岚青）

空军一队（高在甜、张斐然）

炮舰"嵯峨"号

2. 1933年

鄂湘边区"剿共"总司令兼鄂西"剿共"总指挥　徐源泉

```
                        ┌ 283R（牛乐亭）
              142B（徐继武） ┤ 284R（任萧亭）
                        └ 285R（张习崇）
10A（徐源泉）┤
——48D（徐源泉）
                        ┌ 286R（曹毅）
              144B（黄新） ┤ 287R（徐元崇）
                        └ 288R（赵景武）
```

```
              ┌ 1R（薛豫屏）
3NB（蒋作均） ┤ 2R（王春溥）
              └ 3R（李建平）
```

湖北省保安团 　　　　┌ 保安1R（王仲甫）
临时指挥官 （张刚） ┤ 保安2R（胡协南）
　　　　　　　　　　└ 保安3R（蔡劭）

34D——102B（姜宏模）{ 202R（王兆瑞）
203R（王志强）
204R（孙耀武）

38SB（潘善斋）{ 712R（潘春霆）
713R（张瑞同）
714R（李显宗）

湘军第一支队司令刘运乾{ 9R（欧阳海甸）
10R（罗致英）
11R（朱树勋）

湘军第二支队司令龚仁杰{ 1B（龚仁杰）
2B（周燮卿）

（七）"围剿"东江革命根据地
参战部队指挥系统表

（1927 年 4 月至 1937 年 7 月）

1. 清党委员会时期

（1927 年 4 月至 1928 年 1 月）

国民革命军第八路军总指挥　李济深

　　　　　副总指挥　黄绍竑　代总指挥　陈济棠

4A（李济深）

- 11D（陈济棠）
  - 31R（余汉谋　黄涛代）
  - 32R（香翰屏）
  - 补充 1R（张瑞贵）
  - 补充 2R（张达）
- 13D（徐景唐）
  - 37R（云瀛桥）
  - 38R（　　　　）
  - 39R（陈章甫）
  - 补充 2R（谭遂）
- 18D（胡谦）
  - 53R（　　　）
  - 54R（　　　）
  - 补充 R（刘秉粹）
  - 补充 3R（陈学顺）

2ND（薛岳）
- 1R（邓龙光）
- 2R

潮汕警备司令（王俊）
- 1R（陈泰远）
- 2R（王承烈）
- 3R（何如）

海陆丰警备司令（蔡腾辉）

7A（黄绍竑）
- 6D（黄旭初）
- 7D（吕焕炎）
- 8D（伍廷飏）

32A（钱大钧）

18D（胡谦）——补充 R（刘秉粹）

2. 善后委员公署时期

　　　　　　　　(1928 年 2 月至 1929 年 4 月)

国民革命军第八路军总指挥　李济深

　　　　　　　　副总指挥　黄绍竑

东区善后委员公署　委员　徐景唐

```
                              ┌ 37R（洪世扬）
                 13D（云瀛桥）┤ 39R（曾友仁）
                              └ 54R（曾泽寰）
                              ┌ 43R（王道）
                 15D（潘枝）  ┤ 44R（廖鸿欧）
                              └ 45R（潘枚）
  5A（徐景唐）┤                ┌ 46R（吴道南）
                 16D（邓彦华）┤ 47R（梁首谷）
                              └ 48R（何隆章）
                              ┌ 38R（韩泽民）
                 18D（李务滋）┤ 52R（饶汉杰）
                              └ 53R（罗仲威）
                 补充 R（袁照华）

                              ┌ 31R（李振球）
  4A（陈济棠）——11D（余汉谋）┤ 32R（香翰屏）
                              └ 补充 1R（张瑞贵）

  7A（黄绍竑）——6D（黄旭初）

                              ┌ 70R（区寿年）
                 24D（黄质胜）┤ 71R（傅岸坛）
                              └ 72R（范德星）
  11A（陈铭枢）┤              ┌ 76R（颜鼎臣）
                 26D（颜德基）┤ 77R（向卓然）
                              ┌ 1R（梁西堂）
                 2ND（谭启秀）┤ 2R（叶柏质）
                              └ 3R（陈　）
```

13A(陈嘉佑)
- 1D(熊式辉)
  - 1R
  - 2R
  - 3R
- 2D(张定理)
  - 4R
  - 5R(周济民)
  - 6R(黄冕)

海军第四舰队司令　陈策
- 广金舰
- 中山舰
- 广庚舰
- 飞鹰舰

3. 粤桂战争广州国民政府时期

（1）1929年5月至1931年1月)

讨逆军第八路军总指挥　陈济棠

3D(蒋光鼐)
- 7B(陈维远)
  - 13R(区寿年)
  - 14R(丘兆琛)
- 8B(戴戟)
  - 15R(毛维寿)
  - 16R(张励)
- 9B(张世德)
  - 17R(张炎)
  - 18R(蒋光鲁)
- 教导R(郭思演)

2SB(蔡廷锴)
- 1R(沈光汉)
- 2R(刘占雄)
- 3R(刘志才)

62D(香翰屏)
- 123B(张枚新)
  - 245R(孔可权)
  - 246R(巫剑虹)
- 124B(张达)
  - 247R(李振良)
  - 248R(陈钜)
- 教导R(罗锦英)
- 补充R(骆秀礼)

2SD(张瑞贵)
- 1R(张镜澄)
- 2R(黄渊)
- 3R(钟芳峻)

4SR(张之英)

广东省保安司令部——保安3R(张贞)

（2）1931 年 6 月至 12 月

国民革命军第一集团军总司令　陈济棠

1SD（黄任寰）
- 1R（曾达欤）
- 2R（曾友仁）
- 3R（王定华）

2SD（张瑞贵）
- 1R（张镜澄）
- 2R（骆凤翔）
- 3R（钟芳峻）
- 教导 R（黄光廷）

4. 绥靖委员公署时期

（1932 年 1 月至 1936 年 7 月）

国民革命军第一集团军总司令　陈济棠

东区绥靖委员公署　委员　李敬扬

3A（李敬扬）
- 7D（黄廷桢）
  - 19R
  - 20R（谭朗星）
  - 21R（练惕生）
  - 教导 R（邓挥）
- 8D（黄质文）
  - 22R（叶寿尧）
  - 23R（欧阳新）
  - 24R（陈凤诏）
  - 教导 R（谢铮）
- 9D（邓龙光）
  - 25R（李绍嘉）
  - 26R（刘镇湘）
  - 37R（何宝书）
  - 教导 R（王德全）
- 教导 1R（赵润）

1SD（黄任寰）
- 1B（曾友仁）
  - 1R（曾达欤）
  - 2R（叶维浩）
  - 3R（王定华）
- 2B（严应鱼）
  - 4R（李恒中）
  - 5R（陈绍武）
  - 6R（伍汉屏）

2SD（张瑞贵）
- 1R（张镜澄）
- 2R（骆凤翔）
- 3R（钟芳峻）
- 教导 R（陈耀枢）

25D（张达）
- 13R（李振良）
- 14R（刘柳南）
- 15R（骆秀礼）
- 教导 R（吴骏声）

3SR（张文韬）

49D——黄南鸿 R

80D（李思恕）

教导 1D（廖培南）

5. 广东绥靖公署时期

（1936 年 7 月至 1937 年 7 月）

国民革命军第四路军总指挥　　余汉谋
广东绥靖公署主任

155D（李汉魂）

156D（邓龙光）

157D（黄涛）
- 469B（练惕生）
  - 937R（曾潜基）
  - 938R（陈见田）
  - 939R（罗隆）
- 471B（李崇纲）
  - 940R（李友庄）
  - 941R（钟定天）
  - 942R（陈瀤）

（八）"围剿"琼崖革命根据地
参战部队指挥系统表

（1927 年 4 月至 1937 年夏）

1. 清党委员会时期　1927 年 4 月至 1928 年 2 月

4A（李济深）——11D（陈济棠）——33R（黄镇球）

2. 善后委员公署时期　1928 年 3 月至 1929 年 7 月

南区善后委员公署委员陈铭枢

11A（陈铭枢）——10D（蔡廷锴）

- SR（谭启秀）
- 28R（沈光汉）
- 29R（邓志才）
- 30R（刘占雄）

3. 琼崖当局内部矛盾派别斗争时期　1929 年 7 月至 1932 年 7 月

2D（邓彦华）——5B（吴道南）——9R（陈定平）

2SR（陈定平）1929 年 2 月由 9R 改编

海军第四舰队总司令　陈策

海军陆战旅（陈籍）

- 1R（陈籍）
- 2R（郑彦）
- 3R（黄运华）

广东省警备司令　陈济棠

保安 1R（黄固）

保安 2R（樊宗迟）

4. 绥靖委员公署时期　1932 年 8 月至 1936 年 7 月

琼崖绥靖委员公署　委员

第一集团军警卫 B（陈汉光）

- 1R（陈玉光）
- 2R（何宝书）
- 3R（彭智芳）
- 4SR（王定华）
- 警备 1R（陈济南）

5. 广东绥靖公署时期　1936 年 7 月至 1937 年夏

广东保安司令部

琼崖第九行政区行政专员兼保安司令　张达

保安11R（王毅）

第四路军
（余汉谋）
{
　9SB（李江）
　{
　625R（陈醴泉）
　626R
　627R
　}

　152D（陈章）
　{
　454B（梁荣球）
　{
　907R（詹式邦）
　908R（李冠伦）
　}
　456B（邓琦昌）
　{
　910R（谢胜芳）
　911R（沈干雄）
　}
　}
}

（九）"围剿"左右江革命根据地参战部队指挥系统表

（1930 年至 1932 年）

1. 1930 年

第一方面军　总司令　李宗仁

副总司令　黄绍竑

参谋长　白崇禧

7A（杨腾辉　廖磊副）
- 21D（廖磊）——63R（余鸣剑）
- 19D（曾飚）——杨俊昌 R
- 警卫 2R（蒙志仁）
- 警卫 4R（岑建英）
- 覃兴 R

15A（黄绍竑）——1D（梁朝玑）

NSD（韩彩凤）

教导 D（覃连芳）

2. 1931 年

第四集团军　总司令　李宗仁

副总司令　白崇禧

前敌总指挥　张发奎

4A（张发奎）——12D（吴奇伟）
- 34R（沈久成）
- 36R（阙维雍）

7A（廖磊）
- 19D（周祖晃）
  - 55R
  - 56R（秦霖）
  - 57R（陈恩元）
- 21D（韩彩凤）
  - 61R（罗活）
  - 62R
  - 63R（余鸣剑）
- 24D（杨俊昌）
  - 71R（颜仁毅）
  - 72R
- 特务营
- 游击支队司令韦高振

$$15A（夏威）\begin{cases}43D（黄镇国）\begin{cases}127R\\128R\end{cases}\\45D（韦云淞）——132R\end{cases}$$

（十）"围剿"川陕边区革命根据地
参战部队指挥系统表

（1933 年 2 月至 1934 年 9 月）

1. "三路围攻"参战部队　1933 年 2 月至 6 月

　　第二十九军军长兼川陕边区"剿共"督办　田颂尧

　　第二十九军副军长兼前敌总指挥　孙震

　　　第四师师长兼左翼纵队司令官　王铭章

4D（王铭章）
- 10B（杨俊清）
- 12B（李銮陶）
- SB（张熙民）

5D（黄正贵）
- 13B（覃世科）
- 15B（袁如骧）

SD（刘汉雄）
兼第二路军司令
- 18B（王耀祖）
- 19B（杨选福）

SB（李景骅）

第三师师长兼右翼纵队司令官　罗迺琼

3D（罗迺琼）
- 7B（万选青）
- 8B（谢庶常）
- 9B（田泽孚）

第一路军司令（李炜如）
- 16B（陈宗进）
- 17B（刘鼎基）

第二师师长兼中央纵队司令官　曾宪栋

2D（曾宪栋）
- 4B（胡开莹）
- 5B（廖刚）
- 6B（古鸣皋）
- SR（胡临聪）

1D（董长安）
- 1B（吕康）
- 3B（曾起戎）

第三路司令（何德隅）
- 20B（叶济时）
- 21B（杨特生）

2. "六路围攻"参战部队　1933 年 11 月至 1934 年 9 月
　　第二十一军军长兼四川"剿总"总司令　刘湘
(1) 第一路军
　　第二十八军军长兼第一路军总指挥　邓锡侯
　　第二十八军第一师师长兼前敌总指挥　陈鼎勋
　　第二十八军第五师师长兼前敌副总指挥　陈离（前）
　　第二十八军第四师师长兼前敌副总指挥　杨秀春（后）

1D（陈鼎勋）
- 1B（杨晒轩）
- 2B（卢济清）

2D（黄隐）
- 4B（龚渭清）
- 5B（黄绍猷）
- 6B（黄鳌）

3D（马毓智）
- 7B（周世英）
- 8B（刁文俊）
- 9B（李树华）

4D（杨秀春）
- 10B（黄世英）
- 11B（孙礼）
- 12B（林翼如）

5D（陈离）
- 13B（陶凯）
- 14B（冯鉴）

特科司令（游广居）

(2) 第二路军
　　第二十九军军长兼第二路军总指挥　田颂尧

左纵队司令（刘汉雄）
- 4B（胡开莹）
- 8B（谢庶常）
- 18B（王耀祖）
- 19B（杨选福）
- 5B（马泽）
- 第五路司令（王志远）
- SD
  - 张汉中 B
  - 杨修聿 B

```
                        ┌ 16B（陈宗进）
                        │ 17B（刘鼎基）
                        │ 整编警卫3B（蔡海珊）
右纵队司令（李炜如）────┤ 10B（杨俊清）
                        │ 3B（曾起戎）
                        │ 6B（古鸣皋）
                        │ 7B（万选青）
                        └ B（汪朝濂）
```

（3）第三路军

四川边防军总司令兼第三路军总指挥　李家钰

新编第二十三师师长兼第三路军副总指挥　罗泽洲

```
                        ┌ 混成1B（李青廷）
四川边防军（李家钰）────┤ 混成3B（李宗肪）
                        └ 混成4B（陈绍岭）
```

```
                ┌ 1B（马乐南）
                │ 2B（王之槐）
23ND（罗泽洲）──┤ 3B（王蜀铮）
                │ 1SR（罗少辉）
                └ 2SR（饶贵华）
```

（4）第四路军第二十军军长兼第四路军总指挥　杨森

```
                ┌ 混成1B（夏炯）
                │ 混成2B（李君实）
                │ 混成3B（杨汉域）
                │ 混成4B（高德周）
20A（杨森）─────┤ 混成5B（杨汉忠）
                │ 混成6B（罗润德）
                │ 团务精练司令（向廷瑞）
                │ 手枪R（杨汉印）
                └ 宪兵R（蔡慎猷）
```

（5）第五路军

第二十一军第三师师长兼第五路军总指挥　王陵基（前）

第二十一军第一师师长兼第五路军总指挥　唐式遵（后）

第二十一军第四师师长兼第五路军副总指挥　范绍增

```
                                    ┌1B（彭焕章）
                        1D（唐式遵）│2B（饶国华）
                                    └3B（王三友）
                        2D（王瓒绪）┌4B（林毅）
                        （王泽浚）代└5B（刘光瑜）
                                    ┌7B（许绍宗、赵鹤）
                                    │8B（李树藩、刘若弼）
                                    │9B（张邦本）
        21A（刘湘）                 │警备第一路司令（王泰）
                        3D（王陵基）（前）警备第二路司令（崔二旦）
                        （许绍宗）（后）警备第三路司令（马云平）
                                    │警备第四路司令（陈国枢）
                                    │手枪大队（尹仕宣）
                                    │机炮大队
                                    └幼兵队
```

21A（刘湘）
- 4D（范绍增）
  - 10B（周绍轩）
  - 11B（廖开孝）
  - 12B（孟浩然）
  - 特科大队
  - 游击司令（徐载明）
  - 机关枪S营
  - 迫击炮S营
- 1SB（范楠煊）
- 2SB（杨国桢）
- 边防第一路司令（陈兰亭）
- SR（罗洁莹）
- 1SR（杨勤安）
- 4SR（佟毅）
- 第一独立支队司令（汪杰）
- 空军第一队（张斐然）
- 总预备军总指挥（潘文华）
  - 2TD（彭韩）
    - 1B（周重生）
    - 2B（李御良）
  - 教导D（潘文华）——3B（郭勋祺）
  - 模范D（刘湘）——1B（何克修）
  - 机枪营
  - 迫击炮营
  - 空军第二队（高在田）
- 5D（许绍宗）

（6）第六路军

第二十三军军长兼第六路军总指挥　刘存厚

第二十三军副军长兼第六路军代总指挥　刘邦俊

第二十三军前敌总指挥　汪铸龙

23A（刘存厚）
- 廖震D
  - 陈岳B
  - 陶模B
- 汪铸龙D
  - 刘育英B
  - 周绍武B
- SB（范华聪）

（十一）"围剿"湘鄂川黔边区革命根据地参战部队指挥系统表

1. 1934 年 11 月 13 日

"追剿"军总司令　何键

第一路军司令　刘建绪

第二路军司令　薛岳

第三路军司令　周浑元

第四路军司令　李云杰

第五路军司令　李韫珩

2. 1934 年 12 月 2 日

第一兵团总指挥　刘建绪

第一路"追剿"司令陶广 { 16D（章亮基）/ 62D（陶广）/ 34ND（陈渠珍）

第二路"追剿"司令李云杰 { 23D（李云杰）/ 15D（王东原）

第五路"追剿"司令李韫珩 { 53D（李韫珩）/ 63D（陈光中）

第六路"追剿"司令李觉 { 19D（李觉）/ 63D——188B / 直属部队 / 补充总队 / 训练第二分处

第二兵团总指挥　薛岳（辖八个师）

预备兵团总指挥　刘膺古（辖两个师又两个旅）

3. 1935 年 2 月 11 日

"剿共"第一路军总司令　何键

前敌总指挥　刘建绪

第一纵队司令陶广 { 16D（章亮基）/ 62D（陶广）/ 34ND（陈渠珍）

第二纵队司令李云杰 $\begin{cases} 15D（王东原） \\ 23D（李云杰） \end{cases}$

第三纵队司令李韫珩 $\begin{cases} 53D（李韫珩） \\ 63D（陈光中） \end{cases}$

第四纵队司令李觉 $\begin{cases} 19D（李觉） \\ 补充总队 \\ 训练第二分处 \end{cases}$

4. 1935 年 4 月

鄂湘川边"剿共"总司令　徐源泉

先遣总队司令徐源泉 $\begin{cases} 48D（徐源泉） \\ 142B（徐继武） \\ 144B（黄新） \\ 3NB（蒋作均） \end{cases}$

第一纵队司令张振汉
副司令潘善斋 $\begin{cases} 41D（张振汉）\begin{cases} 121B（丁治磐） \\ 123B（芮勤学） \end{cases} \\ 38SB（潘善斋） \\ 湖北保安团指挥官　张刚 \end{cases}$

第二纵队司令陈耀汉
副司令张连三 $\begin{cases} 58D（陈耀汉）\begin{cases} 172B（李回麟） \\ 174B（张镜明） \end{cases} \\ 4TB（张连三） \end{cases}$

第三纵队司令郭汝栋
副司令罗启疆 $\begin{cases} 26D（郭汝栋）\begin{cases} 76B（宋载堂） \\ 78B（王镇东） \end{cases} \\ 34SB（罗启疆） \end{cases}$

总预备队司令张万信
副司令李德惠 $\begin{cases} 34D（张万信）\begin{cases} 100B（张万信） \\ 102B（姜宏模） \end{cases} \\ 10A 特务团（李德惠） \end{cases}$

5. 1935 年 10 月 8 日

军事委员会委员长宜昌行辕主任　蒋中正

参谋长　陈诚（代行主任）

川黔湘鄂边区"进剿"
纵队指挥官樊崧甫 $\begin{cases} 28D（王懋德） \\ 43D（周翔初） \\ 79D（樊崧甫） \\ 97D（孔令恂） \\ 98D（夏楚中） \end{cases}$

第二十六路军总指挥孙连仲 {
27D（冯安邦）
30D（张金照）
31D（池峰城）
44SB（张华堂）
}

85D（谢彬）

图书在版编目（CIP）数据

"围剿"边区革命根据地亲历记／全国政协文史和学习委员
会编. —北京：中国文史出版社，2017.7
（文史资料百部经典文库）
ISBN 978 - 7 - 5034 - 9176 - 4

Ⅰ.①围… Ⅱ.①全… Ⅲ.①五次反"围剿"—史料
Ⅳ.①K263.406

中国版本图书馆 CIP 数据核字（2017）第 085981 号

责任编辑：刘　夏

出版发行：中国文史出版社
网　　址：www.chinawenshi.net
社　　址：北京市西城区太平桥大街 23 号　　邮编：100811
电　　话：010 - 66173572　66168268　66192736（发行部）
传　　真：010 - 66192703
印　　装：北京华联印刷有限公司
经　　销：全国新华书店
开　　本：16 开
印　　张：40　　　　　字数：637 千字
版　　次：2018 年 1 月北京第 1 版
印　　次：2018 年 1 月第 1 次印刷
定　　价：99.80 元（全 2 册）

文史版图书，版权所有，侵权必究。
文史版图书，印装错误可与发行部联系退换。